Into TA
최신 교류분석

William F. Cornell, Anne de Graaf, Trudi Newton, Moniek Thunnissen 지음
송희자, 이성구, 이은주, 이진동 옮김

Σ 시그마프레스

최신 교류분석

발행일 | 2018년 11월 20일 1쇄 발행

저　자 | William F. Cornell, Anne de Graaf, Trudi Newton, Moniek Thunnissen
역　자 | 송희자, 이성구, 이은주, 이진동
발행인 | 강학경
발행처 | ㈜시그마프레스
디자인 | 고유진
편　집 | 이호선

등록번호 | 제10-2642호
주소 | 서울특별시 영등포구 양평로 22길 21 선유도코오롱디지털타워 A401~403호
전자우편 | sigma@spress.co.kr
홈페이지 | http://www.sigmapress.co.kr
전화 | (02)323-4845, (02)2062-5184~8
팩스 | (02)323-4197

ISBN | 979-11-6226-138-5

Into TA

A Comprehensive Textbook on Transactional Analysis

* 책값은 뒤표지에 있습니다.
* 이 도서의 국립중앙도서관 출판예정도서목록(CIP)은 서지정보유통지원시스템 홈페이지 (http://seoji.nl.go.kr)와 국가자료공동목록시스템(http://www.nl.go.kr/kolisnet)에 서 이용하실 수 있습니다.(CIP제어번호 : CIP2018033795)

역자 서문

캐나다 출신의 미국인 정신과 의사였던 Eric Berne에 의해 발표되어 당시 북미는 물론 전 세계적으로 그 인기와 유효성에 대한 찬사를 얻게 된 교류분석은 60여 년의 세월 속에서 그 이론적 체계와 새로운 아이디어를 추가하고 흡수하며 지속적 발전을 거듭해왔다. 이것은 마치 모토로라가 아날로그 방식의 통신방법을 사용하여 1킬로그램 정도의 무게에 30여 개의 전화번호를 저장할 수 있는 최초의 핸드폰 버전을 세상에 선보인 이후, 음성의 디지털신호화(2G) 시대와 LCD 화면 장착(3G) 시대를 거쳐 컴퓨터 지원 기능이 추가된 스마트폰까지 이르게 된 모바일 기기의 발달사와 유사하다.

이제 교류분석은 심리치료 분야뿐만 아니라 상담과 코칭, 교육 전문가와 학생들, 개인의 심리적 성장과 발달, 조직과 경영의 혁신과 발달을 위한 대단히 요긴하고 효과적인 도구가 되었다. 세계 여러 나라에서 교류분석 전문가들은 열거한 각 분야의 특수성과 다양성에 적절하게 적용할 수 있는 이론, 응용, 전문화, 타 이론과의 융합, 독특한 실천방법을 사용하고 있다.

이 책은 교류분석 커뮤니티 안에서도 위에 열거한 다양한 분야에서 활약하는 전문가와 학자들이 각 주제에 대한 교류분석의 기본적 이론, 추가적 심층 이론, 그리고 독자들에게 광범위한 심리학적 조망과 아이디어의 상관과 연계성을 사색할 수 있도록 하는 교류분석과 관련된 이론들을 소개한다. 이 책을 통해 독자들은 교류분석의 아이디어를 보다 더 밝은 눈으로 접하고 이해할 수 있으며, 바로 지금까지 발달을 거듭해 온 교류분석의 진면목을 접하고 응용할 수 있다.

그동안 비교적 Eric Berne과 그 동료들의 시대에 정립된 고전적 교류분석 이론에만 익숙해 있던 우리나라의 교류분석 전문가들에게는 진정으로 최신의 교류분석을 음미하고 연구의 조망을 넓힐 수 있는 계기가 될 것이라 생각한다. 또한 현재의 교류분석 발달의 흐름과 함께할 기회가 되리라 생각한다.

상업적 이익보다 의미를 찾는 독자들을 위한 학문적 가치를 높이 여겨 이 책의 출판을 허락하신 시그마프레스의 강학경 사장님에게 감사하며, 또한 읽기 좋고 예쁜 책이 되도록 편집과 교정을 맡아주신 편집부 여러분에게 감사의 말씀을 전한다.

역자 대표
송희자 박사

저자 서문

교류분석(Transactional Analysis, TA)은 캐나다 태생 미국인 정신과 의사 Eric Berne 박사가 처음 발표한 이래 60년 이상의 세월이 흐르는 동안 그에 관한 흥미와 관심은 지금까지 지속적으로 커져 왔다. 그것은 그동안 심리치료, 코칭과 카운슬링, 경영과 조직의 발달, 또는 학습과 개인의 발달과 같은 다양한 분야에서 교류분석이 대단히 효과적인 모델이라는 것이 입증되어 왔기 때문이다. 교류분석은 인간과 시스템에 관한 매우 접근이 용이한 이론을 성장과 발달의 가능성에 중심을 두는 매우 실용적인 접근방법과 결합하고 있다.

교류분석에서 사용하는 성격 모델은 세 가지의 자아상태(ego states)에 기초를 두고 있는데, 그것은 부모자아상태(Parent), 어른자아상태(Adult), 어린이자아상태(Child)이다(교류분석 전문가들은 이들 자아상태를 영문으로 표기할 때, 실제의 부모, 어른, 어린이와 구별하기 위해 대문자(즉, P, A, C)를 사용한다). 교류분석에서 사람들 사이의 의사소통을 '교류(transactions)'라 한다. 사람들은 다른 사람들과 교류할 때 언제, 어디서나 세 가지 자아상태 가운데 한 가지로 교류한다. 그러므로 일상의 소통에서의 여러 가지 선택을 더 효과적인가 아니면 덜 효과적인가라는 관점에서 평가할 수 있는 방안을 가능하도록 한다. 자아상태와 교류의 모델은 그룹, 팀, 조직을 보다 더 잘 이해하고 그럼으로써 더 좋은 방향으로 경영하거나 인도하는 데 사용될 수도 있다.

교류분석에서는 모든 인간이 생의 시작에서부터 자신의 이야기인 각본(script)을 "쓴다." 태생적 품성, 모든 인생경험, 즉 긍정적이거나 부정적이거나, 어린아이가 양육자로부터 습득하는 메시지들을 포함한 이 모든 것이 각본에 영향을 준다. 각본은 그의 인생이 나아가는 방향과 양식을 나타낸다. 일상에서 각본은 그 사람이 연출하는 게임에서 종종 볼 수 있다. 게임은 의식 밖에서 일어나는 심리적 수준에서의 이면적 동기를 갖는 특별한 일련의 교류다. 교류분석을 통하여 사람들은 자신의 인생각본의 건강하고 방어적인 요소들을 알 수 있다. 그러면 각본의 보다 제한적인 부분들을 변화시키며, 각본의 강점을 활용하고 증진시켜 나갈 수 있다.

Berne은 인본주의 원칙을 교류분석의 기초로 삼았다. 이에 포함되는 중요한 특성들은 자각(consciousness), 자유의지(free will), 자아실현(self-actualization)이다. 인본주의 운동은, 한편으로는 당시 인간을 내적 충동(inner drives)에 의해 결정되는 존재라고 보았던 정신분석(psychoanalysis)의 지배적 분위기에 대한 반동으로서, 또 다른 한편으로는 인간은 일종의 기계와 같은 존재로서 그 행동이 연구의 대상이라고 보았던 행동주의(behaviorism)에 대한 수정으로서 대두되었다. 인본주의적 심리학에 따르면, 개인의 발달 욕구는 인간 본성의 기본적 특성이다.

따라서 교류분석의 철학 내의 핵심 근간은 다음과 같다.

- I'm OK/You're OK.
- 모든 사람은 생각할 수 있다(Everyone can think).
- 변화는 가능하다(Change is possible).

분명 단순한 서술에 불과한, "I'm OK, you're OK"는 교류분석의 근본 철학을 표현하는 수사적 상징이다. 이 말은 우리는 독립적으로 그러나 연결된 인간으로서 이 세상에 존재한다는 자각과, 사람들 서로서로 그리고 우리들 자신들을 신뢰하고 존중하려는 적극적 소망에 대한 믿음을 결합시킨다(Sills & Hargaden, 2007). 교류분석의 철학을 나타내는 이 세 가지 핵심적 표현의 배경은 핵심 자아의 가치에 대한 믿음, 자아, 상호 수용, 인간 능력의 중요성에 대한 믿음이다. 교류분석 전문가들은 계약(contracts)에 의해 규정되는 상호 작업관계를 사용한다. 이것에 관한 깊이 있는 고찰은 이 책의 추가적(고급) 이론 부분에서 다룰 것이다.

I'm OK/You're OK는 교류분석의 기본적 전제이다 ― 모든 사람은 가치 있으며 또한 존엄성을 가진다. 아기가 태어나면, 아기는 바로 이 기본적 존재 포지션(인생태도)인 I'm OK/You're OK를 갖는다. 이후의 경험들은 사람들을 또 다른 세 가지의 인생태도들 중 한 가지에 따라 행동하도록 만든다. 이들 인생태도들은 I'm Not OK/You're OK, I'm OK/You're Not OK, 또는 I'm Not OK/You're Not OK 이다. 대부분의 사람들은 이 네 가지 존재적 인생태도를 알고 있으며, 시간의 많은 부분을 자기가 좋아하는 인생태도에 머무는 자신을 발견한다. 인생에서의 긍정적 경험들은 그가 세 가지의 부정적 포지션으로부터 I'm OK/You're OK 포지션으로 옮기는 것을 용이하게 도울 수 있다.

뇌에 심각한 손상을 입은 사람을 제외하고, 모든 사람은 스스로 생각할 수 있는 능력이 있다. 그리고 모든 사람은 자기 삶의 질에 대한 책임이 있다. 분명히 당신은 당신에게 일어나는 일들을 언제나 통제할 수는 없다. 그러나 이미 일어난 것을 어떻게 다룰 것인가에 대해서는 통제력을 분명히 갖고 있다. 이때 우리의 사고가 필요하며 그 능력을 우리 모두는 보유하고 있다.

교류분석은 성장과 발달에 중심을 맞춘 낙관적 이론과 실제적 방법을 제공한다. 어린이들은 흔히 인생의 초기 경험에 근거하는 '생존을 위한 결정들(survival decisions)'을 한다. 이것은 때로는 적대적이고 방치되는 냉혹한 세상에서 생존하기 위해서는, 어쩌면 그 시점에서 사용 가능한 최상의 전략일 수도 있다. 그러나 사람들은 성인이 된 이후에도 변함없는 옛날의 낡은 전략을 그대로 사용하고, 이는 문제를 일으킬 수 있다. 교류분석에서 우리들의 전제는 사람들이 자신들의 존재 양식에 긍정적 변화를 주기 위해서 인생의 어느 시점에서건 자신들의 각본을 변화시키는 선택을 할 수 있다는 것이다. 이것은 심리적 고통이나 문제 때문에 상담사나 정신과 의사로부터 도움을 구했던 경험이 있는 사람들뿐만 아니라, 현재 행복을 느끼고 만족할 만한 인생을 살지만 더욱 더 발전하기를 원하는 사람들에게도 적용된다. 결론적으로 당신은 더욱 건강해지기 위해 병에 걸릴 필요는 없다!

이 책의 목표는 초보자나 경험 있는 독자들에게 교류분석이 발굴한 귀중한 보물 상자를 더 활짝 열어 공개하는 것이다. 교류분석 세계로의 여행을 이제 막 시작한 사람들은 모든 기본 모델들이 순서에 따라 간결하게 정리되어 있음을 알 수 있을 것이다. 이런 방법으로 교류분석의 지식과 경험이 추적될 수 있으며 기초로부터 시작되어 보다 깊고 복잡한 형태로 발달할 수 있다. 이전에 이미 보물이 가득한 방에서 시간을 보낸 경험이 있는 사람들에게는, 이 책은 이미 습득한 지식과 경험을 깊이 있게 만드는 기회를 제공한다. 우리들은 관련 이론들과의 관계를 조명하는 방법을 선택하였기 때문에 독자들은 교류분석의 발달을 이론과 사회적·심리적 돌봄의 실제에 관한 보다 넓은 조망을 가지고 이해할 수 있다.

우리들은 이 책을 저술하며 전 세계의 다양한 트레이닝 센터에서 공부하는 수많은 학생을 염두에 두었다. 뿐만 아니라, 교류분석의 개념들을 사용하고, 자신의 지식을 더 깊이 있게 만드는 원천이자 참고서 역할을 할 수 있는 책을 필요로 하는 전문가들도 또한 염두에 두었다. 본질적으로 우리는, 우리들처럼 전문가들과 그의 내담자들 사이의 관계의 질이 성장과 발달에서의 주요 요소라고 확신하는 모든 전문가들을 위하여 이 책을 만들었다.

결국 사람들은―대체로 인생의 초기에―타인들과의 관계 속에서 '영혼에 상처'를 입는다. 그러므로―흔히 이후의 인생에서―치유, 인격의 통합 과정에서 관건을 쥐고 있는 것은 정확히 타인들과의 관계이다.

교류분석에서, 우리들은 자율성(autonomy)의 재획득 또는 증가를 반복하여 강조하고 관심을 갖는다. 자율성은 자각(awareness), 자발성(spontaneity), 친밀(intimacy)이라는 세 가지 능력의 사용을 통하여 명확히 드러나는 품성이다. 자율성은 그곳-그리고-그때(the there and then)로부터의 확신(이것은 '각본'이 지지하고 만족스러워하는 것)이 아닌, 여기-그리고-지금(the here and now)에 반응하는 느낌, 생각, 행동을 포함한다.

책의 구조

이 책은 2부로 구성되어 있다. 제1부는 이론, 제2부는 실제에 관한 것이다.

제1부는 10개 장으로 구성되며 교류분석의 이론을 소개한다. 각각의 장은 다음과 같이 구성된다.

기초 이론 : 교류분석의 기초 개념들에 관한 개관. 이 부분은 대체로 교류분석 101(TA 101)의 내용, 즉 국제적으로 통일된 교류분석을 소개하는 단기과정과 일치한다.

추가 이론 : 개념들을 논의하고 다양한 이론들을 비교하고 서로의 관계를 알아본다. 일반 교류분석 과정 교실에서 이러한 이론을 다룬다.

추가 논의 : 탐구욕을 충족할 수 없는 사람들을 위해 이론의 특정한 측면들을 추가적으로 살펴본다.

관련 이론 : 교류분석의 개념들을 심리치료, 조직발달, 교육에 관한 다른 이론들과 연관하여 논의한다.

제2부에서는 전 세계의 여러 교류분석 전문가들이 자신의 특정한 분야에서 교류분석의 적용에 대해 논의한다. 제11장에서부터 제14장까지 심리치료, 코칭과 카운슬링, 경영과 조직발달, 교육과 개인의 발달을 성공적으로 다룬다.

이 책은 여러 사람들의 도움과 지원 없이는 출판될 수 없었을 것이다. 우리들은 모든 아트워크를 준비해 준 Ria van Elten에게 특별한 감사를 전하고 싶다. 그리고 이 책의 네덜란드 판의 출간을 해준 Publishing Company De Tijdstroom에게도 감사를 표한다.

마지막으로, 우리들은 직업적 그리고 개인적 발달의 관점에서, 우리의 내담자/환자, 학생들, 동료들에게 무한한 감사를 전한다. 인생과 배움의 과정에서 이 사람들의 경험을 뺀다면, 그리고 이들의 피드백과 반영적 사고가 없었다면, 우리들은 이와 같은 책을 쓸 수 없었을 것이다.

William F. Cornell(USA), TSTA

Anne de Graaf(NL), TSTA

Trudi Newton(UK), TSTA

Moniek Thunnissen(NL), TSTA

'전문가(professional)', '내담자, 고객(client)', '환자(patient)' : 명확하게 교사(선생), 코치, 치료자 또는 조직 컨설턴트인 경우가 아니면, 교류분석 전문가를 지칭할 때 '전문가'라는 용어를 썼다. 또한 명확한 정신의학적 장애를 가진 사람을 분명하게 지칭할 때를 제하고는 우리는 '내담자, 고객(client)'이란 용어를 사용했다.

참고문헌

Sills, C., & Hargaden, H. (2007). *Ego States. Key Concepts in Transactional Analysis.* London: Worth.

차례

13

경영과 조직 개발

14

배움과 개인의 발달

제1부
이론

제1장

자아상태

1.1 기초 이론

'부모자아(Parent)', '어른자아(Adult)', '어린이자아(Child)'를 써 넣은 수직으로 쌓아올린 3개의 원은 Eric Berne이 교류분석(Transactional Analysis, TA)에서 처음부터 사용한 상징적 이미지이자 중심적 개념이다. 둥근 원들은 개인의 생각(thought), 느낌(feeling), 행동(action)의 복합체를 범주화한 것으로서 세 가지의 자아상태를 나타낸다. 자아상태의 기본 모델은 교류분석에서 두 가지로 사용된다. 즉, 구조분석은 그 사람의 성격 구조(내적)의 발달 이미지를 나타낸다. 기능분석은 그 사람의 교류(소통)적 행동(외적)을 연구하고 이해하려는 시도이다. 교류분석에 중심을 두고 이 첫 장은 이 개념에 중점적으로 초점을 맞춘다.

1.1.1 직관

교류분석의 창설자, Eric Berne은 미국 육군 소속의 정신과 의사로 근무하는 중 자아상태에 대한 아이디어를 개발하였다. 2차 세계대전 중 그는 신병들의 '정신질환 분석'의 임무를 수행하는 데 단 1분간의 시간밖에는 허가받지 못했다. 그는 4개월 동안에 무려 2만 5,000명의 신병을 심사했다. 그가 신병 하나하나에게 물은 질문은 두 가지였다: "당신은 불안한가?", "정신과 진료 경험이 있는가?" 그는 신병들이 이 질문에 답하기 이전에, 만약 그 자신이 직관으로 답을 한다면, 자신도 놀랄 만큼 그 답이 때로는 정확하다는 것에 주목하였다. 그는 한 발 더 나아갔다. 며칠 동안 자기가 관찰하는 신병들(약 300여 명)의 직업을 추측하는 것이었다. 결과는 약 절반 정도가 맞았다. Berne은 후에 자기가 어떻게 직관을 사용했는가를 분석하였다. 결론은, 그 신병이 처한 현실에 대한 태도를 짐작하기 위해 주로 그의 눈과 눈길을 주시하는 것이었다. 특히 그는 그들의 본능적 기능에 관한 인상을 얻기 위해 얼굴과 목의 밑 부분을 주시했다. 이것이 사람들의 성격을 나타내는 방법으로서의 자아상태 모델에 관한 그의 생각의 시발점이었다. 그는 그의 발견을 여덟 편의 논문을 통하여 발표하였으며 이것들은 1949년과 1962년 사이에 출판되었다. 이 논문들은 교류분석 이론으로 발전하는 그의 생각의 초기 발달사를 말해준다. 1970년에 예기치 못한 그의 죽음 이후, 이 논문들은 편집되어 직관과 자아상태 : 교류분석의 기원(*Intuition and Ego States: The Origins of Transactional Analysis*, 1977)이라는 제목을 가진 한 권의 책으로 출간되었다.

전쟁이 끝나자 Berne은 정신분석사로서의 트레이닝을 시작하였으며 Erik Erikson과 Paul Federn이 개발한 자아심리학의 이론에 깊은 영향을 받았다. 결과적으로 Berne은 세 가지의 자아상태를 찾아냈으며, 사람들의 모든 생각, 느낌, 행동은 이들 세 자아상태, 즉 부모자아상태(Parent, 이하 P로 표기함), 어른자아상태(Adult, 이하 A로 표기함), 어린이자아상태(Child, 이하 C로 표기함)로 분류될 수 있다는 것을 확인하였다. 사람은 어느 순간에라도 자아상태를 전환할 수 있으므로(사실 부모자아상태 P, 어른자아상태 A, 어린이자아상태 C로 구성되는 세트들 안에서 표현되는 자아상태의 수는 무한히 많다), Berne은 자아상태를, 현상학적으로 특정한 주체와 관련한 일관된 시스템의 느낌들로, 행동적으로 일관된 행동패턴들의 세트로, 또는 실용적으로 연관된 행동적 패턴의 세트를 동기화시키는 느낌들의 시스템으로 정의를 내렸다(1961, p. 17). 어른자아상태 A는 현실과의 연결을 구하는 기능을 하며, 부모자아상태 P는 부모와 유사한 모습으로 나타나며, 어린이자아상태 C는 그 사람의 어린 시절로부터의 잔유물을 포함한다. 사람은 결국 한 개인으로서의 일관된 행동 패턴을 발달시킨다. 이 패턴은 그 사람의 현재와 과거의 느낌들과 경험들의 독특한 조합에 근거를 두고 있다. 흥미롭게도, Berne의 초기 정의에서는 인지(cognition) 또는 사고(thinking)의 유형들이 빠져 있다.

Heathcote(2010)는 Eric Berne이 직관에 관한 논문에서 자아상태란 용어를 처음 사용했을 때부터 1961년에 제시된 더욱 완성된 이론에 이르기까지, Berne의 자아상태에 관한 개념화의 진화과정을 밝히고 있다. 처음에 정신분석가들인 Paul Federn과 Erik Erikson, 정신의 Eugene Kahn, 신경외과의 Wilder Penfield에게서 많은 영향을 받았던, Berne의 자아상태에 대한 이해는 그의 저술 과정을 통하여 계속 발전하였다.

자아상태의 기초적 모델은 두 가지 용도로 사용된다.

- 구조분석(structural analysis) : 그 사람의 행동의 배후는 무엇인가? 어떠한 과거의 경험들과 통찰력들이 그 사람의 행동의 바탕이 되어 있을까? 이것은 소위 그 사람의 '내부(inside)'를 들여다보는 것을 의미한다.
- 기능분석(functional analysis) : 어느 자아상태가 그 사람의 여기-그리고-지금(here and now)에서의 느낌, 생각, 행동을 주도하는가? 그 사람의 '외부(outside)'에서는 무엇이 관찰되는가?

일상에서 처음에는 누구나 어떤 사람의 '외부'와 만나게 되므로, 우리는 자아상태 모델의 탐구를 기능분석으로부터 시작하겠다.

교류분석에서는(영어 표기의 경우), 부모자아상태 P, 어른자아상태 A, 어린이자아상태 C와 일상의 실제의 부모, 어른, 어린이를 구별하기 위해, 대문자를 사용하여 자아상태를 Parent, Adult, Child라고 표기한다.

1.1.2 기능분석

우리들의 교류분석과의 만남은 일반적으로 자아상태들, 즉 부모자아상태 P, 어른자아상태 A, 어린이자아상태 C에 관한 학습으로부터 시작된다. 우리들 자신의 행동과 타인들의 행동에서, 이러한 인지 가능한 상태들(modes)은 기능분석의 기초를 형성한다. 기능분석을 통하여, 관찰 가능한 행동이 분류되고, 그 행동에서 어떤 패턴들이 관찰된다. 지금은 외적·사회적 행동(외부)에 주의를 집중하기로 하고, 심리 내적 프레임(내부)에 대해서는 후에 논의할 것이다. 앞에서 언급했듯이, 후자는 구조분석에서 다룰 것이다. 기능적 자아상태들은 다음과 같이 구분한다.

- 구조화하는 부모자아(SP, Structuring Parent) : 긍정적 모드에서는 유익하고 교훈적이다. 유용한 구조와 한계를 제공하며, 또한 강력하다. 부정적 모드에서는 지배적이고, 고압적이며, 징벌적이다.
- 양육적 부모자아(NP, Nurturing Parent) : 긍정적 모드에서는 돌보고, 지지적이고, 이해하고, 사랑한다. 부정적 모드에서는 잘난 체하는 모습을 보이며, 질식시키며, (규칙에 대하여) 지나치게 관대하다.
- 어른자아(A, Adult) : 논리적으로 사고하고 행동한다. 냉담해 보일 수도 있다.
- 자연스러운 어린이자아(NC, Natural Child) : 긍정적 모드에서는, 즉흥적이고, 순수하며, 활기차고, 호기심이 많다. 부정적 모드에서는 자기중심적이고, 분별없고, 제한이 없고, 미성숙하다.
- 순응된 어린이자아(AC, Adapted Child) : 협조적이고, 순종적이고, 친절하며, 타인의 뜻에 잘 따른다. 부정적 모드에서는 굴종적이고, 반항적이고, 불평하고, 지나치게 순응적이 될 수 있다.

그 시대의 전형이었던 Berne은 단어의 선택에서 때때로 비판적이었다. 비판적 부모자아(Critical Parent) 그리고 자유로운 어린이자아(Free Child) 같은 용어의 사용을 보면 분명히 그렇다. 이것은 꽤나 오랫동안 교류분석 전문가들 사이에서 토론의 원인이 되었다. 이 책에서는, 우리는 보다 중립적 용어들을 사용하고자 한다. 즉 비판적 부모자아 CP 대신 구조화하는 부모자아 SP를, 그리고 자유로운 어린이자아 FC 대신 자연스러운 어린이자아 NC를 사용할 것이다.

각 자아상태에는 플러스 측면과 마이너스 측면이 있다. 플러스 측면의 품질의 너무 많은 부분이 사용되면, 마이너스 측면이 나타나기 시작한다. 과도하게 좋은 것은 그 자체가 문제다! 만약 양육적 부모자아 NP가 과도한 돌봄을 제공한다면, 이것은 곧 잘난 체하는 것으로 여겨진다. 지나치게 즉흥적(spontaneous) 자연스러운 어린이자아 NC는 자기중심적이고 타인들에 대한 배려가 부족한 것으로 여겨질 것이다. 순응된 어린이자아 AC에 의한 협조는 때로는 필요한 품성이다. 그러나 굴종은 결코 바람직하지 않다. 부정적으로 적응된 AC는 몇 가지 특징이 있다. 반항자는 마치 자유가 주어진 양 느끼고 생각하고 행동한다. 실제는 타인들(부모)이 원하는 것에 대한 저항(어린이자아의)이 있을 뿐이다. 과도하게 순응된 어린이자아 AC는 타인이 원하는 것에 너무 주의를 집중한다. 그는 그것이 실제 다른 사람이 정말로 원하는 바인지 확인하지 않는다.

Berne은 부모자아상태 P, 어른자아상태 A, 어린이자아상태 C를 관찰 가능한 행동으로 정의했다. 교류분석의 자아상태들은 현상적 현실로서, 직접적 상호작용으로 볼 수 있다(Berne, 1961). 부모자아

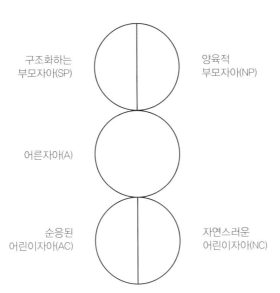

그림 1.1 기능적 자아상태

P, 어른자아 A, 어린이자아 C는 현재 존재하거나 과거에 존재했던 사람들, 이름, 신분, 구두 사이즈, 전화번호를 가진, 진짜 사람들을 대표한다. 누구든지 언제나 어느 한 자아상태에 머무르지만, 대부분 자신도 모르는 사이에 또 다른 자아상태로 자주 전환한다. 이런 점이 자아상태와 Freud가 개발한 개념과의 다른 점이다―이드(id), 이고(ego), 슈퍼이고(superego)는 관찰이 가능하지 않은 추상적 개념들이다(1.4.3절 참조).

1.1.3 이고그램

어떤 사람의 행동으로 다섯 가지 기능적 자아상태가 '활성화(loaded)'되는 양식을 직접 추적할 수 있으며, 패턴들은 대체로 그 사람의 행동 속에서 확인될 수 있다. 이러한 행동 패턴들은 그 사람에게 독특한 것이며, 예측이 가능하도록 한다. Dusay(1972)는 이러한 패턴들을 확인할 수 있는 '이고그램(egogram)'을 개발하였다. 이고그램은 그 사람이 서로 다른 기능적 자아상태들을 사용하는 정도를 그래프로 나타낸 것이다. Hay는 저서 트레이너를 위한 TA(*TA for Trainers*, 1992)에서, 이고그램을 '의사소통 스타일'로 설명하고 있다. 이것은 의미가 있는 설명으로서, 행동에서 양육적 부모자아 NP를 많이 사용하는 사람은 자연스러운 어린이자아 NC를 주로 사용하는 사람과는 다른 소통을 한다. 이고그램은 분석 대상이 되는 사람보다 제3자가 작성하는 것이 바람직하다. 이것은 타인이 경험하는 그 사람에 관한 직관적 스냅숏이다. 어떤 경우에는 피검사자가 (또는 다른 사람이) 어떤 상황에서의 이고그램을 작성할 수 있도록 하는 질문지를 사용할 수도 있다.

대가족의 장녀로서, 메리의 이고그램은 양육적 부모자아 NP가 두드러지게 높음을 보이고 있다. 그녀는 어린 남동생들과 여동생들을 돌봐야 할 책임이 있으며 몸이 아픈 엄마 대신 할 일이 많다. 그녀의 구조화하는 부모자아 SP는 현저하게 덜 발달되어 있다. 그녀는 지시하기보다는 남의 말을 따른다. 그녀는 자신의 뜻을 따르는 경우가 거의 없다. 그녀의 어른자아 A의 점수는 SP보다 높다. 가족 내에서의 그녀의 역할에 대한 기대와 바깥세상의 기대와의 사이의 긴장으로, 그녀는 사려 깊고 그에 적절한 태도를 보이는 것을 익혔다. 그녀의 자연스러운 어린이자아 NC의 점수는 구조화하는 부모자아 SP만큼이나 낮다. 그녀는 자발적으로 자기의 감정을 노출하기를 꺼린다. 그녀의 순응된 어린이자아 AC는 가장 높은 점수를 보이고 따라서 그녀가 다른 사람들의 필요를 자신의 것보다 우선적 위치에 둔다는 것은 놀랍지 않다.

아래의 메리의 이고그램에서, A는 NP와 NC를 각각 양 옆에 두고 중앙에 위치한다. 이들은 그 사람의 핵심자아(core self)에 가장 중심이 되는 자아상태들이다. SP와 AC는 주로 외부 세계의 영향으로 발달했기 때문에, 이것들은 이고그램의 가장 가장자리에 배치한다. 이고그램을 작성할 때에는, 막대의 척도(차트에서 막대들의 높이)보다 상관적 모습(차트에서 막대들의 관계와 높이의 비율)에 더 주의를 기울여야 한다. 처음에 가장 강하고, 가장 약한 자아상태를 결정하고, 그다음 다른 나머지 자아상태들을 결정하는 방법이 바람직하다. 이고그램을 작성하기(그리기)는 과학적 방법이 아니다. 대부분의 사람들은 직관적으로 자신의 이고그램이 어떤 모양일 것이라는 것을 안다. 그러나 이고그램을 다른 사람들과 논의하다 보면, 어떤 사람은 (소통에서) 사각지대를 가지고 있음을 알게 될 때가 많은데, 그 때문에 그 사람은 자신을 순응된 어린이자아 AC로 경험하지만, 다른 사람들은 오히려 구조화하는 부모자아

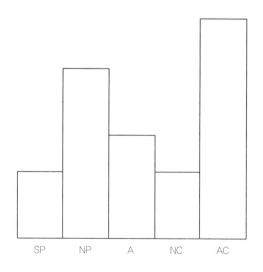

그림 1.2 메리의 이고그램

SP로 더 많이 보는 경우가 있다. 이러한 피드백의 결과로 지금까지의 자신의 자아상태가 비효율적이라고 판명되었다면, 그 사람은 자기의 행동을 바꾸려는 결심을 할 수도 있다.

Dusay는 '항상성 가정(constancy hypothesis)'을 도입하였는데, 이것은 소통의 용기(communicating vessels)에서의 파스칼의 법칙과 매우 유사하다. 즉, 어떤 사람이 자신의 여러 자아상태들에 분배할 수 있는 에너지의 총량은 일정하다는 것이다. 다시 말하면, 그 사람이 한 자아상태에 더 많은 에너지를 투자하면, 이것은 자동적으로 다른 자아상태들에 배분될 에너지를 그만큼 감소시킨다. 그래서 예컨대, 어떤 사람이 보다 많은 에너지를 양육적 부모자아 NP에 투입하면, 구조화하는 부모자아 SP에 쓰일 에너지 양은 그만큼 적게 남는다는 것을 알게 된다. 이것이 강력한 변화의 방법을 마련해준다. 자주 사용하는 자아상태를 감소시키는 것보다, 잘 사용하지 않는 자아상태의 사용을 증대시키는 것이 더 쉽다. 따라서 변화를 위한 추천은 다음과 같다. 두려워하지 말고 지금껏 사용이 미흡했던 자아상태들을 사용하라. 그러면 다른 자아상태들은 자연스럽게 작아질 것이다. 이고그램은 일정한 주어진 시간에 이룬 원하는 변화를 측정할 수 있는 효과적인 도구이다(Dusay, 1972).

메리는 자신의 욕구를 보다 더 중요하게 여기고, 필요하다면 다른 사람들의 요구나 요청에 한계를 설정함으로써 계속적으로 발달할 수 있다. 그녀의 자연스러운 어린이자아 NC와 구조화하는 부모자아 SP는 성장하고 순응된 어린이자아 AC에 배분되는 에너지의 양은 감소할 것이다.

Dusay가 개발한 이고그램은 각 자아상태의 긍정적인 면과 부정적인 면 사이의 구분이 없다. 그것은 단지 점수들의 차이에 관한 것이 전부이다. 대체로 가장 높은 점수를 기록하는 자아상태는 긍정적 면과 부정적 면 모두를 내포한다고 볼 수 있다. 이고그램의 변화는 그래서 자아상태의 긍정적 면을 보다 더 자주 사용하는 방향으로 움직이는 것이다. 예컨대, 구조화하는 부모자아 SP는 누구를 비난하거나 또는 누구에게 잔소리하는 대신, 경계를 더 자주 설정하여 건설적 비평을 제공할 수 있다. 그리고 순응된 어린이자아 AC는 심술을 부리거나 불평하는 대신, 성실한 협조를 더 자주 할 수 있다.

Barrow, Bradshaw, Newton(2001)은 조직 이고그램(organization egogram)을 제시하였다. 그런 이고그램을 작성하면 조직의 문화를 더 잘 이해할 수 있다. 개인의 경우와 마찬가지로, 조직도 현재 수용 가능한 것은 물론 과거에 가능했던 것을 결정하는 독특한 나름의 역사를 가지고 있다. 조직의 문화는 그 조직의 내부에서, 또는 그 조직과 함께 일하는 모든 사람들의 발달을 촉진시키기도 하고 또한 제한하기도 한다. 만약 그 조직의 이고그램에 강력한 자연스러운 어린이자아 NC가 있다면, 조직 내의 모든 사람들에게 즐길 수 있는 허가와 창의적이고 새로운 모험적 기획을 할 수 있는 허가를 줄 가능성이 높다. 동시에 만약, 어른자아 A가 작으면, 사려 깊고 효율적인 업무의 필요성에 브레이크가 걸릴 수 있음을 의미한다.

1.1.4 1차 구조분석

구조분석은 그 사람의 기본적인 심리적 구조('내부')를 그래픽으로 나타낸 것이다. 사람의 신체를 보면 골격이 보이지 않는다. 그러나 뼈대가 그곳에 있다는 것을 안다. 마찬가지로, 당신이 생각하고, 느끼고, 행동하는 양식을 만드는 내부의 구조 패턴이 있음을 또한 알 수 있다. 자아상태의 기본적 모델(1차 구조모델)은 그림 1.3으로 볼 수 있다.

- 정신적 에너지가 어린이자아상태 C로 흘러들어 가면, 그 사람은 특유의 생각들, 느낌들, 행동과 연결된다. 이것들은 그 중심부에, 행복감, 슬픔, 분노 또는 두려움을 가지고 있다. 이런 생각들, 느낌들, 행동은 그 당시의 상황에 적절한 것들이다(시험에서 좋은 성적을 얻었을 때의 환희 또는 누군가가 당신의 차에 흠집을 냈을 때의 분노). 여기에 더하여, 어린이자아상태 C는 어린시절의 상황에 대한 기억들을 포함하고 있다. 이것들은 엄마가 목욕을 시켜주었거나, 또는 잠들기 전 침대에서 동화책을 읽어주었던 것들과 같은 행복한 기억들일 수 있다. 그러나 어렵거나 당황스러운 상황 속에서 자기의 주장을 고집해야만 했던 청소년 시절로부터 활성화되고 재생산되는 생각들, 느낌들, 행동일 수도 있다. 예를 들면, 배스는 여섯 살 때 바지에 오줌을 싸 반 아이들 앞에서 어쩔 줄 몰라 했을 때, 그는 너무나 부끄러워 다시는 사람들 앞에서 울지 않겠다고 결심했다.
- 만약 그 사람의 생각들, 느낌들, 행동이 그의 초기 발달 시기로부터의 부모, 교육자 또는 기타 권위를 가진 인물들의 것과 유사하다면, 에너지는 부모자아상태 P로 이동한 것이다. 이러한 생각,

부모자아상태(Parent Ego State)
부모와 부모에 준하는 인물들로부터
취한 행동, 생각들, 느낌들

어른자아상태(Adult Ego State)
여기-지금에 직접 반응하는
행동, 생각들, 느낌들

어린이자아상태(Child Ego State)
어린시절부터 반복되는
행동, 생각들, 느낌들

그림 1.3 1차 구조분석

느낌, 행동은 종종 기준, 가치들, 도덕적 확신들로 채워진다. 때때로, 갑자기, 언어적 또는 비언어적으로, 아빠나 또는 엄마가 아이의 행동을 훈육할 때, 그 또는 그녀는 자신의 부모가, 예전에 그랬듯이, 자기를 통하여 말하는 것을 들을 수 있다. 어떤 사람이 일을 수행하는 방법이나, 다른 사람들이 절차나 원칙을 무시하는 것에 대해 불평하는 모습은 그 사람의 부모가 보였던 태도와 흡사한 경우가 많다.

- 어른자아상태 A가 활성화되면, 당신은 현재의 상황을 평가하고 또한 정확히 그 상황에 적절한 방법으로 행동한다. 사실들을 서로 연결하고 또한 행동은 문제 해결에 초점을 맞춘다. 성인이 효과적으로 기능할 때에는, 그의 어른자아상태 A가 '책임을 맡고(in charge)' 있다. 어른자아 A는 부모자아 P와 어린이자아 C로부터의 정보에 추가하여, 그 상황으로부터 즉시 얻을 수 있는 정보를 사용한다. 충동과 행동 사이에 심사숙고하는 능력이 있다.

그 사람이 가정에서 또는 다른 곳에서 물려받은 기준(norms)과 가치(values)는 부모자아상태 P에 속한다. 경험들(experiences)은 어린이자아상태 C의 한 가지 구성요소이다. 이 두 자아상태들은 그 사람이 어떤 주어진 상황에서 성공적 접근방법에 관하여 명료하고 전략적으로 사고하지 못하도록 자극을 가하거나 방해한다. 그 사람은 결과적으로, 때에 따라 조금은 더 효과적이거나 아니면 덜 효과적일 수 있지만, 언제나 똑같은 접근방법을 사용한다.

사이코그램(psychogram)이라고도 알려진, '심리 내적(internal)' 이고그램은 당사자만이 작성할 수 있다. 이것은 자아상태의 내적 측정치를 보여주는 것이다. Hay(1992)는 이고그램 당사자의 속성을, '소통의 스타일(communication styles)'이라는 용어 대신, '사고의 스타일(styles of thought)'이라고 지칭한다. 이와 같이 다른 사람들은 그 사람을 대체로 순응된 행동으로 보는 데 비해, 그 사람 자신은 어떻게 비판적이라고 생각할 수 있는지가 명확해진다. 따라서 심리 내적으로 경험되는 이고그램에서는 부정적 SP가 강하게 존재하는 반면, 외부적으로 정의되는 이고그램에서는, 순응된 어린이자아 AC가 높게 나타난다. 심적 에너지가 내적 자아상태들 사이에 심리 내적으로 배분되는 양식은, 그 사람이 어떤 사안에 대하여 어떻게 '생각하는지'에 큰 영향을 미친다. 이 사고는 그 사안을 처리하는 양식과 언제나 일치하는 것은 아니다. 따라서 어떤 사람이 '외부적으로' 나타내는 것만을 근거하여, 그 사람의 '심리 내부'에 대하여 추측하는 것은 추천할 만한 방법이 아니다.

1.1.5 진단

행동을 잘 관찰하고 분석하는 사람은 이 행동에 영향을 줄 수 있는 방법들을 고안해 낼 수 있다. 자아상태 모델은 특히 소통 자체를 더 잘 이해하는 데 적합할 뿐만 아니라 소통을 보다 더 효율적으로 하도록 만드는 데 유용하다. 따라서 이고그램 분석은 그 사람의 행동을 관찰(때로는 직관적으로)하는 것으로부터 시작하며, 그것이 관찰된 자아상태들에 대한 가정의 근거가 된다.

이러한 가정들은 Berne(1961)이 만든 진단의 네 가지 방법을 사용하여 검증할 수 있다.

- 행동 진단(behavior diagnosis) : 이것은 주로 말, 억양, 제스처, 자세, 표정에 대한 세심한 관찰을 포함한다. 모든 정보가 일관되면, 진단은 분명할 것이다. 만약 말하는 내용과 말하는 양식이 일치하지 않는다면, 그 진단은 더욱 난해해질 것이다(그 사람의 눈은 불을 뿜듯 했지만, "나는 화나지 않았어!"라고 그가 소리쳤다).
- 사회적 진단(social diagnosis) : 이 경우에는 타인들의 반응을 사용한다. 예컨대 의사소통 메시지의 수신자가 주눅이 들거나 두려움을 느낀다면(어린이자아상태 C), 메시지의 발신자가 부모자아상태 P에 있음을 의미할 수 있다.
- 역사적 진단(historical diagnosis) : 이것은 그 사람/내담자와, 가능하다면 그 사람의 환경으로부터 얻는 정보에 근거하는 진단으로서, 이러한 정보는 그 사람이 나타내는 경험과 그에 따르는 행동의 근원을 내보인다. 예를 들어, 내담자는 꼿꼿이 앉아 침울한 표정으로 앞을 바라보며 거의 반응을 보이지 않고 있다. 내담자는 부모자아상태에 있는 듯하다. 그러나 추가적인 질문으로 그는 잘못을 저지르고 심하게 야단맞은 아홉 살의 아이와 같은 느낌을 갖고 있다는 것이 밝혀진다.
- 현상학적 진단(phenomenological diagnosis) : 이러한 형태의 진단으로, 그곳-그리고-그때(there and then)의 상황이 정신적으로, 감정적으로, 육체적으로 마치 여기-그리고-지금(here and now)의 경험처럼 경험된다. 예컨대 어떤 어머니가 자기의 아들에게 "이것으로 끝이다. 마지막이야, 더 이상은 안 돼!"라고 소리치는 소리가 들린다. 그녀는 즉각 이것은 그녀의 아버지가 화만 나면 그녀에게 소리치던 모습의 정확한 반복이라는 것을 안다.

Berne은 의사소통의 내용과 전달되는 양식의 일반적 모습을 이용하였다. 소통은 자극(stimulus)과 반응(response)을 보내고 받는 것이다. 그러나 이 모델은 이 소통의 의미를 담고 있는 맥락(context)을 무시하고 있다. 더구나 이 소통의 모델에는 더 큰 문제점이 있다. 문제는 바로 소통이 일어나는 양식에 대한 너무나 선형적인 관점이다. 사람들의 행동만을 관찰하는 사람은 누구나 선형적인 인과관계만을 볼 것이다: "당신이 어린이자아상태에 자리를 잡으니까, 내가 부모자아상태로 반응하고 있다." 그러나 인공두뇌학과 시스템이론에 의하면, 소통은 모든 것들이 상호 연결되는 맥락을 관찰하는 모델 안에서만 이해될 수 있다는 것을 우리에게 알려주고 있다. 소통에는 시작과 끝이 없다. 그것은 끊임없는 상호 작용에 관한 것이며, 발신자는 그의 행동이 다른 사람에게 의미하는 것을 일방적으로 결정할 수 없다. 이러한 이유로 White(2011)는 다섯 번째의 진단에 관한 관점, 맥락적 진단을 제안하였다.

- 맥락적 진단(contextual diagnosis) : 이 형태의 진단은 소통이 일어나고 있는 광범위한 맥락을 포함한다. 사람들이 시스템의 영역을 넘어서면 무슨 일이 생길까? 예컨대, 피고용자들에게 미치는 제한적 조직문화의 영향은 무엇인가? 또는 고압적 분위기의 사무실에서 근무하는 사람들은 어떨 것인가? 국가 또는 세계가 처한 현재의 긴장 상태는 사람들의 즉각적 행동과 환경에 어떤 영향을 가질 것인가?

맥락적 진단에서는 언제나 세 가지의 주된 질문들이 있다.

- 나는, 다른 사람들이 행하는 행동을 하도록 만드는 무슨 일을 하는가? 예 : "나는 A 자아상태로 소통한다. 그래서 다른 사람도 역시 자기의 A 자아를 준비한다."
- 다른 사람은, 나로 하여금 내가 하는 일을 하도록 만드는, 무슨 일을 하는가? 예 : "다른 사람이 나에게 그의 P 자아상태로 이야기한다. 그래서 나의 에너지가 나의 C 자아상태로 흘러든다."
- 다른 사람들은, 광범위한 맥락 속에서, 내가 이것을 행하고, 다른 사람은 저것을 행하도록 만드는 무슨 일을 하는가? 매우 위계적 문화 속에서는, 대부분의 소통은—대체로 경영자와 피고용인들 사이이겠지만—부모자아 P(경영자)와 어린이자아 C(피고용인) 간의 교환 속에서 일어날 것이다.

Berne은 온전한 분석을 위해서는, 네 가지(또는 다섯 가지) 모두의 관점들을 사용해야 하며, 정확한 마지막 진단을 내리기 위하여 관점들을 서로 비교하여 분석해야 한다고 말했다. 그러나 실제에서는 통상 행동적 진단과 사회적 진단으로 판단한다. 보다 복잡한 상황에서는, 역사적 그리고 현상학적 진단을 추가할 수도 있다. 맥락적 진단은 어떤 경우에도 추가적 가치를 가질 것이다.

1.2 　추가 이론

교류분석의 장점들 중 하나는 복잡한 심리내적 그리고 사람들 간의 과정들을 접근 가능한 방법으로 기술할 수 있다는 것이다. Berne이 TA를 더욱 발전시키며 그는 무엇보다도 정신질환자들의 미신적 인식으로부터의 해방을 염두에 두고 있었다. 1947년에 이미, 그는 *행동하는 마음*(*The Mind in Action*)을 출판하였으며, 이 책은 10년 후 정신과 정신분석을 위한 레이맨 안내서(*A Layman's Guide to Psychiatry and Psychoanalysis*)라는 제목으로 다시 출판되었다. 표지에 붙인 부제는 '자신을 이해하기 위한 모든 것(A Total Handbook for Understanding Yourself)'이었다. 서점에 다수의 자기계발을 주제로 한 서적들이 나타나기 훨씬 이전에, Berne은 환자들이 자신들에 관해 이해하고 자신들의 인생을 변화시킬 수 있도록 지식을 환자들[lay men(비전문가)]의 손에 들려주었다. 인간의 동기와 행동에 대한 통찰을 접근 가능한 방법으로 설명하는 것은 교류분석의 시작부터 주요 특징들 중 하나였다.

1.2.1　2차 구조분석

앞에서 언급했듯이, 우리는 자아상태의 기능분석을 통하여 자아상태의 기능을 '외부'에서 볼 수 있다. 구조분석은 자아상태의 내용물, 즉 자아상태들의 '내부'에 관한 것이다.

교류분석의 이론은 구조분석의 세 가지 수준인 1차, 2차, 3차의 구조분석을 가능하게 한다. 우리는 각각의 수준을 연구함으로써 성격을 더욱 깊게 이해하려고 한다. 이러한 방법에 의해, 그 내부는 비밀스러운 모습을 드러내기 시작한다. 1차 구조분석은 1.1.4절에서 설명하였으며 가장 단순하다. 여기에서는 부모자아 P, 어른자아 A, 어린이자아 C의 모델과 각각의 맡은 일들이 기술되어 있으며, 더 이상의 분할은 없다. 2차 구조분석에서는 부모자아 P와 어린이자아 C가, 출생 이후 발달해 온 양식을 근거로 분할되어 있다. 3차 구조분석은 인생 초기에 얻은 경험들에 따라 어린이자아 C를 더 분할한다.

따라서 2차 구조분석에서는 1.1.4절의 1차 구조분석이 더욱 분할된다. 우리는 이렇게 많은 정보를 보여주는 자아상태를 부모자아 P_2, 어른자아 A_2, 어린이자아 C_2로 칭한다.

- 부모자아 P_2는 그 사람이 지금까지 직접 경험한 부모 또는 부모와 같은 인물들로 구성되며, 다른 사람의 전체에 대한 경험—타인의 부모자아 P, 어른자아 A, 어린이자아 C—이 P_2로 내사된 것이다. 내사된 P, A, C를 구별하기 위해 이것들을 P_3, A_3, C_3로 부른다.
- 어른자아 A_2는 더 이상 분할되지 않는다.
- 어린이자아 C_2는 다음으로 분할된다.
  - 신체적 어린이자아 C_1(Somatic Child) : 이것은 태어날 때부터 존재했으며 개인적 성향과 태생적 기질적 특성을 의미한다.
  - 작은 교수 A_1(Little Professor) : 문제해결을 위해 어린이가 가지는 전략들(직관과 전논리적 사고)을 숨기고 있는 부분이다.
  - 마술적 부모자아 P_1(Magical Parent) : 유아기의 주변 환경으로부터의 메시지들, 그에 의한 환상들이 저장된 곳이다.

때로는 2차 구조분석은 저장 시스템인 기록보관소에 비유되기도 한다. 발달과정에 있는 사람은 생각, 느낌, 행동을 카테고리별로 구분하여, 자신의 것들은 어린이자아 C 안에, 다른 사람들의 것들은 부모자아 P 안에 저장한다. 2차 구조 모델에 따르면, 직접적인 경험들은 어린이자아 C 속에, 중요한 타인들로부터 얻는 인상들(impressions)은 부모자아 P 속에 저장된다. 어떤 사람의 내부 기록보관소에 대한 조사와 탐구를 하면 그 사람의 성격 구조와 동기에 대하여 이해할 수 있다. 예를 들면, 그 사람을 매주 연로한 부모를 찾아보도록 만들거나, 매일 한 시간씩 피아노를 연습하도록 만드는 것은 무엇인가? 이 사람은 흡연을 계속하거나 또는 몇 년이 지났는데 아직도 전 남편과 입씨름을 벌임으로써 어떻게 자신을 방해하는가? 이 사람은 어떤 결정을 내리기 위하여 무엇을 하는가? 이 사람은 압력을 받으면 어떻게 반응하는가?

그러나 기록보관소의 비유는 한계를 가지고 있다. 멀고 가까운 과거의 많은 경험이 자아상태 속에 저장되기 때문에 파일 캐비닛의 이미지는 '사실'이다. 그러나 직접 외부의 관여가 없으면 아무것도 변할 수 없는 고정된 파일 캐비닛과는 달리, 자아상태들은 실제 훨씬 더 역동적이기 때문에, 그 이미지는 사실 "진실이 아니다". 신경인지 심리학적 연구(neurocognitive research)에 의하면 기억들은 기록보관소 내부에 가지런히 질서 정연하게 정돈되어 있는 것이 아니라, 새로운 기억들은 여러 가지 방법으로 옛 기억들에게 영향을 미친다. Draaisma(2001)는 사람들은 자기의 기억을 다시 쓴다. 그리고 심지어 어떤 기억이 다른 기억 위에 다시 쓰이기도 한다고 주장한다. 사람들이 자신들이 아버지 또는 어머니가 되면, 자기들이 자랄 때의 양육에 대한 기억들 또한 변화한다. 이러한 수정은 매우 극심하게 일어나 옛 기억들은 그 옛 형태로 더 이상 접근할 수 없게 될 수도 있다. 우리들의 기억이 돌판 위에 새겨지는 것이 아니라는 것을 처음 발견한 사람은 Sigmund Freud였다. 오히려 Freud는 현재의 인생 경험들은 실제로 기억들의 성격과 의미를 변화시킨다는 것을 알았다. 인간의 두뇌는 기계적 장치가 아니고 살아 있는 성장하는 기관이다. Satel과 Lilienfeld가 설명하고 있듯이, "두뇌 속에서 정지하고 있는 것은 아무것도 없다. 이 기관은 매초에도 헤아릴 수 없는 회수로 연결의 강도를 변화시킴으로써 경험과 학습에 반응하여 자체적으로 새로운 배선을 한다"(2013, p. 16). 경험들(C 자아에 저장되는)과 내사물(P 자아에 저장되는) 그리고 그 사람이 여기-그리고-지금 생각하고, 느끼고, 또는 행동하는

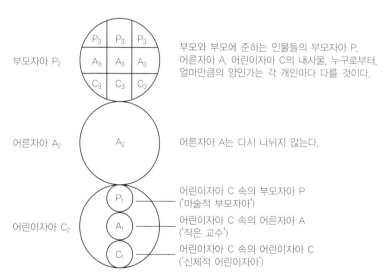

그림 1.4 **2차 구조분석**(Stewart & Joines, 1987, p. 31)

것 사이에 선형적 인과관계는 없다. 또 다른 비유를 사용해보자. 자아상태의 모델은 마치 지도와도 같다. 즉 그 자체가 곧 그 지역(곳, 영역)은 아니다. 누구든지 맹목적으로 지도만을 따라가는 사람은 쉽게 길을 잃을 수도 있다!

1.2.2 어린이자아상태 C_2

어린이자아 C_2의 발달은 너도밤나무의 열매가 땅에 떨어져 어린 나무로 돋아나는 것과 유사하다. 작은 열매 속에 이미 모든 것이 담겨 있다. 욕구, 소망, 배고픔, 목마름, 기쁨, 분노, 두려움과 같은 느낌들이 모두 출생 시에 이미 존재한다. 성장과 더불어 이것들은 보다 복잡한 느낌들과 욕구가 된다. 매년 새로운 나이테가 더해져, 그해의 경험들이 축적된다(Hay, 1993). 이러한 경험들은 아이에게 다른 사람들이 자기를 기꺼이 받아들인다는 확신을 주는 긍정적 경험들로 구성된다. 예컨대, "너는 괜찮은 사람이야! 무엇이든 실험해봐도 좋아! 울고, 웃고, 화내고, 실수하는 것, 모두. 스스로 생각하는 것도 좋아! 너, 다른 사람, 세상이 이해하게 될 거야." 같은 경험들이다. 또한 발달 중의 아이가 부정적 의미로 분류하는 경험들도 있다. 예컨대, "바보처럼 굴지 말라! 그거 손대면 안 돼! 똑바로 좀 행동해라! 조심해, 너!" 같은 경험들이다. 이런 경험들은 불안하고, 부정적이며, 방어적 행동으로 인도할 수 있다. 이런 경험들과 아이의 해석은 나이테가 생성되면서 생긴 옹이와도 같다. 나무는 계속 자라지만, 긍정적 경험들의 흔적과 부정적 경험들의 상흔은 그렇게 남는다. 여기-그리고-지금, 과거-그리고-그때 형성된 옹이와 관련된, 어떤 경험을 갖게 될 때, 그 사람의 이러한 과거와 관련된 경험, 감정, 행동이 활성화된다.

> 직장에서 매우 시끄럽고 작업 분위기를 해치는 행동 때문에 상담사에게 보내진 내담자는, 다섯 명의 오빠가 있는 가정의 막내딸로서(그때-그리고-그곳), 자기가 주목을 받기 위해서는 시끄러워야만 한다고 '결심'했다는 것을 알게 되었다. 현재의 그녀의 인생과 직장에서(여기-그리고-지금), 이러한 행동은 동료들의 직장 분위기를 해치며 때로는 역기능적이다. 그녀는 주목을 받기보다는 오히려 무시되는 경우가 많다.

교류분석의 많은 저술이 어린이자아 C의 역사적이고, 고착화되고, 퇴행적인 성격을 강조한다. 이와 관련한 의문들 중의 하나는 이 자아상태가 발달하는 연령에 관한 것이다. 이 자아상태의 형성은 다섯 살에 정지하는가? 여덟 살? 아니면 열여덟 살에 정지하는가? 아니면 일생 동안 지속하는가? Cornell(2009)은 어린이자아 C는 일생 동안 발달하며, 또한 고정된(fixed) 구성요소들(components)과 자유로운(free) 구성요소들 모두를 갖는다고 보았다.

앞에서 언급했듯이, C_2는 C_1, A_1, P_1으로 하위 분할된다. 태어난 아기는 경험과 기능이 주로 신체적으로 맞추어져 있다(C_1). 아기는 곧 논리적 생각의 기본 모드를 발달시키고 감각적 경험들을 행동으로 표현한다. 예를 들면, 태어난 지 3일이 된 아기는 엄마의 젖 냄새를 인식한다(Stern, 1985, 1990). 이것이 어린이자아 속의 어른자아 A_1의 시작이다. 어린이자아 속의 부모자아 P_1도 생후 1년 안에 발달한다. P_1은 아기가 성장하는 환경으로부터 축적되는 "~해라(do's)"와 "~하지 말라(don'ts)"는 물론, 이것들과 관련되어 생기는 환상들을 포함하고 있다. 따라서 이러한 메시지들은 처음의 부모 또는 돌보는 사람의 의도보다도 훨씬 더 위협적이고 절대적인 형태를 갖는다.

앞의 시끄러운 내담자의 경우에서, 자기의 의사가 주목을 받지 못했던 경험은 C_1에 저장된다. P_1 속에는, 시끄러운 오빠들이 내사물(introjects)로서 존재한다. 그리고 A_1은 '작은 교수'로서, 자기는 소리지르거나 시끄럽게 굶으로써 주목을 받을 수 있다는 결론을 도출한다.

Bradshaw(1990)은 C_2가 형성하고 자신의 존재를 알리는 방법을 보여주는 어린아이 같은 '생각'의 특징들을 몇 가지 제시한다.

- 어린아이들은 절대적으로 극단적 사고를 하여 전부-아니면-전무(all-or-nothing)의 극단을 사용한다 : 만약 아버지가 믿을 수 없는 사람이라면, 모든 남자들은 믿을 수 없다!
- 어린아이들은 논리적이라기보다 감정적으로 사고한다 : 만약 자기가 죄의식을 느끼면, 자기는 나쁜 아이다!
- 어린아이들은 자기중심적으로 사고하며 모든 것을 자기 위주로 받아드린다 : 엄마가 나를 돌볼 시간이 없으면, 나는 무슨 잘못을 저지르고 있거나 아니면 나에게 무슨 문제가 있다!

어린아이들의 사고의 특징들과 더불어 다음의 것들을 염두에 두면, 당신은 어린아이가 C_2 속에서 만드는 숨겨진 세상에 대하여 놀라지 않아도 될 것이다!

- 어린아이들은 제한된 힘을 가진다. 아이들은 '거인들'의 세계에서 힘과 영향력이 거의 없는 '난쟁이들'로서 성장한다.
- 어린아이들은 스트레스를 다루는 기술이 거의 없다. 아이들은 안전을 줄 것 같으면 앞에 있는 지푸라기라도 잡는다.
- 어린아이들은 정보에의 접근이 제한적이다. 아이들은 어른들이 사는 세상에 대한 전체적 그림을 보지 못한다.

어린아이는 자기가 보고, 듣고, 느껴왔던 것으로부터 얻은 결론들을 실험한다. 이때 어린아이는 그런 결론들에 근거하여 확신을 가지고 실험을 실시한다. 발달심리학자인 Alison Gopnik(1999)과 그녀의 동료들은 저서, 요람 속의 과학자(*The Scientist in the Crib*)에서 어린아이가 이 작업을 어떻게 거의 과학적이라고 할 수 있을 정도의 방법으로 실시하는가를 보여주고 있다. 어린아이는 가설을 세우고, 곧 실제로 검증을 한다. 공격으로부터 손쉽게 방어할 수 있는 '이론들(theories)'은 A_1 속에 영원한 지침으로 저장되며, 왜 이 자아상태를 '작은 교수'로 지칭하는가의 이유이다. 부모의 눈치를 보며, 손가락을 전기 소켓에 대는 어린아이는 지금 중요한 심리적 실험을 하고 있는 중이다. 소스라치거나, 화를 내거나, 또는 조용히 "안 돼!" 라고 말하는 부모의 반응은 어린아이에 의해 등록되어, 이 아이가 장래의 세상과 상호작용하는 양식에 기여하게 된다. 성장하는 어린아이의 추진력은 자기가 태어난 이 세상을 항해할 계획을 세우고 측량해야 할 필요이다. 어린이자아 C의 발달은 일생을 통하여 계속된다.

교류분석의 자아상태 이론은 살아서, 숨쉬고, 진화하는 종합적 아이디어들이다.

1.2.3 부모자아상태 P_2

부모자아상태 P_2는 아이가 초기에 양육자와 가르치는 사람으로부터 습득하여 저장하고 있는 사고, 느낌, 행동의 수집품으로서 설명할 수 있다. 엄마 또는 아빠의 모든 성격이 그 당시에 습득된다. 즉 행동, 말뿐만이 아니라 비언어적 그리고 감정적 특성들까지도. 심리학에서는 이러한 현상을 내사물이라고 하며, 그 사람의 성격구조를 구성하는 가치들 그리고 기준들을 포함한다. 여기-그리고-지금에서, 그때-그리고-그곳에서의 결론과 믿음에 연계되면 아이의 양육자와 권위를 가진 인물의 반복적 행동 패턴의 특징을 갖는 행동으로 인도된다.

내담자는 집 주변이 온통 물로 둘러싸인 환경에서 자랐다. 도랑, 연못, 작은 호수들 때문에 그의 어머니는 언제나 타이르는 목소리로 그에게 입버릇처럼 말했다. 그가 집 주변의 이런 흥미로운 것들을 바라볼 때면 그녀는 "그러면 안 돼!"라고 말했다. 오늘날까지도, 그는 자기의 직접적 안전지역을 벗어나는 곳을 탐색하고 싶을 때에는 어머니의 그 목소리를 듣는다. 그 목소리는 그가 새로운 것을 도전하려 할 때면 그를 '견제'한다.

아주 어린 아이는 자기의 양육자와 권위 있는 인물들과의 이 모든 경험을 의식적으로 선택하는 것은 아니지만 거의 모든 것을 보유한다. 즉 어린이자아상태 속에(C_1에는 직접적인 경험으로서, P_1에는 이 경험을 어떻게 하면 가장 잘 사용할 수 있을까 하는 환상으로서), 그리고 부모자아상태 P_2에 보관한다. 이러한 내사물들 중 일부는 반복 사용됨으로써 아이의 경험을 통하여 강화되고 확인된다. 나머지는 그 영향력이 쇠퇴한다. 그래서 준거틀(frame of reference)이 점차 형성되어 조직화되고 한계를 정하는 구조로서의 기능을 강화해 간다. 성인이 된 이후에도 부모자아상태 P는 신뢰할 만하고 타당하다고

간주되는 메시지들로 계속 채워진다. 어떤 사람에게 그것은 직장에서 어떻게 문제를 다루는가에 대한 상사 또는 감독자로부터의 메시지일 수 있으며, 또 어떤 사람에게는 사회문제의 해결책을 제시하는 정치가로부터의 메시지일 수도 있다.

보다 원시적이고, 아이 같은 P_1 속에서는 환상과 왜곡으로 채색되고, 어린아이가 아직 마술적 렌즈를 통해 세상을 보던 시기에 자리를 잡은, 부모의 원시적인 정서적 반응들을 발견할 수 있다. 발달된 P_2 속에서는 일상생활을 통해 그 가치가 입증된 수정된 메시지들을 발견할 수 있다. 어린아이가 신뢰를 구축할 수 있고 지지적 환경에서 성장할 수 있으면, P_1과 P_2 안의 메시지의 내용들은 원칙적으로 다른 사람들과 세상은 믿을 수 있다는 것일 것이다. 어린아이는 상응하는 준거틀을 발달시킨다. 그러나 만약 그 어린아이가 방치되고, 학대받고, 악용되는 환경에서 성장한다면, P_1과 P_2 안의 메시지들은 다른 색채를 띨 것이다. 이 세상은 쉽게 다른 사람들을 믿으면 안 되는 위험한 곳이다. 경계를 늦추지 말라! 이러한 준거틀을 가지게 되면, 다른 사람들과 세상은 두려움과 불신의 대상이 된다. 이것은 계속하여 자기실현적 예언이 됨을 증명한다.

어떤 저자들(예 : Stewart & Joines, 1987, p. 31, 그림 1.4 참조)은 P_2를 P_3, A_3, C_3로 더 분할할 것을 제안한다. P_3는 그러면 부모, 가르치는 사람, 권위 있는 인물로부터의 모든 메시지를 보관하는 저장소이다. A_3는 부모와 같은 사람들에게서 들은, 그대로 기록되었거나 또는 모방된, 현실에 관한 진술들의 집합체이다. 마지막으로 C_3는 부모와 같은 사람들의 어린이자아상태에 관한 기억의 집합체이다. 예컨대, 마크는 그의 아버지가 너무 바쁜 것을 불만스럽게 투덜거리는 것을 본 경험이 있다. 마크가 무슨 질문을 할라치면, 아버지는 이렇게 대답하곤 했다. "하필이면 이럴 때 왜 나를 귀찮게 하니?!" 직장에서 부장인 마크는 할 일은 많은데 질문을 하는 직원들에게 때때로 똑같은 말을 쓰는 자신을 발견한다. 그 말은 부모자아 P로부터 오는 말인 듯한데, 사실은 아버지의 어린이자아 C(마크의 C_3)의 표현이다.

1.2.4 어른자아상태 A_2

어른자아상태 A_2에 당신은 가능한 가장 객관적 견해의 현실을 기록한다. 어른자아 A는 내적 세계와 외부 세계에서 일어나는 일들을 기록한다. A 자아는 이런 총체적 모든 데이터를 사용하여, 여기-그리고-지금에서 적합하고 효율적 기능의 관점을 가지고 선택을 결정한다. A 자아가 활성화되어 있을 때에는, 당신은 반응하기 이전에 부모자아 P와 어린이자아 C로부터의 정보를 통합하여 환경으로부터 오는 징후들을 평가한다. 만약 A 자아가 제대로 작동한다면, 당신은 원하는 바를 계속하여 결정한다. 물론 이런 일은 짧은 찰나에 이루어진다. 어른자아 A는 상당한 양의 직관적 이해력(A_1, '작은 교수'로부터)을 품고 있다. A 자아를 사용하는 데는 적극적인 결단이 요구된다. 이 결단의 힘은 실제 사용함으로써 더욱 강화된다. 만약 우리가 '자유의지(free will)'의 정의를 이런 A 자아에 관한 정보의 옆에 나란히 놓는다면, 이 두 가지는 결국 바로 옆 자리의 연장선상에 있다는 것을 알 수 있을 것이다.

Fennis(2009)는 자유의지를 '선택을 위하여 모든 가능한 정보를 평가하는 능력'이라고 정의한다. 그는 또한 다음과 같이 말한다. "자유의사를 행사하는 것은 많은 에너지의 소모를 요한다. 자유의사란 배터리와도 같아서 너무 빨리 소모된다."

많은 수의 내담자에게, '충동과 행동 사이에 깊은 숙고의 순간'을 갖는 훈련은 매우 유익하다. 행동에 대한 추동력(자극)은 일반적으로 부모자아 P 또는 어린이자아 C로부터 온다. 어른자아 A는 충동에 대한 반응을 지연시키기 위해 활발히 사용되어야 한다. 화가 나거나 짜증이 올라올 때 열까지 세라는 해묵은 충고는 그리 나쁜 것이 아니다! 명상훈련(예 : 마음챙김 수련을 통한)은 A 자아상태가 힘을 얻도록 도움을 준다.

초기 어린아이 시절은 그 사람의 발달에서 매우 중요하다. 그러나 사람들은 일생 동안 발달한다는 것이 분명해졌다. 특히 어린아이로서 터득한 어려운 국면을 헤쳐 나가는 탄력성과 방법은 그 사람의 후기 인생의 질에 영향을 미친다(Cornell, 2009).

1.2.5 통합된 그리고 통합하는 어른자아상태

평화는 전쟁이 없는 것 그 이상이듯, 건강이란 질병이 없다는 것 그 이상이다. "나아지기 위해 병이 들 필요는 없다!" Berne(1961)의 이상은 그가 지칭하는, 이른바 '통합된 어른자아상태'의 실현이다. 사람은 통합된 어른자아 A를 가지고 부모자아 P와 어린이자아 C 안의 가치 있는 것은 무엇이든 보다 용이하게 접근할 수 있다. 이들 두 자아상태 내에 저장되어 있는 제한을 주는 경험들과 연결된 모든 것들을 극복하여 더 이상 그의 생각, 느낌 또는 행동을 통제할 수 없도록 할 수 있다. 이것은 각본(script)에 대한 개입 없이도, 자신의 내부 또는 외부에서 일어나는 것들에 대해 온전히 여기-그리고-지금에서, 보다 자율적으로 반응할 수 있다는 의미이다. 교류분석은 모든 사람들은 어린 나이에 이미 세 가지 기본적 기능을 갖는 이야기, 즉 각본을 만든다는 가정을 가지고 있다.

- 그것은 당신의 과거에 의미를 부여하는 데 도움을 준다.
- 그것은 당신이 현재에 직면하는 문제들에 대처하는 기준을 제공한다.
- 그것은 미래를 '예측'하도록 한다.

우리는 제5장에서 이러한 TA의 중심적 개념인 각본에 대해 자세히 알아볼 것이다.

어른자아 A는 당신이 여기-그리고-지금에 대처할 수 있도록 한다. 이 자아상태는 기록하고, 해석하고, 결론을 내린다. 어른자아 A는 오감을 통하여 여기-그리고-지금의 외부 세계로부터 정보를 흡수한다. 어른자아 A는 어린이자아 C가 반응하는 방법을 눈여겨보고, 그 반응이 여기-그리고-지금의 상황에서 적절한 것인지 여부를 검토한다. 어른자아 A는 또한, 여기-그리고-지금의 상황에서 가치 있는 어떤 아이디어들이 부모자아 P 속에 있는지를 점검한다. 통합된 어른자아에 대한 Berne의 설명은 다음의 세 가지 속성으로 구분한다(1961).

- 파토스(Pathos) : 개인의 감수성, 매력, 민감성(어른자아 A로 통합된 어린이자아 C로부터 온 성품)
- 로고스(Logos) : 객관적 데이터의 처리(엄밀한 의미의 A_2)
- 에토스(Ethos) : 도덕적 성품과 윤리적 책임감(어른자아 A로 통합된 부모자아 P의 성품)

통합된 어른자아 A는 어른자아 발달과정의 마지막 단계이다. 이것은 부모자아 P와 어린이자아 C로부터의 모든 가치 있는 내용물이 어른자아 A로 동화되고 통합된 상태이다. Berne(1961, p. 195)으로서는 이것이 한 인간의 심리적 발달에서 요구되는 마지막 결과물이었다.

> "어른(성인)으로서 행동할 때, 어떤 사람들은 마치 어린아이들에게서나 볼 수 있는 매력과 열린 태도를 보인다. (…) 또한 한편으로는, 사람들에게서 보편적으로 기대되는, 성인으로서의 책임을 기꺼이 맡는 도덕적 품성마저도 지닌다. (…) 교류분석적으로 이것은 어른자아 A로 기능하는 사람은 이상적으로 세 가지의 기질을 보여야 한다는 것을 의미한다. 즉 개인적 매력과 민감성, 객관적 데이터 처리, 윤리적 책임이다. 이것들은 각각 신(새로운)심리적 자아상태(neopsychic ego states)로 통합된 원시심리적(archeopsychic), 신심리적(neopsychic), 외적심리적(exteropsychic) 요소들을 의미한다."

적절하고 기능적인 어린이자아 C와 부모자아 P의 속성들은 어른자아 A 속에 포함되어 있다.

Keith Tudor(2010, 2014)는 전통적 자아상태 이론에 대한 비평과 어른자아상태의 능력에 관한 우리들 사고의 연장을 모두 연구해 왔다. 어른자아상태 A의 논리적/인지적 기능들을 놓치지 않는 한편, Tudor는 관계적 욕구를 깨달음, 숙고하고 비판적인 의식, 동기와 관련한 노력, 상상을 포함하는 것과 같은 어른자아 A의 성숙과정의 능력을 설명한다(2014, pp. 47-54). 그는 다음의 치료적 슬로건을 제안한다, "어른자아 A를 믿으라. 달리 입증이 될 때끼지는"(2014, p. 60) 그리고 '어른자아 A를 확장하는' 과정을 설명한다. 그의 설명에 의하면, 그러한 과정 속에서 치료사는 내담자의 전이적 관계 패턴과 더불어 그의 어른자아 A가 기능할 수 있도록 도움을 줄 수 있는 치료관계를 도모하도록 노력해야 한다.

Susannah Temple(1999)은 그녀의 '기능적 능숙함(Functional Fluency)' 모델에서, '통합하는 어른자아 A(Integrating Adult)'의 개념을 도입하였다. 이것은 어른자아 A는 정지된 상태가 아니라 지속적인 통합의 과정이라는 것이다. 더 상세한 것은 1.3.1절을 참조하라.

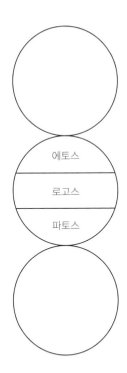

에토스

로고스

파토스

그림 1.5   통합된 어른자아 A

1.2.6   병리

Berne은 의사였으며 이것이 인간의 기능에 관한 그의 견해에 색깔을 입혔다. 그의 마음의 프레임은 '건강과 질병'에 관한 것이었다. 그는 병리의 관점으로 비최적적으로 기능하는(non-optimally functioning) 자아상태에 관해 이야기했다. 이런 경우에 '병리'라는 용어는 좀 지나치게 들릴 수도 있지만, 만약 그 사람이 자기의 통합된 어른자아를 적절하게 사용하지 않거나 사용할 수 없다면, 이런 상황을 우리는 병리적이라고 부를 수도 있을 것이다. 그 사람이 업무를 수행할 때나 관계의 분야에서 현명치 못한 선택을 하거나 반복하여 불건전한 패턴에 빠지고 그 원인에 대해 이해하지 못한다면, 자아상태의 병리적 현상에 대한 것을 생각해볼 이유가 될 수 있다. 즉 오염(contamination), 일관(constancy) 또는 배제(exclusion)(Woollams & Brown, 1978)에 관하여. '오염'은 자아상태들 사이의 경계가 너무 투과의 여지가 있어, 어른자아 A가 부모자아 P_2 또는 어린이자아 C_2로부터 스며드는 내용물에 오염되는 경우이다. 어떤 사람이 두 가지의 자아상태는 버려두고, 어느 한 가지의 자아상태만 사용하는 경우에 우리는 '일관됨'이란 용어를 사용한다. 또한 어떤 두 가지의 자아상태들만이 사용될 때는 다른 한 가지는 '배제'의 상태에 놓인다.

오염

Berne(1961)은 오염을 '한 자아상태의 부분이 다른 자아상태 속으로 당연한 양 침입(standardized intrusion)한 상태'라고 정의했다. Hay(1992)는 부모자아 P 또는 어린이자아 C의 내용물은 어른자아 상태 A 속으로 '스며든다'고 주장한다. 오염의 경우에 있어서, 이러한 비유는 적절하다고 보이는데, 이유는 사실 자아상태들 간의 경계는 투과의 가능성이 너무 크기 때문이다. 오염을 막는 '오염의 제거 (decontamination)' 방책은 어른자아의 경계를 더욱 견고하게 만들어서, 어른자아 A의 결정들이 어린 이자아 또는 부모자아에 의해 더럽혀지거나, 왜곡되거나, 잘려나가지 않아야만 한다.

P-A 오염(그림 1.6a)의 일반적 예는 편견으로서, 고정관념과 과잉일반화, 사실에 입각하지 않은 견해들을 나타낸다. 그러나 그 사람은 그것이 어른자아 A의 진실이지 부모자아 P의 의견이 아니라고 생각한다. 예컨대 "네덜란드 사람들은 모두 구두쇠이다!"와 같은 편견은 물론, "내가 아파서 단 하루라도 결근하면 나는 해고될 것이다." 또는 "휴가 떠나기 전에는 집안을 깔끔이 청소하고 정돈해야만 한다."와 같은 확신들이다.

C-A 오염(그림 1.6b)의 경우에서는, 그곳-그리고-그때의 (무서웠던) 경험들이 여기-그리고-지금의 상황을 측정하여 평가한다. 의심, 미신, 편집(paranoia, 피해망상), 공포(공황)는 현실로 경험이 되고 진실로 받아들여진다. 어떤 호텔에는 13층과 13호 방이 없다. "아무도 그곳에 숙박하고 싶어 하지 않아!"라고 가정한다. C-A 오염은 "결정적 위기의 때가 오면, 아무도 믿을 수 없다." 또는 "만약 혼자 나가면 무서운 일이 벌어질 거야."와 같은 말에서도 알 수 있다.

만약 우리들이 '이중 오염(double contamination)'(그림 1.6c)에 직면하면 완전한 혼란 속에 빠질 수도 있다. 부모자아 P와 어린이자아 C의 내용물들이 사실(진실)을 나타내는 것처럼 보이기 때문에, 현실을 보는 시각은 왜곡된다. 이중 오염은 오염에서 가장 일반적인 형태이다. 그래서 부모자아 P가 어떤 편견을 지시하면("진짜 남자는 울지 않는 거야."), 어린이자아 C는 두려움(두 눈에 눈물이 가득하여)으로 반응한다.

일관됨(불변)

때로는 어떤 사람은 오직 한 가지 자아상태에 머물러 있고 또 그렇게 기능하는 듯이 보인다. 다른 두 가지 자아상태들은 무시된 채 오직 한 가지 자아상태만이 사용된다. 일관된 부모자아상태 P는 학생들에게 재미있는 말 한 마디 없이, 논리는 접어두고, 공식만을 외우게 하며 스스로 사고할 기회를 주지 않는 권위적인 선생일 수 있다. 일관된 어린이자아 C는 책임의식 없이 자기의 행동에 따른 결과를 생각하지도 않고, 오로지 즐거움만 찾는 영원한 어린이 피터팬이다. 일관된 어른자아 A는 이성 (rationality, 합리성)을 자동 조종간에 앉혀 놓고 견해와 느낌(감정)과는 격리되어 있는 경우가 많다.

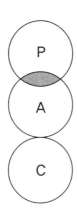

그림 1.6a 부모자아 P-어른자아 A 오염

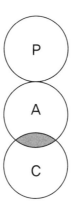

그림 1.6b 어린이자아 C-어른자아 A 오염

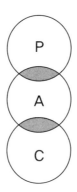

그림 1.6c 이중 오염

배제

일관됨과 다른 점은 배제를 가진 사람은 두 가지 자아상태를 사용하고 한 가지 자아상태는 배제하는 것이다. 부모자아 P가 배제된 사람은 자기 자신에게나 다른 사람들에게 규약을 제공하는 데 매우 취약하다. 책임지는 기준과 가치의 결여는 사람을 문제에 봉착하게 한다. 어린이자아 C를 배제하는 사람은 즐거움, 흥분 또는 호기심을 느끼는 것이 불가능하다. 불행과 슬픔도 배제된다. 어른자아 A가 완전히 배제된 상태에서는 아무도 생활을 하거나 일을 할 수 없다. 그런 사람은 자신에게는 물론 주변의 사람들에게도 위험하다. 양극성 장애의 조증(躁症, manic phase) 국면에서 활성화되어 있는 것은 대체로 어린이자아 C이다. 예를 들면, 자만심, 과다한 금전의 낭비, 수면을 취할 생각을 안 함 등이다. 울증(鬱症, depressive phase) 국면에서는 부모자아 P가 복수를 담당하고 그 사람은 자기비난으로 고통받으며, 어린이자아 C는 죄의식과 무력감으로 반응한다.

1.2.7　오염의 제거

오염의 제거는 교류분석에서 필수적 기술이다. 때때로 사람들은 자신이 현실을 왜곡하고 있다는 사실을 알지 못하며, 또한 어느 정도로 그렇게 하는지 인지하지 못한다. 자신들에게 자기의 준거틀은 합리적이고 자기의 자연적인 한 부분이다. 누구나 오염과 배제에 직면했다면, 어느 누가 우발적으로 또는 의도적으로 오염시켰거나 또는 배제한 것이 아니라는 것을 깨달아야 한다. 과거 어느 때인가 이것은 아마도 최선의 선택이었거나 또는 유일하게 가능한 현실에 대한 관점이었을 것이다. 따라서 동정적이고 존중하는 반응이 바람직하다. 사람들은 미치지 않기 위해 어떤 때 '미친 듯이 화를 내는' 것을 배운다. 변화를 가능하게 만들기 위해서 어떤 다른 관점을 추가하기 이전에, 우선 전문가와 상의하는 것이 바람직하고 또 필요하다. 사람들은 자신이 상대에게 이해되었다고 느끼면 보다 더 기꺼이 당신과 동행하려 할 것이다.

　Berne(1977)의 견해에 따르면, 오염 제거의 궁극적 목적은 과거로부터의 혼란스럽고 미처리된 경험들에게 침해되지 않고 또는 그 사람의 역사에서 통합되지 않은 중요한 타인들의 자아상태들에 의해 침범받지 않는, 통합된 어른자아 A(integrated Adult)를 성취하는 것이다. 각 자아상태들 사이의 혼란을 살펴보고 직면하는 것은 중요하다. 결과적으로 어른자아 A가 고삐를 잡고, 그 사람의 사고, 감정, 행동에 대한 전적인 책임을 질 수 있어야만 한다.

　교류분석 전문가의 작업에서는, 계약서를 작성할 때 이미 오염의 제거 작업이 시작된다(제7장). 오염의 제거 과정에서는, 흔히 고착된 것들을 떠나보냄으로써 느끼는 안도감을 수반하는, 준거틀의 변화가 종종 일어난다. 심적 에너지는 과거에서만큼 그곳-그리고-그때로 흘러가지 않기 때문에, 여기-그리고-지금으로 돌아온다.

1.3   추가 논의

자아상태 개념은 지금까지 그래 왔듯이 아직도 가장 논의가 활발히 진행되고 비평의 대상이 된다. 어떤 교류분석 이론가들은 여러 가지 이유로 이 개념을 변경하거나 개선하려고 시도해 왔다. 이들 중 몇 가지를 살펴보겠다.

1.3.1   붉은 그리고 푸른

자아상태 개념을 비판하는 전문가들 중 첫째는 미국의 기업체 훈련 전문가인 Abe Wagner이다. 그는 저서 교류분석적 경영자(*The Transactional Manager*, 1981)와 이후의 TAJ 논문 '효과적 소통을 위한 푸른 자아상태들(Blue ego states for effective communication, 1994)'에서, TA 개념들을 사용하는 실질적이고 접근이 용이한 방법을 탐구하였다. 그의 주된 관심은 상대방의 어린이자아 C의 관심을 낚는 것이었다. Wagner는 효율적인 푸른 자아상태들과 비효율적인 붉은 자아상태들이 있다고 믿는다. "푸른 자아상태에 머물러 있어라. 그러면 사람들이 당신에게 반응할 것이다. 붉은 자아상태로 가면 그것은 말할 필요도 없다." Wagner가 주장하는 효과적 자아상태들은 양육적 부모자아 NP, 어른자아 A, 자연스러운 어린이자아 NC이다. 열거한 자아상태들은 메시지의 내용, 어조, 몸짓, 표정을 통하여 "I'm OK, You're OK" 메시지를 전달한다. 서문에서 우리는 "I am OK/not OK" 그리고 "You are OK/not OK"를 의미하는 '생존적 인생태도(existential position)' 또는 '인생태도(life position)'의 개념을 상세히 논의하였다. 반대로 비효율적인 자아상태들은, "You are not OK"로 소통하는 구조화하는 부모자아 SP, 순응적 모드에서 "I am not OK"를, 반항적 모드에서 "You are not OK"로 소통하는 순응된 어린이자아 AC다.

푸른 자아상태들과 붉은 자아상태들은 모두 상대방의 동일한 자아상태들을 자극하는데, 이 현상을 Wagner는 '공동의존(co-dependency)'이라 부른다. "공동의존은 조직 사회에 만연해 있는 현상이며, 이것은 OK 상보 교류를 통해 극복될 수 있다." Wagner가 '자전거 경영'이라 일컫는, 이러한 공생적 체인의 단절은 회사 또는 조직을 위해 일하는 모든 TA 전문가들의 목표이다. 다음과 같은 상황을 상상해보라. CEO가 부모자아 P로부터 지시하면, 이사는 주로 어린이자아 C로 반응한다. 이제 이사가 부모자아 P로 지시하면, 부장은 어린이자아 C로 반응한다. 이런 상황은 마치 '한 줄로 달리는 자전거들'을 연상시킨다. 컨설턴트들이 이사들(또는 다른 직원들)을 부모자아 P로부터 접근할 때, 특히 이런 공생적 체인을 확인할 수 있으며, 이것은 자율적 직원들의 건강한 발달을 저해한다. 공생적 체인의 단절을 위해서는 교차교류(cross transactions, 제3장)를 사용하는 것이 효과적이다.

1.3.2 자아상태를 나타내는 도식

Van Beekum(1996)은 자아상태의 구조적 모델과 기능적 모델에 대한 혼란이 있음에 주목하였다. 그는 이런 혼란스러움은 부분적으로 양 모델이 모두 똑같은 양식으로 표시되기 때문이라고 주장한다. 그는 구조적 모델에서는 동그라미들을 사용하되, 기능적 모델에서는 사각형을 사용하여 표시하는 아이디어를 연구 중이다. 그리고 이것을 하나의 그래픽 안에 합치면(그림 1.7 참조) 구조적 모델과 기능적 모델 사이의 관계를 볼 수 있다.

이 모델은 어떻게 여기-그리고-지금에서 기능할 수 있는 다섯 가지의 가능성이 존재하는지 명확하게 보여준다. Van Beekum이 제안하는 이 그래프는 그의 말대로, '두 모델들 사이의 차이점'을 볼 수 있도록 해준다.

1.3.3 기능적 능숙함

기능적 능숙함 모델(Temple, 1999, 2004)은 통합된 어른자아 A의 활동을 보여준다. 더구나 Temple은 '통합하는 어른자아 A(integrating Adult)'라는 용어를 더 좋아하는데, 그 이유는 그것은 정태적 어른자아 A가 아니고, 적절한 부모자아 P와 어린이자아 C의 일부 내용물을 건설적인 방법으로 흡수하고 통합함으로써 지속적으로 발달하는 자아상태로서의 어른자아 A이기 때문이다.

기능적 능숙함 모델은 자아상태 모델이라기보다 오히려 자아상태 이론은 물론 다른 이론들에 의해 알려진 인간의 기능 모델(a model of human functioning)에 가깝다(Temple, 2004, p. 198). 이런 이유로 Temple은 그녀의 도식에서 동그라미들 대신에 사각형들을 쌓아 올렸으며, 부모자아 P, 어른자아

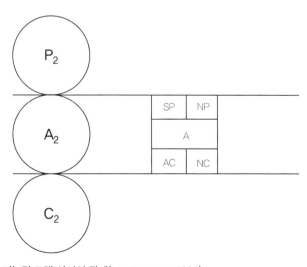

그림 1.7 구조적 모델과 기능적 모델 사이의 관계(van Beekum, 1996)

A, 어린이자아 C란 용어들의 사용을 피했다. 그녀는 긍정적 그리고 부정적 측면 모두를 갖는, 인간의 생존과 기능의 여러 카테고리들과 연결된 새로운 용어들을 만들었다.

1. 부모자아 P는 사회적 책임, 즉 타인과 자신의 이익을 위한 에너지의 사용의 기능과 연관되어 있다. 이것은 다음의 두 가지 양식으로 작용한다:

    - 구조화하고, 격려하고, 잘 조직화된, 확고한 태도[구조화 모드(structuring mode)]로 또는 지배적이고, 오만하고, 징벌적 태도[지배적 모드(dominating mode)]로, 지시하고 통제함으로써
    - 양육적, 수용적, 관여적, 동정적 태도[양육적 모드(nurturing mode)]로 또는 어른인 체 행세하는, 일관성 없는, 응석을 받아주는 태도[솜사탕 모드(marshmallowing mode)]로 돌봄으로써

2. 어른자아 A는 현실 평가의 기능과 관련되어 있다: 여기-그리고-지금의 깨달음을 포함하여, 정보를 수집하고 해석하는 데 에너지를 사용한다. 어른자아 A는 경계하고, 의식하고 있으며, 근거 위에 있고, 합리적이며, 탐구적이고, 평가적이다[논리적 모드(accounting mode)].

3. 어린이자아 C는 자아실현(self-actualization)의 기능과 관련되어 있다: 자신의 이익을 위하여 에너지를 사용한다. 다시 이것은 두 가지 방법으로 이루어진다.

    - 협조적이고, 친절하고, 확신에 찬 태도[협조적 모드(cooperative mode)]로 또는 지나치게 순응적이고, 조바심 내고, 종속적 또는 반항적 태도[순응적/반항적 모드(compliant/resistant mode)]로, 다른 사람들과 사회적 관계를 가짐으로써

− 지배적	− 솜사탕
구조화 +	양육적 +
논리적 모드 현실을 평가함	
+ 협조적	+ 자발적
순응적/반항적 −	미성숙 −

그림 1.8 기능적 능숙함 모델에서의 행동 모드

- 자연스럽고, 독특하고, 자발적인 태도로 모든 일을 행함으로써 그리고 창의적이고, 표현을 잘하고, 기운이 넘침으로써[자발적 모드(spontaneous mode)] 또는 미숙하고, 자기중심적이고, 무자비하고, 이기적으로 행동함으로써[미성숙 모드(immature mode)].

다섯 가지의 구조화, 양육적, 논리적, 협조적, 자발적 모드들은 효과적으로 반응하는 긍정적인 면과 조합들을 나타낸다. 네 가지의 부정적 모드들은 덜 효과적인 반응들을 나타내며 또한 어른자아 A 기능의 오염된 부분들을 나타낸다고 설명될 수 있다. 이 모든 아홉 가지 모드들은 통합하는 어른자아 A(integrating Adult)의 모습들이다(Temple, 2004, p. 200). 기능적 능숙함의 템플 인덱스(Temple Index of Functional Fluency, TIFF)(www.functionalfluency.com)라고 하는, 이 모델을 사용한 연구를 위한 질문서가 개발되어 있으며, 현재 타당도(validity) 검증 단계에 있다.

1.3.4 자아단계

Maria Teresa Romanini(1991, 1996)는 Berne의 자아상태 모델에 대하여 흥미롭고 도전적이랄 수 있는 대안을 제시한다. 이탈리아어로 쓰고 이탈리아에서 공표되었기 때문에, 그녀의 주장은 TA 학자들 사이에 광범위한 인정과 고려의 대상이 되지 못했으나, 최근 Alessandra Pierini(2008, 2014)가 영문으로 출판한 것을 계기로 Romanini의 혁신적 사고가 관심을 끌게 되었다. Berne의 심리내적 구조로서의 자아상태 가설에 대조적으로, Romanini는 '진짜(real)' 자아 또는 '자아단계(ego stages)'의 개념을 소개하고 있다. Romanini와 Pierini의 어린이들에 대한 연구에 의해 알려진 바에 따르면, 우리들은 그 사람의 실제적·객관적 상태[발달적 단계(developmental stage)], 즉 그 사람의 실제의 생활연령(chronological age), 자아인식(self-perception), 그 사람에 대한 외적·사회적 인식(social perception)의 조합(결합)을 고려해야만 할 필요가 있다. 예를 들면, "일곱 살 어린아이는 그가 어느 특정한 순간에 사용하는 자아상태에 관계없이, 그의 외부 세계와 그 아이 자신에 의해 어린아이로 인식된다."(Pierini, 2014, p. 105). 어린아이는 자신에 대한 심리내적 경험 속에서 대부분 부모자아상태 P로부터 기능을 수행하며, 자아발달의 실제 단계에서 그의 연령은 일곱 살이다. 그는 타인들에게는 어린 아이로 인식되며, 그는 자주 자기의 부모자아 P로부터 기능을 수행한다.

　실제 어린아이가 경험하는 현실을 나타내기 위해, Romanini는 우리에게 친숙한 Berne의 다이어그램인 3개의 원—제일 위에 부모자아 P, 중간에 어른자아 A, 제일 밑에 어린이자아 C—을 대체하는 다이어그램을 제시했다. Romanini와 Pierini는 때로는 어린이자아 C를 다이어그램의 중앙에, 부모자아 P를 그 위에, 어른자아 A를 제일 밑에 두는 방법이 보다 정확하다는 것을 제시하고 있다.

　교류분석에서는 지금까지 어른자아 A는 어린이자아 C(또는 부모자아 P)에 의하여 어떻게 오염될 수

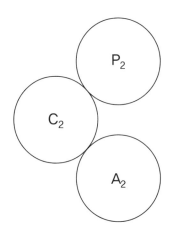

그림 1.9 어린이의 진짜 자아에서 어린이자아의 단계

있는가에 대하여 생각하는 것이 일반적이었다. 그러나 Romanini는 어린아이의 발달 중의 자아단계에서는 어린이자아 C가 실제로 어른자아 A에 의해 오염될 수 있다는 것을 주장한다.

> 어린이가 너무 힘들어 그의 상상력을 연출하거나 사용할 수 없음을 알게 되면, 그는 부모의 판단에 의해 봉쇄당할 수 있다. 나는 이것을 부모자아 P에 의한 어린이자아 C의 오염으로 간주한다. 어른자아 A는 과도한 논리성으로 창의성을 오염시킨다…(Pierini, 2014, p. 106).

1.3.5 사회-인지적 교류분석

Berne의 자아상태 모델에 추가된 매력적 이론은 2009년에 작고한 Pio Scilligo 교수가 이끈 이탈리아 연구그룹의 사회-인지적 접근방식(socio-cognitive approach)이다(Bastianelli & Ceridono, 2012; De Luca & Tosi, 2011; Scilligo, 2011). Scilligo의 연구는 무엇보다도 Lorna Smith Benjamin(1996)이 제안한, 대인관계 모델인, 사회적 행동의 구조적 분석(Structural Analysis of Social Behavior, SASB)에 의존하고 있다. Benjamin은 모든 대인관계 행동을 2차원, 즉 사랑(love)-증오(hate) 그리고 자율(autonomy)-통제(control)로 배치했다. 이들 양 축을 조합하면 다음의 4분면의 배열이 가능해진다.

- 자유로운(Free) : 사랑과 독립의 조합, 이곳에서는 자신 그리고/또는 타인들에게 사랑하는 방법으로 힘을 준다.
- 보호적(Protective) : 사랑과 통제의 조합, 이곳에서는 자신 그리고/또는 타인들로부터 사랑하는 방법으로 힘을 빼앗는다.
- 반항적(Rebellious) : 미움과 자율의 조합, 이곳에서는 자신 그리고/또는 타인들에게 미워하는, 부정적 방법으로 힘을 준다.

- 비판적(Critical) : 미움과 통제의 조합, 이곳에서는 자신 그리고/또는 타인들로부터 미워하는, 부정적 방법으로 힘을 빼앗는다.

Scilligo와 그의 동료들은 다음의 연구 질문을 가지고 심리치료적 관계를 조사하였다: "어느 자아상태가 더 효과적이며, 또 어떤 자아상태가 덜 효과적인가?" 그들은 세 자아상태(P, A, C)를 위의 네 가지 분면들(자유로운, 보호적인, 반항적인, 비판적인)과 혼합하였다. 그러면 다음과 같은 네 조합을 얻을 수 있다.

- 부모자아상태 P : 자유로운 부모자아(Free Parent), 보호적 부모자아(Protective Parent), 반항적 부모자아(Rebellious Parent), 비판적 부모자아(Critical Parent)
- 어른자아 A : 자유로운 어른자아(Free Adult), 보호적 어른자아(Protective Parent), 반항적 어른자아(Rebellious Adult), 비판적 어른자아(Critical Adult)
- 어린이자아 C : 자유로운 어린이자아(Free Child), 보호적 어린이자아(Protective Child), 반항적 어린이자아(Rebellious Child), 비판적 어린이자아(Critical Child)

이 모델의 강점은 광범위하게 연구되었다는 점이다. Scilligo는 Berne이 설명한 '자기(self)'라는 개념의 이해를 현저하게 바꾸는, '통합된 자기(integrated self)'의 개념을 소개한다. Scilligo는 통합된 자기를, '자기(self)를 미래에 투사하는 그 사람의 핵심적 경향을 가지고, 경험으로부터 창의적으로 모습

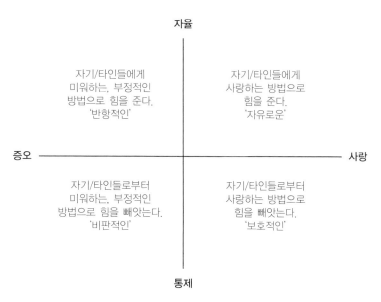

그림 1.10 사회-인지적 교류분석에서의 분할면

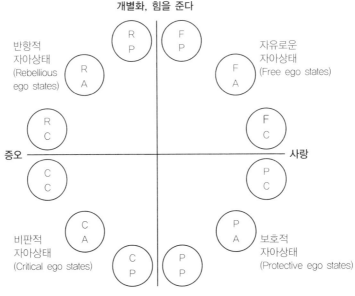

그림 1.11 자아상태의 원형 모델

을 나타내는, 잠재적 의미들, 가치들, 감성적 호불호를 갖는 행동기준들의 복잡한 망···'(2009, p. 64)으로 정의한다. 자아상태가 과거의 경험 속에서 형성되고 근거하는 마음의 상태로 이해되는 데 비해, Scilligo는 자기(self)는 미래를 향한 태생적 의미와 지향성(innate sense and orientation)을 가지고 있다고 주장한다. 그는 자기의 행동성(agency)을 마음의 반사적 상태로서보다는 적극적이고 동적인 힘으로 보고 이를 강조한다. Scilligo의 연구는 자유로운 그리고 보호적 자아상태들이 통합된 자아와 가장 연합되어 있다는 것을 지적한다. 이것들은 Scilligo의 연구에서 심리치료 이후 더욱 증강되는 것으로 나타나는 자아상태들이다. 반면에 반항적 그리고 비판적 자아상태들은 더욱 감퇴하는 것으로 나타난다(De Luca & Tosi, 2011).

1.3.6 신경생물학

1960년대에 자아상태를 개발했을 때, Berne은 부모자아 P, 어른자아 A, 어린이자아 C에 일치하는 특정한 뇌의 영역들('psychic organ')이 결국에는 밝혀질 것이라는 희망을 가지고 있었다(Berne, 1961). 그는 다음과 같은 용어를 사용하였다.

- 외적심리적 : 타인들로부터 얻은 규준(norms)과 가치들(values)을 가지고 기능한다.
- 신심리적 : 데이터 프로세싱과 현실을 평가하는 새로운 기능을 가진다.

- 원시심리적 : 전논리적 사고(pre-logical thinking)와 충분히 차별화되지 못한 지각에 근거하여 반응한다.

지금까지의 신경생물학적 연구에 의하면, 뇌의 특정 영역과 연관된 특정 기능은 없다는 것이 점점 명백해지고 있다. 그보다는 뇌의 서로 다른 여러 기능들은 반복적 활성화로 보다 더 큰 네트워크, 즉 '함께 전기적 충격을 만들고, 함께 전기적 연결성을 형성하는(neurons that fire together, wire together)' 신경세포들로 이루어지는 신경망(neural networks)에 의해 수행된다. 이것이 사고, 느낌, 정서적 분위기(emotional tone), 행동, 기억, 그 사람이 자신과 자신의 준거틀을 규정하고 경험하는 내적 모델들(internal models)을 만든다(Gilbert, 2003; Hine, 1997; Thunnissen, 2007).

어른자아 A는 대뇌피질(cerebral cortex), 특히 내측안와 전전두피질(medial-orbital prefrontal cortex)에 주로 위치하는데, 이곳에서는 기억력과 기억과 감정적 평가 간의 통합이 위치하며, 이곳으로부터 기분(mood)이 조절된다. 또한 어른자아 A의 기능은 배외측 전전두피질(dorsolateral prefrontal cortex)에 위치하는데, 그곳은 감각기관으로부터의 입력과 운동기능으로서의 출력을 연결하는 '전환소(switching station)'가 있는 곳이다. 또한 공간 기억력(spatial working memory)이 이곳에 위치한다.

부모자아 P는 출생과 더불어, 처음에는 부모와 아기 사이의 직접적, 비언어적·직관적 의사소통 방법을 통하여 발달하는데, 이때 두 사람은 모두 주로 우측 뇌를 사용한다. 이런 방법으로 아기는 자신의 욕구와 감정을 조절하는 법을 배운다. 아기는 부모가 주는 무조건적 긍정적 자극을 근거로 자아감

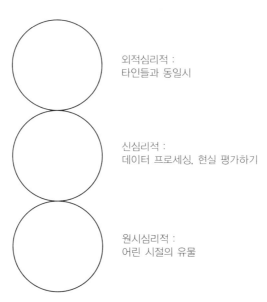

외적심리적 :
타인들과 동일시

신심리적 :
데이터 프로세싱, 현실 평가하기

원시심리적 :
어린 시절의 유물

그림 1.12 Berne에 의한 '마음 기관'

(sense of self)을 발달시킨다. 만약 환경이 충분한 발달적 경험을 주지 못할 경우에는, 뇌의 오래된 원시적 부분들과 새로운 부분들, 주로 신피질(neocortex)과의 사이에 신경세포의 연결들이 거의 이루어지지 않는다. 이러한 사람은 이후 행동하기 이전에 생각하기보다는 '원시적(primitive)' 또는 충동적 행동으로 반응하게 된다. 즉 부모자아 P와 어른자아 A는 충분히 발달하지 못한다.

　어린이자아 C는 출생과 함께 존재한다. 우뇌 반구가 지배적이며 경험들은 암묵적, 무의식의 기억 속에 저장된다. 약 2세부터 ─말하기의 발달과 좌뇌와 우뇌 사이의 통합이 증강됨과 함께─아기는 명시적·자전적 기억이 발달하기 시작한다(해마에서). 생의 초기에, 아기는 자신의 중요한 타인들과의 정서적 관계에 근거하여, 주의와 감정들을 조절하는 법과 주변과 소통하는 법을 배운다. 예컨대, 만약 정서적 방치 또는 아기의 감각기관의 장애 때문에 이런 능력들이 충분히 발달되지 않으면, 언어와 인지가 정상적으로 발달되지 않는다. 어린이자아 C가 지나치게 지배적으로 남아 있게 되어, 어른자아 A와 부모자아 P에 의해 충분히 수정되거나 조절되지 못한다(Schore, 1994). 신경망에 있어서는, "사용하라, 그렇지 않으면 없어진다."의 원칙이 적용된다. 자주 활성화되는 연결망은 남을 것이지만, 그렇지 않은 것들은 쇠퇴한다(Allen & Allen, 2005).

1.3.7　조직의 성격

조직도 '성격(personality)'을 가질 수 있다─그것은 조직의 기풍(ethos, 정신)의 대외적 표현, 즉 조직 내의 사람들이나 조직 외의 사람들이나 그 조직은 어떻게 활동하는가, 무엇을 하는가와 같은 것에 대해 갖는 의미의 대외적 표현이다. 그 조직에 대하여 "고객을 반기는가", "사업적인가", "성취도가 높은가"라고 말할 수 있는가? 원래는, 교직원들에게 그 학교의 문화가 어떤가의 그림을 갖도록 만들기 위해 학교용으로 개발된 것이지만, 이고그램 평가 도구(egogram assessment tool, EAT)는 비유적으로 자아상태를 조직의 행동과 타인들에게 그 의미를 어떻게 소통하는가에 적용하여 사용한다(Barrow, Bradshaw & Newton, 2001 p. 104). 목적은 조직이 특정한 자아상태의 능력에 해당하는 행위에 대한 의미를 세우는 것이다. 이고그램 평가 도구(EAT) 자체는 가능한 한 많은 피고용인이 완성하는, 등급을 가진 설문지인데 응답자에게 자기가 매기는 점수에 대한 증거를 제시하도록 권장한다. 스코어들이 집합되어 분석되면 그 조직의 '성격(personality)' 프로파일이 완성된다. 결과로 얻는 자아상태의 수치를 관찰하면, 자신들이 성취한 것들에 대하여 감사할 수 있으며 또한 '차이(gaps)' 또는 변화를 위한 '바람직한' 자아상태들과 잠재력을 관찰할 수 있다. 각각의 EAT는 그 조직의 역사와 비전, 그리고 그 조직만의 독특한 맥락과 영향을 미치는 그 지방과 국가적 특징들까지도 고려하여 디자인될 수 있다.

1.4 관련 이론

1.4.1 기원

Berne의 자아상태 이론은 여러 사상가들이 저술한 출판물에 근거를 두었다. 1950년대 잘 알려진 신경과 전문의인, Penfield는 측두엽에 직접적 전기자극을 가하거나 간질성 경련 중에는 외부의 원인이 없는 자생적 기억들이 생성되는데, 그 사람은 실제 원래의 상황인 양 생각하고, 느끼고, 행동한다는 것을 보여주었다(1952). 같은 시기에 심리학자인 Federn과 Weiss는 '자아상태(ego state)'(Federn, 1952)라는 용어를 소개하였으며, 이를 내적 갈등 또는 트라우마 사건이 상기되는, 최면, 꿈 또는 정신병(정신 이상 상태, psychosis)의 하나의 과정을 설명하는 데 사용되었다. 그러나 Berne은 자아상태를 병리적 상태에서뿐만 아니라 인생 전반의 모든 순간에 있어 적용되는 이론의 핵심으로 만들었다.

Berne의 자아상태 '발견'은 혁명적인 것이었다. 역사상 처음으로 심리 내적 현상들과 인간관계에서의 현상들 사이의 분명한 관계가 설립되었다. 슬프게도 Berne은 비교적 젊은 나이인 60세가 되는 1970년에 세상을 떠났다. 많은 사람은 그가 만약 더 오래 살 수 있었다면, 그의 이론을 훨씬 더 발달시키고 또한 구축했으리라고 안타까워한다. 그와 동시대인이었던, 행동치료(behavioral therapy)와 합리적 정서 치료(rational emotive therapy, 현재의 REBT)의 창시자들인, Aaron Beck과 Albert Ellis는 비교적 장수했다. Beck은 1920년에 태어났으며 2015년 현재에도 활동을 한다. Ellis는 2007년 93세를 일기로 타계했다. 두 사람 모두 1960년대 이래의 심리학의 발달을 지켜보았으며, 그 기간 동안에 인지(cognition), 조사연구(research), 실증적 연구방법(evidence-based approaches)의 중요성이 증대되었다.

Berne이 그의 이론을 발달시켰던 무렵에는, 당시에 주류를 이루고 있던 정신분석(1.4.2절 참조)의 모델에 대한 다방면으로부터의 비판이 있었다. 이러한 상황은 정신분석 내에서의 여러 학파들을 만들었으며, 인본주의적 접근법(1.4.6절 참조)은 물론 행동치료, 인지치료, 스키마(schema) 치료(1.4.5절 참조)의 출현을 촉진했다. TA에서 사용하는 자아상태와 관련하여, 이상 언급한 이론들에 대한 간단한 설명을 아래에 기술한다.

1.4.2 드라이브, 이고, 대상, 자기와 정신화

Berne이 교류분석을 개발하고 있을 무렵, 자아심리학(ego psychology), 대상관계 이론(object relations theory), 그리고 자기심리학 모델(self psychology model)이 각각 고전적 정신분석 모델에 대한 나름대로의 대안적 이론임을 표방하며 발달하고 있었다. 이러한 이론들은 모두 심리역동적 접근방법론(psychodynamic approaches)의 범주에 속하는 것들로서, 개인과 환경 사이의 관계를, 내적 그리고 외적, 모든 측면에서 이해하고자 한다. 여러 가지 모델들이 인간 기능의 각기 다른 측면을 강조하고 있으며 이것들은 부분적으로 중첩되기도 한다(Gabbard, 2005; Pine, 1990; Sills & Hargaden, 2007).

정신분석의 창시자인 Freud는 19세기 말엽에 정신장애와 어린시절의 경험과의 연관성을 밝힌 최초의 사람이다. 그는 성인의 정신병리는 성욕(sexuality)과 공격성(aggression)의 미해결된 갈등의 결과라고 주장했다. Freud가 (그가 명명한 소위) '드라이브(drives, 동인)'의 큰 영향력을 강조한 반면, 이후의 학파들은 정신(psyche)의 다른 영역들을 강조하였다(Pine, 1990).

- 자아심리학(Hartmann, Cumming & Cumming 등등)은 드라이브와 외부 세계와의 사이에 균형을 유지하는 역할자로서의 자아의 역할을 강조한다. 심리적 문제들은 자아가 정신(psyche)의 여러 요소들 간에 조화로운 상호작용을 유지하는 데 실패할 때 일어난다. 이 이론에서는 고전적 정신분석 모델에서보다도 환경의 영향이 더 큰 역할을 한다.

- 대상관계 이론(Klein, Winnicott, Mahler, Kernberg 등)에서는 아이의 정신은 양육자와의 초기 경험을 통하여 발달한다고 주장한다. 이 이론의 참신한 점은 부분적으로는 유아 보육원의 건강한 아이들을 관찰하여 개발되었다는 것이다. 이 아이들은 어떻게 엄마들과 상호작용하는가? 엄마가 떠날 때, 또는 다른 아이가 장난감을 빼앗으면 무슨 일이 벌어지는가? 이러한 관찰에 근거하여, 대상관계 이론은 양육자[caregiver, 대상(object)], 아이[주체(subject)], 그리고 그들 사이의 관련 정서 간의 초기 관계가 정신의 기초적 블록을 형성한다고 주장한다. 만약 이런 초기 관계들이 부적절하거나, 학대나 방치 상태가 있다면, 그 사람은 이러한 정신적 역동(dynamics)을 무의식적으로 자기 내에 간직하고, 타인에게 이들을 투사함으로써 그 사람의 현재의 삶 속에서 어린 시절의 타인들과의 관계를 재창조한다.

- Kohut에 의해 개발된 자기심리학(self-psychology) 역시 초기 관계의 중요성을 인정한다: 부모는 아기의 자기믿음(self-confidence)과 자기존중(self-esteem)에 필수적이다. 부모가 아기에게 충분한 '미러링(mirroring)'을 주지 못할 때에는 (부모가 아기의 개별성에 대하여 충분한 공간을 주지 못할 때 그리고 적절한 한계는 물론 충분한 무조건적 긍정을 주지 못할 때), 어린아이들은 자기에 대한 병리적 생각―자기애적(narcissistic)이거나, 과장(inflated)되거나 또는 열등의식을 갖거나 때로는 이 세 가지를 합한―을 발달시킬 수 있다.

- Pine이 기술한 위의 세 가지 심리학파에 추가하여, 최근에는 제4의 발달이라고 할 수 있는, 정신화 이론(mentalization theory, Fonagy & Bateman, 2006)이 모습을 드러내고 있다. 이 이론은 자기 자신과 타인들의 정신적 상태를 정확하게 평가할 수 있는 그 사람의 능력을 중심부에 두고 있다. 사람은 이 능력을 '애착(attachment)', 즉 관련된 성인의 근접성(proximity)을 통하여 발달시킨다(Bowlby, 1988). 이것이 어린아이가 사회적 지능과 의미추론 체계를 발달시키는 방법이다.

이것은 Berne이 어린이자아상태 C의 발달에서, 그리고 Kernberg가 그의 대상관계 이론에서 강조하고 있는 경험적 표상들의 내면화(internalization of representations of experiences)에 관한 것에는 미치지 못하는 것이다. 오히려 정신화 이론은 새로운 인간관계의 경험들을 처리하고 설명할 수 있는 메커니즘의 발달에 초점을 맞추고 있다. 인간은 역사적 관계의 단순한 저장소가 아니라, 자신의 정서를 이해하고, 조절하고, 감시할 수 있는 하나의 개별화된 개체이다(Gabbard, 2005).

결론적으로 우리가 말할 수 있는 것은, 이론은 드라이브의 이론으로부터 인간은 애착과 관계의 욕구에 의해 추동된다는 개념으로 이동했다는 것이다. 정신세계의 구성요소들—대상관계 이론에서 설명하는 대상, 자기, 관련된 정서—은 부모자아 P와 어린이자아 C의 구조적 분석이란 교류분석의 설명 속에 잘 기술되어 있다.

1.4.3 다름과 유사함

Berne은 교류분석 안에 3분법(trichotomy)—즉 부모자아 P, 어른자아 A, 어린이자아 C—을 도입하였지만, 그는 정신분석적 방법(format)과의 차이를 강조하였다. 즉 부모자아 P, 어른자아 A, 어린이자아 C는 슈퍼이고, 이고, 이드(Über-Ich, Ich, Es, 즉 superego, ego, id)와 같은 개념들이 아니고, 현상적 현실들이다. 그것은 아마도 그렇게 함으로써 Berne은 무의식 과정들(정신분석에 의하면 이 과정들은 대부분 이드에서 일어나고, 부분적으로는 이고와 슈퍼이고에서도 일어난다)에 거의 주의를 기울이지 않았던 것 같다. 그러나 드라이브와 무의식은 자아상태의 이론 속에 분명히 자리하고 있다. 어린이자아 C는 진실 감정들(authentic feelings), 욕구들(needs), 욕망들(desires)이 자리하고 있는 곳이다. 부모자아 P는 슈퍼이고와 같지는 않지만, 권위적 부모와 같은 인물들 및 사회적 영향력을 가진 외부 세계의 더 큰 시스템의 내면화이다. 인간은 일정 시간 이후에는 어떤 결정을 내리는 법을 배우기 때문에, 부모자아 P의 기능은 에너지의 절약과 불안감의 감소를 포함한다. 이것은 상당한 에너지를 절약하며 그 사람은 비교적 안정되고 명확하지만, 때로는 비교적 흔들리지 않는 준거틀을 발달시킨다. 이러한 부모자아 P의 개념은 드라이브 이론과 상충되는 것이 아니며, 특히 대상관계 이론과는 근접하게 일치한다. 비록 교류분석이 자유연상(free association), 꿈의 분석(dream analysis)과 같은 정신분석적 기술들을 대부분 사용하지 않지만, Berne은 그의 초기 저서에서, 치료자와 환자(내담자) 모두의 무의식의 역할을 강조하며, 직관의 중요성을 기술했다.

교류분석은 자아심리학과 밀접하게 관련이 있다. 적응(adaptation), 현실검증(reality testing), 자율(autonomy), 책임(responsibility)과 같은 용어들은 교류분석에서 중요한 개념들이다. 대상관계 이론 또한 자아상태와 각본의 정의 속에서 나타난다. 특히 2차 구조분석은 대상관계의 실용 모델(working model)로 간주될 수 있다. Berne은, 생존적 인생태도(existential life positions)를 심리 내적 기능으로 보았던 Melanie Klein으로부터, '생존적 인생태도'란 개념을 차입하였다. 후에, Harris, Ernst, Steiner 가 "I'm OK, you're OK"개념을 인간관계의 과정으로 변경하였다. Berne은 자기(self)의 개념에 대하여 많은 강조를 하지 않았으나, 교류분석 학자들 사이에서 자기경험(self-experience)과 자기의 개인적 정체성(identity)과 지각(의식, sense)에 대한 관심과 연구가 여러 해에 걸쳐 이루어지고 있다(Cornell & Hargaden, 2005; Erskine & Trautmann, 1996; Hargaden & Sills, 2002). 이것은 어린아이가 초기 결단을 하는 방법의 TA 개념 속에 내포되어 있다. 오염의 제거(decontamination)와 자신에게 친숙한 준거틀에 의문 갖기는 기본적으로 내담자 또는 환자의 정신화 능력(mentalising capacity)의 향상으로 이루어진다.

1.4.4 행동치료, 인지치료, 스키마 치료

Beck과 Ellis는 각각 행동치료와 합리적 정서적 치료(RET)를 개발하였다. 이들 학파들은 외부적으로 관찰 가능한 행동과 사고를 강조하였다. 사고하기는 으뜸으로 중요한데 이것은 사람들이 자기의 감정을 지휘하는 근거를 마련하기 때문이다. 행동치료는 처음에 가시적 행동에 국한되었다. 이후, 눈에 보이지 않는 행동, 즉 사고가 이 이론에서 중요한 위치를 차지하게 되자, 인지행동치료(cognitive behavioral therapy, CBT)로 재명명되었다. 21세기 초 지속적 문제를 가진 환자들은 때때로 행동치료 또는 합리적 정서적 치료만으로 치료하는 것이 매우 어렵다는 것이 밝혀지며, 치료적 관계가 인지행동치료에서 점점 중요한 위치를 점하게 되었다(Gilbert & Leahy, 2007).

비록 Berne은 명시적이지는 않았으나, 교류분석과 행동치료 사이에는 공통의 사상이 있다. Berne은 강화(reinforcement)와 반복(repetition)을 믿었다. 스트로크 이론(제2장)은 학습의 원칙에 근거하고 있다. 게임의 경우에서는(제4장) 우리는 인정(recognition)과 예상할 수 있는 스트로크를 통한 강화, 즉 치료에서 직면되어야만 할, 유효함을 입증하려는 목적을 가진 '옛(old)' 행동들의 반복을 볼 수 있다 (Clarkson, 1992, p. 66).

근년에 인기를 얻고 있으며 교류분석과 많은 공통점이 있는, 인지행동치료에 근거를 둔 접근법이 스키마 치료이다(Muste, Weertman, & Claassen, 2009; Young, Klosko, & Weishaar, 2003). 지난 세기의 마지막 10년 동안에, Young이 대증치료(symptom-targeted treatment)로 효험을 볼 수 없던 성격장애를 가진 사람들을 위하여 이 치료방법을 개발하였다. 스키마 치료는 인지이론, 행동이론, 심리역동이론, 애착이론, 게슈탈트 이론의 요소들을 포함하고 있다. 치료적 관계(therapeutic relationship)란 명시적 주의(관심)를 받으며 치료자는 환자와의 관계에서 돌보는 역할(caring role)을 맡아, 제한된 다시부모 되기(reparenting)의 기술을 사용한다.

스키마 치료에서는 기본적 욕구가 충족되지 못하면 사람들은 좋지 않게(poorly, 빈약하게) 적응된 '스키마(schema)'를 발달시킨다고 가정한다. 스키마는 반박할 수 없고 자명한 것으로 경험되는, 그 사람의 자기, 타인들, 세상에 대한 암묵적 믿음으로 자리 잡게 되는데, 이는 교류분석에서 이해하는 각 본결단 및 신념들과 유사하다. 스키마에 더하여, '모드(modes)' 또는 마음의 상태(states of mind): 취약한(버려진, 학대받는, 실망한, 거절된) 어린이자아, 화가 난 어린이자아, 충동적 어린이자아, 행복한 어린이자아; 순응자, 분리된 보호자, 과도-보상자; 징벌적 부모자아, 그리고 쉽게 만족하지 않는 부모자아; 건강한 어른자아가 있다. 한 네덜란드의 비교 연구(Giessen-Bloo et al., 2006)에 따르면, 스키마 치료는 경계성 성격장애를 가진 환자의 경우에 정신역동적 방법 또는 전이-중심 치료(transference-focused therapy)보다 더 좋은 결과를 얻은 것으로 보고되었다. 스키마 치료가 자아상태, 각본과 같은 교류분석에서의 중요한 개념들을 인출한 것은 거의 확실하다. 그러나 Young과 그의 동료들은 그런 영향에 대한 언급이 없다.

1.4.5 인본주의적 접근방법

Rogers(1951)는 '무조건적 긍정적 존중(unconditional positive regard)'이라는 용어를 유행시킨 첫 번째 인물이다. '정밀 공감(accurate empathy)' 그리고 '상합(相合, congruence)'과 함께 이들 용어는 인간이 자신을 표현하고 성장하기 위해 필요한 기본 조건들을 형성한다. Rogers의 접근법은 내담자중심 방법(client-centered method)으로 완성되었다(Lietaer, Vanaerschot, Snijders, & Takens, 2008). 이것은 증후지향적(symptom-oriented)이라기보다는 사람지향적(person-oriented)이며, 그 사람은 개인적 성장, 자기성찰, 자각을 위해 노력하는 자신에 대한 전문가이다. 게슈탈트 이론(Perls, Hefferline, & Goodman, 1951; Van Praag, 1987)에서는 자신의 자기(one's self)와 그리고 타인들과의 접촉이 이론과 치료의 근거가 되었다.

인본주의적이고 초개인심리학파(transpersonal school of psychology)에 속하는, 정신종합(치료, psychosynthesis: Assagioli, 1965; Gendlin, 1978; Van Cuienburg, 2008)에서는 영혼, 상상, 초개인적 및 개인적 성장을 위한 자리가 마련되어 있다. 정신종합(치료)의 창시자인 Assagioli는 이론의 중심부에 인간의 (자유)의지를 위한 자리를 두고 있다. 이것은 성격의 기능을 위하여 그리고 선택을 하고 의미를 부여하기 위한 안내 메커니즘으로서 필수적이다. 정신종합의 중요한 면은 자기실현(self-realization)인데, 실현은 과거 또는 현재의 고통에 의해 그리고 자신의 자질을 만개시킬 수 없는 무능함에 의해 봉쇄당할 수 있다. 낮은 무의식에 위치하는 동기에 대한 깨달음, 높은 무의식으로부터의 환희와 지혜와 같은 품성에 대한 깨달음은 치유효과로 작용한다.

교류분석에서, 특히 Bob과 Mary Goulding은 재결단 치료법을 가지고 인본주의적 사상을 한층 정교하게 만들었다(McClure Goulding & Goulding, 1978, 1979). 교류분석에서 인본주의적 관점의 추가적 예들은 '자율(autonomy)' 그리고 성장을 위한 기본적 능력을 형성하는(Berne, 1964) '자각(awareness), 자발성(spontaneity), 친밀(intimacy)'과 같은 개념들과 Ernst에 의한(1971) "I'm OK, you're OK"이다.

일반적으로, 정신분석적 그리고 행동적 접근법들에서 정신병리를 강조하는 것과는 대조적으로, 인본주의적 접근법에서는 보다 더 큰 공간이 인간의 건강하고, 긍정적 면들을 위해 존재한다. 이러한 관점에서 교류분석은 인본주의적 사상에 속한다.

1.4.6 신경증에 걸린 조직

자아상태의 이론은 조직 전체를 분석하기 위한 경영 및 조직발달 분야에도 사용된다. 자아상태의 개념은 건강한 또는 병리적 기업문화에 대한 이해를 돕기 위해 사용될 수 있다. 우리는 조직의 수준에서 조직이 선호하는 자아상태를 사용하는 경향이 있다는 것을 알 수 있다. 자아상태의 오염은 조직을 효과적이고 효율적일 수 없도록 저해하는 문화를 만들 수 있다. 제13장에서 기업문화의 또 다른 은유적 표현이라고 할 수 있는 소위 조직의 기후(organizational climate)에 대한 리더십의 책임에 관한 견해가 제시된다. 이것은 기업 신경증(노이로제) 전문가인 Manfred Kets de Vries(1984)가 리더십의 역할에 관한 진실이라고 주장하는 바와 일치한다. 그의 주장에 따르면, 조직은 그 리더의 인격을 반영하는 경향이 있다. 그는 알려진 정신분석적 유형으로 역기능적 조직의 행동을 분석하고 왜 어떤 회사들은 다른 회사들보다 더 건강한가에 관한 진실한 통찰에 도달한다. Kets de Vries는 조직의 경영자들의 상상, 신념, 소망들은 그 조직문화 곳곳에 스며들어 영향력을 가진다고 주장한다. 무엇보다도 그는 조직의 리더십의 환상(상상), 의사결정, 실제 행동 사이의 관계에 매료되었다. 그는 조직의 경영자들은 편집증적, 강박적, 극적(과장된), 우울증적, 분열성의 스타일(또는 이 모든 증상)을 보일 수 있다고 주장한다. 그럼으로써 조직문화의 신화, 이야기, 공동 믿음이 존재하도록 만든다. 만약 지배적 스타일이 역기능적(경직되었거나 또는 극단적)이라면, 전체 조직에 걸친 '질병 증상(symptoms of disease)'으로 나타날 것이다. 이것은 어떤 방식으로든 경영자들을 비난하는 것이 아니라, 효과적인 방법으로 기업문화를 평가하고 개발하는 것에 관한 것이다.

참고문헌

Allen, J. R., & Allen, B. A. (2005). *Therapeutic Journey: Practice and Life*. Oakland, ME: TA Press.

Assagioli, R. (1965). *Psychosynthesis. A Collection of Basic Writings*. Wellingborough, UK: Turnstone.

Barrow, G., Bradshaw, E., & Newton, T. (2001). *Improving Behaviour and Raising Self-Esteem in the Classroom: A Practical Guide to Using TA*. London: David Fulton.

Bastianelli, L., & Ceridono, D. (2012). Drivers and self ego states in social cognitive TA. *Paper 2e, EATA Research Conference*, November.

Beekum, S. van (1996). The graphics of ego states. Paper presented at the Advanced Working Conference, *Ego States in Transactional Analysis*, Amsterdam, March.

Benjamin, L. S. (1996). *Interpersonal Diagnosis and Treatment of Personality Disorders*. New York: Guilford Press.

Benjamin, L. S. (1996). Interpersonal theory of personality disorders. In: M. F. Lenzenweger & J. F. Clarkin (Eds.), *Theories of Personality Disorders*(pp. 157-230). New York: Guilford Press.

Berne, E. (1947). *The Mind in Action*. New York: Simon & Schuster.

Berne, E. (1959). *A Layman's Guide to Psychiatry and Psychoanalysis*. New York: Ballantine, 1973.

Berne, E. (1961). *Transactional Analysis in Psychotherapy*. New York: Grove Press.

Berne, E. (1964). *Games People Play*. New York: Grove Press.

Berne, E. (1977). *Intuition and Ego States: The Origins of Transactional Analysis*. San Francisco, CA: TA Press.

Bowlby, J. (1988). *A Secure Base: Clinical Applications of Attachment Theory*. London: Routledge.

Bradshaw, J. (1990). *Homecoming. Reclaiming and Championing your Inner Child*. New York: Bantam.

Clarkson, P. (1992). *Transactional Analysis Psychotherapy. An Integrated Approach*. London: Tavistock/ Routledge.

Cornell, W. F., & Hargaden, H. (2005). *From Transactions to Relations: The Emergence of a Relational Tradition in Transactional Analysis*. Chipping Norton, UK: Haddon Press.

Cornell, W. F. (2009). *Explorations in Transactional Analysis. The Meech Lake Papers*. Pleasanton, CA: TA Press.

Cuilenburg, P. van (2008). *De stille plek in jezelf. Meditatie in de psychosynthese*. (The Silent Spot within Yourself.) Haarlem, Netherlands: De Toorts.

Draaisma, D. (2001). *Waarom het leven sneller gaat als je ouder wordt*. (Why Life Goes Faster when You Get Older.) Groningen, Netherlands: Historische Uitgeverij.

Dusay, J. (1972). Egograms and the constancy hypothesis. *Transactional Analysis Journal*, 2(3): 37-41.

Ernst, F. (1971). The OK Corral: The grid for get-on-with. *Transactional Analysis Journal*, 1(4): 33-42.

Erskine, R., & Trautmann, R. (1996). Methods of an integrative psychotherapy. *Transactional Analysis Journal*, 26(4): 316-328.

Federn, P. (1952). *Ego Psychology and the Psychoses*. New York: Basic Books.

Fennis, B. (2009). Reclamejongens weten het allang: de rede doet er niet zoveel toe. Trouw, November 22.

Fonagy, P., & Bateman, A. W. (2006). Mechanisms of change in mentalisation-based treatment of borderline personality disorder. *Journal of Clinical Psychology*, 62: 411-430.

Gabbard, G. O. (2005). *Psychodynamic Psychiatry in Clinical Practice*. Washington, WA: American Psychiatric Press.

Gendlin, E. T. (1978). *Focusing*. Toronto: Bantam.

Giessen-Bloo, J., Dyck, R. van, Spinhoven, P., Tilburg, W. van, Dirksen, C., Asselt, T. van, Kremers, I., Nadort, M., & Arntz, A. (2006). Outpatient psychotherapy for borderline personality disorder: Randomized trial of schema-focused therapy vs. transference-focused psychotherapy. *Archives of General Psychiatry*, 63: 649-658.

Gilbert, M. (2003). Ego states and ego state networks: Some questions for the practitioner. In: C. Sills & H. Hargaden (Eds.),

Ego states (pp. 232-246). London: Worth.

Gilbert, P., & Leahy, R. L. (Eds.) (2007). *The Therapeutic Relationship in the Cognitive Behavioural Psychotherapies*. New York: Routledge.

Gopnik, A. (1999). *The Scientist in the Crib. What Early Learning Tells Us About the Mind*. New York: Perennial.

Hargaden, H., & Sills, C. (2002). *Transactional Analysis. A Relational Perspective*. Hove, UK: Brunner-Routledge.

Hay, J. (1992). *TA for Trainers (2nd edition)*. Watford, UK: Sherwood, 2009.

Hay, J. (1993). *Working It Out At Work: Understanding Attitudes and Building Relationships*. Watford, UK: Sherwood.

Heathcote, A. (2010). Eric Berne's development of ego state theory: Where did it all begin and who influenced him? *Transactional Analysis Journal*, 40: 254-260.

Hine, J. (1997). Mind structure and ego states. *Transactional Analysis Journal*, 27(3): 278-289.

Kets de Vries, M. F. R. (1984). *The Neurotic Organisation: Diagnosing and Changing Counterproductive Styles of Management*. London: Karnac.

Lietaer, G., Vanaerschot, G., Snijders, J. A., & Takens, R. J. (2008). *Handboek gesprekstherapie. De persoonsgerichte experiëntiële benadering*. (Comprehensive Textbook of Person-centred Experiential Psychotherapy.) Utrecht, Netherlands: De Tijdstroom.

Luca, M. L. de, & Tosi, M. T. (2011). Social-cognitive transactional analysis: An introduction to Scilligo's model of ego states. *Transactional Analysis Journal, 41*: 206-220.

McClure Goulding, M., & Goulding, R. L. (1978). *Changing Lives through Redecision Therapy*. San Francisco, CA: TA Press.

McClure Goulding, M., & Goulding, R. L. (1979). *The Power is in the Patient*. New York: Brunner/Mazel.

Muste, E., Weertman, A., & Claassen, A. (2009). *Handboek klinische schematherapie*. (Comprehensive Testbook of Schema Focussed Therapy.) Houten, Netherlands: Bohn Stafleu van Loghum.

Penfield, W. (1952). Memory mechanisms. *Archives of Neurology and Psychiatry*, 67: 178-198.

Perls, F., Hefferline, R., & Goodman, P. (1951). *Gestalt Therapy. Excitement and Growth in the Human Personality*. New York: Penguin.

Pierini, A. (2008). Has the unconscious moved house? *Transactional Analysis Journal*, 38: 110-118.

Pierini, A. (2014). Being a transactional analysis child therapist: How working with children is different. *Transactional Analysis Journal, 44*: 103-117.

Pine, F. (1990). *Drive, Ego, Object and Self: A Synthesis for Clinical Work*. New York: Basic Books.

Praag, D. van (1987). *Gestalttherapie. Een procesbenadering*. (Gestalt Therapy, a Process Approach.) Amersfoort, Netherlands: Acco.

Rogers, C. (1951). *Client-Centered Therapy. Its Current Practice, Implications, and Theory*. Boston, NJ: Houghton Mifflin.

Romanini, M. T. (1991). Io reale. (The real ego.) In: *Atti del Congresso Italiano di Analisi Transazionale, A.T. teorica e applicata: Stato dell'arte* (pp. 93-122). Rome: Associazione Italianadi Analisi Transazionale and Societa Italiana di Metodologie Psicoterapeutiche ed Analisi Transazionale.

Romanini, M. T. (1996). Bambino: Stadio dell'io e stato dell'io. (The child: Ego stage and ego state.) *Rivista Italiana di Analisi Transazionale e Metodologie Psicoterapeutiche, XVI*(31): 7-24.

Satel, S., & Lilienfeld, S. O. (2013). Brainwashed: *The Seductive Appeal of Mindless Neuroscience*. New York: Basic Books.

Schore, A. N. (1994). *Affect Regulation and the Origin of the Self*. Hillsdale, NJ: Lawrence Erlbaum.

Scilligo, P. (2009). *Analisi Transazionale socio-cognitiva*. (Social-cognitive Transactional Analysis.) Rome: LAS.

Scilligo, P. (2011). Transference as a measurable social-cognitive process: An application of Scilligo's model of ego states.

Transactional Analysis Journal, 41: 196-205.

Sills, C., & Hargaden, H. (2007). *Ego States. Key Concepts in Transactional Analysis*. London: Worth.

Stern, D. N. (1985). *The Interpersonal World of the Infant*. New York: Basic Books.

Stern, D. N. (1990). *Diary of a Baby*. New York: Basic Books.

Stewart, I., & Joines, V. (1987). *TA Today (2nd edition)*. Melton Mowbray, UK: Lifespace, 2012.

Temple, S. (1999). Functional fluency for educational transactional analysis. *Transactional Analysis Journal*, 29(3): 164-174.

Temple, S. (2004). Update on the functional fluency model in education. *Transactional Analysis Journal, 34*(3): 197-204.

Thunnissen, M. (2007). *Begrijpen en veranderen. Theorie en Toepassingen van de Transactionele Analyse.* (To Understand and to Change. Theory and Applications of Transactional Analysis.) Halsteren, Netherlands: DGW.

Tudor, K. (2010). The state of the ego: Then and now. *Transactional Analysis Journal*, 40: 261-277.

Tudor, K. (2014). The neopsyche: The integrating Adult ego state. In: K. Tudor & G. Summers (Eds.), *Co-Creative Transactional Analysis: Papers, Responses, Dialogues, and Developments* (pp. 29-68). London: Karnac.

Wagner, A. (1981). *The Transactional Manager. How to Solve People Problems with Transactional Analysis*. Dora, FL: TA Communications.

Wagner, A. (1994). Blue ego states for effective communication. *Transactional Analysis Journal, 24*(4): 282-284.

White, T. (2011). *The contextual diagnosis of ego states. Retrieved from http://admin99.wordpress. com/2011/07/25/the-contextual-diagnosis-of-ego-states/*. Accessed 20 October 2015.

Woollams, S., & Brown, M. (1978). *Transactional Analysis*. Huron Valley, MI: Institute Press.

Young, J. E., Klosko, J. S., & Weishaar, M. E. (2003). *Schema Therapy. A Practitioner's Guide*. New York: Guilford Press.

제2장

스트로크

앞장에서 자아상태의 기본적 개념을 소개하였다. 우리는 어떻게 성격이 구조와 기능 면에서 발달하는가를 설명하였다. 제2장에서는 이러한 발달의 기저가 되는 드라이브(drives, 동인)를 설명할 것이다(무엇이 사람에게, 건설적 또는 때로는 파괴적으로 자신을 발달시키는 동기를 부여하는가?). 이에 대하여 '스트로크(strokes)'의 개념이 중요한 역할을 담당한다. 어떤 종류의 주의(관심, attention)도 타인에 의한 일종의 인정(recognition)이다. 따라서 인정은 교류분석에서의 중심 주제이다. 당신이란 사람에 대한 인정(recognition for who you are) 그리고 당신이 행하는 것에 대한 인정(recognition for what you do). 누구나 모두가 이것을 필요로 한다. 이 장에서는 어떻게 인정과 관심(TA에서는 이것을 '스트로크'라고 부른다)이 그 사람을 인도하고, 그에게 동기를 부여하는 데 사용될 수 있는가에 대하여 논의한다. 따라서 사람들이 시간을 어떻게 그리고 어떤 일에 투자하여 사용하는가는 교류분석에서 중요한 이슈이다. 스트로크가 거의 없는 선택['폐쇄(withdrawing, 철수)'처럼]과 집중적 스트로크를 제공하는 선택('의미 있는 만남을 갖는' 것과 같은)과의 차이는 매우 크다. 가족이나 회사 또는 조직의 스트로크 분위기(stroke climate, 환경)는 사람들의 건강과 행복에 중요한 영향을 미친다. 건강하고 행복한 사람들은 인생에서 더 많은 것을 이룰 수 있다.

2.1 기초 이론

2.1.1 개요

무엇이 사람에게 동기를 부여하는가? 이는 많은 심리학 이론의 중심에 있는 한 가지 중요한 질문이다. 무엇이 사람을 자신에게 건강치 못한 것들을 행하도록 추동하는가? 왜 어떤 사람들은 흡연하거나 자살하거나, 자기의 어린아이들을 때리거나 반려자의 인생을 비참하게 만드는가? 반면 다른 사람들은 왜 죽음에 가까운 어머니를 몇 년이고 돌보거나, 장애를 가진 아들 또는 딸을 기쁜 마음으로 양육하거나, 또는 즐거운 마음으로 열심히 일하거나, 암의 말기 단계에서 더 이상의 치료를 거부하는가?

교류분석에서 이 질문은 본질적인 것이다. 단순하고 호감이 가는 언어에 큰 중요성을 부여한 Berne은, 인간의 행동은 만약 충족되지 못할 경우엔 그 사람 인격의 해체로 연결되는 기본적 욕구(basic needs, 필요)인, 여러 가지 '기아(hungers)'에 의하여 결정된다고 주장한다(1961, 1970). 덜 충격적인 단어인 '필요'를 놔두고 대신 강력한 '기아'라는 단어를 선택한 것은 아마도 기아는 (문자의 의미대로) 생존의 문제라는 사실 때문이었을 것이다.

당신이 만약 배고픔(기아)을 채우지 않는다면 결국 죽을 것이다. 당신이 만약 필요로 하는 것(need)을 얻지 못한다고, 그것이 반드시 유기체의 생존에 직접적 결과를 가져올 수는 없을 것이다. 영어에는 추가적 의미의 미묘한 어감의 차이를 포함한다—'필요한 것(need)'과 '원하는 것(want)' 사이에는 차이가 있다. 이것은 교육적 논의에서 중요한 주제이다. "부모들은 언제나 자녀들이 필요로 하는 것 (need)을 주어야 한다. 그러나 자녀들이 원하는 것(want)을 언제나 주어야만 하는지에 대하여는 생각 해보아야만 한다." 이를 구분하지 못하는 사람들은 소비지상주의와 즉각적인 만족이 마치 생의 필수 품인 양 간주하는 사회에 기여한다—"나는 그 모든 것을 원하며 나는 그것을 지금 원한다!"

태어나면 육체적 기아가 있다. 즉 아기는 배고프면 울고 젖을 먹고 충족되면 잠을 잔다. 아기는 아 직은 소위 기쁨과 고통의 원칙(pleasure/pain principle)에 따라 산다. 그러나 거의 즉시, 또 하나의 기 아가 이에 추가된다. 즉 접촉의 기아이다. 몇 년이 흐른 뒤에는 그의 시간을 구조화하려는 기아가 생 길 것이다. 걸음마를 배우는 아기(toddler)는 거의 심심해 하지 않지만, 여섯 살 아기는 때때로 심심해 죽겠다는 표정을 짓는다!

교류분석에서 우리는 이러한 여러 가지 욕구(needs, 필요)와 욕망(desires)을 각기 다른 수준의 기아 의 유형으로 설명한다.

- 생물학적 수준에서 자극기아 : 음식물, 감각적 자극, 육체적 즐거움. 자극이 없으면 육체적 유기 체는 쇠퇴한다.
- 심리적 수준에서 인간으로서의 당신과 당신이 하는 일에 대한 인정기아 : 인정이 없으면, 정신적 유기체는 쇠퇴한다.

Mountain과 Davidson(2011)은 인정기아는 특정한 자극에 대한 기아로 간주할 수 있다는 견해를 피력 한다. 이들은 이러한 자극들을 태양으로부터의 온기 또는 즐거운 음악, 아무개의 눈에서 빛나는 광채 와 같은 일반적 자극들과 구분한다. 하나의 스트로크(=인정의 단위)는 특정한 사람으로부터 받으며 어떤 특정한 사람에게 주어진다. 이들은 그래서 두 번째의 기아를 '소속의 기아(hunger to belong)'로 부르자고 제안한다.

- 사회적 수준에서는 구조화에 대한 기아가 있다. 어떤 패턴을 따라서 당신은 당신의 시간을 구조 화하는가? 시간의 구조화가 없으면, 접촉(contact)을 할 수 있는 능력이 쇠퇴한다.

이들 세 가지 수준 사이에는 상호작용이 있으며, 그로부터 동기부여의 역동적 시스템이 만들어진다. 어느 한 가지의 기아의 붕괴나 중단은 적어도 나머지 한 가지 기아에서의 과잉보상(overcompensation) 의 원인이 된다. Erskine은 친밀을 향한 드라이브, 즉 관계기아의 개념을 도입하여 통합적 동기이론 을 구성하였다. 관계기아의 충족은 관계욕구의 자각[내적 자극(internal stimulus)], 인간관계[구조 (structure)]에서 자기 그리고 타인에 대한 그 사람의 신념, 그리고 관계에서 다른 사람의 행동(외적 자 극, external stimulus)에 달려 있다(1998, p. 137).

조지는 개인생활에서 관심과 인정을 거의 받지 못한다. 그는 부지런히 좋아하는 스포츠인 농구에 몰입하여, 점점 상급 팀에서 플레이를 하게 된다. 결과적으로 그는 더욱 트레이닝이 필요하며 꼼꼼히 식단 모니터링도 한다. 집에서의 관심의 결핍은 트레이닝과 경쟁으로 구조화되어 농구 코트에서의 인정으로 대체된다. 그가 예상치 못하게 최상급 팀에 선발되지 못하자 그렇게 많은 트레이닝을 필요로 하지 않게 되고, 그는 스럼프에 빠진다. 그때서야 얼마나 많이 그가 인정의 결핍을 스포츠로 보상했는가가 분명해진다.

2.1.2 기아

Eric Berne은 교류분석을 인간관계의 상호작용에 근거하는 인간발달 모델임을 의미하는, 사회정신의학(social psychiatry)으로 개념화하였다. Berne은 사람들은 외부세계와 지속적인 상호작용을 할 때 비로소 그의 자아상태를 온전하고 일관성 있게 유지할 수 있다는 것을 강조했다. 그러면 자아상태 간의 경계가 투과성을 유지하여 건강한 기능적 균형이 이루어진다. 교류분석이론은 건강한 심리적 발달의 기초로 사람들 사이의 인정의 질(quality of recognition)에 중요성을 두고 있다. Berne은 사람들 사이의 '인정의 단위들(units of recognition)'을 나타내기 위해 평이한 '스트로크'라는 용어를 사용하였다. '스트로크'는 다른 언어로 쉽게 번역되지 않지만, 그는 타인들의 인정에 의해 '접촉을 받는다/감동받는다(touched)'는 의미를 암시적으로 연상시키기 위해 그 단어를 선택했다. 그는 양육자들이 아기와 어린 아이들을 신체적으로 접촉하고, 사랑스럽게 쓰다듬고, 꼭 껴안아주는, '스트로크'라는 신체적 중요성과 그럼으로써 아기와 어린아이들이 타인들에 대하여 갖는 자신의 가치를 느끼고 알게 된다는 사실을 상기시키고자 했다.

사람들 사이의 상호작용과 인정의 결핍은 왜 독방이 어쩌면 가장 심한 형벌인지, 그리고 왜 건강한 사람들도 산악이나 바다에서의 외로운 긴 여행 중에 환각에 빠질 수 있는지를 설명하는 주된 이유이다. 아기들도 태어난 후 첫날부터(어떤 학자에 의하면, 심지어 태아 때부터) 음식과 접촉의 형태로 자극을 필요로 한다. Spitz(1945)는 전쟁 중에 고아원의 어린 원아들의 상태를 조사하였는데 어린이들이 충분한 양육을 받음에도 불구하고 충분히 성장하고 잘 자라지(번성하지) 못하는 경우가 많다는 것을 발견하였다. 그는 신체적 접촉과 관심의 결핍이 이러한 '충분한(번영적) 성장의 실패(failure to thrive)'의 원인이라고 결론지었다. 철의 장막의 붕괴(the fall of the Iron Curtain, 1989) 직후 루마니아와 같은 나라들의 고아원에서 자라는 아이들의 이미지들이 TV로 보도되었다. 아이들의 눈에 서린 죽음의 그림자는 세계를 경악하게 만들었다. 그 아이들은 매일매일 음식과 음료를 제공받았으나, 그들을 안아 올리거나 포옹해줄 사람은커녕 사랑스럽게 말을 붙여줄 사람도 전혀 없었다.

감각박탈(sensory deprivation)은 심리적 변화만 가져오는 것이 아니고 유기체의 쇠퇴(organic decay)

를 가져온다. 대부분의 필수적 감각자극들은 사회적 상호작용과 신체적 친밀로부터 오기 때문에, Spitz는 감각박탈보다는 정서적 박탈에 대한 것을 강조하였다. 아기의 경우에는 이것은 대부분 접촉하기(touching), 상징적 자극들, 미소 또는 칭찬, 눈썹 올리기 또는 나무라기와 같은 신체적 자극들을 포함한다. 만약 아기들이 충분한 접촉을 하지 못하면 죽음에 이를 수 있다. 만약 사람이 인정받지 못하고, 존중받지 못하고 또는 촉감을 느끼지 못하면, 점차 우울해져 알코올에 중독되거나 자신 돌보기를 중단할 수도 있다. 결국 이것 역시 죽음에 이르게 할 수 있다.

덜 극단적인 경우로서, 양로원의 간병인, 연구실에서 홀로 연구에 몰두하는 과학자 또는 계획을 짜는 사람, 빈 학교 교실에서 늦게까지 일하는 사람, 이 모든 상황 역시 너무나 자극이 제공되지 못하는 경우로서 이런 사람들은 외로움을 느끼고 우울해질 수 있다.

Harlow와 Harlow(1962)의 붉은털원숭이를 대상으로 한 실험으로부터, 홀로(어미가 없이) 길러진 원숭이들은 사회적 부적응자가 된다는 것이 밝혀졌다. 그런 원숭이들은 후에 같은 원숭이 무리 속에 놓아졌을 때 수명도 짧았으며, 적응을 하지 못했다. 비록 어미가 없었지만 같은 무리들과의 접촉 속에서 양육된 원숭이들은 조금은 나았다. 그러나 이들도 자기의 새끼를 키우는 데 실패했다. 원숭이들에게 젖병이 꽂힌 철사로 만든 '어미'와 먹을 것이 없이 부드러운 천이 덮인 철사로 만든 '어미' 사이에서 선택할 수 있도록 했더니, 원숭이들은 부드러운 어미를 선호했으며 마실 때에만 철사로 만든 어미에게 달려 갔으며, 젖을 먹은 후에는 안전한 부드러운 천의 어미에게 돌아와서는 착 달라붙었다. 교류분석에서 이 자극에 대한 기아는 '스트로크'에 대한 욕구로 알려져 있으며, 영어로 스트로크는 '사랑스럽게 어루만지다(caress)'와 '치다/때리다(slap)' 두 가지를 의미한다. 스트로크의 정의는 사회적 인정의 단위이다. 여기서 중요한 것은, (스트로크를) 받는 사람이, 사회적·문화적 맥락 속에서, 그 스트로크의 의미를 결정한다는 것이다. 의미의 부여는 결코 개인적(개별적)인 것이 아니다.

> 톰은 학교에서 결코 행복한 적이 없었다. 사실 다른 어떤 곳에서도. 그는 집에서 애정을 거의 받지 못했으며, 대체로 아버지의 큰형의 눈에 띄지 않도록 애썼나. 왜냐하면 그들의 눈에 띄었다 하면 무엇을 했다고 소리 지르고 또 무엇을 하지 않았다고 소리 지르거나 때리기 일쑤였기 때문이었다. 학교에서 그는 그렇게 나쁘게 취급받지는 않았으나, 폐쇄적이었으며 눈에 띄지 않으려 노력했다. 그에게 알려지는 않았으나 선생님들은 그에 대하여 염려했기 때문에 마침내 그를 특별 교육반에 배치하였다. 여기에서 사랑과 호의를 가진 보육교사인 안나는 그와 이야기하면서 그의 어깨를 만졌다. 그녀는 톰에게 진실한 스트로크를 줌으로써 그를 정말 돕고 싶었다. 그러나 톰은 끔찍하게만 느껴졌다. 그것은 톰이 다룰 수 없는 새롭고도 예상치 못했던 경험이었다.

2.1.3 스트로크의 분류

우리들은 여러 종류의 스트로크를 구별한다.

- 조건적 : 다른 사람이 행한 것에 대하여("참 잘했어! 시험에서 8점 맞았어!"); 무조건적 : 다른 사람의 됨됨이에 대하여("너는 참 대단한 사람이야.")
- 긍정적 : "너 그것 참 잘했다."; 부정적 : "내 생각에 네가 한 짓은 아주 비열한 속임수야."
- 언어적 : 말로서; 비언어적 : 표정, 접촉 등과 같은 것으로
- 살아 있는 : 여기-그리고-지금에; 보관된 : 과거에(편지, 사진, 아무개의 녹음된 음성, 기억들)
- 직접적 : "너는 우리들의 자랑이야!"; 간접적 : "우리들은 우리의 알렉스를 매우 자랑스러워 해!"
- 진실한 : 정직하고, 진실하고; 진실하지 못한 또는 꾸민 : 내용과 어조가 불일치하는("음, 네가 하고 있는 머리 스타일 매우 재미있고 새로운데."), 또는 진심이 아닌 것이 분명한 : "오, 멋쟁이 양반, 만나서 반가워요, 곧 다시 만나요.", 그러나 그렇게 말을 건넨 그녀는 파티에 참석한 다른 사람들에게도 끊임없이 같은 말을 건네고 다녔다.
- '표적' : 감동을 주고 눈물을 흘리도록 만드는 스트로크

표 2.1 조건적 그리고 무조건적 스트로크

	긍정적	부정적
조건적	그것 참 잘했다!	그건 아주 나쁜 속임수야.
무조건적	너는 별이야!	넌 아무 데도 쓸모가 없구나.

스트로크는 일반적으로 표 2.1에 따라 분류된다.

어린아이들은 기본적으로 어떤 유형의 스트로크를 받아들일 것인지, 또 어떤 것을 받아들이지 않을 것인지 프로그램된다. 작은 교수(A_1)는 여러 종류의 행동을 시험해본 후 어떤 것이 자기가 필요로 하는 스트로크를 주는 것인지 찾아낸다. 만약 어떤 행동이 스트로크를 준다면, 그 아이는 그 행동을 계속할 것이다. 더구나 원칙적으로, 어떤 것이라도 전혀 스트로크가 없는 것보다는 낫다. 만약 그 아이의 여러 가지의 기아를 채워줄 충분한 긍정적 스트로크가 없는듯싶으면, 그 기아를 채울 부정적 스트로크를 찾아 나설 것이다. 만약 아이가 관심을 받지 못하면, 그는 관심을 끌기 위해서 어떤 짓이라도 할 것이다. 아이는 계속적 질문으로 엄마의 관심을 끌려 할지 모르며 또는 엄마가 반응을 보이지 않을 수 없도록 위험한 짓들까지도 할 것이다. 무조건적 부정적 스트로크는 매우 유해하며, 어린아이 때에는 특히 그렇다. "이 망나니야.", 또는 "너는 태어나지 말았어야 하는데."라는 말을 자주 듣는 아이들

은 부정적인 자기 이미지를 발달시켜 자기의 행동들이 이러한 메시지들에 의해 결정되도록 할 위험이 있다. 한편, 만약 어떤 사람이 당신에게 "나는 네 꼴도 보기 싫어."라고 말한다면, 당신 쪽에서의 행동의 변화는 별 의미도 없고 효과도 없을 것이라는 것이 또한 분명하다. 당신은 이런 관계에 더 이상 에너지를 쓰지 않는 편이 좋을지 모르겠다(Stewart & Joines, 1987).

많은 교류에서 우리는 긍정적과 부정적, 조건적과 무조건적 스트로크들의 조합을 본다. "이것은 당신과 같은 사람으로서는 볼품없는 행동이야."와 같은 말은 부정적 조건적 그리고 긍정적 무조건적 스트로크의 조합이다(McCormick, 1977). 만약 당신의 부장이, "당신 일을 잘 했네. 마침내 처음으로 말이야.", 이 말은 긍정적 조건적 그리고 부정적, 어쩌면 무조건적인 부정적 스트로크의 혼란스러운 혼합이다.

이러한 혼란스러운 조합들은 표 2.2에서 볼 수 있다(Haimowitz & Haimowitz, 1976).

표 2.2 혼란스러운 스트로크의 조합

	긍정적	부정적
긍정적	따뜻한 솜	따뜻한 가시
부정적	차가운 솜	차가운 가시

'따뜻한 가시(달콤하지만 신맛이 나는)'의 경우에는 다른 사람의 말이 처음에는 친절한 것 같다. 그러나 악마는 꼬리 부분에 있다("오, 좋네! 그래 마침내 머리를 빗었네!"). '차가운 솜(시지만-달콤한)'의 경우에는, 부정적인 것 이후에 그래도 귀를 솔깃하게 만드는 호의가 있다("마침내 당신이 리포트를 제시간에 끝낸 것은 잘한 거야.").

시간이 지나며, 점차 스트로크 경제(stroke economy)를 만든다. 이것은 자신의 성격적 경향에 따라(내성적 아이는 혼자 놀기를 좋아하며 욕구도 다르기 때문에 외향적 성격의 아이와는 스트로크를 얻는 방법도 다르다), 그리고 양육자와의 초기 경험과 그로부터 터득한 결론에 근거한 스트로크를 다루는 방법이다. 예를 들면, 메리는 과학자가 되는 과정을 밟고 있다. 그녀는 대부분의 시간을 홀로 컴퓨터와 보내지만, 그녀의 슈퍼바이저 또는 동료 연구자들과의 간헐적 접촉으로도 적정한 스트로크의 공급량을 얻는다. 버나드는 교사이며 그가 그의 지식과 경험을 직접 전달해주는 학생들과 매일 접촉함으로써 항상 기운이 솟는다.

때때로 사람들은 어린 시절에 스트로크의 결핍을 경험한다. 이들은 정서적으로 방치되었으며, 감정표현이 허용되지 않고, 된다 해도 특별한 방식으로만 허용될 뿐이다(예 : 분노는 허용되지만 슬픔은 안 됨). 이러한 고통을 완화하기 위하여, 그들은 어떤 욕구를 무시하는 법을 배우게 되며, 이것은 성인으로서의 사회적 상호작용과 친밀의 문제를 야기할 가능성을 증대시킨다(우리는 이것에 대한 것을 제5장에서 보다 상세하게 탐구할 것이다). 모든 사회 시스템은 저마다 강조하는 일반적 패턴들이 있다고 하지만, 그 나름의 스트로크 기후(환경)를 가지고 있다.

학교에서는, 평균 이상 그룹 또는 이하 그룹, '성적 상위자들과 하위자들 그룹'에 속하는 학생들이 대부분의 스트로크를 받는다. 비상한 학생들 그리고 문제의 학생들이 교사들의 모든 관심을 얻는 것이 일반적이다. 평균적 학생들은 방치되기 일쑤다. 이러한 상황은 비상한 능력을 갖지 못한 학생들은 자기들에게 돌아오는 것은 스트로크 할당량뿐이기 때문에 문제 행동을 보이기 시작하도록 만들 수 있다. 결과적으로 하위자 그룹이 증가한다. 교사들이 중간(평균)의 학생들에게 충분한 스트로크를 주는 교실에서는 대체로 조용한 분위기가 만들어진다. 이것은 학교의 경우만이 아니고 일반 사무실의 환경에도 똑같이 적용된다.

모든 사람은 특별한 색이 들어 있는, 예컨대, 분홍, 검정 또는 무색의 안경을 착용한다. 이것이 스트로크 필터이다. 이것은 현재의 자기 이미지에 맞는 스트로크만을 받아들이도록 한다. 따라서 어떤 사람은 긍정적 메시지를 약화시켜 "참 멋진 옷을 입으셨어요!"에 대해 "어 이건 언니에게 물려받은 옷이에요."라고 반응하는 반면, 또 어떤 사람은 부정적 스트로크를 막아내는 도사로서, "당신이 늦게 오니 내가 몹시 화가 나잖아요!"에 대해 "지금껏 나를 기다렸다니 얼마나 기분이 좋은지!"라고 반응한다. 많은 사람은 조건적 부정적 스트로크를 받아들이기 어려워하며 또한 그것이 인간 됨됨이로서의 자기에 대한 말로 알아듣는다. 그들은 방어적으로 반응한다. 예를 들면, 만약 어떤 사람이 "여기서는 담배 피우면 안 됩니다."라고 말하면, 어쩌면 "꺼져버려!" 또는 "당신이 웬 참견이야. 당신 일이나 하라고!"라는 반응을 들을 각오를 해야 할 것이다. 또 어떤 경우에는 사람들은 부정적 스트로크를 훨씬 세게 만들기도 한다. "이 리포트는 정말 너무 길어요, 열 페이지 정도로 줄일 수 있겠어요?"를 "이건 뭐 형편없군."으로 개조한다. 당신이 어떤 스트로크를 받아들이거나 안 받아들이거나에 의하여 자신의 준거를 통제할 수 있다. 이상적으로 말한다면, 무조건적 긍정적 스트로크는 받아들이고, 무조건적 부정적 스트로크는 피하는 것이다. 긍정적이든 부정적이든, 조건적 스트로크는 인센티브 또는 피드백으로 사용될 수 있다. 신경생물학적으로 스트로크의 패턴은 뇌에 기록된다. 그래서 때로는 부정적 스트로크 패턴을 깬다는 것이 어렵다는 것이 이해된다. 이와 같은 사람들과 함께 하든가 또는 이들을 인도하는 교류분석 전문가들은 때로 (무조건적) 긍정적 스트로크를 너무 빨리 줌으로써 이들을 놀라게 해 아예 쫓아버리는 일이 발생할 수도 있다.

언뜻 긍정적 스트로크는 (언제나) 부정적 스트로크보다 낫다고 생각하기 쉽다. 그러나 그렇지는 않다. 중요한 것은 의도와 스트로크가 전달되는 양식이다. 당신은 스트로크를 주거나 또는 유보함으로써 상대의 행동을 승인하거나 또는 억제시킬 수 있다. 이것은 행동치료가 근거를 두는 매우 중요한 이론적 원칙이다. 부정적 조건적 스트로크는 그가 어떤 행동을 달갑게 여기지 않는다는 경고이다. 긍정적 조건적 스트로크는 사람으로 하여금 유능하다는 느낌을 갖도록 만들 수 있다. 만약 분위기가 너무 예절 발라 그 사람에게 입 냄새가 난다고 알려주거나, 평상복을 입고 입사 인터뷰에 가지 않는 편이 좋다고 말해줄 수 없다면, 그것은 어쨌거나 당사자에게 손해일 수밖에 없을 것이다.

예컨대 무조건적 긍정적 스트로크의 남발에 의한, 과도한 칭찬 또는 응석받이는 실제로 방치 또는 무시와 마찬가지로 유해하다. 어린아이는 다른 사람을 배려하거나 자신의 행동을 적응시키는 법을 터득할 수 없다. 그런 사람은 '부풀린 자아(inflated ego)' 또는 가짜의 자기(false self)를 발달시키며, 자신은 상대에게 아무것도 주지 않으면서 존중과 인정받기를 기대한다. 과도한 긍정적 스트로크는 그 사람의 자율성의 경험과 자기평가(self-evaluation)의 권리에 치명적 해가 될 수 있다. 만약 중요한 타자를 포함한 모든 사람이 당신은 특별한(훌륭한) 성품을 가졌다고 한다면, 이것은 당신으로 하여금 자신의 성품을 달리 파악할 수 있는 여지를 박탈하는 것이다. 과도한 긍정적 스트로크는 많은 교류분석 환경에서의 함정이기도 하다. 오로지 긍정적 스트로크만이 교환될 때에는 비판이 질식된다. 그러나 사람들은 자신들의 실수로부터 가장 큰 교훈을 배우곤 한다!

2.3.3절에서 우리는 교육에서의 양육과 구조의 중요성을 돌아볼 것이다.

스트로크가 부족한 환경에서 사람들은 다른 방법으로 배운다. 런던의 Tavistock Centre에서 정신분석적 사상에 근거하여(Bion의 그룹 이론을 포함함, 제8장의 8.4.7절 참조) 개발한 방법인, 그룹관계 세팅에서, 참가자들은 활발하게 스트로크를 받지 못하는 실험 세팅이 만들어진다. 며칠 동안 지속되는 컨퍼런스 기간 동안에, 참가자들은 그룹으로 나누어져, 각 그룹 내, 그룹 간, 참가자들 전체의 권위(자), 역할들, 조직의 발달을 면밀히 관찰하는 임무가 부여된다. 이런 방법으로 각 참가자들의 스트로크에 대한 욕구 그리고 그 욕구에 따라 결정되는 스트로크의 패턴들을 관찰할 수 있는 하나의 공간이 만들어진다. 이렇게 비구조화된 작고 그리고 큰 그룹들은 가끔 두려움을 야기한다. 참가자들은 우선 자신이 어떻게 현실을 왜곡하고 스트로크를 선택하고, 해석하고, 조작하는지, 그럼으로써 어떻게 자신의 준거틀을 유지하는가를 경험한다. 이것은 참가자들이 부정적 스트로크에 대한 자신의 두려움을 줄일 수 있도록 가르치며 복합적 상황을 학습과 작업의 환경으로 가치 있게 생각하도록 가르친다.

2.1.4 시간 구조화하기

Berne은 자극과 스트로크 기아 이외에, 제3의 기아를 확인했다. 즉 당신은 자신과 타인들에게 개별성을 부여하고 번영할 수 있는 충분한 공간을 제공하는 데 필요한 스트로크를 교환할 수 있도록 어떻게 당신의 시간을 구조화하는가? 만약 어떤 사람이 외로운 상황에 놓인다면, 그 사람은 스트로크 결핍뿐만 아니라, "이 많은 시간을 무엇을 하며 보내야 하나?"라는 의문에 봉착하게 된다. 로빈슨 크루소가 난파되어 한 모래섬에 상륙하게 되었을 때 그는 섬을 살펴보고 직접 움막을 지었다. 오리아나 팔라치가 쓴 실화를 다룬 소설 한 남자(*Un Uomo*)에 등장하는 당시 그리스 군부에 항거하는 레지스탕스, 알렉스 파나굴리스는 체포되어 독방에 갇힌다. 그는 끊임없이 탈출을 시도하고, 사용할 수 있는 온갖 방법으로 간수에 맞서고, 머릿속으로 체스를 두고, 시를 씀으로써, 그 4년에 걸친 영어의 생활 속에서도 자신에게 충분한 자극을 공급할 수 있었다. 이렇게 그는 자신에게 스트로크의 욕구를 스스로 제공하였다. 그는 씩씩한 정신을 유지함으로써 스스로 미치는 것을 방지하였다.

Berne의 시간 구조화에 대한 기아의 이론(1961)은, 사람들이 개인적 인정의 질과 친밀에 대한 사람들 사이의 위험 수준과 연결하여, 사람들이 함께 시간을 보내는 공통적 방법을 관찰하였다. 그는 스트로크의 강도의 증가에 따라 사람들이 시간을 구조화하는 형태를 여섯 가지로 구분했다.

어린아이들은 부모로부터 '사회적 프로그래밍'을 배운다. 그것은 그들의 사회적 시스템 안에서 시간을 구조화하는 방법이다.

1. 폐쇄. 폐쇄의 욕구는 필수적 기아다. 휴식하고, 명상하고, 잠자고 또는 자극으로부터 자신을 단절시킴으로써, 너무 과도한 자극을 받은 이후의 균형을 회복할 수 있다. 당신은 생각을 정리하여 경험, 욕구, 감정 사이의 새로운 균형을 가져올 수 있다. 이러한 폐쇄는 육체적인 것일 수 있다(당신 집이나 또는 방에서 홀로). 그러나 그것은 또한 정신적일 수도 있다. 당신이 여러 사람들과 함께 있다 하더라도 당신은 자신만의 작은 세계에 머물 수 있다. 만약 사람들이 충분히 폐쇄 상태에 머물지 않는 것은, 그것은 자신의 경험들을 반추하는 데 어려움을 겪기 때문일 수 있다. 사람들은 당황스럽거나 대립적인 생각들을 회피하며, 그럼으로써 자신들의 미충족된 욕구들 또는 욕망들의 현실에 직면하지 못하도록 한다. 어떤 사람들은 때때로 자기의 경험들을 타인들과 나누는 데 어려움을 겪기 때문에 폐쇄한다. 이 사람들은 긍정적이거나 부정적이거나 자기가 받을 수 있는 스트로크를 회피한다. 이들이 그렇게 하는 이유는 자기의 준거틀을 타인들의 것과 비교하는 것을 회피하여 자신이 가진 현실에 대한 이미지를 자신에게 확신시킨다. 이들은 자기의 미검정된 이미지에 근거하여, 마치 그것이 '절대적 현실'인 양 행동한다. 만약 어떤 사람이 인생 초기에 습득한 행동의 반복적 패턴으로서 폐쇄한다면, 역기능적 폐쇄를 의심해볼 수 있다. 이것은 균형적 자율을 회복하는 기능을 가진 것이 아니라, 처음에는 기능적이었으나 지금은 역기능적이 되어버린 패턴을 반복하는 것이다. 폐쇄는 스트로크를 거의 제공하지 않는다. 그렇기 때문에 이것은 결국 결핍으로 이어질 수 있다.

2. 의식. 의식은 예측할 수 있는, 사회적으로 규정된 스트로크의 교환으로 구성된다. 예컨대, "오,

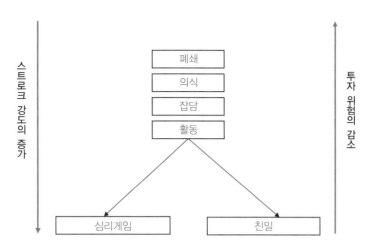

그림 2.1 시간 구조화의 여섯 형태

안녕, 어떻게 지내?", "잘 지내. 너는?", "나도 잘 지내. 날씨 좋지?", "그래, 정말 좋군, 비 온 후에 적당한 햇볕".

이러한 예측 가능성은 교환이 오래 걸리지 않지만 사람에게 상쾌한 기분을 줄 수 있는 어느 정도의 안전과 구조를 제공한다. 당신은 무엇이 다음에 올 것인지 알 수 있으며 편안함을 느낄 수 있다. 추가적으로, 의식은 어떤 경우(예 : 장례식에서의 미사, 결혼식의 리셉션, 다른 사무실에서 온 동료들과의 미팅, 수술 전의 세척 또는 이륙 이전의 비행계기 확인)에 구조와 안전을 제공한다.

의식은 단지 몇 마디의 말로 구성되는 단순한 것일 수도 있으며, 또는 친척들과 함께 크리스마스 날 종일 진행되는 것일 수도 있다. 의식은 예측할 수 있는, 보통은 그리 깊거나 개인적이 아닌 스트로크를 제공한다. 그러나 어떤 종교적, 입회 또는 신참 골리기 의식들은 때로는 매우 강력하다. Berne은 의식을 인간관계의 '윤활유(grease)'라 표현했는데, 그것은 의식은 무엇을 지속적으로 움직일 수 있도록 하는 역할을 하지만 사람들을 정말 가깝게 만들지는 않는다는 의미이다. 의식은 편안하며 비개인적(인간미 없는)이다(1964, p. 52).

3. 잡담(소일거리). 사람들이 '좋은' 시간을 함께 가질 주된 목적으로 함께 모였을 때, 우리는 이것을 잡담이라고 한다. 사람들은 밀착이나 친밀의 큰 위험이 없이도 자주 유쾌한 긍정적 스트로크를 교환한다. 논의되는 주제들은 깊이 들어가는 것을 피하고 종종 의식의 특성을 갖지만 주제나 분위기로 보면 교환과 변화를 위한 보다 넓은 공간과 보다 많은 시간이 허용된다. 그러나 무언의 동의, 즉 어디까지나 '즐거움'에 머물러야만 한다는 협약이 있다. 그것은 종종 '여기-그리고-지금'에 관한 일보다 '거기-그리고-그때'에 관한 것일 때도 있다. 예를 들어, 파티 한쪽에서는 요즘음 젊은이들에 대한 '잡담' 논의가 진행되는 반면, 다른 쪽에서는 현 정부의 정치적 사안이라

든가, 지난번 또는 다음 휴가에 대한 이야기들이 진행된다. 유일한 목적은 어떤 일에 대해 애매한 책임지지 않을 논의에 가담하는 것이다. 마치 "사람들은 건배를 하고, 오줌을 누고 그리고는 모든 것은 변함이 없었다."처럼. 이것은 우리가 다른 사람과 더 친밀해지려 하기 전에 그 사람을 '점검'하는 방법을 제공할 수 있다.

　회사 또는 조직과 같은 사회적 관계에서의 잡담들은 비공식적 기능보다는 오히려 심리적 구속을 갖는다. '사회적 평가(social assessment)'가 진행된다. 피고용인들은, 커피 라운지나 카페테리아에서 잡담으로 시간을 보내며, 회사 또는 조직의 일들을 논의한다. 이러한 잡담의 참여자들은 자기가 말로 표현한 생각들이 여기의 공동체에 적합한지를 끊임없이 평가한다. 중심이 되는 질문은, "나의 생각이 이곳에서 고려될 수 있는가?"이다. 만약 그렇지 않다면, 피고용인들은 스스로이 회사나 조직에 속해 있지 않다고 생각할 것이다. 대부분의 사람들은 이러한 일이 실제 발생하지 않기를 바란다. '소속(belonging)'은 사람을 동기화하는 데 있어 중요한 요소이다.

　만약 잡담의 참여자들 중 누군가가 사사로운 일을 가지고, 예컨대 자기 아들의 마약중독에 대한 그녀의 절망감이라든지, 또는 그녀가 어떤 정부의 정책에 대한 정치적 행동을 취하길 원한다든가 따위의 말을 시작한다면, 이것은 잡담 교환의 목적에 부합하지 않으므로 일반적으로는 불편하고 당혹스러운 상황을 만들 것이다. 너무 사사롭게 된다는 것은 이 시간의 구조화와 편안하지만 친밀하지는 않은 방법으로 타인들과 함께 있으려는 인간관계의 기능을 벗어나는 것이 될 것이다. 절박한 어머니는 자신의 사연을 들어줄 사람을 다른 곳에서 찾아야 할 것이며, 정치적 행동가는 자신의 생각을 수정하든가, 아니면 다른 사람들과 행동할 것을 다시 조직해야 할 것이다.

　핸드폰에서 사진을 교환하고 최신 앱들을 함께 나누는 것은 새로운 기술이 주도하는 잡담의 예들이라 할 수 있다.

4. **활동.** 스트로크 교환이 과제 또는 목표를 함께 나누는 것을 지향할 때 우리는 활동이라고 말한다. 활동은 새로운 상품을 시장에 출품하는 것에서부터 식사를 준비하는 것, 풋볼 경기를 하는 것, 항의를 하는 것, 트레이닝 스케줄을 따르는 것에 이르기까지 다양하다. 활동은 업무에 관한 것일 수도 있으며, 취미 또는 집안일일 수도 있다. 여기서 중요한 것은 사람들이 (함께) 어떤 목표를 이루고자 한다는 것이다. 활동은 주로 조건적 긍정적 또는 조건적 부정적 스트로크를 많이 발생시키며, 그것은 행동 그리고 결과 중심적이지 사람 중심은 아니다. 활동에서는 어른자아 A가 활발하다. 즉 여기-그리고-지금의 생각, 느낌, 행동이 활발하다.

　에너지는 인정의 외적 원천에 투입된다. 이 시간의 구조화는 쉽게 다른 시간의 구조화와 상호 교환이 가능하다. 예컨대 업무 중에 가장 중요한 시간의 구조화는 활동이지만, 업무 시작과 더불어 커피를 들며 인사를 주고받는다든지, 실험실 직원들이 업무를 시작하기 전에 규칙과 절차를 따르는 것과 같은 의식도 일어난다. 또한 잡담에 속하는 브레이크에 지난 TV 쇼에 대해 비평하는 것 등도 있다. 심리적 게임과 친밀도 근무 중에 일어날 수도 있다.

5. 심리적 게임. 심리적 게임의 특징은 종종 예측 가능한, 부정적 결과를 최소한 어떤 한 사람에게, 보통은 게임의 모든 참가자들에게 주는 일련의 교류라는 것이다. 처음에는 사람들이 알지 못하는 숨겨진 동기를 가진 교류들을 포함한다. Berne은 게임을, 의식적으로 자기방어를 목표로 하고 관계를 예측 가능하도록 만드는, 그러나 그때 어김없이 당사자들이 결과에 모두 실망하거나 좌절감을 느끼도록 만드는, 초기 유년 시기의 역동(dynamics)과 방어(defences)의 재연출(replay)로 보았다. 제4장에서 우리는 게임과 게임분석에 대해 알아볼 것이다.

엘리자베스는 세 번째로 남자에게 버림받았다. 그 남자는 처음에는 매우 매력적으로 보였으며, 그녀를 저녁에 초대하고 그녀에게 꽃을 주었다. 몇 개월이 지난 후 그녀는 그에게 금전적인 도움을 주기 시작했는데, 그 남자는 일시적으로 어려운 시기를 겪고 있었기 때문이었다. 마침내 그 남자는 비행기를 타고 타국으로 사라졌으며, 금전적으로 수천 유로만큼 더 가난해지고 버림받은 그녀는 세상에 믿을 남자는 없다는 감정과 왜 자기는 똑같은 함정에 계속 빠지는가에 대한 질문만을 생각했다.

6. 친밀. 이 형태의 시간의 구조화 안에서는, 사람들은 자유롭게, 숨겨진 의도나 조작 없이 스트로크를 교환한다. 그들은 상호 영향을 알고 있으며 서로의 준거틀(A)에 대하여 공개적이다. 여기에도 물론 충성과 돌봄(P)의 여지가 있으며, 자기의 감정과 상대방의 감정(C)을 위한 공간이 존재한다. 친밀은 덜 예측 가능하지만, 깊은 스트로크의 교환을 제공한다. 비록 상대가 하는 말이 듣는 사람에게는 고통스러울지 몰라도, 그것은 성장과 상호 교환을 위한 순수한 정보로서의 목적을 가진다. 친밀은 육체적 접촉과 성적 관계로 인도할 수도 있으나 또한 분노와 눈물로 인도할 수도 있다. 친밀이 있을 때에는, 의사소통의 사회적·심리적 수준들이 함께 이루어진다. 그것은 게임이 없으며, 상호 이용(착취)이 없는 개방적 관계이다. 친밀은 인간의 깊은 곳에 위치하는, 다른 사람에게서 편안함을 느끼고 안전함을 느끼고 싶은 욕구를, 각자의 긍정적이고 부정적 측면들을 모두 가진 채, 충족하는 것이다.

Eric Berne의 초기 연구 동료인, Stephen Karpman 박사는 TA의 창시자에 대한 주제로 편집된 100주년 기념 교류분석저널(*TA Journal*, 2010)에서 다음과 같이 말했다. "친밀은 Eric Berne의 '미완성 교향곡'이라고 부를 수 있다. Berne은 사람들이 함께 시간을 보내는 시간 구조화 리스트의 제일 위에 친밀을 두었으나, 그는 개인적으로 진정한 친밀은 일생을 통하여 오직 매우 드문 경우에만 일어난다고 믿었다." Karpman은 Berne이 중단한 곳에서 이음을 유지하기 위한 목적으로, TA의 친밀이론에 사람

그림 2.2 친밀 스케일

들의 관계의 질을 이해하고 증진시키고자 하는 사람들에게 적용할 수 있는 '친밀 스케일(the intimacy scale)'을 추가하자고 제안했다. 스케일은 침묵(S: silence)으로부터 시작하여, 물건, 대상, 장소에 관해 말하기(T.O.P.: talking about things, objects, and places), 그리고 사람들, 아이디어, 심리, 이슈, 철학, 흥미에 관해 말하기(P.I.: talking about people, ideas, psychology, issues, philosophy, interests)를 거쳐, 나와 너에 관해 말하기(M/Y: talking about me and you)를 거치고, 우리들에 관한 대화(U: talking about us)를 지향한다. 다시 말하면, 스케일은 폐쇄(isolation, 격리)로부터 출발하여 친구 관계(friendship)를 거쳐 친밀(intimacy)로 도달한다.

2.2 추가 이론

2.2.1 감정적 숙련

Steiner(1971, 1984)는 스트로크의 중요성에 대한 폭넓은 집필을 했다. 그는 스트로크 경제(stroke economy)의 개념을 개발하였다. 재화의 부족은 사재기와 가격의 인상을 가지고 온다는 가정에 근거한 시장 경제와 유사하게, 스트로크에 있어서도 경제적 사고가 만연해 있는 것 같다. 어린아이들은 자기도 모르는 사이에 가족 또는 사회적으로 일반화되어 있는 스트로크에 대한 규칙들을 학습할 수 있는데, 예를 들면 다음과 같은 것들이다.

- 스트로크를 쉽게 주지 말라! 다른 사람에게 별 생각 없이 칭찬을 하는 것은 오히려 의무감의 부담을 또는 기대감을 부추길 수 있다.
- 스트로크를 요청하지 말라! 비록 필요하다 해도. 요청해서 받는 스트로크는 그다지 가치 있는 것이 아니다. 가치 있는 스트로크는 오로지 자연스럽게 받은 것뿐이다.
- 스트로크를 받아들이지 말라! 당신이 스트로크를 받고 나면, 당신의 반응은 자신을 낮추는 것이 될 것이다("오우, 그것은 나의 작은 노력의 결과였어요." 또는 "어~ 당신이 했다면 훨씬 잘할 수 있었을 거예요.").
- 어떤 스트로크라도 거절하지 말라! 비록 당신이 원하지 않는다 해도. 용모에 대하여 언제나 찬사를 받는 아름다운 여자는, 이제 그런 찬사는 더 이상 필요하지 않고 자신의 지성에 대한 스트로

크를 받고 싶다고 어느 날 갑자기 말해선 안 된다.

- 자신에게 스트로크를 주지 말라! "자기 칭찬은 바람직하지 않다." 자신이 오만하게 보이는 것을 원치 않을 테니까.

Steiner는 이 세상의 무한한 스트로크의 공급이 매우 적은 양으로 제한되고 있다는 것을 이 규칙들은 보여주고 있다고 주장한다. 이러한 스트로크들은 어떤 조건하에서만, 예컨대 부모와 자녀들 사이에서만, 또는 친밀한 관계 사이에서만 교환되곤 한다. 이러한 방법으로 어린이들은 부모와 선생님들이 원하는 바에 따라 행동하도록 조정되고 훈련된다. Steiner에 따르면, 긍정적, 부정적 또는 조건적, 무조건적 스트로크를 주거나 또는 유보함으로써, 부모와 양육자는 어린이의 자율성의 발달을 여러 분야에서 촉진하거나 또는 억제한다.

이것은 그 사람의 사랑할 수 있는 능력, 사고할 수 있는 능력, 즐길 수 있는 잠재력에 영향을 미친다. 다섯 살 벤이 자기 선생을 사랑한다고 말할 때, 만약 그의 엄마가 기꺼이 미소를 보이는가 아니면 그럴 수 없다는 듯, "그렇지만, 벤은 엄마를 제일 사랑하지? 그렇지?"라고 말하는가는 중요하다. 일곱 살 파리다의 세상은 어떻게 움직이는가에 대한 질문에 대하여 "꼬마 아가씨, 아직은 그런 것을 염려하지 않아도 된단다."라는 말로 묵살하는가, 아니면 그녀의 질문을 진지하게 받아들이는가는 중요한 문제이다.

열 살 먹은 챈틀을 테마파크에서 하루를 즐기게 허락하는가, 아니면 그녀의 아버지가 그곳에 가는 것은 매우 돈이 많이 드는 나들이라고 말하며, 또한 자신의 부모들은 자신이 어릴 때 단 한 번도 그런 재미난 곳을 데리고 가지 않았노라고 다섯 번씩이나 반복해서 말하는가는 매우 다르다. 어린이들은 교육자가 제공하는 좋은 스트로크의 혜택으로부터 자신들의 자율성을 촉진함으로써 후일에 효과적 관계를 형성할 수 있고, 문제를 독립적으로 해결할 수 있으며, 자신의 인생과 일을 즐길 수 있게 된다. 성인들은 종종 자기도 모르게 가족이나 사회적 시스템 안에서 학습한 스트로크 경제법칙들에 순응함으로써 부분적으로 스트로크 박탈 상태 속에서 살아간다. Steiner(2003)는 '감정적 문해력(emotional literacy, 능숙함)'이란 프로그램을 개발했는데, 이를 통해서 사람들은 감정적으로 숙련(emotionally skilled)될 수 있는 방법을 다시 배움으로써, 자발성(spontaneity)과 친밀(intimacy)을 위한 능력을 회복할 수 있다.

2.2.2 스트로크 프로파일

McKenna(1974)는 사람들이 스트로크를 다루는 방법을 기록하기 위하여, 이고그램과 유사한 스트로크 프로파일이란 다이어그램을 제작하였다. 스트로크 프로파일은 사람들이 인정을 얻고 주기 위한 그들의 믿음과 패턴을 인지하고 평가하는 데 도움을 주는 도구이다.

당신은 스트로크를 요청해본 적이 있는가? 당신은 때때로 다른 사람이 스트로크를 요청한다 해도 주기를 거절하는가? 스트로크 프로파일은 긍정적 및 부정적 스트로크 모두에 관한 이런 의문들을 살펴본다.

우울증으로 고통을 받는 사람들은 종종 주목할 만한 패턴의 스트로크 프로파일을 나타낸다. 그런 사람들은 스트로크를 거의 주지 않는다. 그들은 긍정적 스트로크를 거의 받아들이지도 않으며 요청하지도 않지만, 부정적 스트로크는 매우 쉽게 받아들인다(Thunnissen, 2007).

22살 여인, 애니타는 신경성 무식욕증(anorexia nervosa, 거식증)으로 6년 동안 고생하고 있다. 그녀의 식욕 부진 문제는 그녀의 어머니가 우울 증세로 병원에 입원했을 때 시작되었다. 애니타의 식욕 부진 문제와 어머니의 우울 증세는 그 가족 안에서 어떤 기능을 가지며, 아프다는 것은 자기의 감정을 표현하고 관심을 얻을 수 있는 유일하게 인정된 방법이었다. 아버지는 수술이 불가능한 폐종양을 앓고 있다. 그가 삶을 유지할 수 있는 것은 1년 이내일 것이다. 어머니는 두려움과 슬픔으로 애니타에게 많은 것을 요구한다.

애니타는 그녀의 언니가 임신 8개월 후에 유산되었기 때문에 그 가정의 유일한 딸이다. 그녀는 아버지를 감정을 표현하는 데 어려움을 겪는 사람으로 묘사한다. 어머니는 매우 배려심이 많은 사람이었으나 자주 아프다. 그녀의 어머니는 우울증 때문에 반복적으로 병원에 입원한다. 가족들은 매우 폐쇄적이고 문제를 회피하고 지나치게 신경을 쓰는 것이 특징이었다. 애니타에게는 마치 유산된 언니의 몫을 채워야 할 일을 도맡아야 하는 것처럼 느껴졌다. 그렇기 때문에 애니타가 가족에게서 빠져나와 제대로 십 대의 틴에이저가 되는 과정을 갖는다는 것은 불가능하였다. 애니타는 극심하게 불안하고 식욕 부진 상태가 되었다(이것은 성장에 대한 거절의 상징이었다).

후에 애니타는 정신치료센터에 들어갔으며, 그곳에서 TA 치료모델로 진행되는 3개월 심화 프로그램에 참가하였다. 이 프로그램은 계약에 의해 진행되었는데, 계약에서 애니타는 그녀의 치료사들 그리고 다른 그룹멤버들과 더불어, 그녀의 치료목표를 설정했다. 애니타의 계약서에는, "나는 고치를 뚫고 나와 나비가 되겠다."라고 쓰여 있었다. 몇 주간의 치료과정 후에 그녀가 어머니와의 공생관계를 단절하기로 결심했을 때, 그녀는 압도적인 부정적 감정에 휩싸였다. 그녀는 이것이 어디서부터 비롯되는 것인지 알지 못했다. 곧 애니타의 스트로크 프로파일 작성이 결정되었다. 그녀는 대체로 긍정적 스트로크를 주는 데 비하여, 그녀가 받아들이고 요청하는 것은 부정적 스트로크라는 것이 명백해졌다. 한눈에도 분명한 것은 얼마나 부정적인 것들이 지배적이며, 그로써 그녀는 자신의 기본적인 부정적 감정들을 만들고 그것을 계속하여 재확인하는 것이었다. 그때 그곳에서, 그녀는 긍정적 스트로크를 요청하는 실습을 계속하며, 한편 그녀가 그 스트로크를 정말로 수용하는가를 지속적으로 모니터링하였다. 이것이 치료의 반복적인 중심 주제가 되었다. 그녀는 이외에도 스트로크, 여인이 되기, 바디 이미지, 성생활을 포함하여 여러 분야에 걸친 치료를 받았다. 마침내 그녀는 계약을 이행하고 떠났다. 그녀는 새로운 도시에 정착하여, 학교도 마치고, 취미생활도 시작하고, 친구들도 사귈 것이다.

사람들은 자기 자신에 대한 직관적인 생각을 가지고 있다. 그룹에서, 참가자들에게 각자의 견해를 서로 교환해보도록 하는 것은 유익하다. 언제나 그런 것은 아니지만, 종종 다른 사람들의 스트로크 프

로파일에서 발견할 수 있는 것은 긍정적 스트로크를 쉽게 주는 사람들은 부정적 스트로크를 남에게 주는 것이 쉽지 않다는 것이다. 그 반대도 마찬가지이다. 우울한 사람들은 부정적 스트로크를 마치 스펀지처럼 빨아들이지만, 긍정적 스트로크가 주어지면 듣기조차 거북해 한다. 많은 사람은 긍정적 스트로크를 거의 요청하지 않는다. 부정적 스트로크를 요청하는 행동은 종종 간접적 그리고 무의식적으로 일어난다(존은 가끔 좀 지각하든가 또는 약속을 잊든가 함으로써 타인들로부터의 부정적 스트로크를 스스로 추출한다는 사실에 놀라움을 금치 못한다).

스트로크 주기를 거절하는 것 역시 종종 무의식적으로 일어난다. 많은 사람은 짜증스러운 짓을 하는 사람에 대하여 마음속에서 이것이 옳은 반응인가 여부를 따져보지 않고, 자동적으로 비난이나 못마땅한 반응을 보인다.

부정적 스트로크는 긍정적 스트로크보다 훨씬 큰 충격을 갖는다는 것은 분명하다. 만약 어떤 사람의 스트로크 프로파일이 대체로 부정적 스트로크를 주고, 받고, 요청하는 것으로 나타난다면, 이것은 특별한 주의를 요하는 사안이다. 대체로 사람들은 그 자신이 어떻게 외로움을 만드는지 인지하지 못한다.

2.3 추가 논의

2.3.1 제4의 기아

Fanita English는 TA에서 창의적 사상가이다. 그녀는 TA 이론에 기여가 큰 여러 새로운 개념을 만들었다. 그중 한 가지는 또 다른 유형의 기아(1972)에 관한 것이다. 자극, 인정, 시간 구조화의 욕구에 더하여 그녀는 호기심의 충족을 위한 욕구를 발견하는데, 이 욕구는 타인으로부터 스트로크를 받으려는 욕구와는 별개의 것이다. 그녀가 발견한 것은 사물을 탐구하고 세상이 돌아가는 이치를 이해하려는 인간의 추동에 관한 것이다.

이것은 모든 것을 입으로 가져가 맛을 보려는 아기의 행동에서 볼 수 있다. 어른의 경우에는, 창조적 행위, 창조하고 발명하려는 욕구 또는 미답의 영역을 탐구하는 것을 보면 알 수 있다. 이 욕구가 부모에 의해 현명하게 격려되면, 아이는 성인이 된 이후에 위험을 즐기고 또 수용하는 법을 배울 것이며, 이것은 친밀을 위해 필수적 조건들 중의 하나이다! English는 이 기아를 어린이자아 속의 어른자아 A_1, 즉 작은 교수에 배치하였다. 그녀는 어린이자아 C의 구분을 위해 자신의 독특한 용어를 사용한다.

- 졸음, C_1 : 환경에 생존을 심하게 의존하는 어린이자아 C의 가장 초기 부분. 빨기 울음, '졸음(Sleepy)'은 그의 생존적 본능을 나타낸다. 그러나 만약 외부로부터의 자극이 충분하지 않으면, 죽음이 기다린다. English에 의하면, 이것은 C_1에는 퇴행의 경향이 숨겨져 있다는 의미라고 한다. 만약 아기들이 활발한 스트로크로 활력을 유지하지 못하면, 아기들은 수동적(passivity) 행위에

빠지거나 죽는다.

- 용감한, A₁ : 열정적, 창조적 부분으로, 신화와 동화 속의 영웅으로서 문제를 정면으로 붙잡고, 호기심이 있으며, 위험 부담을 회피하지 않는다(spunky).

- 유령 같은, P₁ : 내면화하고 상징화하는 능력. 이것은 아기가 미소, 찡그림, 또는 언어적 표현과 같은 상징적 스트로크를 지각하고 이해할 수 있도록 도움을 준다. '유령 같은(Spooky), P₁'은 선택을 하지 않으므로 긍정적, 파괴적 또는 혼란스러운(confusing) 스트로크들을 똑같은 강도로 받아들인다. 예컨대, 아기가 조심스럽게 첫 발을 떼고는 넘어진다. 엄마는 우는 아기를 일으켜 세우고는 웃으며 말한다, "그렇지만 넌 아직 못해."

'용감한(Spunky)'은 마침내 너의 인생은 어떨 것이며, 너는 어떻게 욕구들을 충족시킬 것인지에 관한 이후의 각본결단을 내리게 된다. '용감한'은 '유령 같은'의 요구사항들과 '졸음'의 퇴행적 욕구들을 조정한다.

2.3.2 자율성의 확장 : 성실성(온전함)

Ken Mellor(2008)는 총체적 완전함(wholeness), 도덕성(morality), 윤리(ethics)와 연관된, 성실성(integrity, 온전함)을 자율성(autonomy)의 중심적 품성으로서, 그리고 인간의 삶에서 자유를 부여하는 힘으로 본다. Mellor는 성실성을 모든 사물과 하나를 이루는 능력으로 정의한다. Berne이 자율을 정의하는 세 가지의 능력들, 자각, 자발성, 친밀은 우리들이 자율을 이해하는 데 계속적으로 중요한 역할을 갖고 있다. Mellor는 여기에 또 하나의 중요한 요소인, 성실함을 추가한다. 그는 주장하기를, 이러한 품성은 누구나 어느 정도는 가지고 있다고 한다. "우리가 더욱 성실하고, 더욱 성실함(온전함)을 갖게 되면 될수록, 더욱 풍요로운 생명의 에너지가 우리 속에 흐르게 된다. 그 이유는 우리의 시스템은 보다 더 개방적이 되고… 생명력의 극대화를 위해서 우리에게는 성실함의 극대화가 필요하기 때문이다"(p. 194). Mellor는 다음과 같은 말로 그의 저술을 끝맺었다. "개발된 자율성의 능력을 가진 사람들은 높은 수준으로 성실(온전)하고, 자각하고, 자발적이며 또한 친밀하다. 그들의 여기-그리고-지금에서의 '자기(selves)'에 관한 경험은 매우 확장적이어서, 어쩌면 대부분의 다른 사람들이 도달할 수 있는 범주를 초과한다. 흥미롭게도, 이와 관련하여, 사람이 보다 더 자율적이 되면 될수록 그가 살고 있는 시간-공간-존재의 범위가 더욱 더 확장된다.

Julie Hay는 최근(2014), 우리들은 자신의 결정을 내린다(그리고 우리들의 이전의 결정들을 바꿀 수 있다)는 것을 인정함으로써, 우리의 행동에 대한 책임을 수용해야 한다는 의미에서, Berne(1964)의 자율성의 개념에 '책임(responsibility)' 또는 '의무(accountability)'를 추가할 것을 제안했다. Drego(2006, p. 90)는 Berne의(1972) 삼자 간의 인생태도, "I'm OK, you're OK, they're OK"는 개인과 사회적 자유 모두에 해당된다고 썼다. 이 개념은 개인과 그룹 사이의 개인의 완전성(wholeness) 그리고 상호 책임(mutual responsibility)을 아우른다.

2.3.3 양육과 구조

미국의 교육자인, Jean Illsley Clarke(Clarke & Dawson, 1989)는 기아의 이론을 두 가지 측면, 즉 돌봄(care, 양육)과 구조(structure)에 근거하여 설명한다. 확실하고 지지적인 돌봄에 의해, 아이의 욕구들은 인정되고, 아이는 자신의 능력껏 생각하고 행동하도록 격려된다. 과도한 돌봄은 오남용의 위험(risk of abuse)을 가져오며, 아이는 부모의 감성적 또는 신체적 욕구를 충족시키는 데 이용된다. 충분치 못한 돌봄은 조건적 돌봄의 위험을 내포하며, 아이는 스트로크를 받기 위하여 부모의 기대와 요구사항을 충족시켜야만 한다. 방치하는 것과 응석을 받아주는 것은 모두 오용의 형태이다.

구조의 측면에서는, 협의 가능한 규범들이 중심이다. 이들은 안전, 질서, 구조화를 가능하게 하는 규범들이다. 어떤 규칙들("정직해라.")은 어떤 가정에서는 협의 불가능한 것들이다. 다른 것들(예 : 취침 시간, 알코올 사용)은 아이의 발달과정에 따라 생겼다가 바뀐다. 이런 규칙들을 통해서, 어린이들은 명료한 사고를 하고 문제를 해결하는 방법을 배우고 또는 부모들과 협상하고 논쟁하는 법을 터득한다. 한편 두려움과 비난을 통하여 굴종을 강요하는 경직된 환경에서는, 아이의 자기 이미지에 압력을 가한다. 또 다른 한편으로, 분홍빛 달콤함과 부드러운 유연성을 갖는, '솜사탕 규칙들(marshmallow rules)'의 경우에는, 아이가 자기의 위치를 알지 못해, 무책임, 나약함, 희망이 없음의 결과를 초래할 수 있다. 마지막으로 전혀 규범이 없고 방치되어 있는 경우에는, 어린이들은 부모라는 존재가 도대체 없다는 것을 배운다. 이 모델은 내담자와 교육자들로 하여금 자신들은 양육과 구조화에 관한 자신들의 신념으로부터 얼마나 동떨어진 교육을 해 왔으며, 이것이 어떤 패턴을 생성시켰는지, 그리고 이것이 어떻게 자신들의 개인적 그리고 직업적 생활에 지속적인 영향을 끼치고 있는지 스스로 질문해보도록 한다.

2.3.4 조직에서의 스트로크

두 학교의 합병 이후, 재배치된 교직원들 사이에서 (여러 면에서) 불만이 자라고 있었다. 처음에 합병은 큰 이익을 가져올 것으로 여겨졌다. 각각의 학교가 모두 그렇게 광범위한 교육 커리큘럼을 축소 일로에 있는 교육 수요의 환경하에서 유지한다는 것은 생각할 수도 없는 것이었다. 학교 인근의 인구는 이제 성장기를 지났다. 물론 모두가 그 결정을 찬성한 것은 아니었다. 그러나 대부분의 교직원들은 합병의 필요성을 이해했으며 합병으로 인한 기회도 있을 것이라 생각했다. 출발은 좋았으나, 학교의 한 현장의 작업 분위기가 급격히 나빠지기 시작했다. 처음에는, 스케줄, 교실, 중간 휴식시간 중 업무 등에 관한 소소한 불협화음이었다. 의견 충돌은 점점 빈번해져 교장은 정상적 일과를 수행할 시간이 거의 없을 지경이 되었다. 교장은 언제나 작은 불들을 꺼야만 하는 위치였고, 조그만 다툼의 대화에 자신도 끼어들게 되었다.

빠르게 악화되는 상황을 해결하기 위하여 고용된 외부 컨설턴트는 조직 내에서 벌어지고 있는 상황을 이해하기 위하여 TA의 스트로크 이론을 이용하였다. 그에 따르면 합병 이후의 엄청난 스트레스는, 조직원들은 자각하지 못했지만 많은 사람들의 스트로크 패턴의 해체에 따른 것이었다. 직장에서 행복감을 느끼는 대부분의 사람들에게, 상당 부분의 만족감은 그들이 일상에서 필요한 그날의 긍정적 스트로크를 얻을 수 있다는 사실 때문이다. 이런 사람들은 자신들이 관심을 받고 있으며 또한 그들의 소리가 경청되고 있다고 느낀다. 이들은 또한 자기들의 노고가 동료들과 경영진으로부터 감사히 인정된다는 것을 안다. 스트로크의 충전은, 회의의 참석자들이 그들의 기여한 바에 대하여 감사의 말을 듣는 것처럼 공식적 인정의 형태는 아니지만, 일상적 "안녕하세요?" 그리고 출근과 더불어 경비와 나누는 커피 한잔을 통하여 보이지 않게 이루어진다. 합병 이후의 새로운 상황에서는, 이러한 패턴의 상당 부분이 심하게 파괴되었다. 긍정적 스트로크의 부족은 점점 더 부정적 스트로크의 유발로 보충되고 있었다. 근무 환경은 분명히 더 나아질 조짐이 없었다.

컨설턴트는 교장에게 짧은 보고서를 제출했는데, 그곳에서 새롭게 합병된 학교에서 결여된다고 생각되는 바를 명확하게 지적하였다. 비록 교장은 이 보고서에 어느 정도의 의구심을 보였으나, 컨설턴트가 제시한 계획안을 기꺼이 실행하기로 결심했다. 계획은 교직원과 경영진에게 기본 TA 이론에 대한 교육을 실시하는 외에, 실천적 스트로크 실험들로 구성되었다.

2.4 관련 이론

2.4.1 Maslow의 욕구의 계층

미국의 심리학자인 Maslow(1954)는 피라미드 형태로 된 다섯 가지의 인간 욕구의 계층을 발표하였다.

누구나 이 피라미드 형태의 구조 속에서 몇 가지의 '기아'를 알아볼 수 있다. 첫째, 육체적 스트로크의 욕구, 그다음에 구조화와 안전에 관련된 스트로크가 뒤따른다. 사람들은 안전함을 바탕으로 다른 사람들과의 접촉 단계에 진입하여, 자신의 가치를 느끼고 인정받고, 사회적 · 감성적 · 지적 · 영적으로 자신을 개발할 수 있다. 육체적 욕구 또는 안전에 대한 욕구가 전혀 충족되지 않든가, 아주 미미하게 충족되는 상황에서는(전쟁이라든가 자연재해의 경우와 같은), '신경증 증상(neurotic symptoms)'은 놀랍게도 감소한다. 사람들은 생존과 자기 보존에 너무 바쁘기 때문에 아픔이나 고통을 느낄 겨를이 없다.

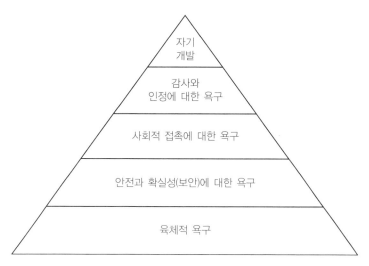

그림 2.3　Maslow의 피라미드

뉴올리언스의 한 택시기사는 대부분의 구시가지가 침수의 피해를 입었던 2005년의 허리케인 카트리나가 휩쓸고 간 후 그때의 상황을 어떻게 경험했는지에 관해 나에게 이야기해주었다. "내 전 생애의 최고의 해였어요! 모든 사람이 서로 도움을 주려 하고 친절했죠. 범죄율은 평소보다 매우 낮았어요." 그는 나에게 윙크를 하며 또 말했다. "공공 교통수단들이 모두 마비되었기 때문에, 택시업은 그전에 비하여 더할 나위 없이 좋았죠."

때때로 사람들은 바닥의 욕구가 확실하게 충족되고 있다고 아주 쉽게 가정해버리기 일쑤다. 그러나 기초적인 안전과 보안에 대한 욕구가 적절하게 충족되지 못했다면, '상위' 욕구를 위하여 투입된 에너지는 불만족스러운 결과를 가져온다. 직원들의 안전이 확실하지 않은 조직에서는 자기개발 그룹과 기타의 과정들은 적절한 혜택이 될 수 없다.

2.4.2　감정 조절과 정신화

최근 10년간 괄목할 만한 연구 분야 중 하나는 영아에 관한 연구(예 : Daniel Stern, 1990, 1995)로, 생후 단지 며칠밖에 안 된 아기가 온갖 연구의 대상이 되는 경우가 많다. 한 가지 유명한 실험에서는, 생후 5일 된 영아의 머리의 양 옆으로 2개의 거즈 패드를 붙인 다음, 한쪽의 패드는 엄마의 젖을 적시고, 다른 패드는 다른 엄마의 젖을 적신다. 아기는 망설임 없이 엄마의 젖 냄새 쪽으로 머리를 돌린다.

　그렇게 어린 나이에도 아기는 이미 자기 엄마의 젖 냄새를 구별하여 집중할 수 있다. 이 실험과 다른 실험들로부터 얼마나 일찍 애착(attachment)과 스트로크의 교환이 발달하는지 분명해졌다. 영아들은 애착관계에 있는 사람들로부터의 스트로크를 통하여 자신의 감정을 다루는 것을 배운다. 영아들은 배고픔, 아픔, 냉냉함, 분노, 슬픔과 같은 강한 감정들이 엄마와 아빠의 보살핌과 안락함으로 진정되는 것을 경험한다. 아기들은 점차 자신의 감정을 조절하는 법을 학습한다. 다시 말하면, 이것이 아기들이 자신의 감정을 처리하는 법을 배우기 시작하는 모습이다.

진화의 관점에서 보면, 초기 애착관계의 기능은 아기에게 자기 자신과 타인들의 정신상태(mental state)를 최대한 이해하고 이를 발달시키는 환경을 제공한다. 이렇게 자기성찰, 즉 자신과 타인들에 대하여 생각하는 능력이 점차 나타난다. 정신화(mentalizing; Fonagy, Gergely, Jurist, & Target, 2002)는 이 전체 과정에서 핵심적 특징이며, 적합한 반응을 발달시키기 위한 자신의 '마음(spirit)'과 타인들의 마음을 읽을 수 있는 능력이라고 정의할 수 있다. 이렇게 자신의 확신, 느낌, 희망, 기대, 계획은 물론 타인의 것들에 대한 개념을 만들어낸다. 정신화는 자기조직화(self-organization), 즉 당신이 이 세상에서 적절하게 또는 덜 적절하게 기능할 수 있도록 만드는, 일련의 인지적·정서적·행동적 능력들의 자기조직화에 중요한 활동이다. 애착관계에서의 불확실성은 정신화의 능력에 제약을 가져올 수 있다.

2.4.3 자긍심은 더욱 중요하다

경영의 강력한 도구로서 스트로크를 의식적으로 사용하는 것은 회사 또는 조직에서 가장 경시되는 개입들 중 하나이다. 원예사들의 오랜 금언인 "당신이 주의를 기울이는 것은 무엇이나 성장한다!"는 진리이지만, 불행하게도 많은 회사와 조직에서 도외시되고 있다. 만약 팀과 조직의 일상적 과업을 주의 깊게 관찰하고 경청하지 않는다면, 사람들은 자신들의 인정기아를 충족시키는 다른 방법들을 찾아 불만이나 잡담으로 시간을 보내든가, 절차와 원칙을 무시하는 행동을 하든가, 아프다는 핑계로 며칠씩 병가를 내든가 할 것이다.

경영 컨설팅 회사인 맥킨지가 실시한 개척자적 연구에 따르면(Katzenbach, 2003), 대부분의 사람들은 궁극적으로 돈 때문에 일하는 것은 아니다. 맥킨지는 사람들을 더 빨리 움직이도록 하려면 보너스가 필요하다는 생각을 부인한다. "돈은 사람들이 생각하듯 동기가 되지 못한다. 성과급(pay-for-performance)은 자기 잇속만 차리는 행동과 표피적 조직 충성을 가져온다. 금전은 사람에게 오직 표면적으로 또 매우 단기적으로만 동기를 부여한다. 새로운 직장은 확실히 매력적인데, 이는 급여 사다리의 몇 단계를 단숨에 올라갈 수 있기 때문이다. 그러나 일단 조직원들, 회사, 조직과 확고한 유대관계가 형성되면, 급여 액수는 그렇게 중요한 것이 아니다. Katzenbach는 자기들의 성과에 대해 인정받고 자기들의 회사 또는 조직에 대하여 자랑스럽게 생각하는 직원들은 훨씬 더 괄목할 만한 기여를 한다는 것을 명확하게 밝히고 있다. 자긍심은 돈보다 더욱 중요하다!

2.4.4 자기주장훈련과 강점탐구이론

학교에서 자기주장훈련(assertive discipline)과 강점탐구이론(appreciative inquiry, AI : 강점에 기반한 조직의 긍정적 변화이론)은 인정을 사용하는 두 가지 양식이지만, 인정을 적용하는 방법은 서로 매우 다르다. 매우 널리 보급된 학생들의 행동 관리 방법인 자기주장훈련은 바람직한 행동의 강화를 위하여 부정적 그리고 긍정적 인정에 의해 운영된다. 그것은 학생들에게 매우 명확하게 설명되고, 교사들에게는 통제와 권위를 주며, 보상과 제재의 체계는 명확하게 선언된다. 그러나 그것은 욕구, 개인적 역사 또는 동기[Skinner의 '검은 상자(black box)'처럼]에는 무관심하며, 아마도 이런 이유 때문에 이 훈련이 언제나 좋은 성과를 내는 것은 아니다[약 5~10%의 학생들은 제시된 보상에 아랑곳하지 않으며 제재(퇴학과 같은)에 신경 쓰지도 않는다]. 학생들을 이해하기보다는 학생들의 훈련 원칙 준수를 더 강조하기 때문에, 때로는 '제재'가 학생들에게 보상으로 여겨지는 결과가 나오기도 한다.

  반면에, 강점탐구이론은 자원, 성공, 긍정적 가능성을 강조하며 개인과 그룹의 성공적 경험을 사용하여 그러한 근거로부터 미래의 계획을 시작한다. 이러한 접근법은 누구나 사용할 만한 성공적 전략을 가지고 있으며 '잘했던' 좋은, 기억할 만한 경험들을 수용함으로써 좋은 결과를 만들 수 있다. 유사한 경우로서, Thomas Gordon(Carl Rogers의 동료학자)과 Nel Noddings와 같은 교육 분야의 전문가에 속하는 많은 심리학자는 어린아이의 수용과 보살핌은 효과적 학습의 기본이 된다고 주장한다. Noddings는 교육에서의 보살핌의 윤리에 관한 저술에서, 정서적 욕구를 포함한 학생들의 진정한 욕구와 학교가 지지적 공동체로 변할 수 있는 잠재력에 대해 관심을 보이고 있다(2005). Gordon 역시 학생들에 대한 공감적 경청과 존중이 긍정적 결과를 가져올 수 있는 교사-학생 관계의 기본이 된다는 것을 강조한다(1975).

2.4.5 도덕적 리더십

사람들에게 동기를 부여하는 또 다른 방법은 더 높은 목적과 연결시키는 것이다. 생텍쥐페리(1948)는 이렇게 표현했다. "당신이 배를 건조하고 싶다면, 사람들에게 목재를 구해오도록 하고, 일을 나누고, 명령을 내리는 것은 좋은 방법이 아니다. 그보다는 그들에게 망망하고 끝없는 바다를 갈망하도록 가르쳐라."

  욕망과 비전으로 동기부여를 이룬 감명 깊은 사례는 넬슨 만델라의 리더십이다. 클린트 이스트우드 감독의 영화 '우리가 꿈꾸는 기적 : 인빅터스(invictus : 라틴어로 정복되지 않는, 굴복을 모르는)'는 만델라가 당시 완전히 백인으로 구성된 남아프리카의 럭비 팀을 1995년 자국에서 개최되는 럭비 월드컵에서 우승하도록 어떻게 동기부여 하는가를 보여준다. 만델라는 인종으로 분열된 남아프리카에서 럭비 팀은 흑인과 백인을 연결시키는 데 중요한 역할을 할 수 있다고 확신했다. 팀의 코치는 이러한 비전을 이해하고 자신이 가교 건설의 역할을 맡았다. 그는 팀원들과 함께 만델라가 30년 가까이 수감되었던 로벤섬을 방문하고, 팀원들에게 거리의 흑인 아이들에게 럭비를 가르치도록 했다. 이렇게 팀원들은 그들이 대표하는 나라와 굳게 연결되었다. 여러 인구 그룹들 간의 상호 접촉과 스트로크의 교환은 무지, 무기력, 증오를 물리치는 강력한 무기임이 분명해졌다. 럭비 팀이 믿기지 않게도 월드컵에서 우승을 쟁취했을 때, 수십 년간 서로 반목하던 다양한 인구 그룹들을 결속시켰으며, 이것은 어떤 정치가도 지금껏 할 수 없었던 결과였다.

참고문헌

Berne, E. (1961). *TA in Psychotherapy*. New York: Grove Press.

Berne, E. (1964). *Games People Play—The Basic Hand Book of Transactional Analysis*. New York: Ballantine.

Berne, E. (1970). *Sex in Human Loving*. London: Penguin.

Berne, E. (1972). *What Do You Say After You Say Hello?* New York: Grove Press.

Clarke, J. I., & Dawson, C. (1989). *Growing Up Again* (*2nd edition*). Center City, MN: Hazelden, 1998.

Drego, P. (2006). Freedom and responsibility: Social empowerment and the altruistic model of egostates. *Transactional Analysis Journal*, 36(2): 90-104.

English, F. (1972). Sleepy, Spunky and Spooky. *Transactional Analysis Journal*, 2(2): 64-67.

Erskine, R. (1998). The therapeutic relationship: Integrating motivation and personality theories. *Transactional Analysis Journal, 28*(2): 132-142.

Fallaci, O. (1981). *A Man*. Feltham, UK: Hamlyn.

Fonagy, P., Gergely, G., Jurist, E., & Target, M. (2002). *Affect Regulation, Mentalization, and the Development of the Self*. New York: Other Press.

Gordon, T. (1975). *Teacher Effectiveness Training*, New York: Crown.

Haimowitz, M. L., & Haimowitz, N. R. (1976). *Suffering is Optional*! Evanston, IL: Haimowoods Press.

Harlow, H. F., & Harlow, M. K. (1962). Social deprivation in monkeys. *Scientific American, 207*(5): 136-146.

Hay, J. (2014). Extending the donkey bridge for autonomy. *IDTA Newsletter*, 9(1): 8.

Karpman, S. B. (2010). Intimacy analysis today: The intimacy scale and the personality pinwheel. *Transactional Analysis Journal, 40*(3): 224-242.

Katzenbach, J. R. (2003). *Why Pride Matters More than Money. The Power of the World's Greatest Motivational Force*. New York: Crown Business.

Maslow, A. (1954). *Motivation and Personality*. New York: Harper.

McCormick, P. (1977). *Social Transactions*. Stockton, NJ: Vanguard Press.

McKenna, J. (1974). Stroking profile. *Transactional Analysis Journal*, 4(4): 20-24.

Mellor, K. (2008). Autonomy with integrity. *Transactional Analysis Journal*, 38(3): 182-189.

Mountain, A., & Davidson, C. (2011). *Working Together, Organizational Transactional Analysis and Business Performance*. Farnham, UK: Gower.

Noddings, N. (2005). What does it mean to educate the WHOLE child? *Educational Leadership, 63*(1): 8-13.

Saint-Exupéry, A. de (1948). *Citadelle*. Paris: Gallimard.

Spitz, R. (1945). Hospitalism, genesis of psychiatry. Conditions in early childhood. *Psychoanalytic Study of the Child*, 1: 53-74.

Steiner, C. (1971). The stroke economy. *Transactional Analysis Journal, 1*(3): 9-15.

Steiner, C. (1984). *Scripts People Live. Transactional Analysis of Life Script.* New York: Grove Press.

Steiner, C. (2003). *Emotional Literacy. Intelligence with a Heart.* Fawnskin, CA: Personhood Press.

Stern, D. (1990). *Diary of a Baby.* New York: Basic Books.

Stern, D. (1995). *The Motherhood Constellation.* New York: Basic Books/HarperCollins.

Stewart, I., & Joines, V. (1987). *TA Today (2nd edition).* Melton Mowbray, UK: Lifespace, 2012.

Thunnissen, M. (2007). *Begrijpen en veranderen. Theorie en toepassingen van de transactionele analyse.* (To Understand and to Change. Theory and Applications of Transactional Analysis.) Halsteren, Netherlands: DWG.

제3장

교류

앞의 두 장에서 우리들은 자아상태, 그리고 스트로크와 구조화에 대한 인간의 욕구를 사용하여 성격의 구조를 논의하였다. 분석의 다음 단계는 사람들 사이의 의사소통, 즉 교류분석에 관한 서술을 하는 것이다. Berne은 교류는 사람들 사이의 의사소통의 한 단위라는 의미를 담기 위하여, '교류(transaction, 거래)'라는 용어를 사용하는 의도적인 결정을 내렸다. 우리가 교류(거래)에 관하여 말할 때는, TA는 사람들은 의사소통을 하는데 자신의 무엇인가를 투자하며… 또한 반대로 그에 대한 무엇을 기대한다는 것을 명확하게 나타낸다. 효과적 의사소통의 기교란 무엇보다도 당신이 지속하고자 하는 교류(거래)는 허락하고, 중단하기를 원하는 교류(거래)는 중단하는 것이다. 제3장은 이러한 과정에서 TA가 보는 의사소통의 규칙과 패턴에 관한 것이다. 이러한 규칙과 패턴들은 누구나 인식할 수 있으며 즉시 사용 가능하다. 궁극적으로, TA의 교류이론은 사람들은 서로서로에게 (긍정적) 영향을 주는가, 준다면 어떻게 영향을 미치는가라는 질문에 관한 것이다.

3.1 기초 이론

3.1.1 개요

교류는 교류분석의 명칭을 교류분석이라고 정할 정도로 TA의 핵심 개념이다. 교류가 그렇게 중심적 위치를 차지하게 된 이유는 무엇인가?

상호작용 분석?

교류는 상호작용과 같은 말인가라는 질문에 대하여, Berne은 한 인터뷰(유튜브, "Games People Play", 1966)에서 이렇게 말했다. "상호작용(interaction)은 교류와 비교해볼 때 좀 겁이 많고 소심한 용어다." 상호작용이란 단어는 주관적 의도(commitment)가 결여되어 있고 좀 더 서술적이다. "교류는 사람들이 반대 급부로 무엇을 얻는다는 것을 의미한다." 이것은 모든 사회심리학의 기본적 질문으로 인도한다. 왜 사람들은 서로 이야기를 하는가? 사람들은 (자신으로부터) 무엇을 투자하고 그 투자가 무엇인가를 산출하기를 기대한다!

교류는 사람과 사람 사이(외적으로)와 심리 내부와 내부 (내적으로) 사이의 가교를 형성한다. 궁극적으로 교류는 사회적 영역 안에서 일어나지만, 참여자의 내부 세계의 반영이기도 하다. 일련의 교류 속에서 의사소통에 참여하는 사람 각자의 선호하는 자아상태가 대개는 분명하게 드러난다. 당신은 대체로 부모자아상태 P의 관점으로부터 반응하는가(지배적, 비판적, 또는 돌보는)? 아니면 어린이자아상태 C를 사용하는가(해야 할 일을 마치는 것 또는 책임을 지는 것보다는 즐거움의 추구가 더 중요한)? 또한 당신이 자신, 타인들, 그리고 세상을 보는 관점인 당신의 준거들은 당신의 교류들 가운데서 극명하게 드러난다. 당신은 자신을 타인들로부터 보호를 해야 하는 사람으로 보는가, 사명을 완수할 사람으로 보는가, 타인들보다 지식이 많은 사람으로 보는가, 또는 확신을 가지고 임무를 해결하는 사람으로 보는가?

엄밀하게 말하면, 교류분석의 기능은 각 교류에 내포된 특정한 자아상태를 구분해 내는 것이다. 자기 자신 그리고 타인들이 어떤 자아상태로부터 의사소통을 하는지 아는 사람들은 자신의 선택안을 증대시킬 수 있으며, 그럼으로써 자신의 효율성을 높일 수 있다.

Berne의 시대에는 '보내기 그리고 받기(sending and receiving)'과 같은 용어들이 의사소통에 관한 사고를 지배하고 있었다. 그것은 선형적 인과관계(linear causality)에 집착한 사고유형(자극이 있으면 반응이 있다. 한 가지 원인이 있으며 그 이후에 뒤따르는 것은 모두가 결과이다)의 한 방법이었다. 그러나 여러 사람들이 관여되고 나면, 선형적 인과관계는 더 이상 적용되지 않는다. 이때에 적용되는 것은 순환적 결합(circular cohesion), 아니, 차라리 무한 결합(infinite cohesion)이라고 해야 할 것이다. 의사소통에서는, 어디에서 시작된 것인지 그리고 결과는 무엇 때문인지를 알 수 없는 경우가 많다. 어떤 경우가 되었든, 의사소통의 효과는 의미의 귀속(attribution of meaning : 의미의 속성을 정함)에 의하여 강하게 영향을 받는데, 의미의 귀속은 당신의 성, 연령, 생의 역사, 인생태도로 채색된 것이다. 사람들은 나름의 독특한 의미의 재단사들이다.

따라서 의사소통이란 선택적 지각에 대한 지속적인 주관적 의미 귀속의 문제이다. 이러한 특성 때문에 의사소통은 매력적이며 또한 복잡하다. 보다 체계적인 의사소통에 대한 관점에서의 원칙들 중의 하나는 의사소통을 통제하려 한다거나 의사소통의 한계를 관찰하려는 것으로는 의사소통을 이해할 수 없다는 것이다. 인간관계와 의사소통은 정말 매우 복잡한 현상이다. 인간의 의사소통의 가능성과 불가능성을 이해하는 사람은 영향을 어떻게 적절하게 행사할지를 더 잘 이해할 수 있다. 의사소통에서의 가능한 일과 불가능한 일에 대한 보다 더 넓고, 깊은 이해의 방법을 개발하는 데는 교류분석이 매우 강력한 도구이다.

교류는 의사소통을 이루는 구성요소들이다. 의사소통의 전반적 측면(의사소통 이론)과 나아가 개인의 의사소통(의사소통의 실제)의 개인적 특성을 연구하는 사람들은 가정이나 직장을 막론하고 그 사람의 생활 영역에서 효능을 크게 진작시킬 수 있다. 궁극적으로 사람들이 상호 영향을 행사하는 것은 의사소통을 통해서 가능한 것이다.

당신이 감정적일 때는 선형적 인과관계에 입각하여 생각하고 행동하는 경향이 있다. 안나는 화가 나 있다. 그녀는 잭이 그녀를 잘 돌보지 못하면서도 그녀와의 성관계를 원한다고 생각한다. 잭은 섹스는 자기가 그녀를 사랑한다는 것을 보여주는 행위임에도 그녀는 자기를 오해하고 있다고 느낀다. 이 두 사람의 경우에, 심리적 에너지는 어른자아 A에서 벗어나 부모자아 P 또는 어린이자아 C에게 편재되어 있다. 어른자아 A는 오염된 상태가 된다.

3.1.2 사회적 · 심리적 수준

교류는 자극(stimulus)과 반응(response)으로 구성되는 사회적 교환의 단위이며, 자극과 반응은 동시에 다음의 반응에 대한 자극으로서의 역할을 한다(McCormick, 1977). '교류'라는 용어는 사려 깊게 선택된 용어로서, 모든 사람들은 상호작용을 통하여 인정, 인생태도의 확인, 또는 준거틀의 향상 그리고 심리적 · 신체적 안녕 등과 같은 것들을 받아들이기 때문이다. 각각의 스트로크는 사실 하나의 교류이며 그 반대도 그렇다(제2장 참조). 결국 스트로크는 인정의 한 단위이며, 교류에 의해서 전달될 수 있다.

　가장 단순한 교류는 상보교류(complementary transaction)로서, 이때에는 자극이 목표로 삼은 자아상태로부터 반응이 나온다. 교류의 화살표들은 평행이다(그림 3.1a). 이런 교류는 다음의 예와 같다.

　　존(어른자아 A로부터) : "지금 몇 시야?"
　　아네트(어른자아 A로부터) : "열 시야."

또 다른 가능성은 그림 3.1b와 같은 상보교류이다.

　　부장(부모자아 P로부터) : "그 보고서는 월요일까지 완료해서 제출해야만 해."
　　직원(겁먹은, 어린이자아 C로부터) : "그렇게 하겠습니다."

그러나 자세히 들여다보면, 가장 단순한 교류라 하더라도 복잡하다. 거의 언제나 몇몇 자아상태들이 사회적 · 심리적 수준에서 관련되어 있다(그림 3.2). 사회적 수준은 내용의 수준이며, 심리적 수준은 관계의 수준이다.

　사회적 수준에서는 똑같은 사안이 그림 3.1a에서처럼 나타난다.

　　존(어른자아 A로부터) : "지금 몇 시야?"
　　아네트(어른자아 A로부터) : "열 시야."

그러나 심리적 수준에서는 다음과 같은 일이 벌어진다(그림 3.2).

　　존(어린이자아 C로부터) : "늦겠네!"
　　아네트(부모자아 P로부터) : "그러게 말이야, 그러게 왜 아침 시간을 앉아서 허비했어?"

비록 명확하게 드러나지는 않는다 해도, 심리적 수준은 A-A 의사소통에 어떤 색깔을 입힌다(예 : 목소리의 어조에 의하여). 유심히 관찰해보면, 대부분의 한 가지 교류는 복수의 교류임이 드러난다. 이것은, 보통은 무의식적이지만, 한 교류 내에서 연출되고 있는 부모자아 P와 어린이자아 C의 암시적 힌트

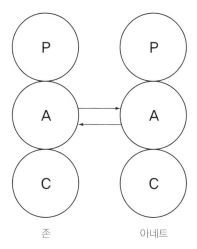

존　　　　　아네트

그림 3.1a　단순 상보교류

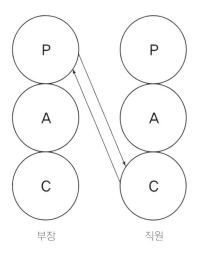

부장　　　　　직원

그림 3.1b　단순 상보교류

가 언제나 있기 때문이다(McCormick, 1977). 따라서 어른자아 A의 반응은 어린이자아 C의 열망 또는 싫어함, 그리고 부모자아 P로부터의 승인 또는 불승인에 의하여 영향을 받는다.

　의사소통은 어른자아 A의 정보와 함께, 관심, 동정심, 긴장, 흥미의 결여, 호기심, 분노, 즐거움, 또는 다른 종류의 감정을 가진, 비언어적 신호들을 통하여 일어나는 경우가 많다. 이것은 일반적으로 문제가 되지는 않는다. 그래서 엄마는 자기의 아이들을 기꺼이 사랑으로 돌보며 아이들은 엄마의 지극한 사랑을 받으면 너무 행복하기만 하다. 배우자들은 서로의 약점을 알고, 보통 의식하지 않고, 서로를 칭찬하거나 지지한다.

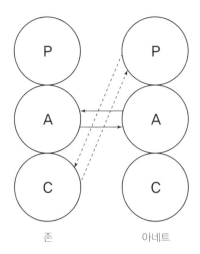

그림 3.2의 아래쪽에는 "존"과 "아네트"라는 두 사람의 이름이 표시되어 있다.

그림 3.2   사회적 · 심리적 수준의 교류

경영자와 직원은 일반적으로 언어화되지 않은 일련의 기대치를 가지고 업무를 수행한다. 양자의 기대가 의사소통 과정에서 일치하고, 사회적 · 심리적 수준이 논리적으로 일치하고 서로 적절하다면, 푸른 하늘에 갈등의 구름이 있을 리 없다. 그러나 만약 서로의 기대가 합치하지 않는다면, 사회적 · 심리적 수준 사이의 불일치를 포함하는, 이면적 동기를 가진 교류를 하게 될 것이다. 이에 대한 더 상세한 논의는 3.1.4절을 참조하라.

3.1.3   교차교류

의사소통을 지도 · 안내하는 효과적 방법은 교차교류에 의한 것이다. 교차교류에서는, 일방의 사람은 다른 일방의 사람이 목표로 삼은 자아상태로부터 반응하지 않으며, 자극이 발사된 자아상태에 초점을 맞추지 않는다. 다음의 상황을 생각해보자.

한 직원이 "나는 이 보고서를 그 시간에 마칠 수 없습니다."라고 불평한다. 이것은 부장으로부터 비판적 반응("왜 안 된다는 거야? 일 시작을 너무 늦게 한 거야?") 또는 배려하는 반응(안 됐군. 끝내려면 시간이 얼마나 걸리겠어?)을 이끌어낸다.

그러나 만약 부장이 예상된 P-C 교류로 반응하지 않기로 하고, 대신 직원에게 A로 응대한다면, 여기에서 교차교류가 발생한다. 예를 들면, "그 일을 위해 지금까지 뭘 했어?"라고 말하거나, 또는 "보고서는 다음 주 월요일까지 내 책상에 반드시 도착되어야만 해. 그러기 위해 무엇을 할 수 있는가?"라고 말하는 것이다. 이 교류는 그림 3.3에 나타나 있다.

그림 3.3에서 부장은 교차교류를 적용하기로 신중하게 선택하며, 그럼으로써 의사소통의 방향을 바

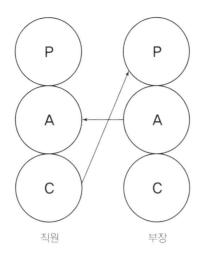

직원　　　　　　부장

그림 3.3　교차교류 : 자극 C → P는 반응 A → A를 받는다

꾼다. 교차교류는 또한 예기치 않게 일어날 수 있다. 교차교류는 의사소통에서 갈등이나 봉쇄로 인도할 수도 있다. 아네트는 앞의 예에서 시간에 대한 답을 요청받았을 때, 그녀의 심리적 수준의 메시지를 공공연히 표현할 수도 있다.

　존(어른자아 A에서 어른자아 A로) : "몇 시야?"
　아네트(부모자아 P에서 어린이자아 C로) : "또 늦었어요? 그럼 왜 오늘 아침에 앉아서 시간을 허비했어요?"

시간에 대한 질문에 대해 중립적인 답 대신, 존은 비난(그림 3.4 참조)을 받는다. 존으로부터의 가장 논리적 반응은 질문을 반복하는 것이다 : "내가 몇 시냐고 물었다. 나의 행동에 대한 피드백을 요청한 것이 아니라고." 그러나 존은 자신을 방어할 가능성이 크다 : "어~ 간밤에 많이 늦었어." 또는 반대로 아네트에게 도전한다 : "시간을 허비했다고? 당신은 언제나 부엌을 엉망으로 만들어 놓잖아. 그것을 치우자니 시간이 다 갔잖아."

　이것들은 교차교류로서 A-A 의사소통은 예기치 않게 P-C 또는 C-P 의사소통으로 변한다. 추가의 분석은 심리적, 숨겨진 수준의 의사소통이 갑자기 지금껏 묻혀 있어 언급되지 않았던 비난, 짜증, 또는 기대에 의하여 표면으로 떠오른다.

3.1.4　이면적 동기를 가진 교류
앞에서 언급했지만, 대부분의 교류는 사회적 · 심리적 수준에서의 메시지를 동시에 내포하고 있다. 이

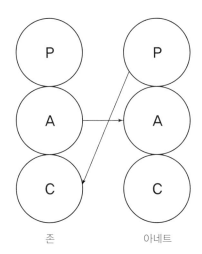

존　　　　　　　아네트

그림 3.4 교차교류 : 자극 A → A는 반응 P → C를 만든다

두 메시지들이 일치하는 한에 있어서는 모든 것은 순조롭다. 만약 그렇지 않으면 문제가 발생한다. 다음의 상황을 생각해보자.

> 아메드와 파리다는 직장 동료로 만나 서로 좋아하는 사이가 된다. 그들은 몇 가지 프로젝트를 함께 진행하며 서로를 잘 알게 되었고 마침내 서로에 대한 감정을 표현하게 된다. 그들은 둘만의 관계를 시작한다.

이 상황에서는 사회적·심리적 수준이 일치한다. 의사소통의 문제는 일어나지 않는다. 그러나 다음의 상황처럼 사회적·심리적 수준이 서로 일치하지 않고 상충되기 시작하면, 상황은 달라진다.

> 아메드와 파리다는 직장 동료로서 알게 되어 서로 좋아한다. 아메드는 프로젝트의 일을 함께 진행하며 파리다와의 협력에 최선을 다한다. 파리다는 그의 특별한 관심에 고마워한다. 그녀(파리다)는 남자친구 살렘과의 오랜 관계를 아메드에게 말하지 않는다. 어느 날 긴 일과를 마친 후 저녁식사를 함께 하며, 아메드는 그녀에 대한 자신의 감정을 말한다. 파리다는 다소 우습다는 듯 의기양양하게 말한다. "내가 사귀는 사람이 있다는 것을 몰랐어요?" 아메드는 배신당한 느낌과 창피함을 느끼고 그녀와 더 이상 함께 일하고 싶은 마음이 없어졌다.

이러한 경우에 일련의 교류는 심리적 게임이 되었다. 더 상세한 것은 제4장에서 논의할 것이다. 다른 예를 보자. 부장은 걱정스러운 표정이지만 큰 소리로, "곧 조직의 재정비가 있을 예정입니다. 그러나 심각한 감원은 없을 겁니다."라고 말한다. 직원들은 거의 틀림없이 이 메시지에 대해 실소로 반응할 것이다. 왜냐하면 직원들은 신문과 다른 경로를 통하여 현실은 매우 다르게 진행될 것임을 이미 알고 있으며, 더구나 이렇게 메시지가 전달되는 것은 너무나 현실과 다르기 때문이다.

1971년에 Mehrabian의 연구 이래, 의사소통에서 비언어적 표현의 역할에 대한 많은 논의와 저술이 있었다. Mehrabian은 의사소통의 55%는 시각적(자세와 제스처 같은 보디랭귀지)이고, 38%는 음성적(강하거나 부드러운 어조)이며, 7%는 언어적(내용)이라고 주장했다. 그의 분석에 의하면, 의사소통의 93%는 비언어적이다. 여러 해에 걸친 주장은, 중요한 것은 '무엇(what)'을 말하는가가 아니고 '어떻게(how)' 말하는가라는 것이다. 분명히 '어떻게(how)'는 중요한 요소이다. 그러나 Mehrabian의 연구는 사람들이 자신의 감정에 대하여 서로 의사소통을 할 때 어떤 일이 일어나는가의 문제에 초점을 맞추었다. 이 경우에는 비언어적 의사소통이 지배적이다. 만약 업무 또는 내용이 중요성을 갖는 의사교환의 경우라면, 내용이 압도적 중요성을 갖는다. 더구나 1967년 이후의 많은 연구들(Burgoon, Buller, & Woodall, 1996 포함)은 맥락(context)이 비언어적 요소들에 큰 영향을 갖는다는 것을 보여준다. 누가, 무엇을, 어느 곳에서, 언제 말하는가?

3.1.5 원칙

Berne(1961, 1964)은 의사소통은 세 가지의 원칙 또는 법칙에 따라 전개된다는 것을 발표했다.

1. 상보교류는 무한이 계속될 수 있다. A-A(정보의 교환), P-P(토론), C-C(즐거움), 또는 P-C(상대를 돌봄 또는 꾸짖기)는 끝없는 교류의 교환을 가능하게 한다. 만약 당신이 의사소통을 바꾸기 원한다면, 대체로 교차교류가 흔히 사용된다.

2. 의사소통이 중단되는 것은, 일반적으로 교차교류 때문이다. 교차교류의 적용은 의사소통의 방향을 통제하는 효과적 방법이다. 만약 의사소통에서 급격한 갈등 또는 혼란이 야기될 때에는, 대화자 중 일방이 교차교류를 사용했을 가능성이 크다. 만약 상대방이 한 말로 당신이 균형을 잃고 매우 당황하여, "도대체 무슨 일이 벌어진 기야?"라고 자문한다면, 교차교류가 일어났을 가능성이 크다. 상대방은 당신이 예상한 자아상태로부터 반응하지 않고 다른 자아상태로 반응하며, 오히려 스스로 당신의 반응을 돌아보도록 '강요'한다. 당신은 자아상태를 바꾸는가, 여전히 전과 동일한 자아상태로 이전의 교류를 반복하는가, 아니면 그 의사소통을 당신이 의도한 바대로 이끌고 가기 위한 선택을 사려 깊게 선택하는가? 또는 심리적 수준에서의 이면적 동기가 있는가? 이 경우라면 제3원칙이 적용된다.

3. 교류의 결과는 일반적으로 심리적 수준에서 결정된다. 이면적 동기를 가진 더 여러 형태의 교류에 관해서는 3.2.3절과 제4장 게임을 참조하라.

사람들은 때때로 심리적 수준의 의사소통을 알아채기 힘들다. 치료그룹과 코칭 세션에서, 한 남자가 주먹을 불끈 쥐고 턱을 꽉 물고 있는데 사람들은 그가 매우 화가 나 있다고 말하는 경우가 있다. 이때 동전 한 닢이 마룻바닥에 떨어져 그가 이런 사실을 전혀 몰랐다는 것을 분명하게 나타내는 해방감을 느끼게 해주는 큰 웃음을 보인다면, 이것은 그 사람에게 이 메시지가 큰 영향을 주고 있다는 의미일 것이다.

사람들은 직관적으로 어른자아 A의 기술, 어린이자아 C의 감정들, 그리고 부모자아 P의 돌봄 또는 가치들을 혼합하여 반응을 보이는 것이 일반적이다. 만약 사람들이 자기 자신이나 타인들의 원하지 않는 감정적 반응들(P 또는 C로부터의)을 회피할 수 있다면, 그 사람들은 통합된 어른자아 A의 관점으로부터 기능하고 있는 것이다(제1장 참조).

3.1.6 효과적 관계

관계 다이어그램을 그리면 직장 또는 개인적 관계가 효과적인지 또는 심각한 결함이 있는지 쉽게 분석할 수 있다. 연결에 초점을 둔 관계에서는 다음의 교류들이 필수적이다.

1. P-P : 두 사람 모두 규범과 가치에 동의하며, 팀의 목표에 대하여 또는 자녀들의 교육 또는 일상의 생활에 대하여 서로 상의할 수 있다.
2. A-A : 두 사람 모두 가정 또는 회사를 함께 경영할 수 있으며, 계약 또는 계획을 세우고 그것을 실천할 수 있다.
3. C-C : 두 사람 모두 함께 즐거운 일을 경험하고, 논쟁하고, 파티하고, 놀고, 재미있는 일을 하고, 섹스를 하고 또는 친밀을 경험할 수 있다.

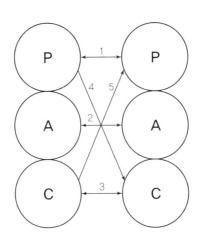

그림 3.5 효과적 관계

4. P-C : 일방이 다른 사람을 돌볼 수 있으며, 건설적 비평을 할 수 있고 제한을 설정할 수 있다.

5. C-P : 일방은 다른 사람으로부터 돌봄을 요청하고 받을 수 있으며, 다른 사람의 비평으로부터 배움을 얻을 수 있다.

패트릭과 앤은 관계 테라피에 왔다. 치료사의 도움으로 그들은 각각의 세 자아상태들과 이들 사이의 교류, 즉 관계 다이어그램을 그린다. 그들의 다툼은 상대가 합의사항을 지키지 않는다는 것이다(상대방의 주장에 따르면, 그들은 노트북으로 일을 보면서는 군것질이나 음주를 하지 않기로 '합의'했다). 그러나 패트릭의 눈에는 키보드 옆의 과자 봉지나 지저분한 컵이 끊임없이 보인다. 이에 대해 패트릭이 화를 내면, 앤은 방어 모드를 취하거나 아니면 거꾸로 도전한다. 그뿐만이 아니라, 야유회와 휴가, 금전적 문제, 잡다한 집안일을 분담하는 문제도 갈등이나 불화로 끝나기 일쑤이다. 두 사람 사이에는 A-A의 연결이 거의 없다.

　P-P 수준에서도, 많은 의견의 차이가 있다. 패트릭은 앤이 다니는 종교적 영혼에 관한 과정을 못마땅해 하지만, 앤은 패트릭이 고소득의 기업가로 성장한 지금은 매우 물질적이 되어가고 있다고 생각한다.

　C-C 수준에서는 이들의 연결이 가장 강하다. 함께 파티에 잘 가고 서로 사랑의 행위를 하는 것도 열정적이다. 앤은 패트릭이 아직도 '세상에서 가장 매력적인 남자'임을 발견한다.

　그들은 관계의 시작 때부터 다툼이 많았다. 서로 비난하는 일이 많았으며, 그럴 때면 목소리가 사나워지고 결국 둘 중에 한 사람이 화를 내며 밖으로 나간다. 이런 일은 P-C 교류를 계속해서 악화시킨다. 또 다른 한편으로는 상보적인 P-C 의사소통은 거의 없다. 점점 그들은 서로 배려하고 돌보는 것에 실패하고 상대로부터의 비평을 받아들이기가 어려움을 발견한다(그림 3.6 참조).

3.2　추가 이론

3.2.1　상보교류의 형태

3.1절에서 언급하였듯이, 상보교류는 교류에 있어서 가장 복잡하지 않은 형태다. 이론상으론 아홉 가지의 상보교류가 가능하다.

- 부모자아 P로부터 상내방의 부모자아 P, 어른자아 A 또는 어린이자아 C에게로
- 어른자아 A로부터 상대방의 부모자아 P, 어른자아 A 또는 어린이자아 C에게로
- 어린이자아 C로부터 상대방의 부모자아 P, 어른자아 A 또는 어린이자아 C에게로

기능적 분석의 관점에서 본다면(부모자아 P는 구조적 그리고 양육적 P로 나뉘고, 어린이자아 C는 자연스러운 그리고 순응한 C로 나뉜다. 제1장 참조), 이 숫자는 스물 다섯 가지, 즉 다섯 가지의 기능적 자아로부터 상대방의 다섯 가지의 기능적 자아 각각에게로 증가한다. 현실적으로 어떤 교류들은 더 일반적이고 어떤 교류들은 덜 일반적이다. 다음의 교류들은 빈번하게 일어난다.

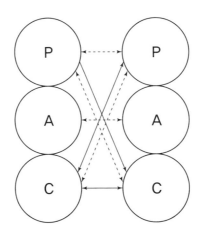

그림 3.6   패트릭과 앤의 관계 다이어그램

1. 의사소통의 양측이 동일한 자아상태를 사용하는 상보교류
   - 1a P-P :
     자극 : "요즈음 젊은 아이들 말이야… 아이들이 컴퓨터에만 붙어 있으니!"
     반응 : "그래. 요즈음 많은 어린아이가 ADHD(주의력결핍 및 과잉행동장애) 증상을 보이는 건
     그 탓이 크지. 밖에서 노는 시간이 너무 적어!"
   - 1b A-A :
     자극 : "오늘 저녁에는 뭘 먹지?"
     반응 : "생선과 국수."
   - 1c C-C :
     자극 : "우리 멋진 저녁시간을 가질까?"
     반응 : "오, 물론 좋지. 난 준비되어 있어."

2. 일방은 부모자아 P를 사용하고 다른 일방은 어린이자아 C를 사용하는 상보교류
   - 2a P-C :
     자극(P) : "이제 컴퓨터를 끄고 밖에 나가 놀아라!"
     반응(C) : "그러죠."
   - 2b C-P :
     자극(C) : "오늘 저녁에는 게으름 좀 피우고 싶네. 집안일은 하고 싶은 기분이 아니야. 그래도
     괜찮지?"
     반응(P) : "그럼, 괜찮아요; 당신 이번 주에는 아주 열심히 일했잖아요."

3. 일방이 P 또는 C를 사용하고 다른 일방이 A로부터 반응하는 교류는 빈번하지 않다.

- 3a P-A :

  자극(P) : "요즈음 젊은이들이란… 아이들은 종일 컴퓨터만 붙들고 있어! 그러니 ADHD가 생기는 거야, 안 그래?"

  반응(A) : "최근 ADHD로 진단받은 어린이들의 비율은 증가하지 않았다고 어디선가 읽었는데."

- 3b C-A :

  자극(C) : "난 오늘 저녁 웬지 게으름 좀 피우고 싶네. 너는?"

  반응(A) : "나는 내일 일을 완벽하게 준비한다고 나 자신에게 약속했어."

의사소통의 이러한 패턴들을 이해하면 의사소통 시 더 많은 선택을 사용하는 데 도움이 된다. 현실적으로 상보교류에서는 위에 열거한 1과 2의 교류가 대부분을 차지한다.

3.2.2 교차교류의 형태

교차교류에는 많은 조합이 있으며, 특히 의사소통의 구조뿐만 아니라 기능적 분석까지를 고려한다면 더욱 그렇다.

한스가 사무엘에게 말한다. "당신도 우리가 그렇게 많은 초과 근무를 한다는 게 말이 안 된다고 생각하지?" (구조하는 부모자아 SP로부터의 자극이 사무엘의 SP를 겨냥한다) 한스는 한바탕 불만을 함께 말하고자, 사무엘의 SP로부터의 승인을 기대한다. 그러나 사무엘의 반응은 의외로 다르다. "그것이 당신에게는 고민인 모양이구만. 혹시 당신 좀 지친 것 아냐?"(양육적 부모자아 NP-순응적 어린이자아 AC 반응) 사무엘은 한스가 지지보다는 동정심을 구하고 있다고 생각한다.

다음의 것들은 Berne이 유형 1, 유형 2라고 불렀던 가장 일반적인 교차교류들이다.

1. 유형 1. 교차교류 : A → A로부터 C ⤳ P로

   루이스로부터의 자극(A-A) : "코르크스크루가 어디 있지?" 사차의 반응(C-P) : "내가 어떻게 모든 걸 기억하고 있어요?" 사차는 분명히 루이스의 질문을 A의 정보 요구로 경험하지 못하고 은밀한 비난("코르크스크루를 엉뚱한 곳에 두었지?") 내지 기대("그것은 알고 있어야지")로 받아들인다. 이 형태의 교차교류는 또한 상대가 적절하게 여기-그리고-지금에서 반응을 보이지 않고, 마치 대화의 상대가 그로부터 몸을 숨겨야만 할 권위적 인물(P)이라도 되는 양 느끼는 전이 반응(transference response)과 함께 일어난다.

의사(A-A) : "몸무게가 얼마나 됩니까?" 환자(C-P) : "네, 너무 많이 먹는 줄 압니다." 이 환자는 의사의 질문을 부모자아 P로부터 오는 것으로 들어, 어른자아 A가 아닌 어린이자아 C로 반응한다. 만약 의사가 이것을 알아채지 못한다면, 의사는 자동적으로 부모자아 P로부터 반응하게 될 것이다.

의사(P-C) : "그래요, 몸무게에 신경을 좀 쓴다면 좋은 일이지요." 그래서 A-A 의사소통은 P-C 의사소통으로 변형되고 양측 모두 각자의 인생에서의 책임을 지는 것이 어려워진다. 상황은 책임을 환자가 전가하거나 의사가 책임을 떠안게 되는 양 변한다.

전이 반응의 경우에는 일방은 다른 상대를 마치 '그들의 과거로부터 온 누구'로 경험한다. 환자는 의사의 어른자아 A의 질문에 대하여, 마치 의사가 과거의 아버지, 어머니, 또는 또다른 권위적 인물인 양, 어린이자아 C로 반응한다. 경영자들은 종종, 직원들이 아직도 그들이 성장했던 가정의 아이들인 것처럼, 부모자아 P로 직원들에게 이야기한다. Freud는 전이는 '빈 스크린(blank screen)'상에 나타난다고 한때 생각했지만, 지금까지 알려진 바로는 전이는 훨씬 감지하기 힘든 미묘한 현상이다. 이를 좀 더 명확하게 하는 데는 은유가 도움이 될 것이다. 한 사냥꾼이 토끼를 잡으려고 숲으로 가고 있다. 갑자기 그는 한 마리의 토끼를 발견했다고 생각한다. 그는 총을 조준하고 방아쇠를 당긴다. 그러나 총알은 돌에 맞고 튀었다. 그 사냥꾼은 아마도 돌을 토끼로 잘못 알았나 보다. 여기에서 의문은 '이 돌이 '토끼를 닮은' 탓에 잘못 인식하도록 만든 것인가?'이다. 환자가 의사의 어른자아 A의 질문을 A의 질문으로 알아듣지 못하도록 의사가 무슨 일을 한 것인가? 직원들은 경영자가 자기들의 어린이자아 C를 향하여 메시지를 보내도록 무슨 짓을 한 것인가? 아니면 그들의 속성이? 다음의 질문들은 상황을 더욱 복잡하게 만든다 : 그와 같은 전이로 인도하는 의사와 환자, 그리고 경영자와 직원들이 속한 사회의(구조적, 기능적) 이미지는 무엇인가?

2. 유형 2, 교차교류 : A → A로부터 P → C로

루이스로부터의 자극(A-A) : "코르크스크루 어디 있지?" 사차의 반응(P-C) : "당신이 잃어버렸구나." 이 경우 사차는 루이스의 질문을 또다시 은근한 비난으로 받아들이지만, 이번에는 반격한다. 이것은 역전이(countertransference) 반응의 원형이다. 환자(A-A) : "제 몸무게는 100킬로입니다." 의사(SP-C) : "너무 무겁군요. 무슨 조치를 강구해야겠군요." 또는 환자(A-A) : "제 몸무게는 100킬로입니다." 의사(NP-C) : "그렇게 생각이 들지 않지요?" 의사는 환자의 자극이 어른자아 A로부터가 아닌 어린이자아 C로부터 오는 것으로 들으며, 따라서 구조하는(SP) 또는 양육적(NP) 부모자아로부터 반응한다. 전이와 역전이에 관한 보다 상세한 정보는 3.3.2절을 참조하라.

교차교류 : C → P 또는 P → C로부터 A → A로

다른 일반적 두 가지 교차교류는 자극이 부모자아 P 또는 어린이자아 C로부터 오는데, 상대는 이것을 어른자아 A로 전환하는 경우이다. 이미 언급했듯이, 이것은 의사소통을 재설정하여 불평이나 비난하는 행동으로부터 문제해결 행동으로 전환시키는 효과적 방법이다.

- 자극(C-P) : 한 여자가 친구에게 술을 과하게 마시는 남편에 대하여 절망하고 분노하며 불평을 한다: "왜 이런 일이 나에게 또 생기는 거지?" 반응(A-A) : "너는 알코올중독자와 결혼한 거야." 이 여자는 불평을 토로하고 싶고 친구로부터 동정이나 비판을 기대하는 것이지, 현실적 검증을 기대하는 것이 아니다.
- 부장(화난)으로부터의 자극(P-C) : "왜 이 일을 이렇게 엉망으로 망친 거지? 그 보고서 마감일은 이미 오래전에 지났어요!" 직원으로부터의 반응(A-A) : "이제 그것을 우선적으로 처리하겠습니다. 월요일까지 확실히 준비하겠습니다." 여기에서 직원은 부장이 기대하는 방식의 어린이자아 C(AC : "최선을 다하겠습니다." 또는 RC : "당신의 마감일에 대해서는 난 상관 안 합니다.")로부터 반응하지 않고, 대신 문제의 해결을 제시한다.

3.2.3 이면적 동기를 갖는 교류의 형태

이미 언급했듯이 거의 모든 교류에는 사회적·심리적 수준 모두가 있다. 사회적·심리적 수준이 서로 일치하지 않을 때, 이 두 수준은 이면적 동기를 가진 교류가 된다. 의사소통의 제3법칙에 따르면, 심리적 수준은 교류의 결과를 결정한다. 달리 정의한다면, 이면적 동기를 갖는 교류에는 두 가지 이상의 자아상태들이 관여된다. 만약 세 가지 자아상태들이 관여된다면, 우리는 이것을 각뿔교류(angular transaction)라 말한다. 만약 네 가지의 자아상태들이 개입되면 이것을 이중교류(duplex transaction)라 부른다.

1. 각뿔교류

각뿔교류는 영업 사원, 광고인, 정치인, 교사, 치료사와 같이 소득이 타인들을 설득하고 확신을 주는 일과 연관이 있는 사람들이 직업적으로 사용한다.

자동차 영업 사원(A-A) : "이 차 가격은 4만 유로입니다. 고객님의 예산을 넘는 가격일지 모르겠습니다." 동시에 심리적 수준에서(A-C) : "당신은 그렇게 고가의 차를 살만큼 여유 있는 사람으로는 보이지 않네요!"

고객(A-A) : "그 차로 살게요."

결국 심리적 수준에서는 다음과 같이 말하고 있다(C-A) : "물론 나는 그 차 살 수 있지!"

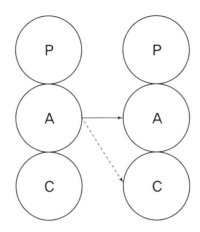

그림 3.7   각뿔교류 : 자극 A → A 그리고 동시에 A → C

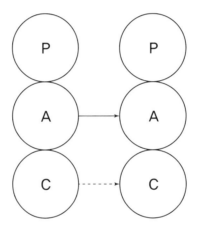

그림 3.8   이중교류 : 자극 A → A 그리고 동시에 C → C

때때로 각뿔교류의 메시지는 '욕심 많은(greedy)' 어린이자아 C를 겨냥한다. "이것은 마지막 하나 남은 것입니다! 이것은 이번 한 번밖에 없는 기회입니다!"

다른 예로, 진학을 너무 쉽게 생각하고 덤비는 고등학교 졸업반 학생들에게 교사는 말한다 : "너희들 시험 합격은 어림없다, 꿈도 꾸지 마라."

사회적 수준의 메시지(A-A)는 : "이런 성적으로는 너희들은 대학에 진학할 수 없다."

심리적 수준의 메시지(A-C)는 : "너희들의 성적은 모두 대학 진학이 어려운 점수들이야. 내가 보기에는 너희들은 더 잘할 수 있어."

이에 대하여 학생의 어린이자아 C는 심리적 수준에서 자극을 받아: "좋다! 내가 할 수 있다는 것을 보여주마!"일 수 있다.

2. 이중교류

이 경우에는 네 가지 자아상태가 관여된다. 예를 들면:

사회적 수준(A-A) : "내 방 좀 구경시켜 드릴까요?" "좋지요."

심리적 수준(C-C) : "당신과 둘만이 함께 있으면 좋겠어요, 무슨 일이 일어나든 누가 알겠어요!" "네, 그것 참 멋진 생각이네요."

이중교류에서는 자아상태들은 사회적 수준에서나 심리적 수준에서나 일치한다. 만약 사회적 수준과 심리적 수준에서 불일치가 있다면, 그것은 게임이다. 자세한 것은 제4장을 참조하기 바란다.

3.2.4 특별한 형태의 교류

차단교류

자극이 자기의 준거틀(frame of reference : 그 사람이 세상을 바라볼 때 사용하는 생각, 느낌, 행동의 총합)을 위협하는 것으로 판단될 때, 또는 어떤 질문에 대하여 답하고 싶지 않아 그 대화의 초점을 다른 곳으로 유도하고 싶을 때, 사람들은 차단교류를 사용한다. 차단교류를 사용하는 사람들은 실제로는 상황을 재정의하고 있는 것이다. 정치가들은 이것에 명수들이다. 기자가 묻는다, "대통령에 대하여 매우 화가 나지 않습니까?", "그것은 화가 난다는 것이 무슨 의미인가에 달렸습니다.", 국회의원은 답한다. 일상에서 당신도 또한 심심치 않게 차단교류를 발견할 수 있다. "나를 사랑해요?", "오 '사랑'이 뭐야?" 또는 "당신 왜 나를 무시해요?", "나는 무시한 적이 없어요, 나 지금 생각 중이야". 차단교류로 잘 알려진 예 : 엄마가 "누가 이렇게 난장판을 만들었어?"라고 물으면 어린이는 "난 아니야!"라고 대답하는 것도 차단교류의 대표적 예다.

빗겨가는 교류

빗겨가는 교류는 자기의 준거틀을 손상시키지 않고 그대로 보존하겠다는 의도를 가진다. 이 경우는 '서로의 말을 귓등으로 듣는' 상황이다! 대화의 참여자는 모두 자기만의 대화를 하고 있는 것과 같다.

메리는 앤에게 자신의 유방에 덩어리가 발견되어 약 3주 후에 종합병원에 예약을 했다고 말한다. 앤은, 메리의 관심사에 관한 것을 화제로 삼지 않고, 그와 같은 경우와 유사한 자기 이웃에 대한 말을 꺼내며, 그 경우에는 결국 오진으로 판명되었다고 말한다. 앤이 만약 자기의 숙모에 관한 이야기를 꺼내어 사흘 이내에 유방 절제 수술을 받았다는 사실을 말했더라면 덜 불쾌했으리라. 때때로 우리는 각 상대의 상황에 맞는 말을 직접 하거나, 관심을 보이거나, 동정과 슬픔을 함께 나누지 못하고 관계없는 엉뚱한 사람에 관해 이야기하기 쉽다.

직장에서는 이 교류는 아마도 이런 모습일 것이다. 부장이 묻는다, "예산은 언제 준비 되죠?" 이에 대한 재무 담당자의 답변이다: "시의회 토론과정에서 어떤 일이 벌어졌는지 들었어요?" 재무 담당자는 질문에 대한 명확한 답을 회피하고 있다. 이때 얼핏 빗나가는 교류를 따라가다가 나중에서야 주제를 생각하기 쉽다, "가만 있자, 그런데 예산은 도대체 언제 준비되는 거야?"

　정치가들의 대중매체 훈련의 일부는 답변하기 싫은 질문에 대한 답변을 우아하게 회피하기 위하여 빗나가는 교류를 전략적으로 삽입하는 방법을 배우는 것이다.

과녁 맞히기 교류

'과녁 맞히기 교류'는 상대의 세 자아상태 모두를 겨냥하는 (통합하는) 어른자아 A로부터의 건설적 교류이다. 과녁 맞히기 교류는 만약 상대가 (통합하는) 어른자아 A로부터 반응한다면 성공적이다. 한 어머니가 학교 성적은 점점 나빠지고 주말이면 선배 언니들과 외출만 하고 싶어 하는 열여섯 살 자기 딸에게 말한다, "나는 네가 외출하고 싶어 하는 것 알아(C), 너는 내가 네 일에 간섭하지 말아야 한다고 생각하겠지만(P), 그래도 엄마에게 그 일에 관한 것은 말해 주겠니(A)?" 딸은 이렇게 대답한다. "사실 짜증나, 그렇지만 이야기할게." 때로는 과녁 맞히기 교류는 단 한 마디의 말로 목표를 얻을 수 있다.

> 코칭 시간에, 리스벳은 학교 성적표가 나오는 날이면 아버지가 그녀를 피아노 의자에 앉히곤, 성적을 과목별로 하나 하나 짚어가며, 특히 낙제 점수를 맞은 과목들에 대하여 성적을 올릴 수 있는 방법을 그녀에게 알려 주었다고 말했다. 그녀는 작고 열등하다고 느끼곤 했다. 어느 때인가 그녀가 상사의 호출을 받았을 때 느낌에 대해 이야기했을 때, 그녀의 코치가 말했다 "그래서 당신은 옛날의 그 피아노 의자에 다시 앉혀졌군요." 그녀는 갑자기 P, A, C로부터 그녀가 어떤 반복 패턴 속으로 빠지는가를 알게 되었다.

과녁 맞히기 교류는 TV 탤런트 쇼에서 폴 포츠, 수잔 보일, 또는 이매뉴얼 켈리 같은 사람들의 오디션에 심사위원들과 청중들 모두가 감동받을 때 또한 관찰된다. 부모자아 P는 참가자의 연기를 평가한다: "당신은 아름다운 목소리를 가졌군요!" 어른자아 A는 상급의 경연대회에 진출할 수 있는 기준에 부합하는지를 결정한다. "더 엑스 팩터와 같은 프로그램은 당신과 같은 사람들을 위하여 만들어졌지요." 어린이자아 C는 예상치 않게 그와 같은 강력한 연기를 할 수 있다는 사실에 감동한다: "목이 멥니다."

　과녁 맞히기 교류는 상대로 하여금 모든 자아상태들이 중요하게 받아들여진다는 것을 알도록 만들기 때문에 특별히 효과적이다. 이것은 상대방도 똑같은 방법으로 행동하도록 만드는 암묵적 초대장과도 같다. 이것은 효과적인 문제해결 접근방식을 제공한다!

3.2.5 초커뮤니케이션 교류

Widdowson(2008)은 초커뮤니케이션 교류를, 치료적 관계를 발전시키는 데 효과적인 특별한 형태의 교류로 설명한다. 초커뮤니케이션은 일종의 개입(intervention)으로서 내담자를 위하여 치료과정에서 일어나고 있는 것의 관계적 중요성을 탐색하며, 치료의 여기-그리고-현재에서의 치료자의 역전이를 이용한다. 초커뮤니케이션의 사용은 다음 Woollams와 Brown의 '치료의 네 가지 법칙들(Four Rules of Therapy)'(1978, p. 265-267)을 따를 때 매우 효과적이다.

(a) 치료 중과 치료 후 모두 치료자의 OK 인생태도에 대한 강조
(b) 치료자는 치료관계의 구조를 다룬다.
(c) 그리고 전이와 역전이의 문제를 다룬다.
(d) 계약의 내용을 해결하려 하기 전에 치료 참가자들 사이의 여기-그리고-현재의 문제들과 기타 인생의 주된 사건들을 다룬다.

치료자는 초커뮤니케이션 교류를 다른 방법으로 사용한다. 치료자는 다음과 같은 질문을 함으로써 내담자의 깨달음을 자극한다: "지금 어떤 경험을 하고 있습니까?" 또는 "당신이 그것을 말할 때 당신의 몸이 무엇을 깨닫습니까?" 치료자는 치료 세션에서 호기심의 태도를 배양하여 내담자로 하여금 자기의 경험을 여러 관점에서 보도록 인도한다. 치료관계에서 여기-그리고-지금에 초점을 두고, 치료자는 그 세션 내에서 명확해지는 자료들을 사용한다. 여기서 자료란, 내담자의 주관적 경험들, 내담자의 이야기와 관련하여 치료자가 가질 수도 있는 느낌, 사고, 그리고 충동을 말한다. 초커뮤니케이션 교류는 몹시 친밀하고 그리고 위험할 수 있다. 내담자에게 정직함으로써 치료자는 수치스러움을 느끼거나 두려움을 느낄 수도 있다. 그러나 치료자로서 "지금은 수렁에 빠진 느낌이야. 그리고 어느 방향으로 이 문제를 가져가야 할지 확신이 안 서요."라고 말하는 것은 해방감을 주고 탐험에서의 새로운 길을 열어줄 수도 있다.

초커뮤니케이션 교류는 치료자와 내담자의 어른자아상태 A를 자극하고, 내담지의 자아상태의 혼란을 제거하는 데 도움이 된다.

3.2.6 비언어적 비밀 메시지

Vandra(2009)는 이면교류는 비언어적 신호에 의해서만 전달되는 것이 아니라고 주장한다. Buda (1988)의 의사소통 이론에 근거하여, 그는 언어적 그리고 행동에 의해 이면교류가 전달되는 여섯 가지의 메커니즘이 존재한다고 말한다. 이 여섯 가지는 다음과 같다.

1. 예상(presuppositions) : 우리가 어떤 말을 하거나 또는 질문을 할 때, 우리는 종종 예상을 하며 그 예상은 말의 내용 이면의 메시지에 의해 전달된다.

2. 상황(situation) : 상황은 참가자들에 의해 정의되고 그리고 물리적 환경(그 속에서 메시지가 나온다), 사회적 환경(어떤 다른 사람들이 함께 있는가), 관계와 그 역동(참가자들은 어떻게 연관되어 있는가)에 의하여 영향을 받는다.

3. 역사적 맥락(historical context) : 역사적 맥락은 관계의 역사, 유사한 의사소통 상황의 역사(다른 경우에는 어떤 일이 일어났는가), 그리고 순간의 역사(각각의 메시지는 이전의 행동 또는 이전의 메시지에 대한 반응이다)를 말한다.

4. 초언어(meta-language) 또는 암시에 의한 의사소통(communication by allusions) : 초언어는 우리에게 어떤 역할을 하도록 만들거나 여러 가지 일들에 대한 우리의 진지한 의견의 표현을 금지하거나 또는 공개적 토론을 금지하는 사회적 규범의 결과로서의 의사소통이라고 설명할 수 있다. 이것은 명확한 용어를 사용하는 대신 암시를 사용하는 의사소통이다.

5. 행동(actions) : 행동은 언어적 의사소통을 대체하여 메시지를 전달할 수 있는 잠재력을 가지고 있다. 행동에 의해 전달된 메시지는 독립적 의사소통 채널을 보여준다.

6. 무행동(non-actions, discounting) : 우리는 아무것도 안 할 수는 없다. 왜냐하면 "아무것도 안 한다."는 것은 그 자체가 하나의 행동이기 때문이다. 우리가 아무것도 하지 않는다고 할지라도, 우리는 그대로 있거나(staying), 무엇을 기다리고 있거나(waiting), 잠을 자고(sleeping) 있다. 누구도 의사소통을 안 할 수는 없다.

이러한 메커니즘들이 비언어적으로 전달되는 비밀 메시지와는 별도로 독립적으로 존재한다 해도, 대부분의 경우, 언어적 그리고 행동 메커니즘에 의하여 전달되는 비밀 메시지는 비언어적 신호를 수반하며 또한 그 신호에 의하여 강화된다.

3.3 추가 논의

3.3.1 투사와 의사소통

Vann Joines는 Berne 이후의 TA(*TA after Berne*, Barnes, 1977)라는 책에서, Berne의 사고의 경계를 탐색한다. 그는 현실의 심리내적(intrapsychic), 대인관계의(interpersonal), 그리고 현실의 시스템적 차원들 사이의 복합적 관계들을 포함하는 교류의 통합적 관점을 주장한다. 그는 여기에서 정신분석적 개념인 '투사(projection)'를 이용한다. 의사소통은 투사된 관련인들의 원시 자아상태들 사이에서 실제로 이루어지는데, 사람들은 때때로 타인과 접촉하고 있다는 환상을 갖는다.

모든 사람들은 그들 자신의 인생 과정에서 형성한 자신만의 준거틀이란 렌즈를 통하여 타인과 현실을 본다. 의식하지는 못하지만, 당신은 때때로 초기 어린 시절의 경험을 타인에게 투사함으로써 다시 경험한다. 어떤 사람이 이러한 투사를 알게 되면, 그 사람은 가끔 멈추어 다음과 같이 자문할 것이다. "내가 다른 사람이 나를 속이려 하는 것을 알고 반응하는 것인가, 아니면 다른 사람의 의도를 내가 상상하고 그것에 따라 반응하는 것인가? 나는 타인의 의도를 듣고 있는가, 아니면 나의 각본의 속삭임을 듣고 있는가?"

그녀가 핸드폰의 스크린을 보고 상사의 전화라는 것을 알았을 때, 그녀는 전화 받기를 망설였다. 그녀는 때때로 그 상사의 이메일을 읽고 답하는 것을 미루곤 했다. "내가 왜 이러지?" 그녀는 의아했다. 그 상사가 그녀에게 말을 걸면 그녀는 소스라치게 놀라곤 했다. 그 상사는 걸핏하면 그녀에게 직접 그리고 갑자기 접근해 오기 때문이라고 생각하며 마음을 가라앉히려 했다. 그는 사실에 대한 확실한 정보를 갖기도 전에 자기 의견을 공표하기 일쑤였다. 그러나 그것이 그녀가 그렇게 놀라는 이유인가? 그녀는 이제 어린아이가 아니다! 그것은 아마도 그녀가 그 상사와 같은 남자를 보는 데 어떤 어려움이 있는 것 같았다. 어느 날 그녀가 업무 여행 중에 찍은 사진을 언니에게 보여주었더니, 언니는 깜짝 놀라 소리쳤다, "세상에, 네 상사는 꼭 아빠를 닮았구나." 갑자기 모든 퍼즐 조각들이 맞추어졌다. 그녀는 자기가 무엇이든 자신 있게 잘할 수 없는 열 살 소녀처럼 느껴졌다.

3.3.2 전이, 역전이, 투사

어머니가 돌아가시고 성인이 된 네 명의 자녀들이 유산 분배를 위하여 모였다. 모이자 마자 분위기는 긴장, 성급함과 짜증이 완연했으며 모두들 옛 가족의 패턴으로 되돌아갔다. 맏이 이본은 모든 것을 정돈하고 다른 형제들과의 관계를 주도하기 시작했다. 마틴은 일찌감치 자기가 갖고 싶은 유품들을 모으기 시작했다. 빈센트는 딴전만 피고 핸드폰만 만지작거리고 있다. 막내 리스벳은 광대처럼 행동하며 긴장을 깨려고 노력했다.

어린 시절에는 자아상태들은 가족, 확장된 가족, 그리고 더 큰 사회적 환경에서의 관계들로부터 획득한 경험들로 가득 차 있다. 이 시절에 학습된 패턴들은 종종 이후의 친구 관계, 연인과의 관계, 그리고 사회적 및 동료들과의 접촉에 영향을 미친다. 당신은 자신이 생각하기에 타인들에게 마음을 연다고 생각하지만, 당신은 때때로 당신이 과거에 부모, 형제, 그리고 다른 중요한 인물들과 가졌던 초기의 관계를 반복한다. 이러한 투사의 메커니즘은 모든 관계에서 영향을 행사하여, 한편으로는 사랑과 매력의 원천이 되기도 하고 또 다른 한편으로는 갈등과 긴장의 원천이 되기도 한다. 자아상태와 교류의 분석은 좋은 의사소통을 유지하는 데 도움을 주며 거친 의사소통 패턴을 다듬는 데도 도움을 준다.

투사는 전이와 역전이의 복잡한 정신분석적 현상이 일어나도록 만드는 메커니즘이다. 교류분석에서 우리는 전이를 선생님, 트레이너/코치, 치료자 또는 경영자와 같은 전문가들과의 관계에서 초기의 관계(때때로 부모와 중요한 타인들과의 관계 경험)를 반복하는 것으로 설명한다. 일반적으로 그것은 어린이자아 C-부모자아 P 교류를 의미한다.

역전이는 타인의 전이에 대한 전문가의 반응(보통 P-C 교류)뿐만 아니라, 타인과의 관계에서 전문가 자신의 초기 관계의 반복(이것은 P-C, C-C, 또는 C-P 교류 어느 것이 될 수도 있다) 모두를 의미한다. 그것은 그의 과거에서, 학생이 선생님의 돌봄을 필요로 하는 만큼이나 마찬가지로 선생도 학생의 돌봄을 필요로 하는 것일 수 있다.

Tudor와 Summers는 그들의 저서 함께-창의적인 TA(*Co-creative Transactional Analysis*, 2014)에서 전이 또는 역전이의 용어 대신 '공동전이(co-transference)'라는 용어를 쓸 것을 제안하고 있다. 그들은 치료사와 내담자 모두의 원시적(옛) 또는 내사한 자아상태들에 의하여 공동으로 이룩되는 심리적 장(psychological field)을 '공동전이(co-transference)'로 설명한다. 그들의 견해에 따르면, 공동전이는 내담자와 치료사 모두의 투자(input)에 의하여 창조되고 영속화되며, 이 사람은 자신들의 과거의 관계의 반복에 의하여 두 사람 관계를 창조한다. 치료사와 내담자 모두는 상대에게 투사된 내적 갈등 또는 임패스를 경험한다. 이와 같이 내적 갈등은 외적 관계에서 연출된다(p. 205). 치료사는 내담자와 함께 작업을 하고, 수정 경험들을 제공하며, 내담자와의 호혜적 그리고 상호적 관계에 적극 참여하고, 치료 자체가 외부 세계의 공간임을 인정한다. 치료사는 현재의 것을 가지고 작업을 하며 현재에서의 과거의 영향을 인식한다. 치료의 목적은 내담자의 새로운 마음 기능(neopsychic functioning), 즉 통합하는 어른자아 A(integrating Adult)를 확장하는 것이다.

전이와 역전이는 어느 곳에서나 목격할 수 있으며 종종 이해하기 어려운 현상에 대한 설명을 제공한다. 예컨대 왜 어느 여자는 감사도 모르는 관리자의 비서로 일하는가? 추잡한 이혼 전쟁을 하고 있는 어떤 남자는 왜 자기 전 부인에게 경제적 안전을 조금이라도 더 도모해주는 대신, 오히려 변호사에게 수천 달러를 지불하려는가?

전이와 역전이 과정 분석은 코칭, 카운슬링, 심리치료에서의 주요 '활동 요소들' 중 하나이다. 내담자의 전이 감정을 유도해냄으로써 전문가는 내담자의 어린이자아 C 내에 현존하는 약점들, 그리고 방치된 요소들을 더 잘 이해할 수 있다. 이것은 전문가가 내담자에 대하여 느끼는 공감에 도움이 된다.

마찬가지로 코치, 카운슬러 또는 치료사는 역전이를 사용함으로써 (예 : 내담자를 돌보고 싶다든가 또는 내담자의 돌봄을 받고 싶다든가 또는 내담자의 존경을 받고 싶다든가 또는 남모르게 내담자를 존경한다든가) 내담자를 더욱 잘 이해할 수 있으며 그의 발달을 도울 수 있다. 교사, 트레이너, 관리자를 포함하여 코치, 카운슬러 또는 치료사가 만약 자신들의 미충족된 욕구들을 위하여 얼마만큼 내담자를 필요로 하는가를 알지 못한다면, 그것은 효험과 전문성에 치명적 결함이 될 수 있다. 많은 내담자들은—학생들, 피감독자들, 피고용인들도 마찬가지이지만—별다른 노력 없이도 타인들의 욕구와 필요를 느끼고 이해하며 자신들의 비용으로라도 돌봄을 제공하거나 관심을 나타낸다.

Richard Erskine(2005)은 전이란 반복의 욕구에 의하여 추동되는 것이 아니라, 이번에는 좀 다를까 또는 좀 나을까 하는 희망(바람)에 의하여 추동된다고 믿는다. 인생에 대하여 믿음을 갖지 못하고 의심만을 가지고 있는 피고용자들도 매우 믿을 만한 리더에게서 얻는 긍정적 경험들을 바탕으로 하여 자신, 타인들, 그리고 여기-그리고-지금의 생을 영위하는 이 세상에 대한 이미지를 고칠 수도 있다. 이처럼, 여기-그리고-지금은 원천(origin)과 미래(future) 사이의 거리를 벌려 괄목할 진전을 이룰 수 있는 기회를 끊임없이 제공한다.

Berne은 심리치료의 목표는 어른자아 A의 오염 제거임을 강조하였다. 그러나 어떤 내담자들에게는 이것만으로는 충분하지 않다. 그들에게는 어린이자아 C의 얽힘을 풀어주는 것이 필요하다('어린이자아 C의 혼란 제거'). 후자의 경우, 치료사는 어느 정도 내담자가 치료사를 '사용할 수(used)' 있도록 해야 한다. 그럼으로써 내담자가 거절당한 낡은 감정들을 경험하고 처리할 수 있는 '수선하는(reparative : 기능을 회복시키는)' 관계가 시작될 수 있다(Cornell & Hargaden, 2005; Hargaden & Sills, 2002). 내담자는 치료사가 이러한 감정들을 이제는 관리 가능한 형태로 변형시켜 자기에게 되돌려 줄 수 있으리라는 희망을 갖고, 감정들과 경험들을 치료사에게 투사한다.

학교에서의 초기 경험들은 성인의 어떤 학습의 상황에서도 일어나는 진행하는 전이 관계로 인도할 수 있다. 어린아이들은 학교에서 다른 사람들과 어떤 관계를 맺을까를 이미 결정하고 입학을 하며, 선생님들과 학생들을 통하여 이런 결정들에 순응하여, 강화하거나 아니면 수정한다. 선생님들도 역시 이러한 과정을 밟을지 모른다! 따라서 우리들은 초기의 공생적 관계를 재연하며, 교실에는 전이 그리고 역전이로 상황이 설정된다. 이후에 사람들은, 학생 또는 성인 학습자로서, 자기들의 교수에 대하여 자신들의 학교 경험으로부터 얻은 무의식적(또는 거의 의식적인) 믿음과 추정들을 투사할 수도 있다. 이때의 믿음과 추정들이란 "배움은 어려운 일이다.", "나는 수학을 못해.", "학교는 재미없는 곳이야.", "선생님은 잘못을 지적한다." 등이다. 반면에 "선생님은 우리를 보살핀다.", "학교 다닐 내가 인생의 꽃이지.", 또는 선생님의 입장에서는 "너는 엄격해야만 해.", " 과제를 너무 많이 주면 학생들이 나를 싫어하지."와 같은 것들이다. 주의 깊은 선생님들과 교육자들은 어느 단계에서든 사고하기를 격려하고 "자신을 위해 공부한다." 또는 비난의 초대를 거절함으로써 잠재적 공생의 학습관계를 해결해야만 한다.

자각은 또한 관리자가 그의 직원들로부터 오는 전이에의 초대를 알아채는 중요한 도구이다. 만약 그가 자신의 역전이 반응을 알아차릴 수 있다면, 그는 작업장에서 지속되는 공생적 체인(Holdeman, 1989) 대신, 자율적 행동을 촉진하는 기회를 가질 수 있다. 공생이란 자신들의 자아상태들의 모든 잠재력을 충분히 사용하지 못하는 두 사람 사이에서 일어난다. 공생 체인에서는, 관리자는 대체로 부모자아 P에서 소통하고, 반면에 직원들은 대부분의 시간에 어린이자아 C를 사용한다. 전이는 종종 이러한 비효율적이고, 성장을 저해하는 패턴을 야기시키는 메커니즘이다. 관리자나 직원들은 모두 자기의 원가족에서의 관계 경험에서 비롯한 신념들을 상대방에게 투사한다―"내가 만약 그 사람들에게 말하지 않는다면, 그런 일은 일어날 수 없다." 또는 "사람들은 나의 의견을 너무 많이 기대하지 않아."―등이 원가족에서의 관계 경험들이다.

3.3.3 관계적 교류분석

최근 교류분석에서 획기적으로 발달한 분야는 관계적 교류분석이다(Cornell & Hargaden, 2005; Hargaden & Sills, 2002). 이 접근법에서는 전이와 역전이를 다루는 데 많은 역점이 두어진다. Berne은 이미 1960년에 치료관계의 질은 심리치료에 결정적으로 중요하다는 언급을 하였으나, 이 문제를 더 이상 발달시키지 못했다.

더구나 그는 당시의 치료사들과는 다른 부류의 환자들을 취급했다(중독 그리고 성격장애로 고통받는 환자들보다는 불안감을 느끼는 신경성의 환자들). 1960년대에는 많은 사람이 각본의 지시에 따른 속박을 느꼈기 때문에 도움을 요청하였다. 여기에는 그들이 한편으로 자기들의 결핍(wants)과 욕구(desires)를 명확히 구별할 수 있도록 하고, 다른 한편으로는 그들의 책임과 도덕적 기준을 구별함으로써 자신들이 잘 아는 선택을 할 수 있도록, 그들의 어른자아 A의 오염을 제거하는 것으로도 대체로 충분하였다. Berne은 내담자들이 의식적 선택을 할 수 있도록 인지적인 방법으로 치료하는 것을 선호하였다.

그러나 그는 어떤 내담자들에게는 오염의 제거만으로는 충분하지 않다는 것을 지적했다. 이러한 경우에는 오염의 제거 다음에는 후속 혼란의 제거(deconfusion), 즉 과거의 정서적 믿음과 힘에서 비롯된 어린이자아 C의 엉킴의 제거(disentanglement)가 필요하다. 이 과정에서는 초기(때로는 언어 이전의)의 어떤 욕구들이 충분히 충족되지 못하였거나 심지어 상처받았는지 조사하는 것을 포함한다. 여기에서, 치료관계의 질과 특히 무의식의 언어를 이해하는 것이 필수적이다. 치료사는 전이 관계에서 소환되는 자신과 내담자의 이미지, 환상, 감정들을 가지고 작업을 한다.

훌륭한 교사들 또는 코치들은 주위에서 알 수 있도록 퇴행을 유도하지 않지만, 때때로 자신들의 태도와 다가감으로 학생이나 내담자의 손상을 수선한다. De Haan(2008)은 관계적 코칭은 코치와 피코치자와의 관계를 피코치자의 관점에서 바라보는 것이라는 의견이다. 그런 관계를 개발하는 데 있어서, 문제는 코치가 어떤 말을 하고 어떤 행동을 하는가가 아니다. 그것은 오히려 피코치자가 그 관계를 어떻게 경험하고 가치 있게 생각하는가의 문제이다.

관계적 교육자는 그 과정 속에 소속되지 않고 떨어져 있는, 변함없는 주관자로 존재하기보다는 배움에 의하여 몰입하고 영향도 받을 수 있다. 개인적 접촉, 연결, 쾌활함, 개방성, 진실함, 취약성, 자기의식의 능력은, 학습자에게 권위를 가지면서도 학습자들과 '평등하지만 비대칭적인(equal but asymmetric)' 관계를 유지하는 능력과 더불어, 효율적 교사의 한 부분이라고 할 수 있다. 교사는 촉진적 환경을 만들고 뒤에 물러서서 자신을 내세우지 않으면서도 전적으로 몰입하여 있음으로써 배움이 일어나도록 하는 사람이다.

3.3.4 교류분석의 간결성

1970년대에 교류분석의 개념으로 전문직을 수행한다고 말했던 사람들은 누구나 교류분석은 인간의 복잡한 현실에 대하여 너무나 단순한 견해를 가지고 있다는 말을 듣기 일쑤였다. 교류분석은 사물에 대한 견해를 지나치게 단순화시켰다는 주장에 대하여, Berne은 언제나 "나는 사물들을 지나치게 복잡하게 만드는 것보다는 차라리 지나치게 단순화하는 쪽을 택하겠다!"라고 대답했다. 교류분석을 유명하게 만든 세계적 베스트셀러들, 예컨대 Berne의 사람들이 하는 게임들(*Games People Play*, 1964)과 Thomas Harris의 자기긍정-타인긍정(*I'm OK-You're OK*, 1967)들은 이후 출현하기 시작하는 일반인들을 위한 수많은 심리학 책들의 효시가 되었다. 지금 만약 오프라인이나 온라인 서점을 방문하면, 관심을 가진 일반인이 이해할 수 있는 언어를 사용한 행동과학으로부터의 통찰을 얻을 수 있는 수많은 출판물들을 접할 수 있다. 교류분석은 이러한 추세와 발달에 영예로운 선두 주자이다. 전문인들(정신과 의사들과 심리치료사들의 의료 전문기구)은 자신들의 전문 영역이 자기, 타인들, 그리고 그들이 생을 영위하고 노동하는 세계에 대하여 보다 더 이해하기를 바라는 일반인들에게 접근 가능하게 되었다는 사실에 익숙해지게 되었다. 그 당시에는 교류분석이 심리학적 통찰을 지나치게 대중화시켜, 소위 대중심리학(pop-psychology)을 만들었다는 비난을 받았다. 이러한 비난은 오늘날에도 때때로 그 반향의 소리가 들린다. 수 세기에 걸쳐 발달한 교류분석을 깊이 연구하는 사람들은 이론적으로 그리고 실천적으로 훨씬 더 아는 바가 많다. Berne은 사람들이 하는 게임들로 잘 알려졌지만, 심리치료로서의 교류분석(*Transactional Analysis in Psychotherapy*) 그리고 집단치료의 원리(*Principles of Group Treatment*)를 포함하여, 그의 다른 저서들은 심리치료와 인간발달의 성격에 관한 중요한 관점들을 제시한다. 교류분석저널(*Transactional Analysis Journal*)은 40년 이상 출판되어 왔으며, 교류분석의 이론과 기술의 개발과 확장 그리고 다른 이론적 모델들과의 호환 가능성을 높이는 데 공헌하고 있다. 교류분석을 '대중화'로 이끈 저서들이 출판되고 40년이 흐르는 동안, 수많은 교류분석 서적들이 심리치료, 카운슬링, 교육, 조직 분야에 적용되어 출판되었다. 교류분석이 실제 사람들이 생을 영위하고, 배우고, 일하는 장소에서 실천적 적용법을 찾는다는 것은 Berne이 가졌던 비전의 한 부분이었다(심리치료를 넘는 분야에서의 교류분석의 발달은 사실 Berne의 비전을 실현하는 일이었다).

　교류분석을 가지고 전문적 일을 수행하는 사람들은 물론 성격의 복잡함, 심리 내적 현실의 복잡성, 때때로 사람 사이의 의사소통의 모호성을 디스카운트하지 않도록 주의해야만 한다. 다른 한편으로 우리는 삶을 영위하고 일하는 현실의 복잡성을 이해 가능하도록 만들기 위하여 소위 '복잡함을 감소시키는 것(complexity reducers, 복잡성 환원자)'를 필요로 한다. 결국 어떤 영역에서 길을 찾기 위해서는 지도가 도움이 된다. 이때 우리는 자아상태와 교류 모델들의 주요 목적은 현실의 복잡성을 보다 더 정돈되고 투명한 영역으로 환원시키는 것이라는 것을 잊지 말아야 한다.

3.4　관련 이론

3.4.1　Watzlawick과 동료들

사람 사이의 의사소통에 관하여 신기원을 이룩한 저서는 Watzlawick, Beavin, Jackson의 인간 의사소통의 화용론(*Pragmatics of Human Communication*, 1967)이다. 캘리포니아의 팰로 앨토에 위치하는 멘탈 리서치 인스티튜트 소속의 저자들은 인간관계의 소통에서 기본적인 특성들을 연구하였다. 그들의 중요한 주장의 하나는 소통을 안 한다는 것은 불가능하다는 것이다. 나아가서, 모든 행동은 소통이라는 것이다.

　항상성과 피드백(homeostasis and feedback)과 같은 사이버네틱스(cybernetics)의 원칙들을 인간관계의 시스템에 적용함으로써, 저자들은 '문제의 행동(disturbed behavior : 환경에 적합하지 않은 행동)'은 때때로 시스템의 안정을 유지하는 기능을 한다는 것을 명확히 했다. 마약이나 음주를 하는 청소년은 아이의 문제를 다루기 위해 자신들의 문제는 잊어버리고 야단치는 부모들을 위한 피뢰침(책임질 사람은 따로 있는데 비난과 분노의 대상이 된다)의 역할을 한다.

　일반적으로 건강하고 자발적인 관계에서는 심리적으로 일어나는 모든 일들을 굳이 강조할 필요는 없다. 반대로, '병든(sick)' 관계에서는 소통의 실제 내용은 갈수록 부적절해지며, 관계의 성격에 관한 끊임없는 투쟁이 특징을 이룬다. Watzlawick과 동료들은 내용과 관계의 수준 사이의 구별을 명확하게 한 최초의 학자들이었다. 그들은 이러한 수준들 간의 불명확한 구분이 어떻게 패러독스(역설), 임패스, 모호함으로 인도하는지 정리하였다. 어떤 식당에 "만약 우리 종업원들이 불친절하다고 생각하시면, 관리자에게 말씀해주세요."라고 써 붙인 글은 적어도 두 가지로 해석될 수 있다: 관리자는 당신이 불만을 이야기할 수 있는 사람입니다 또는 관리자는 끝내주게 불친절한 사람입니다. 더 나아가, 소통의 문제는 구두점 찍기의 문제를 포함한다. 그 남자가 신문으로 얼굴을 가리고 있으니까 그 여자가 불평하는가, 아니면 그 여자가 너무 불평을 말하니까 그 남자가 숨는 것인가? 순환 사고[circular thinking : 어떤 특정한 순간에는 원인과 효과(결과)가 없으며 오직 끊임없는 상호작용만이 존재한다] 는 구두점에 관한 토론을 무의미하게 만든다. Watzlawick과 그 동료들은 Berne과 마찬가지로 심리적 수준의 관계는 사회적 수준의 내용보다 더 중요하다는 것을 주장한다.

소통은 일반적으로 연속해서 또는 어떤 패턴 속에서 일어나기 때문에, 각각의 행동은 동시에 자극이 며, 반응이며, 또한 강화이다. 이것은 소통의 참가자로 하여금 각기 다른 구두점을 사용할 여지를 준 다. 실험실 쥐는, "나는 실험자를 훈련시켜, 내가 막대를 누를 때마다 그는 내게 먹을 것을 준다."라 고 생각할지 모르겠다. 또는 수년간 다투는 부부의 경우에는, 남편은 부인의 잔소리(남편에 따르면) 를 견디는 유일한 대안으로 못 들은 척 물러서는 것이라 하고, 부인은 남편이 언제나 그 모양으로 수 동적이니까 잔소리를 할 수 밖에 없다고 주장한다. 이것이 양 당사자들이 주로 부모자아 P 또는 어린 이자아 C로 소통하며, 결국에는 친밀해지지 못하고 게임으로 끝나는, 융통성 없는 완고한 교류의 패 턴이 어떻게 형성되는가를 보여주는 사례이다. 연속되는 사건들 속에서 의미에 관한 불일치는 인간관 계에서의 수많은 갈등의 뿌리다. 사람들은 각 당사자들이 상호작용 속에서 보는(메타-커뮤니케이션) 패턴으로 소통하는 데 성공할 때만, 변화는 일어난다.

소통이론은 비언어적 메시지로서의 증상을 이렇게 요약한다: 나는 행동하지 않는 사람이라고 비난 받을 수 없다. 왜냐하면 그것은 나의 능력 밖의 일이기 때문이다. 문제는 나의 신경이며, 나의 병, 나 의 약한 시력, 알코올, 교육, 공산주의자 또는 나의 부인이다.

만약 사람들이 자신의 증상에 대한 책임을 기꺼이 지고, 자신들의 질병, 자녀들의 교육, 또는 배우 자와의 관계가 자신에게 중요하다는 사실을 자각한다면 변화는 가능하다. 시스템 이론에서는(예 : Minuchin, 1974; Willi, 2005 참조) 가족들 간의 또는 부부 사이의 상호작용들이 어떻게 파괴적인 길 로 각 사람들을 강화할 수도 있으며, 또한 긍정적 소통으로 인도하도록 재형성될 수도 있는지 설명하 고 있다.

3.4.2 해결중심 접근방법

해결중심의 방법은 최근의 접근방법으로서, 명료한 의사소통, 존중하는 접근, 문제해결 우선을 중심 에 둔다. Berne이 목표로 삼았던 가능한 최단기의 치료와 치유 그리고 변화 목적은 해결중심의 방법에 분명하게 잘 설명되어 있다.

당신이 식당에 갔다고 가정하자. 당신은 배가 몹시 고프다. 잠시 기다리니 웨이터가 와서 자기 소개를 한다. 그리고 그는 당신에게 질문을 한다: 당신은 얼마나 배가 고픈가, 왜 그렇게 배가 고픈가, 얼마 동안이나 배가 고팠는가, 이

전에도 그렇게 배가 고팠던 적이 있는가, 가정에서는 배고픔이 어떤 역할을 하는가, 배고픔은 어떤 안 좋은 면이 있는가, 어쩌면 좋은 면도 있는가. 당신은 더욱 배고픔을 느껴서 이제 주문을 할 수 있느냐고 묻자, 웨이터는 배고픔에 관한(어쩌면 웨이터에게 중요한 다른 사항에 대하여서도) 질문서를 먼저 작성하라고 요구한다. 이 모든 과정이 끝난 후에야 당신에게 식사가 제공된다. 그러나 식사는 당신이 주문한 것이 아니고, 웨이터가 당신에게 좋은 것이며 이 식단은 다른 배고픈 사람들에게도 많은 도움을 준 것이라고 말한다. 당신이 만족스러운 마음으로 이 식당을 떠날 확률은 얼마인가?(Bannink, 2006, p. 11)

이 식당 패러디는 불행하게도 많은 정신건강 기관들의 경우에 적용될 뿐만 아니라, 어쩌면 교육과 조직 분야에서도 해당될 수 있다. 이것은 고객이 원하는 바도 아니며, 무엇보다도 중요한 문제에 대한 해결책도 아니며, 전문가에 의한 문제의 상세한 탐색, 진단, 치료의 처방이다.

해결중심의 접근방법은 문제를 해결해야 할 하나의 도전으로 보며, 성공에 이르는 중요한 기여로서 희망을 제시하고, 내담자의 비전을 중심부에 둔다. 전문인의 역할은 주로 해결책을 찾는 것이며, 내담자의 인생 과정을 바꾸기 위해서는 작은 변화로서 충분한 경우가 많다. 초점은 미래에 둔다. 해결중심의 질문은 다음과 같다.

- "치료 등록할 때와 첫 면담 사이에 어떤 개선된 것들이 있습니까? 있다면 말해주세요."
- "설명한 문제에 예외의 경우, 문제가 일어나지 않든가 또는 경미하다고 할 만한 상황이 있습니까? 있다면, 말해주세요."
- 행동적 의미에서, "가상의 해결책을 만들 수 있습니까? 만약 문제가 (적절히) 해결된다면 무엇이 달라지는지 설명할 수 있습니까?"
- 기적 질문 : "아침에 일어났더니 기적이 일어났다고 상상하세요. 당신의 문제는 해결되었습니다! 이런 기적이 일어났다는 첫 번째 징후는 무엇일까요?"

해결중심 접근법은 일반적으로 단기이며 비용이 저렴하다. 내담자에게 '일을 하도록 시키기(put to work)'때문에 이 접근법은 전문인의 과도한 업무라든가 극도의 피로를 방지할 수 있다(Bannink, 2006; de Shazer, 1985).

참고문헌

Bannink, F. (2006). *Oplossingsgerichte vragen. Handboek oplossingsgerichte gespreksvoering.* (Solutionfocused questions. Comprehensive Textbook of Solution-focused Therapy.) Amsterdam: Pearson.

Berne, E. (1961). *Transactional Analysis in Psychotherapy.* New York: Grove Press.

Berne, E. (1964). *Games People Play.* New York: Grove Press.

Buda, B. (1988). A közvetlen emberi kommunikáció szabályszerűségei (The regularities of direct human communication) [electronic version]. Magyar Elektronikus Könyvtár [web page]. Retrieved 1 November 2005 from http://mek.oszk.hu/02000/02009/02009.htm.

Burgoon, J., Buller, D., & Woodall, J. (1996). *Non-Verbal Communication: The Unspoken Dialogue.* New York: McGraw-Hill.

Cornell, W. F., & Hargaden, H. (Eds.) (2005). *From Transactions to Relations.* Chipping Norton, UK: Haddon Press.

Erskine, R. (2005). Transference and transactions. In: W. F. Cornell & H. Hargaden (Eds.), *From Transactions to Relations* (pp. 75-96). Chipping Norton, UK: Haddon Press.

Haan, E. de (2008). *Relational Coaching. Journeys towards Mastering One-To-One Learning.* Chichester, UK: John Wiley & Sons.

Hargaden, H., & Sills, C. (2002). *Transactional Analysis. A Relational Perspective.* Hove, UK: Brunner-Routledge.

Harris, T. A. (1967). *I'm OK–You're OK.* New York: Harper & Row.

Holdeman, Q. L. (1989). The symbiotic chain. *Transactional Analysis Journal, 19*(3): 137-140.

Joines, V. (1977). An integrated systems perspective. In: G. Barnes (Ed.), *Transactional Analysis after Berne* (pp. 257-272). New York: Harper & Row.

Karpman, S. (1971). Options. *Transactional Analysis Journal, 1*(1): 79-87.

McCormick, P. (1977). *Social Transactions. San Francisco*, CA: Transactional Publications.

Mehrabian, A. (1971). *Silent Messages.* Belmont, CA: Wadsworth.

Minuchin, S. (1974). *Families and Family Therapy.* Cambridge, MA: Harvard University Press.

Shazer, S. de (1985). *Keys to Solution in Brief Therapy.* New York: W. W. Norton.

Tudor, K., & Summers, G. (2014). *Co-creative Transactional Analysis.* London: Karnac.

Vandra, A. (2009). Mechanisms for transmission of ulterior transactions. *Transactional Analysis Journal, 39*(1): 46-60.

Watzlawick, P., Beavin, J. H., & Jackson, D. D. (1967). *Pragmatics of Human Communication.* New York: W. W. Norton.

Widdowson, M. (2008). Metacommunicative transactions. *Transactional Analysis Journal, 38*(1): 58-71.

Willi, J. (2005). *Couples in Collusion.* Northvale, NJ: Jason Aronson.

Woollams, S., & Brown, M. (1978). *Transactional Analysis.* Ann Arbor, MI: Huron Valley Press.

제4장

게임

제2장에서는 우리의 세 가지 기본적 '기아(hungers)' 중 한 가지로서 시간의 구조화에 대한 욕구를 설명하였다. 여섯 가지의 시간의 구조화 방법들 중 하나는 심리적 게임이다. 게임은 공개된 사회적 수준과 은밀한 심리적 수준 사이의 차이가 존재하는 사람들 간의 교류들을 포함한다. 게임의 특징은 반복적 교류와 스트로크 패턴, 예측 가능한 진행과정, 이면적 동기, 그리고 궁극적으로 교류의 실제적 의미를 나타내는 전환이다. Eric Berne은 교류분석을 세계적으로 인정받도록 만든 그 책에서 이러한 패턴들을 설명하였다. 주로 비효과적인 의사소통에 초점을 맞춘 이 책의 제목은 '사람들이 하는 게임들(Games People Play)'이었다. 이 책의 출판 이래 교류분석은 배우자들, 동료들, 친구들, 부모들, 그리고 어린아이들 사이에서, 경영자와 직원들 사이에서는 물론 치료사와 내담자들 사이에서도 진행되는 '호들갑과 야단법석'을 관찰하고 또 (긍정적) 영향을 미치기 위하여, '심리게임(psychological game)'이란 용어를 사용한다. 모든 게임의 포인트는 모든 참가자들이 자신들의 믿음—즉 자신에 대한, 타인에 대한, 그리고 자신이 살고 있는 이 세상에 대한—을 강화하려 한다는 것이다. 게임분석은 (때로는 고통스러운) "내가 너에게 그렇게 말했잖아." 경향을 파괴하는 데 도움이 된다.

4.1   기초 이론

4.1.1   개요

안나는 새로운 직장을 구했기 때문에 다른 거처로 옮긴다. 그녀는 아는 사람이 아무도 없는 새로운 환경에서 편안하지 않다. 그녀는 동료들에게 접근해 보았으나 이것도 도움이 되지 못했다. 대부분 가족이 있으며, 바쁘고, 또는 사회적 접촉에 대한 욕구가 별로 없는 듯 보인다. 점심시간에 그녀는 동료 중 한 명인, 제이미와 대화를 나눈다. 그녀는 주말이면 외로움을 느낀다고 말한다. 제이미는 그의 젊은 동료의 상황에 대하여 동정하는 마음이 생기고, 그들 부부가 주말에 외출할 때 아기 돌봄이를 찾기 힘들다는 것에 생각이 미친다.

안나가 가끔 그 일을 맡아주면 어떨까? 몇 주 후, 제이미와 그의 부인은 저녁 외출을 하고 싶어, 안나에게 다음 토요일에 바쁘냐고 묻는다. 그녀는 바쁘지 않다고 하자 그는 그날 밤에 아기를 좀 봐줄 수 있느냐고 묻는다. 잠시 침묵이 흐르고 안나는 마침내 화가 나 대답한다. "나는 네가 아기 돌봄이를 요구할 정도의 고등학생이 아니야!" 제이미는 비난받은 것 같은 느낌을 갖게 되고, 혼란스럽고 화가 난다. 그는 다만 그녀를 도우려고 했을 뿐이다. 그리고 안나는 기분이 상하고 분노한다. 그녀는 그가 자기를 만찬에 초대하여 그의 부인에게 소개하는 것을 기대하고 있었는데, 아니 아기 돌봄이라니! 자기가 그렇게 불쌍한 인상을 주고 있단 말인가?

안나와 그녀의 동료와의 사이의 상황은 게임의 예로서, 일상의 생활에서 배우자, 동료들, 친구들 사이에서, 부모와 자녀들, 경영자와 직원들, 치료사와 내담자들 사이에서 일어날 수 있는 상황들이다. 게임은 몇 가지 특성을 가진다(Stewart & Joines, 1996).

1. 반복 : 누구나 습관적 게임을 반복하고 반복한다. 플레이어와 환경은 다를지 모르나 패턴은 동일하다.
2. 어른자아 A 의식 밖에서 : 게임은 어른자아 A의 의식 밖에서 연출된다. 단지 마지막 단계에서, 전환 이후에 사람들은 때때로 무슨 일이 일어났는지 그리고 왜 똑같은 일이 자기에게 항상 일어나는 것인지 의아해한다. 종종 그들은 이 사건에서 자신의 역할이 무엇인지 알지 못한다.
3. 이면적 동기 : 게임은 언제나 두 가지 수준의 의사소통을 포함하는데, 하나는 공개적 수준이며, 다른 하나는 비밀의 또는 직접적 의사소통에서 불분명한 수준이다. 진정한 의사소통은 이면적, 숨겨진 메시지이다. 이면적 메시지가 드러날 때에는, '플레이어'인 한 사람 또는 두 사람 모두는 혼란스럽고 냉정을 잃는 것으로 종료된다.

사람들은 언제나 자신과 기꺼이 심리게임을 할 상대를 발견한다. 그것은 마치 모든 사람들이 자신의 게임에 초대하는 로고가 들어간 티셔츠를 입고 있는 것 같다. 그리고 그 티셔츠 앞면에는 공개적 문구가, 뒷면에는 비밀 메시지가 적혀 있다. 예를 들면, 사회복지사는 언제나 도움을 요청할 것 같은 고객을 만나지만, 도움을 주지 못하는 것으로 종결한다. 이 티셔츠는 앞면에 "나는 누구나 돕는답니다.", 그리고 뒷면에는 "일의 과정에서 결국 도움을 못주게 되었네요."라는 문구가 있는 듯하다.

처음에는 자기를 그럴듯하게 유혹하여 나중에는 쓰레기처럼 대하는 남자를 계속 만나는 여자는, 앞면에 "나는 훌륭한 여자예요.", 그리고 뒷면에는 "나를 좀 더 알게 될 때까지는… 엄청난 실망을 안겨드릴 거예요."라고 쓰인 티셔츠를 입고 있다. 경영자는 앞면에 "성공을 이루기 위해 우리는 함께 일할 것이다.", 뒷면에는 "그후 나는 이익금을 가지고 도망갈 것이다."라고 적힌 티셔츠를 입고 있는 것 같다. 제2장에서 논의되었듯이 게임은 플레이어들이 자신들에 대하여 또는 서로 기분 나쁘게 종료되는, 고도의 거짓-친밀, 정해진 진행과정 그리고 예측 가능한 결과를 가진 시간 구조화의 한 형태이다.

4.1.2 게임 원형

Berne(1961)은 그룹과 조직에서 가장 보편적 게임은 "왜… 하지 않지요?(Why don't you… ?)"-"네, 그러나(Yes, but)"이라고 말한다. 그것은 참가자의 수가 제한이 없는 사회적 게임이다. 플레이어들 중 한 명이 해결책이 없는 것 같은 문제를 제시하고 다른 플레이어들이 "왜… 하지 않지요?"의 모토 아래 해결책을 제시하면 그것에 대하여 다른 플레이어가 "네, 그러나"로 응대한다. 익숙한 "네, 그러나" 플레이어는 그룹 전체 또는 팀 전체가 포기할 때까지 그들과 맞서며 그리고 그 플레이어는 "이긴다." 이 경우에 "이긴다"는 의미는 이 문제(그리고 다른 사람들도)는 해결책이 없다는 그의 무의식적 믿음이 옳다고 입증되는 것을 의미한다.

"네, 그러나"의 플레이어는 표면적으로는 문제에 대한 어른자아 A의 해결책을 찾는 듯 보인다. 그러나 이것은 오직 사회적·공개적 수준에만 해당된다. 좀 더 깊은 심리적 수준에서는, 겁먹은 아이가 부모로부터 안도감을 헛되이 구하려는 초기 상황의 반복을 나타내는 교류들이 일어나고 있다. 궁극적으로 그 플레이어는 아무도 나에게 도움을 줄 수 없다: "내가 그렇게 이야기했잖아!"를 '입증'한다. 이 게임의 모토(motto)는 "부모(여기-현재의 상황에서 이것은 경영자, 배우자, 치료사 또는 교사가 될 수 있다)는 나를 도울 수 없다."이다.

체스 또는 풋볼처럼, 심리게임은 모든 참가자들이 예측할 수 있는 과정을 따라가는 것을 보장하는 어떤 규칙들을 견지한다. 각 게임은, Berne에 따르면, 다음과 같은 공식을 가진다.

유인 + 상대의 약점 = 반응⇒전환⇒혼란⇒결말(C + G = R⇒S⇒X⇒P)

예를 들어 '슈레밀(Schlemiel)' 게임에서는 플레이어가 끊임없이 어설픈 말과 행동을 하는데, 다른 플레이어들은 "미안합니다."라는 말을 들으면 그를 용서한다. 마치 물이 잔에 가득 찰 때까지.

유인(Con) : 앨버트는 그를 초대한 리디아의 흰 식탁보에 커피를 흘린다.
상대의 약점(Gimmick) : 리디아는 그녀의 짜증을 숨기고 앨버트가 "오, 미안합니다."라고 말할 때 살짝 웃음을 보인다.
반응(Response) : 이 게임은 하룻밤, 아니 몇 주일, 몇 달, 또는 몇 년을 지속할 수 있으며, 약속을 잊든가, 바비큐 요리 중에 작은 불을 내든가, 빌려온 책을 잃어버리든가 하는데, 그때마다 리디아에게서 용서를 받지만, 리디아는 겨우 자신을 통제한다. 두 사람은 그 상황으로부터 충분한 스트로크를 얻는다: 앨버트는 그의 어린이 같은 공격성을 분출하고 용서를 받는다. 리디아는 자기가 성숙하고 사리 있다고 느낀다. 전환이 일어나기 전까지는.
전환(Switch) : 앨버트는 리디아를 찾아가지만, 술을 너무 많이 마셨기 때문에 실수로 그녀의 개를 차로 친다. 리디아에게 이것은 변명의 여지가 없는 일이다. 마침내 그녀는 드러내고 몹시 화를 낸다. 그녀는 이번 일에 대한 분노뿐만 아니라, 그동안에 앨버트와 있었던 다른 모든 일에 대하여도 분노를 분출하며 말한다. "나는 당신에게 질려버렸어요."
혼란(Cross-up) : 앨버트는 혼란스럽다. 지금까지 리디아는 언제나 자기를 용서했으나, 지금은 갑자기 달라졌다. 리디아 또한 그녀가 갑자기 느끼는 억압되었던 분노의 물결에 대해 혼란스럽다.
결말(Pay-off) : 결과적으로 두 사람 모두 자신들의 반복적인 나쁜 감정으로 빠져든다. 리디아에게는 분노 그리고 앨버트에게는 오해받았고 부당하게 비난받았다는 '감정'이다.

전환이 일어나기 전까지의, 게임의 기능은 친숙한 준거틀의 보존에 있다. 세상은 예측 가능하고 친숙한 상태로 존재한다. 이와 같이, 심리적 균형이 보존된다. 예에서, 앨버트는 무책임하고, 귀여운 어릿광대이며, 리디아는 분별 있고, 용서할 줄 아는 친구로서의 편안한 위치를 갖는다.

전환과 결말 이후에는 분노, 좌절감, 승리감, 열등감, 절망감 같은 강렬한 감정들이 일시적으로 벌거벗는다. 갑자기 그 사람의 인생의 주제가 명확해진다. 앨버트에게는, 이 주제는 모든 사람이 그를 더 이상 용서하지 않게 될 때까지 일을 엉망으로 만든다. 리디아에게 이 주제는 그녀의 분노의 외로운 상아탑을 즐기는 것이다. 게임의 어떤 결말로라도, 당신의 인생계획(각본)은 더욱 진행되며, 당신의 인생이 어떻게 끝날 것인가의 질문에 대한 답이 점점 더 명확해진다. 이것에 관한 것은 제5장 각본에서 더 다루어질 것이다.

Hine(1990)은 게임의 양방적 성격에 주목하였다. 양 참가자들은 그 게임에 대한 책임을 지고, 상대방의 이유와 서로 맞물리는 자신들의 별도의 심리 내적 이유를 가지고 있으며, 게임을 지속적으로 진행하도록 하며 빈도를 증대시킨다.

4.1.3 드라마 삼각형

Stephen Karpman(1968)은 게임의 역동을 이해하는 또 한 가지의 방법으로 드라마 삼각형이라 부르는 다이어그램을 개발하였다. 드라마 삼각형은 명료한 의미를 나타내며 광범위하게 유행하게 되었다(그림 4.1). Karpman은 사람들은 게임에서 언제나 다음의 세 역할들인 구원자(Rescuer), 박해자(Persecutor), 또는 희생자(Victim) 중 하나를 맡으며, 역할의 변경은 전환에서 일어난다고 주장한다. 예컨대 어떤 게임에서, 돌봄 또는 도움을 공여하는 상황에서, 고객은 희생자(Victim)의 역할을 그리고 돌봄을 공여하는 사람은 구원자(Rescuer)의 역할을 맡는다. 이 역할은 전환이 일어날 때까지 일정 기간 동안(몇 주일, 몇 달, 또는 몇 년) 지속될 수 있다. 고객이 제공받는 돌봄에 불만이 있다면, 희생자에서 박해자로 변한다. 당황한 돌봄 공여자는 갑자기 구원자에서 희생자로 변한다.

박해자는 모든 것을 다른 사람들보다 더 잘 알며, 다른 사람들을 비하하고, 그들을 열등하고, not OK라고 생각한다. 박해자는 다른 사람들의 가치와 권위를 평가하고 평가절하(디스카운트)한다.

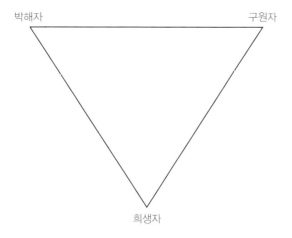

그림 4.1 드라마 삼각형

구원자 역시 다른 사람들을 열등하고, not OK라고 여기며, 우월한 입장에서 도움을 제공한다. 구원자는 도와주는 것을 미화하고, 다른 사람들이 자신을 위하여 생각하고, 독립적으로 행동하는 능력을 디스카운트하며, 자신의 능력을 과대평가한다.

희생자는 자신을 열등하고, 무능하고, not OK라고 여기며, 구원자 또는 박해자를 찾는다. 희생자는 남들의 관심을 원하고, 자신의 유능함을 알지 못하며, 자신을 거절받아 마땅하거나 또는 결정이나 행동을 하는 데 다른 사람들의 도움을 필요로 하는 사람으로 여긴다.

우리가 "왜… 하지 않지요?"—"네, 그러나" 게임을 드라마 삼각형으로 분석한다면, 한 플레이어가 구원자를 찾는 희생자로 출발한다. 이것은 얼마 동안은 상보교류를 만들 수 있으며, 구원자는 온갖 제안을 하는데, 희생자는 단지 그것들을 거절한다. 두 사람 중 한 명이 더 이상 감내할 수 없을 때가 되면, 이때가 '전환(switch)'의 순간이며, 이들의 역할은 변한다. 구원자는 박해자로 전환한다: "당신은 도움을 받을 의사가 전혀 없군요." 또는 희생자가 구원자를 비난한다: "오, 당신은 전혀 도움이 안 되는군요." 첫 번째의 경우에, 희생자는 희생자로 남아 있으며, 표현의 어조가 슬프고 순종적인 것에서 보잘것없고 부끄러운 것으로 변하는 것이 고작이다. 두 번째 경우에서는, 원래의 구원자는 전환 이후에 희생자가 된다. 두 경우 모두에서 전환은 "숨겨둔 고양이를 자루 밖으로 나오도록 한다." 그리고 티셔츠의 뒷면에 써진 문구의 의미가 명확해진다. 이전 교류에서의 은밀한 수준이 모습을 드러낸다. 이것은 처음에 플레이어 모두에게 혼란을 준다. 그러나 얼마 후, 짧거나 길거나, 플레이어들은 각자의 원래의 위치로 복귀한다. 희생자는 새로운 구원자를 찾아 나서며(또는 동일한 사람과 제2라운드를 시작한다), 구원자는 원기를 회복하고 새로운 희생자를 찾아 나선다(또는 동일한 희생자의 게임으로의 초대에 다시 반응한다).

4.1.4 게임의 급

사람들이 게임을 하는 급은 다를 수 있다.

- 1급 게임 : 이러한 게임들은 사회적으로 용인된다. 이것들은 술집에서, 식탁에서, 또는 직장의 커피머신 주변에서 재미있는 이야기를 제공한다.
- 2급 게임 : 결과를 모든 사람이 알도록 할 수 없는 정도이다. 이것들은 수치심, 우울감, 증오심, 슬픔 또는 분노와 같은 강렬한 감정을 포함한다.
- 3급 게임 : 이러한 게임들은 심각하며, 종합병원, 법정 또는 시체안치소에서 종료될 수 있다. 감정은 너무 강렬하여 게임은 분노의 폭발, 무기력함, 또는 슬픔, 학대, 공식적 제소, 자살 시도, 인간 도살 또는 살인으로 악화된다.

때때로 한 개인의 행동들은, 예컨대 2차 세계대전에 미친 히틀러의 영향, 또는 신용 위기에 미친 은행가 메이도프의 영향처럼, 전 세계적 사건들에 엄청난 영향력을 가진다. 이런 것들 역시 게임이라고 할 수 있으나, 정상적 카테고리를 뛰어넘는 게임, 즉 '분류시스템을 뛰어넘는' 게임으로 본다.

　사람들은 일반적으로 같은 수준에서의 게임을 계속하며 단지 시간에 따라 상이한 플레이어들을 물색한다. 때때로 게임은 악화되어 점차 1급에서 3급으로 미끄러져 이행한다. 네덜란드 정신의, Gerben Hellinga(1993)는 게임 수준의 이론을 성격장애를 진단하는 데 적용하였다(1993). 게임 대신, 그는 '내가 그렇게 말했잖아-주의(I-told-you-so-ism, 이 책을 위하여 번역됨)'라는 용어를 사용하며, 사람들이 자기가 판 구덩이에 빠지는, 자기충족적 예언의 세 단계를 설명한다. 선택(selection), 해석(interpretation), 조작(manipulation)을 통하여, 사람들은 자신의 준거틀을 유지한다. 선택은 우리의 주변에 너무나 많은 자극들 속에서 미치는 것을 방지하는 기제이다. 자극의 해석은 우리의 준거틀과 초기 경험들에 대하여 보다 더 드러나는 그다음의 단계이다. 예를 들면, 만약 어떤 사람이 최근에 당신 집에 침입하였다면, 이러한 사건이 있은 후 처음 몇 주 동안은 이상한 소리에 더욱 두려움을 가지고 반응할 것이다. 조작은 세 번째의 단계로서, 우리는 무의식적으로 익숙한 게임을 장치하고 다른 사람들이 우리와 함께 플레이하도록 유인한다. 이와 같이 모든 사람들은 자신의 SIM 카드를 만들어 인생을 항해한다. 이 SIM 카드는 우리가 자신에 대한, 타인들에 대한, 그리고 세상에 대한 의견을 확인할 수 있도록 도와준다. 내가 당신에게 그렇게 말했잖아요!

4.1.5 왜 게임을 하는가?

앞에서도 언급하였듯이, 어린아이들은 때때로 자기가 원하는 것을 드러내 요청하지 않거나 또는 자기에게 문제가 되는 것을 말하지 않는 것을 배운다. 많은 사람의 경우에 다른 사람들에게 자기의 취약한 면을 보이는 것은 위험한 것이다. 정해진 과정과 결과를 가진 게임을 통하여 스트로크를 받는 것은 보다 안전하고 훨씬 더 예측 가능하다. 처음에는 이런 것들이 긍정적이지만, 결과적으로는 부정적이다. 더구나 게임에서의 스트로크의 교환은 강렬하고 많은 관심(주의)을 제공한다. 게임이 끝날 때까지는, 사람들은 자기들의 존재적 태도를 확인한다. 예컨대 "내 아들은 큰 문제야. 나는 좋은 엄마야!"(+/−). 또는 "그것은 아마도 내 잘못이야. 다른 엄마들은 그런 아들을 어떻게 대해야 하는지 더 잘 알텐데."(−/+). 또는 "내 아들은 큰 문제야. 그것은 내 잘못이야."(−/−).

　게임에서 우리는 어린 시절(그때-그리고-그곳)에는 유용했을지 몰라도, 여기-그리고-지금 상황에서는 더 이상 유효하지 않은 시대가 지난 옛 전략을 사용한다. 만약 아이가 모든 사람들이 분노로 또는 아파 눕는 것으로 어려움에 반응하는 가족에서 성장한다면, 이것이 그가 어른으로서 행동할 준거틀이 될 것이다. 그는 구원자의 역할을 선택하여 밤낮으로 환자를 돌봐야 하는 의사가 될 수도 있다.

또는 그는 희생자의 역할을 선택하고 작업장에서 갈등이 있을 때 병가를 신청한다. 박해자의 역할은 세상을 향하여 화를 내고 인생에서의 모든 불행에 대하여 환경을 비난하는 것을 의미한다.

현재 사람들이 하는 게임들의 분석은 그들은 어린 시절로부터의 어떤 믿음을 지금도 가지고 있는지, 그리고 자기의 현재의 행동을 정당화하기 위하여 이러한 게임을 어떻게 이용하는지를 드러내도록 만든다. 외부의 관찰자에게, 게임은 비논리적이고 분명히 비생산적으로 보인다. 그러나 내부에서 보면, 게임은 초기 가족의 역동을 재현하는 중요하고, 강압적인 행동들을 제공한다. 따라서 이들 이면적 의사소통 패턴들은 어른자아 A의 논리보다 훨씬 더 강력한 어린이자아 C 내부의 기본적 현실을 반영한다. 게임은 종종 어린 시절의 실패, 부끄러움, 그리고 고통에 대한 중요한 방어로서의 역할을 한다. 게임분석은 전형적으로 자각 없이 운용되는 어린이자아 C의 동기 속으로, 어른자아 A의 자각과 선택을 가져오는 것이다. Berne(1961)에 의하면, 게임은 생물학적, 심리적, 사회적, 그리고 존재적 이득을 가지고 있다(이 장 4.2.1절 참조). 가장 큰 이득은 아마도 게임은 관계를 예측 가능하도록 유지하고, 자기의 약점을 회피하도록 하며, 때로는 친밀의 시간의 구조화를 위협하는 것이다(Cornell, 2009). 사람들은 진실한 만남에 대한 두려움 때문에 게임을 한다.

4.1.6 게임 대신?

게임은 시간의 구조화의 한 방법이며, 집중적 스트로크를 제공하기 때문에 게임을 중단하는 것은 쉽지 않다. 많은 사람들은 자기들의 믿음직한 게임에 매달린다. 역설적으로, 게임은 친밀로 다가감이며 또한 친밀을 회피하는 방법이기도 하다. 만약 친밀의 '위협'이 실제로 나타난다면, 당신은 언제나 게임을 진행하고 있는 것이다. 사람들로 하여금 게임에 집착하도록 하는 것은 진정한 만남에 대한 두려움일 경우가 많다. 이것을 조사해보고자 하는 사람은 누구나, '싸움이 일어나기 직전에' 또는 '갈등이 증폭되기 직전에' 어떤 일이 일어나는가를 생각해보라. 당신은 아마도 친밀에 대한 위협이 정말로 존재한다는 것을 발견할 것이다. 다른 사람으로 하여금 정말로 진행되고 있는 것, 당신이 정말 필요로 하는 것, 또는 당신이 진정으로 하고 싶은 말을 알도록 만드는 두려움이 지배한다.

마리안은 힘든 한 주의 일을 마치고 집으로 차를 몬다. 그녀는 폴이 집을 깨끗이 치우고 그녀의 귀가를 와인 한 잔과 함께 맞이할 것을 기대한다. 그녀는 그에게 할 말이 많다. 그녀가 집에 도착하니, 폴은 아직 부엌에서 바쁘게 일하고 있다. 아니 아직도? 그녀는 생각한다. 그녀는 소파에 앉아 폴이 부엌일을 마치고 자기와 함께하기를 기다린다. 기다림은 끝이 없이 계속되는 듯하다. 마리안은 화가 치밀고 실망한다. 그의 취미인 요리하기가 그녀의 직장 이야기보다 더 중요하다는 것에 생각이 미친다. 소파에 앉아 20분이 지난 후, 그녀는 일어서서 부엌으로 걸어간다. 그리고는 소리 지른다 "이젠 필요 없어… 저녁은 당신이나 먹어!" 이것은 더 많은 게임의 순간들을 가진 순탄하지 않은 주말을 만든다.

게임을 잘 이해하는 데 필수적인 것은 게임은 무의식적으로, 어른자아 A의 관여 없이, 플레이된다는 것을 아는 것이다. Vann Joines(교류분석 컨퍼런스 워크숍, Bilbao, 2011)는 어른자아 A(심리적 에너지)를 충분히 충전한 사람들은 언제나 게임 초대를 알아차린다고 주장했다. 당신의 어른자아 A를 관여시키는 것은, 게임은 항상 앞에 대기하고 있다는 것을 인지하고 그것을 어떻게 돌파할 것인가를 결정하는 데 언제나 필요하다. "내가 지금 상대 사람에게서 진정으로 필요한 것이 무엇인가?"는 이 과정에서 도움이 되는 질문이다. 또한 당신의 자연스러운 어린이자아 NC를 참여시키는 것은 종종 당신이 게임에 잡히는 것을 막아준다. 유머, 농담, 그리고 미소("자 또 시작했군.")는 보통 게임을 정체시키고, 쇠퇴시키거나 또는 사그라지게 만든다. 어른자아 A와 (긍정적) 자연스러운 어린이자아 NC는 드라마 삼각형의 역할에 흥미를 느끼지 않는 두 가지 자아상태들이다. 그들은 게임행동을 방지하거나 돌파하는 데 도움이 된다.

진실한 감정들과 취약성의 여지가 있는 환경은 게임 없는 의사소통을 위한 조건을 제공한다. 그러므로 인생 그 자체는 이전에 습득한 금지 패턴들의 교정 그리고 수선을 위한 기회를 제공한다. 때때로 사람들은 그 집요한 패턴을 변경하기 위하여 치료소를 찾든가 또는 코치 또는 상담을 찾는다. 그때에도 양가적 동기들이 있다. 한쪽에서 그들은 진정으로 변화를 원하지만, 다른 한쪽에서는 친숙한 스트로크의 확보와 드라마 삼각형 내에서 제공되는 역할들에 집착한다.

따라서 어떤 내담자가, 나무다리(Wooden Leg) 또는 밀스톤(Millstone)("당신은 나처럼 그렇게 엉망으로 망가진 어린 시절을 보낸 사람에게서 무엇을 기대할 수 있는가?)과 같은 게임을 통하여 현재의 또는 과거에 그러했던 대로 유지하려고 노력하는 것이 바로 그 경우일 것이다. 이러한 경우에, 이 모든 것이 어떻게 시작되었는가를 먼저 이해해야만 모든 것을 변화시킬 수 있다는 환상에 근거하여, 그것을 이해하려고 노력하는 것은 끊임없는 토론만을 초래할 수 있다. 교류분석은 매우 적극적 형태의 치료법이다. 이 의미는 변화를 향한 시작이 문제의 분석보다 더 중요하다는 것이다. 분석은 언제나 이후에 할 수 있다.

게임분석에서 변화를 위한 첫걸음은 Berne이 '사회적 통제'라고 불렀던 것이다. 그 사람은 미끼 또는 약한 곳을 인식하며 어른자아 A를 사용하여 게임에 연루되지 않겠다고 결심한다. 다음의 의문이 즉각적으로 튀어 나올 것이다: "그러면 어떡하지? 만약 내가 더 이상 타인들과의 관계에서 희생자, 구원자, 또는 박해자의 역할들을 사용하지 않는다면, 이제 나의 시간의 구조화는 어떻게 하지? 나는 친밀, 진정한 만남의 능력이 있는가?" 또는 Berne이 그의 저서의 제목으로 사용했듯이, "당신은 인사 후에 무슨 말을 합니까?"(1972).

만약 당신이 타인과의 상호작용에서 더 이상 게임을 필요로 하지 않는다면, 어린이자아 C에게는 보다 더 자연스럽고 건설적 양식으로 자신을 표현할 수 있는 공간이 주어진 셈이다. 게임들은 어떻게 기능하고 당신은 어떤 게임에 민감한가에 관한 통찰은 당신에게 게임을 중단하는 기회를 제공한다. 자신에게 당신은 어떤 유인을 설치하며 당신의 약점은 무엇인가 질문하라. 게임을 하는 것보다 서로서로 진실한 것이 더욱 기분 좋다는 경험은 역시 행동 변화로 인도할 수 있다.

Dusay(1966)에 의하면, 우리는 어른자아 A의 자각을 가지고 게임을 다섯 가지 방법으로 다룰 수 있다.

- 가면 벗기기(unmasking) : 이것은 가장 일반적인 선택이다. 당신의 어른자아 A로부터 당신은 게임하기를 원치 않고, 다른 방법으로 의사소통하기를 원한다는 것을 분명히 한다.
- 무시하기(ignoring) : 당신은 미끼를 듣지 못한 척 행동할 수 있다. 당신은 다른 일을 시작할 수 있는데, 예컨대, 유머로 반응을 보이거나, 자리를 피하는 것 등이다.
- 대안을 제공하기(providing alternatives) : 즉각적으로 숨겨진 질문과 진실한 욕구를 다루어라.
- 다른 시간 구조로의 전환(switch to a different time structure)(예 : 활동 또는 친밀) : 스트로크 교환을 위한 어떤 선택들이 있는지 상대방과 결정하라.
- "함께 게임하기"("playing along") : 이렇게 하기 위해서는 온전한 어른자아 A를 가지고 해야만 한다. 예를 들면, 어떤 사람이 당신에게 자기 집을 방문하겠는지 묻는다. 당신은 그녀가 이제 막 이사했으며 집에 잡동사니가 대단하다는 것을 알고 있다. 당신이 만약 도와준다면 그녀는 좋아 할 것이다. 그러나 그녀는 당신에게 이렇게 직설적으로 요청하지 않는다. 당신은 도움을 주는 데 별문제가 없기 때문에, 짐을 풀어 정리하는 데 동원되었다는 것을 알면서도 적극적으로 초대에 응한다. 만약 당신이 처음부터 어떤 일이 벌어지고 있는지 안다면, 그것은 게임이 진행되고 있는 것이 아니다. 그러나 때때로 당신은 이미 상당히 진행된 게임에 관여될 수 있다. 그러면 일반적으로 게임의 중단은 없다. 중단은 선택이 아니다. 게임이 진행되도록 놔두는 것이 유일한 방법이다. 이것의 목표는 피해를 제한하는 것이다. 이 경우에는, 결말을 거절하는 것은 훌륭한 선택이다!

게임을 중단시킬 때에는, 다음과 같은 질문이 중요하다: "내가 말하지 않은 것이 무엇인가? 나는 표면 밑에서 스스로 생명력을 얻기 시작한 무엇을 비밀로 간직하였는가?" 불확실성, 공개성, 취약성을 다루는 방법을 배우는 것은 당신의 인생에서 연출하는 게임의 수준을 현저하게 낮추는 데 도움이 된다.

4.1.7   게임과 연출

오늘날의 교류분석 문헌들을 읽으면 '게임'이란 용어가 별로 나타나지 않는다. 한때 교류분석의 기초 이론이었던 게임의 개념이 실제로 사라진 것일까? 그렇지 않다. 그것은 Berne이 우리의 많은 인간관계에서 방어와 실패와 좌절의 주 기제(메커니즘)로 보았던 그 과정의 이해 방법이 다른 방법으로 점차 대체되어 왔기 때문이다. Berne이 개발한 게임의 분석에서는, 치료사, 상담사, 그룹 리더, 또는 컨설턴트의 주 관심의 초점이 다이어그램으로 해석될 수 있는 '플레이어들' 사이의 외부적 교류에 있었다. 게임은 비록 결과는 종종 부정적이라 할지라도, 사람들이 매우 높은 수준의 투자를 유지하는 집요한 방어 패턴으로서 주로 파악되었다.

과거 20여 년에 걸쳐 게임에 대한 이해는 진화했다(교류분석에서 게임에 대한 관심이 실제 사라진 것이 아니라, 이해와 개입의 방법이 대단히 발달하였다). 전이 그리고 역전이의 모델들은 Berne이 게임이라고 불렀던 인간관계의 패턴을 설명하는 데 점점 더 잦은 빈도로 현재 사용되고 있다. 이러한 관점에서, 게임은 무의식적이며, 의사소통의 형태이자 방어라는 기본적 이해가 존재한다. 게임 분석의 전통적 모델에서는, 필요할 때마다 치료사는 게임을 확인하고, 다이어그램하고, 직면하기 위하여 자신을 게임 과정의 밖에 위치하였다. 한 예로서, Hargaden과 Sills는 보다 현대적인 게임의 이해를 이렇게 정리하고 있다: "치료사는 게임을 하도록 요망되며, 이 치료의 단계에서 게임에 직면하지 않도록 요망되었다. … 치료사가 인간관계의 압력에 의하여 자신이 주조되도록 허락할 때, 그리고 만약 그가 그 변화를 관찰할 수 있다면, 이것은 환자의 내적 세계에 대한 매우 풍부한 데이터의 원천이 된다(2002, p. 80).

다시 말하면, 기능면에서 방어적인, 게임은 또한 내담자, 학생, 또는 슈퍼바이지의 내적 갈등과 취약성을 이해하는 중요한 단서를 제공한다. 전문가가 게임을 듣는 방법은 게임에 대한 이해의 수준에 엄청난 중요성을 갖는다.

연출(enactment)의 개념(Gowling & Agar, 2011; Shadbolt, 2012; Stuthridge, 2012)은 우리의 게임과 그 의미에 대한 이해를 더욱 발달시켰다. 연출이란 개념의 중심은 언어로 표현되지 않는 과거로부터의 그리고 현재에 부상하는 경험들이다. 이 방에 존재하지만 말로 표현될 수 없는 것, 그래서 처음의 의사소통의 형태는 행동일 수밖에 없는 것은, 곧 실제적 관계에서 감지되는 압력을 행사하는 존재 방식 또는 행동 패턴이다. 그 순간에 말로 표현될 수 없는 것은 보이고, 행동화되고, 연출되는데, 이러한 연출들은 전문가에게 일반적으로는 강력하고 무의식적인 영향력을 갖는다. 심리치료를 통한 파열과 수선의 경험에 관한 저술에서, Carole Shadbolt는, "우리가 파열을 각본, 연출, 공동으로 만들어진 임패스의 증거, 인간관계의 또는 함께 만드는 게임 또는 존재적 현실, 어느 것으로 지칭하든, 변화를 위한 치료적 기회의 중심에 있는 것은 파열이 극적으로 터져 자각되거나 또는 반의식적으로 모습을 드러내는 때다(2012, p. 11). 교류분석은 처음 Berne이 제시하였던 방법과는 매우 다르게 게임을 듣고 또 이해하는 법을 터득하였다.

게임에 대한 좀 더 전통적인 접근법에서는, 주된 관심은 '확인된 환자(identified patient)'의 행동과 동기에 있었다. 게임과 연출(enactments)에 대한 우리의 좀 더 현대적 이해에서는, 누가 '환자'인가를 명확하게 말하기가 어렵다. 전문가 자신의 과거로부터의 그리고 현재의 취약점들(vulnerabilities)이 게임과 연출의 가능성에 기여한다고 여겨진다. 치료사는 자신의 정서적 반응과 무의식적 민감성을 모니터해야 할 지속적 의무를 가진다. Jo Stuthridge는 웅변적 요약의 말을 제공하였다.

> 치료에서의 연출은 내담자와 치료사 모두에게 자신의 잃어버린 부분들을 발견할 수 있는 기회를 제공한다. 우리들이 이러한 인간관계에서의 단층선에 끼어 있을 때에는, 우리는 트라우마 그리고 견고한 각본 패턴들을 강화할 위험을 안고 있다. 우리가 이러한 균열의 틈새에서 자신을 빼내 올릴 수 있을 때, 우리는 더욱 유연한 각본과 친밀의 새로운 가능성을 창조한다(2012, p. 249).

게임이론은 비록 개념과 의미가 변화되고 성숙하게 되었지만, 교류분석 안에서 건강하게 살아 있다. 교류분석저널(*Transactional Analysis Journal*)의 발간 주제, '게임과 연출(Games and Enactments)'(2015, pp. 41-42)은 역전이 상태를 다루고 있다. 전이, 역전이, 연출의 모델들은 이 논의에 중심적인 개념이 될 것이다.

4.1.8 자기확신

드라마 삼각형에서의 모든 위치들은 자기확신적 행동(assertive behavior)과 일치하지 않는다(De Graaf & Kunst, 2010). 자기확신(자기주장)은 다음에 근거한다.

- 당신 자신에 대한 존중
- 타인에 대한 존중
- 의사소통에 대한 존중

자기확신적인 사람이 게임에 말려들 위험은 그리 크지 않다. 자기확신적 사람들은 자기가 느끼는 것, 생각하는 것, 원하는 것을 다른 사람의 권위를 존중하는 방법으로 말할 수 있다. 자기확신적 의사소통은 적극적이고, 직접적이고, 연결지으며, 그리고 실제적이다. 드라마 삼각형에서는, 개인의 책임이 회피되거나(희생자 또는 박해자의 역할에서) 또는 과장되어 있다(구원자의 역할에서). 자기확신적 행동은 어른자아 A의 방식으로 책임을 진다(Choy, 1990).

- 부정적 NP로부터 구원하는 대신, 당신은 긍정적 NP로부터 도움을 제공할 수 있다. 당신 자신의 생각, 느낌, 행동을 사용하고 다른 사람의 빈자리를 채우지 말라.
- 무기력한 희생자(부정적 AC)가 되는 대신, 당신은 당신이 필요로 하는 것을 말할 수 있다. 당신이 만약 무엇을 원한다면, 요구하라. 그리고 다른 사람들도 그들이 필요로 하는 것(긍정적 NC)을 요구할 것이라고 예측하라.
- 박해(부정적 구조화하는 부모자아 SP) 대신, 당신은 자기확신적 반응(긍정적 SP)을 줄 수 있다. 당신의 욕구와 경계를 건강한 방법으로 표현하라.

비록 삼각형 모양 안에서 드라마 삼각형에서의 각기 다른 역할을 나타내는 것이 논리적인 것 같다 하더라도, 이것은 약간의 혼란을 야기한다. Karpman은 역할들을 삼각형의 구석에 위치하도록 함으로써 역할의 변화(전환)를 명확하게 보여주는 역동적 모델로서 삼각형을 선택하였다. 그러나 효과적 행동에서는 경우가 다르다. 그것에는 변화하는 역할의 역동이 포함되지 않는다. 비결은 당신 자신을 어느 한 구석으로도 '유인'되도록 허락하지 않는 것이다. 좋은 전략은 다음과 같다: 당신의 어른자아 A를 사용하라. 삼각형의 중심부에 서라. 그리고 각 구석(모서리)들이 어떻게 '끌어당기는지(pull)' 느껴라. 그런 다음 당신 자신의 반응을 선택하라.

희생자, 구원자, 또는 박해자의 역할을 거부함으로써, 그리고 삼각형의 중심에 머뭄으로써 당신은 게임 초대를 '즐길' 수 있다. 중심으로부터, 당신은 세 구석 자리로부터의 요소들을 이용할 수 있다: 즉, SP + 자기확신적 한계 설정; NP + 책임감 있는 돌봄 그리고 NC + 취약성의 힘. 그림 4.2를 참조하라.

게임 행동에 대한 강력한 방어는 당신의 가족, 친구들, 또는 당신의 회사 또는 조직이 건강한 스트로크 기후를 갖는 것이다. 조직의 기후변화(*Climate Change in Organization*)(De Graaf & Levy, 2008)에는 다음과 같이 쓰여 있다.

> 사람들은 직장에서 또는 다른 곳에서도 관심을 받기를 원한다. 관심을 받는다는 것은 당신이 직원들이 하는 말 또는 행동에 동의해야 한다는 것을 의미하는 것이 아니다. 그것은, 관리자로서의 당신은 그들이 하는 말 또는 행동(많은 경우에 때로는 이상하고 또 위장하고 있는 것처럼 보이는)을 알아차리고 또 언급해야 한다는 것을 의미한다. 많은 경우의 회피 행동, 실망 그리고 냉소주의는(그것의 모든 결과들과 함께) 관계없다는 감정, 의미 있는 기여를 어떻게 해야 할지 모르는 감정에 뿌리를 두고 있다(이 책을 위하여 번역됨).

교류분석은 이러한 현상에 대한 통찰을 갖도록 도울 수 있으며 더 좋은 변화를 위한 도구를 제공한다. Claude Steiner의 저서(2009) 서문에서 Terry Berne(Eric Berne의 아들)은 다음과 같이 말하고 있다. "나는 교류분석의 목표는 필연적으로 기존의 질서와 시스템을 초월하는 비전 또는 개인적 행복의 추구를 의미했다는 것을 항상 생각했다…. 교류분석의 기본 패러다임은 개인의 모든 활발한 접촉, 가족, 친구들, 지인들 그리고 동료 직원들을 포함하는 일상의 모든 세계를 다루는 것으로 확장되어 있다."

4.1.9 동정의 삼각형

드라마 삼각형의 창시자인 Steve Karpman은 그의 저서, 게임 없는 인생(*A Game Free Life*, 2014)에서 게임을 회피하거나 중단하는 매우 확실한 방법은 동정의 삼각형을 사용하는 것이라고 제안한다. 동정의 삼각형의 핵심은 공감의 사용이다. Karpman은 우리가 자세히 관찰해보면, 게임에 참가하고 있는

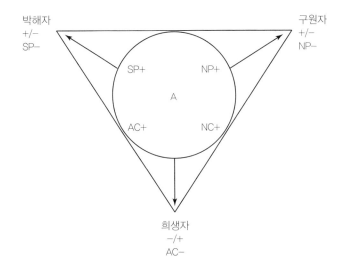

그림 4.2   자기확신적 행동

모든 플레이어들은 드라마 삼각형에서의 세 가지 역할을 동시에 수행하고 있다는 것을 발견할 수 있다고 알려준다. 이것은 다음과 같은 질문들을 함으로써 분명해진다: 만약 내가 희생자로서 함정에 갇힌 느낌이라면, 어떻게 나는 구원자 그리고 박해자일 수 있지?, 만약 상대가 구원자라면, 그녀는 어떻게 동시에 희생자 그리고 박해자가 될 수 있지? Karpman은 어떻게 상대와 자기를 동정의 삼각형의 관점에서 볼 수 있는지에 관한 매우 실질적인 지침을 준다.

상대방으로부터 시작하면 :

- 희생자를 살펴보고, 동정하고, 그리고 이렇게 말하라 : 나는 당신이 상처 입고, 해결할 수 없는 상황에 갇혔다고 느끼는 것을 안다. 정말 미안하다!
- 구원자를 살펴보고, 감사함을 주고, 그리고 이렇게 말하라 : 나는 당신이 도우려고 노력하는 것을 알지만, 노력이 그렇게 효과를 내는 것 같지는 않다. 그래서 당신은 아무리 노력을 해도 감사함을 받지 못한다고 느낀다. 미안하다. 도움을 주려고 노력하는 것에 대해 감사하다.
- 박해자를 살펴보고, 피드백을 주고 이렇게 말하라 : 나는 당신이 말하는 방법으로 못하겠으며 그것이 나를 좌절시킨다. 나는 혼란스럽고 때로는 끔찍하다. 미안하다!

자신을 보며:

- 박해자의 역할을 하고 있다면, 사과하고 이렇게 말하라 : 내가 다른 생각 없이 큰소리 지른 것에

대해 사과한다. 나는 그것이 때로는 당신에게 겁 주었음을 알고 있다. 그 점에 대하여 정말로 미안하다!

- 희생자의 역할을 하고 있다면, 동정하고 이렇게 말하라 : 나는 당신이 나에게 화를 내는 것에 대해 무력하고 혼란스러움을 느낀다. 그래서 나는 완고해졌고 사과하지 않겠다. 미안하다!
- 구원자의 역할을 하고 있다면, 감사하고 이렇게 말하라 : 나는 진정으로 개선해 보려고 노력 중이다. 그것이 내가 의도하는 전부이다. 우리 함께 도움이 될 수 있는 다른 방법이 무엇인지 상의할 수 있는가?

동정의 삼각형에서는 여섯 가지 역할(각 사람의 희생자, 구원자, 박해자)로부터의, 하나 또는 전무(全無)가 아닌, 모든 감정들이 유효성을 갖는다. 게임은 중단된다. 친밀은 다시 가능성을 보인다.

4.1.10 방관자의 역할

Clarkson(1987, 1996)은 드라마 삼각형과 게임분석을 설명하기 위하여 종종 눈에 띠지 않는 방관자의 역할이 있음을 주장한다.

'방관자 행동(bystander behavior)'이란 용어는 어느 젊은 여성이 여러 사람들이 보고 들을 수 있는 거리에 있었음에도 살해되었으며, 아무도 어떤 조치도 취하지 않았던 뉴욕의 한 사건에서 만들어졌다. 방관자란 다른 사람들이 도움이 필요한데 옆으로 비껴 서 있는 사람이다.

회의에서 사람들이 조용히 있는 것은, 그 사람들이 할 말이 없다는 뜻이 아니다. 그들이 토의에 참여하지 않는 데는 많은 이유가 있을 수 있다, 나름의 아주 그럴듯한 이유 말이다! 부적절한 이유는 회의 밖에서는 할 말이 너무 많지만 회의 중에는 토론에 참여하지 않기로 '선택'한다는 이유이다. 이런 종류의 행동은 시스템(그룹 또는 조직)을 약하게 그리고 힘없게 만든다. 많은 조직에는 어떤 사안을 의도적으로 무시하기, 숨을 곳을 찾아 자기 보호하기, 숨바꼭질하기, 희생양 찾기, 장소에 적절치 못한 사무실 유머하기의 오랜 전통이 있다. 이러한 패턴들은 조직이 성공과 결과를 성취하는 데 필요한 에너지를 빠져나가게 만든다.

방관자 행동은 다음의 특성으로 인지될 수 있다.

- 사람들은 무슨 일이 진행되고 있다는 것을 안다.
- 그들은 변화를 위한, 또는 현 상황을 유지하기 위한 어떤 책임도 지지 않는다.
- 그들은 왜 그들에게 선택권이 없는가에 대하여 완전하게 설명한다.
- 그들은 영향력을 발휘할 수 있는 자신들의 능력을 디스카운트한다(이것은 무의식적 과정이다).

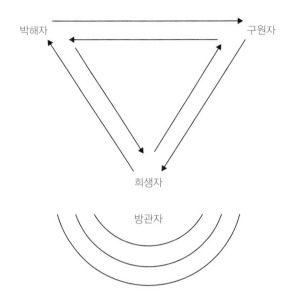

그림 4.3 방관자의 역할

　　방관자들은 일반적으로 다음과 같은 슬로건을 이용한다(Clarkson, 1996).

- 그것은 내 문제가 아니다.
- 그것은 보기보다 훨씬 복잡한 문제다.
- 나는 전체적인 그림을 모른다.
- 나는 내 손가락이 불에 데는 것을 원하지 않는다.
- 그것은 그들 자신의 잘못이다.
- 잠자는 개를 그냥 두어라.
- 나는 내 자신의 일에 신경 쓴다.
- 나는 내게 요구되는 일만 한다.
- 중립이 최선의 선택이다.
- 나는 어쨌거나 (상황을) 다르게 만들 능력이 없다.
- 진실은 중간쯤에 존재한다.
- 나는 내 자신의 견해만을 통하여 사물을 판단한다.

Clarkson은 구원자가 되는 것은 고사하고, 모든 문제에 당신 코를 들이 밀라고 제안하는 것이 아니다. 그러나 그녀는 당신은 싫든 좋든 그 그룹 또는 시스템의 일부가 됨으로써 이미 관여되어 있다는 사실에 주목한다. 당신은 관여가 안 될 수가 없다. 비록 당신이 아무 일도 하지 않는다 하더라도, 당신은 좋든 나쁘든, 긍정적이든 부정적이든 영향을 미치고 있다. 결국 당신은 의사소통을 안 할 수 없다. 이러한 맥락에서, 정신분석가 Viktor Frankl이 하는 말을 읽는 것은 흥미롭다. Frankl은 사람들은 언제나 자기가 경험하는 것에 어떻게 관계를 설정할지 선택할 수 있다고 주장한다. "그것은 모든 인간 자유의 마지막 부분이다." 아우슈비츠 그리고 다하우라 할지라도 "당신의 내면의 자유를 빼앗으려고 협박하는 세력에게 항복할 것인가 여부를 결정할 기회는 매일, 매시간"(Frankl, 1969, pp. 65-66) 제공된다.

청중의 관람석으로부터 내려오는 것은 나름의 유리한 점들이 있다! 개인적 수준에서는, 그것은 잠 못 이루는 밤, 끝없는 걱정, 또는 궤양과 심장 문제를 초래하는 대신, 황소 뿔을 잡고 문제를 해결하는 데 당신의 에너지를 쏟는다는 만족감을 준다. 조직이나 그룹이 제기하는 문제에 당신의 에너지를 투입함으로써, 조직이나 그룹은 점차 강해지고 더욱 힘을 갖게 될 것이다. 조직과 그룹은 조직의 더 큰 선에 기여하기 위하여 자신들의 자유과 자율성을 사용하는 직원들과 멤버들로부터 혜택을 받는다.

4.2   추가 이론

4.2.1   Berne과 '사람들이 하는 게임들'

자신도 놀랐지만, Berne은 1964년에 그의 책 사람들이 하는 게임들의 출판과 더불어 미국에서 갑자기 유명해졌으며, 책은 500만 부가 넘게 팔렸다. 많은 사람들은 여러 가지 게임의 설명에서 자신의 모습을 보았다. 한때는 교류분석에서 그렇게 많은 게임에 기억하기 쉬운 또는 재미있는 이름을 붙이는 것이 유행이 되기까지 했다.

심리치료로서의 교류분석(*TA in Psychotherapy*, 1961)에서 Berne은 이미 게임의 개요를 설명하였다. 그는 어떤 사회적 또는 스포츠 활동에도 참석을 허락하지 않는 남편을 비난하는 공포증을 가진 여자의 이야기를 소개하였다(그림 4.4). 치료의 과정에서 남편은 부드러워졌다. 그녀는 수영과 댄스 교실에 등록하였다. 그리고 어떤 일이 벌어졌을까? 그녀는 수영장에서 공포를 느꼈으며, 댄스 플로어에서는 겁에 질려, 두 활동 모두 그만두었다. 이렇게 지배적 남편과의 결혼과 그 결혼 안에서 발달된 게임은 그녀에게 몇 가지의 혜택을 제공해 왔다.

- 내적 심리적 : 게임은 그녀의 확신을 유지시킨다. 그녀는 자신이 무엇을 하지 않는 것에 대하여 그를 비난할 수 있으며, 그녀의 두려움을 직접 직면하지 않아도 된다.
- 외적 심리적 : 게임 때문에, 그녀는 그녀의 준거틀에 도전하는 어떤 걱정을 유발하는 상황을 회피할 수 있다. 더구나 그녀는 혼자 모험하는 것이 두렵기 때문에 남편을 자기에게 매어놓는다.
- 내적 사회적 : 배우자들 사이의 상호 게임은 시간을 구조화하고 거짓-친밀을 만든다. 그녀의 비난은 그들의 성생활에서 그녀에게 힘과 통제권을 준다.

- 외적 사회적 : 그녀는 친구들과 그리고 도움을 주는 사람들과 '만약 당신만 아니었다면(If it weren't for you)' 게임으로 그녀의 시간을 채울 수 있다. 그녀는 지배적, 비합리적인 남편에 대하여 불만을 늘어놓을 수 있다. 그래서 그녀는 남편과 '만약 당신만 아니었다면' 게임을 한다. 우연히 그녀는 그녀의 자녀들에게 이 게임이 어떻게 플레이되는 것인지 가르친다.
- 생물학적 : 게임은 강렬한 스트로크를 제공하며 외로움과 고독의 감정에 대한 효과적 해독제다. 이 사례의 여인도 이러한 경우이다.
- 존재적 : 그녀는 그녀의 인생태도를 재확인한다: $-/+$ 또는 $-/-$(때로는 $+/-$).

그녀가 지배적 남편을 구한 것뿐만 아니라, 남편 역시 공포증의 여자를 선택했다. 그 또한 그럴 만한 이유가 있다.

- 내적 심리적 : 그는 이 관계에서 '가학적 성격의(sadistic)' 충동을 표현할 수 있다.
- 외적 심리적 : 그는 외부세계의 악마로부터 그녀를 보호한다.
- 내적 사회적 : 그는 성적 친밀을 회피한다.
- 외적 사회적 : 그는 친구들에게 불만을 말할 수 있으며 자기가 하고 싶은 대로 하는 자유를 갖는다.
- 생물학적 : 그는 강렬한 스트로크를 받는다.
- 존재적 : 게임은 그의 인생태도를 다시 확인한다: $+/-$(때때로 $-/+$ 그리고 $-/-$).

교류 다이어그램을 가진 게임분석은 배우자들이 사회적 수준에서 어떻게 상대를 비난하는지, 심리적 수준에서는 어떻게 자기를 보호하는지를 분명하게 보여준다.

사회적 수준에서 :

- 그(부모자아 P) : "당신은 집에서 가사를 돌봐."
- 그녀(어린이자아 C) : "만약 당신만 아니었더라면, 나는 무엇이든지 할 수 있고 재미있을 텐데!"

심리적 수준에서 :

- 그(어린이자아 C) : "내가 집에 있을 때는 당신은 언제나 집에 있어야 해. 당신이 나를 버려두면 나는 무서워."
- 그녀(어린이자아 C) : "그래, 만약 당신이 내가 두려워하는 상황을 피하도록 도와준다면."

사회적 수준에서나 또는 심리적 수준에서나 교차교류는 없으므로 이 게임은 끝없이, 어쩌면 일생에 걸쳐 '두려움 피하기'의 숨겨진 동기가 그대로 있는 한, 계속될 수 있다. 만약 예컨대 두 사람 중 한 사

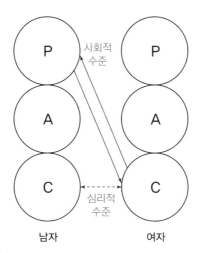

그림 4.4 게임 '만약 당신만 아니었다면'

람이 취미에 재미를 붙여 밖에서 시간을 더 많이 보내기 때문에, 또는 부부가 심리치료를 받기 때문에, 상보교류가 깨진다면 밑바닥의 공포가 모습을 드러낸다. 그러면 상황은 세 방향으로 진행될 수 있다: 부부는 회피의 안전함으로 피난하거나, 그들 모두는 그들의 두려움에 직면하여 그들의 관계는 보다 더 깊이와 흥분을 더하거나, 또는 그들 중 한 명은 움찔하고 다른 한 명은 변함이 없어 가능한 결과는 이혼일 수 있다.

4.2.2 전환에 따라 분류한 게임

게임을 전환의 유형에 따라 설명하는 것은 유용하다.

- 박해자에서 희생자로

> 알마는 모로코 여자로서 네덜란드에 입국하여 그 후 네 명의 아이를 두었다. 그녀는 벌이가 시원치 않은 남편에게, 관심을 너무 요구하는 아이들에게, 그녀의 육체적 증상에 대한 원인을 밝히지 못하는 의사에게, 그리고 네덜란드 사회 전반에 대해 끊임없이 자주 화가 난다. 모로코로 다시 돌아갈 수만 있다면. 그러면 걱정 없는 노년을 즐길 수 있을 텐데. 그러나 그것은 이제 가능하지 않은 일이다. 남편은 그녀의 비난을 받아들이고 그녀가 투정을 하면 두려워한다. 그는 조기 연금이 허락되면 곧바로 모로코로 돌아가자고 말한다. 그는 알마가 생기를 되찾길 기대하지만, 그녀의 마음은 나뭇잎새처럼 갑자기 변한다. 그녀는 생쥐마냥 놀라기 일쑤고 모로코로의 귀향은 고사하고 더 이상 자기 집을 떠나지도 못한다.

게임은 비난과 함께 시작된다. 부인은 남편에게 집에 있지 않는다고 불만이고, 직원은 부장에게 자기 업무가 너무 많다고 불만이고, 어머니는 자녀들 때문에 자기개발을 할 수 없다고 불만이다.

플레이어의 숨겨진, 무의식적 동기는 상황을 바꾸지 않고, 플레이어에게는 친절한 배우자와 적당한 업무량이 없으며, 또는 개인적 발달의 기회가 주어지지 않았다는 내적 믿음을 강화하는 것이다. 그래서 남편이 근무시간을 줄여 일찍 귀가하여 함께 댄스 교실에 등록하자고 제의하면 부인은 갑자기 왜 그것이 가능하지 않은지 온갖 이유를 대어, 결국 남편이 화를 내고 희생자에서 박해자로 전환하고 부인은 자신이 박해자의 역할에서 희생자의 역할로 전환했음을 발견한다. 또는 감독자는 그의 직원의 노력이 부족하다고 비난하면, 직원은 병가를 낸다. 어린이는 십 대가 되면 과보호하는 어머니에 반기를 든다. 어머니는 자기 취미에 좀 더 많은 시간을 쓰지 않고, 자녀들이 안전하게 귀가하기를 애타게 기다리며 밤에 잠을 이루지 못한다. 그래서 박해자는 희생자의 역할로 전환함으로써, 자기가 거절당하는 데 실패했거나 또는 거절당할 수도 없다는 것을 증명한다.

- 희생자에서 박해자로

'네, 그러나(Yes, but)' 게임에서는 어떤 사람이 도움 또는 조언을, 일반적으로는 비언어적으로, 먼저 구한다. 그리고 그는 도움과 조언을 거절한다. 전환 이후에 그는 비난하는 역할을 선택한다: "봤지, 당신도 나에게는 도움이 안 돼."

또 다른 예가 '유혹(Rapo)' 게임이다. 이것은 파티에서 처음 만난 후 성적으로 유혹하는 신호로부터 시작한다: "집에 데려다 주시겠어요? 그리고 집에서 커피 한잔 하시죠?" 집에 도착 후 상대가 성적 접근으로 반응을 보이면, 첫 번째 플레이어는 이에 화를 내며 거절한다: "당신 도대체 무슨 생각을 하는 거야, 이 변태야." 또는 "결국 남자들이 원하는 것은 모두 똑같아." 첫 번째 플레이어의 티셔츠의 앞면에는 아마도 "나는 시간이 있어요.", 그러나 뒷면에는 "당신과는 아니고." 라고 쓰여 있다. 성적인 의미가 아니더라도, 이 게임은 자주 연출된다: 마리는 불쌍한 이웃을 돕기로 계획을 세우고 시장을 대신 봐주는데, 곧 많은 다른 일도 함께 부담하는 쪽으로 이용당하고 있다고 느낀다. 어떤 시점에 그녀가 한계를 설정하기로 결정했을 때, 그 이웃은 화를 낸다: "나는 당신이 나를 홀로 버려둘 것이라고 이미 알아 차렸다고."

전환이, 코치 또는 치료사 역할의 경우에서처럼, 어떤 사람이 그 자신의 희생자 행동을 가지고 다른 플레이어를 직면하는 순간에 일어난다는 것은 흔히 있는 일이다. 이 사람이 희생자로서 스트로크를 받고 있는 한, 그는 이 역할에 머물러 있다. 그러나 만약 그가 스스로 생각하도록 또는 일을 하도록 초대받으면, 게임에서는 그는 화를 내며 상대를 비난한다: "당신이 나를 도우리라고 기대할 수 없다는 것을 이미 알았어야 하는 건데."

- 구원자에서 희생자로

이러한 전환은 "나는 단지 당신을 도우려 할 뿐이야(I'm only trying to help you)." 게임에 사로잡혀 있는 돌봄을 주는 사람들 사이에서 일반적이다. 만약 상담사의 숨겨진 동기가 내담자가 자기 두 발로 서서 책임을 질 수 있도록 되는 것이 아니라, 내담자에게 상담사는 필요한 존재이고 또 필수적이라는 것이라면, 상담사는 희생자의 역할을 궁극적으로 감당해야 하고 극도의 피로로 심신이 소진될 것이다. 똑같은 패턴이 학생들의 생활에 지나치게 관여하는 선생님들이나, 업무를 위한 삶을 사는 직원들의 경우에도 적용될 수 있다.

동료들은 일반적으로 어느 사람에게 특근을 요청해야 할지 또는 전체를 위하여 과제를 떠맡도록 요청해야 하는지 완벽하게 알고 있다. 구원자는 기꺼이 도움을 제공하는 것에 대하여 스트로크를 받으나, 시간이 지나 놀랍게도 동료들은 그녀를 즐거운 야유회에 초대하지 않든가 또는 진급에서 누락되는 일을 겪게 된다. 이 순간에 전환은 희생자의 역할로 일어날 수 있다: "그래, 나는 소속된 사람이 아니야. 그들은 나를 무시하네. 아무도 나의 도움에 대한 보상을 하지 않는군."

- 희생자에서 구원자로

어떤 내담자들이 어린 시절에 그들의 부모를 돌보는 것을 배우는 것과 마찬가지로, 그들이 그들의 치료사 또는 코치의 욕구와 요구에 대하여 매우 민감한 경우가 있을 수 있다. 예컨대 치료사 또는 코치가 과로하며 일을 해서 병이 나든가 그럼으로써 구원자의 역할에서 희생자의 역할로 전환을 한 경우, 내담자는 그 구원자의 역할을 맡을 수 있다.

어린아이들은, 비록 그들 자신들이 부모들에 의하여 학대받고 또는 정서적 무관심을 겪는다 하더라도, 종종 자기들의 부모들에게 깊은 충성심을 보이고 자신은 손상을 입더라도 부모들을 계속적으로 방어하는 경우가 있다. 또한 인질 상황이 일어났던 장소로부터 이름 붙여진 스톡홀름 증후군(또는 포로-유대감 형성)은 역할 역전의 경우로, 인질이 인질범을 방어하며 일반적으로 인질범에 대하여 긍정적 감정을 갖는 것을 말한다.

- 구원자에서 박해자로

이것은 자기의 도움이 거절되는 것을 참지 못하는 또는 내담자가 스스로 자신의 계획을 세울 때 전문가들 사이에서 일어날 수 있는 전환이다: "내가 당신을 위해서 한 모든 것의 끝에, 이것이 내가 얻은 결과군요?! 그렇다면 스스로 모든 것을 하세요." 또는 자기는 언제나 궂은 일을 기꺼이 하고 예상에 없던 과제를 서슴없이 수행하기 때문에 자신이 점점 혹사당하고 있다고 느끼는 직원을 생각해보라: "나는 이곳의 지저분한 일을 청소해야만 하는 사람이야! 당신 생각에 내가 바보같이 보여요?" 그는 그리고 증오 또는 냉소는 고사하고 분노의 상태로 빠진다.

- 박해자에서 구원자로

이러한 변화는 드물다. 언제나 선생을 괴롭히고 고문하던 학생들이 졸업 파티 또는 재회의 시간에 선생님에게 와인 한 병을 선물한다. "선생님은 언제나 성실하셨고, 우리는 당신을 힘들게 했었지요, 미안합니다."

전환의 순간을 인지하는 것을 배우는 것은 게임의 흐름을 제어하는 데 매우 유용하다. 만약 우리가 전환의 시점에서 그의 관심을 지체시킬 수 있다면, 그는 일반적으로 내적 갈등을 어른자아 A의 자각으로 가져와 의식적으로 게임을 끝까지 하지 않고 게임으로부터 벗어나는 전환을 선택한다.

4.2.3 대체 감정

게임에서 사람들은 일반적으로 진실하지 못한 강렬한 감정들을 경험한다. 진실한 감정들(authentic feelings)은 어떤 상황에서 적절하고 또 효과적인 감정들로서, 위험에 처했을 때의 두려움, 버려졌을 때의 슬픔, 그리고 당신이 원하는 것을 금지당하거나 차단당하였을 때의 분노 같은 것들이다. 어린아이들은 일반적으로 가정에서 어떤 감정들은 수용되고 어떤 감정들은 수용되지 않는다는 것을 배우며, 그들은 또한 때로는 말로 표현되지 않는 메시지들을 받는다. 예를 들면 다음과 같은 것들이다.

- "사내아이는 울지 않는 거야."
- "이것 때문에 화낼 필요 없다. 엄마가 새것을 사 줄 거야."
- "너는 현명해야만 해. 네가 여기서 제일 나이가 많잖니."
- "너는 화를 낼 때면 쭈그렁 할망구 같아."
- "두렵니? 너는 진짜 남자가 아니냐?"

이처럼, 어린아이들은 진실한 자기의 감정을 허용되는 대체 감정들로 대체하는 법을 배운다: 슬픔 대신에 분노 또는 죄의식, 두려움 대신에 연민(불쌍함)을 느끼기, 분노 대신에 승리감. '대체 감정'이란 용어는 다음과 같이 정의된다: 많은 스트레스 상황에서 경험되고 성숙한 방법으로 문제를 해결하는 데 부적절한, 어린 시절에 가르쳐지고 격려된 친숙한 감정(Stewart & Joines, 1996, p. 310). 이에 대한 추가 논의는 제5장에 있다.

Berne은 게임에 관한 그의 글에서 대체 감정 대신 '라켓(racket)'이란 용어를 사용하였다. '라켓'이란 단어는 마피아의 세계로부터 왔으며, 문자 그대로 '착취', '사기', 또는 '배신'을 의미한다. '보호 라켓'을 지불함으로써, 상점 주인은 그의 사업이 마피아의 보호를 받게 된다. 유사한 방식으로 '라켓 감정'은 진실한 감정들이 양육자에 의하여 벌 받거나 거절당하는 것으로부터 우리를 보호한다. Berne은 이 단어를 라켓 감정의 조작적 특징을 나타내기 위하여 선택하였다. 그러나 라켓은 어른자아 A의 의식 밖에서 전개되기 때문에 그리고 어린아이들은 일반적으로 가족 내에서의 생존 전략으로 이것을 이용하기 때문에, 이 용어는 그다지 적합하지 않다. 이러한 이유로 이 책에서 우리는 라켓이란 단어를 완전히 배제하고 대신 대체 감정을 사용한다.

Fanita English는 사람들은 자신들의 대체 감정들의 허구성과 비효율성 때문에 스스로 고통받는다는 것을 지적했다. 그녀는 많은 가정에서 어떤 감정들은 용인되지 않으며 아이들은 그런 감정들을 표현하는 것 때문에 벌 받거나 부끄러워한다. 그러므로 어린아이들은 용인되지 않는 감정들을 용인되는 감정들로 대체하는 법을 배운다(1976).

어린아이들은 대체 감정들로 다른 사람들로부터 관심과 인정을 얻을 수 있음을 발견한다. 결과는 어른으로서 상황이 어려울 때, 사람들은 가정에서 수용되었던 이러한 감정들 안에서 도피처를 찾으며, 무의식적으로 환경을 통제하고 자신들을 보호하기 위하여 이러한 감정들을 사용한다.

르네는 직장 일로 압박을 받을 때는 그의 책상 뒤로 숨는다. 그의 동료가 아직도 '그에게 잔소리를 계속'하면－그는 그렇게 경험한다－그는 며칠 병가를 낸다. 동료는 지금은 이것을 알기 때문에 그를 조심스럽게 대한다. 만약 해야 할 과제가 추가로 있을 때라도, 그들은 그에게 빨리 그것을 하라고 요청할 수가 없다.

때때로 진실 감정과 대체 감정을 구분하는 것은 쉽지 않다.

Thomson(1983)은 기능적 감정과 비기능적 감정을 구별하는 것을 제안하고 있다. 기능적 감정들은 문제를 확인하고 해결하는 데 중요한 역할을 한다. 만약 감정들이 기능적 행동을 수반한다면, 그 감정들은 기능적이다. 비기능적 감정들은 불편함을 야기하지만, 문제해결 활동에 기여는 고사하고, 문제의 성격에 관한 자각을 전혀 또는 거의 제공하지 않는다. 두려움, 분노, 슬픔은 위험의 위협(두려움)에 대한, 원하는 것을 얻지 못하는 것(분노)에 대한, 상실의 경험(슬픔)에 대한 어린이자아 C의 반응들이다. 기능적 감정들에 대하여, Thomson은 두려움, 분노, 슬픔은 '특별한 시간의 특성'을 갖는다고 말한다.

두려움은 당신에게 닥칠 미래와 관련이 있다. 분노는 현재적인데, 그 안에서 누군가가 당신이 좋아하지 않는 무엇을 한다. 그리고 당신은 현재를 바꾸길 원한다. 슬픔은 과거와 관련되어 있으며 이미 당신에게 일어난 상실을 수용하는 법을 배우는 것을 수반한다. 만약 감정들이 '시간적 순서와 관련이 없다면', 그것들은 기능적일 수 없다: 과거에 대하여 두려워하기, 미래에 대하여 슬퍼하기 또는 과거에 대하여 분노하기. Thomson이 설명하듯이, 위와 같은 경우에는 우리는 '대체 감정들'을 말할 수 있을 것이다.

내담자들이 겪어 와야 했던 불행한 사건들은 종종 그들의 과거, 현재, 그리고 미래와의 연결을 갖고 있다. 내담자들이, 다른 감정들을 의식하지도 않거나 또는 그 감정들은 받아들일 수 없다고 믿는 한편, 위의 세 가지 감정들 중 하나에 잡혀 있는 느낌을 갖는 것은 흔한 일이다. 이런 감정들의 복합체에서 숨겨져 있는 요소들을 내담자들이 의식하도록 만드는 것은 전문가의 일이다. 내담자가 붙들고 있는 어느 한 종류의 감정들을 가지고 일하는 것은 항상 다른 두 가지 종류의 감정들을 조사할 필요가 있다는 것을 의미한다.

분노, 슬픔, 두려움과 같은 진실 감정들은 모두 보다 더 공격받을 여지가 있고 원 가족에서 문제가 되었던 다른 감정들을 덮는 진실하지 않은, 대체 감정들이 될 수 있다. 이러한 경우라면, 감정의 표현은 상황에 도움이나 해결책이 될 수 없다. 당신은 또한, 어떤 사람이 대체 감정을 표현할 때 다른 사람은 일반적으로 공감을 보이는 대신 오히려 황당함, 불편함, 또는 혼란스러움을 보인다는 것을 알 것이다. 예컨대, 울음은 진실 감정이나 대체 감정 모두가 될 수 있다. '대체 울음'은 종종 과장된 동정, 무관심, 또는 짜증을 유발한다. 진실한 울음은 존중의 침묵을 받으며 후에 그 사람은 고통의 완화를 느낀다. '대체 분노'는 웃음 또는 짜증을 유발할 수 있다. 진정한 분노 이후에 그 사람은 보통 운다.

4.2.4 타입 1 그리고 타입 2

게임이란 용어에 대한 처음의 정의에서, Berne은 아직 '전환(switch)' 또는 '혼란(cross-up)'의 개념을 사용하지 않았다. 대신 그는 약점을 겨냥하여, 정확하게 정의된 결말(pay-off)로 이끄는 일련의 이면적 동기를 가진 교류들에 관하여 이야기하였다(Stewart & Joines, 1996). 교류분석 이론이 발달함에 따라, 전환은 게임에서 필수적이 되었다. 그러나 전환이 일어나지 않는 경우가 있으며 그 사람은, 예컨대 구원자 또는 희생자의 역할로부터의 교류 속에 묶여 있을 수 있다. 이것은 불유쾌한 감정으로 인도하지만, 전환이나 결말로 인도하지는 않는다.

Fanita English는 이 주제에 관하여 이해를 돕는 글을 몇 차례 발표하였다(1972a, 1972b, 1976). 그녀는 이런 형태의 시간의 구조화를 '라켓티어링(racketeering)'이라 부른다: 어른자아 A의 자각 밖에서 이루어지는, 참가자들 사이에서 불유쾌한, 대체 감정들이 수반되는, 이면적 동기를 가진 일련의 교류들. English는 플레이어들은 드라마 삼각형에서의 익숙한 역할을 통하여 스트로크를 받는 데 관심이 있다고 주장한다. 플레이어들은 그들의 역할들에 머무르고 있기 때문에 전환은 일어나지 않는다. English에 따르면, 게임은 전환과 결말을 포함하여, 대체 감정의 지속적 교환이 실패하고 플레이어들이 자신들의 욕구를 충족시킬 만한 충분한 스트로크를 받지 못할 때만 일어난다. English는 대체 감정들의 두 가지 패턴을 구분하였는데, 다음과 같다.

- 타입 1 : 어린이자아 C로부터, 무기력한 또는 반항적인(희생자 포지션)
- 타입 2 : 부모자아 P로부터, 지나치게 도움을 주는 또는 지나치게 비판적인(구원자 또는 박해자 포지션)

이러한 두 타입들이 서로 만나는 한, 양방 모두는 한동안 잘 지낼 수 있다. 이것이 충분한 스트로크를 만들지 못할 경우에만, 두 사람 중 한 명이 전환하며 게임으로 이어진다. 타입 1은 타입 2가 된다: 희생자는 박해자가 된다("너 이제 걸렸다!"). 또는 타입 2가 타입 1이 된다: 박해자 또는 구원자는 희생자가 된다("나를 차 주세요."). 때때로 각 플레이어는 잠시 동안 이 포지션에만 머물다, 같은 사람이나 또는 새로운 플레이어를 만나, 재빨리 다시 친숙한 포지션으로 되돌아간다. 이러한 대체 패턴의 목적은 게임에서처럼 결말에 이르는 것이 아니고, 친숙한 패턴을 실제 강화하는 것이다.

만약 여러 해 동안 있었을 이러한 패턴에 관해 알게 되면, 깊은 의구심 또는 절망감의 가능성이 있다. 치료 또는 상담에서, 타입 1은 자신을 무기력하고 또는 어리벙벙하게 소개한다. 그러나 치료사나 상담사는 이 태도는 갑자기 비난하고 부정적 방향으로 변할 수 있다는 것을 염두에 두어야만 한다. 내담자는 갑자기 나오지 않고 다른 치료사를 찾기도 한다. 타입 2는 특히 구원자 타입의 많은 경우에 유능해 보이고, 스트로크를 많이 주고, 협조적인 내담자이다. 그러나 전환 이후에 깊은 절망감을 보이며 심지어 자살의 가능성까지 보일 수 있다.

4.3   추가 논의

4.3.1   동화, 이야기, 드라마 삼각형

오이디푸스 이야기는 왜 2000년이 지난 지금에도 우리의 상상을 사로잡는가? 델포이의 신탁에 의한 예언에 따르면, 오이디푸스는 그의 아버지를 살해하고 어머니와 결혼할 운명이다. 테베의 왕과 왕비인, 그의 부모는 아기를 포기하고 버렸다. 오이디푸스는 양치기에게 발견되어 코린트 왕의 궁전에서 자랐다. 그가 마침내 델포이 신탁의 예언을 들었을 때 그는 코린트를 떠나 테베로 길을 떠났다. 가는 도중에 그는 어떤 사람과 언쟁을 하게 되고 그 사람을 살해하였는데, 그는 다름 아닌 테베의 왕 라이오스로, 오이디푸스의 아버지였다. 그리고 그는 스핑크스의 수수께끼를 풀고, 보상으로 미망인 왕비 이오카스테, 즉 그의 어머니와 결혼 허가를 얻었다.

고통스럽게도 대중들은 영웅이 그의 종말을 향하는 것을 바라본다. 첫째, 그는 이름 모르는 행인과 싸움에 말려들고, 뒤이은 전투에서 상대는 목숨을 잃는다. 그리고 왕비를 도와 왕국을 보전하도록 하고, 그 보상으로 왕비와 결혼한다. 의심 없는 관람자로서, 당신은 이렇게 생각할 수도 있다: 봐, 그는 신탁의 예언을 알고 있었으므로, 적어도 다음과 같은 두 가지 결심을 하는 것 이상으로 쉬운 일이 있었을까─아무도 살해하지 않는다 그리고 나이가 열 살 이상 연상인 여자와는 결혼하지 않는다. 관람자들에게 즐거움을 유발하는 것은 정확하게 이 불길한 결과의 예측성이다. 그것은 잘 알고 있음에도 불구하고, 자신들도 사후에 '내가 만약 …하기만 했더라면'이라고 후회하는 상황으로 으레 빠지기 때문이다. 다시 한 번 그들은 게임에 빠지게 되고 드라마 삼각형의 유혹에 저항할 수 없게 되었다.

이런 패턴은 빨간 모자(Little Red Riding Hood) 이야기와 같은 동화에서도 역시 볼 수 있다. 얼핏 첫 눈에 이 이야기의 교훈은 "여자 아이가 홀로 숲속을 걷는 것은 위험하다."이다. 자세히 보면 그것은 매우 달라진다. 빨간 모자 소녀는 그녀의 할머니의 구원자로서 출발하지만, 곧 할머니처럼, 그녀는 늑대의 희생자가 된다. 그리고 사냥꾼이 소녀의 구원자로서, 또 늑대의 박해자로서 현장에 도착한다. 궁극적으로 늑대는 희생자가 되고 그의 목숨으로 값을 치른다.

이야기의 교훈은 빨간 모자를 쓴 작은 소녀가 숲속을 거닐고 있을 때 늑대는 위험하다고 말하는 것이 더 정확하다. 심리학과 정신과 교수인, Bruno Bettelheim은, 그의 저서 마법의 사용(*The Uses of Enchantment*, 1976)에서 어린이들은 어떻게 동화로부터 의미를 얻는가에 관하여 설명한다. 동화는 어린아이들이 무의식적으로 이해하는 방식으로 내적 충동들을 기술하며, 무시할 수 없는 긴급한 문제들에 대한 해결책의 예들을 제공한다.

4.3.2 대체 감정의 패턴

돌봄을 주는 직업에 종사하는 사람들도 드라마 삼각형에 면역을 가진 것은 아니다. Freudenberger (1975)는 이러한 직업에 종사하는 사람들에게 일어나는, 내담자들과 동료들에 대한 관심의 상실, 전문가가 더 이상 긍정적 감정, 동정심, 또는 내담자에 대한 존중감을 발휘할 수 없을 정도의 육체적·정서적 탈진 상태를 특징으로 하는 특별한 형태의 극도의 에너지 소진에 관하여 설명하였다. 그는 이러한 종류의 극도의 피로감에 민감한 전문가들을 세 부류로 분류하였다. Clarkson(1992)은 이 이론을 더욱 발전시켜 존재 포지션과 드라마 삼각형에서의 역할에 연결시켰다.

- 과도하게 헌신적이고 강박적인 전문가
  이러한 전문가들은 "아니요(no)"라는 말을 못한다. 그들은 쉽게 죄의식과 부적절함을 느끼며, 언제나 내담자의 이해를 우선시한다. 그들은 다른 사람들의 존경을 얻어야 한다고 느낀다. 그들은 대체로 타인들의 희생자가 됨으로써 자기를 확인한다: 성폭행을 당한 소녀, 학대받은 주부, 또는 실직한 배우자. 타인들을 돌봄으로써, 그들은 사실 자기들 내면의 상처받고, 방황하는 어린이를 돌보고 있는 것이다. 그들은 자기 자신들이 결코 경험하지 못했던 이해를 타인들에게 제공한다. 무의식적으로 그들은, 만약 자기들이 이러한 일을 아주 오랫동안 하면, 감사하는 내담자들 또는 '세상'이 자기들에게 보상으로 무엇인가를 해줄 것이라는 희망을 재확인한다. 그들은 타인들과 만족스러운 관계를 지속할 수 없다. 그들의 인생태도는: "I'm not OK, you're OK"이다. 드라마 삼각형에서 그들의 역할은 처음에는 구원자 그리고 나중에는 희생자의 역할이다.
- 과도하게 관여하고, 일에 압도되어 두서없는 전문가
  이런 전문가에게는, 일이 유일한 스트로크의 원천이다. 일과 개인적 생활 사이에 더 이상 경계는 없다. 예컨대, 이러한 전문가들은 그들이 근무하는 고아시설에서 생활하고, 위기대응센터에서 두 번의 연속 근무를 하거나, 이전의 내담자를 자기 집에 살도록 한다. 그들은 내담자들은 독립된 인간들이고 또한 독립적이고 자율적 개인들이 될 수 있다는 것을 도대체 믿지 않는다. 개별화와 분리는 그들이 촉진하고자 하는 과정이 아니다. 내담자들의 불행과 가난을 나눔으로써 그들은 친밀의 감정을 가지며, 또한 자신의 외로움을 경감시킨다. 그래서 그들은 친구를 만들거나, 개선의 가능성과 선택이 거의 없는 고객들을 찾는다. 결국, 만약 고객들이 자기의 두 발로 독립한다면, 그들은 직장, 신분과 합법성을 잃을 것이다. 각 사람의 불행을 서로 나누는 것이 최고의 성취라는 밑바닥의 절망감이 있다. 그들의 인생태도는: "I'm not OK, you're not OK"이다. 드라마 삼각형에서의 역할은 처음에는 주로 박해자 그리고 나중에는 희생자이다.

- 권위적이고 독선적인 전문가

  이런 전문가들은 아무도 자기들보다 일을 더 잘할 수 없다고 믿는다. 그들은 아무도 자기들만큼 영리하고, 잘 교육받고, 힘 있고, 재능이 있지 못하기 때문에, 모든 것을 통제하고 총괄하길 원한다. 그들의 확신은 "만약 세상이 자기 말만 듣고 자기의 지시만 따라준다면, 우리 모두가 행복할 것이다. 만약 무슨 일이 잘못된다면, 그것은 다른 사람들 탓이다."이다. 여기에는 아무도 답을 알 수 없는, 언제인가 그 모습을 드러낼, 두려움, 즉 밑바닥에 웅크린 두려움의 감정이 있다. 그들의 인생태도는: "I'm OK, you're not OK"이다. 드라마 삼각형에서의 역할은 박해자 그리고 최종적으로는 희생자이다.

대부분의 사람들은 한 가지 또는 그 이상의 유형들의 요소를 인지할 수 있다. 당신 자신의 발달을 신중하게 선택함으로써 그리고 당신의 일에서 기쁨과 영감을 계속적으로 발견함으로써, 당신은 위의 세 가지 패턴으로 빠지지 않도록 보장할 수 있다. 또한 당신이 꼼짝할 수 없는 경색 국면에 빠질 위험이 있는지 가능성을 찾아내고, 그리고 그때에 새로운 결단을 내리는 것은 중요하다. 동료들의 피드백에 열린 자세를 취하고 일이 당신 인생에서 유일한 중요성을 갖지 않는다는 것을 확인하라.

4.3.3 게임과 중독

정신과 육체의 문제들과 관련된 심리적 · 사회적 특성들의 분석에서 게임이론은 매우 유용하다. 교류분석에서 게임이론은 주로 알코올 중독자들을 대상으로 발달되었다(Steiner, 1984). 약물, 식사, 또는 일에 대한 중독은 물론 육체적 질환과 장애에 있어서도 드라마 삼각형은 중요한 역할을 담당한다.

근래에 중독에서 중요한 역할을 하는 신경생물학적 메커니즘들에 관하여 많은 것들이 발견되었다. 중독의 경향성은 강력한 유전적 요소를 갖고 있으며, 무엇보다도 선천적으로 두뇌의 감소된 도파민 수준과 관련이 있다. 이것은 색맹의 경우와 유사하다. 색맹을 가진 사람들이 초록 또는 빨강을 보지 못하듯이, 감소된 도파민 수준의 사람들은 자신들의 감정을 덜 강하게 경험한다. 그들의 정서적 생활에 드리운 일종의 안개와 같은 현상이다. 성장하는 어린이에게 어떻게 이러한 조건을 가지고 살아가야하는지 가르치는 것은 교육자들의 몫이다.

그 일은 대체로 잘 진행되지만, 일부 사람들의 경우에는 사태가 그렇게 밝기만한 것은 아니다. 이것은 그들이 일생 처음으로 알코올, 니코틴 또는 약물을 복용할 때 분명해진다. 갑자기 전혀 새로운 세계가 그들에게 열리는 것이다! 그들은 지금까지 느꼈던 것보다 훨씬 더 잘 느끼며 그리고 돌연히 다른 사람들이 이야기하는 음악, 자연, 섹스 또는 친밀을 강렬하게 즐기는 말의 의미를 깨닫게 된다. 그러나 그들의 쾌락은 단기적이다. 약물의 효과가 사라지자마자, 그들은 이전의 정서 수준으로 돌아가거나 또는 오히려 더 낮아진 감정의 느낌 또는 '반발효과(rebound effect)'를 경험한다. 이것이 약물을 다시 사용하고픈 욕구에 거의 저항하기 어렵도록 만든다.

신경생물학적 관점에 초점이 맞추어짐으로써, 중독의 심리적 그리고 사회적 측면들은 등한시될 위기에 처해 있다. 중독에 취약한 모든 사람들이 알코올 중독자 또는 마약 중독자가 되는 것은 아니다. 비록 선천적 중독 성향을 가진 사람들이 개인적 책임과 선택의 자유를 유지하는 것이 훨씬 더 어려운 일이라 하더라도, 인생에서의 가능성과 결핍을 어떻게 다루어야 할 것인가를 생각해내야 하는 것은 모든 개개인들의 개인적 책임에 속한다. Steiner(1984)는 세 종류의 상이한 게임을 하는 알코올 중독자에 관하여 설명한다: 술 취하면 자랑스러움을 느끼는 술꾼(Drunk and proud), 대주가(Lush, 모주망태), 그리고 술주정뱅이(Wino, 취하면 거렁뱅이 모습으로 흐트러지는). 일반적으로 '알코올 중독자' 게임에는 다섯 가지 역할들이 있다: 희생자로서의 알코올 중독자, 박해자 역할의 배우자, 구원자로서의 돌봄이.

여기에 추가하여, 종종 얼간이(Dummy)가 있는데, 그는 계속하여 희생자에게 책임 면제부를 주는 허수아비 또는 바보다. 이것은 일반적으로 알코올 중독자의 어머니이다. 그리고 마지막으로, 바텐더 또는 딜러와 같은 연결자(Connection)가 있다. 처음 단계에서는 보통은 배우자가 이 모든 역할들을 담당한다. 그녀는 남편이 한밤중에 집에 오면 그를 도와 침대로 데려가고 그의 행동을 정당화시킨다. 때때로 그녀는 그를 비난하는 박해자의 역할을 하거나, 또는 그에게 행동을 고치라고 사정하는 구원자가 되기도 한다. 이 게임의 정점은 음주에 대한 용서를 받는 것이며, 상황은 언제나 그런 식으로 흘러간다. 따라서 치료는 어떻게 알코올 중독자가 자기고문을 실행하는가에 초점을 맞추어야 할 필요가 있다(Berne, 1964). 주변 사람들이 게임으로부터(부인은 구원자로서 "나는 단지 당신을 도우려 할 뿐이야.", 또는 박해자로서 "당신이 무슨 짓을 내게 하는지 봐.", 그리고 얼간이 행동의 어머니는 "내가 얼마나 좋은 엄마인지 봐.") 이득을 보고 있는 한, 알코올 중독자에게는 금주해야 할 장려책은 대단할 게 없다. '알코올 중독자' 게임은 많은 집중적 스트로크를 주기 때문에, 게임의 심리적 이득의 면에서나 그리고 알코올의 효과의 면에서나 모두, 금주는 일반적으로 쉽지 않다.

4.3.4 교실에서의 게임

교류분석의 게임이론은 교육의 장에서도 역시 유용하다. 교사들은 가르치는 일과 기타 책임은 물론 과도한 행정적 업무 때문에 스트레스를 경험할 수 있다. 학생들은 불행한 경험들 또는 가정에서 습득한 행동 패턴을 가져올 수 있다. 그들이 교실에서 만나면 장면은 게임하기에 적합하다. 만약 교무실이 교사들이 일과 학생들에 대하여 불만을 이야기하고 또 상사로부터의 지원이 없다는 느낌이 팽배한 장소라면, 학교 문화는 미묘하지만 게임을 인정하는 것일 수 있다. 또한 만약 학교의 스트로크 수준이 일반적으로 낮다면, 만약 스트로크가 성취 또는 행동에 대한 대가로서만 교환된다면, 또는 부정적 스트로크가 기본이라면 더더욱 그렇다.

"저는 이해 못 하겠는데요.", 이 말이 어떤 이상한 어조로 소통되었을 경우에는, 특히 교실에서의 가장 일반적인 게임 초대이다. 학생의 어른자아 A로부터의 이 악의가 없는 것 같은 말은 사실, 심리적 수준에서 보면 어린이자아 C로부터의 구원을 요청하는 초대인 경우가 많다. "당신은 내가 알아들을 수 있도록 다시 시도할 필요가 있다!(You need to try again to make it clear to me!)", "어느 부분을 이해하지 못하겠니?"라고 질문하며 학생의 어른자아 A를 겨냥하는 대신—부모자아 P로부터 학생에게 모든 것을 설명하려고 애를 쓰는 교사는 학년 내내 또는 더 장기적으로 지속되는 게임으로 들어가는 중이다. 좀 더 과장되게 이것을 표현한다면, 교사가 교습의 대부분을 해주려는 생각이 들면 들수록, 학생은 그가 이해하지 못하는 것을 검토하는 데 더욱 더 적은 에너지를 투입한다.

Newell과 Jeffery(2002)는 학생이 교실에서 게임을 하는 몇 가지 이유가 있다고 제시한다: (요구에 대한 화난 반응으로서 나타날 수도 있는) 부적절함(무능함)과 같은, 자기가 느끼고 싶지 않은 감정에 방어하기 위하여; 게임의 진행과정들이 친숙하기 때문에(최종 결과는 나쁠지 모르지만, 적어도 그는 무엇을 해야 할지 알고 있다); 또는 학생은 집에서 또는 학교에서 다른 선택을 보여 본 적이 없으며 그는 두렵거나 불확실할 때 달리 행동하는 법을 단순히 모르기 때문일 수 있다. 이 모든 이유들은, 비록 행동적 표현은 다를지라도, 교사들에게도 적용된다. 교육 시스템의 고유한 구조와 그리고 교사와 학생들 간의 지각되는 힘의 차이 때문에, 교사는 게임에서 일반적으로 부모자아 P의 역할을 맡는 것처럼 보인다. 그러나 심리적 수준은 어린이자아 C의 안도 또는 확인에 대한 욕구를 나타낼 것이다.

교육은 교습의 환경 안에서 교사의 어른자아 A가 주도할 때 가장 효과적이다. 교사의 어린이자아 C는 흥미, 호기심, 열정을 추가한다. 교사의 부모자아 P는 궁극적으로 승인과 수용을 주고 지원을 제공한다. 이것이 가능하고 또 지속되도록 만들기 위해서는, 학교에서의 조직 게임과 대체감정이 다루어져야 하며 또한 교사의 자각을 증강시켜야 한다.

드라마 삼각형은 교육에서의 게임을 알아차리는 데 역시 강력한 도구임이 입증된다. 헝가리의 교사, Attila Vandra(2007)는 교육계에서 분명한 많은 심리적 게임들은 여기에 종사하는 전문가들의 정신건강에 심각한 영향을 미친다고 말한다. 그의 연구에 따르면, 교사가 구원자의 역할을 맡는 확률이 매우 높다. 많은 교육환경에서의 구원자 행동은 불필요한 갈등의 근원이다. 결국 구원자 역할에서 교육하는 교사는 학생들을 희생자의 역할로 유도한다. 이것을 거절하는 학생들은 구원자를 박해자로 보기 시작하며 따라서 자신들이 반항적 어린이자아 RC의 포지션에 있음을 발견하곤 한다.

Vandra는 지원 직업군(supporting occupations) — 그는 교직 전문인들도 이 직군으로 분류한다 — 에서 근무하는 많은 전문인들이 정신건강 문제를 가지고 있는 이유에 의문을 가진다. 그의 가정은 "이 사람들은 지지를 받지 못했던 자신의 과거의 무력한 어린아이를 구원하려 노력하고 있다."는 것이다. 이것이 이 전문인들을 구원자 포지션의 함정으로 빠지고 결과적으로 희생자의 포지션이 될 위험을 더욱 증대시킨다.

교실이 게임으로 빠져드는 것은 학생들에게 소망스러운 상황주도적, 문제해결의 행동 발달을 저해한다. 어떤 학생이, "저는 어떻게 이 문제를 가장 훌륭하게 해결할 수 있을까 하는 질문이 있습니다"("이해 못하겠습니다." 대신), 또는 "제가 잘못했습니다만, 다음에는 어떻게 지금과 다르게 할 수 있는지 알겠습니다."("나는 그런 문제는 잘 못 풀어요." 대신)라고 말할 때, 우리는 건강하고, 효과적 학습 환경이 자리 잡았다는 것을 알 수 있다.

4.3.5 팀과 조직에서의 게임

사람들은 일반적으로 조직 속에서 일하거나, 또는 자신들이 좋아하는 게임을 할 수 있는 그룹에 참여한다.

마리아는 한 청소년 조직에서 사회복지사로 일한다. 그곳에서는 직원들의 연장근무와 자신들은 부족하고 기대 이하라는 느낌이 만연하다. 이것은 지나치게 관여하고 과로하는 그녀의 구원자 패턴과 완전하게 일치한다. 결국 그녀는 탈진하여 병가를 받는다.

바스는 명확한 정치적 견해를 가지고 있으며 이것을 박해자로서 전달한다. 그는 한 실험학교에서 교사로 일한다. 그곳에는 창의성과 표현의 여지가 많으며, 교무실에서는 정부 정책과 모든 관료적 규칙들에 대한 성토에 많은 시간을 보낸다. 적어도 감독관이 학교를 방문하여, 만약 3개월 이내에 변화가 없다면 폐교할 것이라는 통보를 받기 전까지는.

문제는 조직의 문화를 형성하는 것이 주로 직원들의 게임 때문이냐, 아니면 조직 자체가 그 나름의 게임을 만들어내는가이다. 관료적 특성과 규정들의 증가는 재빠르게 그 구성원들의 일에 대한 즐거움을 감소시킬 수 있다. 만약 경찰관, 간호원 또는 의사가 근무 시간의 50% 또는 그 이상을 서장, 재무관, 조정관 또는 보험자에게 그들의 책임사항들을 입증하는 양식을 채우느라 컴퓨터에서 시간을 보내야 한다면, 그들의 직업적 의미와 열정은 곧 사라질 수 있다.

교류분석 책, 조직의 환경변화(*Climate Change in Organizations*, 2008)에서 Yvonne Burger는 다음과 같이 말한다.

> 그것은 개인적 리더십의 발달에 관한 것이다: 보다 더 효율적이고 동시에 조직에게 더 많은 것을 제공하고, 그 이상이 되기 위해서 당신 자신의 자원, 두려움, 불안정성, 동기와 경계를 자각하는 것이다. 개인적 리더십은 용기와 두려움 없음을 요구한다. 두려움 없음은 두려움을 더 이상 갖지 않는 것을 의미하는 것이 아니라, 이 두려움을 성장의 발판으로 인지하고, 느끼고 또 사용하는 능력을 가진다는 의미이다. 당신이 조직 또는 세상에 기여해야만 하는 것은 그것이 무엇이 되었든, 당신을 움직이는 것이 무엇이냐에 따라, 각 개인마다 분명히 다르다(이 책을 위하여 번역됨).

개인적 리더십은 게임 수준이 높은 작업 환경에 해독제가 된다. 리더십은 내적인 일이다. 그것은 당신 자신에게 질문함으로써 시작된다!

4.4 관련 이론

4.4.1 인지행동치료

'반복(repetition)'과 '어른자아 A의 의식을 회피하는 것'의 요인들 또한 교육심리학과 (인지)행동치료의 조건화 이론(the theory of conditioning)의 부분이다. 고전적 조건화 연구는 행동은 어떻게 예측 가능하게 되는가를 탐구한다. 파블로프의 개는 벨소리를 계속 들은 후에 음식을 받는다. 머지않아 개는 벨소리에 침을 흘리기 시작하는데, 그것은 음식이 코앞에 놓였을 때만이 아니다. 그러한 조건화를 통해서 사람들은 어떤 상황이 위험하며 회피하는 것이 낫다는 것을, 그리고 어디에서 음식과 즐거움을 찾을 수 있다는 것을 학습한다. 이 건강한 메커니즘은 또한 탈선할 수도 있다. 이상식사항진 장애를 가진 사람에게는, 빵집을 보거나 생각하는 것만으로도 즐거운 폭식의 예측이 된다. 그리고 공황발작으로 고통받는 사람에게는, 가벼운 어지러움이 공황발작의 전조가 될 수 있다(Mineka & Zinbarg, 2006). 이러한 연상들은 대체로 무의식적이다.

고전적 조건화의 모델이 사람에 대한 환경의 강한 영향력을 강조하지만, 사람들 또한 적극적으로 이러한 환경에 영향력을 발휘한다. 이것은 조작적 조건화(operant conditioning)의 원칙을 포함한다: 긍정적 결과로 인도하는 행동은 강화되고 더욱 빈도가 많아진다. 부정적 결과를 가진 행동은 사라질 것이다. 이 원칙은 긍정적 그리고 부정적 스트로크 모두 행동에 의미 있는 영향을 주고 행동을 안내한다(제2장 스트로크 참조)는 생각에 반영되어 있다. 게임은 조작적 조건화의 복잡한 케이스를 포함하며, 사람들은 그들의 유해하거나 파괴적인 행동을 강화한다. 최근에 '인지(cognition)'와 '정서(emotion)'의 개념들은 행동치료에서 점점 더 중요한 역할을 하게 되었다. 인지행동치료와 교류분석 사이의 중첩되는 영역은 따라서 더욱 더 넓어졌다.

4.4.2   정서중심치료

Sue Johnson(2008)에 의하여 개발된, 체계적 치료에서의 한 움직임인, 정서중심치료(emotionally focused therapy, EFT)는 근래에 인정을 받고 있다. Johnson은 부부와의 인터뷰 기록 수백 건을 조사하였다. 그녀는 어떤 부부는 함께 살고 또 어떤 부부는 그렇지 못한 이유가 무엇인지 궁금하였다. 그녀의 결론은 부부 간의 갈등에서 종종 애착과 친밀에 대한 두려움이 있으며, 그것은 일반적으로 현재의 관계에서 또는 과거의 친밀관계에서 비롯된 것이라는 것이다.

배우자는 (다시) 상처받는 것을 두려워하며 오히려 뒤로 물러서거나 또는 자기의 상처를 보이기보다는 상대를 공격함으로써 자신의 고통을 덮으려 한다. 이것은 교류분석에서 게임으로 설명될 수 있는 배우자 간의 '악마의 대화(demon dialogues)'를 만든다. 배우자와의 연결의 상실에 대한 절망감으로부터, 그들은 모두 점차 악화하는 부정적 상호작용 속에 갇힌다. Berne이 그 시대에 그랬던 것처럼, Johnson은 이러한 대화에 흥미로운 이름을 붙였다.

- 나쁜 놈 찾기(Finding the Bad Guy) : 돌아가며 배우자들이 서로를 공격한다. 그들은 서로 상대를 비난하고 재판한다. 두 사람 모두 상대로부터 자신을 지켜야 할 필요를 느낀다. 그들은 어떻게 자신의 행동이 다음 공격을 유발하는지 모른다.
- 항의 폴카(Protest Polka) : 한 배우자가 비판적이고 공격적이며, 다른 배우자는 방어적이고 냉담하다. 어느 한 사람의 모든 언어는 상대로부터의 부정적 반응과 감정을 유발한다. 한 배우자가 상대를 비난하면 할수록, 상대는 더더욱 위축되고 첫 번째 배우자의 공격은 더더욱 날카로워진다.
- 얼어붙고 도망가고(Freeze and Flee) : 두 배우자들은 모두 상아탑으로 후퇴한다. 오직 죽음 같은 침묵만이 있다. 두 배우자들은 그들의 통합을 회복할 힘이 없다고 느끼며 서로에게 냉담하게 공손하거나 또는 무관심하다.

Johnson의 접근법은 확고한 애착이 어린이의 건강한 (정신적) 발달을 위한 주요 조건들 중 하나라고 강조하는, Bowlby(1979)의 이론에 근거를 두고 있다. 생존을 위하여 어린아이들은 타인들의 보살핌(NP)과 보호(SP)에 지극히 의존적이다. 대부분의 사람들(60~70%)은 확고한 애착을 가진 듯 보인다. 불안하거나, 회피적이거나 또는 조직화되지 못한(불안하고 회피적의 조합), 소수의 그룹은 불안전한 애착관계를 가지고 있다. 애착 스타일은 종종 부모로부터 아이에게 전달되지만, 영향을 받아 변할 수 있다. 스트레스하에서는 안전한 애착관계를 가진 사람들도 역시 불안한, 회피적, 또는 무질서한 애착스타일로 빠질 수 있다.

정서중심치료(EFT) 중에는 연결됨의 기본적 욕구와 그 연결됨을 잃을지 모른다는 두려움이 몇 단계를 거쳐 논의된다. 배우자들은 상대에게 다가가 (다시) 연결하는 법을 배운다. 두 배우자의 접근 가능성(accessibility), 반응성(responsiveness), 그리고 결의(commitment)(ARC)는 격려된다. 배우자들은 그들이 '악마의 대화'를 회피하고 방지하는 대화법을 배운다.

4.4.3 방치된 조직

오늘날에는 조직에서의 게임 패턴들이 어떻게 조직 목표의 최선의 실현 또는 회사의 결과에서 경영자들과 그들의 스태프를 저해하는가의 문제에 더욱더 많은 관심이 집중되어왔다. 적절하지 못한 스트로크 환경은 게임 행동을 통한 자신들의 스트로크 요구를 충족시키려는 경향을 만들 수 있다(Mountain & Davidson, 2011).

조직의 비효율적 패턴에 관한 연구(Emrys Lamé, 2008)는 정통교육학의 비유를 이용하고 있다. 보살피고, 접근이 가능하고, 그리고 반응에 민감함으로써 어린아이가 자율적인 성인으로 성장할 수 있도록 도움을 주는 부모들과 마찬가지로, 경영자들은—모든 것이 건강하다면—그들의 직원들과의 관계에서 똑같은 역할을 해야 한다. 직원들의 육체적, 정서적, 규범적인, 교육적 욕구가 충족되지 못하는 조직으로 정의되는, 방치된 조직에서는(Van Hekken, 1992), 사람들은 마치 방치된 어린아이들처럼 행동하는 경향이 있다. 그러한 조직에서의 역동은, 마치 방치된 어린이, 그의 부모, 그리고 넓은 의미의 환경과 연관된 역동과 마찬가지의, 높은 수준의 게임 기반의 상호작용을 가진다. 경영자와 직원 사이의 깨진 관계에서는 언제나 태만(무시, 방치)의 원인이 되며, 많은 게임 플레이는 있으나 진정한 만남은 거의 없다.

오스트리아의 경영 컨설턴트인, Anthony Sork(2007)는 '결정적 애착 기간(critical attachment period)'의 가정을 연구한다. 120일이 지나도록 자기가 일하는 직장이 자기가 인간적으로 받아들여지는 곳, 믿을 수 있고 안전함을 느낄 수 있는 곳, 자기가 소속되는 곳으로 경험하지 못하는 직원들은 그들의 능력을 발휘하려 하지 않을 것이다. 목표 미달 그리고 결근이 상습화된다. 직장에서 탐구하고, 실험하고, 혁신하기 위해서, 사람들은 안전한 애착을 필요로 한다.

참고문헌

Berne, E. (1961). *TA in Psychotherapy*. New York: Grove Press.

Berne, E. (1964). *Games People Play*. New York: Grove Press.

Berne, E. (1972). *What Do You Say After You Say Hello?* New York: Grove Press.

Bettelheim, B. (1976). *The Uses of Enchantment: the Meaning and Importance of Fairy Tales*. London: Thames & Hudson.

Bowlby, J. (1979). *The Making and Breaking of Affectional Bonds*. London: Tavistock/Routledge.

Burger, Y. (2008). *Klimaatverandering in organisaties. Leiderschap maakt het verschil*. (Climate Change in Organisations. Leadership Makes the Difference.) Amsterdam: SWP.

Choy, A. (1990). The winner's triangle. *Transactional Analysis Journal, 20*(1): 40-46.

Clarkson, P. (1987). The bystander role. *Transactional Analysis Journal, 17*(3): 82-87.

Clarkson, P. (1992). *Transactional Analysis Psychotherapy. An Integrated Approach.* London: Tavistock/Routledge.

Clarkson, P. (1996). *The Bystander. An End to Innocence in Human Relationships?* London: Whurr.

Clarkson, P. (2003). *The Therapeutic Relationship.* London: Whurr.

Cornell, W. (2009). *Explorations in Transactional Analysis. The Meech Lake Papers.* Pleasanton, TX: TA Press.

Dusay, J. (1966). Response to games in therapy. *Transactional Analysis Bulletin*: selected articles from volumes 1-9. San Francisco, CA: TA Press.

Emrys-Lamé, M. (2008). *Verwaarloosde organisaties. Een onderzoek naar hechtingsstijlen tussen medewerkersen leidinggevenden.* (Neglected Organisations. A Survey of Attachment Styles between Employees and Leaders.) Utrecht, Netherlands: Universiteit Utrecht.

English, F. (1972a). The substation factor. Rackets and real feelings. Part I. *Transactional Analysis Journal, 1*(4): 27-33.

English, F. (1972b). The substation factor. Rackets and real feelings. Part 2. *Transactional Analysis Journal, 2*(1): 23-25.

English, F. (1976). Racketeering. *Transactional Analysis Journal, 6*(1): 76-81.

Frankl, V. (1969). *Man's Search for Meaning.* London: Hodder & Stoughton. Freudenberger, H. (1975). The staff burn-out syndrome in alternative institutions. *Psychotherapy: Theory, Research and Practice, 12*(1): 35-45.

Gowling, D., & Agar, J. (2011). The importance of experience. In: H. Fowlie & C. Sills (Eds.), *Relational Transactional Analysis: Principles in Practice* (81–90). London: Karnac.

Graaf, A. de, & Kunst, K. (2010). *Duurzaam leidinggeven. (*Enduring Leadership.) Amsterdam: SWP.

Graaf, A. de, & Levy, J. (2008). *Klimaatverandering in organisaties.* (Climate Change in Organisations.) Amsterdam: SWP.

Hargaden, H., & Sills, C. (2002). *Transactional Analysis: A Relational Perspective.* Hove, UK: Brunner-Routledge.

Hekken, S. M. J. van (1992). *Verwaarlozing: achtergronden, gevolgen en behandeling.* (Neglect: Background, Results and Treatment.) In: H. Baartman & A. van Montfoort (Eds.), *Kindermishandeling: resultaten van multidisciplinair onderzoek* (Child Abuse, Results of a Multidisciplinary Research) (pp. 166–185). Utrecht, Netherlands: Data Medica.

Hellinga, G. (1993). "*Over derdegraads zie-je-wel-isten.*" (About third degree 'I-told-you-so-ismplayers). Strook, 15(4), pp. 12-25.

Hine, J. (1990). The bilateral and ongoing nature of games. *Transactional Analysis Journal, 20*(1): 28-39.

Johnson, S. (2008). *Hold Me Tight. Seven Conversations for a Lifetime of Love.* New York: Little, Brown.

Karpman, S. (1968). Fairy tales and script drama analysis. *Transactional Analysis Bulletin, 7*(26): 39-43.

Karpman, S. (2014). *A Game Free Life. The Definite Book on the Drama Triangle and Compassion Triangle.* San Francisco, CA: Drama Triangle Publications.

Mineka, S., & Zinbarg, R. (2006). A contemporary learning perspective on the etiology of anxiety disorder. *American Psychologist*, 61: 10-26.

Mountain, A., & Davidson, C. (2011). *Working Together. Organizational TA and Business Performance.* Farnham, UK: Gower.

Newell, S., & Jeffery, D. (2002). *Behaviour Management in the Classroom: a Transactional Analysis Approach* London: David Fulton.

Novellino, M. (2012). *Transactional Analysis in Action: Clinical Seminars.* London: Karnac.

Shadbolt, C. (2012). The place of failure and rupture in psychotherapy. *Transactional Analysis Journal, 42*: 5-16.

Sork, A. (2007). Attachment before engagement. In: *Naomi Simson's Blog* (she the CEO, Red Balloon Days), November.

Steiner, C. (1984). *Games Alcoholics Play.* New York: Ballantine.

Steiner, C. (2009). *The Heart of the Matter. Love, Information & Transactional Analysis*. Pleasanton, TX: TA Press.

Stewart, I., & Joines, V. (1996). *TA Today. A New Introduction to Transactional Analysis*. Melton Mombray, UK: Life Space.

Stuthridge, J. (2012). Traversing the fault lines: Trauma and enactment. *Transactional Analysis Journal, 42*: 238-251.

Thomson, G. (1983). Fear, anger and sadness. *Transactional Analysis Journal, 13*(1): 20-24.

Vandra, A. (2007). The influence of psychological games on mental health in education. *European Journal of Mental Health, 2*(2): 183-204.

Widdowson, M. (2010). *Transactional Analysis: 100 Key Points & Techniques*. London: Routledge.

Woods, K. (1996). Projective identification and game analysis. *Transactional Analysis Journal, 26*: 228-231.

제5장

각본

자아상태, 스트로크, 교류, 게임에 관한 앞 장들은 교류분석에 의한 성격과 사람 사이의 (의사)소통을 연구하기 위한 구성요소들을 제공한다. 제4장을 읽은 후, 왜 사람들은 고정된 패턴들에, 특히 이러한 패턴들이 불건전하고, 현명하지 못하고, 지루하고, 심지어 위험할 때에도 집착하는 것처럼 보이는가 하는 의문이 일어난다. 습관의 힘은 대단하다. 교류분석 개념의 '각본(script)'에 관한 이 장에서는, 사람들은 일반적으로 어린 나이에 인생에 관한 결론을 도출하고 결심을 한다는 사실과 이후의 인생에서도 대체로 그것에 충실하다는 사실이 명확해질 것이다. 어린이가 얻은 확신들(자신에 대한, 타인들에 대한, 세상에 대한)은 집요하고 강력하다. 건강한 신념들은 우리가 행복하고 성공적인 삶을 살도록 도움을 줄 수 있다. 불건전한 결심들은 우리가 힘겹게 패배를 견뎌내고, 잘못된 선택을 하도록 만들었던 상황으로 다시 또 다시 우리를 인도한다. 그러나 이러한 확신들은 어느 시점에서는 어린이에게 유리했었던 것이었기 때문에, 그것들을 버린다는 것은 결코 쉬운 일이 아니다. 반면, 그것들은 '오직' 확신들, 즉 신념들(때로는 강력한 정서적·신체적 요소를 가진)에 불과하다. 새로운 결단을 하는 것─재결단하기─은 그 사람의 인생을 전혀 다른 궤도 위에 올리는 강력한 기회이다.

5.1 기초 이론

5.1.1 개요

왜 사람들은 끊임없이 동일한 선택을 하도록 만드는 패턴 속에 갇혀 있는 자신을 발견하게 되는 것인가?: 선택에는 자신들의 성장을 촉진하는 건강한 결단들이 대부분이지만, 불건전하고, 어리석고, 재미없고 또는 위험한 결단들도 있다. '습관(habit)'은 행동의 핵심적 몰이꾼이다. 습관은 생리학적 용어로 '항상성(homeostasis)'이라 부를 수도 있다: 항상성은 유기체가 그의 내적 환경을 일정하게 유지할 수 있도록 하는 능력이다. 당신이 부모 그리고 교육자로부터 배운 것들은 쉽게 잊혀지지 않으며 이후의 인생에서 당신은 때때로 그것들을 자동적으로 또는 자기도 모르게 활성화시킨다. 이것은 당신이 제공하거나 초대하는 스트로크, 당신의 자아상태들을 전개시키는 방법, 당신의 교류 유형, 당신이 좋아하는 게임에 적용된다. 이 모든 것들은 교류분석 용어인 '각본(script)' 아래에 요약될 수 있다. Berne은 어린아이들이 어떻게 그들의 생에서 의미 있는 성인들과의 경험에 근거하여 자신들과 타인들에 관한 결론을 이끌어내고 결단을 하는가에 관심을 기울였다. Berne은 어떻게 이런 어린이의 결단이 어린이가 직접 보고 경험한 것들에 의미를 부여하려는 첫 번째의 노력을 나타내는 일종의 인생계획을 형성하는가라는 뜻을 전달하기 위하여 '각본'이란 용어를 처음 사용하였다.

Richard Erskine(1980, 1993)은 각본에 관하여 다음과 같이 말한다. "각본은 인생에서의 중심적 의문에 대한 답을 주는 데 도움을 준다: 나와 같은 사람들은, 당신과 같은 사람들과 함께, 이와 같은 세상에서 무엇을 하는가?" 당신이 어린 나이에 개발했던 이 질문에 대한 첫 번째 대답들은, 당신이 인식하지는 못하지만, 이후 인생에서 때때로 당신의 행동에 대한 가이드라인을 형성한다. "나는 정말로… 무엇을 할 만한 능력을 지속적으로 증명해야만 하는 사람으로 나 자신을 보도록 배웠는가?", "나는 타인들을 믿을 만하다고 여기게 될 때까지는 상당한 노력을 해야만 가능할 것이라고 배웠는가?" 또는 "나는 세상을 언제나 경각심을 가지고 살아야 하는 곳으로 여기도록 배웠는가? 만약 그렇지 않으면 …"

Erskine은 사람들은 그 질문에 대한 나름대로의 자신의 답을 실행한다고 말했다. 그것들이 도움이 되든 걸림돌이 되든, 그와 같은 대답들을 가지지 못하면 누구나 인생에서 멀리 갈 수 없을 것이다. 이 장에서는 각본에 관한 상이한 견해들을 살펴볼 것이다. Berne은 60세에 예상치 못하게 타계하였기 때문에, 그의 각본에 관한 저서, 당신은 인사 후에 무슨 말을 하십니까?(*What Do You Say After You Say Hello?*, 1972)는 그의 사후에 제한된 편집으로 출판되었고, 따라서 그의 각본에 관한 서술은 불완전한 채 남게 되었으며 어느 면에서는 심지어 상충되기도 한다. 각본이론은 교류분석저널(*TA Journal*)에서 중심적 주제였으며, 많은 학자들이 원래의 이론에 도전하고 이론을 정교화하고, 그것을 상이한 내담자 모집단들에 적용하였다(Cornell, 1988; Erskine, 2009; Massey, 1989; Noriega, 2010).

Berne의 저술에서 일관성이 없는 점들은, 예컨대, 다음과 같은 질문들과 관련된 것들이다. 어린아이는 자신의 운명을 선택하는가, 아니면 부모에 의하여 어떤 각본에 강제당하는가? 각본은 얼마나 견고한가? 그 사람의 전체 인생계획은 3세 이전에 완성되는가, 아니면 그 사람은 그 계획을 삶을 통하여 지속적으로 발전시키는가? 유전적 그리고 선천적 인자들의 역할은 무엇인가? 부모와 양육자의 영향에 더하여, 연장된 사회적 환경의 영향력은 얼마나 큰가? 각본은 자율성에 위협적인 오로지 해롭기만 한 것인가, 아니면 그것은 일상적 생활과 일을 가능하도록 만드는 역할도 있는가?

5.1.2 무의식의 인생계획

각본은 평생 지속될 수도 있는 반복적 패턴의 교류 방법에 의하여 점차 형성된다. 초기 어린 시절에 이루어진 각본 결단들은 그 사람의 인생의 과정에서 때로는 조정된다. Barrow(2014)는 청소년기는 이전의 각본 형성에 중요한 개정이 일어날 수 있는 시기라고 주장한다. 그는 심지어 " … 청소년기의 영향력은 자아감(sense of self)이 그의 이후의 인생에서 어떻게 유지될 것인가를 결정한다는 관점에서 어린 시절의 영향력보다 더 중요하고 더 크다."는 입장을 취한다(p. 169).

각본은 당신 각본 속의 역할들에 적합한 인물들을 찾아 나서도록 만들고, 타협하도록 만듦으로써, 당신의 각본 디자인의 복잡성을 증대시킨다. 이것이 어린 시절의 결단에 기초하고, 부모에 의하여 강화되고, 이후의 사건들에 의하여 확인되는, 인생계획을 만든다(Berne, 1972). Berne의 견해에 따르면,

각본은 당신이 결혼할 부류의 사람을, 당신이 영위할 일의 종류를, 당신이 어떻게 죽을 것인지, 그리고 당신이 죽음을 맞을 때 누가 함께 있을 것인지를 결정한다. 그것은 당신이 승자일지 또는 패자일지, 당신의 직업에서 성공할지 또는 실패할지, 당신이 장기적이고 만족할 만한 관계를 가질지 또는 반복적으로 사랑 때문에 좌절을 맛볼지를 결정한다. 그것은 당신이 만족하게 지난 인생을 되돌아볼 것인지 아니면 언제나 만성적으로 불행할 것인지를 결정한다.

교류분석 이론에서는, 어린아이들은 매우 어린 나이에 무의식의 수준에서 그들의 생의 특정한 계획을 만들어낸다고 가정한다. 주요한 문제들이 기록되어 있는, 각본은 다음의 질문들에 대한 답을 준다.

- 나는 인생에서 내가 원하는 것들을 얻는 데 성공할 것인가, 아니면 나는 만성적으로 불행하거나 그 중간쯤일 것인가(승자, 패자, 또는 비승자)?
- 나는 어떤 인생태도(life position)로 나 자신을 대하고, 다른 사람들과 내가 살고 그리고 일하는 세상을 대하는가($+/+$, $+/-$, $-/+$ 또는 $-/-$)?
- 나는 내가 어떻게 그리고 언제 죽을 것이라고 생각하는가? 예기치 않은 사고로 갑자기, 늙고 슬픔에 젖어, 또는 늙고 만족스럽게? 나는 오랜 병상에서의 고통 이후에 또는 노쇠하여 잠들 듯이 죽을 것인가? 나의 죽음은 여러 사람들이 또는 몇 명의 사람들이 슬퍼할 것인가?

비록 자율적 삶을 사는 것이 가능하다 할지라도, 많은 사람들은 그들 삶의 어떤 영역에서는 자기제한적인 방식으로 삶으로써, 그들의 양육자와 다른 권위적 인물들의 (당연하다고 여겨지는) 명령들과 기대를 따른다. 만약 당신이 성인이라 하더라도, 당신이 시간을 할애하여 당신의 인생각본에서, 당신이 (무의식적으로) 계속 경청하고 따르는 가장 중요한 명령들(드라이버)과 금지들(제지명령들)이 무엇인지 발견하지 못하는 한, 보통은 당신의 각본을 자각하지 못한다. 각본은 또한 육체적 구성요소를 가지고 있다. 그것은 대화의 방식과 마찬가지로, 당신의 육체 속에 깃들어 있다(5.2.1절 참조). 동일한 가족에서 성장한 아이들이 전적으로 상이한 인생계획을 따를 수 있다.

가족이 거실에 있다—아버지, 어머니, 두 아이들. 전화가 울리고, 어머니는 전화기를 들고는 눈물을 흘린다. 그녀가 전화기를 놓고, 아버지에게 가 위로를 구한다. 한 아이는 '생각한다': 아, 그것 참 좋구나, 네가 슬플 때면 너는 위로받을 것이다. 다른 아이는 '생각한다': 좋지 않군, 엄마가 슬프면, 나는 뒷전이야.

Berne은, "너희들은 모두 언젠가는 정신병원에서 생을 마칠 거야!"라고 늘 소리 지르는 우울증을 앓는 어머니와 함께 지내며 분노를 마구 표현하던 두 명의 어린 형제들에 관한 이야기를 한다. 실제 일어난 일은 정확히 이렇다: 이들 형제들 중 한 명은 만성 정신질환 환자가 되었으며, 다른 한 명은 정신과 의사가 되었다.

앞에서 언급하였듯이, Berne의 각본에 대한 생각은 그가 죽음을 맞을 때까지 완전히 개발되지 못하였으므로, 우리들은 심리치료, 상담, 교육, 조직의 발달 분야에서 진화하는 각본의 이론들을 설명하고 탐구할 것이다.

Eric Berne 자신의 인생각본이 교류분석에 대한 그의 아이디어에 어느 정도까지 영향을 미쳤는가에 관하여 많은 생각과 저술들이 있었다(Jorgensen & Jorgensen, 1984; Hargaden, 2003; Stewart, 1992). Berne은 유태인 의사와 유태인 작가의 아들로, 1910년 몬트리올에서 Eric Lennard Bernstein이란 이름으로 태어났다(Berne, 2010). 그에게는 손아래 여동생이 있었다. 그의 아버지와의 관계는 가까웠다. 그의 아버지는 폐결핵으로 서른여덟 살의 나이로 세상을 떠났다. Eric은 그때 열한 살이었다. 그는 직업의 선택에서 양친 모두를 닮은 것 같다. 그는 아버지와 마찬가지로 의사가 되었으며, 그의 어머니처럼 여러 권의 책을 썼다. 그는 정신의학을 전공하기 위하여 미국으로 이주했으며 이름을 Bernstein에서 Berne으로 개명하였다. 그는 Paul Federn, Erik Erikson과 같은 사람들과 함께 정신분석사가 되기 위한 훈련에 몰두하였으나, 정신분석 이론과 실제에 대하여 점차 비판적이 되었다. 1956년에 그는 정신분석 연구소의 멤버로서의 접근이 거절당하고(그는 그것을 거절로 받아들였다), 그 자신의 개인적 훈련 분석으로 되돌아가야만 한다고 통고받자 그는 더 실제적이고 이해하기 쉬운 대체 이론을 개발하기로 결정하였다.

이러한 사실들은 또한 또 다른 이야기를 말하는 데 사용될 수 있다: 어린 나이에 아버지를 여의고 일생 동안 인정과 사랑(recognition and love)을 좇았던, 매우 지적인 남자의 이야기로. 그의 취약성을 냉소적 유머와 날카로운 분석으로 덮었던, 지독한 일(연구) 중독자. 그는 자기의 연약한 부분을 거의 나타내지 않았으며, 오로지 자기를 존경하는 동료들과의 구조화된 환경에서 놀고 즐길 수 있었던 사람이었다. 그는 누구에게 가까이 다가가기가 매우 어렵다는 것을 알고, 옆에서 관찰하고 참견하는 것을 더 좋아한 사람이었다. 그는 세 번 결혼했으며 네 명의 자녀를 두었다. 그는 인간 존재의 어두운 면(고통, 수치심, 취약성)에 이론적 광명을 비쳤던 치료사였으나 치료에서는 그와 같은 것들에 대한 여지를 거의 보이지 않았다. Berne은 어린 시절의 고통을 탐색하고 이해하는 대신, 어른자아 A의 통제를 뚜렷하게 목표로 두었다. 따라서 교류분석 자체의 각본은 때때로 "나는 어디에도 속하지 않는다(I don't belong)." 각본으로 묘사되기도 한다(Hargaden, 2003).

최근 20~30여 년 동안에, 교류분석 개념들 중 하나로서의 각본에 대하여 많은 저술들이 출판되었다. 가장 괄목할 만한 발달은 각본 또한 건설적 면을 가진다고 인식되었다는 것이다. 정말로 각본이 없다면, 인생이 우리에게 제시하는 질문들에 대한 대답을 못한 것과 같이, 누구나 인생에서 그렇게 멀리 항해할 수는 없을 것이다. 각본에 기초하여, 당신은 사람들이 찬사를 보내는 특성, 그 때문에 사람들이 당신임을 인정하는 특성, 또한 사람들이 불평하는 당신만의 당혹스러운 면을 전달한다.

Newton(2006)은 다음과 같은 보다 더 기술적 정의를 주장하였다: "각본은 과거에 의미를 부여하고, 현재의 문제들을 해결하는 청사진, 그리고 미래에 대한 예측을 제공하는 설명적 기술이다." 어느 누구가 그것 없이 살아갈 수 있겠는가?

아버지가 가정집에서 개업을 한 정신과 의사인 한 아이는 별별 사람들이 자기에게는 금지구역인 큰 방으로 매일 들어가는 것을 본다. 그의 아버지는 그 사람들에게 몇 시간이고 쉬지 않고 말을 한다. 그것은 그가 거의 이해할 수 없는 신비로운 활동이다. 그가 아는 모든 것은 그가 그 일에 방해가 되어서는 절대 안 된다는 것이다. 그가 나중에 인생에서 무엇이 되고 싶은가 질문을 받았을 때, 그는 확고한 확신에 차 말한다: "환자!"

5.1.3 각본은 어떻게 생성되는가

지금까지 주장되어 온 이론들에 의하면, 각본은 사람들의 생활에 커다란 영향력을 갖는 포괄적 개념이다. 각본의 발달은 어떻게 일어나는가? 오랫동안 어린아이들은 '백지 상태', 즉 빈 서판(blank slate)으로 이 세상에 태어난다고 생각되었다. 어떤 특성의 기질들—예컨대, 내성적이냐 또는 외향적이냐, 쉽게 화를 내느냐 또는 조용하냐, 사회적이냐 또는 폐쇄적이냐—은 (대체로) 선천적이다. 아이는 어떤 성향(predisposition)을 가지고 이 세상에 태어나며 자궁 내에서의 수태 이래 여러 종류의 영향에 이미 노출되어졌다. 임신이 바라던 바인가 또는 원하지 않던 것이었던가, 엄마가 사실 유산을 원하였으나 실행하지 못하였는가, 또는 부모들은 임신과 아기의 출생을 애타게 기다렸는가는 매우 중요한 의미를 갖는다. 엄마는 임신 중에 편안하게 충분한 휴식을 취할 수 있었는가, 또는 이 무렵 이사를 해야만 했기 때문에 마지막 순간까지 일을 해야만 했는가? 사고, 경제적 압박, 또는 모든 사람에게 영향을 미치고 또 부모들에게 불안감을 주었던 심지어 전쟁 같은 외부적 사건들이 있었는가? 그때 아기가 태어났다. 아기는 그의 어린이자아상태 C로부터 주변의 모든 것들을 경험한다.

- C_1은 냄새, 소리, 분위기 그리고 환경의 정서적 색조를 경험한다.
- P_1은 부모들이 전송하는 메시지들을 내면화하는데, 이 메시지들은 아기를 보고는 명랑하게 웃음 짓지만, 때로는 화를 내거나 슬퍼하는 엄마로부터, 아기를 요람에서 활짝 웃으며 들어 올리지만, 스트레스를 받으면 넋두리를 하는 아빠로부터 온다.
- A_1은 매우 어린 나이임에도 온갖 서로 다른 인상들로부터 결론을 끌어내려 한다.

어린이의 유전적 성향(predisposition)과 부모들의 특성(qualities) 사이에는 끊임없는 상호작용이 있다. 경우에 따라서는, 아기의 성향이 심지어 위대한(큰) 부모들조차 좋은 관계를 만들 수 없을 정도일 수 있다. 그런가 하면, 심지어 부적절한 부모들조차도 망칠 수 없을 정도로 회복력과 유연한 사회적 태도를 가진 어린아이들도 있다. 그리고 그 중간쯤에 위치하는 모든 아기들이 있다. 훌륭한 양육은 건강한 발달을 촉진시킬 수 있다. 비록 부모들의 능력이 대단하지 않다 하더라도, 성장과 발달은 사춘기 이후에도 가능하다. 또한 어린아이들은 외부로부터 받는 동일한 메시지들에 대하여 상이한 결론을 이끌어 내기도 한다. 이 경우에, 비언어적 메시지들은 가장 강력한 인상을 줄 수 있다. 결론은 부모들이 의도한 것이 아닌 다른 형태를 취할 수 있다. 양육자의 의도와 이것이 아이에게 갖는 효과는 매우 다를 수 있다.

아빠가 욕설을 하며 직장으로부터 집에 도착한다, 문을 세차게 닫고는, 화가 난 얼굴로 테이블에 앉는다. 아이 A는 생각한다, "내가 뭐 잘못한 모양이야. 조용히 해야지, 그렇지 않으면 아빠가 내게 더욱 화를 낼 것이다." 아이 B는 생각한다, "집안의 분위기를 띄우기 위해 내가 아빠를 좀 웃게 만들어야지." 아이 C는 생각한다, "아빠가 화가 났지만 나와는 관계가 없는 일이지. 아빠는 어찌되었건 나를 사랑하지."

어린아이는 때로는 이해할 수 없고 심지어 목숨을 위협하기까지 하는 세상에서 생활하고 생존할 수 있는 결단들을 한다. 그때 아이가 하는 결단은 그 상황에서는 가능한 최상의 결단인 것 같다. 그러나 이후의 인생에서, 각본 결단들은 제한적이고 유해할 수 있다. 모든 인간은 일관성 있는 내적 시스템을 만든다. 지금 여기의 상황에서 어떤 사람이 생각하고, 느끼고, 행한 것들이 당신이 시간을 가지고 그 사람의 역사 속으로 들어간다면 이해될 수 있을 것이다. 당신은 그러면 어떻게 이 특정한 어린아이가 그때의 상황에서 어떤 유형의 행동을 선택했는가를 이해할 수 있다. 그것은, 비록 지금은 때로는 반생산적으로 작용한다 할지라도, 그 당시로서는 최선의 선택이었다.

　어떻게 우리들은 작은 아이가 왜 때로는 세상을 위험하고 적대적으로 경험하는가를 이해할 수 있을까?

- 아이는 육체적으로 작고 또 상처받기 쉽다. 세상은 거인들로 가득한 것 같다. 예상치 못한 큰 소리는 위험이 가까이 있다는 의미일지 모른다.
- 아이는 성인처럼 생각하지 않으며 아직 성인의 언어기능을 갖지 못하였다. 아이는 감정을 균형감 있게 경험하지 못한다.
- 아이는 성인이 가지고 있는 정보와 개관이 결여되어 있다.
- 아이는 다른 곳에서 살 선택을 가지지 못한다. 이 가정에서의 성장은 그 가족과 문제해결을 해야만 하는 것 이외의 선택은 없다.
- 아이는 아직 스스로 스트레스에 대처할 수 없다. 아이가 어리면 어릴수록, 공포와 위험에 대처하는 데 더욱 더 제한적이고 취약하다.

한 사람의 궁극적인 발달은 유전적 성향, 교육과 환경으로부터 획득한 경험들, 그리고 우연의 요인 사이의 복합적 상호작용이다. 유전적 성향까지도 환경과 결합되면 분명하지 않다. "우리의 유전자는 다리를 가지고 있다."라고 정신과 의사이자 유전학 연구자인 Kenneth Kendler는 말한다(Kendler & Prescott, 2006). 유전자는 자기들이 번성할 수 있는 환경을 찾는 것 같다. 따라서 일반적으로 젊은이 들은 15~25세 사이에 매우 많은 술을 마신다. 그 나이에는, 40이 되어서도 매일 술집에서 볼 수 있는 사람들처럼 음주가 중독에 대한 선천적 성향의 징후가 아니다. 이런 사람들은 술에서 헤어나지 못했고, 분명히 알코올 중독이며, 알코올 중독의 유전적 성향을 가지고 있다. 이것은 유전적 성향이 반드시 중독으로 인도한다는 의미가 아니다. 그러나 그것은 유전자와 환경 사이의 상호작용에 대한 지식은 내담자, 사회복지사, 방관자들을 위하여 중독과의 투쟁에 대한 이해를 증진시키며, 또한 치료의 도구를 제공한다는 의미이다.

5.1.4 존재 포지션

이 책의 서문에서 언급하였듯이, 교류분석은 사람들은 인간 가치에 관한 잠재적 근원, 즉 사랑하는 마음(loving heart)을 가지고 태어난다는 전제를 가정한다. 교류분석에서는, 이러한 태도(포지션)를 "I'm OK, you're OK"라고 부르며, + / +로 표기된다. 인생 초기 경험들은 많은 질문에 대한 대답에 의하여 색채가 입혀진다. 당신은 환영받는다고 느꼈는가? 당신은 남자 아이로서 환영을 받았는가, 또는 여자 아이이기로 기대되었는가? 당신은 밤중에 우는 것이 허락되었는가, 또는 '골칫거리'여서는 안 되는 존재였는가? 출생 이후의 수백만에 이르는 매일 매일의 경험들이 있으며, 그것들은 우리들 자신, 타인들, 그리고 세상에 관한 기본적 판단을 형성한다.

제4장에 언급한 바와 같이, 존재 포지션 개념의 시작은 게임들을 카테고리로 분류하기 위한 방법을 모색하는 방안으로 Berne이 고안하였다. 이후, 샌프란시스코 세미나의 토론과정에서 존재 포지션으로서의 OK/not OK의 개념들이 그 사람의 이 세상에서의 의미를 뜻하는 각본과 연결이 지어졌다. Steiner는 I'm OK-you're OK 포지션을 자유, 평등, 민주주의, 그리고 행복과 인간의 잠재력을 추구하는 평등한 운동장을 의미하는 것으로 정의하기를 주장한다(Steiner, 1974, p. 2).

교류분석에서 이것은 존재 포지션 또는 인생태도(life position), 즉 그 사람의 자신과 타인들에 대한 기본적 믿음이라고 알려져 있다. 이것들은 결론을 이끌어내고, 결단하고, 그리고 어떤 사람이 그의 인생에서 상당한 가치를 갖는 사람 그리고 물건들과 관련하여 갖는 기본적 태도인 행동을 정당화하는 데 사용된다.

교류분석은 네 가지의 존재 포지션(인생태도)을 구분한다.

- I'm OK, you're OK

  당신과 나는 노력할 가치가 있다. 우리들은 소중한(가치 있는) 사람들이다. 당신과 내가 갈등을 가질 때에는, 나는 그것을 해결하길 원하지만, 결과에 대한 나의 이해 때문에 나 또는 당신이 희생되어서는 안 된다. 우리를 위한 나의 관심은 해결책에 대한 나의 관심과 마찬가지로 중요하다. 당신은 당신 그리고 나는 나이며, 우리들이 함께 만난다면 그것은 좋은 것이다. 변화, 성장, 친밀은 가능하다.

- I'm not OK, you're OK

  나의 인생은 당신의 인생만큼 노력할 가치가 없다. 나는 당신처럼 중요하지 않다. 나는 덜 가치 있는 사람이다. 당신은 나보다 더 많이 할 수 있으며 더 낫다. 만약 두 사람 사이에 갈등이 생긴다면, 내가 양보한다. 결과는 당신이 나에 대하여 생각하는 것보다 덜 중요하다. 나는 나 자신을 돌보지 않는데, 그것은 나는 행복하지 않기 때문이다. 나는 당신과 비교하면 무기력하게 느낀다. 나는 때때로 내가 희생자의 위치에 있음을 발견하며, 당신은 분명히 나를 구원할 수 있다.

- I'm OK, you're not OK

  당신의 인생은 나의 인생만큼 노력할 가치가 없다. 나는 더 중요하다. 그리고 만약 서로 어떤 갈등이나 문제가 생긴다면, 나는 나의 해결책을 관철할 것이다, 왜냐하면 비록 당신에게 희생이 될지라도 나는 결과가 가장 중요하기 때문이다. 당신이 치르는 비용은 나의 관심사가 아니다. 나는 구원자로서 당신이 알고 있는 것보다 당신에게 무엇이 더 좋은 것인지 안다.

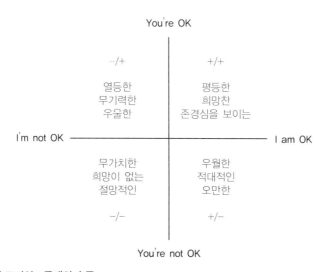

그림 5.1 네 가지 존재 포지션 : 존재의 수준

- I'm not OK, you're not OK

아, 인생은 노력할 가치가 없다. 정말 상관없는 일이다. 우리는 인생에 무엇을 더 하거나 또는 인생에서 무엇을 뺄 수도 없다. 나는 모든 것을 회피하는 것을 택한다. 나는 당신을 진정으로 필요로 하지 않으며 당신도 어차피 나와 관련되는 것을 원하지 않는다.

우리는 인생의 출발점에서부터 우리의 모든 인생 경험들의 영향을 받아 존재 포지션을 발달시킨다. 때때로, 스스로-실현되는 복합적인 예언들에 의하여 절대적 믿음을 갖게 된 어린아이는 이후 세상에서 자기를 이해하고, 지지하고, 소중하게 여기는 사람들을 만나게 되는 한편, 의심이 가득하고 조심스럽기만 한 어린아이는 그 반대의 반응들을 유발한다. 이와 같이, 각본 결단들은 상응하는 존재 포지션(인생태도)에 의하여 재확인된다.

아드리안이 출생하기 3개월 전에 그의 아버지는 사고로 목숨을 잃었다. 그를 임신한 엄마는 세 살 먹은 딸과 함께 남겨졌다. 출생의 순간부터, 아드리안은 이 모든 것들을 끌어안아야 한다는 느낌을 가졌다. 이름도 그의 죽은 아버지를 따라 지어졌으며, 아버지의 사진은 화장대 위 잘 보이는 곳에 놓여 있었다. 그는 엄마를 행복하게 만들 필요가 있었다. 그러나 그 일에서는 계속 실패할 것만 같은 느낌을 가지고 있었다. 엄마가 아드리안에게 화를 낼 때면, 죽은 아버지를 분란에 끌어들이곤 했다: "네 아빠가 살아계신다면, 너를 어떻게 다루어야 할지 아실게다!" 또는 그녀는 한숨을 쉬며 말한다: "네 아빠라면 훨씬 더 잘했을 게다." 아드리안은 주로 "I'm not OK, you're OK" 포지션에 놓여졌다. 때로는 아드리안도 엄마에게, 그의 실패한 인생에 대하여 화를 냈으며, 그럴 때면 그는 "I'm OK, you're not OK"로 이동하거나, 또는 무기력하게 홀로 폐쇄의 늪: "I'm not OK, you're not OK" 포지션으로 빠져들곤 했다. 그는 아주 드물게 평등하고, 협조적 포지션인, "I'm OK, you're OK"에 있었다.

Thomas Harris(1967)가 저술한 자기긍정-타인긍정(*I'm OK-You're OK*)에서는, 출생 시의 아이는 "I'm not OK, you're OK" 포지션을 갖는다고 하였는데, 이는 교류분석에서는 일반적이라고 할 수 없다. Harris에 의하면, 아기들은 완전히 부모에게 의존해야 하기 때문에 그렇게 결론을 낼 수밖에 없다고 한다. 그러나 교류분석에서는 어린아이들은 초기의 경험에 근거하여 다른 결론과 결단에 이르지 않는다면, +/+라는 핵심을 보유한다는 생각을 일반적으로 공유한다.

궁극적으로, 모든 성인들의 존재 포지션은 그들의 행동으로 그리고 타인들과의 상호작용하는 방법으로 인지될 수 있다. Franklin Ernst(1971)는 이러한 행동들을 '(작전)활동(operation, 움직임)'이라 부르며, 말들이 야외의 목장에 위치하는 것에 비유해, OK 목장(the OK corral)이라는, 그림 5.2의 다이어그램을 만들었다. 그것은 사회적 상호작용에 관한 것을 나타내기 때문에, 그는 "I'm (not) OK with you" 그리고 "you're (not) OK with me"란 문구를 사용하였다. 순간순간에 따라, 사람들은 포지션을

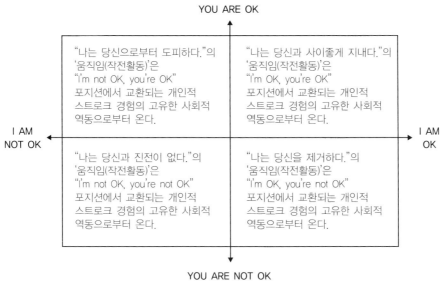

그림 5.2　네 가지 존재 포지션 : 행동의 수준

바꾸는데, 때로는 의식적 선택으로, 그러나 대부분의 경우에는 의식하지 못하고 그렇게 한다. 만약 그것이 의식적 선택이라면, 그 사람은 상대가 상보적 포지션을 갖도록 초대하는 경우이다. 때때로 우리의 사회적 행동은 상응하는 존재 포지션(인생태도)을 위한 각본에 기반하는 정당화이다.

> 톰은 여름날 저녁에 차를 몰고 있었으며 해는 고속도로 너머로 지고 있었다. 그는 좀 짜증이 나 있었는데, 회의가 예상보다 길어졌고 그 때문에 아직도 가야할 길이 멀었다. 그는 갑자기 자기 뒤에 경찰차가 달려오는 것을 보았는데, 빠른 속력으로 추월하더니 그에게 멈추라는 신호를 보냈다. 당황했지만 그는 차를 길 옆에 정차했다. 그는 경관에게 이렇게 인사했다. "어이, 여러분들 더 좋은 할 일이 없는 모양이에요? 당신들은 범죄자들을 잡아야 하지 않나요?"

그는 존재 포시션, ＋ / － 로부터 반응했다. 반대로 그것은 이 상황에서는 그에게 도움이 되지 않을 것이다. 그러나 그것은 다를 수도 있다.

> 마리는 여름날 저녁에 차를 몰고 있었으며 해는 고속도로 너머로 지고 있었다. 그녀는 그날에 대하여 만족스러웠으며 운전대 뒤로 편안한 자세로 운전하고 있었다. 갑자기 그녀는 경찰차가 달려오는 것을 보았는데, 빠른 속력으로 추월하더니 그녀에게 멈추라는 신호를 보냈다. 그녀는 놀랐으나 곧 "내가 라이트를 켜는 것을 잊었구나!" 하고 알아차렸다. 그녀는 차를 세우고, 차 밖으로 나와 즉시 미안한 듯이 말했다. "잘 보셨네요, 제가 라이트를 켜는 것을 잊었군요! 참 멍청하긴!" 경관은 웃으며 말했다, "여성 분, 이번에는 위반 티켓을 끊지 않겠습니다."

때에 따라서는 포지션 −/+를 선택하는 것이 도움이 될 수 있다. 대부분의 사람들은 네 포지션을 모두 알고 있으나, 자기가 사고하고, 행동하고, 느끼는 데 선호하는 포지션이 있다. 이것은 그들이 스트로크를 교환하고 시간을 구조화하는 데 사용하는 포지션이다. 점유된 포지션은 각본의 내용에 관한 모든 것을 말해준다. 포지션 "I'm OK, you're OK"는 즐거운 인생을 살 수 있도록 만들 가능성이 크기 때문에 '건강한 포지션(healthy position)'이라 불린다. 때때로 사람들은 아무도 모르게 (비밀스럽게) 우월하다고 느낀다. 이 경우에는, "I'm OK, you're OK" 포지션 밑에 "I'm OK, you're not OK" 포지션이 숨겨져 있다. 세상을 "I'm OK, you're not OK" 포지션에서 보는 사람들은 때때로 큰 소리와 허풍을 떨지만 사실은 소심하다. 그들은 고난에 처하면 "I'm not OK, you're OK" 포지션으로 떨어진다. 그들의 오만함은 우울함으로 바뀐다.

Julie Hay(2009, p. 21)는 존재 포지션을 세상을 보는 안경, 즉 '세상을 보는 창(the windows on the world)'으로 부른다. 당신이 세상을 보는 창은 당신의 태도를 결정하며 또한 다른 사람의 태도에 영향을 준다. 그녀는 존재 포지션은 확신, 행동, 감정의 혼합물이며, 이들은 일반적으로 서로 일치하지만 항상 그런 것은 아니라고 주장한다. 확신(convictions)은 사람들이 자신과 타인들에 대하여 어떻게 생각하는가를 결정한다. 행동(behavior)은 사람들이 실제로 타인과 함께 있을 때 자신을 어떻게 표현하는가 하는 부분이다. 감정(feelings)은 때때로 특히 우리의 행동과 일치할 때에는 가시적이다. 그러나 우리는 또한 우리의 감정을 의식적으로 또는 무의식적으로 숨기는 것이 가능하다. 우리는 어떤 사람들이 우월한 척(+) 행동하지만 열등하게(−) 느끼는 상황이나, 어떤 사람이 더 잘 알지만(+), 힘을 가지고 있는 사람을 의식하여, 양보하는(−) 순간에 대하여 알고 있다.

Hay는 (Graham Barnes의 아이디어에 근거하여) 다음과 같은 다이어그램(disposition diagram, 마음의 틀 배치 다이아몬드)을 개발하여, 확신, 행동, 감정을 마치 분리되어 있는 것처럼 표시하였다(Hay, 2009, p. 27).

확신, 행동, 감정, 이 세 가지 요소들 각각에, 당신은 네 가지의 존재 포지션들(+/+, −/+, +/−, −/−) 중 하나를 배치할 수 있다. Hay에 따르면, 이렇게 배치하면 27개의 조합을 얻을 수 있다. 그러나 이 중에서 6개의 조합만이 빈번하게 일어난다. 그녀는 이들 조합에 각각 재미있고 기억하기 쉬운 이름을 부여했는데, 그것들은 순교자(martyr), 고소인(complainant), 괴롭히는 사람(bully), 희생자(victim), 자선가(benefactor), 염세주의자(pessimist)이다. 예컨대 괴롭히는 사람은 다른 사람들보다 능력이 부족하다고 느낀다(내적 확신은 −/+이다). 그러나 괴롭히는 사람은 마치 자기는 모든 것을 아는 것처럼 행동함(+/−)으로써 마음 깊은 곳의 의문을 은폐한다. 괴롭히는 사람은 다른 사람들에게 무엇을 할 것인지 지시한다. 그러나 마음 깊은 곳에는, 자신과 다른 사람들에 대하여 절망적으로(−/−) 느낀다. 이것은 존재 포지션에 약간의 추가적 의미를 더함으로써 어떤 상황을 훨씬 더 잘 이해할

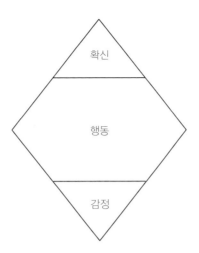

그림 5.3　마음의 틀 배치 다이어그램

수 있다고 Hay는 말한다. 확신, 행동, 감정의 조합은 사람들에 의하여 선택되어 부분적으로는 그들의 반응을 결정한다.

　때때로 사람들은 자신의 행동이 얼마나 강하게 다른 사람의 행동을 촉발하는지 거의 의식하지 못한다. 당신이 자신을 어떻게 보는지는 다른 사람들을 지각하는 안경에 색조를 입힌다(De Graaf & Kunst, 2005). 만약 당신이 not-OK 안경을 OK 안경으로 바꿀 수 있다면, 당신의 인생은 달라질 것이다.

5.1.5　각본 매트릭스

부모들과 양육자들은 인생은 어떤 것이고, 어떻게 굳건히 자기 뜻을 지킬 것인지, 그리고 어떻게 자신의 행복 또는 불행을 만드는 것인지에 대하여, 어린아이에게 의도적이든 의도적이 아니든, 말로써 그러나 어쩌면 행동을 통해 더 많은 메시지들을 전달한다. 교류분석에서는 이러한 과정은 각본 매트릭스에 의하여 명확하게 설명된다. 각본 매트릭스는 Berne의 초기 동료였던, Claude Steiner(1966)에 의하여 처음 개발되었다. Steiner에 의해 제시된 각본 모델은 부모의 금지령들 그리고 속성들의 힘을 강조하였으며, "각본은 본질적으로 인생 과정의 청사진이다."라는 결론을 만들었다(1974, p. 51). Steiner는 세 가지의 기본 인생각본을 설명하였는데, 그것들은 우울 또는 '사랑이 없는(no love)' 각본, 미침 또는 '정신이 없는(no mind)' 각본, 약물중독 또는 '기쁨이 없는(no joy)' 각본이다.

　일부 각본 학자들은, 인생의 초기 단계에서의 유일한 자아상태는 어린이자아 C이기 때문에, 그림 5.4에서 모든 화살들은 어린아이의 어린이자아 C를 향하는 것이 더 정확하다고 주장한다. 이 자아상태가 모든 초기 메시지를 내면화하는 곳이다.

　어린아이가 성장함에 따라, 점차 일부 메시지들은 A_1으로부터 A_2로, 그리고 P_1으로부터 P_2로 이동한다. 각본 발달 과정은 일생을 통하여 지속되기 때문에, 이 다이어그램에서 전달하려고 하는 메시지들은 종종 어린 시절을 지나며 인생의 과정에서 변화한다. 부모는 자신들의 자아상태(부모자아상태 P, 어른자아상태 A, 어린이자아상태 C)로부터 자녀들에게 메시지들을 전달한다. 원래의 각본 개념에서는 어린아이는 그의 각본(대항지령, 허가, 금지령)을 주로 반대되는 성을 가진 부모로부터 '받으며 (receive)', 프로그램을 같은 성의 부모로부터 배운다고 이해되었다. 남아는 엄마가 원하는 남자가 되지만, 아버지는 이것을 이루는 방법을 보여준다. 이 모델은 정신분석이론에서 발달의 오이디푸스 단계를 다시 공식화한 것이었다. 많은 가족 시스템이 더 이상 명확하게 성에 의한 역할 구분이 존재하지 않는 아버지, 어머니, 아이로 구성되는 핵가족이란, 보다 현 시대적 관점에서 본다면, 일반적으로 아이의 각본 발달에는 복합적인 영향들이 존재한다.

각본 매트릭스의 또 다른 최근의 적응형태는 어린아이 역시 부모에게 영향을 준다는 아이디어인데, 따라서 벡터들은 한쪽 방향으로만 향하는 것이 아니라 부모로부터 아이에게 그리고 또 그 역으로 향해야 한다는 주장이다(5.2.6절 참조). 이 아이디어는 Tudor와 Summers(2014)에 의하여 그들의 각본 나선으로 더욱 발전되었다. 우리는 이것을 5.2.7절에서 다시 다룰 것이다.

각본 매트릭스는 다음의 요소들로 이루어진다.

- 아버지와 어머니의 어린이자아상태 C로부터의 허가들 그리고 금지령들 : 허가와 금지령은 부모의 어린이자아상태 C로부터 주어지기 때문에, 그것들은 일반적으로 부모들의 행동으로부터 아이가 선택하는 비언어적 메시지들이다. 무엇이 아빠를 기분 좋게 만드나? 언제 엄마는 한숨짓고 또

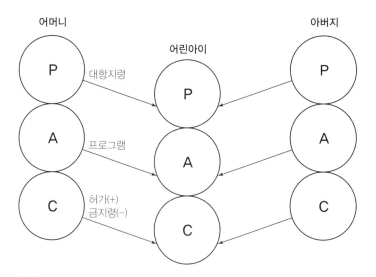

그림 5.4 각본 매트릭스(Stewart & Joines, 1987, p. 129)

찡그리나? 언제 아빠는 화를 내나? 허가들은 아버지 또는 어머니의 어린이자아 C를 기쁘게 하거나 또는 C가 즐기는 상황 또는 아들/딸의 행동들을 가리킨다. 금지령들은 부모들의 시기하는, 화난, 두려워하는 또는 무시된 어린이자아 C가 격발되는 행동 또는 상황에 관한 것이다. 때때로 부모들은 이것을 알지 못한다. 우리는 이에 대하여 5.1.6절에서 좀 더 상세히 다룰 것이다.

- 아버지와 어머니의 부모자아 P로부터의 대항지령들(counter injunctions) : 이것은 더욱 빈번하게 부모들이 알고 또 지지하는 언어적 메시지들을 포함한다. 대항지령들은 일반적으로 긍정적 내용("그렇게 하는 것이 우리를 행복하게 만든다!") 또는 도덕적 내용("네가 다른 사람들에게 친절하게 대하면, 그들도 네게 친절하게 대할 것이다.", "네가 하는 일에 최선을 다해라. 그리고 마음으로부터 그 일을 진실하게 하라.", "너의 행동에 책임을 져라.")을 가진다. 때에 따라서는, 그것들이 증오 또는 시기심을 포함할 수도 있다: "만약 네가 가난하게 태어났다면, 너는 절대로 부자가 될 수 없다.", "정상적으로 행동하는 것은 그 자체로 미친 짓이다.", "네가 너무 친절하게 대하면 사람들이 너를 경멸할 거다."

- 아버지와 어머니의 어른자아 A로부터의 프로그램 : 이것은 당신이 어떻게 집을 가꾸고 살림살이를 어떻게 정리하고를 알려주는 것이다. 이것은 당신이 학교에서, 직장에서, 친구들 앞에서 어떻게 행동해야 하는가이다. 이것은 당신이 어떻게 문제들을 처리할 것인가에 관한 것이다. 이것은 상황이 당신에게 좋지 않게 진행될 때 어떻게 할 것인가에 관한 것이다.

금지령의 특별한 형태가 속성(attribution)으로서, 이것은 어린이로 하여금 믿도록 만드는, 어린이의 특성에 관한 메시지이다: "우리 엘리는 귀여운 멍청이에요.", 또는 "우리 자식들 중에서, 알프레드는 모든 면에서 가장 빠르지. 그 아이는 10개월에 걷고 네 살에 글자를 읽기 시작했어요." 속성은 아들 또는 딸이 아직 매우 어린 나이일 때 양육자의 어린이자아 C로부터 주어진다: "우리 엘리는 대단히 신경질적인 아이지…" 어린아이는 자기의 속성은 바뀌지 않는다고 여기는 경우가 많다: "그래, 나는 그렇게 생겨 먹었어." 속성은 일반적으로 아이의 면전에서 다른 사람들에게 말한다.

라쉬드는 세 자녀가 있는 가정에서 맏이로 성장했다. 그의 어머니는 자주 아프고 집안일과 아이들을 돌볼 수 없었다. 그의 아버지는 직장일이 바쁘고 자주 집을 비웠다. 맏이로서, 라쉬드는 어린 나이임에도 어머니를 돌보아야 했다. 그는 또한 어린 남동생 여동생에 대하여 아버지의 역할까지 맡아야만 했다. 그는 훌륭한 학생이었으며 그에 대한 기대는 높았다. 그는 학교 성적에 관해서 아버지로부터 관심을 받고 있다는 것을 알고 있었다. 대학에 진학하였을 때, 그에게는 집에서 떨어져 있고 또 사회적 관계를 만들어 나가는 것이 어렵게 느껴졌다. 그는 어머니에게서 듣던 무조건의 인정하는 말이 그리웠으며, 사람들에게 다가가는 것이 어려웠다. 그에게 열정적이고 세상사에 통달한 듯 보이는 몇 살 연상의 여자가 다가왔을 때 그는 그녀에게 열정으로 반응을 보였다. 오래지 않아 그녀는 임신을 하게 되었다. 그들은

결혼을 하고 곧 두 명의 아이를 갖게 되었다. 그러자 그의 부인은 아이들의 양육에 관심을 가진 여자가 아니라는 것이 드러났다. 그녀는 여전히 외출을 즐겼으며 점점 그가 집에서 아이들을 돌보는 것을 기대하였다. 그는 바빴지만 모든 집안일을 도맡아 열심히 노력했다. 그가 자기 부인이 지난 6개월 동안 또 다른 결혼관계를 유지하고 있었고, 지금 그 남자의 아기를 임신하고 있다는 사실을 알게 되었을 때, 그는 우울증에 빠졌다.

라쉬드의 각본 매트릭스에 관하여 다음과 같이 말할 수 있다.

- 금지령들(injunctions) : 맏아들로서 그는 병약한 어머니 대신 많은 일을 해야 했으므로, 그는 다음의 금지령들을 발달시켰다 : "너는 어린아이일 수 없으며 빨리 자라서 책임을 맡아야 한다." 그리고 "다른 사람들은 너보다 더 중요하다." 그는 아버지가 책임감 있는 아들에 대하여 기쁘게 생각했으나 아버지로부터 관심은 거의 받지 못하였다. 그는 따라서 허가 "너는 강하며 힘 있는 사람이다."를 발달시켰다.
- 대항지령들(counter injunctions) : 혹 그가 불평이라도 하면, 그의 어머니는 이기적이면 안 된다고 하며, 그는 다른 사람들을 생각해야만 한다고 야단쳤다. 이것은 그의 어머니로부터 "다른 사람들을 생각해야해, 너 자신은 마음속에서 지워라."라는 대항지령을 갖도록 하였다. 그는 아버지로부터 학교에서 열심히 공부하고, 좋은 교육을 받아서 좋은 직업을 택하도록 격려받았다. 대항지령은 "열심히 공부하라."이다.
- 프로그램(programme) : 주로 그의 아버지의 예에 근거하여 "너에게 중요한 것은 일할 때나 집에서나 책임을 지는 것이다." 전통적 각본 매트릭스는 어머니와 아버지를 아이보다 높은 위치에 두어, 각본 메시지의 벡터들이 아이를 향하여 아래로 내려와, 어린아이의 발달하는 마음의 위에 위치하는 부모들의 힘과 권위를 나타낸다. 이에 대하여 이미 고전이 된 비판에서, Cornell(1988)은 부모의 자아상태들을 어린아이의 것들과 같은 평면에 두고 수평의 벡터들을 사용할 것을 제안하였다. 그는 나아가 어린아이의 발달에 관한 연구들에서 충분히 알려진 바와 같이, 영향력을 나타내는 벡터들은 부모로부터 아이에게로뿐만이 아니고, 아이로부터 부모에게로도 표시되어야 한다고 주장하였다. Cornell의 입장은 Graeme Summers와 Keith Tudor(Summers & Tudor, 2000, 2014)에 의하여 개발된 공동의 창조적 교류분석(co-creative TA) 모델에서, 그림 5.5에서 보여주는 것과 같이, 보다 더 다듬어졌다.

이상적으로는, 어린아이는 인생에서 자기를 행복하고 성공적으로 만드는 메시지들을 받는다. 보통의 정상적 경우라 하더라도 부모들은 때때로 까다롭게 굴거나 또는 무뚝뚝할 수 있다. 그들은 때때로 자기들의 어린 시절에 결핍되었던 것들에 근거하여, 나름대로의 (나쁜) 버릇을 가지고 있다. 어린아이들은 따라서 언제나 어느 정도는 무시되고, 비난받고, 잘못 이해될 수 있다. 어린아이의 욕구는 항상 충족되는 것이 아니며, 어느 정도는, 어린아이들은 부모들의 충족되지 못한 욕구를 충족시키기 위하여 이용된다. 이것은 아이의 발달에 반드시 부정적 효과를 가져 오는 것은 아니다. 매우 어린 유아들에 관하여 연구한, Daniel Stern은 이것에 관하여 많은 발표를 했으며, 우리는 이에 관하여 5.4.1절에서 상세하게 논의할 것이다. 어린아이들은 또한 유연하고 회복력이 있으며 어려운 환경 때문에 오히려 강해질 수도 있다. Cornell은 이것에 대하여 저술하였으며, 5.2.3절을 참조하기 바란다.

일반적으로 모든 사람들에게는 행복하고 건강한 인생을 위하여 필요한 교훈을 얻기 위한, 성장을 위한 기회가 적어도 세 번 있다고들 말한다. 당신의 첫 기회는 당신이 성장한 가정에서다. 당신이 아버지, 어머니, 형제들, 자매들, 할아버지와 할머니, 학교 친구들에게서 받은 교훈들은 성공적 삶을 건설하는 데 사용될 수 있다. 그러나 당신이 성장한 부모의 집을 떠난다고 해서 거기서 끝나는 것은 아니다. 당신은 배우자와의 관계로 이행하는 성인기에 두 번째의 기회를 갖는다. 당신은 배우자로부터 당신이 전에는 알지 못했던 인생의 교훈들을 배워, 당신의 집에서 발달시켰던 각본을 배우자와 함께 계속 써 갈 수 있다.

성인이 된 이후 당신의 세 번째 기회는 직장에서 그리고 당신의 동업자와의 관계에서 찾아온다. 여기에서도 역시 집에서 발달된 각본은 당신이 이용할 수 있는 특성을 제공한다. 그러나 일(직업) 역시 누구에게나 더욱 성장하고, 더욱 자율적으로 생각하고, 느끼고, 행동하도록 도전적 기회를 준다.

모든 사람들은 무의식적 인생계획인 각본을 가지고 있다. 그러나 어떤 사람의 각본은 다른 사람들보다 훨씬 적은 규제(제한)들을 가지고 있다. 치료의 목표 또는 다른 형태의 교류분석 지원들은 '각본으로부터 자유로운(script free)' 상태를 만들려는 것이 아니다. 그것은 자기존중과 타인존중의 존재 포

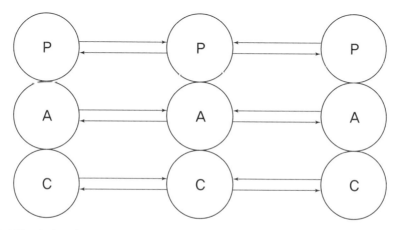

그림 5.5 공동의 창조적 각본 매트릭스

지션(인생태도)에 기반을 두고, 보다 더 자율적이고, 개인적으로 양심을 가진 사람, 자발적이고 진실할 수 있는 능력을 보유한 사람, 다른 사람들과 주변의 세상과 연결할 능력을 가진 사람이 되는 것에 관한 것이다. 각자의 각본에서 자원과 긍정적 면을 발견하고 개발하는 것은 이러한 과정의 한 부분일 것이다.

5.1.6   결단과 재결단

Bob Goulding과 Mary McClure Goulding(1976, 1978, 1979)은 그들이 초기의 부정적 결단을 한 내담자들과의 치료 작업 중에 접했던 다른 부류의 주제에 관한 개요를 설명하였다. Goulding 부부의 접근법에서 필수적 요소의 한 가지는 그들은 사람들이 그들 부모의 메시지 또는 금지령에 근거하여 스스로 결심한 결단들에 초점을 맞추었다는 것이었다. 그것은 어린아이가 선택을 했기 때문에, 부모의 금지령들이 심약한 어린아이에게 부여된 것이 아니라는 것이었다. 어린아이가 부모의 메시지와 압력으로부터 영향을 받을 수 있는 다른 가능성은 역시 존재한다.

우리들의 견해에 의하면, 그것은 단지 부모들의 메시지에 관한 것뿐만 아니라, 훨씬 더 광범위한 과정에 관한 것이다. 즉, 그 가족에서의 주된 주제에 관한 것이다. 어린아이는 그러한 주제들(해야 하는 것들과 하지 말아야 하는 것들)을 다루는 방법을 탐색한다. 결단들은 그 가족에서의 중요한 주된 주제들을 가장 적절히 다루고, "나는 누구인가, 타인들은 누구인가, 그리고 이 세상에서 나는 무엇을 하고 있는가?"의 의문에 대한 답을 찾으려는 아이의 시도들이다.

Bob과 Mary Goulding은 사람들은 초기의 제한적 결단들에 반하여 자기 인생의 어느 때라도 다른 결단을 만들 능력이 있다고 주장하였다. 그들은 이러한 그들의 치료 접근 방식을, 교류분석의 다른 실행과 구분하여, 재결단 치료(redecision therapy)라 명명하였다.

부모로부터의 어떤 메시지들이 아이의 금지령으로 인도하는지 여부는 몇 가지의 변인에 의존한다.

- 빈도(frequency) : 어린아이는 어떤 능력이 없다는 이야기를 지속적으로 듣는가, 아니면 한 번 듣는가?
- 위협(생명에 대한)의 정도 : 아이에게 앞의 메시지들이 표현될 때 화를 내고 말하는가? 아이를 차거나 때리거나 또는 골방에 집어넣는가? 또는 모든 것이 식탁 위에서 조용한 대화로 이루어지며 그리고 이후 긍정적 메시지가 따르는가?
- 시간의 적절성(timing) : 유산 후 매우 슬퍼하고 있을 때 어머니가 "내게 가까이 오지 말라."라고 큰소리로 말하는가? 그와 같은 메시지는 어머니가 두통으로 침대에 누워 있을 때보다 훨씬 큰 영향력을 가질 수 있다.

- 감성적 강도(emotional intensity) : 어린아이가 무릎에 피를 흘리며 달려 들어온다. 이때, 때때로 부모는 어쩌면 부모 자신들이 약점을 보이기 곤란하고 슬픔을 보이는 것보다는 화를 내는 것이 더 쉬운 방법이기 때문에, 의도보다는 더욱 강한 감정을 가지고, "좀 강하게 행동해라."와 같은 말을 할 수도 있다.

'금지령(injunction)'이란 용어는 혼란을 초래할 수 있다. 이것들이 비록 부모로부터, 부모의 어린이 자아 C로부터, 부모들 자신들이 불행하고, 불안하고, 화나고, 좌절하고, 또는 실망했을 때 주어지는 메시지들이라 할지라도, 궁극적으로 그에 의한 결론을 이끌어내고 결단을 하는 것은 그들의 아들 또는 딸이다. 어린아이는 실제로 이러한 금지령에 근거하여 스스로에 대한 금지 또는 제약을 부여한다. Goulding 부부는 다음 열두 가지의 금지령들로 분류하였다.

1. 존재하지 말라

이것은 가장 기본적인 금지령이다. 이것은 아이가 부모가 바라지 않는 아이이거나, 또는 처음부터 가치 없고, 쓸모없고, 사랑스럽지 못하다는 느낌을 가질 때 아이가 하는 결단이다. 때때로 이 메시지는 엄마가 출산 중에 사망한 안톤의 경우에서처럼 공개적으로 표현되기도 한다. 그의 아버지는 대처할 능력이 없었다. 그의 아버지가 화를 내거나 술을 너무 많이 마셨을 때는, 으레 안톤에게 소리를 지르곤 했다: "네 엄마는 너 때문에 죽었어. 너는 이 세상에 태어나지 말았어야 했어." 더 자주 존재 금지령은 아이에 의하여 보다 감지하기 어렵게 흡수된다. 마리아는 그의 엄마가 자기를 낳다가 거의 목숨을 잃을 뻔 했다는 것을 알고 있는데, 이후 그녀의 엄마는 심한 골반 통증을 겪고 있다. 그녀의 엄마가 고통을 호소할 때마다, 그것은 마리아의 각본인 "존재하지 말라."를 확인하는 것이다.

폴은 그의 부모들은 그렇지 않다고 언제나 부인했지만, 항상 자기는 태어나지 않았던 편이 좋았을 것이라고 느꼈다. 그는 맏아들이었다. 그의 부모는 그가 태어났을 때 갓 20세에 불과했다. 심리치료 그룹에서 그는 그의 부모가 새로운 삶을 위하여 오스트레일리아로 이민 가기를 원했다고 말했다. 모든 준비가 완료되었다. 비행기 표도 구매했으며, 가구들도 매각하였다 ─ 그런데 그의 엄마가 임신 중이라는 것이 밝혀졌다. 부모들은 이런 상황에서 이민 가는 것이 너무나 위험하다고 생각하여 모든 계획을 포기하고 고향에 머물렀다. 비록 폴이 이 이야기를 알지만, 그가 치료그룹에서 이야기를 하면서 그 사건의 중요성을 실감하게 되었다. 갑자기 그는 온몸으로 자기의 출생이 부모들의 계획을 연기처럼 날려 보냈으며, 부모들은 이것 때문에 드러내지 않고 또 무의식적으로 자기를 미워한다는 것을 알게 되었다.

2. 너 자신이여서는 안 된다

어린아이가 이 금지령을 가질 때에는 부모들이 반대의 성을 가진 아이였기를 바랐을 때다. 연속하여 출생한 네 번째의 여아는 '르네'라는 이름을 갖게 되었으며 밖에서 거친 게임을 즐기는 소년 같고, 운동을 좋아하는 아이로 자란다. 또한 이 아이는 계속해서 다른 아이, 예컨대 훨씬 빨리 학습하고 더 순종적인 나이가 위인 오빠와 비교당하기도 한다. 또는 아이는 또한 결코 순응하고 무엇을 성취하려는 마음이 전혀 없는 피트 삼촌과 비교당하기도 한다.

때때로 이름과 성이 중요성을 갖는다. 예컨대, 마리안 반 아스(Maria van As)라고 불리는 소녀는 때때로 얼마나 많은 'Maria'와 얼마나 많은 'van As'가 자기의 각본 속에 숨어 있는지 의아하다. 너 자신이 되는 것, 즉 개별성의 추구는 때때로 시스템, 즉 가족에서 요구되는 행동과는 상이하다. "너는 진정으로 'van As'가 될 게다," 자랑스러워하는 아버지는 딸에게 말한다. 그러나 마리안이 하는 일에 흡족하지 않은 때에는, 그는 "진짜의 'van As'는 그렇게 하지 않는단다. 마리안"이라고 말한다. 이런 환경에서 아이는 정말 네 자신이 되거나 개별성을 지나치게 추구하는 영역은 금지되어 있다는 생각을 쉽게 갖게 된다. '나 그리고 우리' 사이의 갈등은 마리안이 속하는 새로운 집단에서 언제나 각본 주제로 남아 있다.

3. 어린아이이지 말라

이 경우에는, 어느 한 부모(또는 양부모 모두)가 어린아이의 위치를 차지하고 어린아이는 부모를 돌보아야만 한다. 이것은 어쩌면 부모는 그들의 어린 시절에 어린아이일 수 없었기 때문에, 자기 자녀들의 유희적이고 어린아이 같은 행동을 거절하는 것일 수 있다.

존이 여덟 살 때 그의 아버지는 어머니와 세 아이들을 남기고 갑자기 세상을 떠났다. 존은 아이들 중 맏이였다. 그는 어머니의 슬픔을 알 수 있었으며, 어머니는 그에게 말했다. "이제 네가 이 집의 남자다." 그는 그 순간 어머니와 어린 동생들을 돌보기로 결심하였다.

Berne은 그의 유년에 관한 회고록에서, 열 살이 되던 해에 그의 아버지가 결핵으로 세상을 떠났다고 기록했다. 그는 아버지가 있던 병상을 방문했을 때를 기억했다.

"안녕," 아빠가 말하며 나의 손을 잡았다. 몇 초 동안 우리는 서로 바라보았다. 그리고 아빠는 말했다, "어린 네가 엄마와 동생을 돌봐야겠지?" 나는 고개를 끄덕였다. 아빠는 나의 손을 놓았다. "아빠, 안녕," 나는 말했다. "안녕, 레너드," 아빠가 말했다(2010, p. 95).

덜 극적인 예가 마틴의 가족인데, 마틴은 아이들이 신나게 난장판을 만들든가, 페인트나 풀을 가지고 놀이를 한다든가, 또는 빗물 웅덩이를 물을 튀기며 걷는 것과 같은 것을 절대 용납하지 않았다. 이 모든 것들은 너무나 난장판을 만드는 것이었다. 집은 언제나 청결하고 잘 정돈되어 있어야만 했다. '아이 같은 짓'을 하는 것은 있을 수 없었다.

4. 성장하지 말라

집안에서 가장 어린 막내가 이 금지령을 택하기 쉽다. 부모들은 아이를 계속 돌보기 원하거나 아이가 계속 크지 않고 있길 원한다. 홀로 남겨지는 것에 대한 부모들의 두려움이 종종 아이가 성장하지 않은 상태로 있기 바라는 욕구의 뿌리이다. 아이는 자기 자신의 삶을 가진 성인 남자 또는 여자가 되는 대신 부모들과 함께 머물기로 결심한다.

마리는 이제 43세이다. 그녀는 아직 부모들과 함께 살며 이제 70대가 된 부모들을 돌보는 것이 그녀의 일이라고 생각한다. 그녀는 자기는 아기도 낳지 않을 것이라는 생각을 갖고 부모들이 돌아가실 때까지 그들을 돌보기로 결정했다. 그녀의 손위 형제자매들은 그녀가 이 책임을 맡았다는 것을 마음속으로 기뻐하고 그녀의 헌신에 대하여 스트로크를 준다.

5. 가까워지지 말라

아이는 만지고 안아주는 것을 즐길 수 없다. 부모 자신들도 이것을 결코 배우지 못했다. 이것은 어쩌면 어린 동생이 출생하고 맏아이가 부모의 무릎으로 올라가길 원할 때 "너는 이제 그럴 나이가 아니야!"라는 메시지를 받았기 때문일 수 있다. 그 가족과 가족 문화는 분리되어 있을 가능성이 높다. 그 아이는 조부모들이 자기의 부모들과 친밀하게 교류하는 것을 본 적이 없다. 그들은 악수를 하고, 때에 따라서는 그것도 없었다. 가족 간에 이야기를 나눌 때에도 진정한 눈맞춤은 없다. 가까이 지내야 한다는 욕구를 인정하는 사람은 가족의 게임과도 같은 패턴에 의하여 외면당하였다.

아네트가 어릴 때 아버지는 그녀를 자주 안아주었고 그녀는 아버지의 무릎에 앉기를 좋아했다. 이제 그녀가 열 살이 된 지금은 그런 일이 뜸해졌다. 그녀는 아버지가 자기를 멀리한다고 느낀다. 그녀는 자신의 자기존중에 대하여 의문을 갖는다. 그녀는 학교 성적에 주로 초점을 맞추겠다고 '결심'한다. 왜냐하면 그것이 아버지를 행복하고 자랑스럽게 만든다는 것을 발견했기 때문이다.

6. 소속되지 말라

어쩌면 부모들 자신들이 타인들을 두려워하든가 또는 아이가 외롭고 격리된 가정에서 성장하기 때문에, 어린아이는 타인들에 대하여 불편하고 낯선 사람들에 대해 두려워하는 것을 배운다. 이러한 금지령을 가진 사람들은 종종 나음의 질문에 대한 답을 즉시 안다. 즉, "당신이 어릴 때, 집안 분위기를 맞추기 위하여 당신 자신의 어느 부분을 격리시켜야만 했는가?" 이 금지령의 이중적(상호 모순된) 메시지는 이후의 인생에서도 계속적으로 문제를 일으킨다. 당신은 그룹의 부분이지만, 당신의 각본은 당신이 진정으로 그룹의 일부분이 되는 것을 막는다.

안네마리의 가족은 기독교인들 마을의 유일한 카톨릭 가족이다. 더구나 그곳은 비교적 풍요로운 지역이다. 그녀의 아버지는 엔지니어도 아니고 의사도 아니고, 공무원이다. 그녀는 이웃 아이들과는 다른 학교를 다닌다. 그녀는 방과 후에 함께 놀 여자 친구들이 거의 없다. 그녀는 놀이를 하는 것보다 독서를 하기로 '결심'한다. 그녀는 스스로를 격리시킨다.

7. 중요한 사람이 되지 말라

아이는 자기와 행복이 중요하다고 허가되는가, 아니면 주로 겸손함과 자기 지우기의 중요성을 배우는가? 어떤 종교적 전통에서 이 금지령은 많은 양육의 상황이 색조를 입히는 듯하다: "그저 정상인(일반인)이 되라(Just be normal).", "너의 수입금 이상으로 살지 말라." 이것은 때때로 사회 전체의 집단적 금지령처럼 느껴지기도 한다: "그것은 너에게 해당치 않아!", "그것은 이번 생에 해당치 않아!"

헨리는 자신의 결혼 사진에서조차도 겸손하게 구석자리에 서서 사진사에게 수줍은 웃음을 보낸다. 자신이 생각해도 이것은 넌센스이며, 지나치게 신경을 쓰는 것이라고 생각하지만, 하루 어떤 순간에도 자기가 관심의 중심이 되는 것은 불편하다. 그는 아직도 그의 부모가 그에게 늘 말하는, "그저 정상인(일반인, 평범한 사람)으로 행동하는 것으로 충분해." 그리고 "이런 일들은 우리 같은 사람에게는 적합지 않아."의 소리가 들린다.

8. 건강하지 말라

아프거나 병을 앓는다는 것은 가족들로부터 관심을 얻는 가장 손쉬운 방법이다. 어떤 가족에서는 이 방법이 활발하게 이용된다. 여기에는 엄마와 아빠의 관심을 모두 먹어버리는 '문제의 아이'가 있다. 다른 아이들도 어떻게 하면 확실하게 자기들을 위하여 엄마를 직장에서 휴가를 얻도록 하는가를 재빨리 알아차리게 된다.

마거릿의 부모는 직장일로, 사회활동으로 언제나 바쁘다. 어느 때인가 그녀는 학교에서 지독한 복통을 겪어 그녀의 어머니는 직장에서 급히 달려온다. 마거릿은 급히 병원으로 옮겨지고 맹장염이란 진단을 받는다. 그녀는 갑자기 많은 관심과 돌봄을 받게 되며, 두 부모는 그녀의 침대 곁을 지킨다. 두 주일 후 그녀는 학교에 다시 등교할 수 있게 되고, 모든 것은 정상으로 돌아간다. 그러나 마거릿은 정기적으로 복통을 겪는다. 그때마다 그녀의 아버지와 어머니는 직장에서 달려와 그녀를 학교에서 데리고 간다. 그녀는 이 모든 관심을 즐기며 아픈 것은 그녀 부모의 관심을 끌 수 있는 효과적 방법이라고 '결심'한다.

9. 성공하지 말라

아이는 인생에서 성공하도록 허락되는가 또는 부모로부터, "우리 같은 사람들은 그와 같은 일에 성공할 수 없어." 또는 "너는 나보다 그 일을 더 잘할 수 없어."와 같은 메시지를 받는가?

플로리스가 열두 살이 되었을 때, 그는 테니스에서 처음으로 아버지를 이긴다. 그는 매우 자랑스럽게 느끼지만, 그것은 그의 아버지는 그 일에 대하여 전혀 만족스럽지 않다는 사실을 알게 될 때까지다. 그의 아버지는 화가 나서 온갖 보잘 것 없는 일에 대하여 투덜대고 다닌다. 다음에 플로리스는 아버지가 이기도록 하였는데, 그러자 아버지는 그에게 아이스크림을 사주며 말한다, "이 늙은 아버지가 아직은 쓸 만하지?" 그리고 플로리스는 결심한다. 어떤 결심일까?

아버지를 계속 이기도록 해주고, 자기는 테니스를 포기하고 하키를 선택하여 1급 팀에 진출한다. 아니면 아버지와는 이제 다시는 테니스를 하지 않겠다?

10. 생각하지 말라

아이는 자신에 대하여, 타인들에 대하여, 그리고 세상에 대하여 생각하기를 배우는가? 아니면 (생각에 대한) 실험 그리고 검증의 경향이 억제되는가? 아이들 사이에서 또는 부모들과의 논쟁이나 토론이 즐겁고 흥미 있는 것으로 간주되는가? 아니면 다른 의견을 갖는다는 것은 가족 또는 관습에 대한 위협으로 간주되는가?

다섯 살 난 아스트리드는 의문으로 가득하다. "달은 차가워?", "초콜릿 스프링클은 어떻게 만들어?", "내 응가는 어디에서 오는 거야?", "엄마는 왜 그렇게 주름이 많아?", "하나님의 아버지는 누구야?" 때때로 그것은 부모들에게 너무 버거운 일이어서 "자, 그래 우리 꼬마 아가씨, 너는 그 모든 것을 알 필요는 없단다."라고 말한다. 또는 부모들은 짜증을 내고 그러면 아스트리드는 입을 다문다. 그녀는 너무 많은 질문을 하지 않을 때 더 많은 스트로크를 얻는다고 '결심'한다.

11. 하지 말라

아이가 모험을 하고, 세상을 탐험하고, 주도하고, 활동을 담당할 수 있는가, 아니면 그저 대체로 조용히 그리고 물건에 손대지 않고 조용히 있어야 하는가?

모우는 작고 시끄러운 위층의 아파트에서 자랐다. 그의 부모는 야외로 이사하여 전원에서 살기를 원했으나, 그럴 여유가 없었다. 모우와 그의 형제들은 너무 시끄럽다고 부모에게서, 아니면 아래층 이웃에게서 주의를 들었다. 어머니는 이 모든 상황에 대하여 우울하고 무감각하였다. 그녀는 아이들이 놀 만한 공간이 많은 밖으로 나가는 것을 원치 않았다. 모우는 조용히 플레이스테이션을 가지고 놀거나 또는 소파에서 책을 보는, 기다리는 법을 배웠다.

12. 느끼지 말라

감정을 느끼고 표현하는 것이 허락되었는가? 아니면 '강하게 되기'가 집안의 중요한 모토였는가? 때때로 특별한 감정들, 예컨대 슬픔 또는 극도의 분노 등이 금지되었는가?

왕과 리는 감정을 나타내는 것이 금기인 가정에서 성장했다. 어머니가 매우 아팠을 때, 아버지는 더욱 열심히 일했고 감정을 전혀 내색하지 않았다. 어머니는 수줍은 모습으로 생기 있는 모습을 보이려 애썼다. 마침내 어머니는 세상을 떠났다. 아버지는 왕의 슬픔에 대하여 화를 냈다. "다 큰 아이는 울지 않는 거야." 그리고 리에게는 집안일을 맡아 하는 것에 대하여 스트로크를 주었다. 두 아이 모두 감정을 보이지 않기로 결심했다. 왕은 학교 공부를 열심히 하고 우수한 성적을 가지고 집에 돌아왔을 때 칭찬을 받았다. 리는 다른 사람들을 위하여 봉사하고, 사회복지사가 되는 훈련을 거쳐 다른 사람들을 돌보는 것을 그녀의 직업으로 선택하였다.

13. 욕구를 갖지 말라

"어린아이이지 말라." 금지령은 또한 "욕구를 갖지 말라."의 형태를 취할 수 있다. 아이는 욕구를 갖지 않거나 또는 그것을 조심스럽게 숨기는 법을 배운다. 이 금지령을 따라서 이루어지는 결단은 자신을 부정하거나, 욕구를 충족시키기 위하여 미치는 것이 될 수 있다(Goulding & Goulding, 1978, p. 218). 존재 포지션은 결단을 정당화하는 데 사용된다. 예를 들면, "나는 너무 가까이 다가가지 않을 것이다." 결단은 존재 포지션 +/−, "I'm OK, you're not OK"에 의하여 정당화될 수 있다. 반대로, "나는 성공하지 못할 거야."의 결단은 종종 존재 포지션 −/+, "I'm not OK, you're OK"를 동반한다. "나는 다른 사람이 할 수 있는 것을 할 수 없다." 금지령들은 일반적으로 비언어적으로 부모의 어린이자아 C로부터 아이들의 C에게로 전달된다. 일반적으로 부모나 또는 아이나 이 사실을 모른다. 어떤 사람이 이후의 인생에서 곤경에 처할 때, 이 사람은 이러한 과거의 초기 '결단들'에 의하여 진퇴양난의 국면에 잡혀 있다는 것이 명백해진다.

5.1.7 미니각본

각본 매트릭스는 심리 역동적 전통과 관련이 있으며, 그 전통 안에서 문제의 생성에 관한 조사와 어린 시절의 뿌리를 탐색하는 것이 중요하다. 교류분석이 발달함에 따라, 각본을 분석하는 또 하나의 방법이 대두되었는데 그것은 미니각본(miniscript, 그림 5.6)이다. 미니각본은 간결한 형태의 각본으로서 종종 아주 짧은 불과 수초 동안에도 우리는 어떻게 우리들의 각본을 통하여 움직이는가를 명확하게 보여준다. 각본 매트릭스가 '대항지령' 그리고 '금지령'이란 용어들을 사용하는 데 비해, Taibi Kahler 는 '드라이버' 그리고 '제지자'라는 용어를 미니각본에 사용한다(Kahler & Capers, 1974). 미니각본은 네 군데의 포지션을 가지며, 각 포지션은 상응하는 라켓 감정(스트레스 상황에서 경험되는 대체감정, 제4장의 4.2.3절 참조)을 가진 네 자리의 존재 포지션들 중 하나를 특징으로 한다.

1. 드라이버(Driver) : '조건부 OK'인 포지션으로서, "I'm only OK if I …" 만약 당신이 더 이상 드라이버를 충족하지 못하면, 당신은 제지자의 포지션에 도달한다.
2. 제지자(Stopper) : "I'm not OK, you're OK"의 포지션으로서, 5.1.6절에서의 열두 가지 금지령들 중 하나를 가지며, 죄의식, 우울 또는 열등감과 같은 대체감정을 포함한다.
3. 비난자(Blamer) : "I'm OK, you're not OK"의 포지션으로서, 승리감, 미움, 증오, 또는 분노와 같은 상응하는 대체감정을 가진다.
4. 절망자(Despairer) : "I'm not OK, you're not OK"의 포지션으로서, 절망 그리고 무가치함과 같은 대체감정을 갖는다.

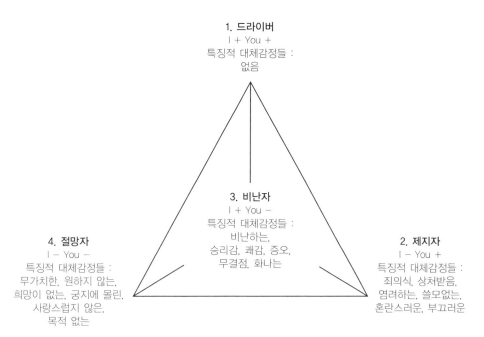

그림 5.6 미니각본

미니각본 통과하기는 언제나 다섯 가지의 드라이버들 중 하나로부터 시작된다: "열심히 시도하라(Try hard).", "서둘러라(Hurry up).", "사람들을 기쁘게 하라(Please people).", "강해져라(Be strong).", 그리고 "완벽하라(Be perfect)." 드라이버 행동에서, 당신은 사회적 수준에서 "I'm OK, you're OK" 포지션에 있는 자신을 발견하지만, 그것은 당신이 드라이버 행동에 집착한다는 조건부일 뿐이다. 심리적 수준에서는, 당신은 "I'm OK, if I …" 믿음에 의하여 행동한다. 이것이 부모자아 P를 만족시키고 그리고 드라이버 행동을 통하여 결과를 달성하는 데 효과가 있는 한, 당신은 포지션 1에 머물고 얼마의 시간이 지난 후에는 드라이버 행동을 중단할 것이다. 그러나 만약 당신이 압력하에 있다거나 또는 지쳤다면, 드라이버 행동은 때로는 충분하지 못할 수도 있다 당신은 더 이상 친절하지 못할 것이며, 당신은 당신의 행동양식을 유지할 수 없을 것이며, 당신은 완벽주의에 갇혀버리든가 또는 지쳐서 더 이상 최선을 다하거나 서두를 수 없게 될 것이다. 그러면 당신은 밑부분의 제지자의 포지션에 도달한다. "나는 소속되지 않는다.", "성공은 나의 것이 아니다.", 또는 "나는 생각하기를 허가받지 못했다."와 같은 초기의 결단이 갑자기 가시화되며, 더 이상 드라이버 행동에 의하여 은폐될 수 없다. 이제 더욱 더 당신은 죄책감, 상처받음, 수치심, 혼란을 느낀다. 당신은 당신이 하는 일에 적합한지 아닌지 또는 당신은 이 친구관계 또는 관계에서 가치가 있는지 없는지 의문을 품는다.

당신은 당신의 존재 포지션(인생태도)을 조건부 "I'm OK, you're OK"로부터 "I'm not OK, you're

OK"로 이동한다. 길건 짧건 얼마 후 당신은 비난자의 포지션인 제3의 포지션으로 이동할 수 있다. 두 번째 포지션에서의 불안정한 대체감정은 또 다른 대체감정으로 대체된다. 당신은 희생자가 되는 대신, 박해자가 되며 존재 포지션은 "I'm OK, you're not OK" 포지션이 된다. 당신은 마침내 "I'm not OK, you're not OK" 존재 포지션(인생태도)에 기초하는 제4의 포지션인 절망자에 이를 수도 있다. 이곳의 특징은 인생은 무가치하며, 당신은 결코 행복 또는 성공을 느낄 수 없을 것이라는 확신이다.

미니각본은 어김없이 '각본의 거짓', "만약 당신이 … 하다면, 당신은 OK이다(you're OK, if only you …)."라는 거짓 약속을 드러낸다. 당신은 미니각본에서의 모든 포지션을 거칠 필요가 없다. 때에 따라서는 당신은 첫째 포지션에서 움직이지 못하고 머물러 있어 드라이버 행동 이상을 넘어가지 않는다. 어떤 사람들은 제지자인, 두 번째 포지션에 머물 가능성이 더 크고 세 번째 또는 네 번째의 포지션으로 이행하지 않기도 한다. 또 어떤 사람들은 드라이버 포지션에서 간단하게 제지자의 포지션으로 옮겨 빠르게 세 번째의 비난자 또는 네 번째의 절망자 포지션으로 이행한다.

이것은 '좋아하는' 존재 포지션과 밀접한 관계가 있다. 만약 당신의 존재 포지션(인생태도)이 절대적으로 우세한 +/+라면, 당신은 미니각본과는 거리를 두고 있거나, 또는 첫 번째 포지션에서 끝난다. 만약 존재 포지션이 때때로 -/+라면, 당신은 쉽게 두 번째 포지션으로 미끄러져 들어가 제지자를 느끼기 시작한다. +/-의 존재 포지션을 갖는 사람들은 빠르게 드라이버로부터 세 번째의 비난자 포지션으로 움직일 것이다. 만약 당신이 다른 사람을 비난하여 상처 줄 수 있다면, 당신은 더 이상 금지령의 고통을 느낄 필요가 없다. -/-의 존재 포지션을 가진 사람들은 곧 절망자, 네 번째의 포지션으로 이행하여 얼마 동안 그곳에서 시간을 보낸다. 관계 면에서 두 배우자의 미니각본은 대부분 일치한다.

잭의 드라이버는 "완벽하라."와 "강해져라."이다. 일이 그가 원하는 대로 진행되지 않으면, 그는 화를 낸다. 그는 순간적으로 그의 제지자(그의 금지령은 "성공하지 말라." 그리고 "느끼지 말라."이다)의 고통을 느끼며 그가 좋아하는 비난자의 포지션으로 곧장 빠져 들어간다. 그의 여자 친구 카렌의 드라이버는 "사람들을 기쁘게 하라."와 "열심히 시도하라."이다. 집에서 일이 여의치 않을 때에, 특히 잭이 불평을 늘어놓기 시작하면, 그녀는 그녀의 제지자 포지션으로 움직인다. 그녀의 금지령은 "나는 중요하지 않다."와 "성장하지 말라."이다. 그녀는 속상하고 마음에 상처를 입는다. 그들은 보통은 힘겹게 제자리로 돌아온다. 잭은 부드럽고 다정한 말로 카렌을 위로한다. 또는 카렌이 자신을 추스르고 잭이 좋아할 만한 것을 마련한다. 그들은 다시 서로를 발견한다. 그러나 때때로 그들이 모두 절망자의 네 번째 포지션까지 도달할 때면, 어느 한쪽이 다른 쪽에 다가가기까지 여러 날이 걸린다.

미니각본으로부터 벗어나는 방법은 '각본의 거짓들'을 깨는 것이다. 이것은 "I'm only OK, if I … "에서부터 첫 발을 시작해야 한다. 당신이 만약 당신과 타인들의 조건부 긍정성(OK-ness)에서 벗어나, "I'm OK, 그리고 타인들 또한 OK"의 믿음을 가질 수 있다면, 당신은 미니각본을 벗어나는 것이다.

5.1.8 드라이버

1970년대에 Taibi Kahler는 교류분석 치료 그룹(Kahler, 1978, 2008; Kahler & Capers, 1974)을 관찰하였다. 그는 사람들이 각본 행동으로 빠져들기 직전에, 그들의 자세, 제스처, 표정은 물론, 그들이 말하는 내용 그리고 어조를 살펴보았다. 그는 그들의 행동이 다음의 다섯 가지 드라이버들로 분류될 수 있다는 것을 발견하였다.

- 열심히 시도하라(Try hard)
- 서둘러라(Hurry up)
- 사람들을 기쁘게 하라(Please people)
- 강해져라(Be strong)
- 완벽하라(Be perfect)

드라이버는 내적 메시지인 "I'm only OK, if I …"(열심히 노력하라, 서둘러라, 사람들을 기쁘게 하라, 강해져라, 완벽하라)를 나타내는 언어, 어조, 제스처, 자세, 표정의 특징적 세트라고 정의된다.

레자는 "열심히 시도하라."의 드라이버를 가지고 가르친다. 그는 명확하게 설명하려 애쓰지만, 종종 전혀 성공적이지 않다고 느끼기 때문에 그는 더욱 더 분발한다. 만약 학생이 질문을 하면, 자기가 충분히 잘하지 못했기 때문에 마치 비판당하는 느낌이 들기도 한다. 그럴 때면 그는 말을 더듬으며 잘 설명하려고 구석에서 혼잣말을 하기 때문에 학생들은 혼란스러워한다.

실비아는 드라이버 "서둘러라."를 가지고 가르친다. 그녀는 보통 조금 늦게 교실에 도착해서는, 앉기 전에 "여러분들, 책을 꺼내요."라고 소리친다. 그녀는 빠르게 말하기 때문에 때로는 이해할 수가 없다. 만약 누가 질문을 하면, 진도에 지장을 주기 때문에 그녀는 짜증을 낸다. 과제를 줄 때 그녀는 많은 분량이 아니라고 말한다. 학생들은 반 시간 안에 끝낼 수 있을 것이라고.

아이사는 "사람들을 기쁘게 하라." 드라이버를 가지고 가르친다. 그녀는 교실의 분위기가 제일 중요하다는 것을 알고, 매우 진지하게 멘토 역할을 맡는다. 학생들 사이에 갈등이라도 생기면, 그녀는 많은 시간을 할애하여 그것을 해결한다. 학생들은 그녀가 대인관계에서 자신이 없음을 알고 때로는 그것을 이용한다. 학생들은 과제를 하지 않았을 때, 쉬운 핑계로 모면할 수 있다는 것을 안다. 때때로 그녀가 가르치는 동안에는 시간의 낭비가 많다.

스티븐은 드라이버 "강해져라"에서 가르친다. 그는 커리큘럼을 명확하게 전달하는 것이 중요하다고 생각하고 교실에서의 허튼 짓은 용납하지 않는다. 몇 년 전 그가 멘토이었을 때, 그나 학급이나 모두 불만이었다. 그는 멘토 레슨은 시간 낭비였음을 발견하였고 학생들은 그 전년도의 멘토에게로 그들의 문제를 가져가곤 했다. 그는 다음 해의 교과 일정을 짜는 데 바쁘다.

피터는 "완벽하라."의 드라이버를 갖고 가르친다. 그는 시험지와 과제를 급수를 메기고, 세세하게 학생들의 오류를 붉은 펜으로 표시한다. 그는 학생들의 잘못을 넘기거나 또는 자기가 혹시 잘못하거나 하는 것을 매우 싫어하므로, 성적을 매기는 데 많은 시간을 썼다. 그가 무슨 설명을 할 때에는 문장이 길고 또 어감의 차이와 중간의 구절이 많아 이해하기가 힘들다. 그는 자신도 만족하지 못하며 학생들도 마찬가지다.

표 5.1 드라이버

	열심히 시도하라	서둘러라	사람들을 기쁘게 하라	강해져라	완벽하라
말	자주 "시도하다.", "어려운", "다루기 힘든"	자주 "빨리", "요컨 대", "가야 해."	자주 "네, 그러나" 합의를 구함	냉담한 그리고 일반 적인, 감정이 나를 압도한다	많은 구절들 그리고 뉘앙스들
억양	가늘고 막힌 목소리	끊어지는, 빠른	높은 음성, 의문부 호로 끝나는 문장들	단호한, 변화 없는	어른자아 같은 소리
제스처	손을 눈, 귀 옆으로, 꼭 쥔 주먹	두드리기, 다리 흔 들기, 시계 보기	손을 뻗음, 잦은 끄 덕임	별로 없음	조목조목 리스트 들 기(첫째, 둘째 등)
자세	다른 사람에게 몸을 구부림, 쭈그린	불안한 인상	어깨를 높이고, 다 른 사람에게 구부림	폐쇄한, 동작이 없음	똑바른, 균형 잡힌, 어른자아
표정	두 눈썹을 모음	시선이 자주 빠르게 변함	상대를 올려 봄, 수 평 눈썹 주름, 긴장 한 미소	표현 없음, 동작 없음	마치 천정에 답이 있는 것처럼 눈은 위를 향함

Petruska Clarkson(1992)은 각 드라이버는 강력한 요소를, 즉 열정, 속도, 정감 있는 온화함, 인내, 탁월함을 가지고 있다고 주장하였다.

Julie Hay(2009)는 드라이버 행동의 밝은 면을 '일하는 스타일(working style)'이라 부르고 어두운 면을 '드라이버'라 부르자고 제안한다. 자기의 일하는 스타일을 보이는 사람들은 자기의 자질을 이용하며, 자기의 드라이버를 지나치게 나타내는 사람은 자기의 약점(함정)을 노출하는 것이다. "할 수 있는 것은 언제나 해야만 한다."는 구절은 강박적 각본이 어떻게 활성화되어 일하는 스타일을 드라이버 행동으로 바꾸는가를 설명한다. De Graaf와 Kunst는 아인슈타인과 항해술(*Einstein and the Art of Sailing*, 2005)에서 일하는 스타일의 특성과 드라이버의 함정을 다음과 같이 정리하여 제시한다.

열심히 시도하라

특성 : "열심히 시도하라."의 드라이버를 따르는 사람들은 본질적으로 과업을 열정적으로 떠맡는 사람들이다. 그들은 특히 모든 가능성을 조사함으로써 새로운 일에 많은 에너지를 투입한다. 그들이 지나치는 일은 별로 없다. 그들은 일이 시작될 수 있도록 강하게 동기화되어 있는 사람들이다. 그들은 해야만 할 필요가 있는 새로운 과제가 있을 때 제일 앞장 서는 사람들이다.

함정 : "모든 일이 모든 일과 연결되어 있다. 나는 어느 것을 뺄 수 없다. 생각해야 할 것이 너무 많아 어디부터 시작할지, 그리고 어디에서 확실하게 일을 끝낼지 아는 데 많은 노력이 필요하다."

서둘러라

특성 : "서둘러라."의 드라이버를 따르는 사람들은 일을 신속히 하고, 마감일을 잘 지키고, 적은 시간

에 많은 일을 할 수 있다. 이것이 이 부류의 사람들의 주요 자질이다. 그들은 산더미 같은 일도 빠르게 해낼 수 있다! 그들의 에너지는 압력이 증가함에 따라 증가한다. "서둘러라."는 일하는 스타일로서 다른 것들과는 다르다. 일반적으로 이 일하는 스타일은 다른 스타일에 추가적으로 존재한다. 때때로 "사람들을 기쁘게 하라." 또는 "열심히 시도하라."에 부가적으로 존재한다.

함정 : "우리는 이미 그 일을 마쳤으니, 이제 퇴근해도 좋아요? 그래 그 일은 잘 정돈되지는 못한 것 같지만, 내 생각에는 그 정도면 충분해."

사람들을 기쁘게 하라

특성 : "사람들을 기쁘게 하라." 드라이버를 가진 사람들은 훌륭한 팀 플레이어들이다. 그들의 팀에서는 모든 사람들의 의견이 존중된다. 그들은 의견을 통합한다. 그들은 일에서 조화를 찾고, 직관적이며, 다른 사람들의 감정에 많은 시간과 공간을 투자한다. 그들은 그들의 서비스를 제공하며 협조적 태도를 견지한다. "사람들을 기쁘게 하라." 사람들은 관용적이고, 공감적이고, 그리고 이해심이 많기 때문에 주변 사람들에게 유쾌함을 준다.

함정 : "나는 내게 해야 할 일을 말해줄 누군가가 필요해. 당신은 이곳의 부서장이니, 내가 하는 일이 괜찮은지 말해줘."

강해져라

특성 : 조용하고 차분함, 이것이 "강해져라." 사람들을 가장 잘 표현하는 말이다. 그들은 스트레스를 잘 대처하며 따라서 훌륭한 위기 관리자들이다. 그들은 불굴의 인내심을 가지며 어려움에 쉽게 굴복하지 않는다. 그들은 책임감이 강한 사람들로서, 불결한 일을 하는 것에 수줍음을 타지 않는다. 다른 사람들이 공포감에 어쩔 줄 모를 때 그들은 논리적이고 차분한 마음을 유지한다. 그들은 다른 사람들에게 쉽사리 도움을 요청하지 않는다.

함정 : "여기에서 누가 계획서를 필요로 하는가? 나는 없어도 잘할 수 있다. 나는 또한 다른 사람의 도움도 필요치 않다. 나는 혼자 해낼 테다."

완벽하라

특성 : "완벽하라."의 드라이버를 좇는 사람들은 완벽함을 추구하는 사람들이다. 모든 것은 오류 없이 가급적 조심스럽게 완수되어야 한다. "완벽하라." 사람들은 일을 수행하는 데 있어 매우 잘 조직화되어 있다. 그들은 문제들을 회피하기 원하기 때문에 앞을 내다본다. 그들은 자기의 일을 성심껏 하며, 세심하게 자기의 약속을 지키는 정확한 사람들이다.

함정 : "나는 계획을 정확하게 세우는 데 너무나 많은 시간이 걸리므로 그것을 시행하는 것은 고사하고 확실하게 마칠 수 없겠다."

"최고가 되라(Be the best)"("1등이 되어야 할 필요", Harris & Harris, 1985) 또는 "취하라(Take it, 잡 아라)."("나는 너보다 더 받을 가치가 있다.", Tudor, 2008)와 같은 것을 드라이버의 리스트에 추가하 려는 시도는 교류분석의 규범적 이론으로 인정되지 못하였다.

드라이버로 당신은 자신을(어린이자아 C로부터 : "나는 언제나 … 해야 한다.") 또는 타인들을(부모 자아 P로부터 : "다른 사람들은 항상 … 해야 한다.") 떠민다. 드라이버들은 고통스러운 감정들이 일 어나지 않도록 하기 위한 방어기제들(defense mechanisms)이다. 예컨대 "열심히 시도하라."의 드라이 버를 가지고, 당신이 실패할 경우의 감정을 멀리 유지한다. 만약 드라이버가 실패하면, 당신은 할 말 이 없어지며 밑바닥의 감정이 나타난다(제지자의 힘에 의하여).

> 앙드레는 그의 드라이버 "열심히 시도하라."로부터 팀을 훈련시키고 있다. 그는 팀의 코디네이터가 지루해하는 것 같 아 매력 있고 설득력 있도록 더욱 열심히 노력한다. 그의 설명이 거의 끝날 무렵 질문이나 코멘트가 있느냐고 묻는다. 그때 코디네이터가, 앙드레의 눈에는, 거만한 웃음을 띠며 말한다: "나는 모두 넌센스라고 생각합니다." 그 순간 앙드 레는 발 아래 땅이 꺼지는 것만 같았다. 그는 무슨 말을 이어야 할지 몰라 아무 움직임 없이 그곳에 서 있다.

드라이버는 제지자의 (때로는 깊은) 고통을 느끼지 않기 위한 방법이다. 제지자는 Gouldings가 설명한 12가지 금지령에 각각 관련되어 있다. "내가 다른 사람들에게 좋은 일을 할 수 있으면, 나는 존재해 서는 안 된다는 나의 신념으로부터 오는 슬픔을 덜 느낄 수 있다.", "내가 최선을 다하는 한에 있어서 는, 나는 성공하도록 허가되지 않았다는 나의 느낌에 대한 낙담과 분노로 덜 시달릴 수 있다.", "만약 내가 강해지는 데 성공한다면, 내가 종종 느끼는 바, 내가 얼마나 취약한가를 다른 사람들이 알 수 없 을 것이다."

드라이버와 제지자는 네 가지의 신화에 기초를 두고 있다(Kahler, 1978).

1. 나는 너의 행복에 책임이 있다. 부정적 NP에서 유래함.
2. 당신은 나의 행복에 책임이 있다. 부정적 AC에서 유래함.
3. 나는 당신의 불행에 책임이 있다. 부정적 SP에서 유래함.
4. 당신은 나의 불행에 책임이 있다. 부정적 AC에서 유래함.

'신화(myth)'라는 단어는 이러한 아이디어는 현실과 맞지 않는다는 것을 가리킨다. 결국, 어떤 사람의 행복(그리고 불행)의 책임은 다른 사람에게 전가할 수 없다. 행복하게 되는 것은 당신 자신이 이루어 야만 하는 것이지만, 이 말은 당신 홀로 그것을 이루어야 한다는 것을 의미하지는 않는다.

건강복지, 교육, 또는 다른 사람들과의 업무가 많은 부분을 차지하는 다른 직업에서 일하는 많은 사람들은 신화 1과 3을 믿는다. 많은 환자, 내담자, 학생, 그리고 직장인들은 신화 2와 4를 믿는다. 모든 시스템과 조직들이 이들 신화를 근거로 건설되어 있다. 때때로 이러한 것들을 말소하는 것은 쉽지 않다.

5.1.9 대항지령(드라이버)과 금지령(제지자)

만약 드라이버들(대항지령들)이 그 사람의 머리를 물 위로 유지하는 기능을 더 이상 하지 못할 때, 제지자(금지령)가 모습을 드러내며, 그 사람을 물 밑으로 잡아당긴다. Adrienne Lee(in Tilney, 1998)는 이것을 무거운 벽돌들(제지자, 금지령)의 무게로 거의 익사 직전이지만 풍선(드라이버)에 의하여 겨우 위로 뜨는 사람의 그림(그림 5.7)으로 표현했다. 익사 직전의 사람 이미지는 그 사람이 변화의 단계에 있을 때 단순히 드라이버를 포기하도록 하는 것이 위험하다는 것을 단적으로 보여준다.

앞에서도 언급되었듯이, 드라이버 행동은 각본으로 인한 깊은 고통으로부터 그 사람을 보호한다. 밑바닥의 "성공하지 말라."를 치유하지 않고 그 사람에게 "최선을 다하라."를 격려하는 것은 소용이 없으며 경우에 따라서는 바람직하지 않다. 다른 사람에게 좋은 일을 베푸는 것이 존재해서는 안 된다는 감정의 고통에 대한 해독제라고 어린이로서 결단한 사람은, 그가 타인들에게 베푸는 일을 중단할 때 "존재해서는 안 돼."를 다시 경험할 것이다. 그런 경우에 이것은 매우 위험할 수 있다.

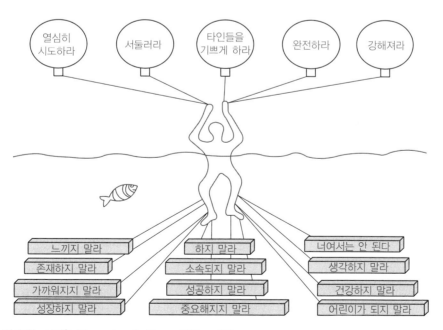

그림 5.7 익사하는 사람(Adrienne Lee, in Tilney 1998, p. 30)

5.1.10 각본 시스템

Erskine과 Zalcman(1979) 그리고 O'Reilly-Knapp과 Erskine(2010)은 각본 시스템을 사용하여 잘 정돈된 방법으로 각본 이론을 요약하였다. 그들이 처음 발표하였을 때는 그것은 아직 '라켓 시스템'이라고 불리었다. 이후 그들은 이것을 '각본 시스템'(표 5.2)으로 불렀다. 각본 시스템은 세 가지 요소, 즉 각본 신념들과 연관된 감정들, 관찰 가능한 행동을 가진 각본의 표현들, 지원하는 기억들로 구성되어 있다. 이들 학자들은 각본 시스템을 스스로 지원하는, 왜곡된 감정들, 생각들, 각본에 매인 사람들에 의하여 유지되는 행동의 시스템으로 정의했다. 내담자와의 대화에서 이 분석을 사용하면 그 사람이 어떻게 그의 준거틀을 유지하는가가 명확해진다.

한나는 맏이다. 그녀에게는 손아래 남동생이 있다. 그녀의 어머니가 임신했을 때, 그녀의 아버지는 아직 그의 부모들과 함께 살았다. 그녀의 어머니는 남편과 함께 농장으로 이주했다. 한나의 출생은 바라던 것이었으며 그녀의 어릴 적 기억은 그들은 모두 안전했으며 평안했다는 것이다. 그러나 아래로 남동생이 태어나자 모든 것은 변했다. 할아버지는 남동생을 농장의 후계자로 생각했으며 남동생은 한나가 바랐던 아버지와 할아버지의 자연스러운 관심을 빼앗아 갔다. 더구나 그녀는 이 대가족의 생활에서 삶의 문제를 알기 시작하였다. 매너가 나쁘고, 독선적이고, 권위적인 할아버지는 그녀의 부모에게 집안이나 농장 일에 대하여 아무런 참견도 못하게 만들었다.

그녀는 어머니로부터 어려운 상황을 무시하고 자기를 지우는 것을 배웠다. 그녀는 어떻게 어머니가 그 상황에서 고통을 받는가를 보았기 때문에 든직한 맏딸로서 어머니를 도우려 애썼다. 그녀는 남동생이 갖는 특권에 대하여 시기심을 표현하지 않았다. 화를 내는 대신, 그녀는 슬픔을 느끼거나 혼자 자신에 대하여 미안함을 느꼈다. 그녀의 낮은 자존감은 자기가 너무 비만이라고 믿도록 만들었다. 그녀는 정말 자신에 대하여 즐거워할 수도 없으며 편안할 수도 없었다. 그녀는 남자 친구를 사귀면 그런 문제들이 없어질 것이라 생각했다. 그러나 그녀는 어머니를 버려둔다는 죄책감과 농장일이 돌아가는 상태에 대한 좌절감으로 심각한 고통을 겪는다.

표 5.2 각본 시스템

A. 각본신념과 감정	B. 각본의 표현	C. 지원하는 기억
신념 : 1. 자신 2. 타인 3. 인생과 세상	1. 관찰 가능한 행동	각본 형성 순간들의 정서적 기억(이 순간에 그 사람은 각본의 전개를 앞당기는 '스탬프'를 수집한다)
심리내적 과정 : 각본 결단 시 억압된 감정과 욕구	2. 신체적 장애, 근육긴장 같은 내적 결과들	
	3. 각본을 유지시키고 당신을 각본의 고통으로 연결하는 환상(상상)들 : '그러면 그들이 가르침을 받고, 후에 그것을 후회할 것이다…'	

지원하는 기억

- 테이블의 모든 사람들 : 할아버지는 많이 먹는다. 그리고 부끄러움도 테이블 매너도 없다. 아무도 그녀의 말에 귀 기울이지 않지만, 남동생의 이야기에는 많은 관심을 표시한다.
- 아버지와 어머니는 할아버지가 어떻게 금전관리를 몽땅 할 수 있느냐에 대해서 말다툼을 하는데, 아버지는 어머니 편을 들지 않고 할아버지 편을 든다.
- 할아버지는 그녀의 남동생을 자랑스럽게 생각하며 그녀는 무시한다.
- 어머니는 슬플 때면 그녀를 불러 그녀가 그립다고 말한다.

3개의 기둥은 상호 강화하며 따라서 각본 시스템의 스스로 지원하는 효과를 보장한다. 문제는 이 악순환의 고리를 자르는 것이다. 이것은 어느 지점에서도 가능하다.

- 각본신념들을 긍정적 단어들로 다시 구축하고 억압된 진실 감정들을 위한 공간을 확보한다.
- 행동을 적극적, 힘 있는, 자율적 행동으로 변화한다.
- 불유쾌한 감정들을 유쾌하고 편안한 감정으로 대체한다.
- 환상(상상)을 계획과 긍정적 시각화로 바꾼다.
- 긍정적 상황의 기억들을 지원한다.

당신은 신뢰하는 사람과 당신의 어른자아 A를 사용하는 대화를 통하여 당신의 각본신념들을 개선할 수 있다. 이러한 방법으로 당신은 당신이 진실이라고 생각하는 것이 현실과 상관되어 있는지 여부를 검증할 수 있다. 당신은 그때-그곳과 여기-지금을 구별하는 법을 배운다. 당신은 또한 당신의 행동을 바꿀 수 있으며, 일반적으로 그것은 당신의 신념을 바꾸는 것보다는 쉬운 일이다. 자기는 "노력할 가치가 없다."고 믿는 사람은 열흘 동안만 자기 존중을 발산하는 사람으로 행동하도록 지시받을 수 있다. 이 사람은 그러면 주변 환경이 어떻게 여기에 반응하는지를 경험할 수 있다. 트레이닝 시간 중의 역할 플레이 역시 이와 같은 효과가 있다. 이것은 다른 행동을 실천함으로써, 타인으로부터의 피드백이 이전의 행동은 가능하지 않게 되었다는 것을 지지하는 방식으로 어떻게 변화하는지를 경험하도록 만든다. 이것은 사회 속에서도 또한 진실이다. 한때 저항이 많았던 자동차 안전벨트를 착용해야 한다는 정부 주도의 입법은 교통안전에 관한 인식을 바꾸었다(Hay, 2004). 공공장소에서의 금연은 흡연자의 수를 상당히 줄였다. 당신이, 동일한 부정적 자기실현의 예언을 받아들이는 대신, 이러한 수단을 동원하여 일단 긍정적 나선에 들어선다면, 당신은 사용할 수 있는 많은 긍정적 경험이란 총탄을 축적하는 것이다.

표 5.3 한나의 각본 시스템

A. 각본신념과 감정	B. 각본의 표현	C. 지원하는 기억
1. 나의 욕망과 욕구는 중요하지 않다. 나는 뚱뚱하고 추하다. 나는 조용하고, 슬프고, 화내지 않을 때 가장 만족한다. 2. 가족의 모든 사람들은 나보다 더 중요하다. 나는 조용히 있어야 하며 어머니처럼 순응해야 한다. 3. 여자들은 사실 별로 중요하지 않다. 자율이란 위험한 것이다. 억압된 감정 : 분노, 수치심, 두려움	1. 타인들에게 순응하고 친절한 행동, 관심, 돌봄 2. 식사장애, 긴장된 근육 3. 할아버지와 할머니의 죽음에 대한 상상. 마침내 가족이 다시 하나가 된다. 그녀의 남동생이 사고를 당하고, 아버지가 그녀의 가치를 인정하는 상상. 또는 그녀가 몹시 아파서 관심과 인정을, 특히 아버지로부터 받는 상상	• 테이블의 모든 사람들 : 할머니는 많이 먹는다. 수치심이나 테이블 매너가 없다. 아무도 그녀의 이야기에 귀 기울이지 않지만, 남동생의 이야기에는 많은 관심을 보인다. • 아버지와 어머니는 할아버지가 홀로 돈을 통제하는 것에 대하여 다투지만, 아버지는 어머니가 아닌 할아버지의 편을 든다. • 할아버지는 그녀의 남동생을 자랑스럽게 여기지만, 그녀는 무시한다. • 어머니는 슬플 때면 그녀를 불러서, 딸과 함께 있고 싶다고 말한다.

표 5.4 자율 시스템

A. 다시 돌아보는 신념과 감정	B. 인생계획에 관한 자율적 표현	C. 긍정적으로 지원하는 기억
다시 돌아보는 신념들 : 1. 자기 자신 2. 타인 3. 인생과 세상 심리내적 : 진실 감정들	1. 관찰 가능한 행동 2. 당신의 신체에 미치는 내적 효과를 확인, 수용하기 3. 긍정적 상상과 시각화를 개발하고 자극하기	긍정적인 정서적 기억들을 수집함

인지 부조화

만약 당신이 자신이 "노력할 가치가 없다."고 확신하는 사람에게 '자존감으로 넘쳐나는' 사람과 같이 행동하기를 과제로 준다면, 이 사람은 행동과 확신 사이에서 내적 갈등을 경험할 것이다. 즉, 인지 부조화가 만들어진다는 것이다. 행동과 신념들의 불일치는 스트레스를 유발한다. 때때로 사람들은 예전의 행동으로 회귀함으로써 이런 스트레스를 해결하려는 경향이 있다. 그러나 만약 그들이 진정으로 행동을 변화하기를 원한다면, 그들은 자기의 옛 제한적 각본신념들을 만날 것이다. 그때가 그들이 이것들을 자율성을 증진하는 새로운 태도로 대체할 수 있는 절호의 기회다.

5.2 추가 이론

5.2.1 신체 : 각본의 기초

각본의 형성은 출생으로부터 그리고 어쩌면 자궁 내에서부터 시작된다. 생의 첫 수년 동안에 뇌는 엄청난 성장을 하며 초기의 경험들은 신경생물학적으로 저장된다. 특히 (대뇌의) 우측 뇌의 반구는 뇌의 보다 더 결합적(associative)이고 비언어적(non-verbal) 부분으로서 활동적이다. 양육자와 어린아이는 그들의 우측 반구를 통하여 연결된다. 말이 없이도 아이는 이때부터 강력한 관계 패턴을 형성한다. 즉, 부모의 정서와 부모들끼리 그리고 아기와 갖는 경험들을 말한다. 이러한 경험들은 어린 아기에 의해 저장되며, 또한 정서 조절(regulating emotions)과 정신화(mentalizing)와 같은 기능의 발달에 기여하는데, 정신화는 다른 사람은 당신과 다른 정신을 가지고 있으며, 생각하고, 느끼고, 행동하는 것도 다른 준거틀에 따른다는 것을 이해하는 것이다. 이 모든 것으로부터 우리는 각본 형성은 말 없이, 특히 신체적으로 시작된다는 것을 추론할 수 있다. Berne은 이러한 각본의 기초를 프로토콜(protocol, 원형)로 불렀다. 이것은 각본의 기초적 패턴을 형성하는 처음의 경험들이다. 아이는 부모들이 여러 가지 환경 속에서 어떻게 행동하는지를 느끼고 보며, 또한 아기는 이러한 경험들을 그들의 상응하는 정서적 색깔 입히기로 결합한다.

이러한 과정은 언어 이전의, 의식 없이 그리고 성인이 된 이후의 삶에서 친밀한 관계에서 강렬한 순간들에서야 가시화된다. 아주 초기의 관계로부터의 말 없는 기억이 갑자기 여기-현재의 상황에서, 일반적으로는 상응하는 신체적 경험과 함께 재연된다(Cornell, 2008a, 2008b; Ligabue, 1991; Steere, 1982; Waldenkranz-Piselli, 1999).

Cornell(2008a, 2010)은 '프로토콜'의 개념을 정교화하여 기술하였다. 그는 과체중에 대한 불안과 여러 해 동안 싸우고 있는 젊은 성공한 변호사의 치료 과정을 설명했다. 그녀는 괜찮은 관계를 유지하고 있지만, 이러한 불안이 불쑥 심하게 나타나곤 했다. 어떤 경우, 그녀의 몸무게가 몇 파운드 늘었을 때, 그녀는 어머니("이제 네 남자 친구하고는 분명히 끝장이 나겠구나.")와 할아버지로부터 부정적인 말을 들었다. 그녀는 "나의 육체는 불행해요."라고 말했다. 치료사는 그녀에게 당신의 몸은 누구에게 속한 것인가 물었다: 그녀 자신, 아니면 그녀 어머니에게? 어머니는 이혼 이후(어머니의 말에 의하면 너무 뚱뚱했기 때문에) 만성적 폭식으로 고통받고 있으며, 만성적으로 불행하고 외로움을 느껴왔다. 어머니와의 분리가 아직 이루어지지 않은 듯했으며, 그것은 그녀가 젊은이와 사귀게 되자 점점 분명해졌다.

심리치료에서 만약 치료사가 내담자와 소통하는 내용에 대한 감수성이 충분하다면 이러한 초기 신체적 경험에 대하여 치료 작업을 할 수 있다. Cornell은 이것을 '신체적 공명(somatic resonance)'이라고 부른다. 내담자가 통제할 수 없는, 일반적으로 내담자 자신은 의식하지 못하는 감정들은 어찌 되었건 상담실에 존재하기 때문에 치료사가 흡수하여 내담자가 처리할 수 있는 형태로 내담자에게 돌려줄 수 있다.

5.2.2 각본 프로토콜

Berne은 각본과 가족 시스템 내에서 만들어지는 세상에 적응하기 위한 순응적 결단을 내리기 위하여, 가족 환경을 의미 있게 만들기 위한 어린 아이의 노력에 관해 길게 서술하였다. 각본은 성장하는 어린이의 발달 부분을 안내하고 (그리고 저해하는) 초기 어린아이의 이야기의 형태였다. 각본의 형성은 어린아이의 의식의 자기반추적 그리고 언어기반적인 능력의 획득에 의존한다. Berne은 어린아이가 무의식적으로 내면화하는 가족의 존재와 관계방식의 언어 이전의 그리고 비언어적 결합으로서의 각본 프로토콜에 관하여 짧게 언급하였다. 그러나 Berne은 이 아이디어와 미발달된 인생의 언어 이전의 기간에 관한 어떤 체계적 이야기를 미완으로 남겼다.

근래의 교류분석저널에서 일련의 논문들이 Berne의 각본 프로토콜의 아이디어를 주제로 삼아 각본의 비언어적 기초의 패턴들에 관하여 훨씬 정교한 설명을 하고 있다(Caizzi, 2012; Cornell, 2010; Cornell & Landaiche, 2006, 2008; Gugliemotti, 2008; Ligabue, 2007; Pierini, 2008). Cornell과 Landaiche는 각본 형성의 기초가 되는 프로토콜에 관한 Berne의 간단한 기술의 중요성을 자세히 설명하였다.

> 프로토콜은 각본처럼 일련의 순응적 또는 방어적 결단들이 아니다. 그것은 이야기의 형식으로 기억되지 않으나, 그 사람의 신체의 절박함 속에 깃들어 있고 느껴진다. 프로토콜은 반복적이고 때로는 정서적으로 강렬한, 아기의 자아 기능에 관한 능력 이전의 관계 패턴들의 실제적 체현(體現, embodiment)이다… (2006, p. 204)

우리는 프로토콜의 개념으로 Berne은 타인과의 관계에서 가장 근본적이고 비언어적 국면의 의미를 잡으려 노력했다는 것을 제시한다. 이러한 프로토콜에 관한 깊은 이해는 각본의 신체적 기초를 연구하도록 만들었다. 그것은 교류분석을 Bollas(1987, 1989)와 다른 현대의 정신분석학자들과 준상징적 조직(subsymbolic organization; Bucci, 1997, 2008), 암묵적 그리고 절차적 기억(implicit and procedural memory), 그리고 트라우마에 관한 최근의 연구에 연결시키는 이론적 통찰을 제공했다.

5.2.3 조직의 구조로서의 각본

원래의 각본이론에 대한 비판들 중 하나는 이론이 너무 견고하고 특히 병리적이라는 것이다. Fanita English(1988)는 Berne의 견해는 너무 숙명론적이며 따라서 게임을 각본이라는 큰 쇼를 위한 작은 리허설 같은 것으로 보고 있다는 것을 발견하였다.

그녀에 따르면, 게임은 특히 스위치가 일어날 때 스트로크를 되찾으려는 실패한 시도라고 본다. 많은 사람들은 스위치 이후에 재빨리 익숙한 대체감정을 느낀다(제4장 4.2.4절 참조). English는 각본을 당신 주위의 현실을 이해하는 데 도움이 되는 존재적 패턴으로 이야기하기를 더 좋아한다. 그녀의 견해로는, 모든 사람들은 누구나 자기의 기질, 초기 경험들, 신념들, 환상들에 따라 자신만의 자수 직물을 짠다.

각본은 이러한 과정에서의 조직적 구조이며, 그것은 어린 시절에 근원을 가지지만 인생을 살아가며 변화하도록 되어 있다. 각본은 반드시 병리적이지는 않으며, 주로 시간, 공간, 관계를 구조화하려는 인간 욕구에 따라 끊임없이 조정되는 청사진이다. English는 '네 가지 이야기 연습(four story exercise)' 을 개발하여, 사람들이 자신의 인생의 서로 다른 단계에서 인상 깊었던 동화 이야기 또는 소설을 적도록 하였다: 5세 이전의 이야기, 초등학교 시절의 이야기, 청소년기의 이야기, 최근의 이야기. 이들 이야기로부터 어떤 요소들과 패턴들이 응결되어 드러난다. 주제들은 이미 어린 시절의 첫 번째 이야기로부터 엿보인다. 청소년기의 이야기는 때때로 반항의 이야기와 때로는 각본의 잠재적 유해성과 제약성에 관한 재고이다. 궁극적으로, 창조적이고 역동적인 이야기는 모든 사람의 인생에서 주된 주제를 둘러싸고 일어난다(English, 2010).

5.2.4　회복력 그리고 각본

Cornell(1988)은 발달심리학의 연구에 기초하여 Berne의 각본에 관한 개념에 기본적 비판을 가하였다. 그는, '정상적' 어린이들, '고위험' 가족 출신의 어린이들, 시각, 청각 운동 장애 어린이들을 대상으로 연구를 실행한 Thomas와 Chess(1980)를 인용한다. 그들은 뇌의 가소성 때문에, 어린아이들은, 장애 또는 스트레스가 많은 삶의 환경에도 불구하고, 잘 기능하는 성인으로 발달할 수 있다고 결론 내렸다. 이후의 인생에서 성공과 만족에 중요한 것은 어린아이의 기질과 기술, 또한 어린이와 그의 가족, 사회적 환경 (특히 학교) 간에 '적절한 조화(good fit)'가 있는가, 없는가의 문제이다. 불운한 어린 시절이 반드시 성인기의 장애로 인도한다고, 성인의 정신병리에 근거하여 결론을 내리는 것은 위험하다(Cornell, 2008). 왜 어떤 어린이들은 인생의 어려움에도 불구하고 삶을 잘 사는지 질문하는 것은 훨씬 더 시사적이다.

Cornell이 인용하는 또 다른 연구는 Vaillant(1977)의 것으로서, 그는 256명의 '장래가 촉망되는' 하버드 대학생들을 추적 연구하였다. 그들 중 95명은 30년 이상 동안 그 연구에 참여하였다. Vaillant는 순응의 중요성과 다음과 같은 성숙한 방어기제의 발달을 강조하였다. 즉 승화(sublimation), 억압(suppression), 예측(anticipation), 이타주의(altruism), 유머(humor). 그가 내린 결론들 중 하나는 성공적 경력 그리고 만족한 결혼은 그 사람이 행복한 어린 시절을 보냈느냐 아니냐 하는 것과는 비교적 독립적이라는 것이다. 이 연구에서 관찰된 남자들의 인생은 놀라움으로 가득했다.

Vaillant는 30년 이상 이 연구에 참여한 55세의 알랜과의 인터뷰를 설명한다. 20세 때 이 사람은 '장래가 촉망되는' 그러나 어떻게 그의 장래의 인생이 펼쳐질지 알 수 없었기 때문에, 반역자(rebel)로 묘사되었다. 여러 해가 지난 후, 알랜은 인생의 변방에 머물러 있었다. 그는 별로 중요하지 않은 급여가 낮은 일을 하고 있었으며, 작가가 되기를 원했지만 그의 원고는 어느 곳에서도 받아들여지지 않았다. 그는 세 번 결혼하고 이혼했으며 그의 자녀들과도 또 친구들과도 접촉이 거의 없었다. 55세가 되었을 때, 그는 이웃이 좋지 않은 허름한 아파트에서 살았다. 그러나 아직 그는 밝고 균형 잡힌 인상을 주었다. 지난 5년간에 두 가지의 중요한 변화가 그의 인생에 일어났다. 그는 자기가 동성애자라는 것을 깨달았으며, 남자들과의 관계는 지극히 단기간에 끝이 났다. 더구나, 지난 몇 년간 그의 단편과 시의 일부가 지역 잡지에서 그리고 출판사를 통하여 출판되었다.

Cornell은 앞의 연구에 근거하여 다음과 같은 결론을 내린다.

1. 성인의 각본에 근거하여 어린 시절을 재구성(reconstruction)한다는 것은 정의상 불완전하고 부정확하다.
2. 어린 시절의 격리된 트라우마는 성인기에 거의 영향을 미치지 않는다.
3. 방어적 패턴들은 어린 시절과 성인기 모두에서 변화한다.
4. 심리적 성숙은 선형적이거나 완만하지 않으며 일반적으로 불연속적이다.
5. 성인기의 친밀한 관계들(배우자와 친구들과, 직장에서 또는 심리치료에서)은 인생의 질을 증진시키는 데 큰 영향력을 가진다.

인생에서의 목표는, 비록 얼마나 부정적이고, 짜증스럽고 또는 혼란스럽다 할지라도, 자신의 인생 경험들에게 의미를 부여하는 것이 될 것이다. Cornell은 각본을 현실에 대하여, 진행 중인 자기 정의(self-defining), 때로는 자기 제한적 심리적 구성(self-limiting psychological construction)으로 정의한다. 사람들은 그들의 인생 중에 어느 때라도 중요한 각본 결단을 내릴 수 있다. 역경에 직면한 사람들의 사회적 복귀의 핵심적 개념은 회복력(resilience), 인지적 전략 믹스, 사회적 지원, 자기존중이다. 운, 타이밍과 같은 요소들 또한 중요한 역할을 한다. Cornell의 주장에 따르면, 이것은 (치료) 전문가가 내담자와 함께 발달의 특정 단계를 치료적으로 '재연출(re-enact)'을 시도하는 것보다, 내담자의 현재의 일상적 기능의 효과를 지도처럼 보여주는 것이 더욱 유익할 수 있다는 의미다.

5.2.5 무의식의 관계 패턴

Richard Erskine은 각본은 어린아이와 부모들 간의, 또한 현재의 배우자, 동료들 또는 친구들 사이에서 의미 있는 관계의 결핍이 있을 때 발달한다고 말한다. 그는 각본을 다음과 같이 정의한다. "생존적 반사행동, 발달과정의 어느 순간에 갖게 된 암묵적 결론들과 명료한 결단들에 기초를 둔 인생계획이며, 그것에 의하여 자발성이 억압되고 문제를 해결하는 유연성과 다른 사람들과의 관계를 맺는 것이 제약을 받는다"(2010, p. 1).

Erskine의 견해에 따르면, 각본은 따라서 뚜렷하게 제한적이며 심리치료는 '각본 치유(script cure)', 즉 각본으로부터 벗어나는 것을 목표로 한다. Erskine에 의하면, 각본 결단으로 이끄는 것은 주로 '잘 못된 감정 조율(misattunement)', 감정 조율의 오해 또는 결핍의 경험들이다(2010). 아이의 중요한 욕 구 또는 작은 일상의 욕구들은 충족되지 않았다. 부모들은 피곤하고, 스트레스에 지쳤고, 다른 일에 너무 바쁘고 또는 무심하기 때문에 적절하게 반응하지 않았다. 아이는 그와 같은 조율의 결핍을 "나는 중요하지 않다.", "나는 나쁜 아이야.", 또는 "나는 그 일을 혼자 해야만 해. 그리고 나는 할 수 있어!" 로 지각할 수 있다. 그와 같은 무의식적 결단들과 결론들은, 이후의 인생에서 견고한 자아감 또는 충족 되지 않은 소망, 공허함, 불유쾌한 육체적 감각들, 관계에서 조심해야만 한다는 감정으로 인도한다.

인지적 고착

각본신념들은 일반적으로 변경하기 어렵다. 이것들은 '인지적 고착(cognitive fixations)'으로 이해될 수 있다. 인지적 고착은 독서, 말하기, 설득하기, 토론하기, 논의하기, 강의 듣기와 같은, 인지적 개입의 영향으로 쉽게 변하지 않는다. 인지적 고착의 변화는 사회적 개입, 즉 타인들과의 새로운 경험을 요한 다. 사람들은 어떤 것들이 다를 수 있다고 믿기 시작할 수 있는 새로운 경험들, 즉 그들을 다른 방법 이 더욱 흥미 있고 효과적일 수 있다는 확신을 주는 경험들을 필요로 한다.

Erskine에 의하면, 제한적 각본에 대한 해독제는 친구 또는 사랑의 관계 같은, 치유적 관계, 직장에 서의 건강한 직업적 관계 또는 치료적 관계를 기반으로 하는 심리치료의 형태이다. 치료사는 내담자 와 접촉을 이루는 기술로서 '질문, 조율, 관여'를 사용한다(Erskine, 1993). 다음에 치료사는 내담자가 방치되어 왔던 욕구를 경험할 수 있는 관계의 스타일을 제공한다.

Cornell과 Bonds-White(2001)는 내담자들이 자기관찰(self-observation)과 자기주도행위(self-agency) 의 능력을 발달시킬 수 있는 '질문, 혼란, 창조(inquiry, disturbance, and creativity)'(p. 80)를 위한 치 료적 관계에서의 공간의 제공을 강조함으로써, 각본 변화를 촉진하려는 치료적 관계에 대한 또 다른 견해를 제공한다. 그들은 다음과 같이 제안한다. "그것은 구조적 그리고 대인관계를 위한 기초로서 시무실 밖에서 이루어지는 치료적 관계 내에서, 호기심, 내성(자기성찰), 차별화, 관계에서의 갈등을 위한 내담자의 능력의 점진적 발달이다"(pp. 81-82).

5.2.6 이야기/구성주의자의 각본 모델

이야기/구성주의자(narrative/constructivist)의 각본에 대한 견해(Allen, 2010; Allen & Allen, 1995, 1997; Doran, 1997; Parry, 1997; Tosi, 2010)는 인생각본의 이야기하기와 의미 부여 기능들의 개념화 를 주장하는 것인데, 이것은 전통적 각본이론의 보다 결단적 면에 대한 도전이다. 예컨대 Tosi는 "이야기는 각본의 표현일 뿐만 아니라, 새로운 의미를 부여하고 옛것과 새로운 경험들을 통합함으로써 다듬고 또 다듬는 방법이기도 하다."(p. 35)라고 쓰고 있다. 그녀는 Berne의 각본에 관한 정의를 "각본을 이해하는 이러한 더욱 포괄적 방식의 하부 세트(subset)."(p. 35)로 위치를 정한다.

비슷한 이야기 관점으로부터 그러나 각본을 학습이론을 통하여 고찰하는 Newton(2006)은 각본 형성과 그 진행형의 발달을 학습 사이클과 연결한다; 초기의 그리고 그 이후의 경험들은 무의식적으로 처리되어(반사되어), 부분적으로 우리들이 듣는 이야기를 통하여, 각본 신념들과 결단들로 일반화되는 그 사람의 개인적 의미를 창조한다. 우리의 그에 따른 결과로서의 행동들은 그러한 결단들을 강화할 수 있으나, 초기 학습에 영향을 주었던 것과는 상이한 관계 경험들을 통하여 또한 변화될 수 있다. 각본 형성에서의 '학습 사이클'은 경험들을 건강하게 재구성하는 학습 '나선(spiral)'이 될 수 있다.

구성주의자의 인식을 교류분석으로 가져오려고 노력하는, Allen 부부(1997)는 두 모델을 포괄적이며, 나란히 서로서로 비교할 수 있도록 제시한다. 구성주의자의 견해의 목표는 각본을 '그 사람이 전체 이야기의 작가가 아닐 수도 있는'(p. 97) 매우 영향력이 큰 심리적 작품으로 봄으로써, 내담자를 그의 인생과 능력에서 지배적이고, 스스로 정의하는 이야기로부터 해방시키는 것이다.

5.2.7 각본 나선

Summers와 Tudor(2000), Tudor와 Summers(2014)은 아이와 부모 간의 상호성을 강조하는 데 있어서는 Cornell과 동일하다. 그들은 각본의 영향력은 부모 아이 관계에 국한되는 것이 아니라, 그들 사이의 다른 양극성의 것들과 연속성의 것들(polarities and continua)까지를 포함한다고 주장함으로써 또 다른 관점을 추가한다. 그들의 '각본 나선(script helix)'에서, 그들은 무엇보다도 여자-남자, 이성애자-동성애자, 흑인-백인 같은 양극성의 것들의 영향을 설명한다(그림 5.8 참조). 따라서 게이, 레즈비언, 양성애자 또는 성전환자 부모에 의하여 양육된 아이의 경험에, 이 사람들의 인생에서의 어떤 시점에서의 환경에 따라, 영향을 미치는 지배적 극단성은 동성애자-이성애자 사이의 한 극단이 될 수 있다. 또는 백인 문화가 지배적인 곳에서 양육된 흑인 아이의 아이덴티티 발달에서의 중요한 극단성은 흑인 소수의 가정 문화와 백인 지배적 학교 문화가 될 가능성이 많다. 그와 같은 영향력들은 결정되는 것이 아니라 구축되는 것이며, 각본 매트릭스의 구축은 그 자체가 개인적 구축물이다. 각본 매트릭스는 공동으로 창조된 연속된 매트리시스(매트릭스의 복수, matrices)로서, 우리 주위를 맴도는 지속적으로 변화하는 나선형의 관계적 원자들과도 같으며, 그것에 의하여 우리는 우리의 지속적 발달에 미치는 상이한 영향력을 가진 이야기들을 말하고, 다시 말하고, 만들어 나간다.

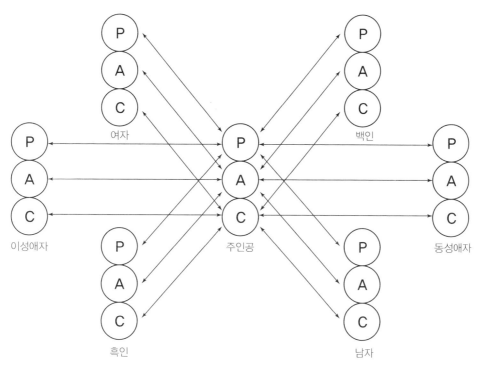

그림 5.8 각본 나선

5.3 추가 논의

5.3.1 에피스크립트

때때로 사람들은 자신의 병리적 각본 메시지를 타인들에게 전달한다. 이렇게 그들은 자신의 비극적 삶을 회피하고 마치 '뜨거운 감자(hot potato)'처럼 다른 사람에게 전해주면, 전달받은 사람은 이후 자신 또는 타인에게 해를 입히게 된다. English는 그녀의 슈퍼바이저 중 한 명이 자기의 고객 중 한 명이 '거의 정신적으로 탈진 상태에 스스로 진입'하였다는 보고를 듣고, 이러한 메커니즘을 발견하게 되었다. 이러한 거두절미한 무딘 표현에 놀라 그녀는 질문을 계속하였다. 그녀는 이 슈퍼바이저 자신이 자살을 마지막 해결 결말로 하는 파괴적 각본을 가졌다는 것을 발견하게 되었다. 그것을 알지 못하였던 슈퍼바이저는 자신의 자살 경향을 그의 내담자에게 전달하였으며, 그 내담자는 자살을 이행함으로써 그 슈퍼바이저의 스스로 생을 마감할 필요에서 일시적으로 구제하였다.

  에피스크립트(episcript)는 부모와 자녀들 간에도 있으나, 자신의 병리적 각본에 적합하고 취약한 '수취인'을 찾아낼 수 있는 선생들, 관리자들, 치료사, 종교 지도자들, 그리고 '기부자(donors)'의 경우에도 작용한다.

5.3.2 비극적 결말

Berne은 세 가지의 종말을 가진 비극적 각본들에 대하여 기술하였다.

- 자살, 존재 포지션 "I− , you+ "로부터
- 살인, 존재 포지션 "I+ , you− "로부터
- 미쳐버림, 존재 포지션 "I− , you− "로부터

Holloway(1973)는 이것을 발전시켰다. 어린 시절로부터의 금지령들은 이들 부정적 '도피 문구들 (escape clauses)'에 의하여 보완된다: 인생이 정말로 견디기 어려워지면, 나는 언제나 나 자신을 살해하거나, 타인들을 살해하거나 또는 미칠 수 있다. 이러한 각본에서, 각본 변화가 가능하기 위해서는, 첫째, 어른자아 A의 결단으로 다음과 같은 문구들, "무슨 일이 일어난다 해도, 나는 삶을 계속하겠다." 또는 "나는 사고로든지 또는 의도적으로든지 나 자신 또는 타인을 결코 살해하지 않겠다." 또는 "나는 미치지 않겠다."를 가지고 결과를 검토하는 것이 필수적이다(Goulding & McClure Goulding, 1978; Holloway, 1973).

장기적 관점에서 볼 때, 이것이 치료사에게 하는 약속이 아니고(그때는 내담자의 어린이자아 C가 아직 빠져 있다), 그 사람의 어른자아 A의 결단이어야 한다는 것이 중요하다. 자신이나 타인을 살해하지 않겠다는 결심 이후에, 삶을 살겠다는 재결단이 가능하다. 이것은 어린이자아 C로부터 이루어져야 한다.

극단적 경우에는 '자살 안 하기', '살인 안 하기' 또는 '미치지 않기' 계약을 체결하기가 불가능하다. 때때로 어떤 사람은 자살에 대한 생각이 너무 강해서, 다음 세션까지만이라도 같은, 단기간에 걸친 '자살 안 하기' 계약도 원치 않는다. 어떤 경우에는 그 사람이 정신병이거나 손상된 뇌를 가졌거나, 또는 알코올 또는 마약의 영향하에 있기도 하며, 또는 자살이나 살인을 저지를 결심을 적극적으로 돕는 매우 어려운 사회적·경제적 환경 속에서 살고 있기도 하다. 그런 환경에서는 내담자가 그와 같은 계약을 체결할 수 있을 때까지 매우 집중적인 모니터링과 돌봄을 받아야만 한다.

만약 '안 하기 계약'이 성사되면, 이것은 익숙한 도피로가 차단된 것에 대하여 내담자의 어린이자아 C가 우선 불안해 한다는 것을 의미한다. 동시에 그것은 압력이 제거되고, 재결단과 각본 변화에 필요한 공간이 확보되었다는 의미에서 어린이자아 C에게 구원이 될 수 있다(Stewart, 2010). 파괴적 각본은 한 세대에서 다른 세대로 전달될 수 있다. Berne(1972)은 각본은 부모에게 추적해서는 안 되고 조부모로 거슬러 추적되어야만 한다고 주장했다. 2008년에 Berne Memorial Award를 수상한, Noriega(2004, 2010)는 각본의 세대 간 전달에 관한 연구에서 이것을 정교하게 다루었다.

5.3.3 각본 동그라미

각본은 엄밀히 폐쇄 시스템이다. 그것은 필요한 것을 얻을 방법을 찾는 아이의 인생에서 처음으로 형성되었다. 그러나 여기-그리고-현재의 상황에서는, 그것은 때로는 자율을 제한한다. Piet Weisfelt(1996)는 각본은 (연속적) 원으로 구성된다고 설명한다: 경험으로부터 해석으로, 해석으로부터 결론으로, 결론으로부터 확신으로, 확신으로부터 결단으로, 결단으로부터 행동으로, 행동으로부터 반응으로, 반응으로부터 결말로(이 책을 위하여 번역됨). 결말은 원래의 각본 확신 "그렇다고 말했잖아!"의 확인이다.

> 프리츠는 아버지가 자기의 학교 성적(경험)에 대하여 말할 때 아버지가 자기를 좀 (화난) 특이하게 바라본다는 것을 계속적으로 경험한다. 그는 이러한 그의 시선을 자기를 인정하지 않는 것으로 해석하며 그의 눈에는 자기가 충분히 노력하고 있지 않는 것으로 보인다고 결론을 내린다. 점차 그는 자기가 잘해야만 할 상황에서 부적절하다는 확신이 들기 시작한다. 그는 무슨 역할을 해야만 하는 상황을 최대한 회피하기로 결심한다. 그는 무엇인가를 해야만 할 순간에 망설이고 '기다려 보자'의 행동을 보인다. 그의 주변의 반응은, 특히 직장에서 일반적으로 못마땅하고 화난 시선들이다. 그러한 시선들은 프리츠에게 익숙해진 것 같다. 말하자면, 그는 이제 고향집으로 회귀했다. 아버지와의 처음 경험이 계속 강화된다(결말).

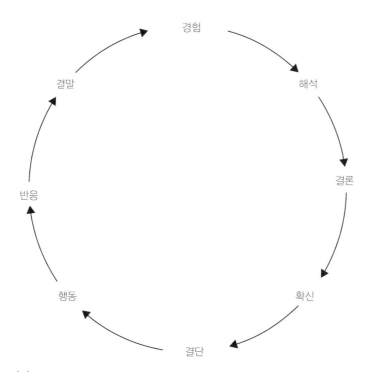

그림 5.9 각본 동그라미

각본 동그라미는 각본 패턴들을 보는 지도와 같은 매우 효과적 도구이다. 결국 자각(awareness)은 보다 더 큰 자율(autonomy)을 향한 첫 걸음이다.

5.3.4   애착과 각본

Richard Erskine(2009)은 그동안에 각본의 형성에 미치는 '최초의(primal)' 드라마의 영향을 너무 등한시 했다고 믿는다. 특히 초기의, 전언어적, 생리적 프로토콜 수준에서의 생존적 반응들과 그에 상응하는 아이의 결론과 결단은, 각본과 각본 형성에 관한 인식의 발달에서 충분히 고려되지 못하였다. Erskine에 따르면, 각본의 형성은 생각, 애착, 생화학적 그리고 심리적 반응, 환상, 관계 패턴, 그리고 자기규제(self-regulation) 능력 안에서 발견되는 복잡한 신경 경로의 네트워크 안에서 일어난다. 이런 면에서 Erskine은 Cornell의 생각과 매우 가깝게 일치한다(5.2.3절 참조).

Bowlby(1979)는 불안정적 애착을 관찰하고 이것을 어린아이 시절의 의존적 관계에서 애착의 붕괴의 신체적 결과로 설명하였다. Ainsworth, Blehar, Waters, Wall(1978)은 안정적으로 확실하게 애착관계에 있는 아이들의 어머니들은 그들의 아이들에게 훌륭히 조율되어 있다는 것을 발견하였다. 이러한 어머니들은 만약 조율이 적절하지 않으면 그것을 즉시 수정할 능력을 가지고 있음도 발견하였다. 인간의 약 70%에게 일어나는 확고한 애착이 존재하는 반면, 회피적, 집착적, 비조직적인 세 가지의 불안정한 애착 패턴들이 존재한다. 이러한 애착 패턴들(각본 패턴들)은, Erskine에 의하면, 행동, 타인과의 교류, 각본 확신, 환상, 그 사람이 인생에서 믿음을 갖는 모든 것들에서 발견된다. 불안정한 애착의 치유는, 감수성, 존중, 감사, 일관성, 신뢰가 절대적으로 요구되는, 전문적 관계를 필요로 한다.

5.3.5   하이브리드 각본

어떤 사람의 행동을 개인의 각본만을 관찰함으로써 충분히 설명할 수 있는가? 앞에서도 살펴보았듯이, 그런 설명은 너무나 많은 선형적 인과관계의 논리적 특성들을 가질 것이다: A의 원인은 B이다. 그러나 대상이 인간이 되면, 선형적 인과관계의 설명의 원칙들로서는 충분하지 않다(제3장 참조). 개인의 행동은 그 사람의 개인적 역사를 살펴봄으로써 결코 완전히 이해될 수 없다. 아마도 Berne(1961) 역시 이미 이것에 대한 의구심을 가졌던 듯, "구조분석의 목적은 현실 검증의 자아상태의 지배적 위치를 구축하고, 이들을 옛날의 그리고 외부로부터 유입된 요소들에 의한 오염으로부터 해방시키는 것이다. 이것이 완료되면, 환자는 교류의 분석으로 나아갈 수 있다: 첫째, 간단한 교류의 분석, 그리고 정형화된 일련의 교류, 마지막으로 때때로 여러 사람들을 포함하고 그리고 일반적으로 보다 정교한 환상들에 근거하는 길고 복잡한 활동이다(p. 22)."라고 기술했다. 그는 적어도 복잡함은 완전한 분석의 필요한 부분이라는 것을 알고 있었다. 우리는 행동이라는 것은 언제나 그 행동이 항상 어떤 맥락에 의하여 영향을 받는 바로 그 맥락 속에서 일어난다는 것을 인지할 때 이러한 복잡성을 볼 수 있게 된다.

　어떤 인간도 '독립적'이지 않다. 모든 개인은 맥락이란 네트워크의 부분이다: 그 사람이 살고 있는 가족, 그 사람이 성장한 가족, 그 사람이 살고 있는 도시 또는 지역, 그 사람이 속하는 국가, 그 사람이 생업을 영위하는 회사 또는 조직 등등. 사회심리학에서는 인간의 정체성은 본질적으로 사회적 정체성이라고 가정하는 운동이 있다. 어떤 행동이 적절하고 수용될 수 있는가는 그 사람이 존재하는 맥락의 규준에 의하여 대체로 결정된다. Hogg와 Abrams(1998)는 '그룹 회원의 사회적·심리적 성격'에 관하여 말한다. 그룹은 대체로 그룹 회원의 그룹 간 그리고 그룹 내의 행동을 결정한다. 그 사람이 속한 그룹은 개인의 정체성에 심대한 영향을 미친다. 전통적·사회적·심리적 접근법에서는, 그룹이 개인들에게 어떻게 정체성을 마련해주는가가 종종 무시되어왔다. Hogg와 Abrams는 이것을 '개인 속의 그룹(집단)'(p. 3)이라고 부른다. "나는 누구인가?"라는 질문에 대하여 그 사람이 주는 각각의 대답 속에는, 그 사람이 자기가 속해 있다고 생각하는 그룹의 흔적들이 있다. 그 사람이 무엇을 하든, 그의 행동이 부분적으로는 그 그룹의 각본에 의하여 지배당하는 정도를 언제나 생각할 필요가 있다.

　궁극적으로, "나는 남자다." 또는 "나는 여자다."라고 말하는 사람은 누구나 그렇게 말함으로써 자기 자신을 이 특별한 사회적 집단의 한 멤버로 분류하고 있는 것이다. 그것이 바로 그 사람의 행동에 어떤 영향을 미친다. 똑같은 이야기가 "나는 네덜란드인이다.", "나는 심리치료사다.", "나는 공무원이다." 또는 "나는 교류분석 전문가이다."라고 말하는 사람들에게도 똑같이 적용된다. 잠재의식 수준에서 이러한 정체성은 그 사람이 무엇을 하는가 또는 하지 않는가, 그리고 그 사람은 어떤 일을 어떻게 하는가에 영향을 미친다. 이것은 정형화된 고정관념(판에 박힌 관념)의 문제가 불거지면 명백해진다. 정말로 남자(사나이)군! 100% 네덜란드인이군! 진정한 공무원이군! 완벽한 교류분석 전문가로군! 정형화된 고정관념은 언제나 자기정형화에 의하여 촉발된다.

　심리극의 창시자, Jacob Levy Moreno(1946)는(Berne도 그의 연구에 관하여 잘 알고 있었다) 중도적 길을 따르며 "개인들 자신과 그들 간의 상호관계를 모든 사회 환경의 원자핵 구조로 다루어야 한다."고 말한다. Moreno는 만약 당신이 행동을 제대로 이해하기 원한다면, 당신은 동시에 보다 더 큰 전체 그리고 그것들의 부분들을 연구해야만 한다고 믿는다. 교류분석에서는, 우리들은 이것을 각본 행동의 기본적 하이브리드 성격으로 이야기하는 것을 권장한다. 하이브리드 차량에서는, 어느 엔진(휘발유 엔진 또는 전기 모터)이 자동차를 추진하고 있는지, 언제나 분명한 것이 아닌 것과 마찬가지로 외부에서 봐서는 무엇이 그 사람을 그가 하는 일을 하도록 만드는지 알 수 없다. 이러한 통찰은 예컨대 그룹이나 조직의 사람들의 행동을 사정하는 데 어느 정도의 자제가 필요함을 의미한다. 제13장 13.3절에서 우리는 문화적 각본이 행동에 미치는 영향을 논의한다.

5.4 관련 이론

5.4.1 유아 연구

근래에 아주 어린아이들, 특히 출생 후 며칠에 불과한 아기에 대해서까지도 많은 연구가 이루어졌다. 이러한 연구의 선두에 선 학자들 중 하나는 Margaret Mahler였는데, 그녀는 동료들과 함께 토들러(12~36개월)와 그 엄마들을 관찰하였는데, 아이들은 유아방에서 서로 놀이를 하다가 넘어지거나 필요한 것이 있을 때 때때로 엄마에게 왔다. 이 연구에 근거하여 그녀는 분리-개별화(separation-individuation) 이론을 개발하였는데, 이것은 아이가 심리적으로 양육자와 분리할 때로부터 세 살 무렵에 어느 정도의 개별성에 이르기까지 거치는 상이한 단계들에 관한 이론이다. 세 살 무렵에 '대상 불변성(object constancy)'에 이르게 되면, 아이는 엄마에 대한 불변하는 긍정적 내적 이미지를 형성한다(Mahler, Pine, & Bergman, 1975, p. 109).

　Daniel Stern(1986, 1990, 1995)과 그의 동료들은 훨씬 어린아이들을 관찰하였다. 생후 며칠에서 몇 개월까지의 유아들. 엄마의 젖을 알아보는 실험에서, 생후 며칠의 유아(외부 세계의 자극을 냄새로만 분별할 수 있는) 내에는 그저 C_1 이상의 것이 존재한다는 것이 명백해졌다. 감각적 자극(젖의 냄새)을 운동반응(머리를 돌림)으로 변환시킬 수 있고 또한 선택할 수 있는 A_1이 존재한다. 이 어린 나이에 각본의 뿌리가 형성되어 신체적으로 기록된다.

5.4.2 생의 단계

발달심리학자 Erik Erikson(1902~1994)은 발달심리학 분야에서는 일반적으로 가장 영향력이 컸던 사상가들 중 하나로 여겨진다. 그는 '요람에서부터 무덤까지'의 인간의 진화에 관한 이론에서 정체성과 '기본적 신뢰'의 개념들에 영구적 자리를 부여하였다. Erikson의 연구(1950)에서 중심을 이루는 주제는 정체성과 사회 환경의 역할의 중요성이다. 어린이 심리분석가로서의 그의 연구를 통하여 그는 그의 어린 환자들의 정신병리적 증후군을 모든 성장하는 젊은 성인이 거쳐야만 하는 위기의 특성들로서 보는 법을 배웠다. 아이는 갈등과 위기의 길을 따라 사회에서의 자기 위치를 발견하는 것을 터득한다.

　발달심리학에서 기본 이론의 하나가 된, 그의 인생 사이클 이론에서, Erikson은 기본적으로 Freud의 심리성적 발달 모델(model of psychosexual development)에 의존한다. 그러나 Erikson은 인생의 추동과 관련하여 Freud의 경향보다는 더욱 많은 자유를 사람에게 허용한다. Erikson은 특히 아이가 발달할 수 있는 사회적 환경에서 더 큰 역할을 기대하였다.

　Erikson의 견해에 따르면, 인간의 발달은 요람에서 무덤까지, 여덟 단계로 진행한다. 이 모든 단계에서 인간 존재의 존재적 관점이 핵심이다. 각 단계에서, 위기가 해당 특성들의 양극 사이에서 일어난다. 발달하는 사람은 각 단계에서 양극성의 부정적 극단보다 긍정적 극단의 소유자가 되는 과제에 직면한다. 양극들은 다음과 같다.

- 신뢰 대 불신
- 자율 대 수치심과 의심
- 주도성 대 죄의식
- 근면성 대 열등감
- 정체감 대 역할혼미
- 친밀감 대 고립감
- 생식성(生殖性) 대 정체감
- 자아 통합성 대 절망감

Erikson의 심리학의 중심 개념은 '상호성(reciprocity)'이다. 성장하는 사람은 주변의 환경과 사람들과의 관계에서 자신의 정체성을 개발한다. 이것은 상호의 영향이 존재한다는 것을 의미한다. 어린아이들과의 상호작용에서 교육하는 사람들은 자기 자신들을 만난다. 자신의 정체성의 추구는 작거나 좀 더 큰 아이들과의 접촉 속에서 필연적으로 일어난다.

5.4.3 이야기 접근법

이야기 접근법에서는, 사람들은 때때로 해답과 대안을 찾지 못하도록 자기를 억제하는 '지배적(dominant)' 이야기 속에 갇혀 있다고 가정한다. 치료사로서의 자기를 '아무것도 모르는' 위치에 놓고 내담자를 그 사람의 상황에서의 전문가로 생각할 때, 당신은 내담자의 자기존중이 고양되는 대화를 만들어 나갈 수 있다.

　개인으로서의 내담자 또는 가족들의 이야기를 들어줌으로써, 당신은 그들에게 자신들의 환경과 구별하여 자신들의 정체성을 보도록 격려할 수 있으며, 이것은 외현화(externalization, 외적 객관화)라는 과정이다(Fraenkel, Hameline, & Shannon, 2009; White, 2007). 은유, 연상, 그림, 기타의 창의적 접근법을 통하여, 내담자는 자신의 기대, 꿈, 계획과 다시 연결되도록 격려된다.

　예를 들면, 내담자는 2년 이후의 상상의 자신이 있을 삶의 위치에서 자신에게 편지를 쓴다. 여기에서는 자신의 취약한 약점이 아닌, 내담자의 회복력이 중심이 된다. 즉, 자신의 힘, 창의력, 때로는 어려운 상황에서 생존할 확고한 자기주장의 능력이다(Rober, Walravens, & Versteynen, 2012). 내담자를 자신이 처한 상황에 관한 전문가로 간주하는, 이러한 접근법은 내담자의 자기존중과 더 좋은 미래를 향한 희망을 다시 찾도록 도움을 주는 것 같다. 이 저자들은 교류분석과는 독립적 심리치료에서 이

야기 이론의 적용을 상세하게 만들었으나, 교류분석 안에서 발달한 이야기/구성주의자 모델과 공유하
는 부분이 많다.

참고문헌

Ainsworth, M., Blehar, M., Waters, E., & Wall, S. (1978). *Patterns of Attachment*. Hillsdale, MI: Erlbaum.

Allen, J. R. (2010). From a child psychiatry practice. In: R. Erskine (Ed.), *Life Scripts: A Transactional Analysis of Unconscious Relational Patterns* (pp. 151-178). London: Karnac.

Allen, J. R., & Allen, B. A. (1995). Narrative theory, redecision therapy, and postmodernism. *Transactional Analysis Journal, 25*(4): 327-334.

Allen, J. R., & Allen, B. A. (1997). A new type of transactional analysis and one version of script work with a constructivist sensibility. *Transactional Analysis Journal, 27*(2): 89-98.

Barrow, G. (2014). "Whatever!" The wonderful possibilities of adolescence. *Transactional Analysis Journal, 44*(2): 167-174.

Berne, E. (1961). *Transactional Analysis in Psychotherapy*. New York: Grove Press.

Berne, E. (1972). *What Do You Say After You Say Hello?* New York: Grove Press.

Berne, E. (2010). *A Montreal Childhood*. Seville, Spain: Editorial Jeder.

Bollas, C. (1987). *The Shadow of the Object: Psychoanalysis of the Unthought Known*. New York: Columbia University Press.

Bollas, C. (1989). *Forces of Destiny: Psychoanalysis and human Idiom*. Northvale, NJ: Jason Aronson.

Bowlby, J. (1979). *The Making and Breaking of Affectional Bonds*. London: Routledge.

Bucci, W. (1997). *Psychoanalysis and Cognitive Science: A Multiple Code Theory*. New York: Guilford Press.

Bucci, W. (2008). The role of bodily experience in emotional organization. In: F. S. Anderson (Ed.), *Bodies in Treatment: The Unspoken Dimension* (51-76). New York: Analytic Press.

Caizzi, C. (2012). Embodied trauma: Using the subsymbolic mode to access and change script protocol in traumatized adults. *Transactional Analysis Journal, 42*: 165-175.

Clarkson, P. (1992). Physis in transactional analysis. *Transactional Analysis Journal, 22*: 202-209.

Cornell, W. F. (1988). Life script theory: A critical review from a developmental perspective. *Transactional Analysis Journal, 18*(4): 270-282.

Cornell, W. F. (2008a). Babies, brains, and bodies: Somatic foundations of the Child ego state. In: *Explorations in Transactional Analysis. The Meech Lake Papers* (pp. 141-158). Pleasanton, CA: TA Press.

Cornell, W. F. (2008b). Body-Centred Psychotherapy. In: *Explorations in Transactional Analysis: The Meech Lake Papers* (pp. 176-198). Pleasanton, CA: TA Press.

Cornell, W. F. (2010). Whose body is it? Somatic relations in script and script protocol. In: R. G. Erskine (Ed.), *Life Scripts. A Transactional Analysis of Unconscious Relational Patterns* (pp. 101-126). London: Karnac.

Cornell, W. F., & Bonds-White, F. (2001). Therapeutic relatedness in transactional analysis: The truth of love or the love of truth. *Transactional Analysis Journal, 31*(1): 71-83.

Cornell, W. F., & Landaiche, N. M. (2006). Impasse and intimacy: Applying Berne's concept of script protocol. *Transactional Analysis Journal, 36*: 196-213.

Cornell, W. F., & Landaiche, N. M. (2008). Nonconscious processes and self-development: Key concepts from Eric Berne and Christopher Bollas. *Transactional Analysis Journal, 38*: 200-217.

Doan, R. E. (1997). Narrative therapy, postmodernism, and constructivism: Discussion and distinctions. *Transactional*

Analysis Journal, 27(2): 128-133.

English, F. (1969). Episcript and the hot potato game. *Transactional Analysis Bulletin, 8*(32): 77-81.

English, F. (1988). Whither scripts? *Transactional Analysis Journal, 18*(4): 294-303.

English, F. (2010). It takes a lifetime to play out a script. In: R. G. Erskine (Ed.), *Life Scripts. A Transactional Analysis of Unconscious Relational Patterns* (pp. 217-238). London: Karnac.

Erikson, E. H. (1950). *Childhood and Society.* New York: W. W. Norton, 1993.

Ernst, F. (1971). The OK Corral: The grid for get-on-with. *Transactional Analysis Journal, 1*(4): 33-42.

Erskine, R. G. (1980). Script cure: Behavioural, intrapsychic, and physiological. *Transactional Analysis Journal, 10*(2): 102-106.

Erskine, R. G. (1993). Inquiry, attunement and involvement in the psychotherapy of dissociation. *Transactional Analysis Journal, 23*(3): 184-190.

Erskine, R. G. (2009). Life scripts and attachment patterns: Theoretical integration and therapeutic involvement. *Transactional Analysis Journal, 39*(4): 207-218.

Erskine, R. G. (Ed.) (2010). Life Scripts. *A Transactional Analysis of Unconscious Relational Patterns.* London: Karnac.

Erskine, R. G., & Zalcman, M. (1979). The racket system: A model for racket analysis. *Transactional Analysis Journal, 9*(1): 51-59.

Fraenkel, P., Hameline, T., & Shannon, M. (2009). Narrative and collaborative practices in work with families that are homeless. *Journal of Marital and Family Therapy, 35*: 325-342.

Goulding, R., & McClure Goulding, M. (1976). Injunctions, decisions and redecisions. *Transactional Analysis Journal, 6*(1): 41-48.

Goulding, R., & McClure Goulding, M. (1978). *The Power Is in the Patient.* San Francisco, CA: TA Press.

Goulding, R., & McClure Goulding, M. (1979). *Changing Lives through Redecision Therapy.* New York: Brunner/Mazel.

Graaf, A. de, & Kunst, K. (2005). *Einstein and the Art of Sailing.* Watford, UK: Sherwood.

Guglielmotti, R. L. (2008). The quality of the therapeutic relationship as a factor in helping to change the client's protocol or implicit memory. *Transactional Analysis Journal, 38*: 101-109.

Hargaden, H. (2003). Then We'll Come from the Shadows. *Script, 33*(5): 3-6.

Harris, A. B., & Harris, T. (1985). *Staying OK.* London: Jonathan Cape.

Harris, T. (1967). *I'm OK–You're OK.* London: Pan.

Hay, J. (2009). *Working It Out at Work: Understanding Attitudes and Building Relationships.* Watford, UK: Sherwood.

Hogg, M., & Abrams, D. (1998). *Social Identifications: A Social Psychology of Intergroup Relations and Group Processes.* London: Routledge.

Holloway, W. H. (1973). *Shut the Escape Hatch. Monograph IV.* The Monograph Series. Ohio, OH: Midwest Institute for Human Understanding.

Jorgensen, E. W., & Jorgensen, H. I. (1984). *Eric Berne: Master Gamesman. A Transactional Biography.* New York: Grove Press.

Kahler, T. (1978). *Transactional Analysis Revisited.* Little Rock, AR: Human Development Publications.

Kahler, T. (2008). *The Process Therapy Model. The Six Personality Types with Adaptations.* Little Rock, AR: Taibi Kahler Associates.

Kahler, T., & Capers, H. (1974). The Miniscript. *Transactional Analysis Journal, 4*(1): 26-42.

Kendler, K. S., & Prescott, C. A. (2006). *Genes, Environment and Psychopathology.* New York: Guilford Press.

Ligabue, S. (1991). The somatic component of the script in early development. *Transactional Analysis Journal, 21*(1): 21-30.

Ligabue, S. (2007). Being in relationship: Different languages to understand ego states, script, and the body. *Transactional Analysis Journal, 37*: 294-306.

Mahler, M., Pine, F., & Bergman, A. (1975). *The Psychological Birth of the Human Infant*. New York: Basic Books.

Massey, R. F. (1989). Script theory synthesized systematically. *Transactional Analysis Journal, 19*(1): 14-25.

Moreno, J. L. (1946). *Psychodrama* (*Vol. 1*). Beacon, NY: Beacon House.

Newton, T. (2006). Script, Psychological Life Plans, and the Learning Cycle. *Transactional Analysis Journal, 36*(3), 186-195.

Noriega, G. (2004). Codependence: A transgenerational script. *Transactional Analysis Journal, 34*(4): 312-322.

Noriega, G. (2010). Transgenerational scripts: The unknown knowledge. In: R. G. Erskine (Ed.), *Life Scripts. A Transactional Analysis of Unconscious Relational Patterns* (pp. 269-290). London: Karnac.

O'Reilly-Knapp, M., & Erskine, R. G. (2010). The script system: An unconscious organization of experience. In: R. G. Erskine (Ed.), *Life Scripts. A Transactional Analysis of Unconscious Relational Patterns* (pp. 291-308). London: Karnac.

Parry, A. (1997). Why we tell stories: The narrative construction of reality. *Transactional Analysis Journal, 27*(2): 118-127.

Pierini, A. (2008). Has the unconscious moved house? *Transactional Analysis Journal, 38*: 110-118.

Rober, P., Walravens. G., & Versteynen, L. (2012). In search of a tale they can live with. Accepted for publication in *Journal of Marital and Family Therapy*.

Steere, D. A. (1982). *Bodily Expressions in Psychotherapy*. New York: Brunner/Mazel.

Steiner, C. (1966). Script and counterscript. *Transactional Analysis Bulletin, 5*(18): 133-135.

Steiner, C. (1974). *Scripts People Live: Transactional Analysis of Life Scripts*. New York: Grove Press.

Stern, D. (1985). *The Interpersonal World of the Infant*. New York: Basic Books.

Stern, D. (1990). *Diary of a Baby*. New York: Basic Books

Stern, D. (1995). *The Motherhood Constellation*. New York: Basic Books.

Stewart, I. (1992). *Eric Berne*. London: Sage.

Stewart, I. (2010). The "three ways out": escape hatches. In: R. G. Erskine (Ed.), *Life Scripts. A Transactional Analysis of Unconscious Relational Patterns* (pp. 127-150). London: Karnac.

Summers, G., & Tudor, K. (2000). Co-creative transactional analysis. *Transactional Analysis Journal, 30*: 23-40.

Summers, G., & Tudor, K. (2014). Co-creative transactional analysis/introducing co-creative transactional analysis. In: K. Tudor & G. Summers (Eds.), *Co-creative transactional analysis: Papers, responses, dialogues, and developments* (pp. 1-28/235-250). London: Karnac.

Thomas, A., & Chess, S. (1980). *The Dynamics of Psychological Growth*. New York: Brunner/Mazel.

Tilney, T. (Ed.) (1998). *Dictionary of Transactional Analysis*. London: Whurr.

Tosi, M. T. (2010). The lived and narrated script: an ongoing narrative construction. In: R. G. Erskine(Ed.), *Life Scripts: A Transactional Analysis of Unconscious Relational Patterns* (pp. 29-54). London: Karnac.

Tudor, K. (2008). "Take it": A sixth driver. *Transactional Analysis Journal, 38*(1): 43-57.

Tudor, K., & Summers, G. (Eds.), *Co-creative transactional analysis: Papers, responses, dialogues, and developments* (pp. 235-250). London: Karnac.

Vaillant, G. E. (1977). *Adaptation to Life*. Boston, MA: Little, Brown.

Waldenkranz-Piselli, K. C. (1999). What do we do before we say hello? The body as the stage setting for the script. *Transactional Analysis Journal, 29*(1): 31-48.

Weisfelt, P. (1996). *Nestgeuren*. (Nest Odors.) Baarn, Netherlands: Nelissen.

White, M. (2007). *Maps of Narrative Practice*. New York: W. W. Norton.

제6장

수동성 그리고 디스카운팅

지금까지 앞의 5개 장에서 우리는 교류분석의 핵심적 개념인 자아상태, 스트로크, 교류, 게임, 각본을 살펴보았다. 이제부터의 5개의 장에서는 우리는 교류분석의 이론과 실제의 또 다른 면목들을 상세하게 다룰 예정이다. 우리는 우선 공생(symbiosis), 수동성(passivity), 디스카운팅(discounting), 재정의(redefining)에 관한 이론으로 시작하겠다. 사람들을 지속적으로 반복하도록 만드는 것은 무엇인가? 비록 그것이 아무런 새로운 결과를 가지고 오지도 않는데 말이다. 왜 사람들은 자기가 원하는 결과를 가져다주지 않는다는 것을 알 만한 활동에 에너지를 계속 투자하는가? 이 장에서는 교류분석에서 일반적으로 '수동성'이라고 일컫는, 만성적 · 행동적 · 인지적 과정을 촉진시키는 현상들에 초점을 두겠다. 이러한 이슈들에 중심이 되는 것은, 사람들이 무의식적으로 자신들, 타인들, 그리고 주변 세계의 어떤 측면들을 무시하는, '디스카운팅'이라는 메커니즘(기제)이다. 결과는, 사물을 움직이고 변화시키려는 인센티브가 없기 때문에, 학습(배움) 그리고 변화는 일어나지 않는다.

6.1 기초 이론

6.1.1 카섹시스 모델

1960년대 후반과 1970년대 초는 교류분석에서 강렬한 창의력과 실험의 시기였다. 교류분석 이론과 실제의 세 가지 주요 모델들이 이 기간에 모습을 드러냈다. 첫 번째는 '고전(classical)' 학파라고 알려진 것으로서, Berne의 연구를 추종하는 주로 인지적/행동적 변화에 중심을 둔 모델이었다. 두 번째는 Goulding 부부가 개발한 재결단 접근법으로서, 게슈탈트 치료 원칙들을 융합한 것이었다. 세 번째의는 카섹시스(cathexis) 모델로서, 심각한 사고 장애를 치료하기 위하여 개발되어 강력한 의사-부모(擬似, pseudo-parental)의 치료관계를 강조하는 모델이었다. 흥미롭게도 각각의 모델은 치료의 주요 메커니즘으로서 각기 다른 자아상태에 초점을 맞추고 있었다: 고전적 모델에서는 어른자아 A에, 재결단 치료에서는 어린이자아상태 C에, 그리고 카섹시스 접근법에서는 부모자아 P에 중심을 두었다.

Jacqui Lee Schiff(1969, 1975, 1977)는 조현병으로 고통받고 있는 장애가 심각한 청소년들의 치료에 교류분석을 기반으로 하는 치료 모델을 개발하였다. 이 모델의 중심적 가설은 조현병은 어린이의 부모자아 P에 결합된 특정한 종류의 부모 기능에서 기인하는 정신적 장애라는 것이었다. Schiff에 따르면, 부모의 '미친' 부모자아상태 P의 영향이 평생의 사고 및 행동 장애의 원천이 된다. Schiff는 조현병 환자들의 가족 시스템에서는, 부모의 어느 한쪽 또는 양쪽 모두는 성장기의 어린이와 만성적, 불건전한 공생관계를 설립하며, 그 공생관계는 어머니 그리고/또는 아버지의 '미친' 부모자아 P가 지배한다고 설명했다. 이러한 공생 구조는 어린이의 자연스럽고 점증하는 독립적 발달 과정을 저해한다. 어린이는 분리되고 개별화되지 못하고, 오히려 공생관계를 재설정하는 일련의 '수동적' 행동들을 개발하도록 강요받는다. 따라서 Schiff는 수동적 행동과 수동성을 유지시키려고 하는 공생관계를 억제하고 교정하는 것이 치료의 요체라 보았다.

Berne(1961)은 정신 질환이 개인의 자아상태의 견고성에 뿌리하고 있음을 이해하였다. 그는 '카섹시스의 흐름(the flow of cathexis)'의 확립, 즉 심적 에너지의 한 자아상태로부터 다른 자아상태로의 흐름이 치료의 필수적 초점이라고 강조하였다. Schiff는 에너지의 한 자아상태로부터 다른 자아상태로의 에너지와 자각의 이동을 의미하는, Berne이 강조한 카섹시스로부터, 캘리포니아 오클랜드의 그녀 집에 마련한 치료센터를 카섹시스 인스티튜트(the Cathexis Institute)로 명명했다. Berne은 사망 직전에 Schiff의 연구와 치료의 대담함과 잠재력을 칭찬하였으므로, 태동기에 있던 교류분석 학계에서 그녀는 명성을 얻게 되었다.

그녀의 저술과 기타 카섹시스 자료들은 당시 조현병을 다루었던 다른 사람들의 연구를 인용하지 않았으나, 전신분열성 반응들의 발생에서 기본적인 부모의 영향력에 관한 설명들은, 조현병의 발생 원인은 가족 내에 있다고 이해된다는, Laing과 Esterson(1964), Cooper(1967)의 연구는 물론, Lidz와 그의 동료들(Lidz, 1973; Lidz, Fleck, & Cornelison, 1965)의 연구와도 대단히 일치하였다.

Schiff와 그녀의 동료들의 연구는 그녀가 조현병 환자라고 진단했던 사람들의 치료에 근거를 두었으나, 카섹시스 이론에서 개발된 많은 아이디어는 교류분석에서 지속적인 영향력을 행사해 왔다. 이 장의 후반부에 보다 명확하게 밝히겠지만, 카섹시스 시스템 안에서 사용되었던 많은 기술과 치료 구조에 대해서도 똑같은 이야기를 할 수는 없다.

6.1.2 공생 구조

인간의 발달 과정에서 세 가지, 즉 욕구를 갖는 것 → 욕구를 표현하는 것 → 욕구의 표현에 대한 반응에 관한 교훈을 학습하는 것은 필수적이다. 이런 대인관계에서의 연속적 사건들로부터 얻은 긍정적 또는 부정적 경험들은 어린이가 자기 그리고 타인들에 대하여 발전시키는 관점에서 중요한 부분을 형성한다. 어린아이가 만약 "You're not OK, 세상은 위험한 곳이며, 또는 부모들이 제일이다."라는 메시지들을 선택한다면 상황은 잘못 돌아간다. 만약 어린아이의 욕구들이 충족되지 못한다면, 이것은 욕망의 부정 또는 가족 시스템 안에서 수용되는 다른 욕구로 대체하도록 유도할 것이다. 각본의 형성은 가족 내에서 일어나는 이러한 수용 또는 거절의 반복적 패턴에 의하여 깊이 영향을 받는다. 각본의 확신(믿음)들은 거의 언제나 사람들이 자신을 또는 다른 사람들을 무시하도록 하는 데 기여한다.

교류분석에서는 사람들은 다음과 같은 허가를 자주 읽거나 또는 들을 것이다: "언제나 당신은 당신이 필요로 하는 것 그리고 원하는 것은 무엇이든 100% 표현하고 의사소통해도 좋다." 이것은 당신이 필요로 하는 것 그리고 원하는 것을 언제든지 얻을 수 있다는 의미가 아니다. 그것은 또한 당신의 관심사에 대하여 언제나 들어줄 사람을 찾을 수 있다는 것을 의미하는 것도 아니다. 그것은 수동적 행동과 그것의 부정적 결과들의 위험이 허가에 의하여 상당히 경감될 수 있다는 것을 의미한다.

그러나 어린아이는 태어날 때 필요한 것이 무엇이고 그것을 어떻게 얻을 수 있는지에 대하여 알지 못한다. 아기가 태어나면, 아기와 양육자 사이에는 건강한 공생관계가 필요하다. 아기는 독립적으로 살아갈 능력이 없다. 양육자는 일정한 필수적 임무를 부담해야만 한다. 양육자들은 아기에게는 아직 없는 부모자아 P와 어른자아 A의 기능들을 떠안으며, 그럼으로써 그때 아기가 가지고 있는 유일한 자아상태인 아기의 어린이자아상태 C를 보살핀다(그림 6.1 참조).

이러한 공생은 자연스럽고 또 건강한 것이지만, 양육자는 자신의 어린이자아 C를 등한시할 위험이 또한 있다. 엄마는 아기가 밤에 잠을 자지 않기 때문에 수면이 결핍되거나, 또는 아빠는 직장에서 돌아와도 집에 오면 자기를 기다리는 또 다른 일들 때문에 누워서 휴식을 취할 수 없다. 어린아이들의 부모들이 자신들의 욕구를 충족시키기 위한 충분한 시간을 갖는다는 것은 매우 중요하다. 보모가 일주일에 하루 저녁 외식을 한다든가, 영화를 보러 간다든가, 또는 헬스클럽에 가는 것은 사치품이 아니다! 시간이 지남에 따라, 아기에게는 지속적 돌봄과 지켜봄이 덜 필요하게 되고, 그러면 공생관계는 양측 모두에 의해 점차 희미하게 되어 건강한 관계로의 이행이 이루어져, 그때 아빠는 이렇게 말할 수 있게 된다. "지금은 안 돼, 아빠는 지금 너와 놀 기분이 아니야. 혼자 놀아라." 이렇게 자란 아기는 엄마를 찾아, 집안일을 하고 소파에 몸을 던져 누운 엄마에게로 가 엄마를 끌어안는다. 모든 것이 순조로우면, 부모는 자녀가 점점 성장함에 따라 어린아이에게 더욱 많은 자유를 주며 어린아이는 스스로 부모와의 의존적 관계에서 독립한다. 공생은 더 이상 필요하지 않으며 동등한 관계가 형성된다.

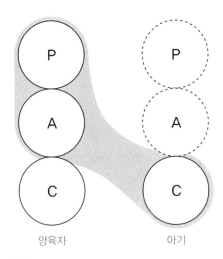

양육자　　　　　　　아기

그림 6.1　양육자와 아기 사이의 공생관계

발전의 과정에서 우리는 잠정적이고 기능적 공생관계를 재설정하려는 시간이 있다. 중요한 발전적 변화라는 수많은 기간들 동안, 우리들에게 새로운 생의 국면(예 : 직장)의 구조는 생소하다. 우리는 해당되는 기술들을 가지고 있는지 불확실하고, 일이 어떻게 돌아가는지에 대한 충분한 정보도 아직은 가지고 있지 못하며, 따라서 매우 불안하다. 그래서 새로운 장에서 경험이 많거나 지식이 많은 사람과 잠정적이지만 공생관계를 설정하는 것은 매우 유용할 수 있다.

그러나 많은 사람들은 성인이 된 이후에도 어린 시절의 공생 패턴으로 종종 퇴행한다. 그들은 자신들이 필요한 관심을 요청할 수 있다는 사실 … 다른 사람들도 마찬가지로 똑같이 요청할 수 있다는 사실을 디스카운트한다. 만약 이런 것들이 일시적 문제가 아니고 구조적 패턴을 형성한다면, 불건전한 공생관계가 만들어진 것이다. 그 사람은 어른자아상태 A로 생각하기를 멈추고, 어린이자아상태 C 또는 부모자아상태 P의 위치를 차지한다.

흔히 2개의 수준에서 동시에 공생이 존재한다: 얼핏 보면 힘이 센 남자가 여리고 의존적인 부인을 돌보는 것처럼 보인다. 그러나 자세히 관찰해보면, 남편이 두려워하는 것으로부터 남편을 보호하는 사람은 부인이다. 이 공생관계는 그림 6.2에서 볼 수 있다.

명백하게 보이는 1차 공생관계의 경우에는, 남자는 주로 부모자아상태 P와 어른자아상태 A를 사용한다: "나는 너를 보호하고 또 네 대신 생각하겠다." 그의 부인은 주로 어린이자아 C를 사용한다: "나를 돌보아주니 감사하다." 덜 명확하게 드러나는 밑에 숨겨진 2차 공생관계의 경우에는, 부인은 P_1과 A_1을 사용한다: "나는 당신이 나를 약하다고 생각할 필요가 있다는 것을 안다. 그리고 당신은 홀로 버려지는 것을 무서워한다는 것을 안다." 남자는 C_1을 사용한다: "제발 나를 돌봐줘. 그리고 내가 실패하지 않도록 해줘."

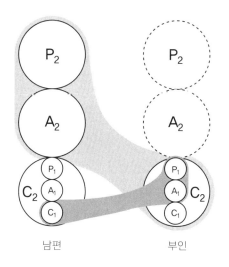

남편 　　　　　 부인

그림 6.2 1차 및 2차 공생

역기능적/가능성을 빼앗는 공생관계란, 각각의 사람들이 자신의 가치 체계, 유능함, 사고, 욕구의 표현과 충족에 관한 자율성을 개발할 수 있는 개인의 능력을 그 관계 속에서 억제하는 관계이다. 그러한 관계 속에서는, 통제자/제공자로서의 한 사람과 무기력하고/궁핍한 다른 한 사람과의 사이에 심각하고 만성적인 불균형이 존재한다. 때때로 우리의 전문가들의 관계에서—예컨대, 치료자/클라이언트, 컨설턴트/고객 또는 선생/학생—초기에 공생의 경향이 나타난다. 만약 이러한 공생의 경향이 관계를 결정하고 구조화한다면, 공생관계에 참가하는 당사자들의 자율성과 능력을 제한하는 공생관계가 진화하는 것이다.

40대 중반의 헨리는 우울하고 자기 삶에 대하여 만족감을 느낄 수 없어 진료실을 찾았다. 치료의 시작에 그는 부모에 대하여 감사함을 느낀 적이 없었으며 치료사의 관심과 이해가 자신의 자기존중감을 높여주고 느낌을 호전시킬 수 있으리라 기대한다고 말했다. 첫 세션에서 헨리는 치료사 책상의 불빛이 너무 밝으니 꺼줄 수 있느냐고 말했다. 치료사는 그렇게 했다. 그리고 헨리는 앞으로 모든 세션에서 그렇게 해 달라고 요청했다. 몇 세션 동안 헨리가 도착할 때면 치료사 책상의 불은 꺼져 있었다. 그러던 어느 날 헨리가 도착했을 때 책상의 불이 켜져 있었다. 헨리는 화를 내며 치료사가 자기의 말을 잊었다고 비난했다. 치료사는 "아니, 나는 잊지 않았습니다. 그러나 이번에는 당신 자신이 불을 꺼주었으면 하고 생각했어요. 나는 당신이 내가 그 일을 할 것을 기대한다는 것이 무슨 의미이며, 내가 그 일을 하지 않으면 무슨 일이 일어나는지 궁금해졌습니다. 내 생각에는 당신의 나에 대한 기대가 당신이 이 치료실을 찾은 어떤 어려움과 관계가 있는 것 같습니다."라고 대답했다. 치료사가 하는 말들은 이제 그들 사이에 일어나고 있는 공생을 억제하고 확인하기 시작했다.

카섹시스 학파의 관점에서 보면, 게임은 어린이들이 부모와 해결하지 못한 공생관계의 재연출(re-enactment)로 보인다. Schiff에 의하면, 수동성의 근원은 미해결된 의존성, 즉 역기능적 공생이다. 그녀는 공생을 "두 사람 또는 그 이상의 사람들이 마치 전체적으로 한 사람을 구성하는 양 행동하는 관계"로 정의한다(Schiff, 1975, p. 5).

Schiff와 그 동료들은 종종 공생 구조는 상보적(보완적)이며 각각의 개인은 자신의 유리한 관계적 위치를 유지하게 된다는 것을 발견하였다. 그들은 또한 어떤 공생관계는 본질적으로 경쟁적이어서, 두 당사자는 똑같은 자리(입장), 일반적으로 의존적 위치를 놓고 서로 경쟁한다. 이러한 경우에는 종종 다른 사람(상대방)을 부모자아 P의 위치로 몰아넣기 위한 분노, 수동성, 비효율, 또는 요구의 증폭과정이 존재한다. 반대로, 만약 경쟁하는 위치가 권위 그리고 통제(부모자아상태 P)의 자리라면, 노력은 상대를 어린이자아 C로 몰아넣기에 집중된다. 일반적으로 공생관계는 매우 안정적이고 예측 가능하다. 그러나 경쟁적 공생은 성격상 불안정하고 갈등적이다. Schiff는 어느 때이건 두 사람(또는 가족 또는 그룹)이 자기들의 전 자아상태들을 사용하지 못하는 경우, 이것들을 공생적 관계라고 정의했다.

6.1.3 수동성, 디스카운팅, 재정의

왜 사람들은 어떤 것들을 하지 않거나 비효과적으로 하는가? 그들은 어떻게 이런 수동성을 유지하는가? Schiff는 건강한 유기체는 기능에 효과적인 감정, 사고, 행동으로 자극에 반응한다고 주장했다. 그러나 감정, 사고, 행동에서의 수동성은 사회적 기능에서의 균형을 무너뜨리고 동시에 심리적·사회적 문제들을 초래한다. Schiff 부부(1971)는 수동성 증후군의 구조와 역동을 공생(병리적), 디스카운팅, 과장, 수동적 행동들로 정의했다. 그들은 "어떻게 사람들이 임무를 수행하지 않거나 (한다 해도) 비효과적으로 수행하는지" 관찰할 것을 권고하였다. 그들이 행동의 효과성에 관하여 말하는 것은 특히 흥미롭다. 이 정의에 따르면, 사람들은 믿기지 않을 정도로 분주할 수 있지만 그래도 역시 수동적이다. 사람들은 자기들이 한 모든 일 때문에 지칠 수 있지만 그래도 아직 아무것도 성취하지 못한다. 이러한 통찰은 조직과 회사에서 근무하는 사람들로 하여금 많은 활동이 진행되지만, 이런 활동이 반드시 생산적이라 할 수 없다는 것을 알 수 있도록 한다.

> 조너선은 업무가 과도하다고 느끼기 때문에 그에게는 너무 많은 것을 요구하지 않는 편이 낫다고 회사에서 평판이 나 있다. 그의 새 부장은 그렇게 흘러가도록 놔두고 싶어 하지 않았으며 새 프로젝트를 조너선이 맡으라고 제안했다. 좀 망설였으나 조너선은 그 제안을 수락하였는데, 그 이후 그는 모든 면에서 실수와 실패를 했다. 그는 일의 진행을 잊어 버렸고, 회의에서 회의록을 작성하는 것도 잊었으며, 부장과의 약속에 모습을 나타내지도 않았다. 부장이 그의 이러한 수동적 행동에 대하여 직면하게 되었을 때, 그는 분개하여 이것을 부정하였으며, 병이 나 결근한다고 알렸다.

건강한 공생은 부모와 어린 아이들 사이의 관계이다. 불건전하거나 역기능적 공생에서는 자발성(spontaneity), 자각(awareness), 친밀(intimacy)의 발달이 저해된다. 이러한 역기능적 공생은 일반적으로 어린아이의 보육자와의 관계로부터 비롯되는, 초기 어린 시절로 거슬러 올라간다. 부모는 자라나는 어린아이를 계속 어리고 의존적으로 대하거나, 또는 어린아이가 어린 나이임에도 부모들의 정서적 욕구들을 보살피도록 요구한다. 결과는 종종 사람들은, 한 파트너가 부모자아 P의 자리에 있고 나른 파트너는 어린이자아 C에 위치하는 상보적 공생이거나, 또는 두 파트너가 모두 부모자아 P의 자리 또는 훨씬 더 빈번한 경우인 어린이자아 C의 자리를 놓고 경쟁을 벌이는 경쟁적 공생 형태의, 이러한 미해결된 의존성이 모든 것에 영향을 미치는 관계에 빠지기를 계속한다. 그들은 교차 또는 방어 교류를 통하여(제3장 3.2.4절 참조), 타인들과의 접촉에서 직면을 회피한다. 그들의 수동적 행동은 종종 몇 단계를 거친다: 아무런 행동을 하지 않음(무위)으로부터 과잉적응, 불안(동요), 그리고 결과적으로 그 사람을 수동성으로 눌러앉도록 만드는 폭력[외적 폭발(explosion)] 또는 무력화[내적 폭발(implosion)]에 이르기까지.

이러한 외적 행동들은 Schiff가 '디스카운팅(discounting)'(1971)이라고 불렀던 메커니즘에 의하여 내적으로 유지된다. 디스카운팅은 그 상황에 가장 적합한 정보를 인정하지 않거나 고려하기를 거절하는 것으로 정의한다. 대신 그 사람은 다른 사람이 실제 말하고, 행하고, 또는 느꼈던 것을 무시하고, 자기가 생각하고, 믿고 또는 상상하는 것에 관한 내적 준거틀에 따라 행동한다(p. 36). 디스카운팅의 결과는 현실의 어느 측면들을 과장하고 또 왜곡하는 것으로서, 이것은 대신 공생구조를 기반으로 하는 신념체계를 유지시켜준다.

이 전체 과정은 '재정의하기(redefining)'라는 용어로 압축 표현된다. 즉, 이미 형성된 준거틀과 상충하는 모든 정보를 무시하거나 왜곡함으로써 기존의 준거틀을 유지한다. 표 6.1에는 다양한 재정의하기의 요소들이 위치와 함께 표시되어 있다.

> 앤드루와 메리는 여러 해 동안 관계가 좋지 않았다. 만약 당신이 그들의 말을 개별적으로 듣는다면, 아마도 두 사람이 서로 다른 관계에 대하여 말하고 있는 것으로 착각할 정도이다. 앤드루는 자기를 짜증나게 만드는 메리의 엉성한 일 처리에 대하여 말한다. 그녀는 결코 시간을 지키지 않고, 때때로 약속을 잊으며, 집에 물건들을 정돈하는 법이 없다. 메리는 앤드루와 사는 것이 거의 불가능한 수준이라고 말한다. 그는 강박적이어서 심지어 화장실에 칫솔까지도 일렬로 질서 있게 놓여 있어야만 한다. 그에게 즉흥적이거나 상황에 맞추어 자발적인 것은 아무것도 없다. 모든 것은 사전에 계획되어 있어야만 한다. 심지어 휴가도 일 년 전에 결정되어야만 한다.

이 경우 두 사람은 모두 관계의 문제에서 자신의 몫은 디스카운트하고 상대방의 몫은 과장하고 있다.

표 6.1 역기능적 공생을 설정하거나 유지하는 내적 과정과 외적 현상(Kouwenhoven, 1983)

내적 과정	• 디스카운팅 : 자극, 문제 또는 선택(안)을 무시함(6.2.1절 참조)	
	• 정당화 : 과장, 극대 과장	
	• 과잉상세화 또는 과잉일반화에 의한 사고 장애	
외적 현상	두 종류의 관계	• 상보적
		• 경쟁적
	두 종류의 교류	• 비껴가는
		• 봉쇄하는
	네 가지 수동적 행동	• 아무것도 하지 않음(무위)
		• 과잉적응
		• 동요(불안)
		• 폭력(외적 폭발) 또는 무기력(내적 폭발)
	세 가지 역할	• 구원자
		• 박해자
		• 희생자

다른 사람의 몫은 지나치게 상세하게 설명되는 반면 자신의 몫은 별것 아닌 듯이 말한다. Schiff(1971)는 이러한 '사고 장애(thinking disorder)'를 '극대 과장(grandiosity)'이라 지칭했다. 상대의 예외적 짜증스러운 행동에 대해서는 무시한다. 재정의하기의 외적 표상들이 교류, 게임, 각본을 다룬 장들에서 논의되었다. 재정의하기의 특성을 나타내는 데는 네 가지의 수동적 행동들이 있으며, 이것들은 수동성 사이클을 형성한다.

6.1.4 수동성 사이클

> 페이는 그녀의 새 팀에서 아직도 편안함을 느끼지 못한다. 그녀는 동료들 대부분이 얼굴을 맞대고 있을 때는 친하게 굴지만 서로 비방하는 분위기에 익숙해질 필요가 있다. 그녀는 현재로서는 그저 지켜볼 뿐이라고 결심한다(아무것도 하지 않음). 한 동료가 그녀에게 팀이 마음에 드느냐고 물었을 때, 그녀는 정말 좋아한다고 말했다. 그녀는 그 분위기가 주는 어려움에 대해서는 아무 말도 하지 않았다(과잉적응). 이후 그녀는 동료들이 언제나 정직하지 않다는 것을 알게 되었다. 예컨대, 한 동료가 다른 동료의 등 뒤에서 심한 비난의 말을 하지만, 그녀가 그 문제로 그 동료를 직접 마주할 때에는 부정적인 말을 한 적이 없다고 철저하게 부인하는 것이었다. 페이는 점점 더 불안해지고 다른 동료들과 함께 있을 때는 불안함을 느끼기 시작했다. 그녀는 그들이 자기 등 뒤에서 자기에 대하여 어떤 말을 할 지 언제나 의구심이 들었다(불안/동요). 어느 때 그녀는 발송했어야 할 중요한 서류를 마치는 일을 잊었다. 그녀는 그날 저녁 잠을 이룰 수 없었다. 그렇게 중요한 일을 어떻게 잊을 수가 있단 말인가(내적 폭발)?
>
> 그녀가 그다음 날 출근했을 때 그녀는 야단맞을 것을 예상했으나, 그런 것은 없었다. 그녀의 옆 동료는 그것은 문제가 되지 않으며 누구나 때로는 중요한 일을 잊을 수 있다고 미소를 띠고 말했다. 이때 페이는 울음을 터뜨리며 큰소리를 질렀다. 그녀는 그 동료에게 지금은 무슨 말을 하지 않지만 자기 등 뒤에서는 분명히 자기를 비난할 것 아닌가라고 말했다. 페이는 이렇게 끔찍한 분위기를 더 이상 견딜 수가 없었다(화풀이 : 외적 폭발).

Schiff에 따르면, 역기능적 공생관계는 정적인 것이 아니라 몇 가지의 단계를 거친 후 또 다른 새로운 사이클이 시작된다. 각 국면에서의 중요한 것은 문제에 대한 책임의 소재가 다른 사람에게로 이동한다는 것이다. 사이클이 진행함에 따라, 내적 긴장은 고조되어 결국 화풀이 형태의 외적 폭발, 또는 신체적 증상의 형태인 무기력(내적 폭발)으로서 방출된다. 비록 긴장이 해소되었다 하더라도 문제가 해결된 것은 아니며, 공생은 유지된다.

카섹시스 모델에서는, "공생을 파괴하기 위해서는 수동적 사람이 다른 사람을 불편하게 만들기보다는 수동적 사람이 보다 더 불편(불안)(자기 감정에 대하여 책임을 짐)함을 감수해야만 한다."(Schiff & Schiff, 1971, p. 38)고 주장한다. 이러한 작업은 디스카운팅과 공생을 유지시키는 조작에 대한 직면을 통하여 이루어진다.

건강한 사람들 사이에서도, 수동성은 다른 사람들과의 건강하지 못한 공생관계에 있는 순간에 알아볼 수 있다. Frits는 일상에서의 예를 들었는데, Frits가 "이 방은 무척 딥군."이라고 말하자, 그의 동료인 Matilda가 벌떡 일어나 창문을 열었다. 수동성 사이클은 자극, 문제, 선택안에 대한 자율적 반응을 회피하는 행동으로 정의되지만, 당신은 그러한 행동을 통하여 건강하지 못한 공생관계로 들어감으로써 당신의 욕구 또는 목표를 충족시키려 노력한다(Schiff, 1975, p. 10).

수동성 사이클의 여러 국면들은 다음과 같다.

아무것도 하지 않음(무위)

그 사람은 자극, 문제, 선택에 대하여 반응을 보이는 대신, 수동적인 상태로 머물러 아무런 행동도 하지 않는다. 때때로 그는 어떤 불편한 감정을 느낀다는 것을 잘 알지만, 무슨 일이 벌어지고 있는지는 생각하지 않는다.

> 버니는 존에게 말한다: "네가 너무 늦었기 때문에 나는 네게 매우 화가 나 있어." 존은 놀란 듯 보였지만 아무런 말이 없었다. 버니는 무슨 대답이 나올까 기다리며, 점점 불편함을 느끼기 시작하며 구원하려는 충동("어, 상관없어.") 또는 박해하고픈 충동("너는 언제나 그 모양이야. 결코 제시간에 온 적이 없어.")을 느낀다.

과잉적응

그 사람은 자기가 원하는 바는 고려하지 않고 다른 사람들의 목표, 욕망, 기대에 적응한다. 또는 목표가 무엇이라는 것을 상상하지만, 이러한 목표의 중요성이나 의미를 생각하지 않는다. 이러한 행동은 때로는 도움을 주고 사려 깊다는 인상을 주기 때문에 많은 스트로크를 얻는다. 건강한 조정과의 차이를 구별하기란 일반적으로 쉽지 않다. 건전한 조정의 경우에는 사람들은 상황에 대한 현실적 평가와 관련하여 자신의 목표에 관하여 생각한다. 이러한 국면에서, 수동적인 사람은 가장 생각을 많이 하고 따라서 "당신은 자신의 선택을 할 수 있어요.", 또는 "당신은 자신의 문제를 해결할 수 있어요."와 같은 직면을 통한 변화에 가장 근접해 있다.

> 앤드루는 쇼핑을 가려 했다. 그러나 그 순간 부인이 그에게 잔디를 손질하라고 요청했다. 그는 말 한마디 없이, 그녀가 요청한 일을 즉시 시작했다.

> 어느 날 재니스는 여러 시간을 공들여 남편 행크의 사무실을 청소했다. 행크는 얼마 전에 자기가 시간을 낼 수 없어 할 수 없는 일이 있다고 말했었다. 재니스는 그가 말했던 일들에는 그의 책상을 포함하여 방을 청소하는 것도 그중의 하나일 것이라 생각했다. 그러나 행크가 기뻐하거나 감사하기는커녕 그녀에게 심하게 화를 냈을 때 그녀는 크게 실망했다. "당신의 하는 일이 도대체 뭐요? 내 사무실은 나만의 공간이야. 필요하면, 내가 한다고!"라고 그는 말했다. 그녀는 그 일을 하려고 테니스 레슨까지 빠졌었다.

동요

그 사람은 반복적, 목적이 없는 행동들로 빠져드는데, 이런 것에는 손가락으로 두드리기, 앞뒤로 왔다갔다하기, 말 더듬기, 담배 피우기, 술마시기, 또는 잠 못 들고 걱정하기 같은 것이 있다. 그는 불안함을 느낀다. 내적 긴장이 증대하면 이러한 행동들이 어느 정도는 완화시킨다. 사고는 혼란스럽고 비생산적이다. 동요(動搖, agitation)는 다른 감정들(분노, 두려움, 죄의식)로 인한 큰 문제로 그를 이끈다. 다른 사람의 부모자아 P의 차분한 말은 이런 행동을 차단할 수 있다: "앉아서 지금 일어나고 있는 일을 1분 동안 생각해. 당신은 무엇을 하려는 거야?" 이것은 그 사람을 과잉적응의 국면으로 되돌아가도록 만들며, 이후 효과적 사고와 행동을 할 가능성이 높아진다.

> 아지즈는 강의가 너무 지루하고 길게 느껴졌다. 강사는 주제를 재미있게 이끌어 갈 능력이 없다. 교실 안은 더욱 술렁거린다. 강의를 듣는 사람들은 의자에서 몸을 앞뒤로 움직이기 시작한다. 가만히 들어보면, 여기저기에서 한숨 소리가 들린다. 잠시 교재에 눈길을 주다가, 아지즈는 의자 다리에 자기의 펜을 소리 나도록 톡톡 두들기기 시작한다. 아지즈는 강좌를 떠나거나 자기와 다른 사람들의 관심을 모을 어떤 질문을 강사에게 하지 않고 동요한다.

무기력(내적 폭발) 또는 폭력(외적 폭발)

앞의 세 국면에서 쌓인 에너지는 이제 이 국면에서 배출된다. 이런 맥락에서 보면, 이것은 공생을 힘으로 복원하려는 시도다. 이 국면에서의 그 사람은 이제 비이성적이 되어 더 이상 명료한 사고를 할 수 없다. 그는 자신의 행동에 대한 책임을 지지 않는다. 힘 없음이 편두통, 실신, 토하기, 호흡항진(呼吸亢進), 허리 통증 등의 신체적 증상으로 나타나기도 한다. 사람과 재물에 대한 언어적 그리고 비언어적 공격 행위가 일어날 수 있다.

그러면 다른 사람은 흥분 상태가 지나갈 때까지 안전대책을 강구해야 하며, 그 사람이 어른자아 A로 되돌아오도록 도와주어야 한다. 그러나 이때 중요한 것은 긍정적이든 또는 부정적이든 이러한 힘 없음이 또는 폭력적 행동에 대한 너무 많은 스트로크를 주지 않는 것인데, 어떤 유형의 스트로크라도 모두 그 행동을 승인하고 강화하기 때문이다. 보다 중립적 태도와 그 사람의 어른자아 A에 호소하는 것이 그가 공생관계를 복원하는 것을 막을 수 있다.

> 교사 마이클은 청소년기의 여학생으로 가득한 그의 학교 교실의 질서를 유지하는 것이 점점 어려워지고 있다. 일부 학생들은 그를 전혀 존경하지 않는 것 같다. 마침내 마이클은 나지막하지만 또박또박 내뱉는 적대적 비방에 대하여 어떻게 반응을 보여야 할지 몰랐다. 그의 유일한 선택은 이를 악물고 모욕을 참아내고 내년도의 스케줄이나 좀 낫게 배정되길 바라는 도리밖에는 없는 듯했다. 마이클이 마침내 교실의 분위기를 주도하는 것으로 생각되는 한 학생을 때렸을 때 모든 사람들이 놀랐다. 학교는 잠정적으로 마이클을 정직시킬 수밖에 없었다.

어느 의사라도, 환자들의 일상생활에서의 불만의 70% 이상은 가정이나 직장에서의 미해결된 문제들과 연관되어 있다는 것을 말할 수 있다. 수동성은 많은 육체적 불만의 뿌리인 듯하다. 스트레스는 심장박동을 증가시키는 것은 물론 혈압도 상승시킨다. 스트레스는 호흡항진, 혈당 상승, 느린 소화, 그리고 아드레날린과 코르티솔 생산의 '폭발(explosion)'에 기여한다. 장기화된 스트레스는 면역체계를 약화시킬 수 있다.

따라서 사회적 문제는 의학적 문제가 될 위험이 있다. 일반적으로 짧은 시간적 제약 때문이긴 하지만, 투약은 빠르게 처방되는데, 가정의가 운영하는 상담실은 환자들이 스트레스를 수동성 이외의 방법으로 대처하는 법을 배울 수 있는 장소는 분명 아닌 듯하다.

6.2   추가 이론

6.2.1   디스카운트 매트릭스

디스카운팅의 내적 과정은 재정의를 시동하는 엔진이다. 이 메커니즘은 어느 정도 건강한 면이 있다. 자극으로 가득한 복잡한 현실세계에서 당신을 떠 있도록 유지하기 위하여, 당신은 자신을 보호하기 위한 어떤 선택을 할 필요가 있다. 그러나 만약 당신이 어떤 과업을 성취하거나 어떤 문제를 해결하기 위해 적절한 자극을 체계적으로 무시한다면, 그것은 불건전한 부정 또는 디스카운팅을 구성한다. 이것이 '디스카운팅'이란 용어가 의미하는 바이다. Mellor와 Sigmund(1975a, 1975b)는 다음 매트릭스(그림 6.3)에 따라 디스카운팅의 유형과 수준을 정리하였다.

일견 복잡해 보이는 이 매트릭스는 어떤 사람이 디스카운트하는 강도를 짐작하게 할 수 있는 훌륭한 도구다. 이것은 또한 당신이 그 사람에게 도움과 안내 지침을 주기 위하여 그에게 접근해야만 하는 수준을 사정하기 위한 도구이기도 하다. 그림 6.3에서, '자극(stimuli)', '문제(problems)', '선택(options)'이란 양상들이 '존재(existence)', '의미(meaning)', '변화 가능성(changeability)', '개인적 능력(personal capacity)'이라는 요인들과 연결되어 있다. 디스카운팅의 가장 심각한 수준은 자극의 존재를 부인하는 것이다. 이에 뒤를 이어, 두 번째로 심각한 수준은 이러한 자극의 의미와 또는 문제의 존재를 부인함으로써 형성된다. 이렇게 수준들을 다음의 유형으로 분류하는 것이 가능하다.

T1 : 디스카운팅의 가장 높은 수준은 T1으로서, 자극의 존재를 부인하는 것이다.

아침부터 술 냄새를 풍기고 비틀거리는 주정뱅이는 술기운이 그를 엄습했다는 것을 부인한다.
늦잠을 자고 9시 30분이 되어서야 학교에 나타난 여학생은 그녀가 지각했다는 사실을 부정한다.
지난해에 무려 3개월의 병가를 가졌던 회사원이 자기가 자주 아프다는 사실을 부인한다.

T2 : 수준 T2에서는 자극의 의미와 또는 문제의 존재를 디스카운팅한다. 자신에게서 술 냄새가 난다는 것을 인정하는 알코올 중독자가 그래도 괜찮고 아무런 문제가 아니라고 말한다. 여학생은 지각한 것이 별 일이 아니라고 의미 축소하며 문제될 게 없다고 생각한다. 회사원은 자신의 병가에 대한 온갖 변명을 생각해내고는 그 문제에 대하여 별 걱정을 하지 않는다.

T3 : 수준 T3는 자극의 변화 가능성, 문제의 의미, 그리고/또는 선택의 존재를 디스카운팅하는 것을 포함한다. 알코올 중독자는 그의 아침 음주에 대하여 해야 할 일이 아무것도 없다고 말한다. 그는 여러 해 동안 그렇게 살아왔으며, 그렇게 하지 않으면 손이 하루 종일 떨린다. 여학생은 학교 시작 시간이 너무 이르며, 청소년기의 낮-밤의 리듬은 열 시까지는 제 기능이 돌아오지 않게 되어 있기 때문에 상황을 바꾸기 위해 할 수 있는 일이 없다고 말한다. 회사원은 그의 병가를 자신의 약한 체질과 천식 증세 때문이라고 믿는다. 그는 출근하여 하루 근무하는 것은 3일을 일하는 것과 같다고 강조한다. 그러니 그래도 되는 것 아닌가?

T4 : 수준 T4는 다르게 반응할 수 있는 자신의 능력의 부인, 문제의 해결 가능성의 부인, 그리고 선택의 의미를 부인하는 것들을 포함한다. 알코올 중독자는 중독은 질병이라고 말한다. 그의 아버지 역시 그것으로 고통받았노라고. 이 문제는 해결될 수 없고, 오늘날 그곳에서 이루어지는 모든 치료행위들은 훌륭하며, 정말 다른 사람을 만든다. 여학생은 자기는 알람 소리를 듣지 못하고 잠을 내리 잔다고 말한다. 그녀는 그것은 정말 어쩔 수 없는 일이라고 말한다. 얼마 동안은 엄마가 깨워

강도	양상		
	자극	문제	선택
존재	T1 자극의 존재	T2 문제의 존재	T3 선택의 존재
의미	T2 자극의 이미	T3 문제의 의미	T4 선택의 의미
변화 가능성	T3 자극의 변화 가능성	T4 문제의 해결 가능성	T5 선택의 변화 가능성
자신의 능력	T4 자극의 변화 또는 다르게 반응할 수 있는 자신의 능력	T5 문제를 해결하는 자신의 능력	T6 선택을 적용하는 자신의 능력

그림 6.3 디스카운트 매트릭스

보았으나, 그것은 자기 성질만 고약하게 만들었기 때문에 소용이 없었다. 회사원은 다른 사람이 권유하는 충고(운동 더하기, 담배 끊기, 건강한 식습관)에 대하여 "네, 그러나(yes, but) 게임"으로 반응해보고는 그런 해결책은 다른 사람들에게는 몰라도 자기에게는 적합하지 않다고 말한다.

T5 : 수준 T5는 문제를 해결할 수 있는 자신의 능력을 부인하며, 선택의 변화 가능성을 부인하는 것을 포함한다. 이 경우 그 사람은 이론적으로는 문제가 해결될 수 있다는 것을 인정한다. 그러나 알코올 중독자는 자기는 금주할 만한 충분한 의지가 없으며, 더구나 치료소들은 모두 너무 멀리 있거나 너무 비싸다고 말한다. 여학생은 게으름이 자기의 주 성격의 하나라고 말한다. 그것을 교정하는 일은 어느 한 가지 방법으로만 가능하지 않다고. 회사원은 자기는 한때는 건강한 식습관을 유지한 적도 있으나, 이제는 더 이상 그런 패턴을 유지할 수 없다. 지금까지 그가 시도했던 방법들은 효과가 없었다.

T6 : 마지막으로, 수준 T6는 선택을 적용할 자신의 능력을 부인하는 것을 포함한다. 알코올 중독자는 이전의 몇 번에 걸친 성공적 치료 이후에도 다시금 음주를 시작했던 경험 때문에 금주할 수 있다는 자신감을 잃었다. 여학생은 한동안 지각하지 않으려고 매우 애를 썼지만, 점차적으로 그녀의 옛 행동으로 퇴행하였다. 회사원은 회사 의사의 방법이 다른 동료들에게는 효과가 있었지만, 자기에게는 아직 아무런 효과가 나타나지 않으므로 실패라고 느끼며 좌절하고 있다.

만약 당신이 문제를 해결하지 못하고 있다면, 그것은 아마도 당신이 디스카운팅의 올바른 수준에서 접근하지 않았기 때문일 것이다. 예컨대 코치는 내담자의 생활 방식을 바꾸려 노력하는데, 내담자는 운동을 하지 않고 매일 한 병의 와인을 마시는 것은 문제가 아니라고 생각한다. 경영팀은 이미 전반적인 조직의 재편성 계획을 마쳤으나, 종업원들은 아직도 '이것이 어떤 문제에 대한 해결책인지' 전혀 생각이 없다. 다음에 열거한 질문들은 어떤 사람이 문제해결에 필수적인 것들을 체계적으로 디스카운트하고 있는지를 결정하는 하나의 도구가 될 수 있다(Kouwenhoven, 1983).

- 수준 T1 : 자극의 확인
  어떤 일이 있었는가? 당신이 필요한 것이 무엇인가? 당신은 무엇을 느끼고, 생각하고, 행하고, 또는 원하는가?
- 수준 T2 : 문제의 확인
  당신이 T1에서 말한 것은 중요한가? 또는 당신 또는 다른 사람들에게 문제인가?
- 수준 T3 : 해결책의 확인
  그렇게 하면 다를 수 있겠는가? 그 문제는 당신에게 또는 타인들에게 얼마나 중요한가? 당신의 문제에 대한 해결책이 있는가? 있다면, 무엇인가?

- 수준 T4 : 목표의 확인

  당신은 달리 반응할 수 있는 능력을 가지고 있는가? 그 문제는 해결 가능한가? 당신이 방금 말한 선택은 당신의 문제해결에 적합한가?

- 수준 T5 : 장애물의 확인

  당신은 문제를 해결하고 지속적인 변화를 할 수 있는가?

- 수준 T6 : 행동할 수 있는 능력의 확인

  당신은 문제에 대한 해결책을 적용하여 그 문제가 영구히 해결된 상태로 유지할 수 있는가?

상위 수준의 디스카운팅일수록, 더 어렵고 더 긴 변화의 과정을 거쳐야 한다.

　Mellor는 2006년에 정보 기술자인 Ritchie Macefield와 함께 디스카운트 매트릭스의 아이디어에서 착안하여, 비즈니스와 교육에서의 임무(task) 그리고 선택지향(option-oriented)의 기능을 위한 두 가지 새로운 도구를 창안했다. 이것이 자각-디스카운트 매트릭스(awareness-discount matrix)와 자각 행동 순위(awareness action sequence)이다. 두 도구는 특히 학습의 맥락에서의 사용을 위하여 디스카운트 자체보다는 그 사람의 자각을 강조하며, 각각의 자각/디스카운트 수준에서 가능한 개입을 개발한다: 데이터의 존재와 중요성, 선택의 중요성과 실행 가능성, 책임의 배분과 책임을 질 수 있는 능력, 임무의 상호 합의에 의한 결정(Macefield & Mellor, 2006). 디스카운팅 수준의 유사한 응용이 교육 분야에서의 인정하기-힘 부여하기(accounting-empowerment) 접근법(Clark & Dawson, 1998; Napper & Newton, 2000)인데, 여기에서는 각 수준(문제, 중요성, 해결 가능성, 개인의 능력)은 오히려 인정됨으로써 그것이 학생들에게 힘을 부여한다.

6.2.2　성공의 단계

비록 카섹시스 모델은 심한 장애를 가진 개인들을 위하여 개발되었으나, 사람들이 공동으로 일하고 생각하는 많은 경우에도 공생관계와 수동적 행동의 패턴들은 존재한다. 이러한 이유 때문에, Julie Hay(1995)는 디스카운팅에 관한 카섹시스 이론을 사용한 조직의 관점에서의 저술을 통하여, 변화의 과정에 있는 경영자들이 자신들의 위치를 사정할 수 있도록 도움을 주기 위한 성공의 단계들을 발표하였다. 어떤 단계들을 건너뛰었기 때문에, 조직에서의 많은 변화는 정체되거나 가짜의 변화가 된다.

- 단계 1 : 상황

  변화의 계획에 참여하는 모든 사람들은 모든 사실에 대하여 유사한 그림을 가지고 있는가? 만약 이 질문에 긍정적으로 답할 수 있다면, 우리는 단계 2로 진행할 수 있다. 그렇지 않다면, 문제에 대한 자각을 형성하기 위하여 더 많은 조사와 연구가 필요하다.

예 : 한 경영자는 팀이 회의를 진행하는 방식에 불만이다. 팀 멤버들은 팀의 기능에 대하여 (아직) 그와 견해를 함께 공유하지 않는다.

- 단계 2 : 중요성

모든 사람들이 현재 다루고 있는 상황에 대하여 같은 의미를 부여하고 있는가? 만약 그렇지 않다면, 무엇보다 우선되어야 할 일은 상황의 중요성에 관한 균형 잡힌 합의에 도달하는 것이다.

예 : 팀은 이제 무엇인가가 달라질 수 있고 이곳저곳이 더 좋아질 수 있다는 것을 알지만, 멤버들은 해결책을 생각할 만큼 동기부여가 되어 있지 않다.

- 단계 3 : 해결책

문제의 소지가 충분히 있다고 판단된 상황을 변화시키거나 개선하는 데 필요한 해결책에 대한 합의가 있는가? 이 단계는 일반적으로 (변화의) 분기점이 된다. 만약 단계 1과 2가 충분히 탐색되었다면, 단계 3은 변화의 시작점이 된다.

예 : 이제 팀 전체가 회의가 (이전과) 다르고 더 나아질 수 있다고 확신하게 되었기 때문에, 해결책을 찾기 위하여 경영자와 함께 일할 수 있고 또 자발성이 생긴다.

- 단계 4 : 기술

변화의 실현을 위하여 어떤 역할을 맡을 사람들은 모두 필요한 기술을 또한 가지고 있는가? 성공적 변화를 이루기 위해서는, 때로는 필요한 지식, 기술들, 현재 가지고 있지 않은 전문지식을 습득할 필요가 있다.

예 : 팀은 회의를 효과적으로 수행하기 위하여 몇 회기의 훈련 및 코칭 세션에 참여하기로 결정한다.

- 단계 5 : 전략

어떤 경로와 어느 정도의 계획으로 변화를 성취시킬 것인가? 변화란 훈련 교실에서 일어나는 것이 아니기 때문에, 개선이 실제로 실행되기 위해서는 평가의 시점들을 포함하는 계획이 수립되어야 한다.

예 : 훈련기간이 끝난 이후에, 팀은 자기들의 개선 의지에 관한 확실한 피드백을 얻을 목적으로 트레이너들 중 한 사람에게 팀의 회의를 지켜봐 줄 것을 요청하기로 결정한다.

- 단계 6 : 성공

원했던 그리고 실질적 변화의 성공을 어떻게 '축하'할 수 있는가? 다음 발달 문제를 해결하기 위한 에너지는 일반적으로 이전 성공을 축하하는 것으로부터 비롯된다. 교류분석 용어로서는, 축하하기는 충분한 양의 스트로크를 수집하는 것에 해당한다. 결과는 그것을 축하함으로써 곧 성공으로 변형될 수 있다.

예 : 팀이 효과적(결과)이며 또한 상쾌한(관계) 회의를 갖는 데 성공하니까, 이사회는 팀이 고급 식당에서 저녁을 함께하도록 주선하였다.

어느 단계라도 건너뛰는 사람은 다른 사람들을 수동적 행동에 빠지도록 인도한다. 회사와 조직에서, 경영자와 간부들은 '변화하지 않기'로 지독히 바쁠 수 있다.

카섹시스 모델이 사고와 행동에 초점을 맞추고 있으나, 이러한 패턴들은 생의 초기에 형성되며 또한 일반적으로 의식되지 않는다는 것을 인지한다는 것은 중요하다. 반복되는 것은 완전하게 의식되지 않는다는 것은 매우 이상하게 여겨진다. 일반적으로 수동적 사고와 행동의 이러한 패턴들을 회사의 의식적 깨달음으로 인식시키는 일은 컨설턴트의 임무이다.

때로는 관리자들과 종업원들 사이에 상보적 공생관계가 존재한다. 경영 체계가 종업원들이 불만이 없는 권위적 위치를 유지하기 때문에, 종업원들은 단순히 요구되는 일만 수행하며 자신들의 자율성과 책임을 벗어 던지는 경우이다. 그와 같은 상보적 공생은 매우 안정적일 수 있으나, 종업원들을 창의적으로 만들기는 어려우며 상황이 변할 경우 변화에 대한 유연성을 기대하기 어렵다. 그러나 이와 동일한 상명하달의 권위적 경영 체계는 또한 경쟁적 공생을 촉발시킬 수 있다. 그러면 수동성은 경쟁을 유발하여 관리자들과 종업원들은 통제를 위한 무의식적 투쟁에 몰입하게 된다. 예컨대 관리자는 어떻게 모든 것이 다르게 될 수 있고 또 더 나아질 수 있는가에 대하여 생각하지만, 종업원들을 그 계획에 포함시킬 것인가에 대해서는 전혀 시간도 쓰지 않고 또 관심을 기울이지도 않는다. 종업원들은 자기들이 참여하고 있다고 느끼지 못하며 변화에 저항한다. 이것은 권력과 영향력에 관한 경쟁적 공생을 만든다: "우리는 단지 누가 이곳에서 통제권을 가졌는지 보기 원한다." 사람들은 그들이 성취하고 싶은 것을 성취할 수 없기 때문에, 매우 분주하지만 아직 매우 수동적이다.

6.2.3 수동성의 직면

심리치료의 카섹시스 모델은 일반적으로 수일간의 만남으로 이루어지는 숙박 집단 포맷 또는 집중치료 그룹의 형태로 수행되었다. 그룹은 매우 반응적 분위기로 구조화되어 있어, 모든 멤버들은 멤버들 가운데에서의 어떤 디스카운팅이나 수동적 행동들이라 하더라도 모두 확인하고 직면하도록 되어 있었다. 치료사들은 적극적으로 부모자아 P의 위치를 차지하고, 무엇이 현실에 대한 긴강한 견해인시 성의를 내렸다: "우리(치료사)를, 환자들과 그들 환경과의 비효과적 기능 사이에, 강제적 그리고 양육적 방법으로 주입(注入)함으로써, 우리가 무엇을 하려 하는가 하는 개입의 개념을 설명한다"(Schiff, 1975, p. 103).

오늘날의 렌즈를 통하여 본다면, 카섹시스 접근법은 '1인(one-person)' 모델로서, 치료사는 현실을 정의하고 클라이언트의 행동을 해석한다. 클라이언트의 준거틀과 주관적 경험은 혼란스러운 것으로 간주되며, 치료사는 (임무가) 부여된 현실의 주관자(designated holder of reality)였다. Schiff 학파의 문헌에는 치료사의 역전이에 관한 논의는 없다.

계약이 비록 중요한 것으로 간주되긴 하였으나, 카섹시스 클라이언트들의 많은 사람, 적어도 치료의 초기에 있는 사람들은 계약을 거의 무의미하게 만들 정도로 정신장애가 심각하다고 간주되었다. 대신 직면하는 것과 직면당하는 것에 관한 일반 계약이 있었으며, "외적 피드백을 일상적으로 유지하기 위하여, 스태프와 환자들 모두 일반 직면 계약(general confrontation contract)을 지키도록 되어 있었다"(p. 101). 운용의 가정은 환자의 내적 세계와 그로 인한 디스카운팅과 수동성의 결과적 패턴은 한결같이 심각하게 현실을 왜곡하기 때문에, 높은 수준의 외적 피드백과 행동 변경에 관한 기대를 제공하는 것이 그룹과 치료사의 임무였다.

6.2.4 양육경험 다시 하기

Jacqui Schiff는 사회복지사였다. 그녀는 극심한 장애를 겪고 있는 환자들에 대한 치료적 시각의 결여와 만성적 환자들은 자신들의 불구를 인정하고 수용할 필요가 있다고 생각하는 그 분야의 전문가들의 일반적 태도에 대하여 만족할 수 없었다. 그녀는 Berne이 운영하는 샌프란시스코 세미나에 참석하며 그녀의 환자들에게 교류분석의 생각을 적용하기 시작하였다. 그녀는 교류분석의 개념의 도움으로 그녀의 환자들이 덜 우울해지고 자신들의 인생을 바꾸기 위한 동기를 갖게 되는 것에 주목하였다. 그녀의 남편인 Moe의 작업을 통하여 그녀는 조현병으로 고통받는 젊은 사람들과 접촉하게 되었다. 이들 부부는 이 젊은 사람들 중 한 명을 선택하여 자기네 집에 함께 생활하며 정신병적 장애가 악화될 때에는 부모의 역할을 맡는 것이 효과적이라는 것에 주목하였다. 점차 그들은 공생관계로의 이행을 치료에 이용하기 시작했다. 그들은 환자들의 내부 구조를 조사하고 나아가 에너지 공급을 차단함으로써 병든 자아상태들(일반적으로 파괴적 P_1 또는 억제되지 않은 C_1)을 제거하기 위하여 자아상태 이론을 적용하였다. 그들은 젊은이들이 자기들의 부모자아 P의 메시지를 사용하여 자신들을 더 잘 통제할 수 있다는 것을 주의 깊게 관찰하였다. 그들은 이러한 과정을 '치료적 퇴행 그리고 양육경험 다시 하기(therapeutic regression and reparenting)'라 불렀다(Jacobs, 1994; Schiff, 1977).

Schiff는 원래의 부모자아상태 P에서 에너지를 완전히 빼는 방법을 옹호하였다. 종종 치료에서 필요한 것들 중 하나는 환자가 원가족과의 관계를 단절하고 치료사를 새로운 부모로 받아들이는 것이었다. 이것은 "원래의 부모자아 P에서 제거된 에너지는 새로운 부모자아 P를 형성하는 데 사용될 수 있다"(1975, p. 88)는 카섹시스 이론의 전제였다. 치료사의 부모로서의 역할은 적절한 구조와 봉쇄를 제공하는 데 결정적으로 중요하다. 치료를 위한 가족, 공동체, 또는 집단 역시 부모자아 P의 구조를 제공하는 데 필수적이라고 간주된다. 부모자아상태 P의 강제적 에너지의 배출로 인하여 환자들은 심각한 퇴행기간으로 이행하여 그 기간에 치료사들과 그룹 멤버들은 보다 더 적합한 구조와 기대를 제공하였으며, 이것들은 Schiff와 그녀의 동료들이 새롭고 보다 건강한 부모자아 P로 내재화된다고 생각했다

(1975, pp. 91-97). 퇴행한 환자들은 젖병을 빨고, 일부는 기저귀를 차기도 했으나 이런 것들은 치료사가 변화를 결정했다.

Schiff는 정신병 환자들의 경우에는 이러한 부모자아 P의 완전한 에너지 제거가 가능하다고 믿었다. 그러나 그녀는 비정신질환 환자들(그리고 훈련생들)은 이러한 완전한 에너지의 제거가 필요하지 않다고 생각하였다.

6.2.5 부모자아 P 인터뷰

재결단 모델에서 치료를 하는, John McNeel(1976)은 내담자가 자신의 부모자아 P로부터의 사색적 거리를 설정할 수 없는 치료에서의 특별한 상황을 연구하였다. 그는 자신이 명명한 부모자아 인터뷰라는 개입방법을 개발하였다. 그의 전제는 카섹시스 모델과 어느 정도는 반대되는 것으로서, 내담자의 부모자아가 '미친다(crazy).'기보다는, 치료에 위협을 받으며 따라서 딱딱해진다. 부모자아 인터뷰를 통하여 내담자는 엄마이든 또는 아빠이든, 그의 부모의 역할 플레이를 가능한 완벽하게 수행할 것을 요청받는다. 의도하는 것은, 당시 성장기에 있는 아이에게 내재화된, 경화된 부모자아 포지션의 기원이라 할 수 있는 엄마, 아빠가 당면했던 딜레마를 내담자가 육감적으로 이해하기 시작하는 것이다. 여기에서의 목표는 인지적·정서적 오염의 제거를 이룸으로써 내담자가 어른자아 A와 어린이자아 C의 자각을 통하여, 그의 부모들은 그들 자신들의 투쟁을 해야만 하는 별도의 개인들이었으며, 따라서 때로는 충분치 못한 보육 또는 경화된 부모 역할을 할 수 밖에 없었다는 것을 이해하게 된다. 부모자아 인터뷰는 매우 감동적인 경험이 될 수 있다. 부모자아의 대체가 아닌, 부모자아 P 안에서의 직접적 개입은 발전을 거듭해 왔다(Clarkson, 1992; Dashiell, 1978; Guglielmotti, 1996; Loria, 1988; Mellor & Andrewartha, 1980; Oblas, 1981).

Erskine(Erskine & Moursund, 1988; Erskine & Trautmann, 2003)은 부모자아 인터뷰를 더 가지고와, 치료사로서 부모자아(내사한 부모)를 직접 직면하도록 하였다. 여기에서의 노력은, 치료사와 내담자가 그의 발달사에서의 어머니 또는 아버지의 딜레마와 취약함을 이해하도록, 억힐 플레이를 동하여 활성화된 부모자아 P를 상대로 치료를 실시하는 것이다. 그렇게 함으로써, Erskine은 카섹시스 모델에 직접 도전장을 보낸다 : "부모자아 P를 다른 내사로 대체하는 것은 **치료적이라 할 수 없다**"(2003, p. 104). 여기에서 목표는 내담자의 심리내적 갈등을 제거하기 위하여 부모 자신들의 역사적 갈등을 자각하고 또 그 갈등으로부터의 분리를 촉진하는 것이다.

6.2.6 교류분석에서의 서로 다른 접근법들의 통합

Clarkson(1992)은 교류분석에서의 세 가지의 서로 다른 접근법들을 심리치료(그리고 일반적 변화의 과정들)에 관한 그녀의 시각으로 통합하였다. 그녀는 이것을 3개의 모델로 전개시켰다. 그녀의 견해에 따르면, 정신사회적 장애는 다음의 세 가지의 형태로 초래된다.

1. 혼란(confusion) : 통합된 자아의 정서적 · 인지적 장애
2. 갈등(conflicts) : 자아의 부분들 사이의 내적 갈등
3. 결손(deficiencies) : 어린이의 발달과정에서의 결핍과 손상으로 인도하는 부적절한 부모 역할

모델 1은 대체로 변화를 만드는 자의 역할(the role of the changer)에 관한 Berne의 생각에서 영감을 받은 것이다. 이 접근법은 한때 교류분석의 고전학파(classical school)라 일컬어졌었다. 여기에서의 키워드는 '오염의 제거(decontamination)'이다. Berne은 그의 치료 작업에서 주로 어른자아 A의 강화에 역점을 두었다. 그의 논리에 의하면, 어른자아 A의 효과적 기능은 각본의 발달과정에서 때때로 방해를 받아, 부모자아 P 또는 어린이자아 C의 내용물에 의한 오염의 결과를 가져온다. 모델 1에서의 치료적 목표는 세 자아상태들 사이의 경계를 건강하게 만드는 것이다. 정신적 건강함은 옛적 경험들(어린이 자아 C) 또는 통합을 이루지 못한 중요한 타인들의 자아상태들(부모자아 P)의 관여 없이 통합된 어른 자아 A의 강한 기능하기를 말한다.

모델 2에서는 우리는 '재결단 학파(redecision school)'라고 부르는 Bob과 Mary Goulding의 업적과 만난다. Goulding 부부는 내담자들에게 역기능의 기반이 되며 또한 새로운 결단의 기반이 되는 각본 결단을 살펴보도록 인도한다. 여기에서의 키워드는 '재결단(redecision)'이다. Goulding 부부에 의하면, 정신적 건강함은 일상생활에서 욕구, 가치관, 또는 감정들을 억제함이 없이 기능을 발휘하는 것이다. 적절하게 기능하지 못하는 것은 주로 서로 다른 자아상태들 사이의 소위 '고착화된 곳들(stuck points)'인 임패스(impasse, 곤경)에 그 원인이 있다. 재결단 작업(주로 정서적 · 감정적 과정)은 이러한 임패스를 깨는 것을 목표로 한다.

Schiff는 Clarkson의 제3모델에서 뚜렷한 자리를 점한다. 여기에서 키워드는 '양육경험 다시 하기(reparenting)'로서 환자들에게 '건강한 부모들'과 함께 새로운 힐링 경험을 제시하는 것이 주 관심사다. 지금까지 우리가 지칭해왔던 소위 카섹시스 학파의 견해에 따르면, 소망스럽지 못한 기능하기는 부분적으로는 어린아이 생의 중요한 순간에 부적절하고, 병리적이거나 또는 등한시하는 부모 역할 하기가 그 원인이다. 따라서 정신적 건강함이란 지지적이고 도전적인 가치관들의 조합(자율적이고 통합된)으로 기능할 수 있는 것이다.

여러 해 동안 교류분석 사회 내에서는 이들 세 학파(방향, 관점)에 관하여 이야기하는 것이 일반적이었다. 각 학파는 지난 세기에서의 급격한 교류분석의 발달과정과 함께 중요한 발달의 표상이었다. 이들을 통합하는 원칙을 발견한 Clarkson에게 감사한다. 이제는 변화와 관련하여 세 학파의 생각의 원

칙들의 존재를 언급하는 일은 많이 줄었다. Clarkson의 견해에 따르면, 세 가지의 학파들은 변화에 대한 서로 다른 생각이 아니라, 전체적으로 변화라는 치료적 과정에서의 서로 다른 단계들이다.

비록 어느 한 가지 모델에 의하여 변화의 과정이 뒤따르지 않는다 할지라도, 내담자가 어른자아 A에 충분히 접근할 수 있도록 혼란을 먼저 제거하는 것은 일반적으로 권장된다. 그다음, 전문가는 내담자와 함께 가능한 내적 갈등을 관찰함으로써 갈등의 독침을 제거하기 위한 새로운 결단을 할 수 있다. 치료의 실제에서는 목표는 언제나, 특정 전문가와 치료 작업을 수행할 때, 때때로 보다 명확하게 내담자에게 (새로운) 치유 경험을 제공하는 것이다. 내담자에게, 전문가는 믿을 만하고 보살피고, 안전한 '부모'의 역할이 될 수 있다. 이러한 교정 경험은 내담자에 의하여 그의 내적 부모자아 P의 시스템 안으로 내면화될 수 있다.

6.2.7 부모 교육

Clarkson이 지적하는 바와 같이, 부모 역할 하기의 결점들과 잠재력('불건강한' 그리고 '건강한')에 관한 카섹시스 학파의 관점은 "어떤 것이 충분히 좋은 부모 역할인가?" 그리고 "어린이들은 각기 다른 단계에서 무엇을 필요로 하는가?"에 초점을 맞춘 발달단계의 부모자아 교육(developmental Parent education) 접근법을 출현시켰다. 이것은 부분적으로는 Pamela Levin-Landheer(1982)의 연구에 근원을 두고 있는데, 그녀는 출생 시부터 19세까지 여섯 가지의 발달단계로 나누고, 각 단계는 (어린이의) 과제와 욕구(양육자로부터의)가 있다고 주장하였다. Levin의 연구는 치료의 장에서 이루어진 것이었으며, 그녀의 관심은 내담자가 어린 시절에 경험했던 채워지지 않은 틈새 또는 결핍들이 어떻게 고쳐질 수 있는가 하는 것이었다. 동시에, 그녀는 사람은 일생을 통하여 발달 과정들을 (바라건대) 연령에 적합한 방법으로 재순환하며, 또한 우리는 스트레스 상황에서 우리가 필요했던 것을 이루지 못했던 단계(들)로 돌아간다고 주장했다. Levin은 이 모델(발달 사이클)이 각본이론에 대한 기여라고 보았으나, 이런 견해는 많은 논쟁의 대상이 되었다(예 : Cornell, 1988 참조). Levin-Landheer가 제안한 모델은 부모 교육의 기본으로 그리고 나아가 학교, 성인교육, 조직에 더 많이 유용하게 활용되었다. 이것은 근본적으로 낙관적 모델로서 성장과 발달에 가치를 두고, 우리는 현재에도 적절한 도움과 자신에 대한 이해를 통하여 우리 자신을 재형성할 수 있다는 것을 제시하고 있다.

부분적으로, 발달 사이클 모델은 각 발달 단계에서 필수적인 긍정적 메시지들을 제시한다. 이것들은 작은 사람—그렇게 들리는 것뿐만 아니라 만져보거나 눈으로 봐도—에게 받아들여지는 지지적 메시지들이다. Jean Illsley Clarke는 그녀의 저서 다시 성장하기(*Growing Up Again*, Clarke & Dawson, 1989)에 수록된 부모교육의 시스템(그리고 프로그램)을 만들기 위하여, 추가하고 모두 긍정적 언어로 바꾸어서 이들 긍정적 메시지들을 사용하였다. 목표는 부모, 양육자들과 더불어 어린이들의 건강한 심리적 · 정서적 발달을 촉진시키는 돌봄을 위한 '가이드라인'을 공유하며, 동시에 부모들이 성장함에 따라 변화하는 자녀들의 욕구들에 대한 자신들의 반응을 이해하고, 부모 자신들의 개인적 발달사에 대한 통찰과 자신의 '결핍(gaps)'을 수선할 수 있는 가능성을 제시하는 것이다. 아래의 표는 단계와 연령, 발달의 주요 과제들, 그리고 중요한 발달단계적/교육적 긍정적 메시지들을 보여준다.

발달 단계-요약 표(Barrow, Bradshaw & Newton, 2001, p. 92에서 수정함)

	단계	어린이의 과제	욕구, 스트로크	도움이 되는 행동들과 주요 긍정적 메시지
1	존재하기 0~6개월	욕구가 충족되는 것을 배운다; 믿음을 배운다; 정서적으로 밀착된다; 돌봄과 만짐을 수용한다	사랑, 돌봄, 만지기; 일관성; 너는 여기에 속한다; 아기를 위하여 생각하기	지속적 돌봄; 접촉하기, 안아주기, 말하기, 노래하기; 믿음을 주도록 행동하라; 아기의 욕구에 따라 생각하라; 너는 여기에 속한다
2	행동하기 6~18개월	탐험하고 경험한다; 감각, 주도성을 발달시킨다; 도움을 받는 법을 배운다; 확고한 애착을 형성한다	안전, 격려, 다양성, 보호, 지원; 제지하지 말라; OK는 적극적, 조용하게	격려하고, 여러 가지 감각적 경험과 안전한 환경을 제공하라; 아기의 말을 들어라; 반응을 보이고 말로 모델을 보여라; 너는 탐험하고 실험할 수 있다
3	생각하기 1½~3년	생각하기, 현실 테스트하기, 문제 해결하기, 감정 표현하기를 배운다; 중심이 되기를 포기한다	생각하기를 격려하라; 논리와 방법을 주기; 감정을 수용하기; 한계 설정하기	분명한 방향, 정보를 주어라; 생각하기를 스트로크하라; 감정을 수용하라; 일관성을 유지하라; 너는 너를 위하여 생각할 수 있다
4	정체성 3~6년	별개의 정체성을 주장한다; 자기, 가족 내에서의 위치에 관한 정보를 얻는다; 힘을 테스트한다; 사회적 행동; 독립된 상상/현실	남녀 구분 없이 OK; 정보 주기; 질문에 답 주기; OK 행동에 스트로크하기; 스스로 도움을 찾도록 한다	질문에 정확한 답 주기; 감정과 사고를 연결하라; 책임의 소재를 분명히 하라; 받아들임(수용)을 가르치라; 너는 네가 어떤 사람인지 탐구할 수 있다
5	기술 6~12년	기능을 배운다; 실수를 한다; 듣는다; 논리를 따진다; 가족 안팎의 규칙들과 구조; 가치들; 동의하지 않는다; 아이디어를 테스트한다; 협동한다	많은 스트로크; 믿을 수 있도록, 분명하게 행동하기; 도구를 제공하라; 결과를 인정하라; 행동에 도전하라(잘못을 지적하라)	갈등해결법, 문제해결법을 가르치라; 기능 개발을 지원하라; 어린이의 의견을 존중하라; 너는 너에게 적합한 일을 수행하는 방법을 발견할 수 있다
6	통합 13~18년	별개의; 독립적, 책임을 진다; 자기만의 욕구, 가치가 있다; 성적 감정을 통합한다	이해하기, 격려하기, 수용하기, 지지하기, 토의하기, 축하하기	지지하라; 파괴적 행동에 직면하라; 독립을 격려하라; 규칙과 책임을 협의하라; 너는 자신의 관심과 목표를 개발할 수 있다

6.2.8 사이클의 적용

Clarke의 의도는 어린아이들을 위한 건강한 부모 역할 하기를 촉진하는 것이었다. 그녀의 모델은 다른 사람들에게 영감을 주어 보다 광범위한 분야로 그 지평을 넓히도록 하였다. 어린아이들, 학교, 교사들을 위한 적용의 예는, 어린아이들의 정서적·자존적 욕구를 사정하여 효과적인 인지적 과정의 기본적 요구사항으로서의 양치기와 같은 도움을 제공하는 것이었다(Barrow, Bradshaw, & Newton, 2001).

아직 네 살이 안 된 네이션은 말이 거의 없었으며, 경련하는 듯한 움직임으로 자기 몸을 경직되게 지탱하였고, 결코 웃지 않았으며, 보육원의 다른 아이들을 전혀 인식하지 않았다. 돌봄이 선생들은 그를 맡고 있는 짧은 시간 동안에 어떤 도움도 주는 것을 포기하고 있었다. 그들은 네이션이, 작은 물건들을 던지고 그것들이 떨어지는 것을 바라보고, 또 물 장난을 하는 등의 자기만의 놀이를 한다는 것을 주목하였다. 지역 행동 지원 팀과의 토론을 통하여 보육원 선생들은 네이션에게 보다 어린(이전) 단계로 돌아가 그 단계들을 보다 더 적극적으로 경험할 수 있는 기회를 주기로 결정하였다. 그들은 정성스러운 그리고 빈번한 신체 접촉, 많은 시각적·감각적으로 긍정적인 메시지, 어른과 함께 신체적 감각을 느끼는 탐색적 놀이를 제공했다. 즉 네이션을 영아와 보행을 시작한 유아로 돌아가도록 하였다. 7개월 이후 네이션은 말을 하고 도움을 청하고, 웃고 다른 아이들과 놀이를 하고, 지시를 이해하고 반응할 수 있게 되었으며, 그의 몸은 유연하고 활동적이 되었다. 그는 애정을 듬뿍 받으며 보육원의 멤버로 받아들여졌으며, 다른 아이들과 함께 그곳에 소속되었다.

실제 있었던 이 이야기(Newton & Wong, 2003에서 발췌)는 각 단계는 이전 단계의 성공적 결과 위에 만들어진다는 것을 보여준다. 조금 다른 적용은 성인의 배움(Napper & Newton, 2000)을 지원하고 변화의 과정에서의 단계(Hay, 2009)를 확인하기 위한 단계 모델의 사용이다.

크고 빠르게 성장하는 한 회사는 매달 약 20명의 신입사원들을 고용한다. 경영진은, 만약 신입사원들에게 빨리 빨리 속도를 내어 합의된 목표를 수행할 것을 요구한다면, 대부분의 신입사원들은 장기적 관점에서 보면 그들의 잠재능력만큼 생산성을 발휘할 수 없을 것이라는 것을 잘 알고 있다. 소개 프로그램을 책임 지고 있는 (교류분석 훈련을 한) 부장은 그래서 첫 일주일 동안은 신입사원들에게 견학 프로그램을 제공한다. 회장이 이들을 환영한다. 사무실의 부장은 사무실에서 제공되는 모든 기능들을 보여주는 데 충분한 시간을 할애한다. 그들에게는 IT 환경이 어떻게 작동하는지 알 수 있도록 충분한 시간이 허락된다. 이것의 메시지는 "우리는 여러분들을 진심으로 환영합니다!"이다.

위에 인용된 Clarke의 생각으로부터 얻어진 심오한 가르침은 처음에 빠르게 가기를 원하는 사람은 누구나 장기적으로는 점점 느려지게 될 것이라는 것이다(Clarke & Dawson, 1989). 인간의 성장과정과

마찬가지로 각 단계는 이전 단계의 성공적 결과의 토대 위에서만 건설된다. 환영받고 자리를 잡을 수 있는 시간이 허락되는 신입사원들은 행동하기와 사고하기가 요구되는 활동분야에서 더욱 더 효과적일 것이다.

6.3   추가 논의

6.3.1   카섹시스 위기

카섹시스 연구소의 작업은 1970년 중반에 이르기까지 점차 논쟁의 대상이 되었다. Schiff와 그녀의 동료들은 심층적 수준의 정신 병리를 다루기 위해서는 비전통적이고 때로는 극단적 수단들이 필요하다고 종종 주장하였다. 그들은 환자들에게 그들의 생물학적 부모들과의 관계를 단절할 것을 장려했으며, 실제 그들의 환자를 입양하기까지 했다. Schiff가 입양하여 양육경험 다시 하기를 경험한 어린이들 중 일부는 공동치료사 그리고 트레이너로서 그녀와 함께 치료 작업을 수행했다. 전이와 역전이에 관한 체계적 이론이 없었음에도 불구하고, 카섹시스 모델은 강력하고, 이상화된 전이관계로 안내하고, 또한 치료사들에게 심각한 역전이의 압력을 가하는 치료환경을 마련하였다. 종종 카섹시스 기반의 치료사들은 내담자들과 부모 역할 다시 하기의 관계를 감내하였으나, 결과적으로 그들은 이러한 관계들에서 요구되는 부담스러움에 압도되었다. 윤리적 혐의에 대한 비난과 고소들은 부모 역할 다시 하기의 관계가 무너질 때의 내담자들의 실망과 분노로 일반화되었다. 카섹시스 연구소는 한 젊은이가 연구소 내에 감금당하고 뜨거운 욕조의 물속에 머리를 박힌 후 사망하자 문을 닫았다. 법에 의한 기소가 뒤를 이었으며 스태프 중 한 명이 체포되어 결국 과실치사의 유죄를 인정하였다. Schiff와 그녀의 스태프들에 대해서는 여러 건의 다른 법적 공갈폭행 고소가 있었다. 1978년 ITAA는 Jacqui Schiff의 회원 자격과 ITAA 내에서 훈련을 실시할 수 있는 권리를 박탈하였다(McClendon, 1978).

6.3.2   비판과 재평가

카섹시스 연구소의 위기와 붕괴의 결과로 Schiff 학파의 이론과 기술에 대한 체계적인 재평가는 없었다. 근간을 이루었던, 양육경험 다시 하기 모델은 교류분석의 영역에서 자취를 감추었으나, 그러한 사라짐에는 여러 해 동안 토론과 재평가가 아닌 침묵만이 뒤를 이었다. 카섹시스 프로그램의 주변과 미국과 세계의 다른 영역에서 자라난 수많은 윤리적 · 법률적 문제들은 교류분석 커뮤니티가 지금까지의 사태들을 좀 더 객관적 · 임상적 · 이론적 관점에서 관찰하는 것을 매우 어렵게 만들었다. 양육경험 다시 하기 모델을 둘러싼 복잡한 윤리적 · 임상적 문제들이 전문가 회의에서 논의되고, 결과적으로 ITAA의 윤리강령을 다시 쓰게 될 때까지 거의 10여 년이 지났다(Weiss, 1994).

Alan Jacobs(1987, 1994)는 카섹시스 모델에 관한 체계적 비평을 시작하여, 교류분석 커뮤니티가 양육경험 다시 하기 방법을 둘러싼 윤리적 문제들에서 공범에 위치에 있지 않은지를 검토할 것을 요청하였다: "우리는 양육경험 다시 하기의 문헌에서 볼 수 있는 폭력과 힘에 의존하는 중대한 점을 무시하였으며, 심지어 그것을 부정하였다. 학대가 있었다는 주장이 나올 때, 우리는 여러 해 동안 아무런 조치도 취하지 않았다"(1994, p. 52). 그로부터 4년 후, 교류분석저널(*Transactional Analysis Journal*)은 심리치료에서의 퇴행과 양육경험 다시 하기의 사용을 재평가하는 데 한 호 전체를 할애하였다(Novey, 1998).

요약하면 Schiff와 그의 스태프에 대한 두 가지의 주요 이론적 실제적 반대가 존재했다. 첫째는, 그들이 치료사가 정의한 목표를 가지고 치료하는 성향을 가지는 방법이었으며, 둘째는, 전이와 역전이에 관한 이론도 전혀 없었으며, 또는 깨달음도 없었다는 것이다.

카섹시스 연구소의 치료방법들과 일치하도록 설계된 체계적 양육경험 다시 하기 절차들과 치료적 커뮤니티는 지금 거의 찾아볼 수 없지만, 디스카운팅과 수동성에 관한 카섹시스 기반의 이론들은 여러 분야의 치료, 상담, 교육, 조직의 맥락에서 유용하고 유효하다는 것이 입증되었다. Jacqui Schiff와 카섹시스 연구소의 역사는 여백의 장으로 아직 남아 있다. 비록 그 시절과 지금의 교류분석에 관계된 사람들 모두가 고통스러웠다 해도, 위기는 또한 발전과 성장을 가져왔다.

6.3.3 스키마 치료

교류분석 밖에서는 성격 장애를 가진 환자들을 위하여 네덜란드에서 광범위하게 이용된 치료법의 하나인, 예컨대, 스키마 치료(Young & Klosko, 1994; Young, Kloso, & Weishaar, 2003)에서의 한 기술로서의 '제한적 양육경험 다시 하기(limited reparenting)'에 대한 관심이 고조되었다. 제한적 양육경험 다시 하기는, 비록 많은 개념이 우리가 교류분석에서 알고 있는 것과 같은 용어들을 사용한다 할지라도, 카섹시스 이론에 근거를 둔 것도 아니며, 교류분석에 대한 참조 역시 찾아볼 수 없다.

스키마 치료에서는 치료사가 치료관계의 범주 내에서 환자가 어린 시절에 필요했으나 부모로부터 충족되지 못했던 것들을 제공한다면 제한적 양육경험 다시 하기를 참조한다. 어린 시절에 무시되고, 나쁘게 취급당하고, 학대받고 또는 유기되었던 환자들에게, 치료사는 안정감, 따뜻함, 공감, 리더십을 제공한다. 비교적 삶의 후기에 이보다는 덜 심각한 경험들 또는 트라우마를 경험한 환자들에게, 치료사의 양육경험 다시 하기는 특히 자율성, 현실적 한계, 자기표현, 상호주의(reciprocity, 호혜), 자발성(spontaneity)을 장려한다. Schiff의 접근법과 다른 점은 양육경험 다시 하기가 퇴행을 조장하지 않는다는 것이다. 건강한 경계들을 설정하는 것은 제한적 양육경험 다시 하기에서의 중요한 요소이다.

양육경험 다시 하기의 많은 부분이 교사와 학생 간에, 코치와 코치를 받는 사람 간에, 또는 경영자와 종업원 간과 같은 파트너십에서 자발적으로 일어난다. 다른 사람들의 성장과 발달에 관한 책임을 수행하는 모든 사람들은 '새로운 부모(new parent)'의 역할을 맡을 수 있다.

6.4 관련 이론

6.4.1 조현병-유발성 가족

Theodore Lidz(1973; Lidz, Fleck, & Cornelison, 1965)는 대부분의 그의 생애를 정신질환과 조현병의 연구와 치료에 바친 정신분석적 훈련을 받은 정신과 의사였다. 조현병 환자들의 치료에 전념했던 Harry Stack Sullivan과 Frieda Fromm-Reichmann과 함께 수련을 했던 그는 조현병을 질병으로 보지 않았으며, 장애를 가진 가족체계에 대한 반응으로 간주했다. 그는 창의적인 많은 사람이 그들 인생에서 얼마 기간 동안은 조현병 환자로 보일 수 있다고 보았다. 그는 조현병 반응들의 근본은 자율적 성인의 인생으로 진입하기 위한 독립성의 성취와 충분한 자아의 힘을 개발할 수 없는 어린이의 무능력이라고 주장했다(이런 이유로 후기 사춘기와 성년의 초기 조현병의 발생 빈도가 높다). 비록 Schiff의 연구가 Lidz 또는 Sullivan(1962)이나 Fromm-Reichmann(1960)의 연구에 가깝다든가 또는 영향을 받았다는 공표된 증거는 없다 할지라도, Lidz의 관찰은 Jacqui Schiff의 입장과 매우 일치한다.

조현병-유발성 어머니의 개념은 1940~1970년대 초에 이르는 기간 동안, 정신분석과 가족 체계론에서 발달하였다. 이 개념화는 조현병에서의 생물학적 요인들을 중요시하지 않는 후속 연구(Harrington, 2012; Neill, 1990)에 의하여 이제는 완전하게 신뢰를 잃었다. 최근의 신경생물학적 측면에 대한 강조가 갖는 문제점은 가족 역동에 대한 관심이 등한시될 위험에 직면한 것이다.

6.4.2 반정신의학

또 다른 흥미 있는 발달은 정신의학계와 정신분석계의 반정신의학에 대한 비판이었다. Laing과 그의 동료(Cooper, 1967; Laing, 1960, 1969; Laing & Esterson, 1964)들은 존재론적 철학적 관점에서 출발하여, '조현병' 딜레마를 자기와 규범적 · 사회적 구조 모두로부터의 심각한 이탈(소외, 정신적 이상)의 표현으로 자리매김하였다. 반정신의학적 견해에서 보면, 비인격화하는 환원주의적 관점과 정신의학적 전문용어들은 조현병의 파탄의 기본을 이루는 심각한 이탈(정신 이상)을 강력하게 조장하였다. Laing의 견해에 의하면, 분열성 인격장애자와 조현병 환자들은 일반 사람들보다 더 예민하며, 거짓자기(false-self)를 적용시킴으로써 규범적 사회구조와 타협하려 하지 않는다. 이런 점에서, 반정신의학 운동은 조현병과 정신질환에 관한 전통적 정신의학적 태도에 대한 Lidz의 비판(1971) 속에 담겨진 많은 비판의 소리들로 가득하였다. 또한 Schiff 그리고 Lidz와 마찬가지로, Laing과 그의 동료들은 분열성 및 조현병적 장애의 뿌리를 가족 시스템 안에 두었다.

1965년에 Laing과 그의 동료들은 치료 가정의 첫 사례가 될, 정신병으로 인한 붕괴를 경험하는 사람들에게 거주할 수 있는 장소를 마련해주기 위하여 치료 커뮤니티인, Kingsley Hall and the Philadelphia Association in London을 설립하였다. 모든 사람들은 이러한 질병으로 인한 파탄은 심각한 존재적 위기를 표현하는 것이고, 따라서 이러한 파탄은 보다 더 순수한 존재의 방식(a more authentic way of being)의 가능성을 여는 것이다(Burton, 1996, 2000; Mullen, 1995)라는 전제에 모든 것을 바쳤다. 이렇게 구성된 (치료)가정에서는 전문가와 환자 역할 사이의 구분을 모두 제거하였는데, 이것은 카섹시스 연구소에서 사용한 구조와는 정반대의 것이었다.

이 책의 저자의 한 명인 Cornell은 대학교 재학 중에 심각한 장애를 가진 청소년들을 위한 주거형 치료센터에서 치료를 담당한 적이 있었는데, 그는 Laing의 치료작업에 깊은 감명을 받았다. 졸업을 앞두고 그는 Kingsley Hall에서 스태프로 일할 수 있는지 묻는 편지를 Laing에게 보냈다. Cornell은 이렇게 기억한다. "답신은 환영한다는 것이었으나, 통지의 내용은 그곳에는 당신이 지원하는 스태프의 자리는 없다는 것이었다 ― 내가 와서 커뮤니티에서 생활하는 것은 환영하며, 그리고 만약 그곳의 모든 사람들이 내가 제공할 만한 것이 있다고 생각한다면 계속 머물러도 좋다. 물론, 생활을 위해서는 나는 다른 직장을 찾아야만 할 것이다."

카섹시스 연구소와 마찬가지로, Kingsley Hall은 단기간 존재했으며, 5년 이후에 문을 닫았다. Laing과 그의 동료들의 작업은 '정신 이상(madness)'을 일반적 현상으로 보도록 만들었으며 정신의학을 악마화한 면이 있었다(Cooper, 1978). '반정신의학'이란 용어 자체는 조현병의 생물학적 모델과 정신사회적 모델 사이의 빈번한 양극화된 견해를 나타낸다. 지금은 이제 조현병 또는 정신질환을 형성하는 단 하나의 장애 또는 병리가 존재하는 것이 아니라는 것이 명백해졌다(Fujii & Ahmed, 2007, Read, Mosher, & Bentall, 2004; Van Os & Kapur, 2009). 어느 경우도 단 한 가지의 원인은 없다. 이러한 깊은 자기결합(self-coherence) 장애를 생물학적 및 정신사회적 모델로 쪼갠다는 것은 필요하지도 또 치료적이지도 않다(Geekie & Read, 2009; Haykin, 1998). 물론 정신적 위기의 상황 속에서는 환자의 주관적 경험에, 그 속에서 길을 잃지 않음을 전제로, 깊은 관심과 존중을 제공하고 보이는 가능성은 매우 높다(Bollas, 2013; Garfield, 2009; Geekie & Read, 2009).

6.4.3 "일차성 모성 몰두"

Winnicott의 연구에서 중심적인 것은 일관되고 필수적인 자아감(sense of self)의 발달을 지원하는 요소들을 확인하려는 노력이었다. Winnicott(1956, 1971)은 공생(symbiosis)이란 언어를 사용하지 않았으나, 교류분석의 관점에서 보는 그의 개념화는 기능적·과도기적 형태의 공생에 대한 생생한 설명이었다.

그의 일차성 모성 몰두의 개념에서 그는 출생 후 수주일 동안 엄마 자신의 욕구와 현격하게 괴리되고 분리되어, 영아의 신체적·정서적 욕구에 조직화된 과민성의 상태를 설명한다. Winnicott의 주장에 의하면, 이것은 아기에게 '계속 존재하기(going-on-being)'의 기초적·신체적 의식과 감각을 제공함으로써, 아기는 이에 따라 별개의 사람으로서의 엄마에 대한 의식을 발달시킬 수 있게 된다.

Winnicott(1962)은 정신질환의 발병을 '환경적 결핍 질병(environmental deficiency diseases)'으로 보았다. 양육경험 관계에서의 만성적 환경의 결함들은 자폐증, 잠재적 조현병, 견고하게 분리된 '거짓-자아(false-self)', 분열성 성격장애 또는 정신질환으로 인한 기능 실패를 포함하는 후기에 발병하는 자아 일관성의 해체 또는 이상(혼란)의 가능성을 증대시킨다고 이해되었다. Winnicott의 생각은 Laing의 '분할된 자아(divided self)'의 초기 공식에 중요한 영향을 미쳤다.

Winnicott의 '의존으로의 퇴행(regression to dependence)'의 개념(1954)은 정신병적 불안감(psychotic anxieties)과 조현증의 분열(schizoid splits)의 극복과정(working through, 훈습과정)의 요체였다(Little, 1990). 그는 퇴행을 정신질병의 혼란의 근간을 이루는 초기의, 비언어적 경험들을 재방문하는 것으로 이해하였다. 퇴행 상태의 환자들과의 작업을 한 그의 접근법은 강력한 역전이 반응들에 대한 치료사의 취약성을 강조함으로써, Schiff와 그녀의 양육경험 다시 하기 동료들이 취했던 태도와는 확연한 대조를 이룬다(1954, p. 278). Winnicott은 퇴행상태에 동행이 분석사에게 주었던 스트레스에 관하여 정확하게 이해하고 있었다.

> 이 케이스의 치료와 경영은 내가 가지고 있는 인간으로서의, 정신분석사로서의, 그리고 소아과 전문의로서의 모든 것을 요구하였다. 나는 고통스럽고 그리고 기꺼이 회피했어야만 했을 이 치료의 과정 속에서 개인적 성장을 하지 않을 수 없었다. … 그리고 그것은 언제나 10여 회 이상의 저항 국면을 나타냈으며, 그 원인은 분석사의 자기분석을 더 요구하는 역전이 현상이었다(p. 280).

만약 Jacqui Schiff가 이런 수준의 자기성찰을 할 수 있었다면, 그녀의 연구와 그녀의 카섹시스 동료 학자들의 연구의 결과가 어떠했을까 생각하도록 만든다.

6.4.4 환경요법

Winnicott는 일대일 정신분석적 세팅에서 분열성 그리고 정신질환 상태에 있는 환자들과 작업을 하였다. 이러한 심각한 수준의 자기일관성에 혼란을 가지고 있는 환자들과의 보다 효과적인 치료 방법을 모색했던 많은 임상가들은 그룹, 커뮤니티 그리고/또는 환경요법의 세팅에서 치료를 하였다(Cumming & Cumming, 1962). 환경요법의 모델은 조현병의 원인보다는 환자들에게 가장 도움이 되는 치료환경의 요소들을 확인하는 데 더 관심을 기울였다. 의도하는 바는 환자의 역사, 기억들, 퇴행적 소망들에 초점을 두기보다는 환자의 행위의 주체로서의 의식과 복구의 가능성을 구축하는 적극적인 구조적 환경을 제공하는 것이다. 환경요법에서는, 환자들과 접촉하는 모든 스태프들은 환자들의 기능과 안녕에 기여하도록 훈련되고 또 기대된다. 환자들은 그들의 치료와 그리고 그들에게 치료환경 내에서의 구조와 프로세스의 기능을 위한 직접적 투자를 제공하는 환자의 자율과정의 효율성을 적극 적으로 평가한다.

Kingsley Hall 그리고 카섹시스 연구소와 같은 치료 커뮤니티와는 달리, 환경요법은 활발한 연구 와 토론의 대상이 되어왔다. 연구에서 일관되게 발견되는 것들 중 하나는, 조현병의 그리고 정신질환 의 어려움들을 안정시키고 또 해결하는 데 지나치게 자극을 주지 않으며 손상을 주지 않으려는 것보 다는 오히려 고도의 집중과 직면이 더 빈번하다는 것이다(Drake & Sederer, 1986; Vaglum, Friis, & Karterud, 1985). 다른 한편으로, 사려 깊게 고안된 주거식 치료 프로그램은 예컨대 정서적으로 방치 된 젊은이들을 위한 교정 환경을 제공할 수 있다(Rose, 1990). 공식 및 비공식적 활동을 포함하고, 건 강한 방식으로 협력하는 스태프와 함께하는 조심스럽게 구조화된 프로그램은 환자들에게 새로운 관 계를 위한 기회를 제공한다. 여기에서 그들은 정상적 성인으로 성장하는 데 기여하는 이러한 새로운 경험들을 통합하는 것을 학습할 수 있다.

6.4.5 연구

교류분석 심리치료의 효율성에 관한 연구는 아직 그리 많지 않다. 한 가지 두드러지는 연구가 Mark Widdowson(2012)의 우울증 환자들의 치료를 위한 교류분석의 효율성에 관한 것이다. Widdowson은 사례연구 모델인, '해석학적 단일 케이스 효과 디자인(hermeneutic single-case efficacy design)' 연구방 법을 개발하였으며, 이 방법은 잠재적으로 새로운 연구방법의 길을 안내하며, 또한 교류분석에 기반 하는 외래환자 심리치료의 효율성을 입증하는 데이터를 제공할 수 있다.

또 다른 예는 네덜란드의 멀티센터 연구(multicentre study)인데, 여기에서는 성격장애를 가진 환자 들의 치료를 위하여 여러 가지 포맷(외래환자, 주간 및 입원환자 치료, 단기 및 장기)이 비교된다. 이 연구에 참여하는 프로그램들 중 하나에는 심리치료 방법으로서의 교류분석으로 진행되는 3개월 입원 프로그램이 있다. 연구의 결과는 이 교류분석 프로그램은 클러스터 C 성격장애를 가진 환자들(회피 적, 의존적, 강박적)의 증상을 감소시키는 데 사용된 여러 프로그램들 중 가장 효과적이었음을 보여주 었다. 게다가 그것은 비용 대비 효율이 우수한 프로그램이었다(Bartak et al., 2010; Soeteman et al., 2011).

6.4.6 방어기제

'디스카운팅' 그리고 '재정의'의 개념들은 정신분석에서는 방어기제들의 예들이다. 교류분석에서는 방어기제들과 무의식에 관한 언급이 거의 없다. 이것은 아마도 Berne의 개인적 역사 때문일 것이다. 그가 정신분석에 실망하여 이탈하였을 때, 그는 교류분석을 정신분석의 개념들과는 차이 나는 이론으로 자리매김할 필요가 있었을 것이다. 그가 개별적 인간 내에 또는 사람들 사이의 교류 속에 무의식의 과정들을 보지 못했다는 것은 분명히 잘못 인식하는 것이다. 단지 그는 그것들을 다른 용어들로 표현하였다. 그는 게임교류에서 이면적 동기에 대해 말했으며 '어른자아 A의 의식 밖에서(outside of Adult consciousness)' 일어나는 각본에 대하여 언급했다. 그의 사후에 출간된 책, 당신은 인사 후에 무슨 말을 합니까?(*What Do You Say After You Say Hello?*, 1972)에서 흥미로운 개념들, 즉 개인, 집단, 조직, 그리고 국가 속의 '죽음의 추동(death drive; mortido)', 그리고 생존이 절대적 문제였던 인류의 초기 발달단계의 잔존물인 타인들을 먹이감(prey)으로 보는 '작은 파시스트(little fascist)'를 사용하지만, 그는 그것들에 관한 후속 연구를 진행하지는 못했다. 그는 이것들을 모두 각본에 연결을 지으며 각본은 "그 사람의 가려진 죽음의 본능(death instinct)으로 만들어진 정교한 복합물로 생각할 수 있다."고 말한다(Clarkson, 1992). 모든 일들이 순조롭게 진행되어 각본 결말의 완수에 성공할 듯한 순간에 갑자기 튀어나오는 각본에서의 '조커(joker)'와 같은 개념은, 그것이 분명 무의식적 요소들을 가지고 있는 듯한데, Berne으로부터 더 이상의 설명은 없었다.

'무의식'의 개념은, 어떻게 내적 갈등이(그 사람은 전혀 갈등의 존재를 의식하지 못함에도) 여러 종류의 육체적 · 심리적 증상들을 만들 수 있는가를 처음으로 기술했던, Sigmund Freud에 의하여 만들어졌다. 이러한 갈등들은 한편 이드(id 또는 *Es*)의 충동들과 욕망들, 그리고 다른 한편인 그 사람의 다른 부분[예 : 강력한 양심, 슈퍼에고(superego 또는 *Über-Ich*), 또는 에고(ego, *Ich*)에 의한 논리적 결정]의 충동들과 욕망들 사이에 일어난다.

물론 그것은 이드 내의 서로 다른 충동들 간의 갈등일 수도 있으며, 또는 외부 세계와의 갈등일 수도 있다. 이것이 의미하는 바는 그 사람 내의 3개의 행동 주체인, 이드, 에고, 슈퍼에고의 부분들은 무의식적이라는 것이다. 교류분석 용어로는, 당신은 단순히 이렇게 말할 수 있을 것이다: 무의식이란 어른자아 A의 의식 밖에 있는 것 모두를 말한다.

- 어른자아 A의 오염된 부분
- 어린이자아 C의 고착되었거나 배제된 부분
- 부모자아 P의 고착되었거나 배제된 부분

당신이 만약 '통합된 어른자아 A'의 개념을 사용한다면, 통합된 어른자아의 부분이 아닌 모든 것들은 무의식이라고 말할 수 있다. 고착화에 있어서는, 자아상태의 어떤 부분들이 폐쇄되었다는 것인데, 예컨대 어린이자아 C의 억압된 트라우마의 기억들 또는 부모자아 P의 통합되지 못한 내사물을 말한다.

방어기제는 한 편의 충동, 욕구 또는 욕망과 다른 한 편의 그 사람의 내부 또는 외부로부터의 이러한 것들에 대한 금지 사이의 갈등에서 그 사람이 보상하거나 또는 타협하도록 만드는 심리적 움직임(manoeuvre, 묘책)이라고 정의된다.

치료관계에서 방어기제들은 전이, 특히 내담자가 치료사의 활동에 대하여 보이는 저항에서 명백히 드러난다. 예를 들면, 치료사가 환자가 이전 대화를 어떻게 경험했는지 점잖게 질문하면, 환자는 망설이며 다음과 같이 대답한다. "어째 좀 경찰 취조 같았습니다." 그에 대하여 치료사가 그 말의 의미가 무엇이고 대화가 어떤 느낌을 느끼게 했는지 물으면, 그는 그 질문에는 대답하지 않고 이 사회에서 경찰의 역할에 관한 무분별한 이야기를 말하기 시작한다.

방어기제는 친밀, 자발성, 그리고 의식을 이룰 수 있는 능력을 두 가지 이유에서 억제한다. 방어 그 자체(충동 또는 욕구에 대한 내적 저항)는 에너지를, 그 욕구의 충족에 소요되는 에너지보다 더 많은 에너지를 소모한다. 그에 더하여 저항은 반응의 유연성을 제한한다. 그것은 마치 특정한 영역에서 일종의 불능처럼 작용한다. 이것은 보상을 받아야만 하며, 다시 이것은 추가의 에너지를 요한다.

교류분석의 개념과 보다 같은 선상에 있는, 방어기제의 정의는 다음과 같다. 즉 방어기제는 각본 결정들을 보호하는 내적 책략이다. 각본은 원래 어린이자아 C에 의하여 자신의 욕구충족을 위한 가장 효과적 전략으로서 창조된 것이기 때문에, 당신은 방어기제를 생존적 기제들(survival mechanisms)로 기술할 수도 있다. 일부 교류분석가들은 다음과 같은 생각에 기초하여 이 명칭을 더 좋아한다고 주장한다.

- 그것이 그 사람 자신이 오래 전에 선택하였으며 그래서 변화될 수도 있는 결단들과 관련이 있다는 것을 강조하기 위하여(Goulding & Goulding, 1979)
- 피시스(physis, 성장원), 인간의 창의력, 그리고 생존을 위한 열망을 나타내는 명칭으로서(Clarkson, 1992)
- 휴식의 욕구 그리고 스트로크의 욕구에 더하여, 인간의 세 가지 기본적 욕구들 중의 한 가지로서(English, 1972)
- 환자의 진단과 치료의 공식화를 위한 도우미로서(Berne, 1964)
- 어떻게 환자가 안전이라는 이유로 그리고 더 나은 결과에 대한 희망으로부터 부적절한 패턴을 지속적으로 반복해왔는지 이해하기 위하여(Thunnissen, 2007)

모든 방어기제를 이루고 있는 기본적 패턴은 교차교류(crossed transaction)이다. 어린아이는 부모가 만족시켜주지 않는(상보교류를 통하여) 그러나 실제로는 무시하거나 거절하는(교차교류를 통하여) 어떤 욕구를 가지고 있다. 어린아이는 마침내 이러한 욕구, 욕망, 느낌을 분출하기로 결정한다.

이것은 어린이자아상태 C 내의 고착은 물론, 어린이에 의한 그리고 후기의 인생에서 원래의 상황과 유사한 상황이 발생할 때 성인이 된 그 사람에 의한, 습관적 교차교류의 결과를 가져온다. 그 사람은 원래의 감정 대신 라켓감정을 표출한다. 상보교류 대신에 그 사람은 내적으로 자신의 자아상태를 바꾸어 평행(차원이 달라 만남이 없는) 그리고 교차 교류를 사용한다. 따라서 접촉은 내적으로 그 사람 내부에서 그리고 외적으로는 두 사람 사이에서 파괴된다.

참고문헌

Barrow, G., Bradshaw, E., & Newton, T. (2001). *Improving Behaviour and Raising Self-Esteem in the Classroom: A Practical Guide to Using TA*. London: David Fulton.

Bartak, A., Spreeuwenberg, M., Andrea, H., Holleman, L., Rijnierse, P., Rossum, B., Hamers, E., Meerman, A., Aerts, J., Busschbach, J., Verheul, R., Stijnen, T., & Emmelkamp, P. (2010). Effectiveness of different modalities of psychotherapeutic treatment for patients with Cluster C personality disorder: results of a large prospective multicentre study. *Psychotherapy and Psychosomatics, 79*: 20-30.

Berne, E. (1961). *Transactional Analysis in Psychotherapy*. New York: Grove Press.

Berne, E. (1964). *Games People Play*. New York: Grove Press.

Berne, E. (1969). Reparenting in schizophrenia: Introduction. *Transactional Analysis Bulletin, 8*(3): 45-47.

Berne, E. (1972). *What Do You Say After You Say Hello?* New York: Bantam.

Bollas, C. (2013). *Catch Them Before They Fall: The Psychoanalysis of Breakdown*. London: Routledge.

Burston, D. (1996). *The Wing of Madness: The Life and Work of R. D. Laing*. Cambridge, MA: Harvard University Press.

Burston, D. (2000). *The Crucible of Experience: R. D. Laing and the Crisis of Psychotherapy*. Cambridge, MA: Harvard University Press.

Clarke, J. I., & Dawson, C. (1989). *Growing Up Again* (*2nd edition*). Center City, MI: Hazelden, 1998.

Clarkson, P. (1992). *Transactional Analysis Psychotherapy. An Integrated Approach*. London: Tavistock/Routledge.

Cooper, D. (1967). *Psychiatry and Anti-Psychiatry*. London: Tavistock.

Cooper, D. (1978). *The Language of Madness*. London: Penguin.

Cornell, W. F. (1988). Life script theory: A critical review from a developmental perspective. *Transactional Analysis Journal, 18*(4): 270-282.

Cumming, J., & Cumming, E. (1962). Ego and Milieu: *Theory and Practice of Environmental Therapy*. New York: Atherton Press.

Dashiell, S. (1978). The Parent resolution process: Reprogramming the psychic incorporations in the Parent. *Transactional Analysis Journal, 8*(4): 289-294.

Drake, R. E., & Sederer, L. I. (1986). The adverse effects of intensive treatment of chronic schizophrenia. *Comprehensive Psychiatry, 27*: 313-326.

English, F. (1972). Sleepy, Spunky and Spooky. *Transactional Analysis Journal, 2*(2): 64-67.

Erskine, R. G., & Moursund, J. P. (1988). *Integrative Psychotherapy in Action*. Newbury Park, CA: Sage.

Erskine, R. G., & Trautmann, R. (2003). Resolving intrapsychic conflict: Psychotherapy of Parent ego states. In: C. Sills & H. Hargaden (Eds.), *Key Concepts in Transactional Analysis: Contemporary Views, Ego States* (pp. 83-108). London: Worth.

Fromm-Reichmann, F. (1960). *Principles of Intensive Psychotherapy*. Chicago, IL: University of Chicago Press.

Fujii, D., & Ahmed, I. (Eds.) (2007). *The Spectrum of Psychotic Disorders: Neurobiology, Etiology, and Pathogenesis.* Cambridge: Cambridge University Press.

Garfield, D. A. S. (2009). *Unbearable Affect: A Guide to the Psychotherapy of Psychosis.* London: Karnac.

Geekie, J., & Read, J. (2009). *Making Sense of Madness: Contesting the Meaning of Schizophrenia.* Hove, UK: Routledge.

Goulding, R., & Goulding, M. (1979). *Changing Lives through Redecision.* New York: Brunner/Mazel.

Guglielmotti, R. L. (1996). Parents who are orphans: Implications for second-generation scripts and eating disorders. *Transactional Analysis Journal, 26*: 132-137.

Harrington, A. (2012). The fall of the schizophrenogenic mother. *The Lancet, 379*: 1292-1293.

Hay, J. (1995). *Donkey Bridges for Developmental TA. Making Transactional Analysis Memorable and Accessible.* Watford, UK: Sherwood.

Hay, J. (1996). *Transactional Analysis for Trainers. Your Guide to Potent & Competent Applications of TA in Organisations.* Watford, UK: Sherwood.

Hay, J. (2009). *Working It Out at Work: Understanding Attitudes and Building Relationships.* Watford, UK: Sherwood.

Haykin, M. D. (1998). Fifty years—a perspective. *Transactional Analysis Journal, 28*(1): 35-44.

Jacobs, A. (1987). Autocratic power. *Transactional Analysis Journal, 17*(1): 59-71.

Jacobs, A. (1994). Theory as ideology: Reparenting and thought reform. *Transactional Analysis Journal, 24*(1): 39-55.

Kouwenhoven, M. (1983). *TA in Nederland.* (TA in the Netherlands.) Part I. Zwolle, Netherlands: Tulp.

Laing, R. D. (1960). *The Divided Self.* London: Tavistock.

Laing, R. D. (1969). *The Politics of the Family and Other Essays.* New York: Pantheon.

Laing, R. D., & Esterson, A. (1964). *Sanity, Madness and the Family.* London: Tavistock.

Levin-Landheer, P. (1982). The cycle of development. *Transactional Analysis Journal, 12*(2): 129-139.

Lidz, T. (1971). Schizophrenia, R. D. Laing, and the contemporary treatment of psychosis: An interview with Dr. Theodore Lidz. In: R. Boyers & R. Orrill (Eds.), *R. D. Laing & Anti-Psychiatry* (pp. 151-199). New York: Perennial Library.

Lidz, T. (1973). *The Origin and Treatment of Schizophrenic Disorders.* New York: Basic Books.

Lidz., T., Fleck, S., & Cornelison, A. (1965). *Schizophrenia and the Family.* New York: International Universities Press.

Little, M. I. (1990). *Psychotic Anxieties and Containment: A Personal Record of an Analysis with Winnicott.* Northvale, NJ: Jason Aronson.

Loria, B. R. (1988). The Parent ego state—theoretical foundations and alterations. *Transactional Analysis Journal, 18*(1): 39-46.

Macefield, R., & Mellor, K. (2006). Awareness and discounting. *Transactional Analysis Journal, 36*(1): 44-58.

McClendon, R. (1978). Board reaches decision on thics matter. *The Script, 8*(10).

McNeel, J. (1976). The Parent interview. *Transactional Analysis Journal, 6*(1): 61-68.

Mellor, K. & Andrewartha, G. (1980). Reparenting the Parent in support of redecisions. *Transactional Analysis Journal, 10*(3): 197-203.

Mellor, K., & Sigmund, E. (1975a). Discounting. *Transactional Analysis Journal, 5*(3): 295-302.

Mellor, K., & Sigmund, E. (1975b). Redefining. *Transactional Analysis Journal, 5*(3): 303-311.

Mullen, B. (1995). *Mad to be Normal: Conversations with R. D. Laing.* London: Free Association.

Napper, R., & Newton, T. (2000) *Tactics.* Ipswich, UK: TA Resources.

Neill, J. (1990). Whatever became of the schizophrenogenic mother? *American Journal of Psychotherapy, 64*: 499-505.

Newton, T., & Wong, G. (2003). A chance to thrive: Enabling change in a nursery school. *Transactional Analysis Journal, 33*(1): 79-88.

Novey, T. B. (1998). Letter from the editor: Regression in psychotherapy. *Transactional Analysis Journal, 28*(1): 2-3.

Oblas, A. S. (1981). The Parent interview and indirect suggestion. *Transactional Analysis Journal, 11*(2): 126-129.

Os, J. van, & Kapur, S. (2009). Schizophrenia. *The Lancet, 374*(9690): 635-645.

Read, J., Mosher, L. R., & Bentall, R. P. (2004). *Models of Madness: Psychological, Social, and Biological Approaches to Schizophrenia.* Hove, UK: Brunner-Routledge.

Rose, M. (1990). *Healing Hurt Minds. The Peper Harow Experience.* London: Routledge.

Schiff, A., & Schiff, J. L. (1971). *Passivity. Transactional Analysis Journal, 1*(1): 71-78.

Schiff, J. L. (1969). Reparenting schizophrenics. *Transactional Analysis Bulletin, 8*(31): 47-63.

Schiff, J. L. (Ed.) (1975). *Transactional Analysis Treatment of Psychosis. Cathexis Reader.* New York: Harper & Row.

Schiff, J. L. (1977). One hundred children generate a lot of TA: History, development, and activities of the Schiff family. In: G. Barnes (Ed.), *Transactional Analysis after Eric Berne: Teachings and Practices of Three TA Schools* (pp. 53-76). New York: Harper's College Press.

Soeteman, D., Verheul, R., Meerman, A., Ziegler, U., Rossum, B., Delimon, J., Rijnierse, P., Thunnissen, M., Busschbach, J., & Kim, J. (2011). Cost-effectiveness of psychotherapy for Cluster C personality disorders: A decision-analytic model in The Netherlands. *Journal of Clinical Psychiatry, 72*(1): 51-59.

Sullivan, H. S. (1962). *Schizophrenia as a Human Process.* New York: W. W. Norton, 1974.

Thunnissen, M. (2007). *Begrijpen en veranderen. Theorie en toepassingen van de transactionele analyse.* (To Understand and to Change. Theory and Practice of Transactional Analysis.) Halsteren, Netherlands: DWG.

Vaglum, P., Friis, S., & Karterud, S. (1985). Why are the results of milieu therapy for schizophrenic patients contradictory? An analysis based on four empirical studies. *Yale Journal of Biology and Medicine, 58*: 349-361.

Weiss, L. (1994). The ethics of parenting and reparenting in psychotherapy. *Transactional Analysis Journal, 24*(1): 57-59.

Widdowson, M. (2012). TA treatment of depression: a hermeneutic single-case efficacy design study— case two: "Denise". *International Journal of Transactional Analysis Research, 3*(2): 3-14.

Winnicott, D. W. (1954). Metaphysical and clinical aspects of regression within the psycho-analytical set-up. In: *Through Paediatrics to Psychoanalysis* (pp. 278-294). London: Karnac.

Winnicott, D. W. (1956). Primary maternal preoccupation. In: *Through Paediatrics to Psychoanalysis* (pp. 300-305). London: Karnac.

Winnicott, D. W. (1962). Ego integration in child development. In: *The Maturational Processes and the Facilitating Environment* (pp. 56-63). Madison, CT: International Universities Press.

Winnicott, D. W. (1971). Mirror-role of mother and family in child development. In: *Playing and Reality* (pp. 111-118). London: Tavistock.

Young, J., & Klosko, J. (1994). *Reinventing Your Life.* New York: Plume.

Young, J., Klosko, J., & Weishaar, M. (2003). *Schema Therapy. A Practitioner's Guide.* New York: Guilford Press.

제7장

계약

Eric Berne은 치료사의 역할(업무 및 책임)과 내담자의 역할(업무 및 책임)을 명확히 정의한 치료 '계약'을 체결한 후 치료를 했다. 이것은 양 당사자가 평등하다는 것과 치료, 카운슬링, 교육 또는 코칭이 과정의 시작 시에 합의한 목적을 가지고 있다는 사실을 강조한다. 이 장에서는 계약 관련 이론 및 실무에 관한 정보를 제공한다.

7.1 　기초 이론

7.1.1 　TA에서의 계약

계약의 개념은 모든 분야에 적용되기 때문에 TA를 실행하는 데 있어서도 기본적인 사항이 된다. Eric Berne(1966)에 따르면, 계약은 클라이언트와 무엇을 함께 할 것인지에 관하여 명확하게 하는 것이다. Berne은 "계약은 잘 정의된 행동 방침에 대한 명백한 상호 간의 약속이다."라고 했다. Berne은 개인 및 그룹 요법에서 치료 계약에 초점을 맞추는 반면 TA 전문가들은 가족, 학생, 감독자, 조직 등 광범위한 세팅에서 계약을 사용하여 상호 작업 관계를 수립하는 것을 목표로 한다. Berne은 클라이언트의 지능과 학습 및 변화를 위한 노력과의 직접적 관련성을 강조했다. Berne은 계약을 세 가지 측면으로 구별했다.

1. 절차적 계약(procedural contract) : 전문가와 클라이언트(조직) 사이의 계약 절차에는 개입 이유, 사건 과정 및 개입 비용에 대한 계약이 포함되어 있다. 클라이언트와 전문가는 어떤 법적 요구 사항을 준수해야 하는가? 클라이언트와 전문가의 의무와 책임은 무엇인가? 조직에서 제공하는 시설 및 기타 지원은 무엇인가?

2. 전문 계약(professional contract) : 이 계약은 개입의 목표와 관련하여 전문가와 클라이언트(또는 조직)간에 합의된 사항들을 결정하기 위한 것이다. 예를 들어 인터림 관리자(interim management, 위기 또는 문제해결을 위한 임시 관리자)의 경우에는 클라이언트 측의 변화에 대한 요구가 있는지에 대한 합의가 필요하다. 코칭의 경우에는, 피코치들과 클라이언트 모두에게 변화나 개선의 희망이 있는지에 대한 토론이 필요하다(삼각 계약의 중요성에 대해서는 이후에 살펴본다). 심리 치료에서의 계약은(치료사의 관점에서) 어린이자아 C 안의 증상 변화보다는 구조적 변화에 더 초점을 맞추어야 하며, 이 경우에 치료적 관계는 변화에 있어 중요한 요소이다. 그런데 증상 변화와 구조적 변화의 구분은 인위적이라 볼 수 있다. 일반적으로 다양한 변화 과정들이 중첩된다.

3. 심리적 계약(psychological contract) : 이 계약에서 클라이언트(또는 조직)와 전문가 사이의 심리적(숨겨진) 수준에서의 동기는 중요하며 때로는 파괴적인 역할을 한다. 핵심 질문은 다음과 같다. "성공적 결과를 얻기 위해서는 어떤 것이 안정적으로 굳건해야 하는가?" Berne에 따르면, 치

료를 원하는 많은 내담자들이 변화보다는 무의식적으로 자신의 게임을 보다 효율적으로 수행하는 방법을 배우려 한다. 내담자들은 이러한 목표에 치료사를 포함시킬 수 있는지, 변화를 피할 수 있는지 없는지를 재빨리 안다(Berne, 1961). 그러나 이상하게 보일지 모르지만 사람들은 치료나 변화를 추구할 때 항상 어느 정도의 양면성을 가지고 있다. 한편으로는 진정한 변화를 원하지만, 다른 한편으로는(종종 무의식적으로) 더 즐거운 방법으로 자신의 각본을 유지하기를 원한다. 마찬가지로, 일을 성실히 수행하지만 과중한 업무를 맡고 있는 관리자는 더 적은 시간 동안 일하기를 원하지만, 과도하게 책임지는 행동과 그가 그런 방식으로 추구하는 조건부 스트로크(conditional strokes)에 대해 컨설턴트로부터 다음과 같은 질문을 받으면 깜짝 놀란다. "열심히 일하는 대가로 받는 조건부 스트로크가 얼마나 필요한가? 그리고 잠시 아무것도 하지 않으면 어떻게 되는가?" 또 다른 경우에서, 지나치게 이 일 저 일 관여를 많이 하는 교사가 집에 있을 때는 자기의 문제 학생들에 대해 덜 신경 쓰길 원하지만, 실제로 어린 시절에 배운, 다른 사람들을 도우려는 생활 방식을 버리려 하진 않는다. 흡연을 즐기는 사람은 기침을 없애고 건강을 개선하기를 원하지만, 담배를 끊지 않고 그렇게 되기를 바란다.

Julie Hay(2007)는 조직과 계약을 맺을 경우, 특히 문화적으로 또는 참가자들 간의 준거틀이 다를 가능성이 있는 상황에서 작업할 때, 심리적 수준과 관련된 두 가지 수준을 더 추가할 것을 제안한다.

4. 관계가 지각되는 방식을 나타내는 의식 수준(perceptual level) : 예를 들어 코칭은 '총애를 받는 사람들' 또는 강등의 위협이 있는 사람들에게만 제공된다는 의식이 있을 수 있다. 이는 계약 과정에서 신중하게 질문함으로써 주의를 기울일 필요가 있다.

5. 피할 수 없는 사회정치적 맥락에 관한 정치적 수준(political level)은 권력이 조직에서 표현되는 방식을 설명한다. 실세인 것처럼 보이는 사람과는 다른 배후 조종을 하는 엉뚱한 다른 사람(심리적 지도자)이 있을 수 있다. 이러한 사안 또한 계약 과정에서 주의 깊게 질문함으로써 파악될 수도 있다.

30세의 한노는 선생님으로서 때때로 교실에서 권위가 없기 때문에 코칭을 원한다. 따라서 첫 번째 세션에서 맺은 계약은 교실에서 더 많은 권한을 얻는 목표에 관한 것이었다. 또한 계약에는 목표를 달성하는 다음과 같은 방법이 포함된다. "더 확신적 행동을 하고 더 자신을 옹호하고 지지하라." 초기 세션에서 그는 자녀를 원하지 않는다는 사실과 그로 인해 그의 부인이 실망했다는 점이 드러났다. 세 번째 코칭 세션에서 그는 어린 시절에 심장마비로 돌아가신 그의 아버지에 대해 말했다. 그때부터 그는 세 아이들 중 맏형으로서 가족에서 아빠의 역할을 맡았다. 코치가 8살짜리 소년에게 이 일이 매우 어려웠을 거라고 말해줬을 때 한노는 감정을 주체하지 못했다. 코치는 그때 무슨 결심을 했는지 조심스럽게 묻는다. 한노는 눈물을 흘리면서 "나는 내 아이들에게 이런 불행을 안기지 않을 것"이라고 말했다. 이 결

심에 대한 유일한 해결책은 자녀를 갖지 않는 것이었다. 갑자기 이 모든 것이 한노에게 명백하게 의식되었다. (자기 주장성과 권위를 더 많이 얻는) 계약 밑에는 완전히 다른 주제의 문제가 있음이 분명해졌다. 내면의 깊은 곳에서는 아버지를 여의고 아버지를 대신하기 위해 최선을 다하고 있는 8세 소년이 아직도 존재한다. 코치는 계약에 이것도 포함시킬 것을 제안했다 — 한노와 "자신을 옹호하고 지지하라."는 계약은 또한 8세 소년인 한노와의 접촉을 의미한다. 약간 혼란스러웠지만 한노는 집으로 갔다. 남은 코칭 세션에서 그는 지금까지의 태도와 달리 어떻게 갑자기 아기를 갖는 문제에 대하여 아내와 이야기할 수 있겠느냐고 말했다. 그는 한 번도 표현하지 않았던 아버지의 죽음에 대한 슬픔을 느꼈고, 이것을 그의 어머니에게 말했다. 놀랍게도 이 일 이후 학교에서의 생활은 나아지기 시작했다. 교실에서 더 안정을 찾기 시작했고 가르치는 것에도 더 즐거움을 느끼기 시작했다. 6개월 후의 팔로우-업 세션에서, 그는 어색하지만 자랑스럽게 부인이 지금 임신했다고 말했다.

많은 전문가들 사이에서 흔히 오해되는 점은 코칭을 시작하기 전에 먼저 계약부터 해야 한다는 것인데, 실제 상황에서는 전문가와 클라이언트가 치료 또는 상담과 관련된 계약 전에 몇 세션을 가질 수 있다. 좋은 계약을 맺는 것은 전문가의 전반적인 업무에서 필수적인 부분이다. 비효율적인 변화관리에 대한 연구, 즉 클라이언트가 코칭 과정에 대해 만족을 했는지 안 했는지에 대한 연구(Van der Waals, 2007)에서 모든 불만의 원인은 전문가와 처음 만났을 때 '기대 관리'에 대한 불충분함 때문이라는 것을 보여준다. 계획에 따르지 않는 개입은 전문가와 클라이언트 사이의 계약이 불충분할 수 있음을 전제한다. 부적절한 또는 부족한 계약의 결과에 의해 변화의 과정이 좋은 의도였음에도 불구하고 좌초될 수 있으며, 가짜 변화나 전혀 변화가 없는 결과가 될 수도 있다. 이것은 또한 일반적으로 변화 과정과 관련한 클라이언트 측의 반감으로 이어진다.

Bob과 Mary Goulding(1978)이 그들과 함께 워크숍에 참여한 사람들에게 묻는 첫 번째 질문은 "무엇을 바꾸고 싶습니까?"였다. 치료, 상담 또는 코칭의 목적이 확립된 계약의 사용은 치료 계획서 작성 및 서면 준비가 유행하기 오래 전에 이미 TA에서는 일반적이었다.

조직은 자신들의 각본을 가지며, 이것이 변화에 대한 무의식적 저항을 만들어낸다. 조직 각본의 사례들은 정신보건기관에서 볼 수 있는데, 그런 곳에서는 환자는 적은 수준의 개인적 책임만 감당할 수 있고, 학교는 더 많은 규칙으로 안전을 확보하려 하며, 사업체는 근무 환경과 직원들 사이의 분위기보다 이익이 더 중요하다는 개념이 널리 퍼져 있다.

조직의 힘 분야에서 클라이언트의 지위는 어디인가? 그가 가진 힘과 영향이 어떻게 성공적인 개입을 보장할 것인지 아니면 실제 어떻게 성공에 방해가 될 수 있는가? 정부 기관의 일부 위원회의 위원들은 임시 관리자들이 마련한 변화 과정을 완전히 통제하려고 한다. 이 경우 클라이언트/팀장뿐만 아니라 (임시)고용된 관리자도 이러한 모든 사항을 명확하게 파악해야 한다.

7.1.2 계약의 요건

기본 TA 철학인 "I'm OK, you're OK"는 계약 당사자 간의 동등성이 강조되어야 함을 당연한 전제가 된다. 한 당사자가 서비스를 요청하거나 상대방으로부터 도움을 구하는 것은 자기결정권에 대한 의문의 여지가 있음을 암시하거나 전문가가 힘을 획득한 것을 의미하지는 않는다. 이것은 TA 전문가의 업무에서 필수적인 기능이며 절차적, 전문적, 심리적 세 가지 계약 모두에 적용된다.

Steiner(1974)는 법적 문제에 관한 계약 초안을 모범 사례로 삼아 TA에서의 계약은 다음 네 가지 자격요건을 충족해야 한다고 제안했다.

1. 상호합의(mutual consent) : 양 당사자는 계약에 동의해야 한다. 계약은 양 당사자 간의 협의에 의해 작성된다. 이러한 복잡성에 대한 좋은 예는 현재 네덜란드 정신과에서 사용되는 '발전된 지침(advanced directive)'이다. 환자 자신이 다시 조울증, 정신병 또는 달리 '설명할 수 없는' 상태가 된다면, 치료사에게 약물 치료, 추가 슈퍼비전 및 응급 진료에 개입할 수 있는 권한을 부여한다고 계약서에 명시한다. 일단 정신질환이 발병하면 더 이상 자의적으로 치료를 받을 수 없고, 이후에 정신질환에 의해 초래되는 손상에 대해 후회할 수 있다는 생각 때문에 위와 같이 계약한다.

2. 합리적 보수(valid considerations) : 전문적 일의 대가로 합리적 보상이 있어야 한다. 어느 선이 합리적이냐 하는 문제는 부분적으로는 시장의 수요와 공급의 문제로 보는 것이다. 전문가가 제공한 서비스에 대하여 클라이언트는 얼마를 지불할 의향이 있는가? 그에게는 그것이 얼마의 가치인가? 유사한 서비스를 제공하는 다른 전문가가 요구하는 것은 얼마인가? Steiner가 이러한 보수에 관한 사항을 처음으로 작성한 이후, 일반적으로 보수를 책정하는 정부 기관 및 보험 회사와 같은 제3자 지불자의 급여가 증가한 것을 볼 수 있었다. Steiner는 또한 그 대가가 반드시 금전적인 것이 아닐 수도 있다고 제안했다. 예를 들면 물물 교환, 또는 클라이언트가 코칭의 대가로 사무원의 서비스를 제공하는 것과 같은 기술 교환 등이다.

3. 능력(competency) : 전문가와 클라이언트 모두는 계약에서 합의한 사항을 수행할 능력이 있어야 한다. 전문가의 경우 이는 클라이언트가 원하는 변화를 이루기 위해 전문적인 역량을 소지하고 유지하는 것을 의미한다. 클라이언트는 계약을 이해하고, 결과에 대한 개요를 알아야 하며, 계약을 이행하기 위한 신체적·정신적 기능을 가지고 있어야 한다.

4. 합법적 목표(lawful object) : 계약의 목적과 조건은 법률에 따라야 한다. TA 전문가에게는 자신이 속한 전문가 그룹의 윤리적 원칙을 준수하는 것을 의미한다.

상담 및 심리치료의 계약(*Contracts in Counselling & Psychotherapy*)(편집자 Charlotte Sills, 2006)에

서 여러 TA 저자와 전문가들은 계약에 대한 견해와 개념화를 제시했다. 이들은 다양한 양식과 환경에서 계약의 활용과 적용 가능성에 대해 설명했다.

계약 전 접촉?

전문가들은 계약을 (너무나) 급하게 맺음으로 인하여, 깨닫기도 전에 무의식을 아예 염두에 두지 않고 있을 수도 있다. 치료 과정의 무의식적인 요소들은 나중에 긍정적인 또는 (더욱 빈번하게) 부정적인 방식으로 치료과정에서 나타날 수 있다. 무의식은 사람들이 받아들일 수 없고, 불쾌하고 또는 위험하다고 여기는 감정, 생각, 욕망 및 기억의 영역이다. 그러므로 계약을 맺기 전에 내담자에 대하여 알아보고 서로 접촉하는 시간을 갖는 것은 단지 공손함이나 품위의 문제가 아니다. 시간을 가지고 무의식의 어떤 징후를 볼 수 있는지 확인하라. 계약에서 무의식의 영역을 (너무 빨리) 확정하려 하지 말라. 이는 교육 및 컨설팅 분야에서도 마찬가지인데, 클라이언트와의 탐색 시간을 통하여 중요한 욕구 그리고 문제들이 자연스럽게 떠오르도록 함으로써 결과적으로 체결하는 계약은 이들을 포함할 수 있다.

7.1.3 계약과 각본

제5장에서 보았듯이 각본에는 긍정적/자극적 요소와 부정/파괴 요소가 복합적으로 혼합되어 있다 (Thunnissen, 2007). 이 관점에서 볼 때 각본은, 항상 무엇을 행해야만 하는지(드라이버), 무엇을 절대 행하지 말아야 하는지(금지령/스토퍼), 어떻게 살아야만 하는지(프로그램), 어떻게 다른 사람들을 향해 행동해야 하며 또 이 세상에서 어떻게 느껴야만 하는지(인생태도), 언제 어떻게 죽을 것인지(각본 결말) 등과 같은 삶의 중요한 문제에 대한 어린이와 부모 간의 초기 계약으로 볼 수 있다. 조직 각본은, 종업원들은 어떻게 행동해야 하며, 항상 행해야 할 일은 무엇이며, 절대 하지 말아야 할 일은 무엇이며, 환경, 시장 및 고객들을 어떻게 대하고 대처해야 하는지에 관하여, 회사 또는 조직 창립자와 체결한 계약이라 볼 수 있다.

이 장에서 정의된 바, 각본(script)과 계약(contract)의 차이점은 각본이 무의식적인 계약인 반면, 절차적이고 전문적인 수준의 계약은 의식적이고 명시적인 계약이라는 점이다. 계약은 각본의 일부(각본의 특정 부분)와 종종 충돌한다. 즉, 계약은 클라이언트에게 (심리적) 각본 계약을 변경하거나 적어도 특정 부분에 불복종할 수 있는 허가를 부여한다. 계약서를 작성하는 것은 종종 부모나 창립자의 승인을 얻을 수 없다는 것을 의미하기 때문에 클라이언트에게는 흥분을 일으키는 모험이 되는 경우가 있다. 따라서 원래의 계약을 변경한다는 것은 클라이언트의 스트로크 유지에 직접적인 영향을 미친다. 즉, 원래 부모나 창립자가 제공했던 친숙하고 오래된 내적 스트로크를 중단시킬 뿐만 아니라 내적 부모자아 P가 부정적 스트로크나 징벌로 반응할 가능성도 있다.

재결단은 내적 평형을 무너뜨리고 내적 부모자아 P는 옛 평형을 회복하려고 노력한다. 순탄하게 항해하던 모든 것들은 이제 갑자기 잘못되고 있다.

코칭이나 치료를 신청하는 클라이언트는 주로 초기 단계에서 증상 완화를 요구하지만, 클라이언트는 각본이 손상되지 않고 유지하기 위한 중재와 타협을 위하여 계약을 이용하려고 시도한다. 이러한 타협을 통해 어린 시절 또는 회사나 조직의 창립 초기의 갈등을 다시 경험할 두려움에 직면할 필요가 없다고 부모자아 P를 안심시킬 수 있다. 분명히 클라이언트에 의한 그러한 '속임수'는 의도적인 것이 아니라 불안에 대한 방어와 안전을 보장하는 방법으로서의 무의식적 움직임이며, 심리적 계약 수준에서의 시도다. 실행 계약서에 합의하는 과정에서 이러한 움직임(심리적 계약)을 인식하는 것이 중요하며, 클라이언트 속에 있는 어린이자아 C의 진정한 욕구에 대한 공간이 있어야 한다. 클라이언트는 대안으로서 긍정적인 부모자아 P로서의 전문가를 조력자로 받아들일 것이며, 그때 그는 희망을 느낄 것이다. 이것은 치유 과정에 있어 중요한 요소다.

종종 조직이나 회사에서의 변화 과정 중에, 경영자와 직원들이 옛날의 조직 각본을 그대로 유지하기 위한 어느 정도의 게임이 논의된다. '새로운 계약'을 이행하기 위하여 '옛 계약'을 버리는 과정은 종종 모든 사람들이 스트로크 결핍을 경험하는 기간을 수반한다. 옛 각본에 의하여 움직이는 게임 행동을 포함하는 (종종 부정적) 스트로크의 근원은 고갈되고, 한편 새로운 각본은 아직 유치한 단계에 있다. 변화의 관리를 책임지고 있는 전문가의 중요한 임무는 이러한 혼란의 시기를 잘 견뎌 내도록 모든 사람들을 인도하는 것이다. 일반적으로 이러한 임무는 전문가가 임시적으로 긍정적 스트로크의 원천이 됨으로써 가능하다.

7.1.4 다각적 계약

Faniter English(1975)는 Berne의 생각에 대해 상세한 부분을 추가하며, 대부분의 계약은, Berne이 말한 것처럼 양자 간의 계약이 아니라, '삼각 계약(three-cornered contracts)'이라고 밝혔다. 전문가와 내담자 간의 계약 외에도 전문가와 시스템인 조직 사이의 계약도 있다. 이 계약 역시 개입에 의한 발달과 결과에 영향을 미친다. 이러한 관계는 클라이언트와 시스템인 조직 간의 계약에도 동일하게 적용된다.

성공적 개입을 보장하려면 이 요소를 충분히 고려하는 것이 중요하다. 교류분석의 삼각 계약의 개념은 전문가로 하여금 개입 중의 처음과 나중 기대를 효율적으로 관리하도록 도와준다. 따라서 계약에서의 세 가지 수준은 세 당사자 모두에 의해 검토되어야 한다. 다음 그림은 이 계약의 모양을 보여 준다.

조직 계약을 전문으로 하는 Julie Hay(1992)는 계약이 양방 또는 삼각이 아니라 다각적(multi-

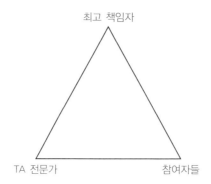

그림 7.1 삼각 계약

cornered)이라 믿는다. 전문가에게는 그가 수행하려는 일에 이해관계를 가진 모든 사람들에 관한 의문이 항상 있다. 심리치료에서, 치료에 대하여 높은 또는 낮은 기대를 갖는 가족 또는 친구들이 있는가를 확실히 파악하는 것은 중요하다. 클라이언트의 어깨 너머로 보고 있는 사람은 누구인가? 조직이나 회사와 일할 때는, 회사나 조직 내부 그리고 외부의 모든 이해 관계자를 명확하게 파악하는 것이 중요하다(그림 7.2 참조). 학교의 경우에 이러한 이해 관계자들은 학부모 및 학교 관리자로부터 지역 및 국가 교육의 정책 입안자들로 확대된다. 심리치료, 상담, 교육 또는 조직에 대한 작업에서, 모서리 부분에 위치하는 사람들은 변화 과정에서 눈에 띄는 명시적 참여자일 수도 있으며, 어쩌면 계약 과정에 반드시 참여할 필요가 없었던 숨어 있는, 주변부의 중요하지 않은 인물일 수도 있다.

7.2 추가 이론

7.2.1 변화의 오각형

'변화'의 주제는 경영, 코칭 및 치료에 관한 많은 이론에서 뜨거운 주제다. 사람, 팀 또는 조직이 실제로 변화된 시기는 언제인가? 그리고 일단 변화가 이루어지면 이것이 지속하여 유지되고 클라이언트가 옛 패턴으로 되돌아가지 않는다고 어떻게 확신할 수 있는가? 보통 조금 지나면, 클라이언트는 드라마 삼각형(drama triangle)에서의 자기의 위치와 자주 연출하는 게임을 인식한다. 그러면 클라이언트는 얼마나 자주 그렇게 행동하며 그것이 자신의 각본과 어떻게 연관되어 있는가를 알게 된다. 이때 사람들은 변화의 길을 계속 이어갈 수 있다. 그러나 변화를 중도 포기하는 것 또한 가능하다. 치료사 또는 코치가 그의 희생자(V) 역할을 확인하길 거절하든가, 또는 다른 사람들의 잘못된 점들을 한탄하는 박해자(P)의 역할을 원하지 않을 때는, 클라이언트는 치료 또는 상담을 중단하고 불행한 표정을 짓거나, 아니면 드라마 삼각형의 자리에 들어가기를 원하는 다른 전문가를 찾는다.

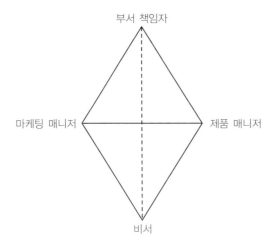

그림 7.2 계약의 당사자

Berne에 따르면, 사람들은 개구리에서 왕자로 변할 수 있으며, 인류의 멤버 자격을 되찾을 수 있다. 그러나 때때로 사람들은 더 좋은 개구리가 되는 것에 만족한다(1966).

Clarkson(1988)은 '변화(changes)'를 다섯 가지로 구분하고 그것을 그리스 신화와 연결하였다.

- 각본 변화는 힘든 오디세우스의 여정과도 같다. 그는 트로이 전쟁이 끝나고 위험으로 가득 찬 어려운 여정 끝에 마침내 건강하게 고향에 도착한다. 시행착오를 통해 클라이언트는 더 나은 균형과 행복하고 건강한 삶을 성취한다.
- 대신 본질적 변화 없이 작은 단계의 많은 진전을 이룰 수 있다. 이것은 에코의 신화와 유사하다. 제우스의 아내 헤라에 의하여 목소리가 박탈된 님프 에코는 아름답고 젊은 나르키소스를 사랑하게 되지만, 나르키소스의 말만 반복할 뿐이고 자신은 말을 할 수 없었다. 그가 그녀를 거부하자 그녀는 끊임없이 슬퍼한다. 그녀는 한 동굴 속으로 들어갔고, 오직 들리는 소리만을 반복할 수 있었다. 예컨대 클라이언트는 스트레스를 회피하는 법을 배웠다면, 그것은 진전이지만 근본적 변화는 아니다.
- 클라이언트는 또한 대항각본(the counter-script) 상황에 빠질 수 있다. 각본의 메시지는 치료사 또는 상담사의 메시지로 대체된다. 이것은 환상적 자율성을 만들지만, 오이디푸스 신화에서처럼 사악한 예언이 이루어지도록 한다(제4장 4.3.1절 참조).
- 변화하는 대신 인간은 이카루스의 신화와 같이 끝날 수 있다. 이카루스는 깃털과 왁스로 만들어진 날개를 가지고 감금된 곳에서 도망친다. 경고에도 불구하고 그는 너무 높이 날아올라갔다. 태양은 왁스를 녹이고 이카루스는 떨어져 죽음을 맞았다. 시작할 때의 열정과 헌신 이후에, 클라이언트는 변화를 실행에 옮기는 데 실패하고, 환상의 깨짐과 좌절로 끝을 맺는다.

7.2.2 "…하지 않겠다."는 계약 및 문제 해결을 위한 제재

계약에서 양 당사자는, 각자의 역할로부터, 계약에 명시된 목표를 이루기 위한 약속을 기록한다. 이에 의하여 클라이언트는 예컨대 상담시간에 늦지 않고, 긍정적으로 에너지를 사용하며, 상담 비용을 지불하는 것과 같은 규칙을 준수하게 된다. 전문가의 구체적인 서비스와 책임은 다음과 같다. 즉, 허가(permission), 보호(protection), 능력(potency)의 소위 3 Ps(Crossman, 1966; Kouwenhoven, 1985, Steiner 1974)를 제공하는 것이다. 변화를 위한 클라이언트와의 작업에서, 보호는 변화가 불러일으키는 두려움에 대해 적절한 보안과 안전을 제공하는 것이다.

Berne은 자신의 각본 질문에서 다음과 같이 표현한다. "나는, TA 전문가로서, 당신의 부모자아 P와 맞설 수 있는가?" 이것 역시 능력에 관한 것이다. TA 전문가는 충분한 전문적 지식과 경험은 물론 누군가를 도와 그 사람의 중요한 (정서적) 장벽을 넘을 수 있도록 하는 충분한 개인적 힘과 에너지를 가지고 있는가? 또한 변화를 위하여 필수적인 것은 역기능적 행동을 중단하고 건강한 행동을 선택할 수 있도록 하는 허가다. 전문가는 클라이언트가 건강한 메시지들을 자신의 부모자아 P에게 합병시킬 때까지, 보조적 부모자아 P로서 마치 교량과 같은 역할을 수행할 수 있다.

비극적인 각본 결과를 피하기 위하여 때때로 구멍이나 도피구를 분명하게 폐쇄할 필요가 있다 (Kouwenhoven, 1985; Stewart, 2007). 정확하게 지속적인 변화를 가져 오려면 그러한 결과의 가능성을 제거하는 것이 바람직하다. 전문가는 다음과 같은 질문을 통해 이러한 가능성을 알 수 있다. "그래 상황이 정말 나빠져, 정말로 우울하고, 화가 나고, 혼란스럽고, 슬프다면 당신은 자신에게 뭐라고 말하는가?, '나는 언제나… 할 수 있다'?" 종종 클라이언트는 충격적 결심을 생각하고 있다고, 예컨대 직장을 그만 두거나, 관계를 끊어버리거나, 매일 술을 퍼마시거나, (정신)병원에 입원하거나, 심지어는 자살까지 생각한다고 당신에게 말할 것이다. 특히 클라이언트가 과거에 그런 자기파괴적 출구 계획을 시도했었거나 또는 현재 고려하고 있는 경우, 클라이언트가 다시는 그런 일을 하지 않겠다는 것을 분명하게 계약서에 언급하는 것이 중요하다. 클라이언트는 전문가를 보면서 다음을 선언한다. "나는 나 자신이나 다른 사람에게 상해를 입히지 않을 것이다. 비록 충동이 일어난다 할지라도 나는 자살하거나 자살을 시도하지 않을 것이다." 또는 "나 자신이 혼란스럽게 되거나 정신병에 빠지도록 방치하지 않을 것이며, 비록 충동이 일어난다 하더라도 술이나 마약을 사용하지 않을 것이다." 경우에 따라서는 클라이언트가 이 조건에 무기한으로 동의하지 못할 수도 있다. 이때는 치료 기간 동안이나 어쩌면 다음 세션까지의 특정 기간까지만 동의하도록 한다.

"…하지 않겠다." 계약은 클라이언트에게서 탈출로를 박탈하기 때문에, 무엇인가로 이러한 파괴적 행동을 대체하는 것 역시 중요하다. "…하지 않겠다." 계약은 다음과 같이 보충될 수 있다. "그 대신에, 나는 … 하겠다." 그러면 그가 어떤 선택을 가지고 있는지 논의가 되어야 한다: 어쩌면 친구에게 전화하거나, 가사일(예 : 설거지)과 같이 마음을 다른 곳으로 전환하거나 집중할 수 있는 일을 하거나, 목욕을 하거나, 좋아하는 음악을 듣는 것 등. 지금은 많은 정신과 환자들이 이러한 대체 활동의 목록이 적힌 비상 카드를 휴대하는 것이 일반적이 되었다.

　누군가 부주의로 계약을 지키지 못하면 어른자아 A 수준에서 클라이언트와 직면하여 계약 내용을 수행하지 못하도록 방해하는 것이 무엇인지 생각하도록 하는 것이 중요하다. 그러나 종종 그 이상이 필요하다. 문제는 클라이언트가 계약의 유용성과 필요성을 확신함에도 불구하고 클라이언트가 그것을 준수하지 못한 이유이기 때문이다. 클라이언트는 종종 자신의 각본에 의한 기대에 부응하는 처벌이나 거절을 기대(예상)한다. 이 패턴을 깨기 위해서는 '앞문을 열어주는' 문제 해결을 위한 지원(허가, 지지)이 좋은 아이디어가 될 수 있다. 이것은 더 이상 각본에 순응할 필요가 없다는 허가를 주는 지원이며, 이것으로서 (무)조건적 스트로크의 흐름을 가능하게 하고 그럼으로써 클라이언트와 전문가 사이의 관계를 강화한다(Kouwenhoven, 1985).

> 엘라는 사회적 관계를 맺는 데 불안을 갖고 있으며 사람들이 자신의 삶에 더 많이 관계를 맺도록 하는 법을 배우기를 원한다. 치료 계약에서 그녀의 목표는 "나는 월플라워(wall-flower : 파티에서 파트너가 없는 여자)가 아니라, 흥미를 가질 만한 여자다."였다. 과거에는 때로 외로움을 잊기 위해 너무 많은 술을 마셨기 때문에 그녀는 술을 마시지 않겠다는 계약을 했다: "치료 중에는 하루에 한 잔 이상은 마시지 않겠다." 2개월의 치료 후, 그녀의 친구가 약속을 취소했을 때, 그녀는 와인 1병을 혼자 마셨으며 다음 날 치료에서는 죄책감과 수치심으로 가득했다. 치료사와 상의하여 문제 해결을 지원하기로 결정했다: 그 문제의 친구를 불러 함께 살사 댄스에 함께 갈 것을 제안했다. 살사 댄스는 그 친구와 엘라 모두 정말로 좋아하지만, 엘라는 혼자 가는 것을 두려워한다.

Clarke(1996)는 교육 환경에서 리더십의 책임과 임무를 교육할 경우, 보호, 능력, 허가 외에 두 가지의 추가 Ps인 실행 및 지각(practice and perception)을 추가할 것을 제안했다. 교육자는 광범위한 행동 규범 협약을 통해 학생을 보호한다. 그들은 자신의 역할(특히 공간과 시간적으로)의 경계를 지킨다. 유능한 시노자와 교사는 자신과 다른 사람들이 계약에 책임을 지며 자신이 무엇에 관하여 말하는지를 알고 있다. 그들은 학생과 교직원에게 '당면한 일'에 적절한 사고와 결정을 내릴 수 있는 허가를 준다. 그들은 또한 직원과 학생들이 새로운 학습을 실행하고 또한 자신의 (각본) 신념에 대해 살펴볼 수 있는 공간을 만든다.

7.2.3 효과적 계약 대 비효과적 계약

교류분석에는 무엇이 계약을 효과적으로 만드는지에 대한 많은 경험과 견해들이 있다. Morris와

Natalie Haimowitz는 계약을 체결할 때에는 세 가지 자아상태 모두를 사용하는 것이 무엇보다 중요하다고 믿는다. 부모자아 P는 원하는 새로운 행동이 도덕적, 법적, 윤리적인지 여부를 주시한다. 어른자아 A는 바라고 있는 새로운 행동이 가능하고 안전한지 여부를 점검한다. 어린이자아 C는 새로운 바람직한 행동이 즐겁고 흥미로운지 궁금해 한다(Haimowitz & Haimowitz, 1976). Stewart와 Joines(1987)는 효과적인 계약의 일곱 가지 특성을 다음과 같이 열거한다.

- 효과적인 계약은 긍정적인 용어로 표현된다 : 종종 클라이언트는 처음에는 자신의 삶에서 원하지 않는 것을 잘 알고 있다. 예컨대 "나는 더 이상 '상사'를 두려워하고 싶지 않다." 같은 것이다. 그때 가치 있는 질문은 다음과 같다. "당신이 원하는 것은 무엇인가?" 교류분석의 관점에서 보면, "…하지 않겠다." 계약을 맺은 사람은, 보다 건강한 대안(어린이자아 C)도 마련하지 않고 생존에 필요한 행동을 중단할 위험이 있다. 또 다른 가능성은 계약이 2개의 문장으로 구성되도록 하는 것이다 : "나는 상아탑에서 내려와 친구를 사귈 것이다."
- 목표는 달성 가능해야 한다 : 간단히 말해서, 이 특성은 실제적으로 성공 가능한 어떤 계약도 가능하다는 것을 의미한다. 당신은 '당신 자신'만을 변화시킬 수 있다. 다른 사람에게 변화를 가져오는 것은 (실제) 불가능하다.
- 목표는 구체적이고 관찰 가능해야 한다 : 목표가 평범한 일반적 용어로 표현되지 않으면 목표 달성 가능성이 크다. "나는 더 사교적인 인간이 되고 싶습니다."는 너무 일반적이다. 더 구체성을 요구하는 질문은 "당신이 사교적인 사람이 되었을 때 무엇을 할 것인가?"이다. 클라이언트와 같은 환경에 있는 다른 사람들도 변화를 경험할 수 있어야 한다. 사람들은 때때로 변화는 "목표가 아니라 결과!"라고 말한다.
- 목표는 안전해야 한다 : 어른자아 A가 항상 목표가 육체적으로 안전하고 사회적으로 용인되는지 여부를 평가하도록 하라.
- 계약은 자연스러운 어린이자아 NC의 협조하에 어른자아 A와 합의하는 것이다 : 핵심은 목표가 현재의 사회적 맥락에 부합하며, 변화의 결과가 결국 어린이자아 C의 욕구를 충족시키는 데 도움이 되어야 한다는 것이다. 따라서 계약은 8세의 언어로 작성하는 것이 바람직하다.
  순응된 어린이자아 AC로부터 클라이언트가 계약을 맺은 경우에는, 그 계약은 거의 항상 각본을 확인하는 것이다. 드물지 않게, 초기에 도움의 요청 자체가 각본 신념에 기울어져 있는 경우는 드물지 않다. 코칭을 요청하거나 치료를 받기로 한 결정은 종종 각본 신념에 의해 영향을 받는다: "내가 (단지) … 하다면, 나는 OK이다." 클라이언트는 첫 세션에서 그가 불안, 공포, (때때로) 공황 발작 때문에 매일 얼마나 고통을 받고 있는지 이야기한다. 그녀는 이런 증상들을 없애길 원한다. 클라이언트에게 겁먹은 어린이자아 C가 얼마나 받아들여지길 바라는지를 보여주지 못하는 코치 또는 치료사, 또는 긴장 완화를 위한 충고와 기법을 너무 다급하게 제안하고 또 실제 제공하는 슈퍼바이저는, 심리적 수준에서 (각본을 확인하는) 메시지들을 실제로 내보내고 있는 것이다. 예컨대 "더 이상 두려워하지 않게 되면 (그리고 강해지는 법을 배우기만 하면), 당신은 이제 OK이다." 클라이언트가 상담실로 가져오는 것은 무엇이든 코치나 치료사의 눈에는 상관없으며, 종종 놀라운 결과도 볼 수 있다는 것이 클라이언트의 경험이다. 그래야만 두려움이 사라진다든가 또는 긴장이 완화된다든가 하는 진정한 변화가 일어날 수 있다고 믿는다.

- 목표를 달성하는 데는 항상 비용이 따른다 : 변화에는 클라이언트가 기꺼이 지불해야 하는 가격이 있다. 클라이언트는 이렇게 함으로써 변화에 가치를 더한다. 클라이언트가 코칭이나 심리치료에 자신의 시간과 돈을 기꺼이 투자하려고 하는가? 클라이언트는 그의 사회 시스템의 변화와 저항을 기꺼이 감내하려 하는가? 변화는, 개인적 수준뿐만 아니라, 언제나 대인관계 및 시스템 수준에서의 변화를 동반한다. 클라이언트가 변화에 대한 두려움을 마주기를 원하는가? Hay(1993)는, 당신은 변화의 시간에는 '애도(mourn)'할 것이라는 말을 언제나 듣기 때문에, 많은 변화가 잘못 진행된다고 생각한다. 변화는 주로 그 패러다임 내에서의 하나의 상실(loss)로 간주된다. Kubler-Ross(1969)의 이론과 같은, '애도(슬픔) 이론(mourning theory)'은 많은 변화 전문가들의 이론과 실제에서 보편적인 것처럼 보인다. 교류분석에서는 변화를 아동 발달의 관점에서 더 많이 본다. 아이들을 관찰하는 사람들은 누구나 아이들은 언제나 좀 색다르고 새로운 것을 배우고 싶어 한다는 것을 발견할 것이다. 이제 걸음을 터득한 아이는 기는 것밖에 몰랐던 시절을 슬퍼하지 않는다.

- 전문적 일을 수행하겠다는 약속이 있다 : 코칭이나 심리치료를 수행하는 사람들이 해야만 하는 일들이 있다. 행동을 위한 새로운 선택을 실습하고, 각본 등을 심층 조사하기 위한 작업을 수행하는 것과 같은 것들이다.

Bob과 Mary Goulding(1978)은 계약을 맺을 때 자율성을 거부하는 언어와 행동에 특별한 관심을 기울일 것을 제안한다. Goulding 부부는 "속임수의 말(con-word)", "나는 …하려고 노력하고 싶다.", "나는 내가 할 수 있을 것이라고 생각하지 않는다.", 또는 "그게 항상 나를 화나게 만든다." 또는 '나'를 사용하는 대신 '그것', '당신' 또는 '우리'를 사용하는 것과 "그것은 효과가 있을 수도 있겠지."와 같은 해석을 오도할 수 있는 용어나 문장을 사용하는 경우에 대하여 말했다. 이러한 말들은 우선 게임 초대장을 담고 있으므로 처음부터 그 말들에 대하여 직면하는 것이 중요하다. 이것은 클라이언트의 어린이자아 C에게 치료사는 정말 그의 부모들보다 더 힘이 세다는 확신을 준다.

참가자 중 한 명이 치료사를 위한 워크숍에서 방금 새로운 일자리를 얻었고 그것은 지금도 여전히 흥분되는 일이라고 말한다. 지나가는 말로, 그녀는 별일 아니라는 듯 동료 중 한 명과 내기를 했다는 사실을 언급한다. 만약 자기가 1년 후에도 여전히 그 직장에서 일을 한다면, 자기가 동료에게 저녁 식사를 살 것이고 만약 자기가 1년 이내에 해고당하면 동료가 그녀에게 저녁 식사를 사야 한다는 것이었다. "무슨 말도 안 되는 넌센스예요," Bob Goulding은 이렇게 답한다. "그래서 당신의 상실(해고)에 내기를 걸었습니까?" 그리고 그는 다음과 같이 제안한다. "워크숍 끝나고 2주 이내에 그 동료에게 저녁 식사를 살 준비가 되었습니까?" 암묵적인 메시지는 이렇다. 당신은 1년 후에도 당연히 그곳에서 일할 거예요. 만약 당신이 1년 이내에 떠나야 한다면, 그것은 당신 자신의 자율적인 선택이지 당신에게 닥친 일이 아니다.

일부 클라이언트는 자신의 여러 번의 실패 또는 좌절에 대한 이야기를 즐겁게 이야기한다. 그것은 매우 전염성이 강하여 치료사도 함께 웃을 정도이다. Goulding 부부는 이 교수대의 웃음에 대하여 매우 엄격하였다. 그들은 커다란 카우벨(소를 찾기 위해 소의 목에 다는 방울 — 역자 주)을 옆에 세워두고는 속임수-단어(con-word) 또는 교수대 유머를 듣기만 하면, 그 방울(종)을 울렸다. 클라이언트의 신체 언어는 순응된 어린이자아 AC(머리를 한쪽으로 기울이고, 약간 곱사등을 하며) 또는 구조화하는 부모자아 SP(똑바른 자세, 손가락질)로 이야기를 하고 있는지 여부를 나타낸다. Goulding 부부는 이행하지 않을 것으로 판명될 계약을 방지하기 위하여 계약할 때의 자아상태에 대해 매우 세심한 주의를 기울였다. 치료사는 결과적으로 자연스러운 어린이자아 NC와 양육적 부모자아 NP와의 합의를 거친 어른자아 A와의 계약을 목표로 한다.

7.2.4 심리치료 계약

교류분석 심리치료(Thunnissen, 2007)에서 계약은 각본 대안을 마련하는 방식으로 작성된다. 계약서를 작성하는 첫 국면에서 치료사와 클라이언트는 각본의 정확한 형태, 클라이언트의 현재 생활에서, 심리치료사와의 여기-그리고-지금의 관계에서, 그리고 어쩌면 심리치료 그룹과의 관계에서 각본이 반복되는 양식을 관찰해야 한다. 명확한 계약은, 각본과 게임에 근거하는 행동들이 주로 나타나는 기간이 지난 후에야 이루어진다. 다음 사례는 3개월 동안 입원한 사람들의 임상 심리치료를 보여준다.

46세의 안톤은 두려움, 의심 및 우울 때문에 심리치료를 받기 위해 단기 입원을 했다. 그는 또한 정기적으로 술을 너무 많이 마셨다. 수년간 그에게는 직장과 인간관계의 문제가 있었다. 안톤은 5살 위의 형과 5살 아래의 여동생이 있는 둘째 아이다. 아버지는 군대의 현역 장교였으며 안톤이 태어난 직후에 근무지인 인도네시아로 떠났다. 안톤이 다시 아버지를 본 것은 4년 후의 일이었다. 가족은 아버지의 직업 때문에 과거에 많이 이사를 다녔으며, 아버지는 주로 집에 없었으나 성질이 고약했다. 안톤은 어머니를 그의 형과 함께 집안의 독재자가 되어 그에게는 무력감만을 안겨주는 차가운 여인으로 묘사했다. 다른 한편으로, 그는 약간의 성적이라고도 할 만한 관계를 어머니와 가지고 있었으며, 어머니는 그를 집에 있지 않는 아버지의 대체품으로 사용했다. 어린 시절부터의 음주와 성적 집착은 그의 삶에서 중요한 역할을 했다.

동료들과 비교하며, 그는 언제나 외부인처럼 느꼈다. 그는 많이 싸웠고, 자신의 형에게도 거의 정기적으로 얻어맞았다. 학생 시절에 그는 술을 많이 마셨으며, 허세를 가미하면 사람들과 더 쉽게 어울릴 수 있다는 것을 알게 되었다. 그는 매력적인 여자와 결혼을 했으나 그녀와의 진실한 접촉은 없었다. 그들은 아들을 낳았다. 6년 후에 그들은 이혼했으나 8년이 지난 후에도 여전히 깊은 때로는 성적 관계까지도 가지고 있다.

치료사는 안톤과의 면담에서 그가 자신과의 싸움을 선택했다는 것을 알게 되었다. 그룹에서 안톤은 사람들과 어울리지는 않았지만 그의 냉소적 유머를 사람들과 나누었는데 그 유머의 주인공은 자기거나 때로는 다른 사람이었다.

안톤이 그의 치료 계약서를 작성한 그룹 치료 세션에서, 계약을 작성하는 것은 식은 죽 먹기처럼 쉬운 일인 양, 허풍을 떨며 자신의 이야기를 털어 놓았다. 치료사는 그룹 회원들에게 며칠 동안 안톤과 지낸 경험이 어땠는지 묻기로 마음 먹었다. 머뭇거렸지만 그들은 주로 안톤이 자기들과는 멀리 떨어져 있으며 분노를 가진 사람으로 인식한다고 말했다. 몇몇 회원들은 그를 조금 두려워하기까지 했다. 다른 회원들은 도전을 받고 있다고 느꼈으며, 특히 이전부터 이 그룹에 있던 사람들은 어느 정도 분노를 느끼기도 했다. 안톤은 계속해서 규칙과 계약에 대해 의견을 말했으며, 그는 진심으로 그룹의 이 모든 것들을 지키려 하지 않는 듯 했다. 안톤은 처음에 억울해 했다. 그들이 불과 며칠 동안에 자기에 대하여 정말로 파악했다고 생각하는가? 그는 그룹이 언급 한 몇 가지 사례에 대해 따지려 했다. 치료사가 이런 상황이 안톤 자신에게 친숙한지 여부와 그가 지금 어떻게 느끼는지를 묻자 그는 침묵했다. 그는 불과 며칠 만에 자기가 그룹 내에서 외톨이가 되어 있다는 사실을 알게 되었다 ─ 이것은 평생 동안 반복되는 주제였다. 치료사가 당신은, 인도네시아에 있는 그의 아버지처럼, 마치 참호 속에 들어가 있는 사람 같다고 말하자, 그는 눈물을 흘리며 지금껏 아버지와 좋은 관계를 가진 적이 없다고 말했다. 안톤은 결국 치료사와 그룹에게 다음의 치료 계약을 맺기로 결정하였다. "나는 참호에서 나오겠다. 나는 다른 사람들과 친구가 되고 싶다."

7.2.5   조직과의 계약

조직의 맥락에서 계약은 각본을 깨는 결과를 목표로 한다. 처음부터 조직의 모든 복잡성을 고려하는 것이 중요하다. 조직의 계약은 항상 다각적이며 다층적이다. 개입을 계획할 때 누구의 이익이 관련되어 있는지 언제나 질문하는 것이 바람직하다는 점에서 계약은 다각적이다. 또한 언제나 심리적 수준에서 살펴보는 것이 바람직하다는 점에서 계약은 다층적이다. 계약을 수행하는 데는 정기적으로 다음과 같은 질문을 하는 것이 좋다. "이 개입이 합의된 결과를 낳지 못하면, 그 원인은 무엇인가?" 원인은 컨설턴트의 각본, 클라이언트의 각본, 조직의 각본 또는 각본 기반의 심리적·행동적 압력 간의 상호작용 속에 존재할 수 있다. 조직 계약에서는 컨설턴트가 조직 구조와 역동성의 특성에 대해 조사할 시간을 가질 수 있는 1단계 계약으로 시작하는 것이 중요하다. 이 단계 이후라야만 명확하고 전문적인 계약 또는 협력 계약서를 작성할 수 있다.

경사진 지형에 깔끔하게 세워진 물 관리국의 새로운 사무실에 도착하자마자, 그는 잠재적 클라이언트의 각본을 조사하기 위해 즉시 정보를 수집하기 시작했다. 그는 그의 주위를 조심스럽게 보고 건물의 분위기를 파악했다. 그는 매우 세련된 모습에 주목을 했다. 그의 방문 또한 아무 문제없이 이루어졌다. 안내원은 그를 기다리고 있었다고 말하고, 커피를 마시겠냐고 묻고, 대기실로 안내했다. 몇 분 후, 만나기로 한 이사의 비서가 찾아왔다. 그는 건물 안이 조용하다는 것을 알아 차렸다. 그가 통과한 많은 방의 문은 몇 곳의 예외가 있었지만 모두 닫혀 있었다. 컨설턴트는 자기의 생각을 노트했다: 사람들은 문 뒤에서 열심히 일하고 있다. 제시간에 이뤄진 인터뷰에서 이사는 "새롭고 훌륭한 건물에 새로운 기업 문화가 필요하다."라고 말했다.

가까운 장래에 더 많은 예산 감축에 직면한 조직은 고도의 효율성을 달성해야 했다. 더 줄어든 인원과 자원으로 더 많은 일을 수행해야만 했다. "나는 전 수역(water district) 위원장이었기 때문에 사람에 관한 것보다 제방(堤防)에 대한 지식이 더 많아요―하, 하, 하―당신이 어떻게 일을 잘 수행할 수 있을지 관심이 많습니다?―하, 하, 하" 컨설턴트는 클라이언트로부터의 돌개바람과 같은 소개가 끝나고, 그가 자신의 의자에서 몸을 약간 뒤로 젖혀 앉았다는 것을 알았다. 인터뷰에서 이사에게 건넨 질문들을 통해 그는 현재의 기업 문화의 특성과 이사가 원하는 변화가 무엇인지 조사했다. 그는 효율성 향상 외에도 이러한 변화가 가져올 어떤 결과를 기대하는 것인지 알고 싶었다. 물론, 그가 또한 궁금해 한 것은, 그런 변화가 가능하도록 하기 위해 기업 문화를 담당하는 책임자 중 한 명으로서의 이사가 어떤 일을 기꺼이 맡아줄 것인지였다. 그들은 변화의 목표를 이루는 데 장애가 될 수 있는 것을 함께 조사했다. 공개 제안서에서 컨설턴트는 문제를 잠정적으로 분석하고 그가 바람직하다고 생각하는 잠정적 접근방법을 제출할 수 있었다. 어떤 경우이든, 컨설턴트는 최종 제안을 하기 전에 조직 내에서 '관찰 및 연구' 기간을 가지는 것을 먼저 제안했다. 다양한 계층의 직원들로 구성된 그룹(경영진 및 작업장 직원 포함)과 함께하는 대략 반나절의 작업은 조사 국면의 부분이었다.

컨설턴트는 자신의 일지에 주목할 만한 많은 사실과 경험을 기록했다. 그의 예비 진단은 건물의 외관(청결하고 조직화된 모습)과 절차(예의 바른 영접)에서 관찰된 "완벽해라(Be-perfect)" 스타일에 대하여, 이사의 "서둘러라(Hurry-up)" 스타일(어떻게 일을 잘 수행할 수 있을지)에 대하여, 이사의 이고그램에서 완고한 구조화하는 부모자아 SP(의자에서 몸을 약간 뒤로 젖혀 앉았다)에 대하여, 이사의 잠재적 교수대의 웃음(나는 사람에 관한 것보다 제방에 대한 지식이 더 많아요―하, 하, 하) 등에 대한 교류분석적 반추를 포함했다. 그는 이 프로젝트의 진행에 흥미를 느꼈지만, 여전히 봉착할 가능성이 있는 함정과 장애가 있을 것이라는 것을 또한 잘 알고 있었다. 잠재적 계약의 심리적 수준은 세심한 주의를 요구할 것이다.

7.2.6 상호 창조적 교류분석

Keith Tudor와 Graeme Summers(2014)가 개발한 최근 모델인, 상호창조적 교류분석에서는 명시적으로 계약을 다루지는 않지만, 상호창조적인 관점은 Berne의 상호 작업관계 설정 및 가치의 강조와 매우 일치하는 점이 있다. Berne과 Goulding 부부가 발전시킨 계약의 주요 초점은 행동 변화였다. 상호 창조 모델 내에서, 일차적인 관심은 치료사와 클라이언트(또는 컨설턴트와 조직) 간의 관계 과정에 있다. 인간 중심의 인본주의 전통을 바탕으로 한 상호 창조적 교류분석의 핵심 원칙은 다음과 같다.

- 어른자아 A―어른자아 A 관계가 부모자아 P―어린이자아 C의 역동적 관계보다 강조되는 '우리(we-ness)'의 원칙

- 치료사의 책임이 클라이언트의 책임과 '동등한' 것으로 간주되는 책임 공유 원칙
- 보다 정신분석적이고 전이 지향적인 심리치료 모델의 과거 중심의 관점과는 대조적으로 치료가 어른자아 A－어른자아 A의 학습 과정으로 간주되는 현재－중심 개발의 원칙

7.2.7   치료 과정 및 치료 구조

Michele Novellino(2012)는 정신분석적 교류분석(psychoanalytic transactional analysis) 모델에서 교류분석 치료 및 슈퍼비전에 대한 새로운 정신분석적 관점을 도입했다. Novellino는 계약이란 본질적으로 내용과 과정을 모두 다루는 이중적 요소들을 포함한다는 것을 강조한다. 과정 계약(process contract)은 치료 작업과 관계의 '방법(how)'에 관한 것이다. 과정 계약은 치료적 협력을 방해하거나 약화시킬 수 있는 것에 대응하기로 한 당사자들끼리의 합의를 포함하며 치료 협력의 발전을 촉진하고자 한다. 과정 계약의 일부는 명시적으로, 전이/역전이 관계를 다룬다.

Novellino는 명시적 치료 환경과 틀, 즉 상호 합의한 작업(상담)환경 수립의 중요성을 강조한다. 정신분석적 교류분석에서는 치료 틀의 명확성과 일관성이 환경 유지와 안전 분위기를 제공하는 데 필수적이다. 이러한 관점에서 볼 때, 클라이언트(개인, 그룹, 학생 또는 조직, 어느 것일 수 있음)가 치료사(또는 컨설턴트) 개인에게뿐만 아니라 치료 틀에도 게임 및 각본 행동을 가져올 수 있음을 이해할 수 있다. 그러므로 틀과 관련하여 그 어떠한 위반이나 동요에 대해서도 직접적인 인간관계의 역동만큼이나 세심한 주의를 기울이고 의미를 부여할 필요가 있다.

7.2.8   관계형 작업의 계약 및 맥락

Fowlie과 Sills의 관계적 교류분석(*Relational TA*)(2011)에서는 치료 계약에 대한 새로운 관점을 취한다. 관계 작업의 중요한 측면은 불확실성 또는 '제한된 불안정성'이며, 관계의 초기에 결과를 만들기 위한 계약은 잠재적으로 치료 과정의 한계가 될 수 있다. 목표를 명확하게 표현할 수 있다면, 그것은 어디까지나 현재의 습관적 사고방식의 일부분일 수밖에 없으며 따라서 새로운 의미와 새로운 방향이 나타날 수 있는 여지를 남겨 두지 않는다(p. 136). Sills는 하드(hard : 관측 가능하고 검증 가능)에서 소프트(soft : 주관적 및 현상학적)로, 그리고 알려진 것(known)에서 알려지지 않은 것(unknown)으로 분류하는 계약에 관한 매트릭스를 제안했다. 따라서 네 가지 유형의 계약은 행동적(hard/known), 명료화(hard/unknown), 발견(soft/known) 및 탐색(soft/unknown)으로 구성된다. 이 체계는 클라이언트가 지각하는 새로운 필요성에 따라 유연하고 역동적인 계약을 할 수 있게 한다.

모든 전문가와 모든 클라이언트는 사회적·문화적 맥락 속에서 존재하며, 항상 인정할 수 있는 것은 아니지만, 그 맥락은 작업과 계약에 일종의 배경을 형성한다. Tudor(1997)는 우리는 '사회적 의도

(socially intentioned)'를 담을 필요가 있으며, 클라이언트의 변화가 그가 속한 사회적 세계에 미치는 영향을 만들고 또 포함하는 계약 그리고 그가 다르게 행동할 수 있도록 만드는 특별한 사회적 계약을 체결할 필요가 있다고 제안한다. 이것은 '두 사람 이상(two-person plus)'이라는 심리학의 아이디어로 발달되어, 예컨대 믿음, 역사 및 자연 환경과의 연결/단절에 관한 클라이언트의 인식에 주의를 기울이게 한다(Tudor, 2011).

표 7.1   계약 유형(Fowlie & Sills, 2011)

	소프트	하드
알려진	발견(discovery)	행동적(behavioral)
알려지지 않은	탐색적(exploratory)	명료화(clarifying)

7.3   추가 논의

7.3.1   심리적 거리

삼각 계약은 더불어 개입을 수행할 전문가의 기대는 물론 개입 대상의 기대와 관련하여 클라이언트(보다 큰 힘을 가진)의 기대를 살펴보는 데 효과적이다. 개입은 훈련, 임시 관리, 코칭 등의 형태를 취할 수 있다.

Micholt(1992)는 처음 English가 제안한 바와 같이, 심리적 거리(psychological distance)의 개념을 가지고 삼각 계약의 모델을 보완한다. 이러한 방식으로 교류분석 전문가는 서명을 앞둔 계약이나 이미 서명 완료한 계약의 결과 및 가능한 위험을 보다 더 정확하게 추정할 수 있다. Micholt는 심리적인 거리를 '삼각 계약의 세 당사자 간의 관계에서 인식된 근접성(그리고 거리) 및 명료성'으로 정의한다. 따라서 이것은 계약 당사자들의 주관적인 경험에 관한 것이다. 그녀는 건강한 그리고 건강하지 못한 심리적 거리를 구별한다. 삼각형의 세 변이 같게(정삼각형) 보인다면 심리적인 거리는 건강하다. 모든 당사자의 기대가 분명하며 모든 사람의 역할과 의무가 명확하게 정의되어 있다. 거리가 건강하지 못하다면 당사자 중 한 사람에게는 변의 길이가 같지 않다고 경험될 것이다. 이때에는 개입의 성공에 위험 요소들이 존재하는 것이다. 게임 행동이 당사자 사이의 건강하지 않은 심리적 거리의 원인과 결과가 되는 경우는 드문 일이 아니다. 훈련을 집행하는 클라이언트(일반적으로 비용을 지불하는 사람)로 하여금 지속적으로 '(훈련에) 염두를 두고', 때로는 '직접 참관하도록' 함으로써, 전문가는 개입에 참여하는 모든 당사자 간의 심리적인 거리가 너무 멀어지지 않도록 보장할 수 있다. Micholt는 인지된 심리적 거리가 너무 커진(멀어진) 경우에 개입할 수 있는 몇 가지 해결책을 제시하고 있다.

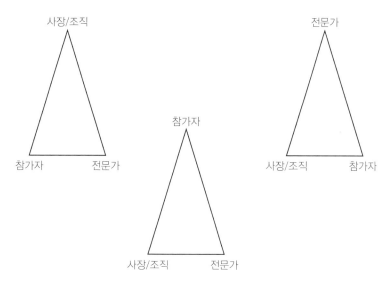

그림 7.3 삼각 계약과 심리적 거리

　그녀는 변화의 과정을 투명하게 만들고 (변화 과정에서) 의미와 선택 사항들을 함께 검토할 것을 제안한다. 많은 강사는 모든 당사자들이 참석하는 짧은 회의와 더불어 조직의 팀 또는 부서의 교육을 시작한다. 클라이언트는 트레이너와 합의한 내용을 설명한다. 팀 또는 부서원들은 이때 이에 관한 질문을 하거나 대화에 참여할 수 있다. 트레이너는 이때 개입을 시작하기 전에 해결해야 할 심리적 수준의 문제가 있는지 여부를 결정할 기회를 갖게 된다. English는 이미 언제나 삼각계약의 개념을 설명할 것을 권장했다. 또한 '심리적 거리'의 개념은 플립차트에 그려 설명하기에 매우 적합하다.

7.3.2   대화 계약

De Graaf와 Kunst가 그들의 저서, 아인슈타인과 항해술(*Einstein and the Art of Sailing*, 2010)에서 설명했듯이, 모든 대화는 분명한 계약으로 시작하는 것이 좋다. 계약의 특징은 상호 동의하에 작성된다는 것이다. 이것은 대화 참여자 모두에게 '무엇(what)'과 '어떻게(how)'에 관한 책임을 지도록 한다. 이러한 계약에는 다음과 같은 상호 동의한 구성 요소들이 포함된다.

- 주제 : "다음 45분 동안 주로 무엇을 이야기하고 싶은가? 이 만남에서 논의할 사항들은 무엇이라 생각하는가? 나는 당신과 …에 대해 얘기하고 싶다."
- 목표 : "대화가 끝나면 어떤 일이 일어나야 하는가? 그러면 당신은 기분이 좋아지겠는가? 당신은 내게 … [주제]에 대해 이야기하길 원한다. 그렇게 함으로써 이루고자 하는 것을 명시할 수 있는

가? 당신의 생각에는 이 대화가 어디로 이어져야 하는가? 무엇이 당신을 만족시킬 것인가? 나 자신은 적어도 … 을 달성하기를 원한다.”

- 상호 기대 : “당신은 내게서 기대하는 바를 명시할 수 있는가? 이 대화에서 당신은 내가 무엇을 하길 원하는가? 내가 당신에게 기대하는 바는, 당신이 … [주제]에 관하여 정직하고, 공개적으로 이야기하는 것이다.”

- (사전)조건 : “우리는 이 진행 토론에 45분을 할애한다.” 그리고 “나는 당신이 나중에 짧은 예약 목록을 만들도록 요청한다.”

대화 계약을 사용하면 토론할 내용의 핵심에 도달하는 데 도움이 된다. 그것은 구조를 제공하고 올바른 질문을 촉진한다. 나중에 대화의 내용과 질을 평가할 수 있다.

7.3.3 학습 계약

계약은 교육 분야에서 특별하고 매우 특정한 위치를 갖는다. 대부분의 사람들의 학교에 대한, 그리고 그에 따른 학습에 대한 인식은 무언가(타인에 의하여) 부과되는 것이며, 이러한 인식은 성인의 인생으로 이월되어 이후의 학습 경험이 가르치는 사람 및 학교와의 전이 관계(transferential relationships)에 의해 손상될 수도 있다. 교류분석 교육자들은 짧은 일회성 이벤트에서부터 장기 과정과 학교 커리큘럼에 이르는 모든 상황에서 ‘학습 계약’을 체결한다. 이러한 계약들은 학교 또는 대학 시스템, 교육당국, 학부모 및 학생들이란 요소들로 구성되는 다각-계약들이며, 이들과의 협상은 언제나 공개적으로 이루어진다. 이것은 때로는 학습자에게 놀라운 일이지만, 초등학교의 다섯 살짜리 아이들도 수업 시간에 수용 가능한 대인관계 행동에 대해 토론할 수 있으며, 나아가 무엇을 어떻게 배우고 싶은지에 대해 토론할 수 있다. 성인 학습자는 자신의 학습을 위한 자율성과 책임을 얻음으로써 자극을 받는다. 성인 학습자(개인 및 그룹)와 삼각 계약을 맺음으로써, 예컨대 사정과 평가 그리고 “우리는 무엇을 위해서 여기 왔는가?” 등에 관한 무의식적 가정들(unconscious assumptions)을 다룰 수 있다. 과정, 교사의 역할, 사용되는 방법, 교사와 학습자 어떻게 인식되는가를 둘러싼 계약은 토대가 되는 중심 교육철학에 의해 결정된다(Napper & Newton, 2000; Newton, 2003). 이러한 ‘학습 이마고(learning imagos)’는 제8장에서 보다 자세히 논의할 것이다.

학교 교실에서의 계약은 학생들의 자율성과 자유를 가능케 만드는 효과를 갖는 교사의 툴-키트(toolkit)에 중요한 추가 공구가 될 수 있다. 예를 들어 음악 교수 Howard Rovics(1981)의 연구는, 학생들이 성취하려는 등급을 계약했을 때 학생들은 공부도 더 잘하고 또한 프로젝트를 더 즐겁게 할 수 있음을 밝혔다. Pierre(2002)는 고등학교에서 그녀가 그해 그리고 각 교육시간에 관한 계약을 학생, 학부모들과 어떻게 협상하는지에 대하여 설명하고 있는데, 이 모든 것들은 갈등과 문제의 해결을 위한 하나의 전략으로서, 그녀와 학생들이 공유하는 중심 가치에 대한 토론에 토대를 두고 있다. 이러한 모든 계약은 재협상의 대상이 될 수 있다. 교내 계약의 특화된 용도는 행동 지원(behavior support)에 있으며, 교류분석 지식을 가진 전문가는 단순히 행동 변화라는 목표만을 탐색할 것이 아니라 먼저 어려움을 초래하는 학교의 문화 속에서 어떤 일이 진행되고 있는가를 살펴봄으로써 계약 과정에 심리적 수준을 포함시켜야 한다(Barrow, Bradshaw, & Newton, 2001).

7.4 관련 이론

7.4.1 방문객, 원고(고소인) 또는 고객

치료나 상담 시작과 계약서 초안을 작성할 때, 치료나 상담을 찾는 동기를 짐작하는 것이 중요하다. 해결 중심 접근 방식(Bannink, 2006)에 따르면, 이에 대한 세 가지 유형의 동기가 있다(이 책을 위해 번역되었음).

- 방문객은 다른 사람(법원, 배우자, 감독관, 학교, 보험 회사)에 의해 추천받았으며 그 자신에게는 문제가 없다. 일반적으로 도움의 요청이 없다. 이러한 상황에서는 전문가가 판단하지 않고 클라이언트가 원하는 것을 묻고 답을 수락하는 것이 중요하다. 전문가는 다음과 같은 질문을 통해 클라이언트가 이러한 세션에 오히려 참석하지 않을 것이라는 사실을 인정한다. "어떻게 하면 이곳에서의 시간을 최대한 짧게 할 수 있을까요?"
- 원고(고소인)는 압박감을 느끼고 도움을 요청하지만 자신을 문제 또는 해결책의 일부로 보지 않는다. 자신의 행동을 바꾸려는 동기가 없다. 원고는 다른 사람들이 바뀌는 것을 보고 싶어 하거나, 마술적 환약이나 기적이 있었으면 좋겠다거나, 치료사의 개입으로 고통을 줄일 수 있으면 좋겠다고 생각한다. 치료사는 "어떻게 잘 견디고 계십니까?"와 같은 질문을 통해 고통을 인정한다. 치료사는 클라이언트가 문제에 대해 생각하는 것을 멈추고, "일시적이라도 그 문제는 별로 문제일 것도 없다고 생각되는 때가 있습니까?"와 같은 질문을 통해 목표와 해결책에 더 집중할 수 있도록 격려할 수 있다.
- 고객은 자기 자신이 바로 문제이며 동시에 해결책이라는 것을 깨닫고, 도움을 요청하고 있으며 자신의 행동을 바꾸기 위한 동기가 있다. 전문가에게 있어 이러한 클라이언트들은 케이크 위의 장식 같아서(금상첨화) 종종 치료사에게 긍정적인 보강이 된다.

TA 관점에서 볼 때, 방문자나 원고(고소인)가 이러한 입장을 유지하는 한 유효한 계약을 성사시키기는 어렵다. 전문가가 마주하는 어려움은 '방문객'과 '원고'에게 행동적 변화에 대한 동기를 높이는 데 있다.

7.4.2 소크라테스식 동기부여

사람들은 보통 (상대적) 장점과 단점을 고려하고 가능한 한 적은 정신적 에너지를 사용하여, 심리내적으로 변화할 마음이 생길 때만(Appelo, 2007), 정말로 변화한다.

> 말리는 치과를 두려워한다. 그녀는 10년 동안 검진을 받지 않았으나 지금은 치통이 있다. 그러나 그녀는 마취와 드릴링을 두려워하여 치과 방문을 연기하고 있다. 앨버트는 재활 프로그램에 참여하고 있지만, 정기적으로 술을 너무 많이 마시고 약속을 이행하지 않아 프로그램에 실패할 가능성이 있다. 에이브는 아내가 그를 떠나겠다고 협박하고 있기 때문에 심리치료에 나온다. 그는 술을 너무 많이 마시며 때로는 부인을 때리기도 한다. 그녀가 불평을 하지 않으면 그는 폭력을 사용할 필요가 없다.

이러한 상황에서, Appelo는 소크라테스 동기부여 기법을 사용할 것을 제안한다. 이 기법의 전제는 (치료에) 불만이 있기 때문에 사람들이 치료를 요구하지 않는 것이 아니라, 일반적으로는 증상을 통제하지 못하거나 이러한 증상을 해결하기 위한 사회적 지지가 충분하지 않기 때문에 치료를 요구하지 않는다는 것이다. 소크라테스 동기부여에 필수적인 것은 질문이다: 도움의 요청은 정확히 무엇이며, 그 문제는 누구로부터 비롯되는 것입니까? 소크라테스 기법은 지시적인 그리고 허용적인 스타일 사이의 균형을 가능하게 하고 자기주도적 문제 해결을 용이하게 한다는 것이다(Overholser, 1991). 문제 해결은 다음 단계들을 사용하여 유도된다.

1. 클라이언트에 의하면 문제는 무엇인가? 클라이언트의 관점에서, 문제가 주로 다른 사람과 관련이 있는 경우(예 : 변화해야 하는 것이 조직의 파트너 또는 관리자이다), 치료 또는 상담을 시작하지 않고 당사자들에게 이 결정(진단)을 통보한다.
2. 시작 소개 단계에서, 치료사 또는 상담사는 클라이언트에게 그의 인생에서 무엇이 그에게 동기를 부여해주는지 질문한다: 그의 인생은 어떤 것 같은가? 어떤 목표, 소망, 욕구를 가지고 있으며, 지금까지 그런 것들에 대한 결과는 어떠한가? 이러한 정보를 바탕으로 치료사는 문제에 대한 가설을 세운다.
3. 단기 및 장기적으로 문제의 긍정성과 부정성은 무엇인가?
4. 클라이언트의 요구에 따라 무엇인가를 변화시킬 필요가 있는가? 모든 말과 행동을 다 시도해본다 해도, 결국 현재의 상황 그대로 두는 편이 더 나을 수도 있겠는가?

4단계의 결과는 다음과 같다: 클라이언트가 실제로 변화를 원하지 않는다면 아무것도 건드리지 말고, 클라이언트가 의심을 가지고 있다면 더 많은 옵션을 제시하고, 클라이언트가 변화를 원한다면 행동을 취하라.

7.4.3 학습된 무력감

'학습된 무력감'이라는 용어는 Martin Seligman이 사용했다. 그는 동물 실험에서 동물이 불쾌하거나 고통스러운 상황에서 벗어나지 못하면 나중에 (조금 후에) 도망칠 수 있을 때조차도 도망치는 노력을 포기하게 된다는 것을 발견했다. Seligman은 자신의 관찰을 우울 이론의 발달에 적용했다. 사람이 만약 상황에 대해 아무런 통제력이 없다고 느끼면, 사람들은 무력감과 수동성으로 빠져든다. 나중에 이러한 이론을 그의 '학습된 낙천주의(learned optimism)'를 포함하여 '긍정심리학(positive psychology)'(2002a)으로 발전시켰다. 그의 연구는 어린이와 성인 모두 부정적인 신념에 도전하고 그럼으로써 우울과 불안을 방지하는 법을 배울 수 있다는 것을 보여주었다. 낙천주의와 같은 힘을 키우고, 사람들에게 상처를 치료하기보다는 낙천성을 사용하는 방법을 가르치는 것은 효과적인 예방 조치가 될 수 있다고 밝혔다(Seligman, 2002b). Seligman은 심리학 분야가 상처에 중심을 둠으로써 왜곡되어 왔다고 믿는다. 어떤 상황에서든 계약을 체결하는 것은 중심을 자원 구축으로 변경하는 것이다.

7.4.4 협동 진단

정신 의학의 협력과 상호성의 원칙이 중요시되고 있다. 전통적인 정신 의학은 오랫동안 클라이언트를 '아픈(ill)' 사람의 역할로 의사를 숙련된 관찰자 그리고 클라이언트의 정신적 장애 상태를 평가자로서의 역할로 여겨왔다. 전통적 입장에서 정신의의 위치는 전문적 관계에서의 '한 사람(one-person)' 모델에서는 절대적이다. 그러나 연구는 결정이 협동에 의해 이뤄졌을 때 클라이언트들은 훨씬 더 잘 치료 계획을 따르고 약물복용도 계속 잘 따른다는 것을 점차적으로 더 많은 케이스에서 보여주고 있다. 새로운 DSM-5 진단 매뉴얼에 중요한 도전 과제를 던져주는 Francis Allen(2013a, 2013b)이 최근 발행한 두 권의 책은 협동 진단을 강조한다. DSM-3 및 DSM-3R의 개발에 참여하였고, 당시 DSM-4 태스크 포스의 의장이었던 Allen은 전통적 정신병 진단의 문제점과 한계에 대해 오랫동안 주의 깊은 생각을 제시해왔다. Allen은 제약 업계의 이익 추구와 보험 회사의 통제 추구로 과도하게 촉진된, DSM 진단 구조의 영향이 정신의학계를 넘어 정신건강 분야 전반으로 확산되는 것에 대해 의문을 갖게 되었다.

Allen(2013a)은 전문가들에게 다음과 같은 글을 썼다 "… 진단을 위한 탐색을, 침입적이라고 느껴질 수 있는 삭막한 작업이 아니라, 당신의 공감을 보여주는 공동의 프로젝트로 만들고 항상 정보와 교육을 제공하라. 환자는 떠날 때 자기의 뜻이 이해되었으며, 또 무엇인가 깨달음이 있었다고 느껴야 한다"(p. 7). Allen(2013b)은 클라이언트에게는 다음과 같이 썼다. "정신과적 진단을 위해서는 당신과 정신건강 치료사와의 협조가 필요하다…. 정신의학에는 객관적 실험실 검사라는 것은 그 어느 곳에도 없으며, 따라서 그 누구도 당신의 도움 없이 당신의 문제를 진단할 수 없다…. 정신의학의 진단의 열쇠는 자기보고(self-report)이며, 이러한 자기보고는 평소에 조심스럽게 그리고 지속적인 자기관찰(self-observation) 없이는 불가능하다"(pp. 229-230).

참고문헌

Allen, F. (2013a). *The Essentials of psychiatric Diagnosis: Responding to the Challenge of DSM-5*. New York: Guilford Press.

Allen, F. (2013b). *Saving Normal: An Insider's Revolt against Out-ofcontrol Psychiatric Diagnosis, DSM-5, Big Pharma, and the Medicalization of Ordinary Life*. New York: William Morrow.

Appelo, M. (2007). *Socratisch motiveren*. (Socratic Motivating.) Amsterdam: Boom.

Bannink, F. (2006). *Handboek oplossingsgerichte gespreksvoering. Oplossingsgerichte vragen*. (Solutionfocused questions. Comprehensive Textbook of Solution-focused Therapy) Amsterdam: Pearson.

Barrow, G., Bradshaw, E., & Newton, T. (2001). *Improving Behaviour and Raising Self-Esteem in the Classroom: A Practical Guide to Using TA*. London: David Fulton.

Berne, E. (1961). *Transactional Analysis in Psychotherapy*. New York: Grove Press.

Berne, E. (1966). *Principles in Group Treatment*. New York: Oxford University Press.

Clarke, J. I. (1996). The synergistic use of five transactional analysis concepts by educators. *Transactional Analysis Journal, 26*(3): 214-219.

Clarkson, P. (1988). Script cure? A diagnostic pentagon of types of therapeutic change. *Transactional Analysis Journal, 18*(3): 211-219.

Crossman, P. (1966). Permission and protection. *Transactional Analysis Bulletin, 5*(19): 152-154. San Francisco, CA: TA Press.

English, F. (1975). The three-cornered contract. *Transactional Analysis Journal, 5*(4): 383-384.

Fowlie, H., & Sills, C. (Eds.) (2011). *Relational Transactional Analysis: Principles in Practice*. London: Karnac.

Goulding, B., & Goulding, M. (1978). *The Power is in the Patient*. San Francisco, CA: TA Press.

Graaf, A. de, & Kunst, K. (2010). *Einstein and the Art of Sailing*. Watford, UK: Sherwood.

Haimowitz, M. L., & Haimowitz, N. R. (1976). *Suffering is Optional: The Myth of the Innocent Bystander*. Evanston, IL: Haimowoods Press.

Hay, J. (1992). *TA for Trainers*. Maidenhead, UK: McGraw-Hill.

Hay,). (1993). *Working it Out at Work: Understanding Attitudes and Building Relationships*. Watford, UK: Sherwood.

Hay, J. (2007). *Reflective Practice and Supervision for Coaches*. Maidenhead, UK: Open University Press.

Kouwenhoven, M. (1985). *Probleemoplossende sancties*. (Problem-solving sanctions.) In: M. Kouwenhoven (Ed.), *TA in Nederland*. (TA in the Netherlands.) *Part 2* (pp. 43-61). Ermelo, Netherlands: Administratief Centrum.

Kübler-Ross, E. (1969). *On Death and Dying*. London: Tavistock/Routledge.

Micholt, N. (1992). Psychological distance and group interventions. *Transactional Analysis Journal, 22*(4): 228-233.

210Napper, R., & Newton, T. (2000). *TACTICS: Transactional Analysis Concepts for Teachers, Tutors and Trainers (second, revised, edition)*. Ipswich, UK: TA Resources, 2014.

Newton, T. (2003). Identifying educational philosophy and practice through imagos in TA training groups. *Transactional Analysis Journal. 33*(4): 321-331.

Novellino, M. (2012). *The Transactional Analyst in Action: Clinical Seminars.* London: Karnac.

Overholser, J. C. (1991). The Socratic method as a technique in psychotherapy supervision. *Professional Psychology: Research and Practice, 22*(1): 68-74.

Pierre, N. (2002). *Pratique de l' Analyse Transactionnelle dans la classe avec des jeunes et dans les groupe.* Issy les Moulineaux, France: ED ESF.

Rovics, H. (1981). Contract grading in the college classroom. *Transactional Analysis Journal. 11*(3): 254-255.

Seligman, M. E. (1975). *Helplessness. On Depression, Development and Death.* San Francisco, CA: W. H. Freeman.

Seligman, M. E. (2002a). *Authentic Happiness: Using the New Positive Psychology to Realize Your Potential for Lasting Fulfilment.* New York: Free Press.

Seligman, M. E. (2002b). Positive psychology, positive prevention and positive therapy. In: C. R. Snyder & S. J. Lopez (Eds.), *Handbook of Positive Psychology.* New York: Oxford University Press.

Sills, C. (Ed.) (2006). *Contracts in Counselling & Psychotherapy.* London: Sage.

Steiner, C. (1974). *Scripts People Live. Transactional Analysis of Life Scripts.* New York: Grove Press.

Stewart, I. (2007). *Transactional Analysis Counselling in Action.* London: Sage.

Stewart, I., & Joines, V. (1987). *TA Today (2nd edition).* Melton Mowbray: Lifespace, 2012.

Thurnnissen, M. (2007). *Begrijpen en veranderen. Theorie en tvepassingen van de transactionele analyse.* (To Understand and to Change. Theory and Applications of Transactional Analysis.) Halsteren, Netherlands: DGW.

Tudor, K. (1997). Social contracts: contracting for social change. In: C. Sills (Ed.), *Contracts in Counselling* (pp. 157-172). London: Sage.

Tudor, K. (2011). Understanding empathy. *Transactional Analysis Journal, 41*(1): 3-57.

Tudor, K., & Summers, G. (2104). *Co-creative Transactional Analysis: Papers, Responses, Dialogues, and Developments.* London: Karnac.

Waals, J. van der (2007). *Als het mis gaat, gaat het mis aan het begin. Evaluatie van complexe opdrachten.* (If It Goes Wrong, It Goes Wrong at the Start. Evaluation of Complex Tasks.) Amersfoort, Netherlands: intern onderzoeksrapport advies-en managementbureau BMC.

제8장

그룹과 조직

教류(transactions)는 고립된 일대일 상황에선 거의 발생하지 않는다. 교류분석의 초기부터 (교류) 분석을 할 때 가족, 팀, 회사 또는 조직을 포함하는 큰 전체를 등한시할 수 없다는 것은 분명했다. 교류분석은 그룹 속의 사람들 사이의 교류를 분석함으로써 각 참가자들의 자아상태 패턴들과 각본을 확인하기 때문에, 교류분석은 사람들 간 그리고 심리 내적 분야 모두에 사용될 수 있었다. Eric Berne은 초기 저서들 중 하나를 그룹과 조직의 구조 및 역동에 관한 사고에 전적으로 할애하였다. 지난 50년이 넘는 기간 동안에, 교류분석은 시스템의 기능에 관한 완전한 이론으로 성장했다. 이 이론의 핵심은 경계의 개념인데, 경계는 건강하고 생산적인 그룹의 이해와 촉진에 필수적이라고 간주된다.

8.1 기초 이론

8.1.1 교류분석의 그룹 이론

우리의 삶은 그룹들로 차 있다. 그룹에는 가족 그룹, 사무실 팀, 관리자 그룹, 치료 그룹, 교실 그룹, 사회 그룹 등이 있다. 우리들의 삶에서 그룹의 위치를 인지하는 것은 Berne의 교류분석 개발의 핵심이었다. Berne이 이룬 가장 중요한 혁신 중 하나는 진행 중인 치료 과정의 일환으로 그룹작업을 포함시킨 것이었다. Berne의 책, 사람들이 하는 게임들(*Games People Play*, 1964)이 세계적인 베스트셀러가 되어 대중 독자들이 읽는 동안, 가장 중요한 두 권의 저서, 조직과 집단의 구조와 역동(*The Structure and Dynamics of Organizations and Groups*, 1963)과 집단치료의 원리(*Principles of Group Treatment*, 1966)는 동료 전문가들을 위해 쓴 것이었다. Berne은 새로운 환자를 몇 번의 개인 세션에서 보고 그다음에는 그룹의 장에서 그를 치료하였는데, Berne은 그렇게 하는 것이 그 사람의 교류와 게임을 나타내고 또 그것들을 분석하는 데 가장 효율적이고 효과적인 방법임을 알았기 때문이었다. Berne은 환자가 자신의 반복적인 대인관계 패턴을 이해하고 변경할 수 있음이 파악되면, 그는 어린이자아상태의 더 원시적 경험 안에서 각본 작업에 대한 개별 치료로 되돌아갔다. Berne의 사망 이후 여러 해에 걸쳐, 교류 분석가들은 지속적으로 집단 작업의 이론과 기법을 개발해 왔기 때문에 이제는 각본 분석이 개인적 세션에서와 마찬가지로 그룹에서도 수행될 가능성이 높아졌다(Stuthridge, 2013).

어떤 사람이 새로운 그룹에 가입하면, 그는 그룹이 정한 '규칙'에 필연적으로 관여되고 영향을 받게 된다. 이 그룹의 기능하는 방법에 관한 규칙 중 일부는 분명하지만, 글로 써진 것은 아니기 때문에, 그룹의 과정과 멤버들의 기대가 표현될 때라야만 알 수 있다. 팀에 들어 온 신입사원, 네 살짜리 아이의 학교 첫날, 3년 형을 선고받고 이제 막 감방에 수감된 죄수, 또는 복합 골절에서 회복하기 위해 이제부터 재활 부서에서 6주를 보내야 하는 환자를 생각해보라. 각자는 자기의 준거틀과 각본이 어느 정도는 상황 및 그룹의 각본과 관련되어 있다는 것을 발견할 것이다. 각각의 신입들은 적응에 많은 어려움을 겪을 수도 있으나 어쩌면 거의 문제가 없을 수도 있다. 그는 자신의 각본을 바꾸거나 또는 자기의 각본에 더 잘 맞게 하려고 집단을 변화시키려 할 수도 있다.

전형적인 자아상태 기능의 패턴, 교류 방법, 게임 및 각본 신념의 효과적, 비효과적 양식들은 그룹 멤버 간의 행동에서 파생될 수 있다. 겉보기에 사소한 일로, 어떤 사람은 그의 삶에 대한 이야기(그의 각본)를 몇 초 안에 보여줄 수 있다(Berne에 따르면, 3초 만에!). 악명 높은 지각생이 유감스러운 미소를 짓고 5분 늦게 지각하기를 여러 번 반복함으로써 그룹 내의 점증하는 짜증을 도발한다. 그는 생존적 인생태도인 "I'm not OK, you're OK" 또는 "I'm not OK, you're not OK"로부터 "나를 차세요(Kick me)." 게임을 연출하고 있을 수도 있다.

리더로부터 가장 많은 관심을 확실히 얻기 위해 많은 양의 직접적 관심을 요구하는 치료 그룹 멤버가 있을 수 있다(종종 부정적 스트로크의 형태로). 그는 종종 희생자(Victim)의 위치를 차지하고, 그룹 멤버 안에서 구원자(Rescuers) 및 박해자(Persecutors)를 이끌어낸다. 회사에서는 팀원으로서 종종 눈에 뜨이지 않는 인물이 있을 수 있다. 미팅 후에도 아무도 그 사람이 참석했었는지 모른다. 그는 어쩌면 "중요해서는 안 돼(Don't be important)."의 금지령을 가지고 있을 수 있으며, 많은 사람이 있는 상황에서는 언제나 이 패턴을 반복한다. 물론 가족은 우리의 첫 번째 그룹 경험을 제공하며, 형제자매가 완전히 성장했다 하더라도 가족 그룹 내의 각본이 '간결한 형태'로 연출되는 때가 있다. 크리스마스 때, 큰누나가 먼저 도착하여 어머니가 커피 준비하는 일을 돕는다. 둘째 아들은 앉아서 무언가 나오기만 기다리며 웃기는 이야기를 하고 있으며, 막내아들은 늦게 도착하자마자 모든 관심을 자신에게 끌어들인다. 그룹 환경에서 우리 행동의 개인 간 역동성은 의식적 자각 밖에서 일어나기 때문에 그룹 상황에서의 치료 작업은 심리치료, 상담, 슈퍼비전, 교육 및 조직 컨설팅 분야에서 TA의 핵심 원리가 되었다.

8.1.2 권한

Berne에 따르면 그룹 내의 권한은 리더십과 그룹 규범(group canon) 두 부분으로 구성된다.

Fox(1975)는 Berne의 이론을 다음 표에 간략하게 요약하고 있다.

표 8.1 교류분석 용어에 따른 그룹 분석

그룹 권한	그룹 구조	그룹 작업
리더십 : • 책임이 있는 • 효과적인 • 심리적인	공적 요소 : 그룹의 구조	그룹의 임무

(계속)

그룹 권한	그룹 구조	그룹 작업
그룹 규범 : • 헌법 • 법률 • 문화	사적 요소 : 그룹 이마고	그룹 과정

리더십

- 책임감 있는 리더는 공식적으로 권한이 부여된 사람, 거부권 없이 행동이 수행되어야 하기 때문에 보상하고 처벌할 권한이 있는 사람을 말한다.

- 효과적인 리더는 실행 분야에서 가장 영향력 있는 사람이다. 효과적인 리더는 임무가 수행되는지 확인한다. 그룹이나 조직에서 어떤 그룹 멤버라도 원칙적으로 효과적인 리더 역할을 수행할 수 있다.

- 심리적 리더는 잠재의식이나 심리적 수준에 가장 큰 영향을 미친다. 예컨대 Berne은 '추장' 외에 '주술사'가 있으며, 그가 어떻게 일이 수행되어야 하는지 그리고 변화가 필요한지 아닌지 여부를 결정하는 경우가 많다는 것에 주목하였다.

그 시대의 산물인, Berne은 주로 하향식으로 그리고 계층적으로 운영되는 조직을 주로 생각하였으며, 따라서 책임감 있는 리더가 곧 효과적 리더로 간주되었다. 최근 수십 년 동안 교육 및 육아 분야뿐만 아니라 기업 및 조직의 세계에서 많은 변화가 있었다. 그럼에도 불구하고 Berne이 정의한 리더십의 종류는 리더십을 분석하는 데 여전히 유용하다. 예를 들어 오늘날 많은 조직에서 책임감 있는 리더는 직원들이 효과적인 리더십 역할을 수행하도록 장려하는 사람이 될 수 있다. 조직 전체에 효과적인 리더십을 보장하기 위해 직원들이 보유한 특정 지식 및 기술의 분야에서 리더십을 발휘할 수 있는 기회와 그에 대한 책임을 직원에게 부여해야 한다. 심리적 리더는 어떠한 공식적인 리더십 위치를 갖지 않는다는 의미에서 '보이지 않는' 리더일 수 있지만 그룹 내에서 강력하고 잠재 의식적인 영향력을 행사하는 사람이다. 심리적 리더는 그룹 생활에 중요한 비전이나 추진력을 제공할 수 있으며, 조직을 폐쇄(lockdown) 및 역기능으로 이끌 수도 있다.

마틴은 열정적인 젊은 경영자로 현재 2년간 교사 팀장을 맡고 있다. 보통 그는 직원들과 상의하는 것을 선호한다. 그 후 함께 합의한 것을 진행한다. 그러나 일부 토론에서는 어떠한 결정을 내릴 필요가 있을 경우 동료들은 피트의 눈치를 본다는 것을 알게 되었다. 피트는 25년 동안 학교에서 일해 왔으며 동료들 사이에서 심리적 리더의 위치를 확보하고 있다. 마틴은 곧 피트가 자신의 편에 있다면 나머지는 자연스럽게 진행될 것이라는 것을 알게 된다.

유헤메로스

모든 조직에는 그 조직의 창립자 개인 또는 창립자 그룹으로부터 시작하는 역사를 가지고 있다. Berne은 오래 전에 죽은 주요 지도자(들)를 '유헤메로스(Euhemeros)'라고 불렀다. 그리스 사상가 유헤메로스는 그리스 신화를 지속적으로 이야기됨으로써 현재의 형태를 갖추게 된 최근의 사건에 대한 이야기로 보았다. 회사의 설립자들은 보통 그들에 대한 (이상화된) 이야기를 통해 아직도 살아 있다. 애플의 창립자 중 한 명인 스티브 잡스는 그러한 유헤메로스의 강력한 예다. 그의 이야기(신화)는 회사 안과 밖에서 계속해서 사람들의 입에 올려질 것이기 때문에 그의 영향은 여러 해에 걸쳐 느껴질 것이다.

그룹 규범

Berne은 그룹의 삶 속으로 전승된 유헤메로스에 대한 이야기와 신화는 그룹의 문화에 단단히 뿌리를 내려 일종의 신성함을 가지게 된다는 것을 발견하였으며, 이것을 집단(그룹)의 규범(canon, 신성한 경전)이라 불렀다. 그룹 규범의 심리적 기능은 내적 그룹 과정을 규제하고 그룹 멤버 간의 정체성과 소속감을 제공한다. 그룹 규범에 포함된 것은 그룹의 헌법이며, 그룹 안의 다음과 같은 삶의 요소들을 정의한다.

- 그룹이 목표는 무엇인가?
- 그룹의 법률은 무엇인가? 어떤 서면 규칙과 협약을 통해 이러한 목적이 규제되는가?
- 그룹 문화란 무엇인가? 어떤 불문의 규칙과 합의에 의하여 일이 이행되는가?

각 그룹에는 다면적으로 구성된 자체 문화가 있다. 그룹 활동을 하는 데 필요한 기술 및 과학적 지식은 (합리적인) 어른자아 A에서 발견된다. 또한 문화는 그룹의 생존과 밀접하게 연관된 에티켓과 규범 및 가치가 위치하는 (전통적인) 부모자아 P의 측면을 포함한다. 마지막으로, 각 그룹은 개인의 행동을 결정하는 고유한 특성을 가지고 있으며, 무례하지 않고 각자의 개별성을 표현할 수 있다. 이것은 (정서적) 어린이자아 C의 면이다.

그룹에 관한 Berne의 저술 대부분은 심리치료 그룹과 병원 같은 의료 기관으로 제한되어 있다. 이제 그의 그룹 이론은 광범위한 제도적·조직적 환경에 적용된다. 초기에 Berne은 다문화 간의 비교문화 연구에 많은 흥미가 있었지만, 그의 교류분석 저술에서는 반영되지 않았다. 근래에 Pearl Drego(1996, 2005, 2009)는 Berne의 발견들을 사회문화적 관점에서 적용하였다.

그룹 문화는 어른자아 A가 불충분하고, 목표 지향적이고 구조화된 행동의 결여 때문에 부패하고 실패가 임박할 정도로 너무 연약하고 부드럽고 해이할 수 있다. 또는 지나치게 구조화되어 있으며 혹독하여 수동적 저항이나 공공연한 반란을 초래할 정도로 너무 완고할 수 있다. 너무 부드러운 그룹에서는 응집력이 약하고 멤버들은 천천히 그러나 확실하게 자신만의 길을 선택한다. 너무 부드럽거나 너무 완고한 그룹 모두에서는 심각한 게임 플레이가 일어난다.

8.1.3 구조(공적 및 사적)

그룹 구조에는 공공적인 측면이 있다: 그룹은 어떻게 조직되고 일을 준비하고 필요한 요소들을 갖추게 되는가? 그룹에서 개인의 역할은 무엇인가? 나아가 각 그룹에는 개인적인 측면이 있는데, 그룹 구성원의 각 개인의 다양한 '마음속'처럼 그룹은 어떤 모습일까?

그룹과 조직에 대한 Berne의 생각에서 따르면 경계의 개념이 특히 중요하다. 경계는 누가 참여하며, 어떻게 참여할지를 정의한다. 공적 구조는 그림 8.1과 같다. Berne은 내부 경계와 외부 경계를 지닌 유기체로서 그룹을 간결하게 묘사했는데, 그에 따르면 그곳에는 어쩌면 하위그룹의 존재도 가능하지만 어쨌든 멤버들만의 구분된 지역, 그리고 리더를 위한 별도의 지역이 있다(Berne, 1966).

Lee(2014)는 (과정그룹의) 구조 다이어그램은 그룹 프로세스와 발달의 다섯 가지 측면들, 즉 수용(containment), 리더십(leadership), 반응성(responsiveness), 상호작용(interaction), 확장(expansion)과 관련하여 연구되어야 할 필요가 있다고 제안한다. 건강한 발전을 위해서는 경계들은 침투성이 있어야 한다. 그룹 활동의 수용과 유지는 리더의 첫 번째 관심사다: 그것은 포함과 수용의 감정을 부를 수도 있으며 또한 배제와 거부의 감정을 불러일으킬 수도 있기 때문이다. 이것은 그룹에게는 활동과 목적에 관한 기본적 계약에 관한 것이다. 리더십 문제에 있어서는 신뢰와 안전에 관한 문제가 떠오를 것이다. 멤버들은 어린 시절 발달과정에서 겪었던 투쟁의 과정을 다시 연출할 것이다. 리더의 임무는 자

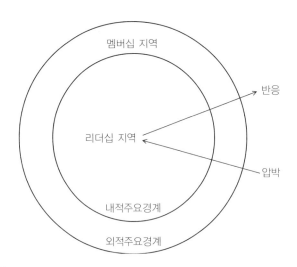

그림 8.1 그룹의 공적 구조

신의 강건함을 잃지 않고 그룹 스스로 그룹의 문화를 수립할 수 있도록 하는 것이다. 다음으로 그룹의 멤버들은 리더에게 개별성을 인정받고 있는가 여부에 대해 관심이 있다. 그들은 자신의 반응성과 관련하여 "나는 이곳에서 중요한 사람인가?"(이것은 일반적으로 원가족에서 그의 경험과 관련이 있다)라는 의문을 재평가한다. 리더는 그때 의미 있고 접촉이 충분한 대화를 격려한다. 투과성의 경계들은 친밀과 열린 관계에 대한 허가를 준다. 마지막 질문은 그룹에서의 (학습) 경험을 외부의 다른 그룹 과정으로 어떻게 가져갈지에 대한 것이다. Lee는 분명히 치료 그룹을 염두에 두고 위와 같은 글을 썼지만, 그가 다룬 문제들은 교사, 관리자 및 기타 그룹과 함께 일하는 전문가들에게도 중요하다.

그룹의 사적인 구조는 각 그룹 맴버의 발전에 의한 영향으로 시간이 지남에 따라 변화하는 그룹 이마고에 의해 형태가 부여된다. 각 개별적 그룹 멤버는 그룹의 관계, 특히 리더와의 관계에 대한 자신만의 그림을 가지고 있다. 어떤 그룹 멤버 그림의 일부 측면은 의식적이지만, 중요한 요소들은 무의식적인데, Berne은 이것을 그룹 이마고(group imago)의 기초가 된다고 간주했다. 이마고는 대체로 그룹의 각 멤버들의 행동을 결정한다. 예컨대 새로운 그룹에서, 그룹 멤버는 아래와 같은 그룹 이마고를 가질 것이다.

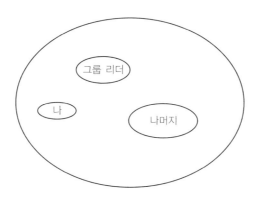

그림 8.2a **시작 단계의 그룹 이마고**

시간이 지남에 따라 이마고는 부분적으로 차별화된 그룹 이마고로 바뀐다.

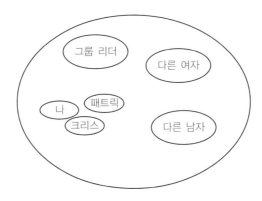

그림 8.2b   부분적으로 차별화된 그룹 이마고

마지막으로, 차별화된 집단의 이마고가 나타난다.

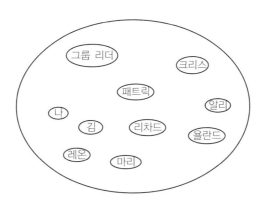

그림 8.2c   차별화된 그룹 이마고

또한 그룹 및 그룹의 경험에 대한 아이디어는 발전한다. '성공적인 그룹 과정'에서 그룹의 이마고는 다음과 같이 변화한다.

- 잠정 그룹 이마고(provisional group imago) : 초기의 그룹 멤버는 그룹에 대한 선입관을 기반으로 예비 그룹 이마고를 형성한다.
- 순응된 이마고(adapted imago) : 누군가가 실제로 그룹에 가입하면, 순응된 이마고가 생겨나고,

이 사람은 본래 가지고 있던 기대와 환상을 버리고 그룹의 현실에 맞게 예비 그룹 이마고를 조정한다.

- 실행 이마고(operative imago) : 세 번째 단계에서는 실행 이마고가 형성되어, 다른 그룹 멤버들과 권력, 통제, 경쟁 같은 주제들 간의 차별화가 이루어지며, 하위그룹 형성이 분명해진다. 각 그룹 멤버들은 주로 "나를 이 그룹에서 어떻게 중요한 사람으로 만들 수 있을까? 이 그룹 내에서 나의 위치는 어디이며 어떤 위치를 점하고 싶은가?" 같은 질문에 관심을 가진다.
- 친밀과 자율(intimacy and autonomy) : 마지막으로, 친밀과 자율의 국면이 온다. 이제 그룹 멤버 개개인은 그룹의 사명과 관련하여 자신만의 역할을 수행한다.

특정한 시간에 책임을 맡고 있는 사람(이 사람이 책임을 맡고 있든, 효과적이든, 심리적 리더이든 아니든)이 가지는 그룹 내의 이마고는 무엇이 그룹을 효과적이거나 또는 비효과적으로 만드는지 그리고 그룹은 어떻게 역경과 저항의 상황에서도 계속해서 기능할 수 있는지에 대해 큰 영향을 미친다.

8.1.4 그룹의 일

치료 집단, 알코올 중독자 모임, 사업체, 경영 팀 또는 교실 같은(목적을 가진) 작업 그룹들은 그룹 멤버들이 공유해야 하는 일정한 확인된 과업(임무)을 가지고 있다. 그러나 일반적으로 그룹의 명백한 업무와 목적에 방해가 되거나 충돌을 일으키는 개별적 그룹 멤버들의 역동에 의해 초래되는 그룹 내의 긴장이/도 존재한다. Berne은 "그룹 멤버십을 결정하는 여러 가지 힘의 요소들이 있으며, 개인은 반드시 그룹의 활동에 주로 이끌리는 것만은 아니다."(1963, p. 161)라고 말했다. 그룹의 개별 멤버는 명시된 그룹의 목적에 반드시 부합하지 않을 수도 있는 소원, 동기 및 환상을 가지고 그룹에 참여할 수 있다. 그룹 리더가 직면하는 여러 도전들 중의 하나는 그룹이 명시된 실행 과업과 그룹의 작업을 촉진시킬 수도 있고 또는 방해할 수도 있는 그룹 내적 프로세스에 주의를 기울이도록 돕는 일이다.

기능이 원활한 그룹에서 리더는 그룹 멤버들로부터 충분한 권한을 부여받아, 그룹 내에서 일관된 구조를 정의 및 유시하고 그룹이 과업에 일관된 주의를 유지하도록 하며, 각 멤버들의 자기의 과제에 관한 사고와 기여를 촉진한다. 그룹 리더는 그룹이 과제를 수행할 수 있도록 그룹의 외적 경계를 정의할 수 있다. 아주 기능을 잘하는 그룹에서는 그룹 멤버들이 리더의 기술과 권한을 인지하고 가치를 부여함으로써 심리적, 효과적, 책임감 있는, 심리적 리더십 기능들과 일치하도록 만든다.

다시 Berne(1963, p. 140)은 리더십을 세 가지 범주로 나누었다. 첫째, 심리적 리더십(psychological leadership)은 항상 어떤 직함을 갖는 것은 아니지만 가장 큰 힘을 가진 사람, 둘째, 효과적인 리더십(effective leadership)은 문제에 대한 해답과 해결책에 있어 종종 따르게 되는 사람, 셋째, 책임감 있는 리더십(responsible leadership)은 공식적으로 책임을 지고 설명을 해야 할 사람이다. Berne은 제일 최선은 이 세 범주 모두가 어떤 한 사람에게서 발견되는 것이라고 주장하는 것처럼 보인다. 현대 경영 이론과 실제에 따르면 팀이 가장 효과적이려면 효과적 리더십 역할들을 다양한 그룹 멤버들이 수행할 필요가 있다고 지적한다. 사람들은 말하기를 나쁜 지도자는 추종자들을 만들고 좋은 지도자는 (효과적인) 지도자들을 만든다고 한다.

기능을 잘하는 그룹에서는, 그룹 이마고와 각본들(개인과 그룹 자체의)은 어른자아 A의 관찰과 깊은 사고에 점점 더 개방되고 노출된다. 그룹 멤버들은 각 멤버들을 차별화(개별화)함으로써 그룹의 할 일에 기여할 수 있는 공간을 찾아낼 수 있다. 그룹 리더는 그룹이 할 일에 대해 일차적인 주의와 노력을 기울일 수 있다.

그러나 그룹 멤버들 간 그리고 그룹 멤버들과 리더 간의 내부 역동이 그룹의 업무를 약화시키는 사례는 비일비재하다. Berne은 이러한 집단들을 자기성찰을 위한 역량을 회복할 때까지 제일의 목표를 내적 그룹 과정으로 옮길 필요가 있는 '병든(ailing)' 집단으로 지칭했다.

예를 들면, 어떤 장기 심리치료 그룹은 세 명의 멤버들이 각자의 치료 계약을 마치고 여름휴가 기간에 그 그룹을 떠나게 되었을 때까지, 2년 이상 효과적으로 기능을 하였다. 그룹 리더와 멤버들은 작별 인사를 하며 그들이 치료 계약을 이행했음을 칭찬했다. 가을에 다시 세션이 시작될 때 그룹 멤버들은 리더에게 자기들은 신입 회원들을 영입할 준비가 되지 않았다고 알렸다. 그룹 회의는 점점 '잡담(pastiming)'으로 변해가기 시작했으며, 매우 규칙적이었던 출석률이 점점 나빠지기 시작했다. 그 후 두 명은 더 이상 그룹이 치료에 효과적이지 않기 때문에 떠날까 생각한다고 말했다. 치료사는 각 멤버에게 그룹에서 무엇이 바뀌었는지 생각하고 설명해 달라고 요청했다. 그녀는 물었다. "지금 현재 그룹의 문제는 무엇인가요?" 그녀는 멤버들에게 그룹 내의 프로세스에 대해 말하기를 권유했다. 멤버들이 말한 것은 여름 초에 떠났던 그룹 멤버들에 대한 감정이었다. 일부 그룹 멤버들은 그 떠난 멤버들이(배웠던 것을) 그룹의 다른 멤버들에게 도움을 주기 위해 더 머물러 있었어야 한다고 느꼈다. 즉, 그들의 결정은 이기적이었다는 것이다. 다른 멤버들은 떠나는 그룹 멤버들에 대한 상실감을 느낄 만한 시간을 허락해주지 않은 리더에게 분노를 표현했다. '축하(celebration)'는 있었지만 슬픔은 없었다. 그룹 리더가 내적 과정에 대한 그룹의 생각을 표현할 자리를 마련하자, 그룹은 다시 제대로 굴러가기 시작했다. 출석률은 다시 궤도에 올랐고 그룹은 새로운 멤버를 받아들일 준비가 되었다고 했다.

그룹의 생존과 유효성은 우리가 방금 본 것과 같은 그룹 내의 압력이나 빌딩의 시끄러운 개조 같은 외부요소에 의해 위협을 받을 수 있다.

예를 들어, 커뮤니티 정신건강 센터가 공적 자금지원의 상당 부분을 잃어버려 보험 회사를 통한 자금에 더욱 의존하게 되었다. 보험 회사의 요구 사항 중 하나는 첫 번째 세션 직후에 즉각적인 진단을 제공해 달라는 것이었다. 정신의학 진단은 센터의 전문 분야가 아니었다. 자금 부족으로 인해 직원을 해고해야 할지 모른다는 불안감을 가진 센터장은 치료사들에게 즉각적인 진단을 더욱 강하게 요구하였다. 갑자기 첫 번째 인터뷰 후 치료를 이어가는 환자의 수가 현저히 감소했다. 직원들은 센터장을 무시하기 시작하였고 대신 TA의 인본주의 전통을 따르고 환자를 분류하는 이러한 방식의 피상성에 대해 비판적인 직원 중 한 사람의 연장자를 따르기 시작했다. 직원들은 더 이상 책임감 있고 효과적인 리더의 신뢰성과 존경을 센터장에게서 찾지 않고 대신 경쟁적 위치에 있는 심리적 리더에게로 돌아섰다. 센터의 붕괴라는 심각한 위협에 처하여, 센터장은 외부 컨설턴트를 불러 들였다. 컨설턴트는 공감과 객관성을 기반으로 개별 직원의 적대적 및 갈등적 감정을 들을 수 있었다. 그 후 그녀는 일련의 그룹 프로세스 세션을 통하여 직원들을 이끌 수 있었다. 그룹 과정을 통하여 그들은 서로의 신뢰를 다시 회복하여, 이러한 원치 않는 변화를 겪는 센터의 문화에 미치는 강력한 영향력에 대한 성찰의 능력을 발휘하고, 그리고 환자에게 서비스를 보장하고 보험 회사의 지불을 보장하는 전략을 세울 수 있었다.

　모든 집단에서 각 멤버들이 그룹에 대하여 갖는 이상적 표상(the ideal representation)과 현실 사이에는 갈등이 있다. 이러한 긴장은 멤버들 사이에서, 그리고 발달된 그룹에서는 대체로 개인 멤버들과 리더 사이의 동요로 이어질 수 있다. 그룹이 생존하기 위해서는, (책임감 있고, 효과적이며 심리적인) 리더의 그룹 이마고는 현실(어른자아 A에 의해 확인된 자료에 의해 입증되는)과 일치해야 하며 그룹의 응집력이 파괴적 힘에 맞설 필요가 있다.

8.2　추가 이론

8.2.1　대규모 그룹 및 조직과 작업하기

그룹과 조직이 건강하게 기능하는 것은 그들의 효과성에 큰 영향을 미친다. 기능에 문제가 있는 그룹이나 조직을 이해하려면, 그룹의 역사, 구조 및 목적은 물론 리더들과 멤버들의 동기에 대한 구체적인 정보가 필요하다. 이를 바탕으로 문제의 원인을 분석하고 상황을 개선하기 위한 제안을 할 수 있다. 리너의 그룹 이마고에 대한 변화는 일반적으로 그룹의 구조, 응집력 및 결단력에 중요한 영향을 미친다.

　많은 조직에서 게임이 연출되며 조직을 덜 효율적이고 덜 효과적으로 만든다. 직원들(및 고용주)은 때로는 세력 틈새에서 꼼짝 못한다. 게임의 종류는 종종 영리 및 비영리 조직들 간에 서로 다르다 (Berne, Birnbaum, Poindexter, & Rosenfeld, 1962).

- 외래 환자 진료를 하는 정신과 병원과 같은 비영리 조직들에서는, 일은 환자를 돌보는 데 집중된다. 그러나 대기자 명단을 없앰으로써 치료사들이 별로 할 일 없이 의자에 앉아 있자는 것이 의도하는 바는 아닐 것이다. 그러나 만약 너무 많은 환자를 진료하게 된다면 개별적 직원들, 특히 효

과적으로 업무를 수행하는 직원들은 지쳐서 위험에 처할 것이다. "나는 너를 완전히 완쾌시키지 않고, 단지 당신을 돕는 시늉을 할 뿐이야."라는 게임을 더 이상 할 수 없다. 오늘날 학교들이 교육의 질에 미치는 영향은 고려하지 않고 학생 수가 많음으로써 득을 보는 것도 유사한 사례다. 만약 교사들이 교육의 질에 관한 기준에 집착하여 이에 근거하여 학생을 낙제시키고 또 거부한다면, 학교에 부정적인 영향을 미칠 수 있다. 학교의 명성과 등급, 그와 관련된 지원금은 종종 졸업하는 학생의 수와 관련이 있다.

- 영리를 목적으로 하는 조직에서는 게임이 약간 다르며 보통 상임 직원과 임시 직원 사이에 균형의 문제가 포함된다. 직원이 부족한 부서의 관리자는 상사에게 직원이 부족하여 업무를 제대로 수행할 수 없다고 불만을 제기한다. 그러나 만약 직원 수가 충분하고 업무가 효율적으로 진행이 된다면, 관리자는 더 이상 이러한 게임을 할 수 없다. 그러면 그는 다른 것에 대해 불평할 수 있다. 예를 들어 임시 직원의 능력에 불만을 표하고 그로 인해 그 직원은 해고가 된다. 그러면 다시 직원 수가 부족하고 다시 예전 상황으로 돌아간다.

각 직원들에게 이러한 게임은 "해고당하지 않으려면 얼마나 효율적이어야 하는가?"라는 질문을 중심으로 진행된다.

개방적 또는 사회적 차원에서 가능한 한 많은 고객에게 봉사하고 최대한 많은 학생들을 교육하고 가능한 한 많은 수익을 올리는 조직들이라 하더라도, 무의식적, 심리적 수준에서는 완전히 다른 문제가 있을 수 있다. 예를 들면, "쉬엄쉬엄 해(take it easy)." 우리에게 대기자 명단이 있는 것은 좋은 것이야. 우리는 사치스럽게 돈을 쓰지만, 일의 내용과 품질에 대해서는 비용을 경제적으로 줄인다. 예방은 중요하지 않으며 그저 적당한 목표면 충분하다. 이러한 조직에서는 효율적인 직원은 위협이 되며, 머지않아 다른 사람으로 대체되고, 그는 안전한 다른 부서로 승진 이동되거나 아니면 해고되어 사라진다.

8.2.2 조직 각본

조직 각본(organizational scripts, 1986, 1993)에 대한 2개의 논문으로 2012년 Berne Memorial Award를 수상한 Rosa Krausz는 조직의 각본(문화)이 개인 및 집단 행동에 얼마나 큰 영향을 미치는지 설명한다. 이를 정확히 이해하기 위해 그녀는 조직이 일상생활에서 네 가지 중심 주제를 어떻게 다루는지 그 방법에 특히 주의를 기울여야 한다고 제안한다.

- 일(work)
- 시간(time)

- 사람(people)
- 돈(money)

이들 각각의 주제는 조직 및 사업체들이 어떻게 기능하는지에 대한 일련의 (각본)신념들을 가지고 있다. 네 가지 주제는 네 가지 존재적 또는 인생태도와 연결될 수 있다(이 책의 저자 서문 및 제5장의 5.1.4절 참조).

일

대략적으로 조직에서 업무(일)의 역할은 네 가지 방식으로 볼 수 있다.

- 인생태도 +/+에서 볼 때, 일은 결과에 중점을 둔다. 그것은 효과성(유효성)에 관한 것이다.
- 인생태도 +/−에서 볼 때, 일은 과제 지향적이다. 최선을 다하는 것만으로도 충분한다.
- 인생태도 −/+에서 볼 때, 일은 생존 지향적이다. 현 상태는 유지되어야 한다.
- 인생태도 −/−에서 볼 때, 일은 실패에 초점을 맞춘다. 파괴적인 행동, 위험, 불법적인 절차

시간

시간은 조직에 유리하게 또는 불리하게 사용될 수 있는 자원이다. 다시 네 가지 존재 포지션에 기초하여, 당신은 시간에 관한 네 가지 신념들을 발견할 수 있다.

- 인생태도 +/+에서 볼 때, 시간은 귀중한 자원이다.
- 인생태도 +/−에서 볼 때, 시간은 힘의 관계를 유지하는 수단이다.
- 인생태도 −/+에서 볼 때, 시간은 참아내야만 하는 무엇이다.
- 인생태도 −/−에서 볼 때, 시간은 전혀 중요한 것이 아니다.

사람

사람에 대한 신념들은 신규 채용 및 선발과 조직의 근무 환경에 많은 영향을 미친다. Franklin Ernst(1971)는 세상을 보는 4개의 창에 기초하여 사람들의 특성을 표현하기 위하여 짧고 강한 용어들을 사용했다.

- 사이좋게 지내다!(Get-On-With, GOW) : 인생태도 +/+로부터, 협력, 상호 존중, 개방 및 신뢰에 중점을 둔다.
- 제거하다!(Get-Rid-Of, GRO) : 인생태도 +/−로부터, 착취, 조작, 신뢰 결핍, 개인적 개입에 중점을 둔다.

- 도피하다!(Get-Away-From, GAF) : 인생태도 −/+로부터, 의존 관계, 영향력 빈곤, 낮은 문제 해결 능력을 특징으로 한다.
- 진전이 없다!(Get-Nowhere-With, GNW) : 인생태도 −/−로부터, 수동적 소외된 관계, 무감 각, 무관심을 특징으로 한다.

돈

조직 내에서 돈을 어떻게 보는가 하는 견해는 조직이 개발하는 전략적 태도에 크게 영향을 미친다. 돈 은 한 번만 쓸 수 있으며, 기술, 자원, 교육 및 개발과 같은 분야에 대한 투자에 큰 영향을 미친다. 일 반적으로 조직에서 돈에 대한 네 가지 유형의 신념들이 발견된다.

- 돈은 목적을 위한 수단이며 그 자체가 목적은 아니다. 돈을 버는 것은 품질을 제공하는 것에 대 한 논리적 결과다, 인생태도 +/+로부터.
- 돈은 그 자체로서 목적이며 목적을 위한 수단은 아니다. 모든 일은 돈을 버는 것에 관한 것이다, 인생태도 +/−로부터.
- 돈은 어떤 때에는 목적을 위한 수단이며, 또 어떤 때에는 자체가 목적이다. 모호성이 있다: 돈은 쉽게 버는 만큼 쉽게 잃어버린다, 인생태도 −/+로부터.
- 돈은 수단도 목적도 아니다. 도덕적 기반이 파괴된 상태고, 지금은 아무것도 중요하지 않으며, 조직의 생존은 위험에 처해 있다, 인생태도 −/−로부터.

8.2.3 그룹 발달

그룹 멤버가 처음 그룹에 참여하는 순간, 그에게는 몇 가지의 '기아(hungers)'(제2장 참조)가 있다.

- 자극에 대한 생물학적 욕구
- 시간을 구조화하려는 심리적 욕구
- 친밀에 대한 사회적 욕구
- 친숙한 교류에 대한 향수의 욕구
- 이전 경험에 기초한 기대

그룹 멤버의 과제는 이러한 욕구와 기대를 그가 직면하고 있는 현실과 적응시키는 것이다(Berne, 1963; Clarkson, 1992).

- 그룹 발달의 첫 번째 단계에서, 그룹 멤버들은 예비적(임시적) 그룹 이마고를 형성하며, 그에 따 라 '물러나 있음(retreating)'과 의식(rituals)을 통하여 시간을 구조화할 수 있다. 종종 그룹 멤버

는 처음에 리더에 초점을 맞춘다: "리더는 나를 어떻게 생각할까? 리더가 보기에 내 위치는 어디이고 나는 누구인가?" 일반적으로 멤버는 자신의 부모(때로는 조부모 또는 교사와 같은 인물)의 이마고를 리더에게 투사한다. 형제자매와 어릴 때 같이 놀던 친구의 이마고를 동료 그룹 멤버들에게 투사한다. 결국 당신은 당신의 첫 번째 팀 경험을 당신이 성장했던 가족에게서 얻는다. Tuckman이 형성(forming)이라고 부르는 이 단계에서, 그룹 멤버는 대인관계 행동의 한계와 그룹의 과제를 시험함으로써 새로운 환경에의 적응에 관심을 가진다. 이렇게 그들은 리더와, 다른 멤버들과, 그룹의 규율과의 적절한 관계를 발견한다(Tuckman, 1965). 이 단계에서는 리더가 그룹의 외적 및 내적 경계를 정의하고 보호하는 것이 중요한데, 여기에는 누가 그룹에 속하고 누구는 속하지 않는지, 책임을 지는 사람은 누구인지에 관한 명확한 합의가 포함된다. 리더는 부모와 마찬가지로, 그룹에 의해 사랑받을 만한 용기를 가져야 하며, 또한 궁극적인 목적은 이 사랑을 잃는 것임을 알고 있어야 한다(Clarkson, 1992).

- 그룹 발달의 두 번째 단계에서, 그룹 멤버들은 순응된 그룹 이마고를 형성하고 잡담을 통하여 시간을 구조화한다. 그룹 멤버와 리더 간에 갈등이 발생한다. Tuckman은 이것을 혼란(storming)이라 부른다. 그룹 멤버들은 그룹의 영향력과 그룹 참여에 따르는 요구사항에 반대한다. 때로는 리더에 대한 명백한 또는 은밀한 비판이 있기도 하다. 그룹의 멤버들은 수동적, 과도하게 순응된, 또는 지나치게 소극적인 행동을 보이기 때문에 그룹에 거의 에너지가 없을 수도 있다. 효과적인 그룹 리더는 멤버들에게 그를 시험할 수 있는 기회를 제공하고, 강한 모습을 유지하며, 그룹 구성원들을 처벌하거나 변명을 둘러대지 말아야 한다.

- 세 번째 단계에서 그룹 멤버는 실행적(operative) 그룹 이마고를 형성한다. 그들은 주로 게임으로 시간을 구조화한다. 세 번째 단계는 규범화(norming)의 단계이며, 새로운 규범과 역할로부터 그룹의 응집력이 생겨난다. 리더는 대인관계 기술을 촉진하고 정서적 문해력(emotional literacy)으로서의 건설적인 행동을 보여준다. 정서적 문해력이란 자신의 감정을 이해하고 그것을 생산적으로 표현하며, 다른 사람들의 말을 경청하고 공감할 수 있는 능력이다(Steiner, 2003). 이렇게 리더는 그룹 멤버들의 개별화와 자기실현을 돕는다.

- 네 번째 단계에서, 그룹 멤버는 2차 조정된 그룹 이마고를 형성한다. 이것은 실행(performing)의 단계다. 이때에는 그룹 멤버들의 역할은 유연하고 기능적이며, 그리고 개인 행동에 대한 통찰을 얻고 이러한 행동을 변화시키고 활발히 문제를 해결하기 위하여 수행되어야 하는 일에 그룹의 에너지가 집중된다. '친밀감(intimacy)'을 형성하는 시간이 점점 더 가시화되고, 그룹 멤버는 자신의 임무에 대해 개인적 책임을 지고, 그룹 리더의 존재는 점점 배경으로 사라진다.

- 마지막으로 다섯 번째 단계에서, 그룹 멤버는 더 이상 초기의 투사에 제약을 받지 않는 명료한

(clarified) 그룹 이마고를 가진다. '물러나 있음(retreat)'이라는 수단을 통한 시간의 구조화는 작별 인사와 그 슬픔을 예견하며 더욱 일반적이 된다. Tuckman에 따르면, 이 단계는 슬퍼하기 (mourning) 또는 일시 중단(adjourning, pausing)의 단계이며, 멤버들은 때때로 그룹이 끝남으로써 촉발되는 옛날의 미해결된 슬픔을 경험한다. 그룹 리더는 멤버들이 상실의 현실을 받아들이고, 고통을 경험하고, 변화된 환경에 적응할 수 있도록 도와줌으로써 멤버들에게 계속 집중한다. 그는 또한 멤버들이 그들의 정서적 에너지를 그룹으로부터 철수시켜 다른 관계에 투자하도록 도와준다.

위에 설명한 단계들은 그룹의 목적에 관계없이 모든 그룹에 적용된다. Berne과 Clarkson은 글을 쓸 때 모두 심리치료 그룹을 생각했지만, 사실 다른 그룹에서도 동일한 과정이 일어난다. 예를 들어 학습 그룹에서, 이러한 단계를 통한 그룹과 개별 멤버의 발달은 학습 과정의 일부일 수 있다. 리더—교사, 트레이너, 누가 되었든지—부분적으로 그룹에서의 이전 경험에 근거를 둔 어떤 이마고를 가질 것이며, 여기에는 어쩌면 그 사람 자신의 오랜 학습 경험에서 환상으로 자리 잡았거나 또는 기억에 남는 선생이 포함되어 있을 수 있다. 임시적(예비적) 이마고와 이와 관련된 불안이나 흥분에 대한 자각은 리더가 들뜨지 않고 그룹과 함께 착수할 학습 경험을 위하여 그룹과 모든 수준에서 명확한 계약을 체결할 수 있도록 도움을 준다.

그룹이 적응된 단계로 옮겨감에 따라, 교사는 자신이 검증 대상이 된 것을 알게 되며, 동시에 자신의 역량이나 자신의 교수 방법에 대한 도전을 OK 포지션에서 응답할 필요가 있다는 것을 알게 된다. 또한 교사는 한편으로 개인들의 아이디어를 확인하고 융통성을 유지하며 배움을 자원화해야 한다. 이 단계에서는 유연성 및 긍정적인 모델링이 중요한데, 이는 그룹이 관계 맺기와 공부를 위한 건강한 표준을 개발하는 데 도움이 되며, 다른 사람들이 한편으로 학습자들을 격려하면서 또 한편으로는 자신을 억제하는 것을 보는 개인적인 경험을 이용한다. 네 번째 단계가 시작되면서, 집단의 친밀감과 실제 인물로 보여지는 지도자에 대한 인식은 사람들이 좀 더 자기주도적인 학습을 하고 책임감을 공유하면서 '집단이 일어나도록(letting the group happen)' 하는 것으로 이어진다. 코스가 끝나감에 따라, 그리고 그룹이 상실감을 예측하기 시작하며, 교사는 '그룹 이야기(group story)'와 슬픔을 위한 시간을 허락해야 하지만, 평가에 필요한 사항과 종료의 현실에 대하여 또한 명확해야만 한다.

8.2.4 학습 이마고

학습 그룹이 한동안 만나 그곳이 익숙한 장소가 되었을 때, Clarke(1996)는 "그룹의 그룹 이마고(group's group imago)"가 (개인의 이마고에 더하여) 발달한다는 것을 주장했다. 이것은 그룹 내에 상황은 어떤지, 어떤 사람이 참여하고 또 누가 떠나는 것과 같은 변화가 일어날 때 어떤 일이 벌어지는지,

참가자들은 어떻게 교사 또는 리더와 관계를 맺는지에 관한 공유하는 그림이다. 이러한 공동 이마고는 그룹의 실행적 단계와 2차로 조정된 단계로 넘어가는 것과 관련이 있다. 이러한 개념을 성인교육의 다양한 기반 철학의 개념과 결합시킴으로써, Napper와 Newton은 이마고 다이어그램을 만들어 계약, 스트로크 및 디스카운팅 패턴, 그룹 내의 관계, 가르침과 학습의 은유가 그룹 간에 어떻게 다른지를 보여준다(Napper & Newton, 2000; Newton, 2003). 이마고는 제2부 제14장에서 간략하게 설명된다.

8.3 추가 논의

8.3.1 정신치료, 카운슬링 및 컨설팅 그룹

Richard Erskine(2013)은 그룹 정신치료의 관계형 모델을 개발했다. 이 모델은 긍정적 고려, 공감, 각 멤버의 현상학적 경험에 대한 존중, 각 개인의 관점에 대한 타당성의 인정에 기반한다. 이 모델에서는 그룹과 그룹 리더가 상호 간의 근본적인 보안 및 의존성 대인관계의 환경을 조성하여 멤버가 보다 명확하게 "암묵적인 기억과 관계 맺기의 낡은 옛 방식이 그룹 내에서, 가족 내에서, 그리고 일상생활에서 어떻게 재연될 수 있는지"(p. 271)를 이해하도록 해야 한다. 그러면 그룹은 개인이 새로운 행동, 태도 및 관계를 실험할 수 있는 분위기를 제공한다. 그룹과정에서의 갈등과 대립에 대처할 때, Erskine은 수치심과 정신적 충격의 재연의 위험성을 강조하고, 민감성과 높은 수준의 개인적 존중을 주장하였다. 이것이 없으면 "그룹 내의 작업동맹에 대한 저항, 증오, 방해의 결과를 불러올 수 있다"(p. 270).

조직적 관점에서 볼 때 George Kohlrieser의 저술에도 안전한 기반을 확립하는 것에 대한 비슷한 강조가 있다. Kohlrieser는 그의 저서, 책상의 인질(Hostage at the Table, 2006)에서 "사람들은 사물이나 대상을 죽이지, 사람을 죽이지 않는다는 것은 사실이다."라고 주장했다. 다른 인간을 죽이려면 먼저 "다른 사람의 인성을 박탈"해야 한다(p. 106). 그는 경영자들이 직원들에게 어떻게 안전한 기반을 제공할지에 대한 도전을 평생의 과업으로 삼아왔다. 직원들을 개인적인 가치와 목표를 가진 실제의 사람으로 보는 견해는 안전한 기반을 만드는 모든 것이라고 볼 수 있다. "건강한 그룹이 되기 위한 핵심은 사람들 사이의 그리고 조직의 목표에 얼마나 강한 연대가 형성되는지에 있다"(2006, p. 15). 사람들이 언제나 서로를 사람으로 보게 되면, 말 그대로 또는 비유적으로, 서로의 머리를 내리치고 싶은 생각이 들지 않을 것이다. Kohlrieser의 접근법에서 갈등은 그룹 및 조직의 발전에 필요한 것이며, 다른 사람들과 자신의 기본적 OK 관점으로부터 갈등을 살펴보고 또 이용해야 한다.

다른 교류분석가들은 그룹 멤버 간 그리고 그룹 리더에 대한 투사, 분열, 전이 및 역전이를 통해 표현되는 그룹역동에서의 무의식적 요인들의 힘을 설명하는 대상관계(object relations)와 비온학파(Bionian) 이론에 기초한 그룹 작업 모델을 개발했다. 이러한 모델들은 그룹 내 행동의 의미를 탐색하는 주요 수단으로서 진행 중인 그룹 프로세스에 훨씬 더 많은 관심을 기울이도록 한다. 이 접근법은 또한 그룹 내에서의 갈등과 불안의 필연성과 그룹 멤버 간에 그리고 리더십과의 불일치 및 차이점이란 영역에 대한 그룹의 사려 깊은 관심에 의하여 부여되는 풍부한 학습 잠재력을 강조한다(Cornell, 2013). 조직 컨설턴트의 관점에서 쓴 저술에서, De Graaf(2013), Petriglieri와 Wood(2003), 그리고 Van Beekum(2006, 2012)은 그룹 작업에 Bion의 관점을 도입했다. 임상 및 카운슬링의 입장에서, Deaconu(2013), Hopping과 Hurst(2011), 그리고 Landaiche(2012, 2013)는, 그룹 안에서의 개인을 치료하는 작업이란 전통적 교류분석 모델에서 전체그룹(group-as-a whole)과의 치료 작업으로 크게 전환하는 관점들을 강조한다. 이 저자들에게 그룹 내에서의 갈등은 치료 과정의 핵심이다. 여기에서는 갈등과 일탈은 환영받으며 봉합되거나 회피되기보다 탐색된다. 우리는 Landaiche가 전면에 표방했던 관점을, "나는 그룹과 그리고 나의 불편함과 씨름하는 것을 마다하지 않는다. 왜냐하면 나는 학습을 위한 잠재력과 주요 핵심 문제들과 관련한 집합적 투쟁과 노력의 잠재력에 관심이 많기 때문이다(2012, p. 194)."라는 말을 통하여 이해할 수 있기 때문이다.

그룹에 대한 작업에서 또 다른 차이점은, 한편으로 그룹 프로세스와 그룹 전체와 작업을 할 것인지, 다른 한편으로 그룹 안에서의 개인들과 작업을 할 것인지에 관한 선택이다. 잘 기능하는 집단치료를 위해서는, 그룹 내의 치료 환경이 필수적이다. 즉, 그룹 멤버들이 자기들의 감정과 근접하게 머물 수 있는 좋은 의사소통의 네트워크다. 더구나 적정 수준의 회귀(regression)는 필수적이다. 사람들은 기꺼이 자신을 드러내야 하며 서로의 관심을 공유하기 위하여 적절하게 관찰하는 자아를 보유해야 한다. 치료사는 그룹 전체를 대상으로 하거나 또는 한 명 또는 그 이상의 그룹 멤버들을 개별적으로 겨냥하는 개입들의 사용을 선택할 수 있다. 이러한 각각의 접근법들은 특정한 상황에 적합하도록 선택될 수 있다.

그룹과 일할 때에는 그룹의 스트로크 분위기, 전체 그룹의 이고그램, 그룹 멤버들 간의 교류들, 그룹 내 시간의 구조화, 그리고 드라마 삼각형의 존재와 같은 TA 개념들을 사용할 수 있다.

8.3.2 개인 안의 그룹

De Graaf(2013)는 그룹 내의 행동을 이해하기 위해서는 개인적(개별적) 심리학에 의존하는 것으로부터 전체로서의 그룹 내 시스템의 영향과 무의식적 역동에 대한 인식으로 전환할 것을 요구했다. 그는 그룹에서 관찰 가능한 행동을 몰고 가는 여러 가지 힘이 있다고 주장한다. 그는 우리가 개인 내부의 그룹에 주의를 기울일 것을 권한다. 개인이 그룹에 들어간 순간에 그룹은 그 사람 개인 속으로 들어간다.

그는 자기 자신을 범주화(categorizing)함이 없이 자기 자신에 대해 말하는 것은 거의 불가능하다고 말한다. Hogg와 Abrams(1998)는 사람은 대화의 집합체(a cluster of conversations)(각본), 즉 가족, 정치적·경제적·문화적 공동체 속에서 태어났다는 사실을 상기시켰다. 그룹과 함께 일하거나 그룹 안에서 일할 때, 대화는 어떤 상황하에서 적절하고 용인될 수 있는 행동 방식과 의견에 관한 규범 및 합의에 의하여 지배된다는 것을 인식하는 것이 현명하다. 그 개인 속에 자리 잡고 있는 그룹을 찾아내라. 사람들은 한 번에 하나의 대화에만 참여하지 않는다. 그들이 행하는 각각의 행동은 많은 대화의 연결점에 있다. 이러한 복잡한 맥락을 풀어내는 데는 시간이 걸린다.

Zimbardo(2008)는 이 분야에서 배울 수 있는 가장 심오한 교훈을 다음과 같이 표현했다: "[행동을 이해하기 위한] 전통적인 [기질적(dispositional)] 접근 방식은 행동으로 이어지는 고유한 개인적 자질을 확인하는 것이었다… 이것은, 누구 책임인가? 누가 원인인가? 누가 비난당해야 하는가? 누가 신임을 받는가?"와 같은 '누구와 관련된 질문(who-questions)'을 하게 한다(p. 7). Zimbardo는 그룹과 함께 일하거나 그룹 안에서 일하는 모든 사람들에게 더 많은 사회적 방향성을 가진 '무엇과 관련된 질문(what-questions)'으로 시작할 것을 권장하는데, 예를 들면 "어떤 조건들이 특정한 반응을 불러일으키도록 기여하는가? 행위자들의 관점에서 볼 때 상황이 어떠했나? 행위자들에게 영향을 준 상황적 변수와 환경적 과정은 무엇인가?"와 같은 질문들이다. 어떤 그룹에서 관찰되는 행동의 이면의 추진력들(복수형)은 그 사람이 속해 있는 시스템의 다양한 각본들에서 비롯된다. 이것은 개인적인 각본의 성향으로부터 모든 행동들은, 정의상 복합적 혼합체의 성격을 갖는다는 아이디어로의 전환을 요구한다.

어떤 집단으로 자기의 정체성을 인식하는 것은 사람들이 자신들을 평가하는 기본 메커니즘이다. 우리들이 우리 자신을 보는 방식은 우리가 일부로서 속해 있는 (속해 있던) 조직이나 집단의 각본에 크게 영향을 받는다. Hoggs와 Abrams(1998)가 기술했듯이, "자기범주화(분류)의 과정은 소위 상승효과를 만든다(p. 68)." 즉, 우리는 자기범주화(분류)의 과정을 통해 자신의 이미지를 부풀리는 경향이 있으며, 자기범주화(분류)는, 부분적으로, 우리가 속한 그룹과 같은 정체성을 가짐으로써 발생한다. 따라서 De Graaf는 교류분석가가 됨으로써 교류분석 커뮤니티의 일원이 된다는 것은 개별 교류분석가의 정체성에 중대한 영향을 주는 특정 견해와 의견을 보유하고, 그러한 관행을 추구하는 것이 요구된다고 결론을 내린다.

8.4 관련 이론

8.4.1 Levine의 그룹 단계

그룹 수준에서의 프로세스는 그룹 내에서의 연속적 발달 단계에 따라 그리고 각 단계마다의 리더의 임무에 따라 설명될 수 있다(Levine, 1979). Levine은 치료 그룹이 어떻게 네 단계를 거치는가를 설명한다. 이때 네 단계란, 등거리 단계(parallel phase, 평행), 통합 단계(integration phase), 호혜(互惠) 단계(reciprocity phase), 최종 단계(final phase)를 일컫는다.

등거리 단계(차별화되지 않은 그룹 이마고에 의한)에서는, 멤버들은 주로 리더에 초점을 맞추고 서로에 대한 관계에서는 거의 차별화되어 있지 않다. 그들은 불신/회피와 신뢰/화해 사이에서 왔다 갔다 변동한다. 치료사는 기준을 정하는 사람이다. 통합 단계에서는, 그룹은 서로 접촉하고 서로 대립하기도 한다. Bion(1961)이 묘사한 것과 같은 행동이 가시화된다. 즉, 싸우느냐 또는 도망가느냐(fight or flight), 의존성(dependancy)과 짝짓기와 같은 모습들이다. 그룹은 치료사가 정한 기준에 도전하고 새로운 기준을 수립한다. 호혜 단계에서는 그룹은 실제로 함께 일을 진행하기 시작한다. 친밀감이 생기고 개인적인 교류가 가능해지며, 치료사는 점점 뒤로 물러나 있게 된다. 최종 단계에서 그룹 멤버들은 자신을 그룹에서 분리시키며, 이때 죄책감, 적대감, 버려졌다는 감정을 느낄 수도 있지만 보다 커진 자율성을 갖게 될 수 있다. 각 단계는 수주에서 수개월 지속될 수도 있다. 때때로 그룹은 임패스에 빠져 장기간 동안 '어느 특정 단계에서 빠져나올 수 없게' 될 수 있다.

8.4.2 Yalom의 치유 요인

Yalom(1975)은 그룹 심리치료에서 치유 요인 목록을 작성했다. 이 개요는 일반적으로 그룹 내에서 유용하게 사용될 수 있다. 얄롬은 다음의 요인들을 설명한다.

- 희망을 깨우침 : 나는 이것으로부터 무엇인가를 얻고 격려받을 수 있다!
- 보편성의 경험 : 나와 같은 사람들이 더 많다. 나는 "미치지 않았다!"
- 이타주의의 경험 : 다른 사람들은 나에게서 무언가를 얻을 수 있다!
- 교정 경험의 획득 : 내가 하는 말은 실제로 경청된다!
- 사회적 기술 개발, 서로에게서 배우기, 그룹 응집력 체험하기 : 이것은 내가 속해 있는 나의 그룹이다!
- 카타르시스의 경험 : 그룹에서 울고 난 후 기분이 더 나아지는 것을 알겠다!

마지막으로, 존재적 요인들 :

- 인생은 때로는 부당하고 불공평하다는 것을 인식하기
- 당신은 혼자 인생에 직면해야 한다는 것을 받아들이기
- 삶과 죽음의 근본적인 문제에 직면하며 사소한 일에 덜 신경 쓰기
- 자신이 사는 삶의 방식에 대해 당신에게 책임이 있다는 것을 이해하기

이러한 치유 요인은 Yalom과 다른 사람들에 의해 광범위하게 연구되었다(Yalom & Leszcz, 2005). 피드백, 조언 및 제안, 보편성, 통찰력 및 응집력, 사람들 사이에서의 배움 및 카타르시스는 그룹 치료

의 주요 치료 요인으로서 매우 중요하다. 한 유명한 연구에서(Lieberman, Yalom, & Miles, 1973), 상이한 학파들 출신의 치료사들을 비교하였다. 이 연구에서는 연구에 참여한 치료사들이 사용한 상이한 그룹 모델들의 효과에서 중요한 몇 가지의 차이를 보여준다. 한 가지 중요한 차이점은 자유방임주의의 치료사들은 보다 좋지 않은 결과를 얻은 반면, TA 방법론을 대표하여 연구에 참여한 치료사, Bob Goulding은 가장 높은 점수를 받은 치료사 중 하나였다(Berk, 2005; Kapur & Miller, 1987)!

8.4.3 그룹의 초점 갈등

초점 갈등 이론(focal conflict theory; Whitaker & Lieberman, 1964)에서는 프로세스들은 한 세션 또는 몇 개의 세션들 안에서 일어나며, 그때 각 그룹 멤버들이 갈등의 그물 망(matrix) 속에서 특정한 역할을 연출하는 것으로 설명된다. Whitaker와 Lieberman은 다음과 같은 질문을 제기했다. "그룹 내에서 나타나는 모든 것은, 한편으로 그룹 회원들의 욕망, 소원, 그리고 충동과, 또 다른 한편으로 이들 욕망으로부터 자극을 받아 정확하게 활성화되는, 두려움, 억제와 금지 사이의 힘겨루기(power play)의 결과로 간주될 수 있는가?"

여러 종류의 치료 그룹들의 오디오 테이프를 10년간 분석한 후에야 그들은 적극적인 답을 낼 수 있었다. 어떤 그룹에서든, 그룹의 초점 갈등(group focal conflict)을 형성하는, 불안/동요를 유발하는 동기(disturbing motive)와 반응적 동기(reactive motive) 사이의 끊임없는 긴장이 조성된다. 결국, 그룹은 합성(synthesis)에 의하여 초점 갈등에 대한 성공적 해결책을 찾는다. 그 후, 새로운 불안/동요를 유발하는 동기가 떠오른다.

한 그룹 멤버는 치료사가 다른 그룹 멤버에게 충분한 도움을 주지 않는다고 느끼기 때문에 치료사에게 화가 난다. 몇몇 다른 그룹 멤버들도 이에 동의한다. 다음 세션에서 일부 멤버들은 분노에 대해 계속 이야기하기를 원하고(그들은 불안/동요를 유발하는 동기를 대표한다), 다른 사람들은 그것에 대하여는 이미 충분히 이야기했다고 생각한다. 이들은 다른 문제(반응적 동기)를 다루기를 원했다. 궁극적으로 그들은 결국 분노에 대해 이야기하게 된다. 다양한 그룹 멤버들의 배경을 감안하면, 왜 어떤 사람들은 분노에 대해 더 말하기를 원하고, 어떤 사람들은 분노에 대해 더 말하기를 원하지 않았는지 분명해진다. 그룹의 어떤 멤버는 자신이 권위 있는 사람에 대하여 얼마나 두려워하는지 발견한다. 즉, 그의 준거틀에서는 리더에 대한 비판은 가능하지 않다. 다른 그룹 멤버는 자기의 반항적인 입장(rebellious position)을, 그리고 따라서 책임 맡기를 회피하는 자신을 발견한다. 치료사는 별로 개입하지 않고 배후에 존재하며 세션이 끝날 때 자기를 향한 그들의 분노에 관해 어떻게 느끼는지 묻는다. 그 문제는 마치 공기 속으로(합성) 이미 사라진 것처럼 보인다.

8.4.4 단계적 확대 사다리

그룹 및 조직에서 보통 눈에 띄지 않게 진행되는 갈등의 단계적 확대 과정은 갈등 전문가 Friedrich Glasl에 의해 조사 기술되었다. 갈등과 대결하기(*Confronting Conflict*, 1999)에서, Glasl은 이러한 점진적 확대 프로세스가 어떻게 진행되는지 설명한다. 그는 많은 그룹과 단체들은 갈등을 회피하거나 또는 더 이상 멈출 수 없게 될 정도까지 악화되도록 방치한다고 주장한다.

단계적 확대(악화) 사다리에 대한 그의 통찰력 있는 견해는 갈등이 어느 단계적 확대 단계에 있는지를 알 수 있는 지침을 제공함으로써 적절한 개입이 이루어질 수 있도록 한다.

Glasl은 확대 사다리의 세 단계를 설명하고 있는데, 1단계 후에는, 어떤 개입도 성공하지 못하도록 선을 긋는 경계의 문턱을 넘어간다.

- 1단계 : win-win. 1단계에서는 모든 이해 관계자들이 갈등으로부터 이익을 얻을 수 있는 win-win 가능성이 있다.
- 2단계 : win-lose. 2단계에는 승자와 패자가 있다. 당사자들 중 한 명만이 상처입지 않고 경기장을 떠난다.
- 3단계 : lose-lose. 3단계에는 패자들만 있다. 어느 시점에서, 좋은 대화는 더 이상 진행되지 않는다. 따라서 중재가 제공된다. 추가적 확대의 경우에도 중재(mediation)의 여지는 없고 재정(arbitration)만이 가능하다. 3단계에서의 갈등에 대한 외부 개입만이 유일한 옵션일 때가 있다.

적절한 개입을 선택하기 위해 갈등이 어느 단계에 위치하는지에 대한 신중한 분석이 필요하다.

대형 대학 의료 센터에서 일하는 여러 전문가들 사이에서 격렬한 다툼이 있었다. '싸움'이 벌어지고 그것이 일반에 알려짐으로써, 분쟁은 외부 개입만이 해결의 실마리를 찾을 수 있는 상황으로 이미 악화되었다. 분쟁이 언론의 주목을 끌었다는 사실 때문에 상황은 더욱 악화되었다. 그러나 이사회는 모든 이해 관계자들이 다시 머리를 맞대고 상의할 것을 제안했다. "우리는 모두 성인이다. 우리는 어떤 종류의 해결책을 찾을 수 있을 것이라고 확신한다. 그렇지요?" 이것은 이 갈등의 악화 단계에 대한 불완전한 그림을 갖고 있는 회장(의장)의 생각이었다. 갈등을 다루는 데 좀 더 숙련된 감독관은 외부로부터의 개입만이 효과가 있다는 것을 알고 있었다. 감독관의 모토는 "환자를 보호하고 추가적인 피해를 제한하라!"였다.

Glasl은 초기의 긴장(갈등)을 조사할 것을 제안한다. 더구나 긴장(갈등)으로 발산되는 에너지는 그룹이나 조직의 발전에 유리한 영향을 미칠 수 있다. 충돌이 악화되고 있다는 신호를 잘 인식하는 것이 중요하다. 확장적 갈등의 다양한 단계에서 관계되는 사람들은 서로 다른 행동을 보인다. 눈과 귀가 있는 사람이라면 누구든지 더 이상의 단계적 악화를 막을 수 있으며 방출된 에너지를 건전한 발달을

위해 활용할 수 있다.

새로운 클래스에서 처음 몇 주를 가르치고 난 후, 멘토는 일부 학생들이 '영국에서 온 멍청이'에 대해 서로 불평하는 것을 들었다. 학생들은 그의 유능한 동료 뉴먼에 대해 이야기하고 있었다. 멘토는 학생들과 그의 동료 사이의 관계가 잘못되었다는 것을 이해한다. 이것이 더 이상 '뉴먼 씨'나 '뉴먼'이 아니라 '영국에서 온 멍청이'에 관한 것이라면, 지금은 철저한 대화를 통해 갈등의 단계적 확대가 어떻게 처리되어야 할지 알아내야 할 때다. 교류분석의 관점에서 볼 때, 갈등과 관련된 모든 사람들이 자신들과 타인들을 모두 OK라고 바라볼 수 있는 한, 갈등은 좋은 결과를 가져올 수 있다. 1단계에서는 갈등에 관여된 모든 사람들에게 도전적 질문을 할 수 있으며 또한 +/+ 접근법을 선택하도록 유도할 수 있다. 2단계에서는 Glasl의 관점에서 볼 때 갈등에 관여한 사람들은 +/+ 영역을 이미 벗어났다. 그들은 이제 +/− 창이나 −/+ 창을 통해 서로를 보고 있다. 그것은 승자와 패자로 인도한다. 그들이 일단 −/− 영역에 도달하면 상황은 절망적이다. 그곳에는 오로지 패자만이 있을 뿐이다.

1	2	3	4	5	6	7	8	9
토론 경화된다								
상호 임패스	지적 폭력							
이해 여부가 더 이상 명백하지 않음	경쟁	말은 안 하지만 행동은 함						
방패로 보호하기	우월감	비언어적 소통	고정관념적 특징화					
갈등의 협력적인 해결	양극화	위신의 문제	스스로 성취되는 예언	면전에서의 공격과 체면 상실				
도움 제공하기	토론의 스타일	차지한 위치에서 후퇴 거부	갈등의 확장	더러운 게임들	위협 전략			
찬성 : 탁월함	점수 매기기	공감능력 현저히 감소	동정심에 대한 욕구	정체를 드러냄	어려운 요구	상대방은 단순한 목표나 적일 뿐		
반대 : 연결	짜증을 유발하기	상호 책임감 상실	사람들이 당신 편을 선택하도록 함	서로를 신경 쓰지 않고 타인을 죽은 것으로 선언하기	패닉 반응	폭력	체계적 파괴	함께 심연으로
선별적 관심	웃음 반응	해법 취소	연합 형성	도덕적이지 않은 행동	제재	타인에게 상처 주기	상대를 분할하기	
			흑백논리		스트레스			
단계 1 : Win-Win			단계 2 : Win-Lose			단계 3 : Lose-Lose		

출처 : NPI, Zeist

그림 8.3 단계적 확대 사다리(이 책 출판을 위하여 번역됨)

8.4.5   가족 별자리

Bert Hellinger는 Fanita English에 의하여 교류분석을 접하게 되었다(Hellinger, 1998). Hellinger의 가족 별자리에 의한 치료법의 개발은 교류분석의 영향을 깊게 받았다. 그것은 Berne이 그룹과 조직의 '사적 구조(private structure)'라고 부른 것과 직접적으로 관련되는 접근 방식으로 볼 수 있다(이 장의 8.1.3절 참조).

Hellinger의 치료법의 핵심은, 가족 별자리와 조직의 별자리로 구성되어 있다. 별자리란 참가자가 촉진자의 도움을 받아 자신의 개인적인 문제를 탐구할 수 있는 그룹 프로세스다. 클라이언트는 자신의 문제를 제시하고 그룹 멤버들에게 자기와 다른 사람들(가족 구성원, 동료)을 대리하도록 하고 방안에 적당히 배치한다. 그런 다음 클라이언트는 앉아서 관찰한다. 대리인들은 그 위치에 가만히, 조용히 서서 자신들의 직관력(perceptive intuition)을 사용하며 몇 분의 시간을 보낸다. 목적은 Hellinger가 설명하는 소위 '의식의 에너지 장(場)(Knowing Field; 우리는 이곳에 진입하여 가족 시스템 내에 숨겨진 생각, 감정, 정서를 경험할 수 있다 — 역자 주)'에 몰입하기 위한 것이다. 의식의 에너지 장에서는 참가자들이 자기가 대표(대리)하고 있는 진짜 가족원들의 것들을 반영(mirror)하는 감정과 감각들을 지각하고 분명하게 발표할 수 있다. 대리인들은 자기가 대표하는 인물들에 대한 사실적 지식을 거의 또는 전혀 가지고 있지 않다. 그럼에도 불구하고, 대리인들은 일반적으로 그 프로세스를 알려주는 것으로 생각되는 감정들 또는 육체적 감각들을 경험한다.

퍼실리테이터(facillitator)는 각 대리인에게 그가 다른 사람들과의 관계에 놓여 있는 것을 어떻게 느끼는지 간략하게 보고하도록 요청할 수 있다. 흔히 한 가족의 여러 세대를 배열함으로써, 원래의 희생자 또는 가해자들은 이미 오래 전에 사망했더라도, 특정의 트라우마(traumas)는 무의식적으로 살아 있는 사람에게 지속적인 영향을 주는 것이 밝혀진다. 이것은 사산되었거나 어린 시절에 죽은 어린이들, 할아버지 또는 아버지의 전쟁 경험, 가족 안의 배신 또는 불신일 수 있다. 일반적으로 문제에 대한 치유적 해결은 퍼실리테이터가 대리인들을 재배치하거나 또는 잊혀졌거나 가족 역사에서 누락된 시스템의 핵심 멤버들을 추가한 후 이루어진다. 모든 대리인들이 자기의 위치에서 옳다고 느끼고 다른 대리인들도 동의할 때, 퍼실리테이터는 하나 또는 두 개의 문장을 크게 소리 내어 말하도록 제시한다. 만약 대리인들이 자기의 위치나 문장에 대해 평화로움을 느끼지 않는다면, 재배치를 하거나 다른 문장을 시도할 수 있다. 퍼실리테이터가 대리인들 사이에서 치유의 해결책이 견고하게 자리를 잡았다고 느낄 때, 클라이언트에게 별자리에서 그를 대표(대리)하는 대리인을 대체하도록 요청한다. 이를 통해 클라이언트는 재구성된(재배열된) 시스템의 일부로서의 느낌을 지각하게 된다. 모든 사람들이 자신의 자리에서 편안함을 느낄 때 별자리는 마무리된다.

별자리는 가족이나 조직 안의 무의식적 수준에서 어떤 일들이 일어나고 있는가, 즉 비효율적 협력의 패턴, 반복적 갈등 또는 침체 등을 탐색하는 능력을 제공한다. 별자리를 조사하고 경험하는 것은 새롭고 심오한 통찰력을 가져다준다. 이러한 통찰은 때때로 오랫동안 잠복해 있는 문제를 해결하기 위한 개입의 출발점이 될 수 있다.

조직 별자리를 사정함에 있어(Hellinger, 2011), 몇 가지의 개념들이 핵심적이다(이 책을 위해 번역됨).

- 결속(binding) : 시스템 내의 모든 사람은 특정 자리에 대하여 동등한 권리를 갖는다.
- 기획(planning) : 연령, 위계질서, 헌신, 질에 기반한다.
- 균형(balance) : 주고받는 것 사이에 균형이 있어야 한다.

효과적이고 효율적으로 기능하기 위해서는 세 가지 원칙들이 모두 확고하게 지켜지는 것이 중요하다. 살아 있는 유기체와 마찬가지로, 지금의 주제가 역할을 행사하는 무의식적 프로세스를 통하여, 긍정적 상황을 촉진하거나 방해하는 조직에서의 패턴들이 있다. 별자리에서, 조직의 여러 구성 요소들(팀, 개인 또는 주요 주제들)을 공간적으로 차트에 표시할 수 있으므로 패턴들이 그대로 표시될 수 있다. 이렇게 함으로써 그러한 요소들을 보다 더 잘 이해하여 적절한 다음 단계를 제공할 수 있다. 교류분석에서 관습적으로 사용하는, 그룹 이마고와 그 이마고의 발전을 도식화하는 것은 응용되고 제한적인 별자리 치료의 한 형태라 할 수 있다.

8.4.6 기준 및 역할

Hoijtink(2009)는 바람직한 작업 관련 행동에 대한 기준과 같은, 모든 그룹에서 발달하는 다양한 규범과 가치를 기술했다. 그는 그룹 기준을 '특정 상황에서 어떤 행동이 적절한지 또는 그렇지 않은지에 관한 그룹 멤버들의 공유된 견해'라고 정의한다. 예를 들어, 어느 한 팀에 있어서는 일하기 전에 함께 커피를 마시거나 목요일에는 함께 점심을 먹는 것들이 될 수 있다. 치료 그룹에서는, 이것은 개인적인 경험에 대해 서로 이야기하고, 다른 사람들의 말을 듣고, 피드백을 주고, 감정을 표현하는 것을 의미한다. 이러한 기준을 실천에 옮기는 그룹들은 성공 가능성이 가장 크다.

그러나 그럼에도 불구하고 부지불식간에 성공을 방해하는 기준들이 나타날 수도 있다. 15분간의 커피 브레이크가 반 시간이 되고, 커피를 마시지 않고 곧바로 일하러 간 동료나 노예처럼 팀을 다스리는 감독에 대한 가십을 교환할 수도 있다. 치료 그룹에서, 그룹의 특정 멤버는 자극적 행동과 관련하여 절대로 제재 대상이 되지 않는다. 성희롱에 대한 언급도 없으며 특정 지각이 잦은 그룹 멤버도 논의 대상이 되지 않는다.

견고한 역할과 상호 작용 패턴들이 수면 위로 떠올랐을 수도 있다: 카렐에게는 잔업을 요구해봤자

장황한 설교만 듣게 될 테니까 요청 자체가 무의미하고, 애니는 언제나 당신의 게으름을 기꺼이 보상해주며 당신의 작업 몫을 대신 맡아 준다는 것은 누구나 안다. 치료그룹에서는, 돌아가며 이야기하는 시스템 때문에 또는 자유로운 교류를 택하지 않고 한 사람만을 중점적으로 다루는 데 전체 세션을 할애하기 때문에 자발적 의사소통은 제한될 수 있다.

또한 각 그룹에는 '금지' 행동에 대한 규범도 있다. 예컨대, 관리자 앞에서는 서로에게 도전적으로 행동하지 않거나 으스대지 않는다. 치료 그룹에서는, 보통 비밀의 원칙을 위반하지 않으며 또한 신체적 폭력을 사용하지 않는다는 매우 강력한 규범이 존재하는 경우가 많다.

이러한 기준은 그룹의 생존을 위협할 수 있는 행동과 관련되므로 의무적이다. 부장, 차장, 그리고 팀원과 같은 공식적 역할 이외에도, 각 그룹에는 개인의 성격과 팀 또는 그룹의 특정한 필요성 간의 합의의 결과로 비공식적인 역할들이 있다.

이러한 역할들 중 일부는 다음과 같다.

- 보이지 않는 리더, 멤버들에 의해 권한이 인정된 멤버
- 두려움과 불확실성 때문에 고압적으로 말함으로써 팀을 통제하려는 지배적인 팀 멤버
- 처음에는 적극적으로 참여를 권유받지만 얼마 후에는 사회적인 공백 상태에 빠지게 되는 침묵하는 팀 멤버
- 팀의 정서적 긴장을 조절하는 '팀 온도 조절기' 역할의 멤버
- 간접적으로 자신을 위한 스트로크를 모으기 위해 다른 사람을 돕는 멤버
- 마스코트 : 긍정적인 스트로크를 많이 가져다주는 친절하고 선선한 팀 멤버(그룹이 그에 대해서 짜증을 내기 시작하기 전까지)
- 희생양은 마스코트의 반대되는 사람이며 팀의 집단적인 거부를 유발한다(Hoijtink, 2009).

8.4.7 그룹 관계

영국의 정신분석학자, Bion은 정신분석, 교류분석, 조직 훈련 및 컨설팅 분야에서 그룹 역동(1961)에 관한 사고에 큰 영향을 미쳤다. 그는 잘 기능하는 그룹은 멤버들이 그룹의 과업에 전념하는 '실제 일하는 그룹(working group)'으로서 행동한다는 것을 제시하였다. 만약 이 워킹 그룹이 제대로 기능을 발휘하지 않는다면, 퇴행적 과정들이 전면에 나타나게 되고 '기본적 가정(assumptions) 그룹'이 형성될 것이다. Bion이 관찰한 바와 같이 적절한 기능을 하지 못하는 그룹은 생산성을 발휘하는 상태와 주로 방어적인 자세를 취하는 상태 사이를 오락가락한다.

일반적으로, 두 유형의 기능이 동시에 그룹에 존재한다. 기본 가정 그룹에서 그룹은 차별화의 특성을 잃고 그룹 멤버는 원시적이고 강력한 감정에 이끌려 내몰리는 것처럼 반응한다. 무의식적 환상들,

신념 또는 추측들이 그룹의 분위기와 프로세스를 정의하고 결정한다. Bion은 세 가지 기본 가정(추측)들로 구분한다.

- 의존적 기본 가정 그룹(dependant basic assumptions group) : 그룹 멤버는 마치 치료사가 전지전능한 것처럼 그리고 그들이 갈구하는 것은 무엇이든 줄 수 있는 것처럼 행동한다. 이러한 이상화가 환멸을 불러일으킨다는 것은 말할 나위도 없으며, 환멸 이후에 그룹 멤버들은 무력감, 보호받지 못함, 무가치함을 느낀다. 그룹에서 이러한 패턴은 잘하고 있지 못해 압력을 받고 있는 그룹 멤버를 치료사가 도와 줄 것이라 기대하고 그를 전면으로 밀어 올릴 수 있다. 만약 치료사가 이러한 제안을 받아들인다면, 그룹은 자율적인 문제 해결 대신 치료사에게 의존하게 된다. 치료사는 그룹 내에서 이상화와 전지전능함에 대한 압박을 인지하고 그룹에게 비현실적인 기대가 있음을 이해시키려 노력할 것이다.
- 싸우라-도망가라 기본 가정 그룹(fight-flight basic assumptions group) : 그룹 멤버는 마치 적과 싸워야 하는 것처럼 행동하거나 문제를 회피해야 하는 것처럼 행동한다. 그룹은 함께 단합하여 그룹 외부의 대상에 대한 공격성을 투사하거나, 또는 원시적 하위 그룹 또는 분열이 그룹 내에서 발생하여 그룹에서 경험되는 위협을 무의식적으로 나타낼 수도 있다. 그룹 내에서 이러한 방어적인 분열 또는 하위그룹이 형성될 때 일부 멤버들은 희생양의 위치로 던져질 가능성이 높다. 때로는 보이지 않는 심리적 리더가 치료사를 대신해 리더십을 승계한다.
- 짝짓기 기본 가정 그룹(pairing basic assumptions group) : 그룹 멤버는 미래에 모든 문제를 해결할 어떤 사건이 생길 것처럼 행동한다. 분위기는 희망적 기대이며, 다른 그룹 멤버들이 어려운 그룹 내의 문제의 해결책으로서 기대를 가지고 따르는, 아름다운 일이 종종 두 그룹 멤버들 간에 발생한다. 이러한 가정은 그룹의 종료라는 현실에 대한 방어로서, 종종 집단치료의 마지막 부분에서 발달한다(Berk, 2005).

비록 Bion의 이론과 관찰은 정신분석가로서의 그의 연구에서 발달되있지만, 그의 연구는 조직 개발 및 훈련에 중요한 의미를 갖게 되었다. 치료 그룹뿐만 아니라 팀과 조직에서도 기본 가정 그룹들이 발생할 수 있으며, 이를 인식하지 못할 경우 팀 또는 조직의 분위기와 효율성을 심각하게 저해할 수 있다.

Turquet(1974)에 따르면, 잘 기능하는 그룹은 예컨대 그러한 그룹이 어떻게 리더십과 멤버들의 다양한 자질을 사용하는지 두드러진다. 성공적인 팀에서 리더십은 그룹 멤버가 수행해야 할 다양한 과제를 완수하는 것과 관련하여 그룹 멤버들에게 존재하는 자질에 근거하여 공유된다. 성공적인 팀은 책임감 있는 지도자에게 계속해서 기대를 걸지 않는다. 성공적인 팀은 항상 자신들의 성과에 대해서도 궁금해한다. 그러한 팀은 자체의 기능을 검증하기 위해 항상 지속적인 연구를 진행하고 있다.

참고문헌

Beekum, S. van (2006). The relational consultant. *Transactional Analysis Journal, 36*(4): 318-329.

Beekum, S. van (2012). Connecting with the undertow: The methodology of the relational consultant. *Transactional Analysis Journal, 42*(2): 126-133.

Berk, T. J. C. (2005). *Leerboek groepspsychotherapie.* Utrecht, Netherlands: De Tijdstroom.

Berne, E. (1963). *The Structure and Dynamics of Organizations and Groups.* Philadelphia, PA: J. B. Lippincott.

Berne, E. (1964). *Games People Play.* New York: Grove Press.

Berne, E. (1966). *Principles of Group Treatment.* New York: Oxford University Press.

Berne, E., Birnbaum, R., Poindexter, R., & Rosenfeld, B. (1962). Institutional games. *Transactional Analysis Bulletin, 1*(2): 12-13.

Bion, W. (1961). *Experiences in Groups.* New York: Basic Books.

Clarke, J. I. (1996). The synergistic use of five transactional analysis concepts by educators. *Transactional Analysis Journal, 26*(3): 214-219.

Clarkson, P. (1992). *Transactional Analysis Psychotherapy. An Integrated Approach.* London: Tavistock/Routledge.

Cornell, W. (2013). Relational group process: A discussion of Richard Erskine's model of group psychotherapy from the perspective of Eric Berne's theories of group treatment. *Transactional Analysis Journal, 43*(4): 276-283.

Deaconu, D. (2013). The group quest: Searching for the group inside me, inside you, and inside the community. *Transactional Analysis Journal, 43*(4): 291-295.

Drego, P. (1996). Cultural Parent oppression and regeneration. *Transactional Analysis Journal, 26*(1): 58-77.

Drego, P. (2005). Acceptance speech on receiving the 2004 Eric Berne Memorial Award.

Drego, P. (2009). Bonding the Ethnic Child with the Universal Parent: Strategies and ethos of a transactional analysis eco-community activist. *Transactional Analysis Journal, 39*(3): 193-206.

Ernst, F. (1971). The OK-corral: The grid for get-on-with. *Transactional Analysis Journal, 12*(1): 231-240.

Erskine, R. (2013). Relational group process: Developments in a transactional analysis model of group psychotherapy. *Transactional Analysis Journal, 43*(4): 262-275.

Fox, E. M. (1975). Eric Berne's theory of organisations. *Transactional Analysis Journal, 5*(4): 345-353.

Glasl, F. (1999). *Confronting Conflict. A First Aid Kit for Handling Conflict.* Trowbridge, UK: Hawthorn Press.

Graaf, A. de (2013). The group in the individual: Lessons learned from working with and in organizations and groups. *Transactional Analysis Journal, 43*(4): 311-320.

Hellinger, B. (1998). *Love's Hidden Symmetry. What Makes Love Work in Relationships.* Phoenix, AZ, Zeig, Tucker.

Hellinger, B. (2011). *De kunst van het helpen.* Groningen, Netherlands: Uitgeverij Het Noorderlicht.

Hogg, M., & Abrams, D. (1998). *Social Identifications: A Psychology of intergroup Relations and Group Process.* New York: Routledge.

Hoijtink, T. (2009). *Diagnostiek van het groepsfunctioneren.* (Assessment of group functioning.) In: S. Colijn, H, Snijders, M. Thunnissen, S. Bögels, & W. Trijsburgl *Leerboek Psychotherapie* (Comprehensive Textbook of Psychotherapy) (pp. 369-381). Utrecht, Netherlands: De Tijdstroom.

Hopping, G., & Hurst, G. I. (2011). Relational transactional analysis and group work. In: H. Fowlie & C. Sills (Eds.), *Relational Transactional Analysis: Principles in Practice* (pp. 249-258). London: Karnac.

Kapur, R, & Miller, K. (1987). A comparison between therapeutic factors in TA and psychodynamic therapy groups *Transactional Analysis Journal, 17*(1), 294-300

Kohlrieser, G. (2006). *Hostage at the Table. How Leaders can Overcome Conflict, Influence Others and Raise Perfor-*

mance. San Francisco, CA: Jossey-Bass.

Krausz, R. (1986). Power and leadership in organizations. *Transactional Analysis Journal, 16*(2): 85-94.

Krausz, R. (1993). Organizational scripts. *Transactional Analysis Journal, 23*(2): 77-86.

Landaiche, N. M. (2012). Learning and hating in groups. *Transactional Analysis Journal, 42*(4): 186-198.

Landaiche, N. M. (2013). Looking for trouble in groups developing the professional's capacity. *Transactional Analysis Journal, 43*(4): 296-310.

Lee, A. (2014). The development of a process group. *Transactional Analysis Journal, 44*(1): 41-52.

Levine, B. (1979). *Group Psychotherapy.* Englewood Cliffs, NJ: Prentice Hall.

Lieberman, M. A., Yalom, l D., & Miles, M. B. (1973). *Encounter Groups; First Facts.* New York Basic Books.

Napper, R, & Newton, T. (2000). *Tactics- Transactional Analysis Concepts for All Trainers, Teachers and Tutors+Insight into Collaborative Learning Strategies.* Ipswich, UK: TA Resources.

Newton, T. (2003). Identifying educational philosophy and practice through imagoes in transactional analysis training groups. *Transactional Analysis Journal, 33*(4): 321-331.

Petriglieri, G., & Wood, J. D. (2003). The invisible revealed: Collusion as an entry to the group unconscious. *Transactional Analysis Journal, 33*(4): 332-343.

Steiner, C. (2003). *Emotional Literacy. Intelligence with a Heart.* Fawnskin, CA: Personhood Press,

Stuthridge, J. (Ed.) (2013). Perspectives on working with groups. Theme issue of *Transactional Analysis Journal, 43*(4).

Tuckman, B. W. (1965). Developmental sequence in small groups. *Psychological Bulletin, 63*(6): 384-399.

Turquet, P. M. (1974). Leadership: The individual and the group. In: G. S. Gibbard, J. J. Hartman, & R D. Mann (Eds.), *Analysis of Groups* (pp. 349-386). San Francisco, CA: Jossey-Bass.

Whitaker, D. S., & Lieberman, M. (1964). P*sychotherapy through the Group Process.* Chicago, IL: Aldine.

Yalom, I. D. (1975). *Group Psychotherapy in Theory and Practice.* New York: Basic Books.

Yalom, 1. D., & Leszcz, M. (2005). *The Theory and Practice of Group Psychotherapy.* New York: Basic Books.

Zimbardo, P. (2008). *The Lucifer Effect: Understanding How Good People Turn Evil.* New York: Random House.

제9장

윤리

제8장에서 우리는 무엇보다도 어떻게 '경계들(boudaries)'을 존경심을 가지고 다룰 수 있는가에 관하여 논의했다. 이것은 근본적으로 윤리적 질문이다. 이 장에서는 교류분석은 윤리적 문제들을 어떻게 다루는가 하는 주제에 중점을 둔다. 우리는 또한 사실 모든 이전 장들 역시 윤리에 관한 것이었다고 주장할 수 있다. 교류분석 안에서의 중심적 윤리 문제들은 결국 교류분석 전문가들은 어떻게 클라이언트의 성장과 발달에 '가치 있는' 공헌을 할 수 있는가의 문제이다. 윤리적인 문제를 떼놓고는 어떠한 (의사소통) 상황도 논의될 수 없다. 이 장에서는 과거와 현재에 걸쳐, (국제)교류분석 공동체 내에서 윤리적인 문제를 어떻게 봐 왔는지, 그리고 어떻게 보고 있는지에 대한 개요를 제공한다.

9.1 기초 이론

9.1.1 개요

윤리라는 용어는 정의하기 쉽지 않다. 많은 사람들은 자신들이 "옳은 일을 하고 있다."고 확신하지만, 그렇다고 해서 그들이 윤리적 관점에서 그들의 행동에 대해 생각한다는 의미는 아니다(De Graaf & Levy, 2011). 사람들이 예컨대 자신의 일과 관계에서 자신의 행동의 윤리성에 대해 생각해보면, 윤리적 기준을 명확히 정의하는 것은 쉽지 않다. 사람들은 때때로 윤리적인 것처럼 보이는 상반되는 생각들을 가지는 경우가 있다. 이때 올바른 과정의 행동을 결정하기는 어렵다. De Graaf와 Levy는 윤리에 관해 생각하고 이야기할 때 두 가지 중요한 원칙을 사용한다.

1. 윤리에 대한 논쟁은 끝나는 법이 없다. 주변을 맴돌며 그곳에 있다. 그것은 적절한 것이 무엇인지를 지속적으로 탐구하는 것에 관한 것이다.
2. 윤리에 관한 토론의 목적은 옳고 그른 것을 찾는 것이 아니다. 목표는 사람들의 선택에 관하여 인식을 창출하는 것이다.

때로는 윤리에 대한 토론을 하지 않는 것이 더 쉬운 것처럼 보인다. 많은 사람들(정치인들, 산업의 최고책임자들, 관리인들을 포함하여)은 윤리적 논의를 회피한다. 비록 금융 위기, 재산 분배, 지구온난화, 세계화, 인터넷의 급속한 성장과 관련된 보안 및 개인 정보 보호 문제와 같은 글로벌 문제를 해결하기 위하여 토론과 논의가 절실히 요구되는데도 말이다. 새로운 가치관이 필요하다. 그러나 때로는 침묵의 음모가 진행 중인 것처럼 보인다. 사람들은 적극적으로 관여하기보다는 구경꾼(방관자)으로 머물기를 선택한다. 제4장에서 설명한 바와 같이, 이러한 모습은 드라마 삼각형 내에서 네 번째 역할로 볼 수 있다. 방관자(*The Bystander*, 1996)에서, Petruska Clarkson은 방관자 행동을 둘러싼 윤리적 문제에 여러 페이지를 할당하고 있다. 그녀는 날카롭게 다음과 같이 지적한다. "이 책의 요지는 복잡한 인간의 딜레마에 대한 최종적 답을 제시하는 것이 아니라, 사람들이 자신은 진정으로 연루되지 않았다고 주장할 수 있는 거짓(inauthenticity, 또는 진실치 못함)에 대하여, 또는 결백한 구경꾼(방관자)의 위치라는 것이 실제 존재하는 것인지에 대하여 의문을 제기하는 것이다"(p. 33).

또한 사회적 계층의 밑바닥에 있는 사람들은 규칙과 권력 당국에 의하여 수용 가능하고 윤리적이라 간주되는 방식으로 행동하도록 강요당하는 반면, 권력의 상부 계층의 사람들은 종종 비윤리적으로 행동하는 것이 무방한 것이 정치적 현실이다(Suriyaprakash, 2011).

윤리적인 것과 그렇지 않은 것에 관한 문화적 차이점들은 서로 다른 세계관 및 가치관과 관련될 수 있다. 윤리는 부분적으로 우리 가족과 문화에서 파생되고 또 한편 부분적으로는 의식적으로 결정되는 우리들의 신념들 그리고 준거틀에 의거한 실제의 삶과 같은 것이다. 현재 널리 퍼져 있으며 영향력 있는 하나의 세계관은 사회의 개별화된 견해와 결합한, 시장주도적 자본주의의 그것이다. 지구촌에 대한 강력한 영향력과 더불어 세계의 자원에 대한 통제권을 얻음으로써 이 관점은 자신과 자신의 존재에 대한 통제를 통하여 자신의 행동을 정의, 종교, 윤리의 원칙들과 일치하도록 만들어야 한다는 인도의 다르마(dharma) 또는 인간은 타인들(지역사회 나아가 공통적 인류)을 통하여서 사회를 구성하는 벽돌과 같은 존재로서의 한 인간이 된다는 남아프리카의 우분투(ubuntu)와 같은 다른 철학들과 경합관계에 있다. 유럽에서는 베를린 장벽이 무너지고 자본주의와 공산주의 사이의 긴장이 종식된 지난 25년간 EU 안에서 '함께 살기(living together)' 프로젝트를 진행하며 국가 문화, 가치관 및 윤리를 계속해서 탐구하고 있으며, 동시에 미국과는 다르지만 함께 가는 곳으로 정의한다. 다시 말하지만, 가장 희망이 있는 길이란 다르마의 그것처럼 미래의 어떤 날에 이것이 다른 것보다 더 낫다는 것을 입증할 수 있으리라는 기대를 접고, 끊임없는 대화를 지속하는 것이다.

9.1.2 도덕적 발달

도덕적 발달은 성인으로 성장하는 데 있어서 중요하지 않은 일이 아니다. 무엇이 적절하고 적절하지 않은지에 대한 질문과 관련하여 사고하고 행동하는 능력은 사회에서 함께 일하고 생활하기 위한 전제 조건이다. 모든 어린이는 아주 어린 나이에 지켜야 할 규칙이 있음을 알게 된다. 이러한 규칙은 일반적으로 부모가 알려주게 되며 처음에는 어린이자아 내의 부모자아(P_1)에 저장된다. 어린이는 아직 이 규칙의 논리 또는 의미에 대해 생각할 수 있는 능력이 없다.

반사적 사고 능력(어른자아, A_2)이 충분히 발달한 경우에만 왜 규정을 준수해야 하는지 생각할 수 있다. 그런 다음에야 부모자아 안에 나름대로의 가치관과 기준 체계를 만들 수 있으며, 기준보다는 자신의 가치관을 기반으로 사고하고 행동하기 시작한다. 내적 부모자아(및 내부 어른자아)가 발전하는 방식은 도덕적 추론의 발전에 대한 더 많은 통찰을 가져다준다.

Eric Berne은 윤리에 관한 글을 거의 저술하지 않았다. 그러나 그는 부모자아를 위한 '에토스(ethos)', 어른자아를 위한 '로고스(logos)', 그리고 어린이자아를 위한 '파토스(pathos)'(제1장의 그림 1.5)라는 용어를 사용하여 통합된 어른자아의 모델을 개발하였다. 이러한 원칙들은 다음 단계들을 통해 진화한다.

1. 규칙들(기준들)을 학습하고 주입시킨다. 3세와 6세 사이에 P_1의 발달

2. 가치관을 학습하고 주입시킨다. 6세와 12세 사이에 P_2의 발달

3. 일반적인 원칙을 배우고 평가한다. 12세와 18세 사이의 통합 단계

Woollams와 Brown(1978)은 P_1의 발달에 대한 상세한 설명을 제공한다. 그들은 아이가 자신을 표현하는 즉흥적이고 자발적인 방식에 부모가 부정적으로 반응할 때 신체적 어린이자아(Somatic Child, C_1,)는 속상하고 혼란스러워한다고 주장한다. 이러한 강한 감정들에 반응하여 작은 교수(Little Professor, A_1)는 부모님이 기대하는 바를 정확하게 찾으려고 시도한다. 실험 과정을 거치며 어린이는 어떤 행동과 감정이 부모가 용인하는 것인지를 발견하게 된다. 이러한 모든 행동과 감정의 집합은 어린이의 부모자아(P_1)로 볼 수 있다.

가족 내에서 확립된 '주장'은 보통 현실에 대한 환상적인 이미지를 반영한다. "내 접시를 다 먹어서 비우지 않으면 엄마는 떠나서 결코 돌아오지 않을 거야.", "내가 웃으면 모두들 나를 좋아할 거야." 따라서 P_1은 때때로 마술적 부모자아(Magical Parent)라고 불린다. 동시에 문제들은 마술적 부모자아 안에서 크게 확대된다. "내가 형을 때린다면, 부모님은 너무 화가 나서 나를 어딘가로 보내버려 더 이상 함께 살 수 없게 될 거야." P_1에는 매우 부정적이며 파괴적인 메시지가 포함될 수도 있다. 지난 세기의 60년대(온갖 종류의 부모 중심의 제도들이 비판의 대상이 되었던 역사의 기간)에 그것은 '돼지 부모자아(Pig Parent)' 또는 '마녀 부모자아(Witch Parent)'로 불렸다. 교류분석 전문가들은 시대가 지난 이러한 단어들을 더 이상 사용하지 않는다.

그것은 세상을 이해하고 세상에 반응하는 제일 첫 번째의 준거틀에 관한 것이다. 따라서 P_1은 어린이자아의 다른 부분의 '고삐를 잡고 있는' 중요한 기능을 가진다. 즉 자신의 C_1과 A_1의 불필요한 분출을 막는 기능을 가진다. 어린이자아 내의 초기 발달 과정에서 일어나는 모든 것들은 인간의 도덕 발달의 첫걸음으로 볼 수 있다. Berne 역시 P_1을 '전극(electrode)'이라 부르며 환경으로부터의 자극에 대한 자동적 반응을 강조하였다.

아이가 P_1에서 부모의 행동에 반응하며, 아이는 부모가 하는 일을 자신의 형태로 부모자아(P_2)에 동시에 저장한다. Woollams와 Brown은 어린아이는 이러한 작업을 세 가지 기준의 토대 위에서 한다고 주장한다.

- 어린이의 취약성 정도 : 부모에게 매우 의존적인 아주 어린 아이는 거의 모든 것을 저장한다.
- 부모의 힘 : 다소 나이가 많은 어린이(가해지는 압력에 따라)는 무엇을 저장하고 무엇을 저장하지 않는지에 대해 보다 선택적이다.
- 부모의 신뢰성 : 성숙한 어린아이는 신뢰성과 권위에 기초하여 판단한다.

A_1, 즉 작은 교수에 의한 추론은 여전히 직관적이고 창의적이지만, 어른자아상태 A_2가 발달하기 시작하면 아이는 보다 논리적이고 선형적인 추론을 사용하기 시작한다. 후자는 언어 발달이 시작될 때부터 발달한다(생의 첫해가 끝날 무렵). 이 과정은 청소년기로 발달이 계속되어 논리적, 분석적, 추상적 사고가 가능해진다.

다양한 자아상태들과 관련 역량의 개발과 결정화는 대체로 도덕적 발달의 어느 단계로부터 윤리적 근거가 전개되는지를 결정할 것이다. 만약 내적 부모자아(P_2)가, 통제 또는 지원에 관한 일을 행사함에 있어, 성숙한 조타수의 역할로 발전할 기회를 얻지 못하였다면, 어린이자아 속의 부모자아(P_1)가 계속해서 방향을 결정하는 영향력을 발휘할 것이다. 만약 내적 어른자아(A_2)가 행동을 하도록 자극을 받지 않는다면, 충동(C_1), 판단(P_1) 및 행동(A_1) 사이에서 불충분한 반사적 시간으로 귀결될 것이다.

교류분석의 기본 철학에 세심한 주의를 기울이는 사람들은 교류분석에서 표현된 가치들이 필연적으로 교류분석 전문가들을 위한 몇 가지의 윤리적 규범들(ethical codes)로 이어진다는 것을 알게 될 것이다. 사람들은 OK라고 생각하는 사람들은 결코 사람 자체를 무가치하다고 평가하지 않으며, 그 사람의 행위만을 평가한다. 사람들은 사고할 수 있다고 생각하는 사람들은 요청받지 않은 제안이나 조언을 제공하기를 지극히 주저할 것이다. 사람은 변화할 수 있다고 믿는 사람들은 절대로 희망을 포기하지 않을 것이다.

교류분석 내의 윤리적 규범과 지침이 존엄성, 자율성, 자각, 책임 및 "I'm OK, you're OK"의 인생 태도와 같은 핵심 요소들에 기반을 두고 있다는 점은 놀랄 일이 아니다. 또한 계약적 관계는 교류분석에서 중요한 원칙이다. 계약의 요체는 클라이언트에게 내용을 잘 알려주고, 피해를 입히지 않으며, 동료 및 클라이언트와 관련하여 어떤 종류이 이용/착취도 하지 않는다는 것이다.

앞서 언급한 것들은 몇 가지의 딜레마를 야기한다. 전문가는, 비록 클라이언트가 중독, 자기방치와 같은 건강치 못한 행동을 보일 때라도, 어느 정도까지 클라이언트의 자율성을 완벽하게 존중할 것인가? 또는 클라이언트가 계약서를 준수하지 않으면 어떻게 해야 하는가? 전문가가 의식적으로 또는 무의식적으로 자신의 가치 체계를 전달하려고 노력하는 것이 불가피한 것은 아닌가? 결국 그것은 클라이언트에게는 이미 검증되었고, 잘 검토되었고, 윤리적인 것이 아닌가? 어찌되었거나 전문가들은 항상 클라이언트의 정신 구조를 자신이 생각하기에 보다 건강하고 바람직하다고 여기는 구조로 만들기 위해 조작하지 않는가? 전문가의 스트로크 패턴은 클라이언트에게 영향을 준다.

알피는 그가 지난주에 체육관에 두 번 갔다고 말했을 때 코치가 인정해주는 것에 주목했다. 마리아는 치료사가 비밀스러운 혼외 관계로 어려움을 겪고 있다고 느꼈다. 미혼모인 애니는 아버지로서의 책임을 지고 싶어 하지 않는 남자에게서 다시 두 번째 아이를 임신했다고 말했다.

이처럼 다양한 상황에 전문가로서 어떻게 반응해야 하는가? 당신이 전문가로서 자신의 자아상태와 스트로크 패턴 내용을 안다는 것은 중요하다. 나아가 당신의 준거틀 그리고 클라이언트에 의해 유발되는 감정들은 물론, 당신의 클라이언트에 대한 동정심과 무관심에 관한 논의를 위하여 정기적으로 동료들의 피드백 그리고 슈퍼비전을 받는 것이 중요하다.

9.1.3   실제의 윤리

윤리적인 문제의 핵심은 비대칭 권력 관계에서 상호주의가 어떻게 유지될 수 있는지에 대한 딜레마를 중심으로 전개된다(Eusden, 2011). 윤리적으로 행동하고 클라이언트를 다치게 하거나 학대하지 않으려는 의도는 자신의 행동이 윤리적임을 자동적으로 의미하지 않는다. 행동 배후의 의도, 그러한 의도에 의한 결과로서의 행동 그리고 다른 사람에 미치는 행동의 효과는 명확하게 구별 가능한 세 가지 범주다. 세 가지 모두는 관련된 당사자들의 의식적 영역을 벗어난 경우에도 이에 대한 윤리적인 철저한 검토가 필요하다.

바짝 따라붙기?

존은 흥분한 상태로 치료 세션에 들어선다. 존은 아이들을 뒷좌석에 태우고 무모하게 뒤에 바짝 붙어 운전하는 여성에게 거의 치힐 뻔했다. 치료사는 그에게 화를 가라앉힐 시간을 주었으나, 사건에 어울리지 않게 격렬하게 분노하는 것에 놀랐다. 치료사는 이 사건을 치료 세션의 주제로 연결했다. 존은 이혼을 한 후 수년간 보지 못했던 성인이 된 자녀들과 만나는 것을 다시 고려하고 있다. 치료사는 오랜 세월 동안 소원해진 후에 부모와 다시 만나는 것이 치유라는 자신의 경험을 바탕으로 이 만남을 성사시키려 하고 있음을 깨달았다. 존에게서, 치료사는 치료적 관계에 대한 존의 경험의 의미를 탐색한다. 존은 어떤 때에는 치료사가 자신이 주행하는 것보다 더 빨리 주행하기를 원하는 '바짝 따라붙는 운전자(tailgater)'로 보인다는 것을 인정한다.

선의는 잘못된 판단에 의해 흐려질 수 있으며 환경에 의도하지 않은 영향을 미칠 수 있다.

나는 너와 결혼하지 않았어

두 명의 트레이너들 중 한 명이 계약의 심리적 (숨겨진) 계층의 중요성을 간략하게 설명하고 난 후에, 교육 그룹의 두 참가자는 서로 결혼한 사이라는 것이 드러난다. 두 참가자들은 비밀을 지켜 트레이너들 또는 다른 참가자들에게는 알리지 않기로 했다. "나는 참가자로서 여기 있는 것이지 (누구의) 아내로서 있는 게 아니에요."라고 그들 중 한 명이 설명했다. 트레이너들은 교육 그룹 내에 (숨겨진) 관계 네트워크가 어떤 모습인지 그리고 그 '표면 아래의 충성심'에 관계된 의미를 조사하기로 결정하였다. 참가자 중 대부분은 최근 또는 훨씬 이전으로 거슬러 올라가는 유대 관계를 다른 참가자들과 공유하고 있는 것처럼 보였다. 어떤 사람은 다른 참가자와 한때 같은 회사에서 근무했었다. 또 어떤 사람은 다른 두 참가자들과 교육 그룹에 참여하는 것이 이번이 처음이 아니었다. 또 다른 사람은 참가자들도 알고 있는 한 트레이너의 가족임이 밝혀졌다.

부부의 '비밀'은 그룹 안에 존재하는 관찰할 수 없는 '표면 아래' 이슈들이 어떻게 표면의 관찰 가능한 행동들을 결정할 수 있는지에 관한 깊은 생각으로 인도한다. 또한 트레이너들은 관계에서 어떠한 '비밀들'이 여전히 존재하는지에 대해 질문할 수 있다. '부부의 비밀'이 아직도 숨겨져 있는 다른 것들이 있다는 것을 반영하는 것일까?

전문가들이 실수를 저지르고 실패하는 것은 피할 수 없는 일이며, 어떤 의미에서는 그들은 정기적으로 '비윤리적'으로 행동한다. 윤리적 행동은 이것은 대화의 주제라는 의미를 갖기도 한다. 예컨대, 전문가와 클라이언트는 어디서 그리고 언제 계약서상의 신의와 성실이 위반되는 것을 경험하는가? 이런 대화에서, 윤리 규범의 미묘함에 대하여 논의될 수 있다. 그러면 윤리 규범은 방어막이 아닌 플랫폼으로서의 기능을 수행한다.

윤리에 관한 역설(paradox)은 윤리 규범은 최상의 실제(best practice)를 요구한다는 것이다. 그리고 특히 이 최상의 실제란 실수를 두려워하지 않는 것, 위험을 감수하는 것, 접촉에서 균열을 일으키고 그것을 재건하는 것, 또는 반복의 패턴으로 빠져 그것을 클라이언트와 논의하는 것을 의미한다. 그러므로 충분히 좋은 실제의 특징을 살펴보는 것이 더 나을 수도 있다. 최상의 실제에 대해 논의하는 것을 통해 윤리적인 논의를 끝낼 수도 있다. 결국 최상보다 더 좋은 것이란 존재할 수 없다.

직장 내 안전을 너무 많이 강조하면 위험을 감수할 욕구를 질식시켜 방어적인 작업 방식을 유도한다. 배우고 변화하기 위해서는 전문가가 위험을 감수할 필요가 있다. 또한 전문가는 일시적으로 무언가에 대해 알지 못하는 것이 바람직할 수도 있다. 만약 당신이 비윤리적이라 간주되지 않기를 바란다면, 그 자체가 비윤리적일 수도 있다. 만약 전문가가 중립적이고 '자아가 없는' 대상으로서가 아닌, 진실한 사람으로서 행동한다면, 클라이언트는 과거의 부정적인 경험의 반복에 빠지는 대신 교정 경험들에 전념할 수 있는 기회를 가질 수 있다.

9.1.4 교류분석의 윤리 규범(EATA & ITAA)

EATA(European Association for Transactional Analysis)와 ITAA(International Transactional Analysis Association)는 모두 윤리 규범을 갖고 있다. 최근에 EATA 규범은 개정되고 의미 있는 내용들이 채택되었다. 이후 유럽의 모든 국가의 교류분석 협회들에 적용되는 EATA 규범(EATA, 2008)에 우리는 적용받는다.

　일련의 윤리적 행동 규칙을 가진 규범 대신, EATA는 다음의 기본적 가치를 적용하기로 결정했다.

* 세계인권선언(Universal Declaration of Human Rights, 1948)에 명시된 존엄성 : 각 개인은 가치가 있다.
* 자기결정 : 모든 사람들은 누구나, 자기 나라의 법의 한계 내에서, 자신과 다른 사람들의 욕구를 고려하여 자기의 미래에 대해 자유롭게 결정할 수 있다. 누구나 경험으로부터 배울 수 있으며, 세계 또는 다른 사람들의 자유를 해침이 없이 스스로 책임을 질 수 있다.
* 건강 : 모든 개인은 육체적 · 정신적 안정에 대한 권리를 가지며, 이러한 권리는 적극적으로 보호되어야 한다.
* 안전 : 모든 사람들은 안전한 환경에서 성장할 수 있어야 한다.
* 상호성 : 모든 사람은 다른 사람들과 이 세계에 살고 있으므로 다른 사람들의 복지에 상호 관련되어 있다. 모든 사람들은 호혜적인 안전의 발달에 있어서 다른 사람들에게 상호 의존적이다.

이러한 가치들은 전문적 실제에서 행동의 지침을 제공하는 윤리 원칙들로서 더욱 구체화되었다. 이러한 관행은 클라이언트, 전문가, 학생, 동료 및 공동사회로 확장된다. 윤리 규범은 다음과 같다.

* 그들이 어떤 특성 또는 품성을 가졌다 하더라도, 모든 사람을 존중하라.
* 권한 부여 : 모든 사람이 자신의 운명에 책임지고 스스로를 발달시키도록 격려하라.
* 보호 : 모든 살아 있는 존재의 유일성과 가치에 기초하여 육체적으로나 정신적으로나 자신과 다른 사람들을 돌보아야 한다.
* 책임 : 클라이언트, 트레이너, 치료사, 감독자, 카운슬러 또는 다른 개업자로서 당신 행동의 결과를 자각하라.
* 헌신 : 다른 사람의 안녕에 대한 진정한 관심

이러한 가치들과 원칙들은 다음과 같은 구체적인 예를 통해 윤리적 기준으로 자세히 설명된다. 예컨대, EATA 회원은 전문적 관계 내에서 차별, 억압 또는 착취에 참여하지 않는다. 그들은 다른 EATA 회원들에 대한 비판적인 언사를 삼가야 한다. 또한 클라이언트로부터 획득했거나 또는 클라이언트에 관한 음성 및 서면 정보는 어떤 것이든 비밀로 처리해야만 한다. 그들은 자신이 일하는 나라의 법을 준수해야 한다. 예컨대 이것은 교류분석이 치료 방법으로 인가되지 않은 일부 국가에 적용된다.

또한 자유 시장에서 치료의 질을 높이고 보장하기 위한 발전도 있다. 심리 치료가 의료 행위로 간주되는 보건 서비스와 관련된 입법에 점점 많은 노력이 이루어지고 있으며, 질 낮은 치료로부터 클라이언트를 보호하기 위한 법률 또한 준비되고 있다. 예를 들어, 자유 시장에는 "전문가가 좋은 품질의 치료를 제공한다는 것을 클라이언트가 어떻게 알 수 있는가?"라는 질문으로부터 부상하는 질의 체계가 존재한다. 많은 국가에서 코칭, 훈련 및 조직 컨설팅 분야의 윤리 확립을 위한 계획들이 존재한다.

윤리적 불만을 처리하기 위한 절차는 EATA 및 ITAA의 윤리 규범에 설명되어 있다. 이러한 윤리 규범은 www.eatanews.org/ethics.htm 및 www.itaaworld.org에서 확인할 수 있다. 우리가 Cathexis Institute와의 위기 논쟁에서 보았듯이, 윤리 규범은 정기적으로 검토되고 업데이트 되어야 한다.

공인 교류분석가(CTA)

교류분석이 1960년대에 붐을 이룬 직후, ITAA는 Eric Berne과 Dave Kupfer의 지시에 따라, '교류분석에 관한 책을 읽은 사람 누구나' 교류분석가로서 자신을 소개할 수 있다는 것은 바람직하지 않다고 결정했다. 그 이후로 수천 명의 전문가들이 CTA 시험에 참여하기 시작했다. 그들이 그렇게 했으며 또 지금도 그렇게 하고 있는 이유는, 전 세계의 클라이언트들이 자기들이 CTA의 명함을 가진 전문가에게 컨설팅을 받는다면 제공되는 서비스의 질이 높을 것이라는 것을 알 것이기 때문이다. 윤리는 교류분석가 자격시험의 필수적 부분이다. 교류분석 인증에 대해 더 알고 싶은 사람들은 EATA 또는 ITAA 사이트를 참조하면 된다.

9.2 추가 이론

9.2.1 통합된 부모자아 P

Kouwenhoven(2011)은 안전과 완전함(safety and integrity)을 증신시키는 매력적인 통합된 부모자아 모델을 개발했다. 그는 부모자아 안의 네 가지 관련 영역을 구별했다.

구조적 부모자아(Structuring Parent)는 기준을 사용하고 양육적 부모자아(Nurturing Parent)는 가치를 사용한다. 자극을 주는 구조적 부모자아(the stimulating Structuring Parent, SPstim)와 자극을 주는 양육적 부모(the stimulating Nurturing Parent, NPstim)는 긍정적 행동을 조장하는 데 목적이 있다. Kouwenhoven의 견해에 따르면, 억제하는 구조적 부모자아와 억제하는 양육적 부모(NPinhib)는 부정적인 행동을 감소하려는 목적을 가진다. 실제에서 이것은 다음과 같다.

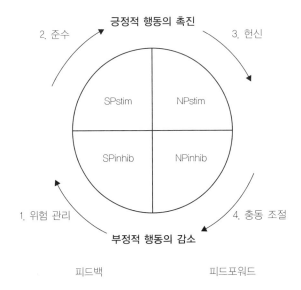

그림 9.1 통합된 부모자아

- NPstim은 헌신을 통해 긍정적인 가치를 촉진하다. 사람들은 서로 또는 작업으로 연결된다.
- SPstim은 '준수(compliance)'에 의하여 긍정적인 의도를 촉진하여, 사전 설정된 기준을 강화한다.
- 후자에 수반되는 위험은 규칙의 수가 계속 증가할 수 있다는 것이다. 이것은 의도하지 않은 위반 행위들을 만들고, 더 많은 통제와 더욱 낮은 효과로 인도한다. 규칙이란 결국 당신이 멈출 때까지 규제하고 금지할 수 있다: 당신은 아무런 잘못된 행동을 하지 않지만, 또한 아무런 선한(좋은) 행동도 하지 않는다. 이러한 점이 NPstim의 가치와 SPstim의 기준이 제어 시스템 속에서 상호 보완되어야 하는 이유이며, 그럼으로써 헌신과 준수가 함께 갈 수 있다.
- NPinhib는 충동을 억제하고 내부 욕망을 관리하는 데 도움을 준다.
- SPinhib는 자동차를 잠그고 지갑을 보이는 곳에 두는 것과 같은 외적 유인/유발동기를 관리함으로써 위험을 감소시킨다.

부모자아의 네 가지 측면들이 통합된 방식으로 함께 작동한다면, 그것들은 안전을 보장하고 통합성을 장려하는 시스템을 형성한다. 궁극적으로 이것은 정직하고 문명화된 사회에 기여할 수 있다. 더 자세한 설명은 제13장의 13.2절을 참조하라.

9.2.2 "이중관계"

교류분석의 실제에 있어 하나의 중요한 이슈는 소위 이중 관계이다. 치료, 상담 또는 훈련을 마친 후,

당신은 이전의 클라이언트 또는 과거의 연수생과 우호적인 관계 또는 업무적 협력 관계를 발달시킬 수 있는가? 심리치료사인 Bader(1994)는 이중 관계를 치료사와 클라이언트가 명백히 치료를 주고받는 관계 이외의 다른 목적으로 상호 추가적 관계를 맺는 것을 이중 관계라 정의한다. 대부분의 교류분석 이론가들은 엄격한 금지보다는, 매우 복잡할 수도 있는 이러한 관계를 다루는 지침을 더 옹호한다.

Cornell(1994)은 자신의 치료 과정에서 자신의 이중 관계 경험에 관하여 기술했다. 치료사 중 한 명은 나중에 좋은 친구가 되었으며, 또 다른 치료사는 엄격한 분석적 익명성의 강령을 유지했다. 그는 조심스럽게 거리를 유지하는 치료사에게 어색함과 불편함을 느꼈지만 그 두 사람에게서 많은 것을 배웠다. 예를 들어, 이 치료사의 집과 재산이 토네이도에 의해 심하게 피해를 입은 적이 있었다. 이 치료사는 지치고 혼이 빠진 것 같은 상태로 치료 세션에 오곤 했다. 그는 토네이도의 피해를 설명하였으나 도움받는 것은 거절했다. 한 인간으로서, Cornell은 치료사에게 피해 입은 재물에 대한 광범위한 수리에 구체적인 도움을 제공하거나 또는 최소한 동정심이라도 표현해야 할 필요성을 느꼈다. 한 클라이언트로서 그는 더 이상의 개인적 관심의 표명을 위한 공간은 없다고 느꼈으므로, 치료사/클라이언트의 경계는 지나치게 단단하고 비개인적으로 느껴졌다.

Clarkson(1994)도 이 이슈에 대해 논의했다. 그녀의 경험에 비추어보면, 예컨대 클라이언트와 치료사가 극장이나 거리에서 우연히 마주치는 경우에서와 같이, 클라이언트는 치료사와의 우연한 만남으로부터 많은 혜택을 받는다는 것이 밝혀진다. 세션 외의 상황에서 우연찮은 접촉이 있을 때, 이러한 접촉은 단순히 우연으로 간주될 수는 없으며, 전문적 세션에서 아주 철저히 논의되어야 할 필요가 있다. 때로 클라이언트는 전문가의 치료 또는 상담에 대한 대가로 행정 보조, 청소 또는 정원 작업과 같은 서비스를 제공함으로써 비용을 지불하는 경우가 있다. 클라이언트가 전문가의 사생활과 너무 많이 연관이 되는지 아닌지에 대한 질문 외에도, 위와 같은 관계는 바람직하지 않은 이해 상충으로 이어질 수 있다. 그러면 치료사는 클라이언트의 서비스에 의존하기 때문에 치료 자체가 연장될 수도 있다.

전문가는 효과적으로 함께 일하기 위해 얼마만한 거리와 가까움이 필요하고 바람직한지 지속적으로 스스로에게 질문해야만 한다. 교육과 트레이닝의 관계에서 교사의 자존감을 만족시키는 제아무리 알랑거리는 행동이라 할지라도, 교사는 자기의 사생활에 대한 학생들의 과도한 관심을 검토하여 적절한 제약을 두어 학생들을 페이스북의 친구로 받아들이지 말아야 한다. 마찬가지로, 경영 관계에서도 경영자는 크리스마스 저녁에 고객의 집으로의 초대를 정중하게 사양할 것인지를 자신에게 질문할 필요가 있을 것이다.

심리치료 저널에서는 치료 관계의 경계에 대한 토론이 정기적으로 열린다. 어떤 사람들은 안전한 태도를 선택한다(치료 시간 이외의 모든 접촉과 모든 만남은 금지된다). 그러나 이러한 공식적 태도를 유지함으로써 초래되는 피해는 경계를 넘기 때문에 생기는 피해보다 눈에 덜 띈다. 문제는 클라이언트에게 자신만을 '전문가'로 인식시킴으로써 당신은 클라이언트로부터 선택을 박탈하고 있는 것은 아닌지 여부이다. 따라서 다른 전문가들은 상황에 따라 개별 평가를 선택하며, 클라이언트의 관심사가 이로써 충족된다고 생각되면, 예를 들어 전문가들도 자녀들과의 문제로 클라이언트와 비슷한 경험을 했다는 것을 클라이언트와 공유하거나, 시내에서 우연히 만나게 되는 클라이언트와 잡담하는 것을 결정할 수도 있다.

우리들의 직업적 관계(교육, 컨설턴트, 상담 또는 심리 치료일 수 있다)는 진공 상태에서 일어나지 않는다. 조직 및 학업 환경에서는, 학생/교사, 보조자/고용주, 피감독자/감독자, 지원자(승진, 보조금, 졸업, 인증)/평가자, 또는 동료/동업자와 같은 역할이 중복되는 경우가 종종 있다. 심리치료와 상담에서 클라이언트로 시작한 사람이 직장 또는 전문직 조합원으로서 피감독자 또는 동료가 될 수 있다. 일부 전문가 협회에서는 이러한 중복되거나 순차적인 전문직 관계가 비윤리적인 것으로 보고 있다. 다른 전문직 구조에서는 이러한 관계적 역할 변화는 성취 및 성숙의 증거로서 여겨져 수용된다. 이러한 변화는 복잡하고 양쪽의 관계로부터 전이 압박을 받을 수 있다. 이러한 역할의 변화 과정에서는 조심스러운 상호 관심이 필요하며, 감독 또는 컨설팅이 현명하고 유용한 방안일 수 있다.

교류분석 윤리 규범의 핵심은 계약이다. 예를 들어, ITAA 윤리 규범은 전문적인 관계가 계약 완료로 종료되지만 계약 종료 이후에도 계속되는 특정한 책임이 있음을 규정한다. 여기에는 비밀 유지를 지속하는 것, 이전 관계를 이용하지 않는 것, 그리고 필요한 경우 후속 조치(역할 변화에 대한 감독을 포함할 수 있음)를 제공하는 것을 포함한다.

9.2.3 윤리적 딜레마

많은 전문적인 관계에서 윤리적 딜레마가 발생한다. 크고 복잡한 문제라기보다는 접촉의 작은 일상적 단절 그리고 소위 '조율 실패(misattunements)'의 문제들이다. 사람과의 작업이란 특성상 무의식적 심리적 역동이 크게 작용하며, 그것은 치유 효과를 가져 오거나 아니면 추가적 손상을 초래할 수 있다. 상처 입은 사람들이 치료를 원하는 심리치료에서는, 이러한 역동을 다루는 것이 필수적이다. 윤리 규범은 일반적으로 그러한 과정의 미묘함과 깊이를 다루지 않는다. 그럼에도 불구하고, 가급적 윤리적 불평이 제기되기 전에 치료 관계의 중단 가능성에 대하여 깊이 생각하는 일은 여전히 필요하다 (Eusden, 2011).

교사들 역시, 어린이들은 종종 자기의 행동을 통해서만 자기의 감정을 표현할 수 있다는 것을 인지하고, 학생들의 최대 이익에 관한 자기의 믿음이 다른 '관계자들'(학부모들, 학교 당국)과의 관계에서 조화를 이루어야만 할 때, 유사한 윤리적 딜레마와 마주친다. "나는 이 상황에서 무엇을 하고 있으며 어떤 권리로 그렇게 행동하고 있는가?"는 교육자들에게 끊임없이 제기되는 윤리적 문제이다(Newton, 2011).

분야에 따라서 다른 종류의 딜레마들이 발생할 수 있다. 다음 질문을 사용하여 그러한 문제들을 조사할 수 있다.

- 어떠한 윤리적 고려 사항이 이러한 딜레마를 가져오는가?
- 어떤 가치들과 그와 관련된 기준들이 걸려 있는가?
- EATA 및 ITAA 윤리 규범에 표현된 그러한 가치들과 기준들은 어떤 형태로 존재하는가?
- 당신의 조언은 무엇인가? 그 조언의 근거는 무엇인가?

다음은 딜레마의 몇 가지 예이다.

1. 당신은 회사의 CEO를 코칭하고 있다. 그는 때로는 여성 직원들과 성관계를 맺고 있다고 말한다. 그는 그 여성 직원이 그런 관계를 원하는 것으로 믿고 있다. 그는 이것이 올바르지 않다는 것을 알고 있지만, 흥미진진하다고 느낀다. 그의 아내는 이에 대해 알지 못한다.
2. 클라이언트의 아내가 전화를 한다. 남편이 자살하겠다고 위협하기 때문에 매우 불안하다. 집을 떠날 엄두는 못 내며, 그녀가 당신에게 전화했다는 것을 그에게 말하지 않기를 원한다.
3. 당신은 대기업의 임시 관리자로서 집행위원회를 대표하여 일한다. 당신은 다른 관리자 팀 멤버들이 집행위원회에 보고할 사항을 선택적으로 '선별'하는 것을 알게 된다. "이 집행위원회 임원들은 사업의 실제적인 측면에서 멀어 현장 감각이 없다." 따라서 논쟁으로 이어진다.
4. 당신은 한 회사에서 임시 전문가로 일한다. 당신의 '상사(클라이언트)'는 곧 결혼할 예정이며 당신을 결혼식 저녁 식사에 초대한다. 당신은 그녀를 위해 진행하고 있는 일은 아직 끝나지 않았다.
5. 당신은 새로운 친구 관계(파트너)를 시작한다. 당신은 클라이언트 중 한 명이 새로운 (친구) 파트너의 가까운 동료임을 알게 된다. 파트너가 이 동료와의 협력에 문제가 있다는 것을 말한다. 당신은 파트너에게 그 동료가 당신의 치료를 받고 있다고 알리려 하는가?

이 질문에 대한 '옳고' '그른' 답은 없다. 그것은 자기 자신 내부의, 다른 사람들과, 전문적 공동체 내에서의 대화에 관한 문제이다.

9.3 추가 논의

9.3.1 자율성

모든 교류분석 전문가가 반복해서 자신에게 묻는 질문은, "내가 원하는 개입이 다른 사람의 자율성 발전에 어떻게 기여하는가?"이다. 자율성은 교류분석에서 가장 중요한 가치들 중 하나이다. 그러나 이 개념에 관한 저술은 그리 많지 않다. Berne은 베스트셀러인 사람들이 하는 게임들(*Games People Play*, 1964, p. 178)에서 '자율성'의 개념을 설명했다. 자율성은 다음의 사항을 발산 또는 회복함으로써 나타난다.

- 자각(awareness) : 신생아처럼 어떠한 해석 없이 순수한 감각적 방법으로 관찰하는 능력
- 친밀(intimacy) : 부당한 이용 없고 게임으로부터 자유로운 정서적 표현의 교환
- 자발성(spontaneity) : 사고, 느낌 또는 행동과 관련한 다양한 옵션들로부터 선택할 수 있는 능력

Stewart와 Joines(2012)는 자율적 사고, 감정 또는 행동은 여기-그리고-지금에 대한 반응(각본 신념에 대한 반응이라기보다는)이라고 믿는다. 이러한 정의는 Berne이 "당신은 인사 후에 무슨 말을 하십니까?(*What Do you say after you say hello?*, 1972, p. 183)에서 말한 자율성의 개념과 유사하다. 그에 따르면 "진정한 자율성은 어른자아 A가 '편견(bias)'(부모자아 P)으로부터 자유롭고 또한 소망으로 가득 찬 생각(어린이자아 C)으로부터 자유로운 경우이다. 자율적 행동은 각본 행동의 반대이다." 사람이 자율을 실현할수록 각본이 그에게 미치는 영향은 줄게 된다.

지난 10년 동안 사람들이 자유롭고 자율적인 의지를 가지고 있는지에 대한 논의가 증가해 왔다. 일부 신경과학자들은 자유의지가 존재하지 않는다고 주장한다. 가장 깊은 수준에서 사람들은 자신의 결정을 통제할 수 없다고 주장한다. 우리는 우리의 두뇌이다(*Wij zijn ons brein*)(Swaab, 2010)와 자유의지는 존재하지 않는다(*De vrije wil bestaat niet*)(Lamme, 2010)와 같은 책을 우리는 어떻게 생각해야 하는가? 이 책들은 무의식적인 두뇌 활동은 자유의지 위에 군림한다고 주장했다. 이러한 관점에서 자율성은 환상으로 간주된다. 두뇌는 심지어 당신이 알아차리기도 전에 이미 몇 초 동안 활동하고 있다. 신경과학자이자 벨기에 철학자인 Jan Verplaetse는 자유의지 없음(*Zonder vrije wil*; Without Free Will, 2011)을 믿는다.

> 자유의지 논쟁에서 가장 큰 오해 중 하나는 이 논쟁이 실제로 자유의지에 관한 것인지 아닌지이다. 이것은 자유의지에 대한 논쟁이 아니다. 자유의지에 대한 논쟁은 자유의지, 자유로운 결정을 내릴 수 있는 신비한 능력에 관한 것이 아니다. 문제는 이 능력이 존재하는지 아닌지에 대한 것도 아니다. 만약 그렇게 간단한 문제라면 얼마나 좋으랴. 문제는 존재하지 않는 자유의지의 결과가 무엇인지에 관한 것이다. 자유의지가 존재하지 않는다면 어떨까? 책임을 여전히 질 수 있는가? 당신이 유죄가 될 수 있는가? 사람들을 비난하는 것이 합리적인가?(p. 14; 이 책을 위해 번역됨)

뇌와 정신에 관한 훨씬 정교한 연구를 가능하게 만든 새로운 기술의 폭발적 출현은 한편으로 미지의 분야에 관한 밝은 빛을 제공하였으나, 또 다른 한편으로는 어두움을 남기고 있다. 미국의 경우 국

립보건원(National Institute of Health)은 1990년대를 '뇌의 10년(decade of brain)'으로 선언함으로써, 새로운 과학적 연구에 대한 기대는 매우 높았다. 우리는 이 새로운 연구가 의미하는 바를 지나치게 일반화하는 위험에 처해 있다. 우리는 두뇌와 정신을 융합된 개념으로 생각할 위험에 처해 있다. Burton(2013), Rose(2005), Rose와 Abi-Rached(2013)는 새로운 '두뇌 과학'으로 인해 우리가 '아는' 것으로 생각하는 것에 주의를 촉구하고 있으며, 이러한 주의에는 상당한 윤리적 의미가 담겨 있다.

예컨대 Rose는, 그의 "신경 중심 세계의 윤리"(Ethics in a Neurocentric World; 2005, pp. 297-305)에서 "내 동료들의 주장은 점점 어마어마하고 종합적이 되었다. 마치 인간이 탄소 화학 물질로 만들어진 다소 복잡한 온도 조절장치와 같다"(p. 297)라고 말했다. Rose는 이러한 모든 신경세포 활동은 생물사회적 유기체(biosocial organisms) 내에서 그 고유의 성질에 의해 발생하고 또한 끊임없이 형성된다." … 우리는 자신의 행위에 대하여 책임을 지며, 인간으로서 우리 세계를 창조하고 재창조하는 행위의 주권(agency)을 가지고 있다고 주장한다(p. 305). 그는 "우리의 윤리적인 이해는 신경과학적 지식에 의해 강화될 수 있지만 대체될 수는 없으며, 새롭게 생겨나는 신경과학기술의 윤리적·법적·사회적 측면을 관리할 수 있게 되는 것은 사회적으로 표현되는 주체성을 통하여 가능할 것이다(p. 305).

자유의지의 문제는 본질적으로 의학·신경학적 또는 철학적 논쟁이 아니라 윤리적 의미를 내포하는 질문이다. 도덕적으로 통제력을 상실한다면 사람들은 자신의 각본에 의지할 수 있는가? 정신 이상이 생기면? 사람들은 자신의 발달이 저조한 자율 기능을 무죄를 위한 청원의 주장으로 할 수 있는가? "나는 그것에 관해서 무엇을 할 수 있는가?"

미국의 신경과학자인 Michael Gazzaniga는 윤리적 두뇌(*The Ethical Brain*, 2005)에서 두뇌의 역할에 대한 논쟁이 쉽게 흑백의 이분법으로 전개되는 것을 논의했다. 그는 "어떠한 경우에도 바뀌지 않는 신경과학의 확고한 사실들은 어디에서 끝나고 윤리는 어디에서 시작되는가?"라는 질문을 제기한다. 나중에 Gazzaniga는 '출현(emergence)'의 개념을 소개한다. "책임과 자유를 논하는 경우에 우리들은 여러 개의 두뇌가 상호작용할 때 출현하는 속성을 다루는 것이다." 출현(Gazzaniga, 2011)이란 각 부분들의 환원(reduction)에 의하여 볼 수 없는 어떤 특성들을 나타내는 복잡한 그리고 조직화된 시스템의 발날이다. 출현 속성이란, 예컨대 원자 수준에서 사람의 시각 수준으로처럼 수준을 변경할 때 발생하거나 관찰되는 속성이다. 출현의 예로서 색을 들 수 있다. 개별 원자는 색깔이 없지만 특정 (큰)수의 원자가 특정한 방법으로 배열되면 특정 파장의 빛을 흡수하거나 반사함으로써 볼 수 있는 색을 만든다. 색상은 이 경우 출현 속성(emergence property)이다. 마음은 때로 출현 속성이라고도 한다. 마음은 육체적 과정들로부터 발생하지만, 이러한 육체적 과정들로 마음을 환원시킬 수는 없다. 출현의 질은 고유한 특성을 지니지만 근본적인 물질적 요소들 없이는 존재할 수 없다. 두뇌는 특정한 결정 경로를 따르는 기계이다. 그러나 개인 두뇌의 분석은 '책임을 지는' 능력이 어디에서 유래했는지 설명하지 못한다.

Gazzaniga(2005)는 "책임감은 사회적 상호작용으로부터 오는 삶의 차원(a dimension of life)이며 사회적 상호작용은 다수의 두뇌들을 필요로 한다."고 믿는다. 우리 두뇌에 의해 조직화되는, 교류의 세계 속에서 윤리적 문제는 그 정당성을 갖는다. 이러한 관점에서, Swaab과 Lamme과 같은 저자의 환원주의적 견해는 인간이 나타내는 무한한 복잡성에 대하여 오류를 범하는 것이다.

9.3.2 위험, 신뢰 및 "틈새를 마음에 두기"

영국의 윤리 전문가이자 컨설턴트인 Tim Bond(2006)는 카운슬링과 심리치료 작업에서 고유한 친밀, 위험 및 불확실성의 피할 수 없는 상호관계에 대해 언급하였다. Bond는 "관계에서의 도전적 문제인 다름, 불평등, 그리고 위험과 불확실성이란 존재적 도전을 견뎌낼 수 있는 충분한 힘의 호혜적 관계의 발달을 지원하는 ⋯ 신뢰의 윤리"(p. 82)를 강조한다. 그는 수많은 직업적 그리고 법률적 문화에 만연하게 된 '위험-회피 문화(risk-avoidant culture)'(p. 83)를 비판하며, 그것은 "근본적으로 부정직하며 존재적으로 유아 취급을 하는 것이다."(p. 83)라고 주장한다. 10년 일찍 Grace McGrath(1994)의 우려에 공명하며, Bond는 " ⋯ 직업적으로, 그것은 치료적 효과의 문제에 앞서 치료사의 자기보호를 우선시하는 역기능적인 방어적 치료로 인도할 수 있다."(p. 83)고 주장한다. Bond의 논문은 "자유와 책임 (Freedom and Responsibility)"이라는 주제에 초점을 둔 세계 교류분석 컨퍼런스를 위하여 저술되었으며, 뒤따라 윤리의 임상과 문화적 측면을 탐구하는 여러 편의 논문들이 발표되도록 만든 계기가 되었다(Cornell, 2006; Drego, 2006; Naughton & Tudor, 2006; Salters, 2006).

McGrath와 Bond의 작업을 토대로 그리고 윤리위원회에서 일하면서 얻은 경험을 바탕으로, Sue Eusden(2011)은 "치료사들은 때때로 심각한 위법 행위를 통해서가 아닌 부주의, 쉬운 것 선택하기 (예 : 골치 아픈 것보다는 진정시키는 것), 또는 부적절한 개입을 하는 것으로 인하여 그들이 행하는 치료의 실제에서 비윤리적으로 행동한다."(p. 102)라고 언급하며, 그런 실수들 자체는 전문가의 행위 때문에 클라이언트가 갖게 되는 불균형 또는 정신적 교란에 대한 전문가의 관심의 결여만큼 비윤리적 이지는 않다는 것을 제시한다. 그녀는 치료사의 윤리가 문제가 되고, 그것 때문에 문제의 해결을 촉진하는 것이 아니라 오히려 정신적 장애를 악화시킬 수도 있는 상황이 되었을 때 치료사가 느끼는 극심한 수치심에 대하여 설명한다. 그녀는 "현재의 직업 규범은 많은 심리치료의 실제에서 중심적 과제인 정신적 장애의 변두리 영역에서 하는 작업에 내재하는 무의식적 2인 심리적 역동성의 미묘함 그리고 깊이를 설명하고 있지 않다."(p. 104)고 주장한다. 그리고 그녀는 어떻게 치료사는, 틈새가 점차 벌어져 윤리적 위반으로 확대되기보다 치료가 계속될 수 있도록 정신적 교란과 실수의 틈새를 염두에 두어야 하는지에 관한 임상 사례들을 제공한다. 이러한 그녀의 글은 교류분석 실제의 네 분야 모두에서 윤리적 문제를 다루는 교류분석저널(*Transactional Analysis Journal*)의 특별호에 실렸다.

 1년 후 임상 및 교육 측면에서 Cook(2012), Mazzetti(2012), Shadbolt(2012)가 쓴 글에서는 진행 중인 치료 작업을 지원하는 방향으로 치료방법의 오류를 다루는(마음 쓰는) 방법에 대한 삽화를 자세히 제공한다.

9.3.3 방관

비록 모든 교류분석 개념은 윤리적 추론에서 사용하도록 하는 다소간의 암묵적 유인을 갖고 있다 하더라도, 본질적으로 윤리적인 교류분석의 개념이 한 가지 있다. Petruska Clarkson(1996)은 Karpman의 드라마 삼각형에 네 번째 역할로 방관자(Bystander)를 소개했다. 그녀는 "Karpman의 드라마 삼각형은 드라마에는 거의 언제나 시청자가 있다."는 사실을 전제하진 않는다. 시청자들은 연극의 영향을 받기도 하며 또한 전개될 사건에 큰 영향을 미치기도 한다(p. 42). 그녀의 책에서 제I부는 게임 연출의 도덕적 복합성에 관한 것이다. 여기에서의 키워드는 '책임(responsibility)'이다. "방관은 다른 사람들에 대한 책임과 의무를 부정할 때 예상된다."라고 Clarkson은 기술하고 있다(p. 15). 제4장에 방관자의 역할에 대한 자세한 내용이 나와 있다.

9.4 관련 이론

9.4.1 Kohlberg와 도덕적 발달

인간 도덕 발달에 관한 가장 잘 알려진 이론 중 하나가 심리학자 Lawrence Kohlberg에 의해 제시되었다. 그의 이론은 인간의 인지 능력 발달에 대한 Jean Piaget의 이론을 기반으로 했다. Kohlberg는 그의 모델을 아동 및 젊은 성인 집단들 사이에서 수행한 질적 연구에 기반을 두었다. 그는 그들에게 일련의 도덕적 딜레마를 제시했다. 그는 그들이 어떤 선택을 했는가에 관심을 둔 것이 아니라 그 선택에 도달하기까지의 추론(reasoning)에 관심이 있었다.

유명한 딜레마

한 여성이 특별한 암으로 고통받고 있다. 그녀의 담당의가 그녀를 치료할 수 있다고 생각하는 약이 한 가지 있다. 이 약은 라듐의 특정 형태를 띠고 있으며, 최근에 같은 도시에 있는 약사에 의해 만들어졌다. 이 약을 생산하는 데 들어가는 비용은 매우 비싸다. 더구나 약사는 이 약품 제조비용의 열 배를 부과하고 있다. 한 번의 복용량을 만드는 데는 200유로가 들며, 따라서 그는 1회 복용량을 2,000유로에 팔고 있다.

 그 여자의 남편은 돈을 빌리러 아무라도 찾아간다. 그는 아내의 생명을 구하기 위해 필요한 금액의 절반밖에 얻지 못했다. 그는 약사에게 그의 아내가 죽어 가고 있다고 말하며 더 적은 금액으로 팔거나 전체 금액을 나중에 받으면 안 되겠느냐고 묻는다. 그러나 약사는 "안 돼요. 나는 이 약을 만들었고 이것으로 이익을 보아야 합니다."라고 말하며 거절한다. 남편은 절박한 상황에 몰리며, 끝내 약을 훔치기 위해 약사의 가게에 침입한다. 질문 : 그 남편의 윤리적 행동에 관한 당신의 견해는 무엇인가 (Kohlberg, 1973).

Kohlberg는 사람들의 도덕 발달에 따른 여러 단계로 추론을 분류했다. 간단히 설명하면 다음과 같다.

- 전인습적 도덕성(pre-conventional morality) : 도덕적 판단은 감정의 상처를 회피하는 것을 목표로 ("나는 어떻게 벌받지 않을 수 있는가?"), 그리고 자기이익("이것은 나에게 얼마나 유익한가?") 을 목표로 하여, 육체적 및 외적 자극에 의존하여 결정된다.
- 인습적 도덕성(conventional morality) : 도덕적 판단은 사회적 불승인과 판단의 회피를 목표로 하여, 권위자(종종 부모)의 승인 또는 거부에 맞춰져 있다. 법과 질서의 도덕성.
- 후인습적 도덕성(post-conventional morality) : 도덕적 판단은 비난에 대항하고 사회의 일부로서의 기능을 목표로 하여, 자기평가에 의한 원칙에 근거한다. 양심적.

세 가지 단계들 모두가 딜레마에 빠진 남자가 아내의 생명을 구하기 위해 가게에 침입한 것이 정당한지에 대한 질문에 대한 각기 다른 논리를 추적한다. 1단계에서 논쟁은 그가 감옥에서 종신형을 복역할 위험이 있기 때문에 그렇게 해서는 안 된다는 것일지 모른다. 또는 그 사람은 궁극적으로 겨우 200유로에 불과한 물건을 훔치는 것이기 때문에 그렇게 할 수 있다. 2단계에선, 정말로 아내를 사랑하는 남자라면 누구라도 아내를 위해 그렇게 할 수 있을 것이라는 주장이 제기될 수도 있다. 결국 따지고 보면 그는 처음에는 법을 어기지 않고 할 수 있는 모든 일을 하려 했다. 그러나 만약 그가 체포된다면 그는 그에 따른 결과를 받아들여야 한다. 3단계에서는 다음과 같은 추론이 적용될 수 있다. 즉, 생명권이 재산권에 우선하기 때문에 그는 약을 훔칠 수 있다. 또는 약사는 그가 한 모든 연구에 대해 공정한 보상을 받을 자격이 있기 때문에 그는 약을 훔쳐서는 안 된다. 게다가 그가 약사에게서 약을 훔친다는 것은 그의 아내만큼 그 약을 절박하게 필요로 하는 또 다른 잠재적 환자로부터도 약을 훔치는 것이다.

9.4.2 경계를 넘다

일이 잘못되고 전문가가 일정한 경계를 넘을 때는, 일반적으로 착취와 또는 낮아진 판단력이 지배적이거나 이해가 상충하는 상황을 포함하는 관계에 관한 것들이다. 일반적으로 이러한 상황은 조금씩 점진적 과정이기 때문에 전문가나 클라이언트는 처음에 알기가 어렵다.

대부분의 전문가들은 경우에 따라 클라이언트에 대한 성적 또는 에로틱한 감정을 경험하는 것에 동의하지만, 이러한 것에 대한 논의를 훈련, 슈퍼비전 또는 개입(동료-슈퍼비전) 중에 하는 것은 일반적인 관행과 거리가 멀다.

2년의 치료기간 동안에 환자는 세션의 대부분의 시간을 침묵하는데, 말하는 데 문제가 있는 것으로 보인다. 마침내 환자는, "알고 싶은 것이 있어요. 당신 생각에 내가 예뻐요? 나한테 매력을 느낍니까?"라고 말한다.

당신은 새로운 클라이언트와 대화 중이다. 당신이 클라이언트를 볼 때, 당신은 거의 즉시 자신이 참 엉뚱한 사람이라는 생각을 갖는다. 첫눈에 사랑이라니. 당신은 그를 상담실로 들어오도록 하고, 대화를 진행하지만 이 사람이 바로 나의 남은 인생을 함께할 바로 그 사람이라는 강한 감정을 떨치지 못한다. 당신은 이에 대해 스스로 생각한다, "이러면 안 돼. 이 사람과 치료관계를 맺을 수 없다고 말해야 한다. 함께 어디 다른 곳에서 커피를 마실 수 있는지 물어봐야겠어. 나는 이 환자에게 다른 치료사의 명함을 줘야지."

이 사례는 Pope, Sonne, Holroyd가 쓴 심리치료에서의 성적 감정들(*Sexual Feelings in Psychotherapy: Explorations for Therapists and Therapists-in-training*, 1993)에서 발췌한 것이다. 저자들은 이 책에서 성적 감정과 반응을 탐구하고 발견할 수 있는 분명한 틀을 제공한다. 그들은 일곱 가지 기본 규칙을 제공한다.

1. 치료사의 성적 감정과 반응을 탐색하는 것은 훈련과 전문성 발달의 중요한 부분이다.
2. 클라이언트에게 갖는 이러한 감정과 실제 성적 친밀은 명확한 구별이 있어야 한다.
3. 어떤 치료사도 클라이언트를 성적 오용에 관여시켜서는 안 된다.
4. 대부분의 치료사들은 과거 한두 번 클라이언트에게 성적 매력을 느끼거나 또는 성적으로 흥분된 경험을 가지고 있다.
5. 성적 매력이나 성적 감정에 관해서는 이러한 감정을 인정하고 받아들이는 것이 매우 중요하다. 그러한 감정을 회피하는 것은 치료와 환자에게 반생산적 또는 유해한 영향을 미칠 수 있다.
6. 이러한 감정은 안전하고, 무비판적이고, 지원적 환경에서 탐색되고 발견되는 것이 좋다.
7. 개인의 성적 감정과 반응의 본질, 의미 및 함의에 대한 '요리책'과 같은 접근법은 존재하지 않는다.

이 저자들의 책에 기록된 설명과 권장 사항들은 단순한 성적 영역을 넘어 보다 광범위하게 적용될 수 있다.

9.4.3 통계가 점령하다

다우존스나 CAC40(파리 증권거래소 주가지수)의 등락은 뉴스 속보가 될 수 있는 것 같다. 경영자들은 매일매일의 지수를 경영에 사용할 것이다. 정치인들은 항상 떨리는 마음으로 주간 여론 조사를 받는다. 수량은 품질을 패배시키는 것처럼 보인다. 숫자에 대한 선입관은 윤리적 의문으로 이어질 수 있다. 그것은 보다 깊은 곳의 두려움을 숨기고 있을 수 있다! 임상심리학과 정신분석의 교수인 Paul Verhaeghe(2009)는 이러한 현상엔 사고의 두려움이 숨겨져 있다고 주장한다. 상식을 사용하는 것은 사람들을 점점 더 두렵게 하는 것처럼 보인다. 숫자는 현실에 대한 진실을 만들어내는 것으로 믿고 있다. 그는 숫자들이 금융 위기를 초래했다고 말한다. 뱅킹의 세계는 생각하는 것을 멈추었다. 그러나 숫자들은 미묘한 윤리적 기반 사고 과정 안에서 가장 잘 사용될 수 있다. "그러한 과정을 벗어나는 숫자들은 순진한 다수를 조작하는 사람들의 주장에 불과하다." 오직 말만을 사용하는 사람은 용의자이다. Verhaeghe는 "통계가 점령하고 수사는 추방되었다(Statistics are in, rhetoric is out)."라고 말하는 듯하다(p. 223; 이 책을 위해 번역됨). 숫자에 대한 과도한 의존은 우리에게서 가장 말하기 어려운 것들, 설명될 수 없는 것들에 대한 보다 더 시적인 방식(poetic ways)의 대화를 박탈하려고 위협하고 있다.

Verhaeghe(2004)는 또한 DSM 진단 모델의 적용에 대하여 신랄한 비판을 담당했다. 비록 이 문제는 이 책의 범주에서 벗어나는 것이지만, Verhaeghe의 책은 우리들의 비판적 사고능력이 윤리적 실천을 보장하는 방법에 대한 강력한 사례를 제공한다. 심각한 윤리적 함의를 지닌 사회적·전문적·법적 추세와 압력에 관한 비판적 사고의 유사한 맥락 속에서 Bond와 Mitchels(2014) 그리고 Bollas와 Sundelson(1995)은 우리의 전문적 관계, 특히 카운슬링 및 심리치료 계약의 경우에 비밀의 유지와 비밀 유지의 기본적인 윤리적 책임의 부식 현상에 관한 도전적 성찰을 제공한다.

9.4.4 미덕

도덕적 정신과 의사(*The Virtuous Psychiatrist*, 2010)에서 철학자 Jennifer Radden과 정신과 의사 John Sadler는 심각한 정신병적 문제를 가진 사람들에게 치료를 제공할 때 정신과 의사가 가져야 하는 덕목에 대해 기술했다. 그들의 비전은 정신과 의사뿐만 아니라 광범위한 전문가 그룹에게도 적용된다. 그들은 성품, 또는 아리스토텔레스가 지칭했던 미덕이 전문가의 윤리적 행동을 이끌어야 한다고 주장한다. 이러한 미덕으로부터 도덕적 가치와 그에 따른 표준을 추론할 수 있다.

Radden과 Sadler는 일종의 미덕의 계층에 대한 개괄적 스케치를 만들었다. 모든 전문가들은 신뢰성과 도덕적 성실성을 유지해야 한다. 또한 사람들과 일하는 전문가들은 품위, 존경, 자비, 친절, 공감, 연민, 인내, 따뜻함, 자기지식 및 현실주의의 능력을 가져야 한다. 전문가들은 자신의 경계를 항상 확인하고 유지해야 하며, 도덕적 지도력을 보이며, 성별에 민감하고, 결단력이 있고, 존중하며, 인내심이 있어야 한다.

그들은 나아가 '이기심을 버리기(unselfing)'와 같은 특정한 미덕에 관하여 설명했는데, '이기심 버리기'는 치료관계의 한계 내에서 타인의 말을 적절하게 경청하고, 타인에게 주의를 집중하는 특별한 성질로서, 전문가는 그러한 관계 속에서 자신을 어느 정도 지워야만 한다. 또 다른 미덕은 '실천지(實踐知; phronesis)' 또는 실용적인 지혜이다. 아리스토텔레스가 창안한 용어인 프로네시스(phronesis)는 과학적 증거를 독특한 클라이언트의 상황으로 옮겨 적용하고, 여러 목적을 몇 가지 개입으로 묶어버리거나, 얻을 수 있는 정보의 양이 적은 복잡한 상황에서 의사결정을 내리는 작업을 포함한다.

Radden과 Sadler의 견해에 따르면, 전문가는 겸손해야 하며 자신의 아이디어와 태도가 편향되거나 편견을 가질 수 있음을 인정해야 한다. 이것은 한 편의 전문 지식과 다른 한 편의 새로운 상황을 수용하는 데 필요한 열린 마음 사이에 긴장의 영역을 만든다. 미덕은 보통 개인적인 성격의 문제로 여겨지지만 전문적인 가치와 윤리는 학습될 수 있다.

9.4.5 자기노출

전문가 측의 개인 정보 공개가 전문적 관계와 클라이언트의 성장에 언제 도움이 되는가? Weiner(1978)는 이것이 전문가의 자기노출에 관해서 가장 중요한 기준이라고 밝혔다. 그는 많은 경우에, 개인적인 문제를 드러내는 치료사는 다분히 전이의 필요를 충족하려는 것, 역전이로부터의 연출 또는 잠시 자기애(narcissism)에 빠지는 것이라고 주장했다. 어떤 경우 예를 들어 단기간의 치료에서 자기노출은, 치료자와의 동일시를 촉진하는 클라이언트의 어떤 감정을 확인하거나 또는 치료사가 모델이 되는 학습 경험의 예를 제공함으로써 유용한 기능을 할 수 있다.

Weiner는 자기노출이 클라이언트의 현실 인식과 자존감을 높이는 데 얼마나 유용할 수 있는지를 보여준다. 그는 자기노출이 클라이언트에게 피드백으로 작용할 수 있다고 제안한다. 만약 치료가 치료사의 개인적 요인에 의해 중단된다면 자기노출은 적절할 수 있다. 자기노출은 한 인간이 인간관계를 경험하는 교정적·정서적 경험일 수 있다.

Weiner에 따르면, 치료사와 클라이언트 모두가 의식하지 못하는 무의식적으로 정보를 제공할 가능성이 크기 때문에 자기노출의 함정은 클 수 있다. 따라서 Weiner는 그에 대한 절제와 자기성찰을 요구했다. 치료사는 특히 자기노출이 조작적이거나 매력적으로 보이도록 하는 행위로 해석될 소지가 있는지, 또는 환자의 욕구보다 실제 치료사의 욕구에 부응하기 위한 것인지 여부를 자문하는 것이 필요하다. 그렇게 하지 않으면, 치료사는 예컨대 클라이언트를 의존적으로 만듦으로써 클라이언트의 저항을 무마하고 있을 수도 있다. 따라서 Weiner의 주요 권장 사항은 다음과 같다. 자신에 대해 말해야 할지 여부에 대해 의심스럽다면 하지 않는 것이 좋다!

우리들이 심리치료사, 상담사, 교육자, 슈퍼바이저 또는 조직 컨설턴트 어떤 전문 분야에서 일을 하든, 우리의 전문적 관계는 권위 및 책임에 있어 비대칭적이다. 자기공개의 잠재적 의미, 이점 및 문제에 대해 가장 철저한 논의를 찾을 수 있는 곳은 아마도 심리치료에 관한 문헌들 속에서일 것이다

(Aron, 1996, Bass, 2007, Cornell, 2014; Maroda, 1999; Skolnikoff, 2011). 이러한 논의와 성찰은 자기노출에 관한 결정을 적절히 안내할 수 있는 단 하나로 된 확고하고 요지부동의 규칙이 없음을 분명히 한다.

전문적 관계 안에서 불균형과 상호성 사이의 긴장에 대한 논의를 진행함에 있어, Lew Aron(1996)은 사전에 자기노출의 결과를 알 수는 없고 자기노출 이후에 일어나는 일에 더 주의를 기울여야 한다고 주장한다. "중요한 문제는 분석가의 개입이 환자로부터의 더 많은 노력, 교정, 자기관찰에 따른 의견 및 제휴를 유도하는지 아니면 저지하는지 여부인 것 같다"(p. 98). Karen Maroda(1999)는 "치유적이며 정서적인 정직을 자극하는 것은, 기꺼이 말하고 또 정서를 보여주려는 치료사의 의지이다."(p. 103)라고 주장하면서, 치료사가 환자와 관련하여 자신의 감정을 개방하는 것이 중요하다고 강조한다. 또한 치료사의 자기노출이 환자의 경험과 일치하지 않는다면 환자가 말할 수 있는 공간을 허용해야 하며, 치료사의 자기노출을 치료의 마지막 단계처럼 취급해선 안 된다고 주장한다. 전문가 측의 너무 많은 또는 너무 개인적인 자기노출의 위험 중 하나는 비대칭을 없애버리는 위험과 환자 자신의 경험을 배제할 위험이 있다는 것이다. Skolnikoff와 Cornell은 자기노출을 하거나 하지 않음에 있어 각각의 의사결정에 따른 결과가 있음을 보여주는 임상적 사례를 각각 제공한다.

9.4.6 윤리적 능력

기업이 직면하는 (윤리적인) 도전에 대한 실용적인 접근 방식은 바로 '윤리적 능력(ethicability)'(Steare, 2008)이다. Roger Steare는 같은 제목의 그의 저서에서, 윤리적 능력은 우리가 옳은 것을 결정하고 그러한 결정에 따라 행동을 할 용기를 찾는 데 도움이 된다고 말한다. 비록 도덕 철학과 인간 심리학의 통찰력을 바탕으로 하지만 목표는 준비, 결정 및 검증의 명확한 스키마의 도움을 받아 사람들이 스스로 딜레마를 통하여 생각하도록 격려하는 것이다.

- 준비 : 우리는 어떻게 느끼는가? 누가 관여되는가? 사실은 무엇인가? 어떤 종류의 딜레마인가? 우리의 의도는 무엇인가? 우리의 선택들은 무엇인가? 우리는 창의적으로 사고했는가?
- 무엇이 옳은 것인지 결정하라 : 규칙은 무엇인가? 우리는 진실하게 행동하고 있는가? 이것은 누구에게 좋은 것인가? 우리는 누구에게 해를 입힐 수 있는가? 진실은 무엇인가?
- 우리의 결정을 검증하기 : 우리가 그들의 입장이라면 어떻게 느낄 것인가? 무엇이 공정하고 합리적일 것인가? 무엇이 어른답게 행동하는 것인가? 무엇이 신뢰와 존경을 구축할 것인가? 어떠한 결정이 오랜 시간 동안의 검증을 견뎌 내겠는가? 우리가 옳은 일을 할 용기를 가지고 있는가? 이 딜레마에서 우리는 무엇을 배울 수 있는가?

9.4.7 윤리적 성숙?

윤리적 성숙함을 어떻게 인식할 수 있는가? 이것은 Michael Carroll(2013)이 제기한 질문이다. 그는 용어 자체가 미성숙에서 성숙으로의 진전을 포함한다고 제안한다. 마치 우리가 육체적으로 성장하는 것과 같이, 우리는 윤리적 사고방식을 아동기에서부터 청소년기를 거쳐 성인기에 이르기까지 발달시켜 상이한 단계에서 상이한 방식으로 의사 결정을 내린다. 윤리적 성숙은 행동이 옳고 그른지를 판단하는 반추적·합리적·직관적·정서적 능력을 가지며, 그러한 결정을 실행하는 용기와 실행력을 가지며, (공적으로 또는 사적으로) 윤리적 결정에 대한 책임을 지며, 관련된 경험으로부터 배우고 또 그 경험과 함께 살아갈 수 있음을 의미한다.

따라서 윤리적 성숙은 여섯 가지 요소로 구성되며, 각 요소는 누군가에게 도움을 주는 직업을 가진 사람들의 사고와 의사 결정에 큰 역할을 담당한다.

1. 윤리적인 민감성과 사려 깊음
2. 윤리적인 분별력과 의사 결정
3. 윤리적인 대화(책임)
4. 윤리적인 실행(능력)
5. 윤리적 지속 가능성과 평화(결정한 사항들과 더불어 살아가는 것)
6. 윤리적 결정을 내리는 경험으로부터 배우기(비판적 반추)

참고문헌

Aron, L (1996) *A Meeting of the Minds: Mutuality in Psychoanalysis.* Hillsdale, NJ: Analytic Press.

Bader, E. (1994). Dual relationships, legal and ethical trends. *Transactional Analysis Journal, 24*(1): 64-66.

Bass, A. (2007). When the frame doesn't fit the picture. *Psychoanalytic Dialogues, 17*: 1-27.

Berne, E. (1964). *Games People Play.* New York: Grove Press.

Berne, E. (1972). *What Do You Say after You Say Hello?* New York: Grove Press.

Bollas, C., & Sundelson, D. (1995). *The New informants: The Betrayal of Confidentiality in Psychoanalysis and Psychotherapy.* Northvale, NJ: Jason Aronson.

Bond, T. (2006). Intimacy, risk, and reciprocity in psychotherapy: Intricate ethical challenges. *Transactional Analysis Journal, 36*: 77-89.

Bond, T., & Mitchels, B. (2014). *Confidentiality and Record Keeping in Counselling and Psychotherapy.* London: Sage.

Burton, R. A. (2013). *A Skeptic's Guide to the Mind: What Neuroscience Can and Cannot Tell Us about ourselves.* New York: St. Martin's Press.

Carroll, M. (2013). *Ethical Maturity in the Helping Professions* London: Jessica Kingsley.

Clarkson, P. (1994). In recognition of dual relationships. *Transactianal Analysis Journal, 24*(1): 32-38.

Clarkson, P. (1996). *The Bystander (an End to Innocence in Human Relationships?).* London: Whurr.

Cook, R. (2012). Triumph or disaster?: A relational view of therapeutic misTAkes. *Transactional Analysis Journal, 42*: 34-42.

Cornell, W. F. (1994). Dual relationships in transactional analysis training, supervision and therapy. *Transactional Analysis Journal, 24*(1): 21-29.

Cornell, W. F. (2006). Letter from the editor. *Transactional Analysis journal, 36*(2): 74-76.

Cornell, W. F. (2014). The intricate intimacies of psychotherapy and questions of self-disclosure. In: D. Loewenthal & A. Samuels (Eds.), *Relational Psychotherapy, Psychoanalysis and Counselling: Appraisals and Reappraisals* (pp. 54-64). London: Routledge.

Drego, P. (2006). Freedom and responsibility: Social empowerment and the altruistic model of ego states. *Transactional Analysis journal, 36*(2): 90-104.

FATA (2008). *Ethical Code* (www.eaTAnews.org).

Eusden, S. (2011). Minding the gap: Ethical considerations for therapeutic engagement. *Transactional Analysis Journal, 41*(2): 101-113.

Gazzaniga, M. (2005). *The Ethical Brain*. New York: HarperCollins.

Gazziniga, M. (2011). *Who's in Charge? Free Will and the Science of the Brain*. New York: Ecco (HarperCollins).

Graaf, A. de, & Levy, J. (2011). Business as usual? Ethics in the fast-changing and complex world of organizations. *Transactional Analysis Journal, 41*(2): 123-128.

Kohlberg, L. (1973). The claim to moral adequacy of a highest stage of moral judgment. *Journal of Philosophy, 70*(18): 630-646.

Kouwenhoven, M. (2011). Bouwen aan een integere samenleving. Integriteitzorg vanuit een geïntegreerd Oudersysteem. (Building an ethical society. Integrity management from an Integrated Parent system.) *Strook, theme number Ethiek*, December: 20-33.

Lamme, V. (2010). *De vrije wil bestaat niet.* (Free Will Does Not Exist.) Amsterdam, Netherlands: Bert Bakker.

Mareda, K. (1999). *Seduction, Surrender, and Transformation*. Hillsdale, NJ: Analytic Press.

Mazzetti, M. (2012). Teaching trainees to make mistakes. *Transactional Analysis Journal, 42*: 43-52.

McGrath, G. (1994). Ethics, boundaries and contracts: Applying moral principles. *Transactional Analysis journal, 24*: 6-14.

Naughton, M., & Tudor, K. (2006). Being white. *Transactional Analysis Journal, 36*(2): 159-17l.

Newton, I. (2011). The nature and necessity of risk: Minding the gap in education. *Transactional Analysis journal, 41*(2): 114-117.

Pope, K., Sonne, J., & Holroyd, J. (1993). *Sexual Feelings in Psychotherapy: Explorations for Therapists and Therapists-in-training*. Washington, DC: American Psychological Association.

Radden, J., & Sadler, J. (2010). *The Virtuous Psychiatrist*. Oxford: Oxford University Press.

Rose, S. (2005). *The Future of the Brain: The Promise and Perils of Tomorrow's Neuroscience*. Oxford: Oxford University Press.

Rose, N., & Abi-Rached, J. M. (2013). *Neuro: The New Brain Sciences and the Management of the Mind*. Princeton, NJ: Princeton University Press.

Salters, D. (2006). Simunye—Sibaningi: We are one-we are many. *Transactional Analysis Journal, 36*(2): 152-158.

Shadbolt, C. (2012). The place of rupture and failure in psychotherapy. *Transactional Analysis Journal, 42*: 5-16.

Skolnikoff, A. (2011). Talking about onself. In: S. Akhtar (Ed.), *Unusual Interventions: Alterations of the Frame, Method, and Relationship in Psychotherapy and Psychoanalysis* (PP. 141-164). London: Karnac.

Steare, R. (2008). *Ethicability: How to Decide What's Right and Find the Courage to Do It*. Sevenoaks, UK: Roger Steare

Consulting (self-published).

Stewart, I., & Joines, V. (2012). *TA Today: A New Introduction to Transactional Analysis. Second Edition.* Melton Mowbray, UK: Lifespace.

Suriyaprakash, C. (2011). Ethics in organizations: My Eastern philosophical perspective. *Transactional Analysis journal, 41*(2): 123-128.

Swaab, D. (2010). *Wij zijn ons brein.* (We Are Our Brains.) Amsterdam: Contact.

Verhaeghe, P. (2004). *On Being Normal and Other Disorders: A Manual for Clinical Psychodiagnostics.* New York: Other Press.

Verhaeghe, P. (2009). *Het Einde van de Psychotherapie.* (The End of Psychotherapy.) Amsterdam: De Bezige Bij.

Verplaetse, J. (2011). *Zonder vrije wil.* (Without Free Will.) Amsterdam: Nieuwezijds.

Weiner, M. (1978). *Therapist Disclosure. The Use of Self in Psychotherapy.* Baltimore, MD: University Park Press.

Woollams, S., & Brown, M. (1978). *Transactional Analysis.* Ann Arbor, M1: Huron Valley Institute.

제10장

슈퍼비전

사람들을 위해 일하고 그에 따른 책임을 지는 전문가는 사람들이 어떻게 개인으로서 성장할 것인지, 그리고 전문가로서 어떻게 발전할 것인가에 대한 질문에 대처해야 한다. 이러한 상황을 적절하게 처리하기 위해서, 전문가들은 지속적으로 자신의 성장과 발전을 관리해야 한다는 것은 (윤리적으로) 필수적이다. 비록 이 장이 제1부의 마지막 장이라 하더라도 슈퍼비전이 교류분석 전문가들의 항목들 중 가장 아래 부분에 위치해서는 안 될 것이다. 슈퍼비전의 이유와 방법에 대해 생각하고 슈퍼비전의 실제를 위한 아이디어를 공식화하는 것이 이 장의 주제이다.

10.1　기초 이론

10.1.1　상호 학습 과정

Eric Berne(1968)은 1960년대에 스태프-환자 회의(staff-patient conferences)라는 개념을 실험했다. 그가 일한 병원에서 그는 스태프 토의에 직접적으로 환자들을 참여시켰다. 그는 먼저 스태프들이 환자 앞에서 환자들에 관한 이야기를 하도록 했다. 그런 다음 환자들에게 스태프들이 말하는 것에 대하여 생각하도록 요청했다. 그의 경험에 따르면 대부분의 환자가 이러한 모델을 높이 평가했으며 또한 이런 회의를 다룰 수 있을 만큼의 충분한 자아의 힘을 가지고 있었다. 이러한 회의 형식에 종종 더 어려움을 느낀 쪽은 스태프들이었다. 그러나 횟수를 거듭함에 따라 그들 또한 이러한 회의에 대해 감사하게 되었다(p. 164).

　Cornell 또한 이 모델을 적용했다(Cornell, Shadbolt, & Norton, 2007). 심하게 정신적으로 어려움을 겪은 어린이들을 위한 진료소에서 모든 어린이와 부모들을 치료 계획에 대한 토론에 참여시켰다.

　나중에 TA 슈퍼바이저로서, 그는 '클라이언트 참여의 날(bring the client day)'이라는 슈퍼바이저 그룹을 조직했다. 각 치료사는 한 명의 클라이언트와 함께 참석하며 그 클라이언트는 종일 그룹과 함께 한다. 각 클라이언트는 치료사(자신의 치료사가 아닌)를 선택하고 슈퍼바이저(Cornell), 자신의 치료사, 다른 치료사들 및 다른 클라이언트들이 참석한 자리에서 선택한 치료사와 함께 일했다. 이후 토의에서 모든 참가자들은 그들의 생각과 관찰한 바에 관해 이야기했다. 슈퍼바이저, 치료사 및 클라이언트는 모두 상호 학습 과정에 참여한 것이다. 클라이언트는 일반적으로 이러한 과정을 통해 많은 것을 배웠다고 보고했다. 치료의 과정은 덜 신비스럽게 되었고, 그들의 어른자아 A의 능력은 강화되었다.

10.1.2　계약 관계

슈퍼비전은 교류분석으로 일하는 것을 배우는 데 중요한 도구이다. 그것은 교류분석 훈련의 초석들 중 하나이다(Tudor, 2002; Zalcman & Cornell, 1983). 2012년 이탈리아의 정신과 의사 Marco

Mazzetti는 슈퍼비전에 관한 논문으로(Mazzetti, 2007) Eric Berne Memorial Award를 수상하는 영광을 안았다. 교류분석에서의 여러 다른 저자들도 슈퍼비전에 관한 글을 썼다. 이 장은 이러한 저서들 중에서 발췌한 것이다. Berne 자신은 최상의 훌륭한 교사였으며, 그는 슈퍼비전을 학습 과정의 중요한 부분으로 보았다. 그의 주간 세미나에는 슈퍼비전과 관련된 강력한 요소들이 있었다(Mazzetti, 2007).

우리가 '슈퍼비전(supervision)'이라는 단어의 구성 요소('super'와 'vision')를 따로 따로 분리해보면 우리는 슈퍼비전의 목표에 대한 그림을 그려볼 수 있다. 그것은 (은유적으로) 한 발짝 뒤로 물러나 초월적 관점(meta-perspective)을 갖도록, 즉 그 사람의 작업의 실제에 대한 넓은 조망을 갖도록 인도하는 하나의 과정이다. 슈퍼비전은 전문적 관계와 슈퍼바이지의 효율성 증진을 목적으로 슈퍼바이저(supervisor)와 슈퍼바이지(supervisee) 간에 체결하는 계약관계라고 정의할 수 있다. 교류분석에서 슈퍼비전은 대개 그룹 및 개별 형식으로 수행된다. 시간이 지남에 따라 전문가의 성격에 대한 측면이 슈퍼비전 과정에서 다루어져 개인적 개발뿐만 아니라 전문성 개발을 위한 기회를 창출할 수 있다. 슈퍼비전 관계는 또한 윤리적 문제를 해결할 수 있는 포럼(토론의 장)을 제공한다.

슈퍼비전은 슈퍼바이지가 자신의 정체성을 전문가로 발전시키는 과정이다. 두려움, 불확실성 및 잠재적인 오류를 보여줄 수 있는 안전성은 이 학습 과정에 필수적이다. 슈퍼바이저는 슈퍼바이지의 개인적 스타일을 존중하고 격려해야 한다. 슈퍼바이저와의 대인관계에서, 슈퍼바이지는 클라이언트와의 대인관계에 대해 검토하고 이러한 유사 과정을 이용할 수 있다.

슈퍼비전이 장기간 또는 단기간 동안 지속되더라도 슈퍼비전 계약은 슈퍼비전 과정에서 필수적인 부분이다. 슈퍼비전의 계약 측면에의 관심은 슈퍼바이저 및 슈퍼바이지의 임무에 초점을 맞추도록 할 뿐만 아니라, 동시에 계약 과정 자체의 지속적인 모델링을 제공한다. 단기 슈퍼비전의 경우에는 세션당 맺는 계약이 될 수 있다. "나는 이 클라이언트/환자/학생이 왜 나를 짜증나게 하는지 알고 싶습니다." 슈퍼비전이 더 길어지는 경우, 계약은 몇 개월 동안 지속되는 포괄적인 계약이 될 수 있다. "나는 코치로서 나의 경계를 어떻게 향상시키는지에 대해 배우고 싶습니다. 즉, 세션이 늦게 끝나지 않도록 하고 너무 많은 일을 하려고 하지 않는 것 말입니다. 내가 왜 경계를 넘어서는 경향이 있는지 알아내야 합니다." 계약을 맺음으로써, 슈퍼비전의 경계들이 명확해질 수 있으며 슈퍼바이저가 슈퍼바이지의 요구를 충족시킬 수 있는지 여부도 평가할 수 있다.

슈퍼비전은 전문가의 초기 학습 국면에서만 사용되는 도구가 아니다. Erskine(1982)은 초보 전문가에 대한 슈퍼비전이 어떻게 기술과 자신감을 개발하고 나중에 전문적 정체성을 형성하는 것을 목표로 하는지에 대해 설명한다. 결국, 슈퍼비전은 주로 여러 접근 방식들의 통합에 초점을 맞추기 때문에 슈퍼바이지는 클라이언트의 요구에 따라 유연하게 이를 적용할 수 있다. Clarkson(1992)은 슈퍼비전이 전문가 활동을 위한 지속적인 학습과 성장의 방법이라는 것을 지적했다. 더 많은 성장과 발전을 위한 기회는 항상 있다. 그로 인해 슈퍼비전은 오랫동안 종사한 시니어 전문가에게 그들의 지평을 넓힐 수 있는 기회, 도전 과제 및 지원을 제공한다.

심리치료 세계의 전문가들이 스스럼없이 구하는 슈퍼비전의 자연스러움(naturalness, 꾸밈 없음)은 사람들의 성장과 변화를 위하여 매일매일 일하는 많은 다른 전문가들에게는 아직 결여되어 있다. 최근 교육 현장에서는 전문가의 질을 유지하는 데 관심이 고조되어 왔다. 자신의 지속적 발달을 위하여 정기적으로 슈퍼비전을 찾는 트레이너 및 교사의 수는 계속 증가하고 있다. 불행하게도 자신들의 매일의 행동을 거울로 비춰보는 슈퍼비전을 찾는 것이 자연스럽다고 생각하는 (임시) 컨설턴트와 경영자는 거의 없다. 그러나 반면으로 코칭은 최근 몇 년 동안 엄청나게 확대되었다. 그러나 코칭은 일이 잘못 돌아가야만 그때서야 사용된다. 슈퍼비전의 사고방식은 "당신은 더 나아지기 위해 아플 필요가 없다."라는 교훈을 견지한다. 점점 더 많은 코치와 코칭 협회들이 자신들의 작업에 대한 슈퍼비전의 가치를 깨달아가고 있다.

10.1.3 슈퍼비전의 초점

Stewart(1992)는 '7개의 눈을 가진(seven-eyed)' 모델(Shohet & Hawkins, 1989)에 기반한, 명확한 슈퍼비전 모델을 제시했다. 이 모델에서는 그는 슈퍼비전이 이루어지는 여러 영역을 슈퍼비전 매트릭스, 치료 매트릭스, 중첩 영역(그림 10.1)으로 구분지었다. 슈퍼비전 매트릭스는 슈퍼바이저와 슈퍼바이지 간의 접촉이 있는 곳이다. 슈퍼바이지는 치료 매트릭스에서 나온 사실, 클라이언트 및 치료와 관련된 문제에 대해 논의한다. 슈퍼비전은 또한 치료자로서의 슈퍼바이지의 개입과 역전이를 고려해야 한다. 마지막으로 슈퍼비전은 또한 슈퍼바이저의 역전이와 슈퍼바이저와 슈퍼바이지 간의 프로세스, 즉 중첩 영역을 고려해야 한다.

1. 클라이언트에 관한 사실 : 클라이언트가 상담이나 치료를 받은 기간이 얼마인가? 문제, 도움 요청 또는 진단은 무엇인가? 계약은? 상담이나 치료 중 지금까지 무슨 일이 일어났는가? 때로는 전문가가 문제와 해결책에 대한 새로운 시각을 제시할 수도 있는 필수적 사실에 대해 클라이언트에게 질문하지 않았음을 알 수 있다.

2. 세션의 과정, 교류의 사실적 분석 : 세션의 기록 또는 오디오 또는 DVD를 사용하여 많은 사람들이 사회적으로나 심리적으로 클라이언트와 전문가 사이의 실제 상호 작용에 대해 명확하게 알 수 있게 할 수 있다. 청각 및 시각 보고서를 만드는 것은 슈퍼바이저에게 세션의 객관적 그림을 줄 수 있다. 또한 자기 자신의 슈퍼비전 대화를 듣는 것은 슈퍼바이지에게 자신의 업무와 관련하여 보다 객관적이고 더 어른자아 A의 자세를 취할 수 있는 기회를 제공할 수 있다.

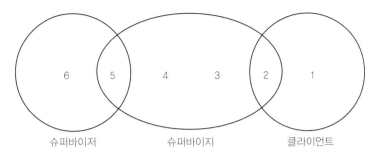

그림 10.1   슈퍼비전-매트릭스 및 치료-매트릭스

3. 전문가/슈퍼바이지의 개입의 분석 : 슈퍼바이지가 어떤 개입들을 사용했는가? 의도한 목표는 무엇이며 효과는 무엇이었는가? 그러한 개입들은 계약의 범주에 속하는 것인가?

4. 역전이 : 전문가/슈퍼바이지가 클라이언트의 각본 내에서, 또는 클라이언트가 전문가/슈퍼바이지의 각본 내에서 수행해야 하는 역할은 무엇인가?

5. 유사 과정(parallel process) : 슈퍼바이저와 슈퍼바이지 간에 일어나는 상황은 전문가/슈퍼바이지와 클라이언트 간에 진행되는 상황과 어느 정도 유사한가?

6. 슈퍼바이저의 역전이 : 슈퍼바이저에게 어떤 일이 발생하는가? 이것이 슈퍼바이지와의 관계 또는 슈퍼바이저의 배경 및 경험과 어느 정도 관계가 있는가?

분명히, 이 6개의 요소 사이에는 상호작용이 있다. 슈퍼바이지는 슈퍼바이저에게 슈퍼비전에 대하여 질문을 제출하기 때문에(1, 2, 3), 슈퍼바이저는 때로는 '원격 제어'를 통해 클라이언트의 성장을 돕는다. 또는 슈퍼바이저와 슈퍼바이지 간 평행적 과정 동안(5), 무엇이 슈퍼비전 동안에 슈퍼바이지를 방해하는지 명확해질 수 있다. 때로 클라이언트는 치료 중에, 슈퍼바이저가 슈퍼바이지에게 도움이 될 수 있는 말들을 정확하게 말하는 경우도 있다. 마치 클라이언트가 슈퍼바이저의 입장에서 듣고 있는 것처럼 말이다. 이것은 마치 슈퍼바이저가 클라이언트의 슈퍼비전을 받는 것처럼 보인다.

종종 슈퍼바이저는 클라이언트에 대한 슈퍼바이지의 감정을 클라이언트의 문제에 대한 정보로 사용한다. 이것은 슈퍼바이저는 합리적으로 투명하며 역전이 관계에서의 감정에 지나치게 영향을 받지 않는다는 가정이다. 결국 슈퍼바이저는 슈퍼바이지의 이야기를 통해서만 클라이언트에 대해 알 수 있다! 슈퍼비전의 목적과 계약은 슈퍼바이지의 전문 기술을 향상시키는 것이지만 때에 따라서는 슈퍼바이지의 개인 치료를 포함할 수도 있다. 이러한 개인 치료의 경우, 심리치료사는 자기의 사각 지대를 확인하고, 클라이언트 역할에 대한 경험을 쌓고, 치료 방법을 먼저 경험하기 위해, 그녀의 전문적/개인적 학습 과정의 일환으로서 자신 개인에 대한 탐구와 변화에 노력해야 한다.

비록 Stewart의 모델은 심리치료사의 훈련과 슈퍼비전에 유독 초점을 맞추었지만, 그가 설명하는 과정의 대부분은 교류분석의 모든 적용 분야에서의 슈퍼비전 과정의 전형적인 것이다. 코칭 또는 교사 슈퍼바이지는, 예컨대 역전이의 언어로 구체적으로 지시받지 않을 수도 있지만, 그는 업무적 관계를 방해하는 자신의 정서적 반응, 믿음, 기대에 대하여 확인하고 사고하는 능력을 개발해야 할 것이다.

10.1.4 사례

20~60분 정도 진행되는 슈퍼비전 세션 동안 각기 다른 요소들을 하나하나 중점적으로 다루게 된다. (교류분석 수련에서 슈퍼비전은 종종 그룹으로 진행되며 슈퍼바이지당 약 20분간 지속된다. 교류분석 슈퍼바이저가 되기 위한 시험에서도 동일한 형식으로 진행된다). 첫째로, 슈퍼바이저과 슈퍼바이지 간의 계약이 체결되고 슈퍼비전 동안에 다룰 이론적 또는 실제적 질문에 대한 토론이 열린다.

다음으로, 문제와 발생 가능한 평행과정(parallel processes, 유사과정)에 관한 가정이 만들어진다. 그런 다음 윤리적·전략적 문제들이 논의될 수 있다. 마지막으로, 계약이 성취되었는지 여부와 슈퍼바이지의 질문에 답변이 이루어졌는지 여부에 대한 질문이 다루어질 것이다. 각 슈퍼비전에서 중요한 질문은 "당신은 이 클라이언트로부터 무엇을 배울 수 있는가?"이다(Clarkson & Leigh, 1992). 이 질문에 대한 사려 깊은 사고는 슈퍼바이지의 자신의 전문성 개발에 도움이 된다.

우수한 기술 제품을 개발하고 생산하는 회사에서 트레이너로 일하고 있는 한 슈퍼바이지는, 그녀의 훈련 그룹의 참가자들이 실제적 문제에 기여하라는 요청에 대한 반응이 점점 신중해지고 있다는 것을 발견하였기 때문에, 슈퍼비전을 요청했다. 슈퍼바이지 자신은 자기는 안전하고, 쉽게 다가올 수 있고, 그리고 언제나 접촉이 가능한 사람이라고 생각하고 있다. 그녀는 이러한 문제를 거의 경험해보지 않았다. "나는 이 상황을 확실히 알 수가 없어요." 그녀는 그녀의 슈퍼바이저에게 말한다.

슈퍼비전을 통하여 그녀는 도대체 어떤 이유가 있는지 알아보기를 희망했다. 그녀는 훈련 그룹에서 어떤 역할을 하고 있으며 어떤 개입이 돌파구를 제공할 수 있는가? 슈퍼바이저는, "일이 잘못 진행된다면, 그 이유는 일반적으로 처음 시작에 있다!"라는 교류분석의 좌우명을 염두에 두고, 슈퍼바이지의 훈련계약의 첫 번째 단계를 그녀와 함께 분석함으로써 슈퍼비전을 시작했다.

밝혀진 바에 의하면, 그녀가 프로젝트를 맡기 전 그 회사를 몇 차례 방문했을 때, 매니저는 회사 이곳저곳을 보여주었다. 그들은 함께 실험실과 생산 부서를 통과하며, 그녀가 후에 트레이닝에서 만날 모든 종업원들이 볼 수 있도록 걸어 다녔다. 슈퍼바이저가 클라이언트에 대한 그녀의 감정에 대해 물었을 때, 그녀는 (한숨을 쉬며 한동안 머뭇거리며, 마치 슈퍼바이저에게 그런 이야기하는 것이 어려운 일인 것처럼) "그는 인상적인 사람이에요 … 상당히 보스 기질을 갖고 있고 … 약간 보수적인 … 나는 그를 좀 무서워하는 것 같아요! 매우 지배적이며 엄격한 사람이에요. 마치 그의 (부정적) 구조적 부모자아 SP가 언제나 지배하는 것 같아요." 슈퍼바이저는 잠시 동안 침묵을 지키며, 이렇게 드러난 사실의 중요성과 그것이 현재의 슈퍼비전에서 제기된 문제에 어떤 빛을 비치고 있는지에 대하여 생각할 수 있는 시간을 슈퍼바이지에게 주었다. 슈퍼바이저는 또한 이 이야기를 자기와 나누는 것에 대해 슈퍼바이지가 망설인 것에 주의를 기울였다. 이것 역시 의미가 있을 수 있다(평행적 과정).

슈퍼바이저는 그녀에게 다음 가설을 함께 생각해보도록 권유한다. "당신과 '보스'가 정기적으로 함께하는 것이 보였기 때문에, 당신과 종업원들 사이의 심리적 거리가 불리하게 형성되었고, 당신은 너무 많이 '그와 함께하는 것'으로 여겨져 왔다. 경영진과 자유롭게 말하는 데 어려움(주저함)이 훈련의 장으로까지 침입한 것이다." 나중의 논의에서 슈퍼바이지가 슈퍼바이저와 얘기를 나누는 것에 주저함을 보인 것은 분석을 심화시키고 개입을 위한 선택들을 개발하는 데 사용되었다. 슈퍼바이지는 클라이언트와 대화를 하겠다는 결심을 하게 되었다. "내가 용기가 있다면, 나는 그에게 겁을 먹고 있다고 명확히 말할 거예요. 이제 나는 그 과정이 어떻게 진행되었고 내가 처음에 간과한 것을 매우 분명히 알게 되었어요."라고 말했다. 세션이 끝날 때쯤 슈퍼바이저와 슈퍼바이지는, 슈퍼바이지가 클라이언트에 대한 감정을 말하는 것을 꺼리도록 만든, 그들 사이에 진행되고 있는 것(무엇)을 조사하기로 결정했다.

10.1.5 체크리스트

슈퍼비전이 효과적이었는지 평가하기 위해 Clarkson(1992)은 다음의 체크리스트를 개발하였으며, 이것은 교류분석 슈퍼비전 시험에도 사용된다.

- 계약은 이행되었는가?
- 핵심 주제들은 확인되었는가?
- 클라이언트나 다른 사람들에게 피해를 줄 가능성은 감소되었는가?
- 클라이언트와 슈퍼바이지의 발달 잠재력이 슈퍼비전에 의하여 과장되었는가?
- 슈퍼바이저는 건강한 치료 관계의 모델을 제공하는가?
- 관계는 평등한가?

교류분석의 슈퍼바이저는 슈퍼바이저로서의 역량 개발을 위하여 수년간의 공식적인 훈련, 슈퍼비전 및 최종 과정의 시험을 거쳐야 한다. Clarkson이 개발한 슈퍼비전 모델은 교류분석 슈퍼바이저 자격증 취득을 위한 교류분석 구술시험에 통합되어 있다. Mazzetti(2007)는 리스트에 한 가지 항목을 추가할 것을 제안했는데, 그것은 정서적 공감능력(emotional empathy), 즉 슈퍼바이지와 접촉할 수 있고 또 그 과정에서 감정의 중요성에 주의를 기울일 수 있는 슈퍼바이저의 능력을 말한다.

계약은 슈퍼바이지와 슈퍼바이저 간의 명확한 합의다. 핵심 주제들은 보다 무의식적인 수준에서 연출되는 주제들이다. 때때로 핵심 주제들이 무엇이고 그것들의 계약과의 관계가 무엇인지가 슈퍼비전이 끝날 무렵에서야 분명해지는 경우가 많다. 앞의 사례에서의 계약은 다음과 같다. 즉, 그룹의 참가자들이 왜 실제 사례들을 제공하길 원하지 않는가를 이해하기이다. 핵심 주제들은 지배적이고 비판적인 경영자에 대한 두려움과 트레이너가 이 경영자와 밀착 관계를 갖고 있다는 인식이다. 클라이언트 또는 다른 사람들에게 가능한 피해를 줄이는 것과 같은 윤리적인 주제는 슈퍼비전에서 매우 중요하다. 슈퍼바이저는 트레이너이자 교육자일 뿐만 아니라 전문 조직을 대표하는 사람이기도 하다. 이러한 역할은 슈퍼바이지의 클라이언트에 관한 의무들, 그리고 방법 적용의 질과 관련된 의무를 함께 수반한다는 것을 의미한다. 슈퍼바이지의 이익과 클라이언트의 이익 사이의 갈등에서는(다행스럽게도 그런 갈등은 자주 발생하지는 않지만) 클라이언트의 이익이 가장 중요하다.

Landy Gobes(1993)는 슈퍼비전에서의 중요한 기능인 4 C's와 4 P's의 중점 체크리스를 제안했다.

- C's : 슈퍼바이저와 슈퍼바이지 간의 접촉(contact), 슈퍼비전 계약(contract), 슈퍼비전이 이루어지는 상황(context) 및 슈퍼비전 내용(content) 모두를 고려해야 한다. 때로는 다루어져야 할 필요가 있는 상황(context)은, 슈퍼바이저가 슈퍼바이지의 보스인 경우, 또는 이중 관계(예 : 슈퍼바이저가 슈퍼바이지의 동료 또는 친구인 경우)와 같은 복잡한 관계를 포함할 수 있다.
- P's : 슈퍼비전 프로세스(process), 실현 가능 평행적(parallel) 과정, 슈퍼비전에서 눈높이를 맞추어야 할, 슈퍼바이지의 경험의 전문적(professional) 수준 및 슈퍼비전 과정을 통하여 주의를 요하는 미래 계획(plan).

10.1.6 슈퍼비전과 치료

슈퍼비전, 코칭 및 치료가 보통 비슷하지만, 여전히 중요한 차이가 있다. 슈퍼비전과 코칭은 현재(여기 그리고 지금)에 중점을 두고, 치료는 과거(그곳 그리고 그때)에 중점을 둔다. 슈퍼비전과 코칭에서, 개인적인 주제는 확인될 수 있으며, 그럼으로써 클라이언트/슈퍼바이지는 고통스러운 감정을 인식할 수 있다. 그러나 교류분석에서는 전형적으로 이러한 감정들과 각본에 기반을 둔 문제들을 통한 작업들은 치료에서 다뤄진다. 슈퍼비전과 코칭에서, 전문성 발달이 주이고, 반면 치료에서는 개인적 발달이 주이다. Julie Hay(2007)는 두 가지 질문에 초점을 맞추었다. 당신의 작업은 어떤 세계 모델(world model)을 따르는가, 그리고 당신은 어느 정도까지 여기-그리고-지금에서 일을 하고 있는가? 작업 유형 간 경계를 너무 엄격하게 구분하지 않으면 다음 그림이 나타난다. 슈퍼비전에서 슈퍼바이저는, 슈퍼바이저와 슈퍼바이지가 전문적으로 일하는 전문적 실제의 세계 모델(world model of the professional practice)을 가지고 여기-그리고-현재에서 일을 진행한다. 치료에서 치료사 또한, 그녀 '자신의' 세계 모델(치료사가 고수하는 건강한 삶과 치료적 접근법의)을 가지고 일을 한다. 그녀는 또한 퇴행(regression)을 이용한다. 코칭과 카운슬링에서는 슈퍼바이지의 세계 모델을 사용해 여기-그리고-현재에서 일을 진행한다. 만약 이때 디스카운팅이나 오염의 가능성이 발견된다면, 슈퍼바이저는 이에 대한 질문을 할 수 있다.

10.2 추가 이론

10.2.1 통합 슈퍼비전 모델

Newton과 Napper(2007)는 역동적 도식(schema)으로 여러 가지 방법론적 모델을 통합하였다. 슈퍼비전의 고전적인 기능들은 경영, 지원, 개발이다(Kadushin, 1992). 경영 분야에서 슈퍼바이지는 자신이 속한 기관의 절차와 작업 방법 또는 효과적으로 자신의 작업을 구조화하는 방법을 배울 수 있다. 그들은 또한 조직 및 직업 그룹의 윤리적·전문적 기준에 따라 양질의 작업을 제공하는 방법을 배울 수 있다. 슈퍼바이저의 지원을 통해 슈퍼바이지는 개인적으로 발전할 수 있으며, 자신의 작업에 따른 감정적인 영향에도 주의를 기울일 수 있다. 슈퍼바이저는 자극을 주며, 스트로크를 제공하고, 도전적 질문을 제기하며, 시야를 넓힘으로써, 필요하다면 전반적 개요를 회복시키고 그리고 슈퍼바이지의 정신적 평화를 회복시켜준다.

개발의 영역에서는, 슈퍼바이지는 그의 전문 지식, 개인적 창의력, 전문성 및 기술을 더욱 발전시킬 수 있다. Newton(2012)은 이것을 다음의 그림으로 나타내었다(그림 10.2). 그림에서 그녀는 슈퍼비전의 내용과 과정을 3개의 다리가 있는 스툴로 표현했다. 만약 세 다리 중 하나에 너무 많은 강조를 두게 되면 의자는 균형을 잃게 된다.

여기에서 기교는 슈퍼바이지의 욕구에 적응하고 슈퍼바이저의 개인적 스타일에 기반을 두고, 이 모델을 유연하게 사용하는 것이다.

10.2.2 평행적 과정

많은 초보 슈퍼바이지들이 놀라워하는 것은, 슈퍼비전에서 이루어지는 과정이 종종 슈퍼바이지와 클라이언트 사이에서 이루어지는 과정과 유사하다는 것이다. 예를 들어, 슈퍼바이지가 짜증이 나고 지루하다고 느끼는 클라이언트에 관하여 언급한다. 놀랍게도 슈퍼바이저 또는 슈퍼비전 그룹의 구성원은 이후에 슈퍼비전 중에 짜증이나 지루함을 느낀다. 이를 슈퍼비전 관계에서의 평행적 프로세스라고 한다.

Eusden(2011)은 다음과 같은 케이스를 설명한다. 마리아는 수의 슈퍼비전을 받고 있다. 마리아가 자살을 하고 싶어 하는 클라이언트에 관해 말한다. 수는 이에 대해 걱정을 하며 매주 슈퍼비전 받기를 제안한다. 치료가 점점 힘들어진다. 왜냐하면 마리아는 자기가 과로라고 느낀다. 그녀는 결국 의사를 방문했고 의사는 그녀의 작업량을 줄이라고 처방했다. 마리아는 치료를 중단하자고 말하는 것이, 특히 이 클라이언트에게는 반복된 버림받은 느낌을 줄 것이라고 알고 있다. 그러나 이것은 정확하게 그녀가 하고 싶은 것이다. 슈퍼바이저가 평행적 프로세스를 인지한다. 그녀 역시, 이 어려운 슈퍼비전을 그만 둘 것을 고려해 왔다. 그녀 역시 마리아의 문제가 너무 부담스러우며, 마치 마리아나 클라이언트가 자신들에게 요구하는 것과 마찬가지로 그녀에게 높은 요구사항을 제기하고, 그것도 치료과정 중에 클라이언트와 마리아가 서로에게 지나치게 과도한 요구를 했던 것과 동일한 방식이었기 때문이다. 슈퍼비전 중에 이러한 사안에 대해 논의함으로써 마리아의 마음속에는 안도와 여유의 느낌이 만들어졌으며, 따라서 그녀는 슈퍼비전과 치료를 계속할 수 있게 되었다.

또 다른 사례 : 대기업을 대상으로 대규모 훈련 프로그램을 개발하고 실행하는 트레이너 그룹에서 교육 세션을 마친 후 불만족감을 가지고 귀가하는 트레이너들이 점점 증가하고 있는 현상이 주목을 받았다. 직원 그룹의 사기는 매우 낮았다. 참석자들은 자신들과 관련된 사항들에 대해 공개적으로 이야기하고 싶지 않은 것처럼 보였다. 대부분의 트레이너들에게 세션은 당기고, 밀고, 매달고, 목 조르기의 하루처럼 느껴졌다. 그래야만 세션이 가치가 있기 때문이다. 그러나 균형은 잃어버렸다. 훈련을 (10점 만점에서) 6 내지 7점 이상이라고 평가하는 참가자들은 찾기 힘들었으며, 이것은 기준 미달로 받아들여졌다. 그들은 익숙하지는 않지만 그룹으로서의 슈퍼비전을 요청했다. 2회의 세션이 끝난 후, 슈퍼바이저는 자기도 트레이너 그룹에게 불만족의 감정을 쌓기 시작하고 있다는 것에 주목했다. 열린 토론을 위한 여지는 거의 없는 것처럼 보인다. 문득 그녀는 그룹 리더인 한 트레이너가 계약에 포함되지 않았음을 깨달았다. 그룹이 계약을 맺은 후에 다른 트레이너들 중 한 명이 그룹리더의 역할을 자임하며 그녀에게 접근했다. 이 사실이 세 번째 세션에서 밝혀졌을 때 모든 것이 명확해졌다. 갑자기 평행적 과정이 분명하게 보였다. 슈퍼바이저는 그녀의 에너지가 누출되고 있음을 발견하고, 트레이너 그룹의 불만족을 경험하고, 자기가 전체 그룹이 아닌 일부 트레이너들 하고만 계약을 체결했다는 것을 깨닫는다. 트레이너들과 함께 일하는 직원들의 경우도 같은 상황인 듯하다. 부지런히 훈련을 받는, 모든 직원들의 리더들은 어디에 있던 말인가?

'평행 프로세스(parallel process)' 개념의 첫 번째 설명은 1980년대로 거슬러 올라간다. 이 용어는 치료 및 슈퍼비전 관계에서 발생할 수 있는 행동과 감정의 무의식적 이동(shift)을 의미하며, 의미 있는 일차 관계로부터의 관계 패턴의 무의식적 반복이다(Cassoni, 2007). 이러한 패턴은 이전의 관계로부터 현재의 관계로 무의식적으로 전이되는 청사진을 제공한다.

더욱이 그러한 패턴은 타인이 반복에 관여될 정도로 관계 속의 그 사람에게 영향을 미칠 수 있다. 이것은 치료 상황에서의 (역)전이에도 적용되지만 그보다 훨씬 광범위하며 슈퍼비전 관계를 포함한 모든 중요한 관계에 영향을 미친다.

Searles(1956)는 슈퍼비전을 위해 처음 '반사적 과정(reflexive process)'이라는 용어를 사용했으며, 이 과정에서는 2개의 관계 시스템 간에 상관관계가 발생하여, 슈퍼바이저는 슈퍼바이지에게 슈퍼바이지/치료사가 클라이언트에게 의미하는 인물이 되는 것이다. 따라서 슈퍼비전 과정에서 슈퍼바이지가 클라이언트의 무기력하고, 의존적이거나 요구하는 행동을 연출하는 상황이 발생할 수 있으며, 슈퍼바이저는 '구원'하거나 또는 '박해'하는 유혹을 느끼는 상황이 발생할 수 있다.

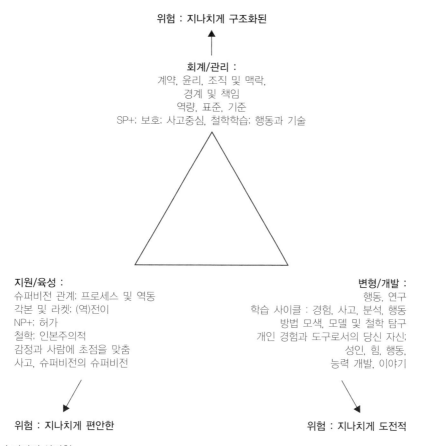

위험 : 지나치게 구조화된

회계/관리 :
계약, 윤리, 조직 및 맥락,
경계 및 책임
역량, 표준, 기준
SP+; 보호: 사고중심, 철학학습: 행동과 기술

지원/육성 :
슈퍼비전 관계: 프로세스 및 역동
각본 및 라켓; (역)전이
NP+; 허가
철학: 인본주의적
감정과 사람에 초점을 맞춤
사고, 슈퍼비전의 슈퍼비전

위험 : 지나치게 편안한

변형/개발 :
행동, 연구
학습 사이클 : 경험, 사고, 분석, 행동
방법 모색, 모델 및 철학 탐구
개인 경험과 도구로서의 당신 자신;
성인, 힘, 행동,
능력 개발, 이야기

위험 : 지나치게 도전적

그림 10.2 슈퍼비전 삼각형

Doehrman(1976)은 그녀의 연구를 통하여, 전이와 역전이의 미묘함(subtlety) 때문에 슈퍼바이저와 슈퍼바이지 간에 언제나 평행적 과정이 있음을 발견했다. 슈퍼바이저는 클라이언트의 문제와 클라이언트와의 관계를 제시하는 방식에 세심한 주의를 기울이는 것이 중요하다. 만약 평행적 프로세스가 명확하게 밝혀지지 않고 해결되지 않는다면, 슈퍼바이지와 클라이언트와의 관계, 슈퍼바이저와 슈퍼바이지 간의 관계 모두가 위태로워진다.

10.2.3 비교 각본 시스템

비교 각본 시스템은 많은 양의 사실과 슈퍼비전 과정에서 나타나는 다양하고 광범위한 데이터를 조직화하기 위한 기틀을 제공한다. 과거에 처음 느꼈던 경험과 사건들과 그 사람이 그것들에 부여했던 의미는 사고, 느낌, 행동의 현재 패턴 속에서 계속 영향을 미친다(Lapworth, Sills, & Fish, 2001; Sills &

Salters, 1991, Sills & Mazzetti, 2009). 따라서 각본의 역동성을 그려 볼 수 있으며 과거와 현재가 어떻게 서로 물려 있는지 명확해진다.

예를 들어, 어린 시절 벤의 아버지는 벤에게 책을 읽어주었다. 소파에 함께 앉아 어떻게 읽는지를 가르쳐주었다(A). 이러한 첫 경험은 벤에게 배운다는 것은 재미있으며, 세상은 탐구할 만한 온갖 종류의 것들로 가득한 매혹적인 장소이며, 다른 사람들이 이러한 것들을 도와줄 수 있다(B)는 결론을 주었다. 그는 공부하는 것을 좋아하며 그로부터 즐거움을 얻는다(C). 그는 교사가 되어 다른 사람들에게 지식을 전한다(D).

또 다른 예 : 치료 중, 하이디는 단조롭고 따분한 목소리(D)로 말한다. 그녀는 자기의 인생을 공허하며, 지루하며, 애쓸 가치가 없다고(C) 묘사한다. 치료사인 수잔은 따분하고, 공허하고, 생기가 없다고 느끼기 시작한다. 하이디의 배경 이야기로부터 그녀의 어머니는 출산 우울증을 겪었고, 몇 시간이고 움직이지 않고 앉아 있거나 침대에 누워 하이디에게는 관심도 주지 않고 돌보지도 않았다는 것이 드러났다(A). 어린 시절부터 하이디는 인생을 사막이나 공허하고 따분한 것으로 경험했다(B).

전문적인 관계에서 클라이언트와 전문가의 각본 시스템이 만난다. 비교 각본 시스템의 다이어그램을 약간 회전시키고 비추어 보면 이러한 현상은 명확해진다.

치료 관계에서, 클라이언트와 전문가/슈퍼바이지 모두의 행동(D)과 사고/느낌(C)의 패턴들은 명확해진다. 클라이언트의 행동, 사고 및 느낌[초기 경험(A) 및 의미 부여(B)]의 배경은 클라이언트에 대한 치료의 일부이며 슈퍼비전의 대상이다. 치료사/슈퍼바이지의 초기 경험(A)과 의미 부여(B)는 주로 슈퍼바이지의 전문 치료 과정에서 논의되며, 이러한 논의는 슈퍼비전 중에는 제한적이다.

슈퍼비전을 막 이제 처음 받는 치료사는 클라이언트에게 질문들(DD)을 주로 하며, "일을 제대로 하고 있는 것인가?"라는 질문을 내적 대화로 자신에게 한다. 경험이 많은 치료사는 특별한 새로운 클라이언트가 자기를 불안하게 만든다는 것과 그리고 그것은 클라이언트의 "의사 선생님, 제가 이 치료를 받으면 나아질 수 있을까요?"(D)라는 질문과, "나를 돌봐주세요."(C)라는 질문과 관계가 있다는 것을 깨닫고는 자기도 놀란다. 슈퍼비전이 진행됨에 따라, 클라이언트는 "성장하지 말라.", "건강하지 말라.", "생각하지 말라."와 같은 금지령들(B)을 가진 초기 경험(A)들을 기반으로 근본적인 공생적 욕구를 가지고 있음이 분명해질 수 있다. 동시에, 클라이언트의 공생적인 욕구에 대한 슈퍼바이지의 불안은 자기 자신의 초기 경험(A)과 자기가 내린 결정(B)을 불러온다. 슈퍼바이지는 슈퍼비전 중에 제한된 방식으로 이러한 과거의 경험에 대해 논의할 수 있으며, 만약 그러한 사안이 슈퍼바이지의 보다 정교한 각본 주제에 관한 것이라면 자신의 개인 치료 중에도 논의할 수 있다.

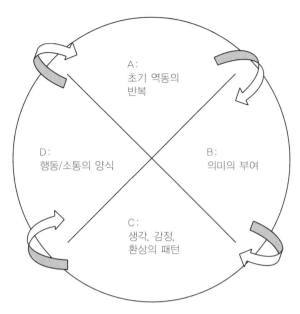

그림 10.3 비교 각본 시스템

치료 세션에서 따분하고 생기가 없는 느낌을 갖기 시작한 하이디의 치료사는 상황을 그녀의 슈퍼비전 그룹에서 설명한다. 슈퍼바이저는 그룹의 다른 슈퍼바이지들에게 이 이야기에 의해 유발된 감정과 이미지를 서로 공유하도록 요구한다. 점차적으로 치료사는 클라이언트에 대해 큰 슬픔을 느끼며, 그녀는 다음 치료 세션에서 클라이언트와 이 부분에 대해 상의할 것이다. 그녀는 또한 병석에 누워 관심을 보이지 않던 어머니를 가졌던 자신의 과거를 떠올린다는 것을 안다.

따라서 비교 각본 시스템은 슈퍼바이저와 슈퍼바이지 사이뿐만 아니라 슈퍼바이지와 클라이언트 사이의 관계의 장을 지도처럼 보여줄 수 있는 도구이다. 그것은 슈퍼비전과 치료의 경계를 분명히 하는 데 도움이 될 뿐만 아니라, 어떤 주제가 슈퍼비전에 속하고 또 어떤 주제가 슈퍼바이지의 개인 치료 중에 다루어져야 하는가를 명확히 하는 데 도움이 된다.

10.3 추가 논의

10.3.1 무의식적 무능으로부터 무의식적 유능함으로

Newton과 Napper(2007)는 무의식적 무능에서 무의식적 유능함의 과정을 기술했다. 특정 작업 환경에서 보자면, 당신은 보통 무엇을 그리고 무엇을 알 수 없는지 의식하지 못한다(무의식적 무능함). 그

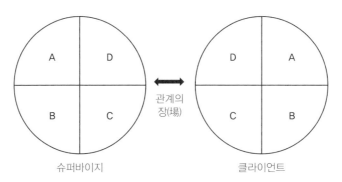

그림 10.4   클라이언트와 슈퍼바이지의 비교 각본 시스템

후 과제의 복잡성을 더 알게 되면 불안감과 불확실성(의식적 무능함)을 느끼기 시작한다. 그런 다음 당신의 지식을 적용하고 주어진 규칙과 계약(의식적 유능함)에 따라 작업을 시작한다. 마지막으로, 무엇을 어떻게 해야 하는지에 대한 주저함이 없이(무의식적 유능함), 창의력과 지식을 사용하여 작업을 할 수 있게 된다.

Newton과 Napper의 설명은 Hay(1993)의 학습자가 겪는 배움의 과정을 시각화한 역량 곡선과 일치한다. Hay는 모든 학습자는 행동을 취하기 전에 새로운 상황에서 일어나는 일을 경험하는 (짧은) 기간이 필요하다는 점을 명시했다. 슈퍼비전은 새로운 상황에서 필요한 것이 무엇인지, 그리고 이것이 지금까지 얻은 통찰력과 행동과 어떻게 일치하는지를 알기 위한 사고(reflection) 공간을 제공한다.

자극을 목적으로 하는 슈퍼비전과 같은 학습 및 개발 과정에서 사람들은 확연한 몇 개의 단계를 거친다(Hay, 1993).

1. 경직(rigidity) : 사람들은 변화를 인식할 시간이 필요하다. 하나 또는 그 이상의 분야에서 부족함을 발견하고 업무의 요구를 충족시킬 수 없다는 것을 알게 되는 것은 매우 도전적 상황이다. 무엇을 어떻게 해야 할지 모르는 상황에서 속을 끓이는 것과 낯선 지식과 기술에 대한 두려움을 알게 되면, 당신은 마치 주차 모드에 있는 것처럼 한참 동안 움직이지 않고 머무는 상태가 될 것이다.

2. 거부(denial) : 일단 다시 일을 시작하는데, 당신은 마치 변화가 있기 전의 시간이 아직도 진행 중인 것처럼 일한다. 당신은 때때로 과거에 작동했던 (각본 기반의) 접근 방법에 집착한다. 이러한 다소 방어적인 태도는, 한편으로 새롭게 이해한 것들을 신중하게 실험할 수 있도록 하지만 결국 천천히 그러나 확실하게 당신을 실망시킨다.

3. 좌절(frustration) : 변화와 발전의 모든 과정에는 좌절의 국면이 있다. 당신은 모든 것들이 달라져야 한다는 것을 이해하지만, 당신은 아직 적절하게 역량 있는 수준에서 이것을 실행할 능력이 없

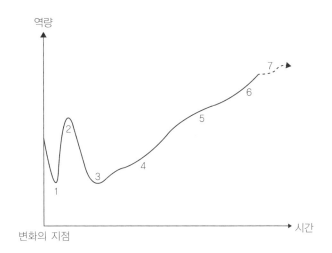

그림 10.5 역량 커브

다. 이러한 상황은 당신은 기준에 모자란다는 느낌을 키운다. 클라이언트를 포함하여 다른 사람들이 당신의 새로운 접근 방식을 받아들이지 않을 수도 있다는 두려움이 종종 좌절감 위에 추가된다.

4. 수용(acceptance) : 훈련과 실행을 계속함으로써, 당신은 오래된 (각본) 신념과 그와 관련된 행동을 과감히 버릴 수 있다. 당신은 실험과 그 결과에서 기쁨을 얻는다. 당신은 현재의 일하는 방식이 과거보다 더 성공적이라는 것을 경험한다. 새로운 틀이 만들어진다.

5. 발달(development) : 이제 가속도가 붙는다. 당신은 습득한 지식과 필요한 새로운 기술에 주력한다. 이제 '새로운 세계'에서 유능하다는 경험은 자신감을 키워준다.

6. 적용(application) : 이 단계에서는, 당신은 새로운 역할에서 당신의 정체성을 공고히 하기 위해 모든 것을 한다. 당신의 역할과 임무는 다른 사람들의 역할 및 업무와 비교해 명확해졌다. 당신이 일하는 전체 현실 안의 새로운 가능성에 대한 자신만의 통찰력을 얻는다.

7. 완성(completion) : 다시 한 번 당신은 유능함과 편안함을 느낀다. 변화의 '고통'은 잊혀진다. 삶과 일은 이제 만족할 만한 상태다.

10.3.2 슈퍼비전의 변화하는 양식

Van Beekum(2007)은 슈퍼비전의 이론과 실천에 변화가 있음을 주목한다. 이전의 슈퍼비전은 소위 (자기)연구에 더 중점을 두었다. 슈퍼비전은 근본적으로는 슈퍼바이지의 성장과 발전을 가능하게 하는 수단이었다. 이것은 "당신은 계약에 따라 일하고 계약을 준수하는가?" 그리고 "핵심 주제들은 적절하게 확인되고 검토되었는가?" 또는 "피해의 가능성은 감소했는가?"와 같은, 전통적 슈퍼비전의 질문들과 관련되어 있다. Van Beekum은 개인적/개별적 작업에 대한 슈퍼비전과 조직/시스템에서 이뤄지는 작업에 대한 슈퍼비전 사이의 차이를 부각시킴으로써 슈퍼비전을 개입으로 사용하는 방법을 모색하는 것으로 보인다. 그렇게 되면, 슈퍼비전은 전문성 개발을 위한 도구가 아니라, 보다 폭넓은 사회적 맥락 속에서 효과적으로 일하기 위한 필수품이다. 제5장에서 우리들은 개인과 조직 각본들 간의 관계를 살펴보았다. 우리는, 어떤 조직에 들어가는 사람들은 조직의 규범과 조직의 각본에 의한 의식적 · 무의식적 영향을 모두 받기 때문에 조직이 그들 속으로 들어가는 것을 염두에 두어야 한다고 말했다. 슈퍼비전을 통하여, 이러한 사안의 중요성이 검토되어 다시 문제의 조직에게로 되돌아와 생각해야만 한다.

Van Beekum(2007)은 슈퍼비전 실제의 진화에 대한 역사적 관점에 대한 개요를 보여준다. Freud가 지난 세기 초 '정신적 불안정성(mental instability)'에 대한 새로운 접근법을 제시했을 때, 그는 자신의 전문가적 맥락으로부터(Freud는 의사였다) 그리고 자신이 살던 시대의 아이로서 그렇게 한 것이었다. Freud의 접근 방식은 의사가 당신에게 무엇이 좋은지를 안다는 생각에 중점을 두었다. Rogers와 Maslow와 같은 사람들을 포함하여 지난 세기 중반의 보다 더 인본주의적 접근법은 이러한 더 권위주의적인 모델과 상충되는 것이었던 듯하다. 교류분석에서는 "힘은 환자에 있다."(Goulding & Goulding, 1978)는 개념이 보편화되었다. 지난 세기 말과 현재까지, 보다 체계적이고 정신역학적인 접근이 주목을 받아왔다(Senge, 1990). 이 접근법은 "모든 것이 모든 것과 관련되어 있다."와 "아무도 비난받을 수 없다. 모두가 책임이 있다."라는 두 가지 핵심 아이디어를 축으로 진행된다. 여기서 우리는 슈퍼바이지의 발전은 그녀가 일하는 시스템적인 상황의 일부라는 좀 더 전체론적인 관계 접근법을 가지고 있음을 알 수 있다. 그것은 또한 엄밀하게 말한다면, 클라이언트가 일하고 있는 클라이언트 시스템의 발전과 성장에 관한 것임을 알 수 있다.

Van Beekum은 이러한 역사적 조사와 분석을 토대로 슈퍼비전 관행이 네 가지 접근법을 허용한다고 본다. 각 접근 방식은 전문가와 클라이언트 간의 도움 관계에 대한 개인적인 견해에 기초한다.

1. 계약적 접근법(contractual approach) : 이것은 슈퍼비전의 결과 자체를 중요하게 여긴다. 슈퍼바이저와 슈퍼바이지는 슈퍼바이지가 합의한 학습 목표에 대하여 함께 일한다. 슈퍼바이지의 발전이 중심이다.

2. '열린 공간' 접근법(open space approach) : 계약은 새로운 또는 예상치 못한 발견의 잠재적 방해물로 여겨진다. 슈퍼바이저와 슈퍼바이지는 슈퍼비전을 개방된 연구 영역으로 사용한다. 이 연구에서 나타나는 것은 무엇인가? 이것은 슈퍼바이지와 그녀의 클라이언트(시스템)에게 어떤 중요성이 있는가?

3. 역할 분석 접근법(role-analysis approach) : 이것은 특정 사회적 상황에서 클라이언트가 선택하는 역할을 중요하게 여긴다. 역할, 사람 및 시스템 간의 상호 작용이 이 접근법의 초점이다. 슈퍼바이지가 자신이 개입하는 시스템 내에서 어떻게 자신이 특정한 역할을 맡을 수 있는지에 대한 명확성을 더 많이 가지면 가질수록, 클라이언트는 개입에 대한 혜택을 더 많이 얻는다.

4. 관계적 접근법(relational approach) : 여기에서 슈퍼바이지로부터 슈퍼바이저로의 전이는 중요한 현상이며, 슈퍼바이저의 역전이 또한 중요한 현상이다. Van Beekum의 의견에 따르면, 이 접근법은 슈퍼바이저에게 상아탑에서 내려와, 그들 자신의 슈퍼비전에서의 역전이와 그것의 중요성을 조사할 뿐만 아니라, 슈퍼바이지와의 슈퍼비전 관계 속에서의 역전이와 그 중요성을 조사해야 한다는 도전적 요구를 하고 있는 것이 바로 이 접근법이다.

10.4　관련 이론

10.4.1　트레이닝 및 슈퍼비전에서의 단계

다음의 개요(표 10.1)에서 트레이닝과 슈퍼비전의 학습 과정에서의 각기 다른 단계들이 요약되어 있다. 우호적인 협동 관계가 형성될 때까지 슈퍼바이저 또는 트레이너가 각 단계마다 다른 역할을 수행한다(Loria, 1983; Watkins, 1994).

표 10.1　트레이닝 및 슈퍼비전의 단계

	학습과정	트레이닝	슈퍼비전	슈퍼바이저/트레이너의 역할
1	역할 충격 : 지식	개념과 개입 분야의 기술 개발; 이미 가지고 있는 기술에 대한 신뢰성 성장	수강생의 고충을 듣고자 하는 태도; 너무 깊숙한 분석이나 강한 대립을 피함; (그룹에) 있거나 소속될 허가	함께 유지함, 안내자, 선생님, 리더, 가이드로서 안정시키고 지원함
2	역할 회복 : 이해(移行); 통찰력과 이해	독립적 사고를 자극하고 자신만의 개입을 수행함; 이론의 실제와 제시; 연구하고 사고할 수 있는 허가	수련생의 감정에 대한 더 깊은 연구; 프로세스 주제를 더 잘 인지하는 것과 그것에 어떻게 대처해야 할지를 터득함	자각을 자극하기, 약한 수준의 직면을 촉진하기
3	역할 강화 : 적용과 시범 보이기	개념, 인지적 기술, 개입, 윤리적 가치를 통합적으로 사용함; 사례연구, 상황 제시, 치료방안을 시작함	(역)전이와 평행 프로세스에 대한 분석; 이런 것들이 효율성에 얼마나 영향을 미치는가? 다르고 중요성을 가질 수 있는 허가	우호적 컨설턴트, 개인적·전문적 주제들 사이의 교환에 중점을 둠

(계속)

	학습과정	트레이닝	슈퍼비전	슈퍼바이저/트레이너의 역할
4	역할 통달 : 통합과 분리	대안 개념을 제시 : 슈퍼바이지의 개념과 개입의 모든 면에 도전적 자세를 취함; 다른 트레이너들과 함께 일하며 시험을 준비함	좀 더 집중적인 과정 분석; 높은 수준의 직면 가능, 슈퍼바이지는 자신만의 전문적 지원 시스템을 개발함; 분리와 다름에 대한 허가	함께 일하고, 우호적이며, 지원적이며, 도전적

10.4.2 슈퍼비전을 위한 모델로서의 상황 리더십

Hersey와 Blanchard(1969)는 상황 리더십 모델을 발표했다. 이 모델의 관점에 따르면, 경영자들의 주요 임무는 다른 사람들이 독립적인 업무를 수행하는 능력을 향상시킬 수 있는 방식으로 그들에게 영향을 미치는 것이다. 이 모델에서의 경영자에게는 이 목표를 달성하는 데 있어 두 가지의 개념적 노선이 있다. 경영자는 직원과 일을 함에 있어, 과제(일) 지향적, 그리고 관계 지향적일 수 있다.

보다 과제 지향적 또는 지시적 리더십의 특징은 최종 목표와 과제 실행에 초점을 맞춘다는 것이다. 경영자는 목표와 목적을 설정하고, 작업의 계획을 세우고 조직화하며, 작업 우선 순위를 정하고, 어떤 작업 방법을 쓸 것이고, 모니터링과 평가는 어떻게 할 것인가를 결정하고, 진행과정을 세심하게 모니터링한다.

만약 경영자가 관계 또는 지원에 더 많은 중점을 두게 된다면, 중심은 상호 관계에 놓이게 된다. 경영자는 제안과 아이디어를 장려하고, 인정하고, 칭찬하고, 적극적으로 듣고, 요청하고, 독립적 문제 해결을 장려하고, 정보에 접근할 수 있도록 하고, 팀워크를 장려하고, 취약성도 감수한다. 당신은 그것은 슈퍼바이저와 슈퍼바이지 간의 협력 관계에서도 똑같다고 말할 수 있다.

경영자의 경우와 마찬가지로, 슈퍼바이저의 목표는 슈퍼바이지가 업무를 독립적으로 수행할 수 있는 방향으로 슈퍼바이지에게 영향을 행사하는 것이다. Hersey와 Blanchard는 이러한 목표를 성취하기 위해서는 경영자는 특정 직원에게 필요한 것이 무엇인지에 대한 정확한 평가를 바탕으로 항상 다른 스타일의 리더십을 선택해야 한다는 것을 보이고 있다. 그림 10.6은 리더십의 네 가지 스타일(국면들)을 보여준다(Nijs, 2007).

이것은 슈퍼바이지의 능력이 점점 증강되는 것과 일치한다.

- 국면 1에서, 슈퍼바이지는 무능력하고 동기부여가 되어 있지 않으며 확신이 없다. 슈퍼바이지는 전문적 커리어의 초기에 위치하며 슈퍼바이저의 교육적 역할을 통하여 지식과 기술을 필요로 한다.
- 국면 2에서, 슈퍼바이지는 무능력하지만 동기부여가 되어 있으며 자신감이 있다. 슈퍼바이지는 여전히 지식이 많지 않지만 열정을 가지고 있다. 위험 요소는 슈퍼바이지가 너무 빨리 무언가를

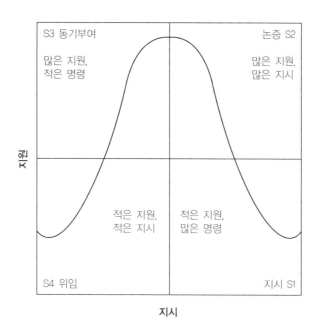

그림 10.6 상황 리더십

하려고 서두를 수 있다는 것이다. 슈퍼바이저는 슈퍼바이지를 진정시키고 올바른 방향으로 나아 가도록 도와주어야 한다.

- 국면 3에서, 슈퍼바이지는 유능하지만 동기부여가 없거나 확신이 없다. 슈퍼바이지는 이미 많은 것을 배웠지만 아직 모르는 것이 많다는 것을 잘 알고 있다. 이것은 불확실성을 초래할 수 있다. 이 국면에서는, 슈퍼바이저는 지시를 하기보다는 슈퍼바이지가 독립적으로 기능할 수 있도록 지 원해야 한다.
- 국면 4에서, 슈퍼바이지는 숙련되었고 동기부여와 자신감도 가지고 있다. 슈퍼바이저는 더 경험 이 많은 동료로서의 역할을 하고, 권한을 위임할 수 있다.

슈퍼바이지의 독립성(자율성)을 염두에 두고 있는 슈퍼바이저의 일도 이러한 단계와 방향을 따라 발전 할 수 있다. 초심 전문가의 슈퍼비전은 여전히 강력한 자문의 성격을 갖는다. 그러나 슈퍼비전이 끝날 무렵에는 슈퍼바이저는 슈퍼바이지에게 더 많은 일의 영역을 맡길 것이다.

참고문헌

Beekum, S. van (2007). Supervision as metamodality and a multiarea activity. *Transactional Analysis Journal, 27*(2): 140-149.

Berne, E. (1968). Staff-patient staff conferences. In: M. James (Ed.), *Techniques in Transactional Analysis for Psychotherapists and Counsellors* (pp. 153-164). Reading, PA: Addison-Wesley, 1977.

Cassoni, E. (2007). Parallel process in supervision and therapy: An opportunity for reciprocity. *Transactional Analysis Journal, 37*(2): 130-139.

Clarkson, P. (1992). Training, supervision and work. In: *Transactional Analysis Psychotherapy. An Integrated Approach.* London: Tavistock/Routledge.

Clarkson, P., & Leigh, E. (1992). Integrating intuitive functioning with treatment planning in supervision. *Transactional Analysis Journal, 23*(4): 222-227.

Cornell, W. E, Shadbolt, C, & Norton, R. (2007). Live and in limbo: A case study of an in-person transactional analysis consultation. *Transactional Analysis Journal, 27*(2): 159-171.

Doehrman, M. J. (1976). Parallel processes in supervision and psychotherapy. *Bulletin of the Menninger Clinic, 40*: 3-104.

Erskine, R. (1982). Supervision of psychotherapy. *Transactional Analysis Journal, 12*(4): 314-321.

Eusden, S. (2011). Minding the gap: Ethical considerations for therapeutic engagement. *Transactional Analysis Journal, 41*(2): 101-113.

Gobes, L. (1993). C4 P4: A consultation checklist. *Transactional Analysis Journal, 23*(1): 42-44.

Goulding, R., & Goulding, M. (1978). *The Power Is in the Patient.* San Francisco, CA: TA Press.

Hay, J. (1993). *Working It Out at Work. Understanding Attitudes and Building Relationships.* Watford, UK: Sherwood.

Hay, J. (2007). *Reflective Practice and Supervision for Coaches.* London: Open University Press.

Hersey, P., & Blanchard, K. H. (1969). *Management of Organizational Behavior: Utilizing Human Resources.* Upper Saddle River, NJ: Prentice Hall.

Kadushin, A. (1992). *Supervision in Social Work (3rd edition).* New York: Columbia University Press.

Lapworth, P, Sills, C., & Fish, S. (2001). *Integration in Counselling and Psychotherapy. Finding a Personal Approach.* London: Sage.

Loria, B. (1983) Beyond training: The education of transactional analysts. *Transactional Analysis Journal, 13*(3): 134-141.

Mazzetti, M. (2007). Supervision in transactional analysis: An operational model. *Transactional Analysis Journal, 37*(2): 93-103.

Newton, T. (2012). The supervision triangle: An integrating model. *Transactional Analysis Journal, 42*(2): 103-109.

Newton, T., & Napper, R. (2007). The bigger picture: Supervision as an educational framework for all fields. *Transactional Analysis Journal, 37*(3): 150-158.

Nijs, M. (2007). *Situationeel leidinggeven; gedrag van de leider — competentie van de medewerker.* (Situational Leadership: Behaviour of the Leader — Competency of the Employee.) [Workshop, GGZ Westelijk Noord-Brabant, Netherlands.]

Searles, H. (1979). *Countertransference and Related Subjects.* Madison, WI: International Universities Press.

Senge, P. M. (1990). *The Fifth Discipline: The Art and Practice of the Learning Organisation.* New York: Doubleday Currency.

Shohet, R., & Hawkins, P. (1989). *Supervision in the Helping Professions. Maidenhead*, UK: Open University Press.

Sills, C., & Mazzetti, M. (2009). The comparative script system. A tool for developing supervisors. *Transactional Analysis Journal, 19*(4): 305-314.

Sills, C, & Salters, D. (1991). The comparative script system. *ITA News, 31*: 1-15.

Stewart, I. (1992). *Supervision Models*. Training Endorsement Workshop, Brighton (unpublished).

Tudor, K. (2002). Transactional analysis supervision or supervision analyzed transactionally? *Transactional Analysis Journal, 32*(1): 39-55.

Watkins, C. E. (1994). The supervision of psychotherapy supervisor trainees. *American Journal of Psychotherapy, 48*(3): 417-431.

Zalcman, M. J., & Cornell, W. F. (1983). A bilateral model for clinical supervision. *Transactional Analysis Journal, 13*(2): 112-123.

제2부
실제

제11장

심리치료

심리치료 분야에 종사하는 전문인들은 내담자들이 자아실현, 힐링, 변화의 능력을 (다시) 찾도록 도움을 준다. 목표는 내담자와 함께 작업하여 옛 (자기) 제한적 패턴을 찾아내고 변화를 촉진하는 것이다. 목적은 내담자가 자기 자신과 자신의 관계 패턴을 이해하고 보다 더 자율적이고 만족스러운 삶을 살아갈 수 있는 선택(안)을 만들어내는 것이다.

교류분석 훈련과 자격에 관한 핸드북(*The Handbook for TA Training and TA Certification*)에는 이 분야에 필요한 중심적 유능함이 기술되어 있다.

내담자들은 인생의 질과 자신의 문제해결 능력을 저해하는 두려움, 우울, 성격 문제, 중독, 공포증, 강박으로 문제가 되고 고통을 받아왔기 때문에 심리치료를 선택할 가능성이 크다.

11.1 우리는 어떻게 목표에 도달할 수 있는가? 교류분석에서의 개입 방식

William Cornell

11.1.1 개요

교류분석 치료사의 작업에 중요한 부분은 게임과 각본의 연출에서 자각과 변화를 촉진하는 기술과 절차들이다.

Berne은 게임이론(1964)에서, '1급, 2급, 3급(first, second, and third degree)' 게임으로 구분하였는데, 이것은 각본에 근거하는 믿음과 행동들의 실행(enactments)을 이해하는 데도 적용될 수 있다. Berne은 의식적 자각과 인지적 변화를 합리적으로 가능하게 하는 방어적 패턴을 지칭하며 '1급'이란 용어를 사용하였다. Berne은 이 수준의 치료를 '사회적(social)' 기능, 즉 관계를 보다 더 예측 가능하도록 만들기 위한 기능에 기여하는 것으로 특징지었다. '2급' 게임과 각본은 종종 의식적 자각과 통제 밖에 있는 방어적 목적에 기여한다. 우리들이 이 책의 앞부분에서 살펴보았듯이, 여기에서 Berne은 의식적인 의사소통의 한 가지 수준과 또 다른 수준, 즉 무의식적인 보다 더 심리적으로 중요한 수준 사이의 간극을 보았다. '3급' 게임과 각본을 Berne은 '생체조직(tissue)' 수준에서 유지되어 생명력을 갖는 것으로 특징지었는데, 이는 Berne이 마음보다는 신체적 수준을 의미한 것이었다. Berne 자신은 3급, 생체조직 수준에서의 방어에 대한 괄목할 만한 진전을 가져올 수 있는 심리치료의 잠재력에 대하여 약간은 비관적 입장이었다. 최근의 교류분석 심리치료와 상담 분야에서의 두드러진 발전 중 하나는 3급 게임과 각본에 대한 효과적 치료 양식의 개발이다.

11.1.2 게임의 급수에 따른 개입

Berne은 방어적 기능의 급수와 수준을 설명하는 그의 모델로, TA 분석사들에게 적합한 스타일의 개입에 대한 구조를 제공하였다.

1급 방어들은 내담자들에게 보다 넓고 보다 유연한 문제 해결 기술들을 개발하는 데 도움을 주도록 고안된 인지적·행동적 개입들을 통하여 작업된다.

2급 방어들에 대한 치료 작업의 핵심은 이면교류의 무의식적인 심리적 목표를 확인하고 그것을 의식적 자각과 선택으로 가져오는 것이다. 이 핵심은 무의식적인 것을 의식으로 가져오는 기본적 정신분석 과정과 대체로 일치한다. Berne은 그룹치료 모델의 창시자였으며, 그룹치료를 2급 수준에서 실연되는 게임과 각본을 치료하는 이상적 수단으로 보았다. 그룹의 상호작용 속에서, 치료사는 반복적이고, 전형적으로 무의식적인 상호작용의 패턴을 관찰하고 서술할 수 있었다. Berne은 그룹 멤버들의 다양성이 불안을 증대시키고 게임과 각본 패턴이 더 급속히 나타날 가능성을 높인다고 생각하였다. Berne의 모델에서는, 치료사는 그룹 멤버들 사이에서 연출되는 행동과 상호작용에 대하여 외부 관찰자였다. 그룹 내에서 치료가 행해지든 아니든, 치료사의 관심의 초점은 환자의 게임에 대한 동기를 더욱 의식적으로 이해하도록 개발하는 데 있었다. Berne의 시대에는 이것은 어른자아 A의 객관성과 더욱 의식적인 결단 능력을 강화하는 것으로 여겨졌다. 오늘날의 언어로서는, 우리들은 2급 수준에 대한 치료 작업을 자아성찰(self-reflection)과 정신화(mentalization)의 능력을 개발하는 것으로 설명한다. 오늘날 이러한 치료 작업의 상당 부분이 내적 대상관계와 전이와 역전이 분석의 이해를 통하여 진행되는 2급 역동을 가진 개인적 심리치료에서 이루어지는 경향이 있다.

Berne은 기본적으로 무의식의 세계인 3급, '생체조직(tissue)' 수준에서 유지되고 연출되는 심리적 문제들에 대한 치료 방식을 상세히 다룬 적이 없다. Berne의 사후에, 이들 문제에 대하여 이해하고 효과적으로 작업을 하는 것은 교류분석 이론과 기술의 가장 우선적인 과업이었다. Freud(그리고 Berne)가 치료 작업을 무의식의 경험을 의식화하는 작업으로 보았지만, 3급 수준의 치료 작업은 아마도 Christopher Bollas(1992)가 치료사의 작업은 무의식 영역의 경험 세계의 깊은 곳과 활력이 있는 곳으로 의식적 자각을 여는 것으로 주장한 것에 더 가까울 것이다. '생체조직' 수준의 심리적 조직, 방어, 그리고 고통에서 보다 성공적으로 치료 작업을 수행하기 위한 노력의 결과로, 일단의 교류분석사들은 전이/역전이 매트릭스 내에서 훨씬 더 체계적 작업 모델을 개발하였다.

어떤 학자들은 대인관계와 신체적 수준 모두에서 트라우마를 치료하는 모델들을 개발하였다(Cornell & Landaiche, 2007; Goodman, 2007; Ligabue, 2007). 다른 학자들은 신체적 트라우마와 해리적 방어(dissociative defences)의 치료를 연구했다(Novak, 2013; Stuthridge, 2006, 2012). 지난 10년에는 교류분석의 관계적 모델의 발달이 괄목할 만하였으며(Fowlie & Sills, 2011; Hargaden & Sills, 2002; Zvelc, 2010), 신체적 수준에 치료적 개입을 적용하는 데 관심이 높아지고 있다(Banks, 2013; Caizzi, 2012; Cornell, 2011; Joseph, 2010).

11.1.3 상이한 무대에서의 상이한 게임

11.1.4 1급 게임 : 탐색

Berne의 사후에 TA의 임상이론은 사람들의 게임과 각본의 다양한 특성들이 형성되고 통합되어 심리조직의 특정한 수준에서 실연된다는 것을 밝혔다. 내담자가 의식적 1급 수준에서의 어려움을 극복하기 위해 치료를 시작하는 경우는 특이한 것이 아니다. 치료가 진행되면서, 많은 내담자들은 2급 그리고 3급 수준으로 구조화된, 보다 근본적인, 무의식의 그리고 견고하게 자리 잡은 신념과 행동의 패턴들을 인식하게 된다. 이러한 자각의 결과로, TA 심리치료사들은 인지적/행동적 그리고 정신역동적 치료기술로부터 관계적·신체적 기술에 이르는 광범위한 기술을 훈련하게 되었다.

나는 여기에 약간은 허구적인 가상의 내담자의 예를 제시하겠다. 이 예는 일상에서 여러 해에 걸쳐 전개되는 문제들의 결합물을 보여주는 사례다.

숀은 30대 후반에 처음으로 심리치료를 찾았다. 사회적 경력은 성공적이었음에도 불구하고, 그는 가까운 개인적 관계를 유지하는 데 오랫동안 어려움을 겪고 있었다. 그는 이유를 알기 위해 몇 권의 '자기계발' 서적을 읽었다. 그는 TA에 관한 대중적 소개서인, 오늘의 교류분석(*TA Today*)(Stewart & Joines, 1987)을 접하게 되었다. 책 속에서 그는 자신의 문제를 보다 명확하게 생각할 수 있는 방법과 그를 매료시키는 실천적 모델을 발견했다. 그는 TA 치료사로서의 나를 찾았다.

첫 번째의 그의 관심과 나와의 계약은, 몇 년 동안 사귄 그의 여자 친구와 보다 터놓고 말하는 법을 배우고, 그녀와 결혼할 것인지를 결정하는 것이었다(그녀도 그와 결혼하고 싶어 했다). 이들 관계에서 직접적 갈등은 거의 없었다. 어려움이 생기면 두 사람 모두 조용히 물러섬으로써 해결하였다. 숀은 나와 격의 없이 대화하는 것까지도 어려워했으며, 그것이 심각한 불안의 근원이었다. 그가 상담 회기를 2주 내지 3주 간격을 두자고 제안하는 것은 이상할 것이 없었다. 나는 여기에서 그의 많은 개인적 관계의 어려움들이 나를 통하여 비추어지는 전이관계가 시작되었음을 보았으나, 나는 그의 관심을 이것에 끌어들이는 것은 시기상조라고 생각했다. 그래서 우리들은 명시된 계약의 작업, 즉 어떻게 그가 파트너에게 어려운 이야기를 더 효과적으로 꺼낼 수 있을까에 대하여 탐색함으로써 1급 수준에서의 작업을 계속하였다. 그는 여자친구에게 고백하기를 원했다. 우리는 그가 원하는 이야기를 어떻게 꺼낼 수 있을까에 대하여 계획을 세우고 전략을 짰으나, 어쨌거나 그는 결코 입을 열 수 없었다. 우리들은 치료를 진행함에 따라, 그는 그것이 믿기지 않을 정도로 자기를 불안하게 만든다는 것을 점점 더 알게 되었다. 이제 우리에게 관심의 초점과 치료 계약의 변경이 필요하다는 것이 명확해졌다.

11.1.5 2급 게임, 회피, 그리고 양가감정

나는 그의 어린 시절과 원 가족에서의 그의 인생경험에 대하여 질문하기 시작했다. 그는 형제들과는 비교적 가까웠으나, 부모들과는 실제적으로 단절하고 있었다. 부모와의 단절은 적대적인 것은 아니었으나, 회피적이고 조심스러운 것이었다. 크리스마스 휴가 이외에는, 그는 가족 모임에 함께할 수 없는지에 대한 그럴 듯한 핑계를 언제나 준비해 놓고 있었다. 그의 표현에 의하면, 그의 어머니는 수동적이고 힘겨운 삶에 지쳐 있었다. 그의 아버지는 동떨어져 있는 느낌을 주었으며, 비난이 많고, 언제든 잔인해질 수 있는 사람으로서, 화가 나면 아이들보다는 아내에게 끔찍한 폭발을 쏟아 붓곤 했다. 그의 부모에 관한 이야기를 하며, 씬은 자기가 결혼한다면, "자기가 아버지처럼 변할지도 모른다."

는 처음으로 겪는 어린 시절의 각본에 근거를 둔 두려움 속으로 빠져들었다. 숀은 자기가 단순히 '남자 친구'로 남아 있다면, 파트너에게 독립을 보장할 수 있다고 느끼지만 만약 그가 그녀의 남편이 된다면, 자기는 '지배하는 폭군(controlling prick)'이 될 것이라고 두려워했다. 이것을 인지하고, 숀과 나는 모두 그의 감정의 바다에는 그가 알고 있는 것보다 더 큰 풍랑이 일고 있다는 것을 인정했다. 그가 십 대 소년으로서 자주 청소년기의 분노에 휩싸일 때면, 그는 자기가 또 다른 아버지의 복사판이 되고 있다는 것에 대하여 두려웠다. 그의 삶에서 조용하고 집요한 다른 사람들과 거리 두기는, 그 사람들을 자기로부터 그리고 자기도 두려워하는 자기 내부의 성질들로부터 보호하기 위하여 무의식적으로 고안된 방안이었다.

그는 아버지가 되기를 몹시 바랐으나, 그렇게 될지도 모를 아버지로서의 모습에 대하여 두려움을 느꼈다. 시간은 빠르게 흐르고 있었다. 나는 나의 아버지도 매우 동떨어져 거리감을 느끼는 사람이었기 때문에, 숀에게 어떤 심리적 동일감을 느껴 내가 젊은 시절에 얼마나 아버지가 되고 싶어 했는가 그리고 사업적 업무에 얼마나 제대로 준비를 갖추지 못했었는가에 대하여 회상하였다. 나는 이 동일시하는 감정을 내 속에 보관하고 있었지만, 그것은 예리하게도 숀의 양면성과 회피에 대하여 나에게 알려주었다. 사랑하는 사람들에게 불관용적이고, 명령하는 일종의 괴물이 되는 것에 대한 그의 두려움에 반하여, 나는 그의 통찰력과 자신을 자세히 살펴보려는 그의 열성에 대하여 깊은 존경심을 느꼈다. 그는 자기의 문제들에 대하여, 여자 친구나 다른 사람들에게 비난을 덮어 씌우지 않고 자기가 책임을 지기 위해 치료실에 왔다. 숀과 나는 이제 정확히 전이/역전이 매트릭스의 영역에 있었다. 나는 그가 지배하는 폭군이 될 것이라는 자신에 대한 투사된 이미지와 주변 사람들에게 사려 깊고, 돌보고, 책임지는 그에 대한 나 자신의 경험 사이에서 내가 경험한 불일치에 대하여 직접 숀에게 이야기해줄 것을 결심했다. 이러한 나의 이야기는 구원의 눈물과 더불어 아버지에 대한 분노가 뒤따랐다.

11.1.6 2급 게임들과 전이(역전이) 관계 속에서 작업하기

치료는 계속되었으며, 나는 점점 깊어가는 아버지와 같은 느낌들을 숀을 향하여 느꼈으며, 애정도 점점 더 커져 갔다. 나는 이 감정들을 나만 간직하고 있었지만, 그런 감정들은 우리가 함께 있는 방에도 가득했으며 따라서 숀에게도 느껴졌으리란 것을 알고 있었다. 어느 날 그는 내게 조용히 말했다, "어~ 내 생각에는 당신이 내가 오기를 기다리고 있는 것 같아요… 마치 당신이 나를 좋아하는 것처럼…" 나는 그저 미소로 답했다. 그가 나에게 더욱 숨김 없이 이야기를 하게 되면서, 그는 자신에 대해서도 좋은 느낌을 갖게 되었으며 우리는 더욱 가까운 사이가 되었다는 사실은 숀에게는 더욱 현실적이고 믿을 만하게 되었다. 그는 이제 그의 여자 친구나 다른 친구들에게 보다 공개적으로 터놓고 말하는 것이 그들을 더욱 가깝게 끌어당길 수 있다는 것을 알게 되었다. 여자 친구와 다른 친구들에게 가깝게 다가

가려는 그의 점진적 변화는 주변 사람들로부터 환영받았다.

　그는 부모들과 거리를 유지하는 것에 대하여 고심하였으나, 그가 부모들에 대하여 얼마나 분노하고 있는지 더욱 더 알게 되면서(특히 아버지에 대하여) 그는 거리를 유지하는 것이 필요하다고 느꼈다. 나는 그와 같은 거리를 유지할 필요가 없다고 제안하고, 어쩌면 부모들도 그의 공개적인 새 모습을 반길 것이라고 말했다. 이것은 나의 실수였다. 숀은 그 제안을 받고는 조용히 입을 다물었다. 그리고 냉담해졌다. 나는 내가 잘못을 저질렀음을 알아차렸다. 나는 그가 주변의 사람들(물론 그의 부모를 포함하여)을 보호하는 방안으로서 거리를 두기로 한 그의 어린 시절의 결심을 잊었었다. 나는 내가 실수했다는 것을 알았지만, 당장 그 영향을 복구하거나 변명할 방법을 찾지 못하였다. 나는 다음 회기를 생각하며, 그때 지난 회기에서의 나의 실수를 사과하는 말부터 해야겠다고 생각했다. 그러나 숀은 상담실로 들어서는 전혀 아무 일도 없었다는 듯 말을 시작했다. 나는 혼란스러움으로 조용히 있었다. 숀의 이야기를 들으며, 나는 그의 말이 공허하다는 것을 알아차릴 수 있었다. 그는 조심스럽게 나와 거리를 두고 있었다. 여기에서 우리 두 사람은 각본을 함께 재연하고 있었다. 나는 깊은 숨을 쉬고 오늘 회기에서는 지금까지 한동안 함께 이야기할 수 있었던 분위기와는 많이 다르게 내게 이야기하고 있는 것 같다고 말했다. 나는 그가 이것을 알고 있는지 그리고 그렇다면 그것이 지난 회기와 어떤 연관이 있는 것인지 궁금했다. 숀은 여기서 모든 것을 멈추었다. 그리고 불같이 화를 냈다. "당신은 지난 회기에 제 정신이 아니었어요. 도대체 무슨 바보 같은 말을 한 겁니까? 무슨 말인지 못 알아들어요? 이 양반아! 내가 만약 공개적으로 부모에게 말을 한다면, 아버지가 불같이 화를 낼 거란 말입니다. 물론 내게 화를 내지는 않겠지?! 내 말을 제대로 들었다면 알 거 아닙니까. 아버지는 내 엄마에게 화를 내겠지. 고통은 내가 아닌 엄마가 받겠지. 아버지는 전혀 개의치 않겠지. 지금껏 당신은 도대체 무슨 이야기를 어떻게 알아들은 겁니까?" 그는 한동안 분을 새기지 못하였다.

　내가 전혀 놀라거나 부끄럽게 느끼지도 않았다는 것은 내게도 놀라움이었다. 나는 그의 분노에 어떤 기대감으로 오히려 흥분되고 감동되었다. 나는 그의 적나라한 신체적 투쟁(목소리라 갈라지고, 목구멍이 조이고, 어깨가 얼어붙고)을 볼 수 있었다. 나는 그의 말을 끈기 있게 듣고 기다렸다. 그는 점차 진정하고 조용해졌다. 나는 그때 사과했다. "숀, 나에게 사과는 필요 없어요. 당신이 옳아요. 내가 잊고 지난주의 회기를 망쳤어요." 그는 내게 손을 뻗치려다 그 자리에 멈추었다. 그는 몸을 뒤로 뺐다. 이제 우리는 '생체조직' 수준에 있었으며, 이 순간에도 투쟁은 그의 신체 안에서 살아 진행되고 있었다. 물론 나는 당시에는 이것을 생각하고 있지 않았으나, 나의 신체는 그 순간에도 동요하고 있었으며 살아 있었다. 나는 그에게 다가가 나의 손을 그의 굳은 어깨 위에 얹었다. 그것은 내가 그에게 평안함을 주고자 함이 아니었고, 그의 어깨의 긴장과 주저함에 관심을 주기 위한 것이었다. 나는 비언어적 의사소통을 제의한 것이었다.

손의 어깨는 약간 긴장이 풀렸으며, 그는 나의 손을 찾아 나의 손 위에 그의 손을 포개어 놓았다. 나를 바라보더니 그는 울기 시작했고 나의 두 팔에 안기었다. 그는 그의 아버지에게는 결코 보일 수 없는 눈물을 쏟아냈다. 그는 내게 안기어 아버지가 자신과 함께하여 관심을 보이는 것에 대한 그의 평생의 동경을 이야기했다. 그리고 그는 눈물을 흘리며 자기 자신이 아빠가 되기로 결심을 했노라고 말했다. 그에게 이후 문제가 생긴다면, 이제 어떻게 도움을 청할 것인가를 그는 알고 있었다.

11.1.7 결론

손에 관한 이야기는 TA 모델 안에서 행하는 심리치료의 과정을 통하여 적용 가능한 치료적 개입의 범위를 보여준다. 상이한 수준의 심리적 그리고 대인관계 조직에 대한 이론적 구분은 하나의 구조(structure)를 제공하며, 그 구조 내에서 전문가는 내담자의 존재 방식을 관찰하고 평가함으로써 가장 적절한 개입의 스타일을 찾을 수 있다. 심리치료사이자 심리치료사와 상담사의 트레이너 및 슈퍼바이저로서의 나의 일을 수행함에 있어, 이것은 교류분석 이론과 실제에서의 가장 강력한 자산들 중의 하나이다.

11.2 각본을 이해하는 경로로서의 역전이

Jo Stuthridge

11.2.1 개요

에린은 독신이며 우울과 과식으로 고통을 받는 삼십 대 여자였다. 그녀의 얼굴은 고뇌의 표현으로 일그러져 있었으며 그녀는 과민한 절망감에 빠져 있는 듯했다. 그날의 사건을 내게 말할 때면 그녀는 카펫을 응시했다. 그녀는 익숙해진 울음 섞인 소리로 상사의 지원이 부족함에 대하여 불평을 늘어놓았다. "상사는 그렇게 어렵지 않은 '에린 잘했어요.'와 같은 좋은 말을 할 수도 있는데… 오… 그것은 변한 게 아무것도 없군…." 에린의 고음의 하소연은 결국 눈물로 이어진다. 긴 한숨을 쉬고 그녀는 말한다. "나는 떠나고 싶어… 난 그냥 떠나고만 싶다고…."

이것이 우리가 반복해서 도달하는 곳이었다. 즉, 절망적 좌절과 체념이었다. 나는 끊임없는 울음소리를 듣지 않기 위해 나의 귀를 막고 싶었다. "회기가 끝났다면… 얼마나 좋을까."와 같은 생각들이 가장자리에 죄책감이란 울타리로 구분지어진, 나의 자각의 끝부분에서 추파를 던지곤 했다. 내 마음은 저녁식사를 무엇으로 할까 하는 계획으로 동요를 일으켰다… 나는 배가 고팠다.

과거에는 이런 생각들은 용납될 수 없었을 것이다. 이것들은 나 자신의 각본과 TA 훈련에 의하여 의식의 문턱에서 제지당했을 것이다. 이와 같은 순간에는, 나는 또 하나의 의자를 끌어당겨 그녀의 어린이자아 C로부터의 재결단을 회유함으로써 에린의 고통(그러나 대부분은 나 자신의 고통)을 경감시키기 위하여 재빠르게 움직였거나 또는 어쩌면 자세를 똑바르게 고쳐 앉아 그녀의 어른자아 A에게 합리적 호소를 했던가 또는 어쩌면 그녀의 비판적 부모자아 P의 메시지에 직면했던가 하였을 것이다. 과거에 나는 내담자 안에서 해답을 찾도록 가르침을 받았으나, 오늘날에는 현재 무엇이 진행되고 있는가를 이해하는 것을 나의 역전이에 의존하며, 나의 내부에서 찾곤 한다. 나의 초점은 질문에서 우리 둘 사이의 관계적 역동에 직접적 영향을 미친 내담자의 심리내적 세계와 과거의 경험으로 이동하였다. 나는 의식적 패턴은 물론 무의식의 패턴에 귀 기울이는 것을 배웠다. 나는 내담자들이 더 기분 좋게 느끼는 것이 시급한 것이 아니라 고통을 감내하겠다는 더 큰 의지가 중요하다고 느낀다.

나의 생각은 아직도 고전적 각본이론에 근거를 두고 있으나, 나의 방법들은 Berne(1961)의 게임과 각본의 객관적 분석으로부터 벗어나고 있다. 교류분석은 나에게 심리내적 및 심오한 대인관계에 관한 이론을 제공해준다. 이 모델은 치료사를 방관자가 아닌 사건 속에서의 한 명의 연출자로 보는 현대의 관계적 스타일의 치료와 쉽게 부합된다. 교류분석에서의 관계적 방법들은 여러 방면에서 발달하였다(Fowlie & Sills, 2011; Hargaden & Sills, 2002). 나는 마음을 교류 경험으로부터 지속적으로 구성되는 것으로 보는 접근방법을 지칭하기 위하여 '관계적(relational)'이란 용어를 사용한다. 치료사는 교류경험 안에서 내담자를 이해하기 위하여 실연되는 게임과 각본 패턴들에 직접 참여한다. Berne(1961)의 각본 개념은 치료를 상담의 장에서의 두 주인공들을 포함하여 벌어지는 생생한 상호작용의 공연으로 여기는 훌륭한 은유를 제공한다.

11.2.2 각본 : 전이의 드라마

각본이론은 우리가 어떻게 무의식적으로 전이를 통하여 미해결된 문제들을 반복함으로써, 우리의 인생을 숙명적 종말을 갖는 드라마로 만드는가를 설명한다: "각본은 전이현상의 영역에 속한다. 즉, 그것은 어린이의 반응과 경험의 파생물, 정확하게 말하면 적응이다"(Berne, 1961, p. 117). Berne은 각본을 "장(scenes)과 막(acts)으로 구분되는 지금 실제로 일어나고 있는 진행 중의 드라마."(1972, p. 58)라고 묘사했다. 그는 드라마적 역설에 대한 본능적 알아차림을 갖고 있었으며, 그의 이론은 그리스 비극에 대한 아리스토텔레스의 원칙들과 흡사했다. 각본결단은 어린 시절의 상처를 회피하기 위한 방어적 시도들이지만, 필연적으로 우리를 옛 트라우마를 반복하도록 인도한다. 치료관계에서 대부분의 내담자들은 의식적으로는 변화를 바라기 시작하지만, 무의식적으로는 각본을 재상연할 관계를 조직한다. 배반을 기대하는 내담자는 결국 배반의 감정을 갖게 될 것이다. 이용당하는 것을 예상하는 내담자는 어김없이 이용당했다는 느낌을 갖게 될 것이다.

당시의 주류를 이루었던 사상과 함께 했던 Berne은 내담자의 게임에 대한 도발을 감지해 냄으로써, 전이의 밖에 있을 수 있다고 믿었다. 그는 무대에 참여하라는 초대를 수락하지 않고, 객석에서의 관찰로 각본을 분석했다. 그에게는, 무대에의 참여가 아마도 역전이 오류(1972, p. 352)로만 여겨졌을 것이다. 이 접근방식은 의식적 또는 전의식적 인지적 과정의 분석에서는 효과적이지만, 무의식적 각본과정을 분석하는 목적으로는 덜 효과적이다.

관계적 분석가들(relational analysts; Harris, 2009; Mitchell, 1997; Stern, 2010)은 우리들은 결코 전이의 밖에 있을 수 없으며, 전이는 항상 변화하는 형태로 언제나 함께 있다. Mitchell(1997, p. 182)은 역전이를 '날씨(weather)'에 비유했다. 그것은 비처럼 때때로 일어나는 무엇이 아니라 언제나 존재하는 것이기 때문이다. 이런 관점에서 보면, 치료사가 드라마에 합류하는 것은 불가피한 것으로 간주되며, 아마도 내담자의 무의식적 의사소통을 이해하는 데 필요한 것으로 간주된다.

나는 변화하는 인물 역할들을 연출하도록 발탁된 자신을 발견한다. 그것도 가끔 무대에서 내려올 수 있는 역할이 아닌, 항상 무대에 있어야 하는 역할들이다. 내 안에 있는 수백 가지의 가능한 관계적 능력으로부터, 내담자는 필연적으로 자기의 각본 내에서 필요한 역할에 소용되는 정확한 감정적 뉘앙스(미묘한 차이)를 불러낸다. 이러한 감정들은 나의 각본에 근원을 둔 나에게 속한 것들이지만 내담자에 따라 독특하게 유발된다. 에린과의 상담에서 나의 정서적 경험 또는 역전이는 결국 우리들과 그녀의 저변의 각본 사이에서 재상연되고 있는 드라마에 대한 실마리를 제공했다.

에린

내가 위에 설명한 장면은 우리들의 상담에서도 여러 번 발생했다. 때로는 금방이라도 상담실을 나가겠다, 치료를 중단하겠다, 심지어는 생을 끊겠다는 암시를 포함한 협박에 이르기까지. 이러한 장면들은 동일한 근원적 게임의 급수가 상승하는 것으로 간주될 수 있었다(Berne, 1964, p. 64). 그녀가 회기를 화를 내며 끝낼 때면 내게는 무기력함만을 남기곤 했다. 그러나 이 특별한 회기에서는 평소와는 다른 어떤 일이 발생했다.

내가 나의 반응을 알아차렸을 때 나는 호기심을 갖게 되었다. 우리들 사이에 무슨 일이 일어나고 있는 것인가? 나는 에린의 상사에 대한 불평을 전이교류(transferential transaction)(Novellino, 1990)로 생각하기 시작했다. 나는 그녀의 분노의 대상은 나이고, 어린아이로서의 그녀가 엄마에게 그토록 절박하게 자기의 느낌들을 알아달라고 애원했던 것과 같이, 그녀가 갈망하는 그 무엇도 바로 나로부터 얻기 원하는 것이라고 상상했다.

> 조(상담가) : "앤(그녀의 상사)에게서 느끼는 감정을 알겠어요? 그것은 나에게서 느끼는 감정과 같은 것이에요?
> 에린 : "네… 그 감정 나는 알아요… 그것은 뜀박질하여 잡으려 하고 세탁하여 씻어 내고 하는 나의 전체 인생의 이야기라는 걸 나는 알아요!"
> 에린은 그녀의 어머니가 그녀의 존재, 성공이나 눈물까지도 매몰차게 거절했던 순간들을 이야기하고 있었다.
> 에린 : "나는 왜 이것을 극복하지 못할까요? 아…" (그녀는 손을 비틀어 쥐어짜며 목소리를 높였다.) "그래서 또다시 나는 모든 게 끝난 거야… 나홀로 이 문제를 해결해야만 해… 언제나 그랬지… 이곳에서도 다를 바가 없군요…."(분노가 섞인 불평은 최고조에 달했으며, 나는 사태를 진정시키기 위해 무엇인가를 해야만 할 것 같았다….)

나는 에린이 나의 말을 이해했으나 어쨌든 무시한다고 느꼈다. 나의 짜증은 에린의 애절함과 함께 도를 더했다. "그녀가 저놈의 징징대는 소리만 멈춘다면…."

나는 이 생각을 떨쳐버리는 대신, 이것이 무슨 의미가 있을까 생각해보기 시작했다. 그녀의 엄마는 이 징징대는 아기에 대하여 넌덜머리가 난 걸까?

나는 에린의 목소리가 쉬어 쉿소리가 나는 것을 알아차리고, 나의 도피에 대한 환상은 어쩌면 나 자신의 미움받고 애정에 굶주린 아기 자아의 소리를 회피하기 위한 무의식적 시도일지도 모른다는 생각이 떠올랐다. 나는 이를 무시하려는 기분을 알고 있었으며 에린이 자신의 이런 부분을 증오하거나 두려워하는지 궁금해졌다. 그녀는 배고픈 아기로부터 도망가려고 노력하고 있었던 것일까? 나의 짜증이 호기심과 연민에게 길을 양보하면서 나의 마음의 상태에 변화가 찾아왔다. 에린도 아무런 말은 없었으나 변화를 인정하고 있었다고 나는 생각한다.

에린은 머뭇거리며 말했다. "내가 지금 이곳에서 그렇게 하고 있는 것 아닌가요?"

조 : "맞아요, 그렇게 하고 있다고 나는 생각합니다. 내 생각에 당신은 아마도 '상담사는 내게 아무 것도 주지 않는구나. 왜 그녀는 내가 얼마나 잘하고 있는지 알려주지 못할까?'라고 느끼고 있을지도 몰라요."

에린 : "그렇게 느끼죠! 왜 당신은 내게 뼈라도 던져줄 수 없는 걸까요?"

조 : "당신은 뼈다귀 이상을 받을 자격이 있으니까요. 나는 당신에게 음식 찌꺼기를 절대 먹이지 않을 거예요."

에린 : "나는 당신이 그럴 리가 없다는 것을 알아요. 그렇지만 어떤 사람이 좋은 말을 해준다고 해도 효과가 거의 없으리라는 것도 나는 알아요… 그것은 마치 바다에 물 한 방울 떨어뜨리는 것과도 같으니까… 흔적도 없이 사라지죠. (침묵) 오! 이제 마침내 알 것 같네요… 그것은 마치 내가 당신, 또는 어떤 사람으로부터라도 무엇인가를 얻으려고 계속 노력하고, 나는 그저 똑같은 옛날의 비참한 감정 속에서 움직일 수 없는 것과 같아요. 그것은 마치 엄마와의 경우처럼, 돌에서 피를 짜내려고 애를 쓰는 것과 같아요. (침묵) … 당신은 나와의 상담을 시작하지 말았어야 했다고 후회하고 있음에 틀림없어요."(Berne이었다면 이 마지막 말은 유인으로 간주하여 직면하였을 것이지만, 나는 전이 상태에 머물러 있었다.)

조 : "아마도 당신은 내게 너무 큰 부담이 될까 봐 두려워하는 것 같아요. 마치 엄마에게 너무 큰 부담이었다고 느꼈듯이?"

에린 : (작은 목소리로) "나는 항상 당신이 떠날까 두려워요. 왜냐하면 당신은 나에 대하여 충분히 알고 있으니까."

조 : "어쩌면 당신은 사람의 온기라도 느끼기 위해 쓰레기를 뒤지는 작은 아이일지도 모릅니다… 그리고 그것은 참기 어려운 슬픈 무엇을 느끼게 해요. 어쩌면 당신은 아직도 충분히 얻지 못했어요. (이런 말은 내가 슬픔으로 자리에 앉아 있을 때 서서히 떠오른다.) 당신은 원하는 것을 얻으려 노력하며, 나를 떠나지 못하도록 하기 위하여 아직도 쓰레기를 뒤지고 있는 것은 아닌지요?"

에린은 갑자기 화제를 바꾸어 마치 내가 지금까지 아무런 말을 하지 않았던 것처럼, 자기에게 감사관이 방문한 것에 대하여 이야기했다.

조 : "잠깐, 당신은 방금 화제를 바꾸었어요. 마치 내게서 돌아서서 외면하는 것 같군요."

에린 : "나는 그 주제를 계속 논할 수 없어요… 그만 해야만 해요… 그것은 너무 부담되는 주제예요."

조 : "슬픔이 너무 커서 부담스럽다는 겁니까?"

에린은 고개를 끄덕였다. 그리고 침묵이 방을 덮으며 그녀의 얼굴로 눈물이 흘러내려 둘의 사이로 천천히 떨어졌다. 그녀의 슬픔은 뚜렷하고 고통스러웠으나 우리 두 사람 모두 견뎌낼 수 있는 것처럼 보였다.

얼마간의 시간이 지난 후 우리들은, 정서적으로 굶주린 어린 소녀에 대하여 슬퍼하는 대신, 각본을 반복하며, 그녀를 외롭고, 억울하고 거절당한 느낌으로 밀어 떨어뜨리는, 나를 포함한 타인들로부터 돌봄을 쥐어짜 내려는 그녀의 반복되는 시도에 대하여 이야기를 나누었다.

회기를 마치며, 에린은 그녀의 느낌이 얼마나 달라졌는가를 알게 되었으며, 음울한 마음의 상처와 분노에 이르는 옛 길을 찾아 내려가는 것과 얼마나 유사한지를 인지하게 되었다. 그녀는 "… 벌레를 먹으려 파 내려가는 것처럼 나는 큰 캔을 열어 그 많은 양을 급히 먹어치울 수도 있었다."라고 말했다. 우리들은 웃음을 나누었으며 우리의 헤어짐에 애정 어린 다정함을 느꼈다. 나는 Berne이 웃음을 통찰의 신호라고 한 말을 생각했다(1972, p. 338).

11.2.3 각본을 이해하는 경로로서의 역전이

나는 각본 분석은 두 가지 주요 과제를 가진다고 생각한다. 첫째 나는 내담자의 각본 속에서 어떤 역할을 연출하고 있는가를 알아내야만 한다. 그런 다음 나는 그 드라마로부터 빠져나오는 길을 발견해야만 한다. 첫 번째 부분은 역전이의 감정에 주의를 기울이고 내담자의 이야기와의 연관성을 찾아내는 것을 의미한다. 이것은 내가 에린의 경우에 경험했던 바와 같이, 일반적으로 하나의 놀라움으로 찾아오며 종종 수치심, 슬픔, 또는 적대감과 같은 인정하기 어려운 감정들을 포함한다. Ogden(1994)은 어떻게 치료사의 자유로운 연상과 신체적 감각들을 통하여 역전이의 무의식적 요소들에 접근이 가능한가에 대하여 매우 자세하게 실명했다. 나는 적합해 보이지 않는 생각들이 귀중한 단서를 제공할 수 있으며, 나의 역전이는 무의식의 각본 과정을 이해하는 데 내가 가지고 있는 가장 정확한 방법(길)이라는 것을 터득했다.

역할로부터의 탈출구를 찾는, 두 번째 부분은 내담자와 치료사가 하나의 공동의 드라마 속에서 뒤섞일 때 필연적으로 발생하는 임패스(impasse)로부터 자신을 해방시키는 것을 의미한다. 치료사는 때때로 내담자가 일치하지 않는 정서를 연결시키는 능력을 촉진시킬 수 있도록 하기 위하여 자신의 내부에서 무엇인가를 통합할 필요가 있다(Stern, 2010). 에린과의 작업에서 내가 극심한 애정결핍의 감정을 포용하기 시작하면서, 에린은 자신의 고통을 억누르고 자신의 인생각본을 강화하는 게임 삽화들에도 불구하고, 단순히 나와 함께 실연하기보다는 그것에 대하여 생각하는 능력을 개발하였다.

이러한 아이디어들은 치료사는 자신의 각본을 상담실로 가져와, 자기분석을 지속한다는 결단을 가지고, 자기의 각본이 방해물이 아닌 치료에서의 하나의 자산이 될 수 있다고 가정하는 것이다(Harris, 2009; Slavin, 2010). 이와 반대로 중립을 유지하려는 치료사의 시도들은 두 사람 모두의 (감정의) 억압 또는 분열로 발전시킬 수 있다.

11.2.4 결론 : 보다 더 논리정연하고 일관성 있는 각본

다음 주 에린은 자기가 부모의 집에 있는 꿈에 대해 들려주었다. 그녀의 집은 멀리 있었다. 그녀는 임신했으며 평화롭게 느꼈다. 그녀의 온 가족들이 모두 있었으며 조용하였다. 에린은 가족들에게 아기가 딸이라고 말했으며 그녀의 언니가 말했다. "그러면 아기가 네가 가진 모든 것을 먹어치우지는 않겠네."

꿈에 대한 논의에서 에린이 말했다. "아기는 내 아기예요. 내 엄마의 아기가 아니지요." 이 말이 미리 생각해 둔 것도 아닌데 그녀의 입에서 튀어나왔으며 우리 모두에게 이상하게 들렸지만 중요한 의미가 있다고 느끼도록 하였다.

> 에린 : "내 짐작으로는 아기를 돌보는 일은 내게 달렸다는 뜻인 것 같아요. 나는 그 여아가 곧 나라는 것을 알아요… 그리고 그것이 좋게 생각됩니다."

나는 이 회기에서 그녀의 자기 확신과 '엄마'로서의 나에게 하는 그 익숙해진 요구들이 없어졌음을 알아차릴 수 있었다. 우리는 에린의 (애정에) 굶주린 아기 자아를 뱃속에 가지고 있는 이미지로서, 그리고 새로운 가능성에 대한 놀라운 은유로서의 임신에 대하여 이야기를 나누었다. 이전에 에린은 주기적으로 이 (애정에) 굶주린 부분을 미워했으며, 그것을 나와 타인들에게 실연했거나, 또는 버림받은 어린이를 돌보는 그녀의 일을 통하여 그것을 투사했다. 우리는 굶주린 아기가 더 이상 치료과정을 해체시키거나, 그녀의 심리적 안정을 위험하게 만들겠다고, 즉 "그녀가 가진 것을 모두 먹어 치우겠다."는 협박을 하지 않는다는 것에 의견의 일치를 보았다. 에린의 식습관 패턴은 이후 고쳐지기 시작했다.

마치 꿈과도 같이, 우리들의 대화는 에린의 여러 부분들을 함께 연결하여 보다 더 복잡하고 논리와 일관성이 있는 각본, 즉 원하지 않는 인물들, 좌절된 욕구들, 손실, 희망을 내포할 수 있는 이야기를 만들어낸 것 같았다. 이 짧은 사례는 내적 각본의 변화가 대인관계의 변화의 결과로서, 또는 Stern이 주장했듯이, "새로운 이야기는 변화의 엔진(추진력)이 아니라, 변화가 뒤에 남긴 자국(흔적)"(2010, p. 117)으로서 일어날 수 있다는 길을 보여준다.

11.3 우울증

Mark Widdowson

11.3.1 개요

우울증은 가장 일반적인 심리장애의 한 가지이며 연중 성인의 약 6%, 그리고 일생을 통해서는 모든 성인의 약 15%가 영향을 받는 것으로 추정된다(Kessler, Berglund, & Demler, 2004; Kessler, Chiu, Demler, & Walters, 2005). 우울증은 두 가지 특징을 가진다. 그것들은 저하된 기분 상태(우울함, 절망감 등)와 활동에서의 호기심을 잃거나 또는 기쁨을 잃는 것(쾌감상실증)이다. 기타의 증상으로는 깊은 슬픈 감정, 과민성, 죄의식/수치심, 불면, 식욕의 변화, 집중력의 저하, 결정장애, 무기력감, 극도의 자기비난을 포함한다. 근본적으로 우울증은 그 사람의 자기에 대한 의미, 사고 과정들, 기억, 정서, 생리, 행동들, 대인관계와 세상을 경험하고, 해석하고, 세상과의 상호작용에 영향을 주는 부정적이며, 모든 면에 스며든, 집요한 준거틀이다. 여러 연구 결과에서 교류분석은 우울증의 치료에 효과성을 보여주었다(Van Rijn & Wild, 2013; Van Rijn, Wild, & Moran, 2011; Widdowson, 2012a, 2012b, 2012c, 2014a).

11.3.2 내담자 사례

빅키는 직접 치료실을 찾아 온 마흔 두 살의 여자였다. 그녀는 상품 판촉원이었는데 작업환경을 다음과 같이 묘사했다. "… 끔찍하죠. 업무량은 비현실적인데 급여는 물론 충분하지 않죠." 그녀는 여러 해 동안 사람들과의 관계를 맺지 않았으며, 다음과 같이 말했다. "나는 관계에서 쓸모가 없어요. 나는 어떻게 관계라는 것이 좋으며 나에게도 더 안전하다고 하는 건지 영 모르겠어요. 나는 결국 나의 감정의 앙금으로 다른 사람에게 마음의 상처를 주지 않을 겁니다." 그녀는 여러 해에 걸친 지속적인 저하된 기분 상태를 호소했다. 그녀는 자기는 아예 또는 거의 가치가 없는 사람이며, 인간적으로 '사악하고' 그리고 '쓸모없는' 사람이라고 느꼈으며, 아주 단순한 결정도 내리기 어려운 무능력과 식욕의 상실을 설명해주었다. 그녀에게는 성인으로서 몇 번의 우울한 기간들이 있었으며 그때마다 항우울제 처방을 받았으나, 이번에는 말로 하는 치료를 선택했노라고 말했다. 나는 간단한 진단과 개인사를 알아보는 인터뷰를, 결과 측정(outcome measures) 검사지의 완성을 포함하여 실시하였다. 그녀의 점수는 중증 우울증과 중등도-중증 불안증을 나타냈다. 나는 그녀의 예후는 긍정적이고, 치료하면 좋아질 가능성은 높으며, 그녀의 진행과정을 모니터하기 위하여 몇 회기에 한 번씩 결과 측정 검사지를 사용할 것이라고 설명했다.

이어서 나는 내가 이해하는 치료의 과제와 성공에 대하여, 그리고 치료의 절차에 대하여 설명했다. 이러한 역할 유도 과정을 통하여 내담자는 어떠해야 하며 어떻게 치료로부터 최상의 결과를 얻을 수 있는지를 효과적으로 내담자에게 가르쳐줄 수 있다. 나는 또한 치료과정에서 그녀가 보다 더 '적극적'이라면, 빨리 완쾌할 수 있는 확률이 그만큼 더 크게 될 것이라는 점을 강조하였다.

11.3.3 우울증 치료를 위한 교류분석 심리치료의 원리

치료과정에는 행복감을 증진할 수 있는 방법으로, 타인들, 삶, 그리고 세상에 대한 내담자의 호기심과 참여의 촉진을 포함한다. 회기 중간의 집에서 할 과제와 자기돌봄에 대한 행동적 계약은 도움이 된다. 다행스럽게도 우울증 내담자들은 치료를 잘 따르는 편이며 비교적 단기 치료로도 회복하는 사람들이 많다(Cuijpers et al., 2013). 희망을 갖지 못함과 의기소침함은 우울증의 특징이므로, 우울증으로 새로 내담하는 내담자들에게 회복할 수 있다고 낙관적으로 생각할 만한 충분한 이유가 있다는 것을 알려주는 것은 도움이 된다. CORE-OM(Evans et al., 2002) 또는 PHQ-9(Kroenke, Spitzer, & Williams, 2001)와 같은 결과측정검사지의 사용은 특별히 추천할 만한데, 이것은 치료 시작 때 내담자의 증상의 심각성에 대한 벤치마킹을 제공할 뿐만 아니라, 이후 그 사람의 변화의 강도에 관한 훌륭한 지표가 되기 때문이다. 내담자와 긍정적 호전에 대하여 논의하는 것은 도움이 될 수 있으며 큰 격려가 될 수도 있다. 만약 내담자의 상태가 악화되든가 또는 진전이 없는 경우라면, 이것은 치료사가 어떤 추가적 슈퍼비전이 필요하며 이 내담자와의 작업 방식을 수정해야만 할 필요가 있다는 것을 알려주는 것이다.

11.3.4 빅키의 결과 측정 데이터

	회기 1	회기 4	회기 8	회기 12	회기 16	회기 20
CORE-OM	22 중등	13.5 준임상	12.3 준임상	9.4 정상	8.5 정상	8.2 정상
PHQ-9	20 중증	8 경미	7 경미	4 정상	3 정상	3 정상
GAD-7	11 중등도-중증	5 경미	5 경미	5 경미	6 경미	1 정상

위의 표를 보면, 빅키는 첫 4회기들에서 빠르고 큰 호전을 경험했음이 분명하다. 이와 같은 초기의 회복은 매우 긍정적 예후의 지표라고 알려져 있다(Tang & DeRubeis, 1999). 빅키의 결과 측정치들은 치료의 종료 시점에서는 임상적으로 괄목할 만한 변화를 보여준다.

그녀가 처음에 느꼈던 우울감에도 불구하고, 빅키는 그녀의 인생에서 변화를 위한 엄청난 노력을 했다. 그녀는 비록 전혀 무엇을 하고 싶지 않았지만, 매주 친구들을 만나기로 작정하고 또 일주일에 두 번 수영을 가기 시작했다. 그녀의 사고와 미래에 대한 생각 역시 치료 중에 변화하였다. 그녀의 결과측정 점수들은 급격히 하강하였으며, 이것이 그녀를 생활에서 변화를 계속 시도하도록 힘을 주었다.

회피는 우울증의 일반적 증상이며 우울함을 유지시키는 요소이다(Widdowson, 2014b). 우울한 사람들은 흔히 의욕을 상실하고 있으며 활동으로부터 즐거움을 거의 경험하지 못한다. 결과적으로, 이 사람들은 행동하기를 점차 줄이게 됨에 따라서, 긍정적 스트로크, 자극, 구조화, 인정에 효과적으로 굶주림을 느끼는 스스로 지속되는 체계를 만든다. 이것은 자신이 '부적절(inadequate)'하다는 각본신념들을 강화함으로써, 냉혹한 비판적부모자아 CP 주도의 내부 대화를 촉발시킨다. 회피에 기인하는 활동의 감소는 :

> … 우울을 심화시키며 우울한 사람을 극심한 수동성(passivity)의 덫에 빠지도록 한다. 그 사람은 모든 것이 호전되기를 바라며, 자기가 의욕과 기운을 다시 찾을 때까지 행동과 시도를 기다린다. 그러나 이 접근방법은 틀린 것이다. 만약 이들이 무엇인가를 하고 싶을 때까지 기다린다면, 변화 과정은 느려지고 매우 힘들어지며 나아가 내담자는 우울증이 악화되는 위험에 직면하게 된다. 치료사는 조심스럽고 정교하게 내담자의 활동 수준과 타인들과 세상과의 관계 맺기 수준을 증가시키는 것이 필요하다… 점진적으로 다시 관계를 맺는 과정은 공동작업을 통하여 가장 잘 이루어질 수 있으며, 그 반대의 경우는 치료사가 부모자아 P를 사용하여 내담자로 하여금 따라하도록 하는 것이다(Widdowson, 2011, p. 7).

효과적인 TA 치료는 "I'm OK, you're OK"의 치료관계를 만드는 것에 바탕을 두고 있다(Stewart & Joines, 1987). 이것은 어려울 수 있으며 지속적인 모니터링을 요한다(우울증 내담자들은 부정적이며 이에 대한 치료사의 역전이는 무익하고, 부정적이고, 비판적인 관계의 방법들을 촉발시킬 수 있다). 치료가 허가와 보호의 분위기 속에서 이루어지는 특징이 있다는 것(Crossman, 1966)과 내담자가 치료자의 능력에 대한 신뢰의 느낌을 갖고 있다는 것(Steiner, 1968)을 확실하게 유지한다는 것은 도움이 된다. 연구는 공감, 따뜻함, 진실함, 수용의 분위기는 치료의 결과에 긍정적 영향을 준다는 것을 지속적으로 밝혀왔다(Norcross, 2002).

> 회복 과정에서의 결정적인 면은 대인관계에서의 관계 맺기이다. 고립감과 소외감은 많은 사람이 겪는 우울증의 경험이다. 그런 사람들은 고립되어 있고 소외되어 있다고 느끼기 때문에 대인관계의 접촉으로부터 후퇴한다. 치료사는 공감적 그리고 수용적 환경을 제공함으로써, 내담자가 우울증에 대하여 이해할 수 있도록 도와줌으로써, 그리고 내담자의 깊은 고통을 진정으로 경청하고 이해함으로써, 내담자가 격리되어 있다는 느낌을 덜 느끼도록 도움을 줄 수 있다(Widdowson, 2011, p. 6).

빅키는 세 번째 회기에서 말했다. "이건 기가 막히게 좋군요. 나는 내가 원하는 대로 말할 수 있고 당신은 결코 상처받지 않고. 어쨌든 나는 당신을 돌볼 필요가 없군요. 나는 내가 느끼는 대로 말을 하지만 당신은 이해해요. 이런 경험은 난생 처음이군요."

나의 연구에 참여했던 내담자들은 모두 치료사의 도전의 현명한 사용과 배려하는 직면은 매우 이로웠다고 말했다. 오염, 디스카운팅, 과장에 대한 직면은 치료에 매우 도움이 되었으나, 매우 조심스럽게 행해져야만 한다. 우울증을 겪는 사람들은 자신에 대하여 분노하는 것이 일반적이며, 심한 직면은 이러한 과정을 되먹임 할 수 있다.

어떤 회기에선가, 빅키는 어떤 사안 때문에 자신을 괴롭히고 있었다. 내가 그 점에 대하여 이의를 제기하자 그녀는 이렇게 답했다. "알잖아요! 나는 바보라고 말했잖아요! 난 그 짓을 계속하고 있잖아요. 나는 왜 그렇죠? 왜 중단을 못하죠?" 그러고는 그녀의 자기비판적 대화를 이어갔다. 나는 나의 직면이 어쩌면 너무 엄격했으며 그녀는 그것을 그대로 받아들여 그녀의 내부 대화에 포함시켰다는 것을 알아차렸다. 이 사실을 깨닫고 나는 말했다. "음, 그 부분에서 내가 좀 심했다는 생각이 들어요. 여기에서 당신이 큰 소리로 무엇인가를 외치고 싶지 않습니까? 그러면 당신의 느낌이 어떤지 알 수 있을 테니까." 그녀는 의아해 하며 나의 말이 무슨 뜻인지 알고 싶어 했다. 나는 말했다. "'나는 잘못을 저질렀으나, 그것은 그저 인간적인 거야. 뭐 엄청나게 무서운 일이 벌어진 것은 아니잖아! 그러니 나는 경험으로부터 배울 수 있고 이제 그 일에 대해서는 긴장을 풀 수 있어.'라고 말하는 것은 어떨까요? 큰 소리로 말하고 어떤 기분인지 느껴보세요." 그녀는 그렇게 했다. 그리고는 소리 죽여 울기 시작했다. 자신에 대한 분노가 가라앉으며 우리는 자기비판적인 내부 대화를 확인하고, 그것을 자기양육적 언어로 대체하며 회기의 나머지 시간을 보냈다. 자기양육적 언어들은 필기를 하여 가지고 가서 자기양육의 방법을 생각하도록 하는 용도로 쓰도록 했다.

우울증의 중심부에는 자기, 타인들, 세상에 관한 복잡한 일련의 각본신념들이 있다. 교류분석 치료에서는 우리는 그 사람의 각본신념들은 마치 채색된 렌즈와도 같으며, 그는 그것을 통하여 보고, 경험하고, 상호작용하고, 세상에 대한 의미를 부여하는 것과 같다는 것을 안다(Berne, 1972; Stewart & Joines, 1987). 우울증을 가진 사람들은 사건들을 부정적 귀인론적(歸因論的) 양식으로 설명하는 경향이 있으며, 이것은 오염과 각본신념들에 영양을 공급하고 오염과 각본신념들은 디스카운팅과 과장의 메커니즘에 의해 유지된다. 우울한 사람들은 일반적으로 일이 잘못 돌아갈 때 큰 재앙으로 그리고 자기 잘못으로 경험하며, 그럼으로써 절망의 감정을 강화하고 더욱 강한 자기비난을 만든다(Strauman & Kolden, 1997).

치료에서 우리는 경험을 해석하는 이러한 패턴들과 그 근원을 관찰함으로써 확인하고 변화시켜야 한다. 이러한 변화는 내담자의 어른자아 A의 사용과 보다 현실적이고 자기동정적 태도를 개발하도록 유도하여 자동적 귀인과 해석 체계를 재평가함으로써 가능하다. 사실 자기동정적, 자기양육적 태도와 내부 대화의 개발은 아마도 우울증의 교류분석 치료에서 가장 중요한 과제인 것 같다.

나는 매 회기마다 빅키가 부정적 자기신념을 바꾸고 어른자아 A를 사용하여 자신과 상황을 평가하는 능력을 개발하도록 도와주는 데 중심을 두었다. 나는 그녀에게 자신의 결점들을 그냥 인간의 한 부분으로 보도록 격려했다. 그녀는 자기가 잘못한 일에 대해 언제나 엄격했으며, 그녀가 필연적으로 실수했을 때 느끼는 실망을 회피하기 위하여 아예 새로운 일을 시작하지 못하기 일쑤였다. 이제 그녀는 실수를 학습과정의 일부로 보게 되었으며 그녀의 완벽주의자적인 비현실적 기대치들을 버렸다.

다층적 정서들, 라켓 감정들(Erskine & Zalcman, 1979), 혼란 제거 과정(Hargaden & Sills, 2002; Widdowson, 2010)으로의 작업들은 우울증 치료의 주요 부분이 되는 경우가 많다. 내담자에게는 다층적인 각각의 정서들을 탐색하고 표현하도록 격려하였다. 치료적 접근은 공감, 타당성 인정하기를 유지하여, 과정이 가능하도록 내담자의 억압된 정서들을 정상화하는 것이다(Erskine, Moursand, & Trautmann, 1999).

회기 중에 빅키는 자기의 어린 시절이 얼마나 암울했던가에 대하여 이야기했다. 그녀는 알코올 중독자인 부모로부터 받지 못했던 사랑과 돌봄, 그리고 영원히 올 수 없는 어린 시절에 대한 상실감으로 눈물을 흘리며 오열했다. 그녀는 그것의 불평등함을 알게 되었으며, 그녀의 부모가 자기와 형제들을 어떻게 다루었는지에 대하여 분노를 느끼기 시작했다. 여섯 회기에 걸쳐 그녀가 여기-그리고-지금에서만 자신의 인생을 변화시킬 수 있다는 것을 인식하게 되며, 분노는 받아들임으로 변하였다.

치료사가 내담자를 도와 관계의 질과 의사소통의 효율성을 증진할 수 있는 많은 교류분석의 방법과 모델이 있다. 우울한 사람들은 일반적으로 순응하고 자기주장을 하지 않거나, 타인들에게 적대적이고 짜증을 낸다. 어느 쪽이든 대인관계에서는 문제이다. 내담자로 하여금 새로운 방법으로 타인들과 관계를 맺고 긍정적 스트로크의 빈도와 양을 늘리고 관계에서 경험하는 친밀의 수준을 높이도록 격려하는 것은 도움이 된다.

회기에서 나는 빅키에게 드라마 삼각형(Karpman, 1968)을 가르쳤다. 이것은 굉장한 효과를 나타내었는데, 이후 그녀는 많은 생각 끝에 가족들과의 관계에서 경계들을 설정하였다. 빅키는 그녀의 어머니는 희생자 역할에 고정되어 있으며, 지속적으로 구원을 요청하는 손길을 빅키에게 뻗쳤다가 다시 박해자로 전환하는 것을 알게 되었다. 빅키는 그녀의 어머니에게 도전적으로 자기는 앞으로도 구원자의 역할을 하지 않겠다는 것을 분명히 했다. 그녀의 어머니는 박해자의 위치에서 그녀에게 보복을 가했다. 빅키는 어머니에게 자기는 정서적으로 협박에 굴복할 준비가 되어 있지 않으며, 앞으로는 그런 논의를 용납하지 않겠다고 말했다. 이것은 그들의 관계 역동을 의미 있게 변화시켰다.

11.3.5   결론 : 우울증의 TA 치료에서 중요 포인트

- 치료사는 내담자의 변화 과정에서 적극적 대리행위자로서의 '역할 유도 과정(role induction process)'과 내담자와의 협동관계의 개발에 주의를 기울여야 한다.
- 새롭고, 더욱 적응적인 해석 틀의 개발을 가능하도록 하라.
- 내담자의 자기비판적 내부 대화를 자기동정/자기양육에 기초를 둔 내부 대화로 변경하도록 지원하라.
- 내담자의 수치심을 경감시키기 위해 내담자의 반응과 감정을 정상화하라.
- 회피와 완벽주의의 기미를 해결하라.

11.4 전이의 재결단 분석 공식 : 교류분석과 정신분석적 관점의 결합

Michele Novellino

11.4.1 개요

마리아는 마흔세 살의 심리학자이다. 그녀는 여자 동료의 소개로 나에게 오게 되었다. 그녀의 여자 동료는 남성 치료사를 찾는 것이 좋겠다고 그녀에게 권했으나, 진짜 이유는 마리아가 그녀에게 일깨워 준 당면한 혐오감 때문이라고 내게 말했다.

이 장에서 나는 이 첫 번째의 정서적 반응(기-설정된 역전이; pre-established countertransference)에 대하여 나의 전이의 재결단 분석 공식(redecision analysis of transference formula, RATF)으로 논의하겠다(Novellino, 2003a, 2003b). 이 모델의 기원은 Carlo Moiso(1985)와 나 자신이었으며 이후 여러 학자들, 특히 영국 학파에 의하여 개발되었다(Clarkson, 1992; Hargaden & Sills, 2001). 이 모델에서 우리는 치료에서 이어지는 국면들에서 다른 방법으로 자아상태들을 가지고 작업을 한다. 임상 사례를 소개하기 전에, 이 모델의 개요를 설명할 것이다.

11.4.2 교류분석적 정신분석의 방법론

교류분석에서는 자아상태를 다루는 것이 가장 중요한 자리를 차지한다. 많은 학자들은 다른 양식의 개입들을 주장했는데, 다음의 표에 요약되어 있다.

교류분석적 정신분석에, 자아상태로 작업하는 것은 표현하고 계속해서 그것을 새롭게 반복하는 치료적 동맹에서 대체로 사용된다. 우리는 다음의 과정들을 구분짓는다.

- 오염 제거(decontamination) : 환자 내에서 관찰하는 자아가 발달하도록 만들 목적으로; 그 사람의 치료사에게 그리고 그의 대인관계 세상에게로의 전이투사를 확인하고 이해할 능력을 가진 어른자아 A
- 혼란 제거(deconfusion) : 전이 임패스(transference impasse)의 재결단적 재노력(redecisional re-elaboration)으로서 그리고 각본의 제약 밖에서 새로운 결단을 만듦으로써
- 재학습(re-learning) : 새로운 결단들을 통합하는 국면으로서 그리고 치료사로부터의 분리를 위한 노력으로서

전이 동맹은 다음의 전략적 국면들을 통하여 발달한다.

전이의 재결단 분석 공식(RATF)은 개인의 심리치료에 대한 교류분석적 정신분석 접근법의 방법론적 국면들을 순차적 과정으로 제시한다.

표 11.4.1 자아상태 개입들의 분류

부모	어른	어린이
1. Schiff의 부모 재경험하기(1975)	1. Berne의 치료작업(1966)	1. Berne의 퇴행분석(1961)
2. James의 스스로 부모 재경험하기(1974)	2. Stuntz의 여러 의자 기법(1973)	2. Goulding과 Goulding의 재결단 작업(1979)
3. Osnes의 현장에서 부모 재경험하기(1974)	3. Karpman의 선택안(1971)	3. Kupfer와 Haimowitz의 고무밴드 작업(1979)
4. Dashiell의 부모자아 해결과정(1978)	4. Berne의 게임 분석(1964, 1972)	4. Erskine의 고무밴드 단절하기(1974)
5. McNeel의 부모자아 인터뷰(1976)	5. Kahler와 Capers의 미니 각본분석(1974)	5. Novellino의 전이 재결단 분석(1985, 1987)
6. Erskine과 Trautmann의 부모자아 심리치료(2003)	6. Erskine과 Zalcman의 라켓시스템분석(1979)	6. Clark의 공감교류(1991)
	7. Summers와 Tudor의 부분전이교류(2000)	7. Hargaden와 Sills의 관계의 혼란 제거(2001)
	8. Allen과 Allen의 함께 창조하는 내레티비즘(1995)	8. Clarkson과 Fish의 다시 어린이되기(1988)
		9. Cornell의 신체관계 작업(2003)

표 11.4.2 교류분석적 정신분석의 전략적 국면

전략적 국면	전략적 목표
1. 동맹＋환경	1. 계약＋전이동맹
2. 오염 제거	2. 사회적 통제 ＋관찰하는 자아
3. 혼란 제거	3. 프로토콜 통찰＋전이 임패스 재결단
4. 재학습	4. 행동 선택＋치료사와의 결별

$$S+A \rightarrow T+CT \rightarrow TI \rightarrow In \rightarrow R$$

1. 환경＋동맹(setting＋alliance) : 계약 국면에서

2. 전이(transference)와 역전이(countertransference)에 대한 깨달음과 인지적 분석 : 오염 제거 국면에서

3. 전이 임패스의 재체험(reliving of the transference impasse)

4. 미 충족 욕구와 임패스 밑부분의 각본 재결단에 관한 해석(interpretation of the unsatisfied need and of the script at the base of the impasse)

5. 재결단(redecision)

11.4.3 임상 사례

마리아는 33세에 졸업했다. 그녀는 학위논문 통과에 오랜 시간이 걸렸는데, 그것은 그녀가 교수와 친밀한 관계에 있었기 때문이었다. 결국 그녀는 환멸을 느끼며 떠나 왔는데, 이유는 그 교수가 부인과 헤어지겠다는 약속도 자기 과에 일자리를 마련해주겠다는 약속도 모두 지키지 않았기 때문이었다. 일 년이 지날 무렵, 그녀는 가족이 좋다고 하는 한 남자와 결혼했다. 그러나 그녀는 그를 사랑하지 않았다. 몇 년이 지난 후 그녀는 용기를 내어 이혼했으나, 다른 남자를 찾지 못했으며 직장도 구하지 못했다.

마리아는 우울하고 소극적이었으나 가장 걱정이 되는 것은 개인적 위생과 관련된 그녀의 오랜 강박적 의식행위(long obsessive rituals)였다.

청소년기 동안 그녀는 공황발작을 동반하는 공포증 치료를 위하여 오랫동안 여자 치료사로부터 인지행동치료를 받았으며, 그 후 몇 년간은 예후가 좋았다. 나는 동료가 나를 소개한 것에 대하여 어떻게 느끼는지 물었으며, 그녀는 매우 실망을 느꼈으며 동료가 자기를 '싫어'한 것으로 생각했다고 대답했다. 그녀는 또 자기가 다섯 살 때 아버지가 가족을 버리고 떠나 버렸기 때문에 남성에게서 치료를 받는다는 것에 대하여 호기심이 있으나, 좀 두렵기도 하다고 덧붙였다.

나는 동맹과 환경(alliance+setting)을 설정했다: 1. 그녀의 증상으로부터 해방하고자 하는 그녀의 논리의 타당성; 2. 환멸로 가득한 과거로부터의 해방을 생각할 기회; 3. 한 주에 두 번의 회기를 설정(setting); 4. 치료사, 나에 대한 그녀의 호기심과 처음의 두려움을 위한 그녀의 경험에 관심 주기. 마리아는 그녀의 강박 증상에 대해서만 이야기하지 않는다는 것을 이해하고 수용하고 안도시켜주었다.

우리들은 강박 증상의 오염 제거에 처음 2~3개월을 보냈으며 곧 중대한 상징(symbol, 억압된 무의식의 욕망을 나타내는 행위 — 역자 주)이 나타났다. 개인적 위생에 긴 시간을 쓰는 것은 현재 그녀의 삶에서 결여된 그리고 과거 짜증스러움의 근원이기도 한 성적 욕구의 대체물을 표상하고 있었다. 그녀는 지금껏 만족한 성행위를 심지어 그녀의 남편과도 가진 적이 없었다고 고백했다. 그녀는 자기의 여성성을 주로 동화 속의 꿈과 위험스럽게도 공격적으로 느껴지는 남성의 에너지에 관한 깊은 두려움으로 구성되는 유아적 방법으로 경험했음이 드러났다. 의식(적 행위)은 빠르게 사라졌으며, 우리들은 그녀의 우울로 관심을 옮겼다. 마리아는 두 가지를 경험하기 시작했다 : 그녀는 어린 시절 이후에는

나타나지 않았던 꿈들을 많이 기억하고 있었으며, 그리고 사실 회기들을 마치는 것이 어려울 것이라고 느꼈다. 그녀는 처음 2~3개월의 치료 이후 나의 권유로 간 (정신과 상담용) 침상에서 몸을 일으키지 못했다.

그녀의 꿈들은 여성성을 가진 사람들에 대한 커다란 분노를 나타내고 있었으며, 그녀는 '침상에서 일어날 수 없었음'은 '떠나고 싶지 않음'과 같은 것이라는 것을 곧 깨닫게 되었다. 나는 침상에서 그녀가 느끼는 휴식은 그녀를 버리고 간 아버지로부터 떨어져 나오려 했던 그녀의 노력을 다시 체험할 수 있도록 도움을 주고 있다는 것을 설명해주었다(해석). 마리아는 아버지가 떠난 이후 오랫동안 여러 가지 병으로 누워 있었음을 회상하며 이것을 인정하였다. 그녀가 '불가능한' 관계에서 안식을 찾으려 했다는 것이 분명해졌다. 처음에는 부인이 있는 교수와, 그 후에는 게이임이 밝혀지게 되는 남편과의 관계에서. 그녀의 성적욕구는 가질 수 없는 남자들에 대한 환상을 동반하는 자위행위로 더욱 불붙었다. 그녀의 진짜 문제는 그녀는 아직도 아버지가 돌아와 다른 여자들보다 자기를 더 사랑해주기를 기다린다는 것임을 고통스럽지만 분명하게 알고 있었다.

이 국면 중에 마리아는 운동을 다시 시작했으며, 작업 프로젝트를 위한 특별과정에 등록하기로 결정했다. 그녀는 '교수'를 대하는 '학생'처럼 나를 향한 존경심을 느끼곤 했으며 그녀 자신이 하는 말에도 놀라고 또 조심스러워 했다. 그녀는 대학교 교수와의 경험을 내게 반복할까 봐 두려워했다(전이 임패스). 우리는 여러 회기에 걸쳐 그녀의 환상을 분석했다. 마리아는 그녀의 두려움은 현실적으로 끝남이 없는 대화와 순결한 육체적 애무라고 설명할 수 있는 그녀 자신의 육체적 애정관계에 대한 욕망을 표현하며 또 은폐하고 있다는 것을 이해하게 되었다.

나는 이상하게도 이러한 환상들에 신경이 쓰였다. 나는 그것들을 분석하였으며(역전이의 자기분석, Novellino, 1984), 나의 사춘기 시절의 이성에 대한 끌림과 두려움의 경험을 회상하였다. 나는 나의 염려가 마리아가 느끼는 거북함과 동일하다는 것을 깨달았다. 그것은 나에게 그녀의 어린 시절의 꿈에 대한 이야기를 해야만 하는 그녀를 향한 것, 그리고 치료 장면의 규칙 뒤에 숨기고 있는 너무나 '겁쟁이'(전이 임패스) 같은 나를 향한 것, 모두 다였다. 이러한 상호 경험들에 대하여 작업을 하며, 우리는 아마도 마리아는 세상에 잘 알려진 각본을 반복하고 있다고 결론지었다. 즉, 그녀를 홀로 두고 떠나가 버린 아버지를 나에게서 찾는 두려움이었다.

나의 역전이에 대한 이야기와 설명을 통하여, 마리아는 그녀에게 정말 매력적인 남자들에 대하여 자기가 어떻게 '여동생'인 것처럼 느꼈는지를 이해하게 되었다. 그녀의 전이에서 그녀는 아버지를 돌아오게 하려고 그를 유혹하려는 미련을 다시 모았다. 그녀가 어린아이로서 아버지를 볼 때면, 그녀는 언제나 귀엽고 품위 있게 보이려고 매우 조심했으나, 아버지, 즉 '겁쟁이'는 매번 떠나버렸다. 마리아는 자기가 우울한 것뿐만 아니라, 일생 동안 아버지를 그토록 기다려 왔으며 결과적으로 자기를 만성적 청소년기(사춘기)에 가두어 두었다는 사실을 인정한다는 것은 정말 슬픈 일이라는 것을 깨달았다. 얼마 후 마리아는 특별과정의 남자 스태프들에게 분노를 느끼기 시작했는데, 그것은 그 사람들이 그녀 아닌 다른 학생들에게 관심을 두었기 때문이었다. 이것은 실제는 나를 향한 무의식의 의사소통(Novellino, 1990)인 것처럼 보였으며, 나는 이것을 해설적 가정으로서 설명해주었다. 마리아는 처음에 화를 내며 부인하였다. 잠시 후 그녀는 흥분을 가라앉히고 나에게 그런 가능성이 의미하는 바는 무엇이냐고 질문했다. 나의 내적 반응을 주의 깊게 들으며, 나는 그녀에게 논리적인 대답만을 주지 않는 것이 중요하다고 이해했다. 나는 내가 정서적으로 그녀에게 매우 중요하다는 것을 영광으로 느끼며, 나의 생각으로는 그녀가 아버지와의 사이에서 중단된 것을 나에게서 찾으려 하는 것 같다고 그녀에게 설명해주었다. 마리아는 울음을 터뜨리고 그리고 진정했다. 그녀는 그녀가 마치 어린아이인 것처럼 답을 해주지 않은 것에 대하여 나에게 오히려 감사하고, 이제 '그것(that thing)'을 종결하고 싶다고 결연히 말했다(미충족 욕구에 관한 해석).

치료에서 어렵고 복잡한 국면이 시작되었다. 우리는 나에 대한 그녀의 진전하는 정서적 관계를 다루는 한편, 아버지 인물과의 직접 작업, 때때로 게슈탈트 두 의자 기법을 번갈아 실시했다. 마리아는 두 가지 결론에 도달했다: 그녀는 치료사를, 대학교수를, 그리고 특별과정의 교수들을 유혹할 수 없음은 그녀의 아버지를 돌아오게 할 수 없는 그녀의 무능함을 반복하는 것이라고 느꼈으며, 만약 성공한다면 그것은 어린이인 그녀가 그녀의 엄마보다 더 강하며, 따라서 '진정한 여인'이라는 것을 보여주는 것이라고 상상했다. 이것은 그녀의 각본신념인 "나는 자신을 사랑받도록 만들 능력이 없다. 나는 단지 소녀일 뿐이다."와 그녀의 각본결단인 "나는 나의 아버지가 돌아올 때까지 싸우겠다."를 드러낸다.

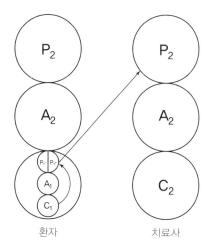

환자   치료사

그림 11.1

그녀의 라켓감정은 우울과 환멸(depression and disillusionment)이었으며, 그녀의 심리적 게임은, "내게 무엇이든 해줘(Do me something)."였다. 전이 임패스는 이상화된 아버지 부모자아(= P_1+)로부터의 애정(reassurance)을 회복하려는 어린이자아 C_1의 매우 어린 부분과 나에게 투사된 그녀의 P_1+ 사이의 갈등이었다(2급 정서적 전이 임패스).

치료관계에서 마리아는 그녀가 지금까지 수치스럽게 여겨왔던 초기의 정서적 관계를 다시 체험할 수 있다는 허가를 마침내 발견하였다. 그녀는 치료사에게서 그녀가 그리워하던 자기를 반겨주는, 존경스러운 아버지를 보았다. 이것이 그녀가 내적으로 그녀 자신과 남자들을 향하여 신뢰를 재건축하도록 도움을 주었다(재결단 : "나는 관심과 사랑을 받을 가치가 있다.").

마리아는 그녀에게 진정으로 관심을 갖고 있으며 그녀가 준비만 된다면 성적 관계를 갖고 싶다고 말하는 그녀 또래의 한 남자를 사귀게 되었다. 특별과정은 끝났으며, 그녀는 의료분야의 직업에 종사하기로 결심했다. 치료의 마지막 국면에서, 마리아는 난생 처음으로 그녀의 말을 경청해주고, 한 여인으로 존중해주고, 과거에 만났던 남자들과는 너무나도 다른 배우자를 마침내 경험할 수 있도록 문제를 해결해준 관계의 끝남을 서운해 하면서도, 평온하고 존경하는 마음으로 치료사와의 결별을 받아들였다.

11.4.4 결론

이 장에서 우리는 합성된 교류분석과 정신분석의 결합 접근방법을 제시하였다.

나의 희망은, 한편으로 인지중심의 교류분석사들은 선입관 없이 그리고 Berne의 치료 모델이 정신분석의 분명하고 급진적인 쇠락을 의미한다는 생각을 갖지 말고, 이 방법론에 대하여 생각해볼 수 있기 바란다. 또 다른 한편으로, 나는 보다 더 심리역동 중심의 교류분석사들은 모든 방법론들은 나름의 강점과 약점을 갖고 있다는 보다 더 균형 잡힌 방식으로 사고할 수 있기 희망한다.

11.5 성격장애 환자들과의 병원 환경에서의 교류분석

Moniek Thunnissen

11.5.1 개요

네덜란드의 정신병원인, 드비어스푸롱에서는 35년이 넘는 기간 동안 단기 입원환자들에게 교류분석을 사용해 왔다.

고정 3개월로 정해진 이 프로그램에서는 정신분석과 교류분석의 통찰력 중심의 요소들이 인지치료의 원리들과 결합된다(Thunnissen, Duivenvoorden, & Triesburg, 2001). 프로그램은 치료적 환경 속에서 집단심리치료, 비언어치료(예 : 운동 및 아트 치료법), 그리고 사회적 치료(예 : 여기-그리고-지금의 문제를 간호사들과 토론함)를 포함한다. 임상에서 대인관계와 심리 내적 과정들을 설명하기 위하여 교류분석 언어가 사용된다. 집단 심리치료에서는 교류분석의 재결단 모델(Goulding & Goulding, 1976, 1978, 1979)이 폭넓게 사용된다.

이 프로그램의 대부분의 환자들은 클러스터 C PD(cluster C personality disorder), 즉 회피적, 강박적 또는 의존적 PD(54.4%)로 고통받는 사람들이다. 물론 클러스터 B PD(대체로 양극성장애)(16.8%) 또는 PD NOS(PD not-otherwise-specified; 적어도 열 가지 이상의 서로 다른 PD의 특성 조합을 가짐)(17.6%) 환자들도 있다(Thunnissen, 2006).

11.5.2 사례

해리는 42세로, 지난 3년간 많은 상황에서 불구가 될 것 같은 두려움 때문에 점점 잦아지는 직장 문제로 드비어스푸롱의 심리치료센터에 입원했다. 그는 20대 때 외로움과 사회적 관계에서의 어려움 때문에 역시 심리치료를 받았었다. 그때의 치료 결과는 긍정적이었으며, 그는 학교를 마치고 사회생활을 할 수 있었다. 23년이 지난 지금, 해리는 그의 부정적 자기 이미지를 바꾸고, 계속적으로 지지를 요청하는 행동을 중단하고, 책임과 선택을 회피하는 습관을 버리기 원했다.

첫 회기에서 해리는 수줍음을 타고 겁에 질린 모습이었다. 그는 어린 시절부터 실패작이라는 생각을 선택한 것 같았다. 그의 어머니는 과보호적이었으며, 그의 아버지는 가족에 무관심하였다. 해리는 아버지의 높은 기대를 만족시킨 적이 없었으며, 어머니와는 공생의 관계를 유지했다. 이러한 공생 때문에, 그는 그의 공격적 그리고 성적 충동들을 모두 억압하고, 대신 회피적이고, 수동공격적 스타일의 기능을 발달시켰다. 단 1년 전, 41세 때에서야 그는 첫 성적 접촉을 창녀와 가졌다. 그는 그의 심한 열등감을 보상하기 위하여 과장적 생각들을 발전시켰다. 비록 그는 인지적 수준에서의 기능은 무난했으나, 그의 정서적 생활은 매우 원시적이고 미성숙한 것으로 보였다. DSM-5(Diagnostic and Statistical Manual; American Psychiatric Association, 2013)에 의하여 우리는 해리를 회피적, 의존적, 수동공격적 특성을 가진 'NOS(not otherwise specified, 다른 곳에 분류되지 않은)' 성격장애로 진단했다.

교류분석적 진단에 의한 중심적 문제는, 그의 어른자아 A와 부모자아 P를 제외하고 다른 사람의 부모자아 P를 사용하는, 타인들과의 공생관계를 가지려는 그의 욕구였다. 그를 지배하는 자아상태는 "성장하지 말라.", "남자가 되지 말라.", "느끼지 말라(특히 공격성과 성욕).", 그리고 "성공하지 말라."의 강력한 금지령들을 가진 순응된 어린이자아 AC였다. 그의 게임의 대부분은 희생자(Victim) 위치에서 출발하는 게임들이었다: '바보(Stupid)', '불쌍한 나(Poor Me)', '슈레밀(Schlemiel)', '저들이 내게 무슨 짓을 하는지 보라고(Look What They Are Doing to Me).'

11.5.3 치료

해리 치료의 중심적 목표는 성장하여 한 남자가 되는 것이었으며, 이것은 더 이상 환자의 역할을 맡지 않고 자신의 힘을 사용하고 수동공격적 회피적 책략을 사용하는 대신 직접적 접촉방법을 사용하기 시작하는 것으로서 상징화될 수 있었다. 치료를 시작할 때, 비록 그는 사실 자기는 훨씬 더 힘이 세다고 말했지만, 그는 느슨하고 부드러운 인상을 풍겼다. 그는 아직도 어머니 또는 어머니와 같은 인물과의 친밀을 구하는 듯 보였다. 20년 전의 치료에도 불구하고 그의 삶은 조용한 고통이 특징인 것 같았다. 그, 그룹, 치료사는 다음의 계약에 동의하였다. "나는 '모선(mother ship)'에서 기다림을 중단한다. 나는 잠재적 능력(potency)이 있는 사람이다." 그는 특히 '잠재적 능력'이란 단어를 좋아했다.

치료의 중반까지 해리는 옛 행동 양식이었던 어색한 모습으로 기다리고, 안쓰러운 모습으로 열심히 노력하는 행동을 지속하고 있었다. 그가 환자/희생자처럼 행동하기의 부차적 이득은 분명해졌으며, 그는 그의 사회적 삶이 얼마나 공허한 것인가를 알게 되었다. 수줍어하는 어린 소년과 그가 되고자 하는 그런 남자 사이의 내적 갈등을 증가시키기 위해 그에게는 플라스틱으로 만든 큰 장난감 칼(검)이 주어졌다. 그는 이것을 모욕으로 경험하는 대신, 자기에 대한 인정으로 보았으며 칼을 허리에 차고는 자랑스럽게 걸어 다녔다. 점차 그의 공격성이 더욱 표면으로 나타났으며, 그는 그의 그룹과 인생에서 자신의 위치를 싫어하기 시작했다.

치료 중반쯤, 모든 환자들이 집에 돌아가는 어느 주인가, 해리는 자기의 집은 실제 얼마나 주거하기 어려운 집인가를 발견하고는 보다 고향 집같이 만들기 시작했다. 그러자 그에게는 습진이 발병하였으며, 그것은 친밀에 대한 그의 두려움을 나타내는 것 같았다. 그룹 치료사는 그를 괴롭히고 다른 사람들을 멀리 떼어놓는 피부의 붉고 가려움을 유발하는 반점들이 그가 공격성을 내보이는 방법인지 물었다.

네 명의 새로운 멤버들이 그룹에 소개되었을 때, 해리는 관리자와 조직자(controller and organizer)를 맡았으며, 마치 그의 어머니가 그에게 했던 것처럼 그들을 '왜소하게' 유지하길 원했다. 그는 장난감 칼을 없애겠다고 선언했으나, 그 칼을 참으로써 어떤 변화가 있었는지는 분명하게 말할 수 없었다. 그는 그룹 회기에서 칼과 그의 어머니와의 관계 사이의 연관에 관해 토의했다. 그는 과거에 집착함으로써 얼마나 많은 안전을 얻었는지 그리고 얼마나 편안하게 퇴행적 어린이자아 C 위치에 안주했는지 알게 되었다. 해리는 그다음 주의 다양한 치료시간 중 내내 이 갈등을 경험했으며 일주일 후 만약 자기가 칼을 버린다면 무엇을 얻을 수 있는가를 명확하게 표현하였다. 그는 독립적이길 원했으며 타인들과의 접촉에서 공격성과 성적 모두의 감정들을 사용하길 원했다. 그는 수동적으로 자신의 인생이 진화하기를 기다리는 것을 중단하길 원했으며 타인들을 진정으로 사랑하길 원했다. 그의 치료 이후 처음으로, 그의 말 속에서 결의와 힘이 분명하게 느껴졌기 때문에 치료사는 남성 그룹 멤버들이 마치 중세의 기사들에게 작위를 내리는 관행처럼, 해리를 한 사람의 남자로 인정해주는 의식에 그 칼을 사용하는 것이 어떠냐고 제안했다. 그 후에 일행이 행렬을 이루어 쓰레기통으로 행진하여 그곳에서 해리는 칼을 조각내어 부러뜨렸다.

　그 그룹 회기는 해리의 치료에서 전환점이 되었다. 그의 태도는 확실해졌으며, 그는 그룹 내에서 명확한 위치를 찾았으며, 유머와 직면을 사용함으로써 그는 타인들에게 중요한 존재가 되었다. 그는 옷 입는 것도 달라졌으며 안경도 새로 샀다. 직원들에게 자극받아 그는 일광욕실에도 몇 번 가 보았으며 처음으로 피부에 느껴지는 따뜻함을 즐겼다. 그의 성장은 천천히 지속되었으며, 마침내 그는 계약을 이행하고 떠났다. 그는 수동적-존재 방식을 떠나 세상 속으로 들어갈 수 있는 충분한 기술들을 획득했다. 그는 훌륭한 유머감각을 가진 확신에 찬 남자가 되었다. 해리는 교육을 더 추구하고, 일에 대한 더 큰 책임과 이니셔티브를 떠맡기로 결심했다. 그는 또한 다른 직장을 구하고 새 집으로 이사하는 것을 심각하게 생각하였다. 그는 운전면허증을 얻겠다고 결심하고 사회적 접촉을 증대시킬 계획을 짰다.

11.5.4　재결단 이론과의 연결

Robert와 Mary Goulding(Goulding & Goulding, 1976, 1978, 1979)이란 이름은 재결단 이론과 불가분의 연관 관계에 있다. 이들은 교류분석, 게슈탈트, 행동치료의 원리들을 결합함으로써 Berne이 사용했던 것과는 매우 상이한, 독특하고 역동적인 양식의 그룹치료를 개발하였다. 각본의 본질에 대한 그들의 개념화의 중요 요소들 중의 하나는 어린아이가, 특히 부모로부터 취하는 각본 메시지들(예 : "존재하지 말라.", "중요한 사람이 되지 말라.", "가까워지지 말라." 등등)과 그런 메시지들에 근거하여 어린아이 자신이 내리는 결단을 분명히 구분한 것이었다. Berne은 각본 금지령 이론을 만들어 냈지만, 반면 Goulding 부부는 어린아이의 초기 각본 결단들을 강조하였다. 가장 원시적 초기 단계에서 이것은 원시적 어른자아 A_1에 의한 결단과 관련이 있다. 이러한 자기제한적 어린이자아 C의 결단들은 이후의 인생 결단에서 강력하고 때때로 무의식적 영향을 발휘한다. 일단 이러한 초기 결단들이 보다 의식화되면, 어른자아 A의 자각에 의하여 다시 재고될 수 있으며 또한 어린이자아 C에서 '재결단 (redecided)'될 수 있다. Goulding 부부는 이런 재결단 과정에서는 어린이자아 C가 포함되어야 하며, 그래야만 초기 어린이자아 C의 결단을 변경하는 것이 가능하다고 주장했다.

Goulding 부부의 접근방법에서 중요한 개념은 '어린이의 마술(child magic)'과 스트로크의 중요성을 포함한다. 많은 사람들이 "만약 내가 충분히 긴 시간 동안 그리고 충분히 강력하게 화를 내거나 슬프다면, 과거를 바꾸는 것이 가능하다."와 같은 마술적 생각으로 고통을 받는다. 이것은 예컨대, 타계한 어머니를 지속적으로 애도하는 여자에게 적용될 뿐만 아니라, 부모로부터 받지 못했던 관심을 얻겠다는 희망으로 성장하길 거부하는 해리에게도 역시 적용된다. 그와 같은 마술적 사고는 '정신병 (psychiatry)' 또는 '만약 그 사람만 아니었다면(If it weren't for him)'과 같은, 자기의 책임을 다른 사람에게 전가하는 게임들의 기초를 이룬다. 치료사는 그와 같은 라켓 패턴들 끝에 의문 부호를 붙여 다음과 같이 질문할 수 있다. "당신은 얼마 동안이나 화를 내고/ 슬프고/ 왜소하게 있으려고 계획하고 있습니까?" 진정한 재결단에서는, 생존적 결단의 힘과 내담자가 새로운 결단을 선택하여 옛 패턴들과 결별하는 보다 더 건강한 자아상태로의 에너지의 이동에 대한 치료사의 존중하는 태도가 필요하다.

게임이론에 대한 앞의 논의에서 보았듯이, 사람들은 자기들의 게임을 시간의 구조화와 스트로크 패턴이란 수단에 의해 유지한다. 따라서 재결단은 치료사와 그룹 멤버들로부터의 집중적 스트로크와 환자의 시간을 구조화하는 방식에서의 변화가 한 쌍을 이루어 진행되어야만 한다. 해리의 치료에서 우리는 임상적 장에서의 유리함 중에서 한 가지를 보았다. 즉, 환자들은 스트로크와 시간의 구조화를 구조화된 치료 내에서 그리고 그 밖에서 실행하여 스트로크 프로파일과 시간 구조의 양식을 변화시킬 수 있다.

Goulding 부부는 환자 자신의 힘과 책임을 강조하였으며, 따라서 만약 환자가, 예컨대 "당신이 나를 화나게 만듭니다." 또는 "이 일은 내게 언제나 일어납니다." 같은 말을 할 때면 즉시 개입하였다. 그들은 그 문장들을 확신에 찬 목소리로, "나는 화났습니다."와 같이, 다시 구성하도록 요구하곤 했다. 오염 제거와 A 자아의 강화에 추가하여, Goulding 부부는 또한 어린이자아 C와 접촉하는 많은 기술들을 사용하였다. 그들은 환자들에게 만약 금지령이 없다면 무엇을 하겠는지 상상해보라고 요청하거나 또는 만약 그들이 어리다면 저녁 식탁에서는 어떠했을까를 상상해보도록 요청하곤 했다. 그들은 환자들의 꿈에 관한 것을 다루기도 했으며, 관 속에 있는 죽은 아버지 또는 교실에서의 과거의 선생님에게 말을 하도록 하기도 했으며, 환자들에게 다른 의자에게로 지긋지긋한 두통을 투사하도록 하기도 했다. '교수대(gallows)'의 웃음은 때때로 전파력이 강하다 해도, 그들은 유머와 Berne이 명명한 교수대의 웃음과 명확하게 구분하였다. 즉, 만약 환자가 자기의 불행한 일과 불운에 관한 이야기를 한다면, 때로는 치료사로서도 웃음을 참기가 어려울 때도 있다. 치료사로서의 강력한 대항 메시지는 아마도, "나는 그것이 우습다고 생각지 않습니다."일 것이다. 해리가 치료 중에 받은 장난감 칼은 먼저 그의 순응적 어린이자아 AC와, 그 후에는 그의 반항적 어린이자아 RC와, 마지막으로 그의 자유로운 어린이자아 FC와 접촉하는 방법이었다.

자기의 재결단 워크숍과 그룹에서, Goulding 부부는, "…을 당신은 알고 있습니다." 또는 "나는 모릅니다." 또는 "당신은 무엇이라 말했습니까?"와 같은 내담자의 공생의 유인에 대하여 반박하는 법을 포함한 많은 특별한 기술들을 사용하였다. Bob Goulding은 위와 같은 내담자의 말에 대하여 "아니요, 나는 아무것도 모릅니다."라고 대답하곤 했다. 또는 내담자가 공생의 언어를 사용하는 순간에 큰 카우벨을 울렸다.

McNeel(1977)은 재결단에서 사용하는 여러 테크닉 또는 개입의 유형을 망라하면서, 다음의 일곱 가지 유형으로 분류하였다.

1. 내담자와 치료사의 개인적 능력과 책임에 대한 강조
2. 양육적 환경의 조성
3. 지도자의 모범을 보이는 행동
4. 신화와 현실의 분리
5. 불일치와의 직면
6. 두 의자 대화에서 과거와 결별하고 부모의 투사된 영상과의 대화와 같은 특별한 테크닉들
7. 가십을 말하지 말라(이 방에 없는 사람에 대해서는 말하지 말라), 시간 제한을 엄격하게 지키라, 폭력 금지, 알코올 금지, 워크숍 중에는 자기 파트너와만 섹스를 한다, 3일간의 마라톤 기간에는 그곳에서만 기거한다와 같은 절차상의 규칙들

11.5.5 연구

재결단 집근법의 상섬은 많은 연구조사로 확인되었다. 가장 손꼽을 수 있는 연구는 McNeel(1982)의 Goulding 부부의 주말 워크숍에 관한 연구이다. 두 번째의 연구(Thunnissen et al., 2008)에서는 성격장애를 가진 128명의 환자들이 앞에 설명한 바와 같이, 3개월의 입원 후 재결단 심리치료를 받았다. 입원 프로그램 이후에 이들은 임의 선정 방식으로, 일반 기능과 작업 기능의 회복을 돕기 위한 재통합 트레이닝 프로그램이나 또는 원래의 치료와 동일한 방법과 동일한 치료사들과의 승압회기(booster sessions)에 배속되었다. 사용된 결과 측정치들은 증상 수준, 작업 상태, 결근과 작업상 장애였다. 결과는 후속 조치에서의 증상 변화가 대단했다는 것을 보여주었다(재통합 트레이닝 프로그램에서는 효

과 크기 2.0 그리고 승압회기에서는 2.01이었는데, 0.4 이상의 효과 크기는 큰 것이다). 이 효과 크기는 주로 3개월의 입원 프로그램에서 만들어낸 이례적 치료 효과를 나타내고 있으며, 이 효과는 사후적 돌봄과 후속조치 기간 동안에 안정화되었음을 보여준다.

다기관 연구(multicenter study)에서도 위에 언급한 연구의 긍정적 결과들이 반복적으로 확인되었다. 단기 입원 TA 프로그램은 클러스터 C 성격장애 환자들(cluster C PD's)(Bartak et al., 2010)과 성격장애 NOS 환자들(PD NOS)(Horn et al., 2014)에게 가장 효과적 치료법임이 증명되었다.

참고문헌

Allen, J. R., & Allen, B. A. (1995). *Narrative theory, redecision therapy, and post-modernism. Transactional Analysis Journal, 25*(4): 327-334.

American Psychiatric Association (2013). *Diagnostic and Statistical Manual of Mental Disorders-5*. Arlington, VA: American Psychiatric Association.

Banks, K. (2013). Skin as a container mediating primary self-other relationships: An exploration of the psychological function of skin disorders. *Transactional Analysis Journal, 43*(2): 164-173.

Bartak, A., Spreeuwenberg, M. D., Andrea, H. A., Holleman, L., Rijnierse, P., Rossum, B. van, Hamers, E. F. M., Meerman, A. M., Aerts, J., Busschbach, J. J. van, Verheul, R., Stijnen, T., & Emmelkamp, P. M. G. (2010). Effectiveness of different modalities of psychotherapeutic treatment for patients with Cluster C personality disorders: Results of a large prospective multicentre study. *Psychotherapy and Psychosomatics, 79*: 20-30.

Beekum, S. van (2006). The relational consultant. *Transactional Analysis Journal, 36*(4): 318-329.

Berne, E. (1961). *Transactional Analysis in Psychotherapy*. New York: Grove Press.

Berne, E. (1964). *Games People Play: The Psychology of Human Relationships*. New York: Ballantine, 1996.

Berne, E. (1966). *Principles of Group Treatment*. New York: Grove Press.

Berne, E. (1972). *What Do You Say after You Say Hello? The Psychology of Human Destiny*. New York: Grove Press.

Berne, E. (1972). *What Do You Say after You Say Hello? The Psychology of Human Destiny*. New York: Corgi, 1975.

Bollas, C. (1992). *Being a Character: Psychoanalysis & Self Experience*. New York: Hill & Wang.

Caizzi, C. (2012). Embodied trauma: Using the sub symbolic mode to access and change script protocol in traumatized adults. *Transactional Analysis Journal, 42*(2): 165-175.

Clark, B. D. (1991). Emphatic transaction in the deconfusion of the Child ego states. *Transactional Analysis Journal, 21*(2): 92-98.

Clarkson, P. (1992). *Transactional Analysis Psychotherapy: An Integrated Approach*. London: Tavistock/Routledge.

Clarkson, P., & Fish, S. (1988). Rechilding: Creating a new past in the present as a support for the future. *Transactional Analysis Journal, 18*(1): 51-59.

Cornell, W. F. (2003). Babies, brains and bodies. In: H. Hargaden & C. Sills (Eds.), *Ego States*(pp. 28-54). London: Worth.

Cornell, W. F. (2010). Whose body is it? Somatic relations in script and script protocol. In: R. G. Erskine (Ed.), *Life Scripts: A Transactional Analysis of Unconscious Relational Patterns* (pp. 101-126). London: Karnac.

Cornell, W. F., & Landaiche, N. M. (2007). Why body psychotherapy: A conversation. *Transactional Analysis Journal, 37*(4): 256-262.

Crossman, P. (1966). Permission and protection. *Transactional Analysis Bulletin, 5*(19): 152-154.

Cuijpers, P., Sijbrandji, M., Koole, S. L., Andersson, G., Beekman, A. T., & Reynolds, C. F. (2013). The efficacy of psychotherapy and pharmacotherapy in treating depressive and anxiety disorders: A meta-analysis of direct comparisons. *World Psychiatry, 12*(2): 137-148.

Dashiell, S. R. (1978). The Parent resolution process: Reprogramming psychic incorporation in the Parent. *Transactional Analysis Journal, 8*(4): 289-294.

Erskine, R. G. (1974). Therapeutic interventions: Disconnecting rubber bands. *Transactional Analysis Journal, 4*(1): 7-8.

Erskine, R. G., Moursund, J., & Trautmann, R. (1999). *Beyond Empathy: A Therapy of Contact-in-relationships.* New York: Routledge.

Erskine, R. G., & Trautmann, R. (2003). Resolving intrapsychic conflict: psychotherapy of Parent ego states. In: H. Hargaden & C. Sills (Eds.), *Ego States* (pp. 109-134). London: Worth.

Erskine, R. G., & Zalcman, M. (1979). The racket system: A model for racket analysis. *Transactional Analysis Journal, 9*(1): 51-59.

Evans, C., Connell, J., Barkham, M., Margison, R., McGrath, G., Mellor-Clark, J., & Audin, K. (2002). Towards a standardised brief outcome measure: psychometric properties and utility of the COREOM. *British Journal of Psychiatry, 180*(1): 51-50.

Fowlie, H., & Sills, C. (Eds.) (2011). *Relational Transactional Analysis: Principles in Practice.* London: Karnac.

Goodman, M. (2007). Focusing on the "bodily felt sense": A tool for transactional analysts. *Transactional Analysis Journal, 37*(4): 278-285.

Goulding, M. M., & Goulding, R. L. (1979). *Changing Lives through Redecision Therapy.* New York: Brunner/Mazel.

Goulding, R. L., & Goulding, M. M. (1976). Injunctions, decisions and redecisions. *Transactional Analysis Journal, 6*(1): 41-48.

Goulding, R. L., & Goulding, M. M. (1978). *The Power Is in the Patient: A TA/Gestalt Approach to Psychotherapy.* (P. McCormick, Ed.). San Francisco, CA: TA Press.

Hargaden, H., & Sills, C. (2001). Deconfusion of the Child ego state: A relational perspective. *Transactional Analysis Journal, 31*(1): 55-70.

Hargaden, H., & Sills, C. (2002). *Transactional Analysis: A Relational Perspective.* Hove, UK: Brunner-Routledge.

Harris, A. (2009). *You must remember this. Psychoanalytic Dialogues, 19*(1): 2-21.

Horn, E. K., Bartak, A., Meerman, A. M., Rossum, B. van, Ziegler, U. M., Thunnissen, M. M., Soons, M., Andrea, H., Hamers, E. F. M., Emmelkamp, P. M. G., Stijnen, T., Busschbach, J. J. van, & Verheul, R.(2014). Effectiveness of psychotherapy in personality disorders not otherwise specified (PDNOS): A comparison of different treatment modalities. *Clinical Psychology and Psychotherapy* (in press).

James, M. (1974). Self reparenting. Theory and process. *Transactional Analysis Journal, 4*(3): 32-39.

Joseph, M. R. (2010). The psychic-somatic continuum: Pathology, cure, and prevention. *Transactional Analysis Journal, 40*(1): 43-53.

Kahler, T., & Capers, H. (1974). The miniscript. *Transactional Analysis Journal, 4*(1): 26-42.

Karpman, S. (1968). Fairy tales and script drama analysis. *Transactional Analysis Bulletin, 7*(26): 39-43.

Kessler, R. C., Berglund, P., & Demler, O. (2003). The epidemiology of major depressive disorder: Results from the National Comorbidity Survey Replication (NCS-R). *Journal of the American Medical Association, 289*(203): 3095-3105.

Kessler, R. C., Chiu, W. T., Demler, O., & Walters, E. E. (2005). Prevalence, severity, and comorbidity of twelve-month DSM-IV disorders in the National Comorbidity Survey Replication (NCS-R). *Archives of General Psychiatry, 62*(6): 617-627.

Kroenke, K., Spitzer, R. L., & Williams, J. B. (2001). The PHQ-9: Validity of a brief depression severity measure. *Journal of General Internal Medicine, 16*(9): 606-613.

Kupfer, D., & Haimowitz, H. (1971). Therapeutic interventions. Part I. Rubber bands now. *Transactional Analysis Journal, 1*(2): 10-16.

Ligabue, S. (2007). Being in relationship: Different languages to understand ego states, script, and the body. *Transactional Analysis Journal, 37*(4): 294-306.

McNeel, J. (1976). The Parent interview. *Transactional Analysis Journal, 6*(1): 61-68.

McNeel, J. (1977). The seven components of redecision therapy. In: G. Barnes (Ed.), *Transactional Analysis after Eric Berne: Teachings and Practices of Three TA Schools* (pp. 425-441). New York: Harper's College Press.

McNeel, J. (1982). Research in redecision therapy. *Transactional Analysis Journal, 12*(1): 10-26.

Mitchell, S. (1997). *Influence and Autonomy in Psychoanalysis.* London: Psychology Press, 2008.

Moiso, C. M. (1985). Ego states and transference. *Transactional Analysis Journal, 15*(3): 194-201.

Norcross, J. C. (2002). *Psychotherapy Relationships that Work: Therapist Contributions and Responsiveness to Patients.* New York: Oxford University Press.

Novak, E. (2013). Combining traditional ego state theory and relational approaches to transactional analysis in working with trauma and dissociation. *Transactional Analysis Journal, 43*(3): 186-196.

Novellino, M. (1984). Self-analysis of countertransference in integrative transactional analysis. *Transactional Analysis Journal, 14*(1): 63-67.

Novellino, M. (1985). Redecision analysis of transference: A TA approach to transference neurosis. *Transactional Analysis Journal, 15*(3): 202-206.

Novellino, M. (1987). Redecision analysis of transference: The unconscious dimension. *Transactional Analysis Journal, 17*(1): 271-276.

Novellino, M. (1990). Unconscious communication and interpretation in transactional analysis. *Transactional Analysis Journal, 20*(3): 168-172.

Novellino, M. (2003a). Transactional psychoanalysis. *Transactional Analysis Journal, 33*(3): 223-230.

Novellino, M. (2003b). On closer analysis: Unconscious communication in the Adult ego state and a revision of the rules of communication within the framework of transactional psychoanalysis. In: H. Hargaden & C. Sills (Eds.), *Ego States* (pp. 149-168). London: Worth.

Novellino, M. (in press). *Dizionario didattico di analisi transazionale.* (Didactic Dictionary of Transactional Analysis.) Rome: Astrolabio.

Ogden, T. (1994). *Subjects of Analysis. Lanham,* MD: Rowman & Littlefield, 2004.

Osnes, R. (1974). Spot-reparenting. *Transactional Analysis Journal, 4*(1): 40-46.

Rijn, B. van, & Wild, C. (2013). Humanistic and integrative therapies for anxiety and depression: practice-based evaluation of transactional analysis, gestalt, integrative psychotherapies and person-centred counselling. *Transactional Analysis Journal, 43*(2): 150-163.

Rijn, B. van, Wild, C., & Moran, P. (2011). Evaluating the outcomes of transactional analysis and integrative counselling psychology within UK primary care settings. *International Journal of Transactional Analysis Research, 2*(1): 36-46.

Schiff, J. L., Mellor, K., Schiff, E., Schiff, S., Richman, D., Fishman, J., Wolz, L., Fishman, C., & Momb, D. (1975). *Cathexis Reader. Transactional Analysis Treatment of Psychosis.* New York: Harper & Row.

Slavin, J. (2010). Becoming an individual: technically subversive thoughts on the role of the analyst's influence. *Psychoanalytic Dialogues, 20*(3): 308-324.

Steiner, C. (1968). Transactional analysis as a treatment philosophy. *Transactional Analysis Bulletin, 7*(27): 63.

Stern, D. B. (2010). *Partners in Thought: Working with Unformulated Experience, Dissociation and Enactment.* London: Routledge.

Stewart, I., & Joines, V. (1987). *TA Today: A New Introduction to Transactional Analysis*. Nottingham, UK: Lifespace.

Strauman, T. J., & Kolden, G. G. (1997). The self in depression: Research trends and clinical implications. *In Session: Psychotherapy in Practice, 3*(3): 5-21.

Stuntz, E. C. (1973). Multiple chairs technique. *Transactional Analysis Journal, 3*(2): 29-32.

Stuthridge, J. (2006). Inside out: A transactional analysis model of trauma. *Transactional Analysis Journal, 36*(4): 270-283.

Stuthridge, J. (2012). Traversing the fault lines: Trauma and enactment. *Transactional Analysis Journal, 42*(4): 238-251.

Summers, G., & Tudor, K. (2000). Co-creative transactional analysis. *Transactional Analysis Journal, 30*(1): 23-40.

Tang, T. Z., & DeRubeis, R. J. (1999). Sudden gains and critical sessions in cognitivebehavioral therapy for depression. *Journal of Consulting and Clinical Psychology, 67*: 894-904. doi:10.1037/0022-006X.67.6.894

Thunnissen, M. M. (2006). *Long-term Prognosis and Aftercare in Short-term Inpatient Psychotherapy of Personality Disorders. A Randomized Clinical Trial of Two Methods of Aftercare.* Halsteren, Netherlands: DWG Marketing Communicatie.

Thunnissen, M. M., Duivenvoorden, H. J., Bussbach, J., Hakkaart-van Roijen, L., Tilburg, W. van, Verheul, R., & Trijsburg, R. W. (2008). A randomized clinical trial on the effectiveness of a reintegration training program versus booster sessions after short-term inpatient psychotherapy. *Journal of Personality Disorders, 22*(5): 483-495.

Thunnissen, M. M., Duivenvoorden, H. J., & Trijsburg, R. W. (2001). Experiences of patients after short-term inpatient transactional analysis. *Transactional Analysis Journal, 31*(2): 122-128.

Widdowson, M. (2010). *Transactional Analysis: 100 Key Points and Techniques.* Hove, UK: Routledge.

Widdowson, M. (2012a). TA treatment of depression: A hermeneutic single-case efficacy design study—"Peter". *International Journal of Transactional Analysis Research, 3*(1): 3-13.

Widdowson, M. (2012b). TA treatment of depression: A hermeneutic single-case efficacy design study—case two: "Denise". *International Journal of Transactional Analysis Research, 3*(2): 3-14.

Widdowson, M. (2012c). TA treatment of depression: A hermeneutic single-case efficacy design study—case three: "Tom". *International Journal of Transactional Analysis Research, 3*(2): 15-27.

Widdowson, M. (2014a). Transactional analysis psychotherapy for a case of mixed anxiety and depression: A pragmatic adjudicated case study—Alastair. *International Journal of Transactional Analysis Research, 5*(2): 66-76.

Widdowson, M. (2014b). Avoidance, vicious cycles, and experiential disconfirmation of script: Two new theoretical concepts and one mechanism of change in the psychotherapy of depression and anxiety. *Transactional Analysis Journal, 44*(3): 194-207.

Zvelc, G. (2010). Relational schemas theory and transactional analysis. *Transactional Analysis Journal, 40*(1): 8-22.

주

1. The reader who would like to learn more about depression is advised to read: Widdowson, M. (2011). "Depression: Diagnosis, Sub-types, Patterns of Recovery and Psychotherapeutic Models—a Literature Review." *Transactional Analysis Journal*, vol. 41, issue 3.

제12장

상담과 코칭

상담이란 내담자들이 보다 큰 자각의 성취를 통하여 그들이 처한 인생의 문제들을 처리할 수 있는 능력을 증강시킬 수 있도록 내담자들의 지원을 목표로 하는 직업적 활동이다. 기본 사상은 내담자가 자신이 보유한 능력과 자원을 개발하도록 도전을 요구하고, 내담자 자신이 행위의 주체(self-agency)라는 새로워진 의식을 찾도록 도움을 주는 것이다. 목표는 내담자가 살고 일하는 개인적 · 사회적 · 직업적 · 문화적 환경 안에서 내담자의 자율성과 사회적으로 조화를 이루는 통합성을 증가시키는 것이다.

교류분석 훈련과 자격에 관한 핸드북(*Handbook for TA Training and TA certification*)은 이 분야에 필요한 핵심 능력들에 대하여 설명하고 있다.

내담자들은 일상의 생활과 직장에서 어떻게 더 효율적으로 도전과 난관들을 처리할 수 있는가에 대한 질문이 생길 때, 인생에 위기가 찾아와 도움과 지원을 구할 때, 의미를 찾으려 할 때, 감정을 보다 더 잘 관리하는 법을 배우고자 할 때, 갈등을 관리할 도구를 개발하려 할 때 상담과 코칭을 찾을 수 있다.

12.1 교류분석 상담 그룹

Patrizia Vinella

12.1.1 개요

그룹 설정은 교류분석 상담에서 폭넓게 사용되는데, 다양한 사회적 · 문화적 맥락에 따라 지향점이 다르며, 병의 치료보다 심신의 건강(wellness)을 지원하는 데 더 관심이 있다. 그룹의 장점은 상담계약에 설정된 자기인식 능력을 얻기, 대인관계 의사소통의 개선, 개인적 또는 대인관계에서의 자원에 초점 맞추기와 같은 기본적 목표의 달성을 가능하게 해준다. 이런 목표들은 그룹이 제공하는 역동적이고 창의적인 도움의 맥락 속에서 훨씬 더 용이하게 달성될 수 있기 때문이다. 교류분석 상담 그룹들은 다른 유형의 그룹(엔카운터, 토론, 의식 끌어올리기 등)과는 물론, 교류분석 치료 그룹과도 구별되는 특별한 특성들을 가지고 있다(Tudor, 1999, p. 41).

12.1.2 치유보다는 돌봄

상담 그룹의 주목적은 그룹 멤버들 간의 의사소통을 개선, 의사소통 스타일의 자각(스트로크 경제, 교류, 게임, 드라이버), 감정의 표현과 관리(Cornell & Hine, 1999), 내담자들의 자원 개발, 정신적 고통의 방지 등이다. 상담 계약에 명기되는 바, 상호 교류에 의해 드러나는 것들은 어른자아 A의 주도로 타인들과 공유된다. 계약에 이러한 것들이 정의되어 공통의 목표들로 정해져 있다면 모든 것이 용이하게 진행될 수 있다. 변화 과정은 모든 그룹 멤버들에게 공동으로 분배된 주된 문제를 중심으로 진행된다. 따라서 그룹의 초점은 '치유보다는 돌봄(care rather than cure)'이 된다(Loomis, 1982, p. 52). 이것은 치료사의 가장 큰 목표는 '치유'하는 것이란 Berne의 전제와 대조되는 것이다. '치유'의 개념 (1961, p. 162)은 환자의 혼란스러운 어린이자아 C를 새로운 환경에 순응시킴으로써 어른자아 A가 자율성을 획득할 수 있도록 하는 목적을 가진 하나의 과정으로 간주되었다. 상담 그룹의 목표는 주로 '치유하기'이며, 이것은 경청, 지원, 촉진, 어른자아 A를 통한 자각과 변화를 증진함을 의미한다.

　예를 들면, 유치원생의 부모 그룹과 가진 상담 회기에서 나는, "나는 나 자신에게는 어떤 부모자아 P이며, 나의 자녀들에게는 어떤 부류의 부모인가?"라는 자극적 질문을 함으로써 부모자아상태 P에 대한 반추를 도입하였다. 그룹 멤버들 가운데 한 사람 프란시나가 흥분하여 말했다, "나는 결코 좋은 엄마가 될 수 없어요. 내 아들은 내 말을 결코 듣지 않습니다. 내가 장난감들을 제자리에 갖다 놓으라고 말하면, 그는 웃으며 그냥 놀고 있어요. 한편 내 어머니는 소리 지르고 나를 때리고 겁주곤 했습니다 (그녀는 울음을 터뜨리고는 신경질적으로 몸을 움직였다) … 나는 내 아이처럼 웃을 수 없었어요…."

'치유'의 관점에서 본다면, 그룹 리더의 정책은 아마도 회기 중에 모습을 드러낸 각본 요소들을 다루기 위하여 그녀의 어머니와의 관계를 살펴보는 것이었을 것이다. 반면 '돌봄'의 관점에서 나의 선택은 퇴행적 경험과 그녀의 각본을 분석하는 것이 아닌 그녀의 슬픔을 인정하고 수용하는 것이었다.

> 상담사 : 당신이 이것 때문에 매우 슬프다는 것을 알겠습니다. 지금 필요한 것이 있습니까?
>
> 프란시나 : 아니요, 미안합니다. 울려고 한 건 아니었는데!
>
> 상담사 : 당신의 감정을 나타내는 것은 좋은 것입니다. 미안해할 것 없습니다. 엄마의 역할로서의 프란시스에게 도움이 될 말을 할 사람 있습니까?
>
> 마리아(다른 그룹 멤버) : 문제라고 생각되는 것은 당신의 아들이 웃는 거예요. 아들은 당신을 조금도 두려워하고 있지 않아요. 계속 놀이만 하고 있어요!
>
> 프란시나 : 사실입니다. 나의 아들은 매우 명랑한 아이예요. 그러나 내 말을 안 들어요!
>
> 상담사 : 프란시나, 아이들과의 관계에서 규칙에 대한 다른 부모들의 경험을 들어보면 어떨까요?

이 과정의 다음 단계는 프란시나의 경험을 여기-그리고-현재에 놓고 오늘 그녀의 엄마로서의 역할에 초점을 맞추는 것이다. 그룹은 경청하고 보호적이고 친밀한 참여를 통하여 프란시나의 어른자아 A를 활성화시키는 것이다. 그럼으로써 부모로서의 역할을 수행하는 프란시나에게 오늘 도움이 될 수 있는 자각을 증대시킬 수 있다. 목적은 어려운 과거로부터의 경험을 미래지향적 관점에서, 그리고 변화지향적 관점에서 '치유'보다는 '돌봄'을 위하여 사용하는 것이다.

12.1.3 상담 계약

상담 그룹은 전문적 그룹리더가 적절한 도구와 자극을 통하여 배움과 관계의 새로운 경험들을 제공하는, 공유를 위한 구조화된 공간에 대한 광범위한 사회적 · 문화적 욕구를 다룬다. 각 참가자들의 변화와 성장을 목표로 하는 효과적인 그룹 과정을 만들기 위해서는, 어떻게(how), 어디(where), 언제(when), 어떠한 목표를 가지고(with what goal)는 기본적 요소들이다.

가장 중요한 과정은 그룹과의 상담계약을 분명하게 정의하는 것이다.

나는 계약이 그룹 전체 작업의 결과여야 한다고 믿는데, 그것은 모든 참가자들이 함께 그룹작업의 목적과 목표를 정의하는 것이다. 리더의 역할은 그룹 멤버들을 도와 따라가야 할 공동의 길을 확인하는 것이다. 이렇게 계약의 목표는 모든 멤버들과 공유한다. 공동의 경로를 따라간다는 것은 개인의 문제보다는 그룹 멤버들 가운데에서의 관계 측면들에 더 초점을 맞춘다는 의미를 내포한다. 그러나 앞에서도 언급했듯이, 그룹 상담사는 그룹멤버들의 과거의 인생경험들(이것들은 상담 진행 과정에서 자연스럽게 드러난다)을 고려하여, 이러한 에피소드들을 상담계약에 따라 여기-그리고-현재와 연결하는 능력 있는 전략을 사용한다. 작업의 초점은 어른자아 A를 활성화시키는 것이다. 이런 점이 상담 그룹과 치료 그룹 사이의 가장 중요한 차이점들 중 하나이다(Vinella, 2013).

예컨대 연세가 든 어른들의 경우, 계약은 멤버들과 스태프들 사이의 의사소통의 향상이라든지 또는 구조화 내에서의 시간관리 등과 같은 공통의 목표를 가지고 (리더와 그룹) 상호 협의와 약속을 통하여 정의될 수 있다. 다른 한편으로, 부모들로 구성된 그룹의 경우에 공통의 목표는 아들과 딸들과의 관계에서 자신들의 의사소통 스타일에 대한 더 큰 깨달음을 얻기 위한 것일 수 있다.

내가 관찰한 바로는, 그룹 계약의 정의를 향상시키는 요소들은 동질적, 폐쇄적, 시간 제약적인 그룹의 경우에서 발견된다. 동질적이란 말은 내담자란 사람들에 관한 것이지, 그들이 가지고 있는 문제들을 가리키는 것이 아니다(예 : 그들은 모두 학부모들, 연로한 사람들, 청소년들, 또는 선생님들이다). 상담그룹에서 동질성은 그룹계약과 멤버들 간의 의사소통을 용이하게 한다. 폐쇄적 그룹에서는 참가자들이 처음부터 끝까지 함께해야 하며, 그것이 멤버들 간의 결속과 그룹 전체의 성장을 향상시킨다. 그룹의 시간의 제한성(예 : 각각 두세 시간씩의 여섯 내지 열 번의 미팅)은 그룹 경계에 대한 보다 명확한 정의와 상담 작업 계획의 개발로 유도한다.

12.1.4 변화 중심의 관계

교류분석 그룹의 주요 요소들을 명확히 했으므로, 이제 나는 변화 중심의 관계를 촉진하는 과정의 특성에 초점을 맞추겠다. 상담그룹을 시작하기 전에, 나는 보통 모든 참가자들의 공통의 호기심과 관심 있는 주제에 관한 1회 또는 그 이상의 설명회를 조직한다. 예를 들면, 유치원에서 나는 스트로크라는 주제로 두 번의 설명회를 가졌다. 건강센터에서 나는 체중 감량 프로젝트에 참가한 사람들을 상대로 정서와 다이어트 간의 관계에 대한 설명회를 실시하였다. 이러한 설명회의 끝에 나는 보통 교류분석 그룹에 관해 설명을 하며, 그러면 특정한 자기의 관심 영역에서 변화를 위한 깨달음을 증진시키겠다는 목표를 가진 참가자들은 매우 흥미로워한다. 이러한 경우에 그룹은 앞에 설명했듯이 동질적, 폐쇄적, 시간 제한적으로 구성된다.

그룹 상담은 개인적인 기대와 그룹작업의 목표를 공유하기 위하여 서로에 대한 지식과 직접적 의사소통을 증진시킬 목적을 가진 활동들로 시작할 수 있다.

예를 들면, 성인 멤버들로 구성되고 서로 알지 못하는 그룹을 시작할 때 나는 다음과 같은 활동으로 시작한다.

상담사 : 아무 멤버나 한 명을 선택하여 그 사람에게 당신을 5분간 소개하는데, 당신은 어떤 사람이며 이번 경험으로 무엇을 얻기를 기대하는지를 이야기하세요. 5분 후에 서로 역할을 바꾸세요.

이제 지금까지 이야기했던 사람은 상대의 이야기를 경청합니다. 10분 이후 우리는 다시 그룹 시간으로 돌아옵니다. 그리고 각 참가자는 자기가 만난 사람에 대한 것을, 의견을 덧붙이지 않고, 자기가 들었던 이야기만을 말하며 그룹 전체에 소개합니다.

이러한 활동의 목표는 매우 친밀한 공간, 두 명의 짝 작업으로부터 시작함으로써 의사소통을 진작시키고 이것을 전체 그룹으로 확산시키는 것이다. 이 과정의 한 가지 의도는 여러 낯선 사람들 앞에서 자신에 대해 발표하는 데 어려움을 겪는 사람들을 보호하는 것이다. 또 다른 목표는 다른 사람이 자기의 이야기를 함으로써 일어나는 감정에 대한 생각을 촉발시키는 것이다.

큰 그룹에서는 발표하는 순서를 자유롭게 하기보다는 그룹리더가 주도하여, 멤버들이 공통적이거나 또는 전혀 동떨어진 경험들로부터의 연관을 만들어 나갈 수 있도록 유도한다. 유도는 다음과 같이 한다.

상담사 : 마르코, 유고를 소개해주어 감사합니다. 유고, 추가할 것이 있나요? 모두에게 알리고 싶은 중요한 부분을 혹시 마르코가 빼놓지 않았습니까? 이와 비슷한 경험을 하신 사람을 소개하고 싶으신 분 있습니까?

이와 같은 개입은 그룹리더와의 교류가 아닌 참가자들 사이의 교류를 통하여 전체 그룹 안에서의 보다 더 강력한 역동적 관계를 만들어내는 데 목적이 있다.

청소년 그룹의 경우에 사용할 수 있는 활동으로서는, 자신을 나타내는 대상 또는 동물을 선정하여 마치 자기가 그 대상인 것처럼 자신을 묘사하여 소개하도록 하는 것도 있다. 이것은 보다 더 감정적이고 상징적인 자기소개 방법이다. 이 경우에는, 그룹은 매우 조심스럽게 행동해야 하고, 그룹작업으로부터 어떤 해석을 시도하는 행위를 피해야 하며, 상징물을 통해 묘사되는 개인의 이미지에 대하여 비판단적 경청을 하는 것이 중요하다.

12.1.5 건강에 초점 맞추기

그룹의 시작 단계부터 모든 작업은 병리보다는 건강함과 직접적 감정의 의사소통에 초점이 맞추어져야 하며, 상담계약과 동떨어진 퇴행적 경험과 개인적 경로는 기본적으로 리더가 봉쇄해야만 한다. 나의 견해로는, 각본의 특성들이 주로 심리 내적 작업에 사용되고 또 내담자를 과거와의 정서적 접촉으로 인도하는 것은 상담계약의 중심적 초점이 될 수 없다. 마찬가지로 프로토콜 수준의 결단과 원시적 금지령들에 대한 작업은 상담의 목적 및 성격과 맞지 않는다. 대신, 상담 그룹에서 부각되는 각본의 특성들은 내담자 개인의 인생에서의 사건들에 대한 나름의 '의미 부여(conferring meaning)'하는 자각의 방법을 제공하는 자극으로 사용될 수 있다(Cornell, 1988, p. 280).

나는 일반적으로 그룹계약, 그룹의 분위기, 그룹의 기대와 일치하도록 주의 깊게 선택한 자극 활동을 사용한다. 목적은 그룹멤버들을 의사소통 스타일, 감정, 달리 행동할 수 있는 전략에 대하여 반추하도록 유도하는 자극들을 제공하는 것이다. 자극 활동의 한 예를 들면, '사막 섬(desert island)'이 있는데, 여기에서는 그룹멤버들이 정해진 시간 내에 전 그룹이 생존할 수 있도록 도움을 주는 대상을 하나 선택하도록 초대된다. 선택하는 것은 오직 한 가지이며 전원 일치해야만 한다. 요구되는 기술은 타인들을 설득하고 활동 중에 느낀 것을 소통하는 것이다.

이러한 활동들은 그룹 피드백의 가장 중요한 순간으로 인도하는 도구에 불과하며, 이때 리더는 의사소통의 장을 마련하는 적극적 역할을 맡는다. 그룹 과정을 관리하는 데 있어, 나의 목표는 공감적 접근방법을 사용하고, 적극적 경청을 하며, 멤버들 간의 의사소통을 촉진함으로써 차분하고 친밀한 분위기를 만드는 것이다. 그룹 계획하기는 기능적 자아상태, 교류, 스트로크 경제, 심리 게임의 분석에 할애하는 시간을 필요로 한다. 각 회기는 창의성을 자극하기 위한 여러 가지 재료(종이, 카드, 색 등)를 사용하거나, 구조화 시뮬레이션(버스 정류장, 식당, 학교 등에서의 대화 시뮬레이션) 녹화를 통하여 자신과 타인들의 자아상태들, 교류들을 참가자들이 확인할 수 있도록 비디오 카메라를 사용하여 더욱 풍부해질 수 있다. 목표는 그들 자신의 의사소통 스타일을 관찰하고 자각할 수 있도록 하는 것이다. 자기들 자신을 관찰함으로써 참가자들은 자신의 이미지를 자각하게 되고, 자신의 관계 스타일을 확인하고, 또한 자기가 사용하는 의사소통의 방법에 대하여 자각을 증진시키는 기회를 가질 수 있다. 예컨대 청소년 그룹에서는 비디오를 본 후 피드백은 흥미로운 자각을 나타냈다. 사이먼은 자기는 비디오에서보다 실제 더 우스꽝스럽다고 생각했고, 피터는 자기가 비디오보다 더 공격적이라고 생각했으며, 에디는 자기가 자기 아버지와 똑같이 말하고 자기가 듣기 싫어하는 말을 하고 있다는 것을 알고는 화가 몹시 났다. 그룹은 이것에 대해 오랫동안 반추했으며 각자의 내적 세계 경험과 비디오에 나타난 것 사이에 차이점들을 확인하였다.

12.1.6　어른자아 A의 알아차림 높이기

피드백에 관한 한 Berne(1966)의 치료 작업들(질문, 명세화, 설명, 직면, 도해, 확인)은 매우 도움이 된다. 이러한 개입의 목적은 Berne이 지적했듯이, 어른자아 A의 경계를 명확히 하고 강화하며, 자신의 의사소통 스타일과 정서적 능력에 대한 자각의 수준을 향상시키고, 그룹으로 하여금 상담계획을 따르도록 허락하는 것이다. 그룹 과정에서 때때로, Berne(p. 248)이 특별한 상황에서 사용될 수 있는 '기타 접근 방법들'로 정의한, 부모자아 P의 개입(지원, 안심 시키기, 설득, 권고)을 사용하는 것은 도움이 된다. 상담에서 이것들은 실제 그룹의 결속과 안전을 지원하는 데 매우 유익하다는 것이 입증된다.

12.1.7 소개와 종결

때때로 상담계약을 초과하는 어떤 개인적 경험들이 회합 중에 모습을 나타내는 경우가 있다. 나는 그런 가능성에 관한 분명한 정보를 주고, 그룹 작업 중에 나타나는 그와 같은 정서적 문제들을 보다 개인적 사안으로 처리한다는 것을 중요하게 생각한다. 나는 그들의 과정을 개인적 또는 그룹 치료의 셋팅에서 지속하는 데 관심이 있는 사람들을 불러서, 다른 곳으로 소개하여 이관한다. 예를 들면, 상징적 자기표상의 활동 중에, 한 여자가 얼마 동안 고통받아 온 심각한 섭식장애(eating disorder)를 자유롭게 발표하였으며, 그녀는 전문가로부터의 도움을 요청할 필요가 있음을 인정하였다. 이때 나의 역할이란 심리치료사에게 소개/이관을 주선하는 것이다.

과소평가해선 안 될 마지막 측면은 6회기 또는 10회기의 끝부분에서의 그룹의 마지막 국면인데, 이때는 그룹 경험에서의 명확한 경계를 확정하는 중요한 순간이기 때문이다. 그룹리더의 주된 과제는 답을 얻지 못한 중요한 질문들이 가급적 없도록 그리고 모든 참가자들이 긍정적 감정을 가지고 그룹을 떠날 수 있도록, 차분한 종결로 이끄는 것이다.

12.1.8 결론

교류분석 그룹상담은 의사소통을 촉진하고, 참가자들 사이의 관계를 증진시키는 목적을 가지며, 관계에 도움이 되는 대단한 자원이 될 수 있다. 건강하고, 건설적이며, 직접적 방법에 의한 소통의 욕구는 위대한 연결과 수많은 연결망을 특징으로 하는, 또한 깊은 소통 부재를 특징으로 하는 이 세상에서 더욱 절실하고 필수적인 것이다.

교류분석의 방법으로 주의 깊게 구조화되고 효율적으로 수행되는 그룹은 상담계약에 설정된 변화를 진작시키는, 건강하고 보호적인 공간의 건설을 촉진한다.

12.2 교류분석에서의 장기 상담

Sylvie Monin

12.2.1 개요

사람들이 상담을 구할 때는 일반적으로 시련을 겪고 있기 때문에, 지지, 구원, 해답을 찾기 원한다. Shipton과 Smith는 "내담자들은 자기들의 어려움에 대한 만족스러운 해결책을 찾는 데 긴 시간이 걸릴 수도 있다는 생각을 가지고 있지 않을 수도 있다."고 말한다(1998, p. 76). 이 글은 상담실을 찾아와 단기 상담으로 끝내 달라고 첫 번째로 요구하는 많은 내담자들이 보다 장기의 상담이 필요하다는 것을 깨닫게 되는 현실에 관한 문제를 다룬 것이다.

12.2.2 상담 시작하기

나는 첫 면담 이후 상담을 진행하기로 결정하면, 5회기의 단기 상담부터 시작한다. 이것은 몇 가지 이유 때문이다.

- 안전(security) : 내담자는 나에 관해 모르고, 나도 내담자에 대해 모른다. 양 당사자는 서로에 대해 알 필요가 있고, 내담자도 상담에 관하여 그리고 내가 일하는 방식에 대하여 좀 더 알 필요가 있다. 5회기는 나에게 내담자와 상황을 평가할 수 있는 시간을 제공해주며, 나는 내담자의 상황이 나의 능력 밖에 있는 것은 아닌지 여부를 결정하여, 필요하다면, 그를 다른 전문가에게 소개해야만 할 것인지를 결정할 수 있다(Monin, 2011).

- 구조화(structure) : 대부분의 경우 상담실을 찾는 내담자들은 상담이 어떤 것인지에 대한 뚜렷한 생각이 없다. 내담자들은 '생활 속의 문제와 연관된 어떤 사람 – 당면한 갈등 또는 어려운 문제'를 상의한다(McLeod & McLeod, 2011, pp. 1-2). 5회기의 계약은 내담자를 상담하도록 만든 고통을 탐색하고 평가하는 시간을 갖도록 하는 유보 공간(a holding space)을 제공한다. 안전하고 명확하게 정의된 유보 공간은 이후의 추가 작업에 대한 견고한 바탕을 마련해준다.

- 오염 제거(decontamination) : 내담자들은 보통, 처음에는 매우 격렬한 정서적 동요 상태에 있다. 스트레스의 수준은 심각하여 각본의 발현이 가장 극렬하게 관찰되며, 어른자아 A의 모습은 찾기 힘들다. 일단 내담자의 어른자아 A가 부모자아 P의 비판적 판단에 덜 압도당하거나, 어린이자아 C의 고통과 감정이 덜 범람해야만 내담자는 문제의 성질과 그것을 해결할 작업을 보다 더 잘 평가할 수 있다.

- 신뢰(trust) : 이 첫 회기들은 내담자가 필요하다면 결국 장기 상담으로 가야만 하는 선택을 위한 나에 대한 충분한 안전감을 만들어 내는 공간을 제공한다. Shipton과 Smith가 지적하는 바와 같이(1998, p. 99), "연구에 따르면 첫 세 회기들은 상담사가 내담자에게 어떻게 인식되는지 그리고 상담의 낮은 성공률과 연결되는 경험, 즉 내담자가 상담사로부터 어떤 적대감을 느끼는지 여부와 관련하여 중요한 의미를 갖는다는 것을 보여주고 있다." 이 첫 회기들은 상담 작업에서 필수적 요소인 치료 동맹의 기초가 된다.

단기 계약의 끝에, 내담자들 약 세 명 중 두 명은 그것으로 종료하기로 결정하는데, 이들은 자기들이 구하던 도움과 해답을 얻었으며 또한 처음의 목표를 달성했기 때문이다. 그러나 일부의 내담자들은 보다 명확히 설정된 회기들을, 일반적으로 6개월 또는 1년까지 연장하는 계약을 맺는다. 약 셋 중 한 명은 추가적으로 2년 내지 5년의 장기 개방 계약으로 갈 것을 결정한다. 회기 수와 주기는 보통 경제적 문제 때문에 상이하다.

12.2.3 장기 상담 계약으로 가기

TA 계약은 구조적 그리고 각본 변화를 위한 계약들이 심리치료의 근본임에도 불구하고, 전통적으로 사회적 통제와 대인관계 변화를 위한 계약이 상담 작업의 핵심으로 여겨져 왔다. 나의 경험에 의하면, 비록 사회적 통제와 대인관계의 변화를 위한 계약이라 하더라도, 어른자아 A와 함께 그리고 A를 통하여 작업하는 것은 어린이자아 C와 부모자아 P에게도 영향을 주게 되며, 따라서 구조적 그리고 각본 수준에서의 변화를 가져오기 때문에, 나는 위의 견해에 그다지 찬성할 수가 없다. 더구나 내담자가 처음 상담실을 찾을 때 만약 내담자의 요구사항이 사회적 통제와 대인관계의 변화 수준이라 하더라도, 처음 단기 계약 이후 깨달음이 있는 경우에는, 내담자 자신이 구조적 그리고 각본 수준에서의 변화를 원한다는 것을 알게 될 수도 있다. 그때 상담사는 내담자의 상황을 해결할 수 있는 자신의 역량을 명확하게 평가해보는 것이 중요하다. 내 경우에서의 필수적 지표는 어른자아 A를 동원할 수 있는 내담자의 능력인데, 나의 견해로는 이것은 장기 상담에 절대적 필요 요소이기 때문이다. 어른자아 A가 쉽게 나타나지 않는 내담자를 나는 심리(정신)치료사에게 보내야 할 명백한 지표로 간주한다.

나의 상담 실제에서 상담 작업에 적절하고 그리고 어른자아 A를 활성화시키고 강화하는 데 기여함으로써, 구조적 그리고 각본 수준까지 깊은 영향력을 갖는 세 가지의 추가적 계약을 사용한다.

1. 이야기 계약(narrative contract) : 이것은 내담자가 안전하고, 비공개적이고, 사적인 공간에서 자기의 개인적 이야기를 하고 싶어 할 때의 계약이다. 여기에는 변화를 위한 특별한 요청은 없으며, 단지 관심을 갖고 귀 기울여 들어줄 수 있는 증인에게 믿고 이야기하고 싶은 욕구만이 있다.

안나는 몇 년 전에 나를 찾아왔다. 그녀는 얼마 전에 실직했다. 그녀는 첫 면담에서 "저는 마흔 여덟 살이고 누군가에게 나의 이야기를 말해야만 할 것 같아요. 나는 아무에게도 말한 적이 없거 든요."라고 말했다. 이렇게 우리들의 이야기 계약이 시작되었다. 나는 상담을 "이야기를 속시원 히 말할 수 있는 공간을 제공하는 것"(2011)이라고 한 McLeod 부부의 정의를 좋아한다. 이것이 바로 안나와 내가 한 일이다. 그때 그녀는 이야기할 수 있는 그녀만의 특별한 공간을 필요로 했 다. 계약을 함으로써 우리들은 그 공간을 만들었다. 그녀는 그녀의 이야기를 늘어놓기 시작하였 으나, 동일한 사건에 대하여 계속 돌아가는 고장 난 레코드와도 같은 이야기, '그것'에 불과했다. 그러나 횟수를 더해 가며 그녀의 이야기는 새로운 세부사항들, 새로운 조명, 새로운 자각이 더해 졌다. 그녀의 이야기가 진행됨에 따라, 더 많은 '그것들'이 이야기되었다. 5년이 지난 지금도 그 녀는 아직도 상세한 기억과 정황을 되살리며 그녀의 이야기를 하는데, 점점 더 자기통찰과 더 깊 은 자신의 내면과 욕구들에 도달하게 되었다. 첫 4년 동안에는 우리는 격주로 면담을 가졌으며 지난해에는 월 한 번으로 변경하였다. 그녀는 이야기하기를 통하여, 자기인식(self-awareness)과 잠재력에 대하여 강력하게 의식하게 되었으며, 새 직장을 잡고 경제적으로 안정되었으며, 오랫동 안 멀리 지내던 어머니와 형제들과도 가까워졌다.

2. 이해를 위한 계약(contract for understanding) : 이것은 내담자가 현재 일어나고 있는 일에 대하여 이해하고 경험에 대하여 의미를 부여하는 목적을 갖는 계약이다. 이야기 계약과 마찬가지로, 비 록 더 잘 이해하고 자각함으로써 때때로 변화가 자발적으로 일어난다 해도, 변화에 대한 요구는 없다. 케이트는 알코올 중독치료를 마치자 나에게 찾아왔다. 그녀의 요구사항은 분명하였다: "내 가 어쩌다 그렇게 되었는지 알고 싶습니다." 이것은 이해를 위한 계약이었다. 퍼즐을 맞추듯, 그 녀는 그녀 인생의 여러 측면들을 탐색하였으며, 어린아이로서, 젊은 성인 여성으로서의 그 퍼즐 의 영상들은 점점 명확해졌다. 자각은 이해를 더욱 도왔다. 더 많은 이해는 주로 감정적 수준에 서 깊은 변화를 가져왔으며, 그녀는 이제 자신을 비난하고 깊은 죄의식을 느끼는 것을 중단할 수 있었다. 상담과 병행하여, 케이트는 3개월마다 알코올 중독치료의 정신과 의사를 만나고 있다.

3. 탐색 계약(contract for exploration) : 이것은 내담자가 무엇인가가 잘못되어가고 있다는 것을 알지 만, 상세한 것은 알 수 없고 이유도, 방법도 알 수 없을 때 사용하는 계약이다. 내담자에게 있어 그의 내적·외적 상황과 경험의 여러 측면들을 탐색하는 것은 변화를 위한 계약의 첫발이 될 수 있는 경험을 조명하고 의미를 찾는 작업에 도움이 된다. 조지는 부인과의 관계에서 중대한 고비 를 겪고 있기 때문에 상담실을 찾았다. 그는 부부관계를 유지할 것인지 아니면 끝낼 것인지 심각 한 고민에 종지부를 찍기 위하여, 어떻게 이 지경까지 왔는지 탐색하고 그들 부부 간의 역동을 이 해하고 싶었다. 우리는 그의 내적 과정과 부부와 가족 안에서의 과정 모두에 대한 탐색 계약을 맺

었다. 탐색을 통하여 더 명확한 이해가 가능해졌으며, 우리가 탐색했던 그의 감정들에 서서히 접촉했다. 우리는 그의 분노에 특별히 주목하였으며, 그는 분노를 라켓감정으로 인식하게 되고, 분노에 가려져 있던 슬픔을 느끼도록 허가해주었다.

Landaiche(2013)는 '단순한 이야기하기'에서의 어떻게 "각각의 대화가 독특한 내담자의 인생의 의미를 발견할 수 있도록 하는 더 큰 이야기의 부분을 형성하는가?"(p. 20)에 관하여 쓰고 있다. 이렇게 제공되는 상담 공간에서, 이야기를 모두 시원하게 말할 수 있고 탐색할 수 있는 시간을 충분히 가짐으로써, 내담자는 자기가 투쟁을 벌이고 있는 문제들에 대한 보다 명확한 그림과 이해를 하게 되며, 이것은 새로운 자기주체 의식(self-agency)의 뿌리가 된다. 그러면 내담자는 기존의 계약이 비록 사회적 통제를 위한 것이었거나 또는 관계적 변화를 위한 것이었거나 간에, 변화를 위한 계약으로 이행할 수도 있을 것이다. 그러나 나의 경험에 따르면 변화를 위한 계약은 종종 암묵적으로 이미 내포되어 있다. 내담자는 자기, 타인들, 세상에 대한 이해가 커짐에 따라, 변화를 만들기 시작하여 새로운 욕구를 느끼게 되며, 견해와 원칙을 바꾸고, 감정들을 인정하며, 자신의 준거틀을 개방하고, 미지의 영역에의 탐색과 진입에 필요한 허가와 보호 아래 새로운 것에 대한 강한 매력과 견인력을 느끼기 시작하며, 이것은 그의 각본을 개선하는 것으로 이어진다(English, 2010).

12.2.4 활성화된 어른자아 A

이야기하기, 탐색하기, 이해하기는 모두 구조화의 기아, 더 명확하게는 심리적 구조화에 대한 기아를 충족시킨다. 사람들은 경험에 의미를 부여할 필요가 있다. 나는 여기-그리고-현재에서 어른자아 A와 더불어 일을 하는 상담사로서, 언제나 익숙한 것들의 끌어당기는 힘, 과거, 각본과 새로운 경험, 새로운 삶에 대한 희망 사이의 좁은 경계선의 영역에서 일을 하고 있다. Cornell이 지적했듯이(2008a, p. 75), "내담자가 자신의 경험에 부여한 의미에 대한 상담사의 호기심은 내담자에게도 호기심을 불러일으켜 밑바닥의 기본적 가정들에 대한 검정과 사색으로 인도한다." 이것이 내담자로 하여금 그의 어른자아 A를 강화하고 자기의 경험을 새롭게 조명하고 어린이자아 C의 관점과는 상이한 다른 견해를 개발함으로써, 자신, 타인들, 상황에 대하여 관찰할 수 있는 새로운 능력을 가질 수 있도록 하는 데 도움을 준다. Grégoire(2007)가 지적한 바와 같이, "어른자아 A의 시스템은 우리 자신의 경험이나 주관적 욕망, 타인들의 반응과 판단과는 무관하며, 현실에 민감하다."(p. 123)

따라서 상담사로서의 나의 임무는, 두려움과 희망, 옛 것과 새 것, 알고 있는 것과 알고 있지 못한 것 사이의 아주 섬세하고 좁은 영역에서 작업을 하며 그 긴장감을 유지하는 것이다. 강화되고 더욱 활성화된 내담자의 어른자아 A는 "변화를 수용하는 사고와 자율의 한 특성이기도 한, 명료한 의식을 받아들이는 사고에 이르는 입구"이다(Grégoire, 2007). 명료한 지각을 가진 어른자아 A는 내적 갈등이 초래될 때 부모자아 P와 어린이자아 C 간의 중재를 도모하여, 내담자로 하여금 임패스를 극복하고 원하는 변화를 이룰 수 있도록 도움을 줄 수 있다.

12.2.5 전이와 역전이의 역동 속에서 작업하기

장기적 상담은 여기 그리고 현재 상황에서 경험되는 상담관계에 대한 의미, 환상, 투사에서 나타나는 것을 세밀하게 관찰할 수 있도록 해준다.

McLeod 부부의 '이야기하는 공간 만들기(making a space to talk it through)'로 돌아가서, 장기 상담의 상담관계 내에서 일어나고 있는 것에 관하여 이야기할 수 있는 공간을 만드는 것 역시 상담사의 일이다. 이를 위해서는 상담사가 '자신과 타인과의 관계 속에서 연출되고(enacted) 있는 것을 탐색하여 조심스럽게 사려깊이 사용'(Monin, 2011, p. 120)하려는 의지가 요구된다. 이것은 상담 작업을 여기-그리고-지금에서, 현재의 경험 속에서 가능하도록 하며, 결과적으로 깊은 치유의 결과를 가져오도록 만든다.

나는 최근에 한 내담자와 4년간의 상담 관계를 끝냈다. 그녀는 그녀의 신체와 심호흡 기술을 사용하여 감각적 경험을 탐색하고 새로운 방향으로 움직이길 원하였다. 그녀가 그 결정을 내렸을 때, 슈퍼비전 과정에서 나 자신의 역전이에 대해 반추하고 탐색하며, 나는 그녀의 결정에 대해 걱정과 분노를 느꼈다. 나는 이러한 감정들이, 내담자의 어머니가 당신 자신도 돌볼 처지가 아니었기 때문에, 내담자를 친척 아주머니에게 가서 살도록 보냈을 때 느꼈던 내담자 어머니의 감정들과 같았을 것이라고 추측했다. 나는 내담자에게 내게 일어난 상황에 관해 밝히고, 내가 생각했던 추측도 말해주리라고 결정했다(Cornell, 2008b). 나의 어른자아 A로부터의 나의 개인적 역전이에 관해 내담자와의 공유는 내담자로 하여금, 그녀의 어른자아 A로, 버려졌다고 느꼈던 그녀의 아주 오랜 옛 경험을 다른 눈으로 볼 수 있는 공간을 제공했다. 이것은 그녀가 그녀의 어머니와 새로운 관계를 맺는 전환점이 되었으며 그녀의 각본신념들을 새롭게 읽고 이해하는 계기가 되었다. 이러한 새로운 깨달음은 상담 작업의 매끄러운 끝맺음을 가능하게 하였으며, 그녀의 선택이 옳았다는 주장을 할 수 있는 자유를 주었다.

12.2.6 결론

위기가 계속됨에도 불구하고 내담자가 계속하여 단기 상담을 요청한다면, 내담자와 상담사 모두는 장기 상담에 대한 필요성을 적절한 때에 생각해볼 수 있다. 만약 그 요구가 내담자로부터 제기된 것이라면, 상담사로서는 상담에서 핵심적 능력 중 하나인, 상담 상황의 조심스러운 분석이 필요하며(EATA, 2008), 상담사가 자신의 능력, 취약성, 한계를 명확히 알아야만 한다(Monin, 2011, p. 120). 상담사가 장기 상담의 잠재적 이익을 평가하고 그것을 내담자와 함께 분석하여, 새로운 계약을 맺도록 만드는 것은 결국 이러한 신중한 평가이다.

자원에 주목하는 것은 EATA에서 확인한 상담에서의 또 다른 핵심적 능력이다(2008). 상담 상황을 사정함에 있어, 상담사는 '내담자를 지원하는 또는 내담자를 이관할 수 있는, 의료, 정신과, 치료에 관련된 및 기타 서비스를 포함한 그 지역의 자원들'을 충분히 고려해야만 한다. 이러한 지역의 자원들은 장기적이고 심층적인 상담 작업을 진행할 때 내담자에게 수용 환경을 제공할 수 있다.

Fassbind-Kech(2013)은 상담사의 주요 임무를 '내담자가 자각과 능력을 개발하도록 도우며, 이러한 목적을 위하여 내담자 자신의 자원과 능력을 사용하고 증강시키도록 돕는 것'(p. 25)이라고 간주하며, 이것이 상담에서의 또 다른 핵심 능력이라고 설명한다. 장기 상담에서, '이야기할 수 있는 공간 만들기'는 그것 자체가 하나의 자원이 될 수 있고, 그 공간에서는 내담자 성격의 다양한 특성들이 나타날 수 있으며, 또한 그 공간은 "내담자의 진실한 자기를 향한 움직임을 지원하고 촉진한다"(Erskine & Moursund, 2004, p. 64).

12.3 대학생들을 위한 상담사로서 배우는 것

Mick Landaiche

12.3.1 개요

상담을 하는 나의 동료들이 일하는 곳은 너무나 다양하다 — 학교, 교도소, 직장, 군사기지, 종교 단체, 의료 기관, 사회봉사 기구, 노인 요양원, 호스피스 병동, 보건소, 지역주민센터, 약물 및 알코올 치료 센터, 여성의 집, 메타돈 유지법 클리닉, 임신조절 클리닉, 노숙자의 집, 청소년 또는 만성적 정신병 입주 치료소, 위기 핫라인, 개인 상담 등. 우리들은 수많은 '특별한 분야에서'(Clarke, 1981) 우리의 기술과 의무를 수행한다. 우리가 막연히 알고 있는 것 이상으로, 이 긴 목록을 보면 상담이란 직업의 독특한 다양성을 포함하는 상담의 정의가 쉽지 않다는 것을 알 수 있다.

이 장에서, 나는 대학생을 상담하는 상담사로서의 나의 상담 실제와 지속적 배움에 특별히 중요하다고 간주되는 두 가지 측면들을 살펴보고자 한다. 그것은 (1) 언제나 명확한 것만은 아닌 계약 과정(Sills, 1997), (2) Monin(2011)이 모든 분야의 상담에서 공통 관심사 중 하나인 기본적인 인간의 의사소통 과정이라고 할 수 있으며, 매우 중요한 변화로 인도할 수 있는 이야기하기와 경청하기의 특별한 것 같지 않은 평범한 과정에 관한 것이다.

12.3.2 어떤 전문가의 현장 경험

국제적 TA 커뮤니티의 많은 사람들처럼, 나도 매우 복잡한 직업적 역사를 가지고 있다. 정신건강 분야의 트레이닝을 받기 이전에, 나는 비주얼 아트(그림, 사진, 판화)를 공부했다. 나는 직장에서 회사 의사소통(슬라이드, 비디오, 프린트 제작) 분야에서 일했다. 나는 소기업을 위한 기장업무용 소프트웨어를 프로그램했다. 나는 조직 컨설턴트로 일하며 전략 계획, 지원금 신청서, 연구 요약문, 사용 설명서 등을 작성했다. 그리고 약 25년 전 정신건강 분야이 일을 시작한 이후 인문학 분야의 박사학위를 획득했다. 수많은 개인적 경험들을 포함하여 이 모든 것들은 인간의 조건에 대한 나의 이해에 영향을 미치며 상담사로서의 나의 기능을 수행하도록 한다.

지난 8년 동안, 나는 대학교에서 운영하는 상담센터에서 일해 왔는데, 그곳은 나를 고용한 대학교의 학부생과 대학원생을 위한 일종의 정신건강 클리닉이다. 대부분의 미국 대학교와 칼리지들은 학생들에게 상담 또는 정신건강 서비스를 제공하는데, 일반적으로 케어의 회기와 심도는 제한되어 있다. 우리 센터에서 우리는 기본적 사정과 이관(소개)(지역 정신건강 자원들로) 업무를 제공한다. 즉, 간단한 12회기의 '상담'(실제 학생들과의 상호작용들은 복잡하고 다양하기 때문에 따옴표에 넣었음), 제한된 정신병의 평가와 약물 투여 관리, 위기관리(자살 충동 또는 정신병의 발병), 학생들이 지역사회와 캠퍼스 내의 자원들에 접촉 또는 수용될 경우에 도움이 될 수 있는 학생들의 사례 관리 등이다. 때로 는 학생 부부들을 상담할 때도 있다.

학생 내담자들의 연령대는 17세부터 30대 초반까지이다. 이들의 증상은 경미한 증상에서부터 중증 에 이르기까지 다양하다 — 견디기 어려운 불안과 공포, 수면장애, 섭식장애, 약물 사용, 우울, 자살 충동, 자해, 정신병, 학사 실패, 문화적 적응 문제, 사랑과 가족 관계 문제, 사회적 소외, 물질 중독, 강박적 인터넷 사용, 성적 관심사, 성폭력, 기타 등등.

우리 대학교는 어찌 보면 상반되는 양 극단의 스펙트럼에 위치하는 것 같은 학문 분야에 강력한 프 로그램들을 운영하며 학사 운용도 매우 엄격하다. 스펙트럼의 한쪽에서, 우리 대학교는 컴퓨터 과학, 로보틱스, 기타 하이테크 분야에서 이름이 높다. 다른 쪽에, 우리는 드라마, 음악, 비주얼 아트, 디자 인, 건축 분야에서 뛰어난 학교들을 거느리고 있다. 그 중간 위치에는 다른 과학들과 약간의 인문학 분야들이 있다. 관심이 높은 학문 분야에는 매우 명석하고, 재능 있고, 의욕이 넘치고, 과도하게(그리 고 미흡하게) 성숙한 학생들이 모인다. 학생들은 세계 곳곳에서 오는데, 많은 학생들은 부모 그리고 가족으로부터 성공의 기대에 대한 부담감을 느끼며, 또 많은 학생들은 그들 고향의 문화와 미국의 문 화의 차이를 극복하려고 애를 쓴다.

지난 봄 한 주 동안에 나를 찾은 학생들을 보면, 약 45%가 동아시아 학생들(중국, 한국, 일본, 베트 남)이었으며, 22%가 라틴계(칠레, 도미니카, 멕시코), 22%가 백인계 미국인(미국 전국으로부터 온), 그리고 11%가 인도인이었다.

매일 사무실로 출근할 때면, 나는 마치 다른 나라에 와 있는 것 같은 느낌을 갖는다.

12.3.3 명료한 계약 또는 난해한 계약

때로는 내담자와 계약을 체결하는 것이 지극히 간단하다. 내담자는 자기가 원하는 바를 말하고 그러 면 나는 그것을 구체화한다. 즉, "나는 친구들에게 매우 화가 나 있었습니다. 나는 이를 발산시킬 공 간이 필요합니다.", "나는 우울합니다. 함께 대화할 사람이 필요합니다.", "나의 음주 습관은 통제가 안 돼요. 그 문제를 진찰받고 싶어요.", "나는 좋지 않게 끝나고야 마는 관계를 계속 만들고 있어요. 내가 무얼 하고 있는 거지요?" 또는 "나는 누구에게도 말하지 않은 것에 대하여 이야기하고 싶어요."

이러한 간단한 계약들은 몇 번의 회기를 가질 것인가(12회기의 범위 내에서), 무엇에 대하여 이 야기할 것인가, 어떻게 이야기를 전개할 것인가에 관한 사항을 정하다 보면, 매주 달라질 수 있다. Maquet(2012)이 계약 과정에서의 요체라고 기술한 바와 같이, 우리의 초점은 새로운 자각이 일어남에 따라 변화할 수 있다. 어떤 내담자들은 이야기하기가 생각했던 것보다 훨씬 속상한 일이라는 것을 알고는, 후일에 그들의 삶이 덜 동요할 때 자기탐색을 하겠다며 중단을 선택하기도 한다.

간혹 어떤 내담자들은 왜 자기가 상담실을 찾았는지를 분명하게 표현하지 못한다. 이 사람들은 비록 어떤 것들이 문제의 행동, 문제의 정서, 식사 또는 수면장애, 심지어 괴기한 생각인 것 같다는 목록을 나에게 주었지만, 무엇이 잘못되어 가고 있다는 생각이 분명하지 않다. 어떤 내담자들은 이야기하기가 도움이 되지 않을 것이라고 생각하거나, 자신의 문제 속에 자기가 어떤 역할을 하고 있다는 것을 믿지 않는다. 그 사람들은 내가 단지 그것('그것'이 무슨 문제이든 간에)을, 마치 마술을 하는 의사처럼 없애주기만을 바란다. 그들은 나의 질문에 적대감을 나타내기도 한다. 그들은 'A'가 'B'와 관련이 있을지도 모른다는 나의 관심과 의문에 대하여 경멸의 태도를 보이기도 한다. 어떤 내담자들은 계속되는 회기에 오면서도 이야기하기를 거부하기도 한다. 어떤 내담자들은 나와 상담한 다음 약속을 지킬 것인지 확실한 언질을 주지 않는다. 어떤 사람들은 상담에 진지한 것 같이 행동하다가도 한 마디의 설명도 없이 사라진다.

그러나 내담자가 의학적으로 심각한 정신질환 상태(보다 적합한 자원으로의 이관을 요하는)를 보이거나, 자기 자신 또는 타인들에게 위협이 된다든가(이 경우 나는 캠퍼스 경찰을 부른다), 또는 예컨대 대학교 진로 카운슬링 서비스 또는 지도교수로부터 보다 더 안전한 조치를 요구받지 않는 한, 나는 "미안합니다. 내가 도와줄 수 없군요."라고 말할 수 있는 자유는 없다. 이것은 내가 고용자인 대학교와 맺은 계약 때문인데, 계약에는 상담센터 직원들은 서비스를 요청하는 모든 학생들과 면담할 것을 요구하고 있다. 또한 나도 비록 명확한 계약에 이르지 못하더라도 학생들과의 면담을 동의하고 합의했으며, 이것은 모든 사람들이 내가 제공하는 도움을 요청하고 받기 위한 기능적 어른자아 A를 가지고 있다고 믿을 수 없기 때문이다.

그런 경우 나는 "마치~인 양(as-if)" 계약을 체결하는데 그것으로 나는 모든 사람들이 성장하고 번영하기를, 고통으로부터 가능한 벗어나기를, 삶이 저주가 아닌 축복인 것처럼 느끼며 살아가기를 원한다고 가정한다. 이러한 정신 속에서, "상담계약의 핵심은 내담자의 스스로의 자각(self-awareness)과 선천적 성장을 향한 힘을 촉진시키는 것이다"(Cornell & Hine, 1999, p. 184).

내가 진행하는 상담 기간 동안에도 어떤 내담자들은 기능적 어른자아 A를 결코 달성하지 못했다. 어떤 이들은 증상을 그냥 그대로 유지했다. 그래도 나는 항상 그들의 성장의 징후와 인생을, 비록 그것이 보잘것없이 작고 쉽게 부서질 듯해도 주시한다. 나는 나의 개입들(나의 말, 듣기, 함께하기, 안내하기, 감정을 보이기)을, 내가 이해하는 한 또 능력이 다 하는 한, 그들만의 특정한 발달적 욕구와 리듬에 맞추어 조절하고 있다. 나는 내가 결코 볼 수 없을 가능성이 많은 어떤 미래의 잠재력과 계약을 체결하고 있는 중이다.

12.3.4　다자가 개입된 계약

때때로 나의 내담자들은 상담센터에 자발적으로 온다. 때로는 그들은 부모, 선생님들 또는 대학교 스태프의 압력 때문에 오기도 한다. 그들은 절도, 대인관계에서의 폭력, 물질 중독, 자살 시도 또는 정신질환 증상의 사건 때문에 법적인 명령에 의거하여 오기도 한다. 나는 이미 나의 고용자와의 기존의 계약을 언급했는데, 이것은 명시적이거나 암묵적이거나, 다른 대학교의 직원들, 내담자의 가족, 외부의 정신건강 돌봄 제공자 등과의 계약에 의하여 더 복잡해질 수 있다.

여러 당사자들이 개입된 계약의 맥락 속에서 일하는 것(English, 1975; Sichem, 1991)은 상담사에게는 일반적인 것이다. 비록 내담자가 자발적으로 도움을 요청했다 하더라도, 대개는 적어도 내담자의 행동적 변화에 노력을 투자하는 제3자가 있다. 그 제3자(또는 4자 또는 5자)는 어린이 보호 서비스, 법의 집행, 가족원들, 교육기관, 군대, 의료기관, 종교 단체, 정부 기관, 기업 등등일 수도 있다. 때로 다른 당사자들로부터의 압력은 강력하고 항상 느껴져 그들의 원하는 바는 이해할 수 있으나 언제나 만족시킨다는 것은 불가능하다.

상담사로서 우리는 직접 또는 간접으로 우리의 급여를 지불하는 이들 다른 당사자들에게 의무감을 느껴야 할지도 모르겠다. 이러한 긴장은 우리가 내담자에게 제공하고 싶은 자유 그리고 상담 자체에 대한 일종의 제약이다. 나는 먼저 나의 능력이 허락하는 한 내담자의 안녕에 우선순위를 둠으로써 이러한 제한과 갈등 영역 내에서 작업한다. 나는 나의 내담자에게 해가 된다고 생각되는 것은 다른 당사자로부터 요청이 있더라도 실시하지 않는다. 이것은 Grégoire(1998)의 보호 우선 주장과 일치한다. 동시에 나는 나의 내담자는 가족이든, 대학교이든, 또는 더 큰 공동체와 같은 더 큰 시스템 안에서 살고 있다는 것을 명심한다. 외부의 당사자가 내담자에게 전체의 문제를 만들어주고 있는 주체(내담자가 가진 문제를 걱정하는 것이 아닌)가 아니라면, 나는 그런 외부 당사자들이 상담에 가하는 압력에는 어떤 유용함이 있을 것이라고 일반적으로 생각하며, 또한 그런 압력들은 내담자가 현실적으로 그 안에서 생을 살아야만 하는 어떤 것을 나타내는 것이라고 간주한다.

예를 들면, 나는 인도, 중국, 한국에서 온 내담자들을 상담하는데, 이들에 대한 가족의 기대는 학문적으로나 전문 직업적으로나 매우 높다. 대학생으로서의 이들 내담자들은 미국의 자기결정권 문화를 처음으로 접하는 경우가 많으며, 이런 문화는 열심히 공부하여 사회적 기대에 부응하는 그들 가족의 문화와 심하게 갈등을 일으킨다 하더라도 어쩌면 매우 매력적으로 느낄 수 있다. 이들은 해외에서 공부하는 학생으로서, 가족들이 이들을 위하여 설계해준 인생을 살고 싶지 않다는 것을 발견할 수도 있다. 그래서 이들은 공부도 게을리 하게 되고, 심리적 증상들이 나타나고, 위험이 높은 행동에 빠지게 될 수 있다. 그러면 이들의 가족들은 그들 자녀들의 학업을 독려하고 속히 제 궤도로 돌아오도록 만들기 위하여 학교 측에서 강도 높은 압력을 행사해줄 것을 요청하기도 한다. 상담센터는 학생들을 위한 일종의 자원(지원 기구)으로 여겨진다. 기대되는 것은 우리가 그 학생을 가족이 정의하는 최상의 증상 이전의 기능 상태로 돌아오도록 도움을 줄 것이라는 것이다.

이런 상황들은 매우 복잡하다. 그러나 나는 가족들에게 문제를 안겨주지 않으려고 매우 주의를 기울인다. 결국 그들은 자기들이 최고라고 알고 믿는 바를 촉진하고 있는 것이다. 때때로 그들의 믿음에는 지혜가 깃들어 있다. 더구나 일과 공동체에 대한 그들의 가치관은 각 가족들 인생의 구석구석에 깃들어 있다.

그러므로 나는 내가 상담하는 내담자들의 치료 작업에 영향을 주는 다수의 당사자들의 의제 또는 목표에 비록 동의하지 않는다 하더라도, 이러한 외부의 당사자들은 어쩌면 나의 내담자가 어떤 형태로든 결국 돌아가야 하는 세계와 환경의 무엇인가를 상징한다는 사실을 심각하게 받아들인다.

12.3.5 그저 이야기하기

내담자가 나의 사무실로 걸어들어와서는 의자에 앉는다. 그것으로부터 우리는 함께 이야기할 어떤 방법을 발견한다. 어떻게 더 자연스러울 수 있겠는가?

앞에 서술한 바와 같이, 내담자들은 그들이 말하고자 하는 것 또는 말하고 싶지 않은 것에 대하여 알고 있는 상태와 단계가 다양하며, 때로는 특이하고 제한된 나로부터의 반응을 기대하거나 또는 허용한다. 나는 내담자에게 가장 편안할 것 같은 태도로 대화(또는 침묵)를 한다. 나는 도움을 구하러 찾아온 사람에게서 복합적이고 신체적인 맥박들의 리듬과 상호작용을 듣는 전통적 중국의 치유자나 인도의 아유르베다(Ayurveda, 고대 인도의 의학 장수법) 시술자처럼 언제나 동시에 이 대화의 흐름을 나 자신의 몸으로 기록하고 있다. 나는 묻는다. 이 이야기하기(내담자의 이야기는 물론 나의 이야기도)가 내 몸 안의 감각과 의미의 흐름에 주는 효과는 무엇인가? 그것은 자리 잡기 시작했는가? 그것은 더 유기적이 되었는가? 그것은 이제 생활의 난관들을 견디어 낼 만큼 용량이 커졌는가? 이렇게 나는 우리의 상호교환의 의미를 몸에 기록한다.

이러한 감지와 평가하기(sensing and evaluating)는 우리가 문제해결을 하고 있는 것인지, 슬픔을 표현하고 있는 것인지, 또는 분명 날씨에 관한 이야기를 하고 있는지를 판단하는 대화에 필요한 나의 안내자이다. 각각의 대화는 내가 특정 내담자의 인생의 의미를 발견할 수 있도록 하는 보다 큰 이야기의 부분을 이룬다. 나는 항상 많은 훈련과 인생 경험으로부터 다양한 준거틀에 접근할 수 있다.

나는 이와 같은 상호작용의 자연스러운 인간적 과정을 따름으로써 생산적인 무엇인가가 나올 수 있다는 믿음을 배웠다. 나는 그 과정에서의 나의 역할이 각 내담자의 존재, 역사, 현재 생활의 맥락에 의하여 정의되는 성숙과 발달의 방향으로 움직일 수 있도록 도움을 주는 데 적합한 방법에 섬세한 주의를 경주하는 법을 배웠다.

그것은 일상적으로 재잘거리는 대화같이 보이지만, 그것은 나의 특별한 듣기 방법에 의하여 어떤 한계 안에서 유지된다. 아무리 자연스럽고 또는 친밀하게 보인다 할지라도, 내가 가족, 친구들 또는 동료들과 대화할 때에는 이런 방법으로 말하거나 또는 듣지는 않는다. 그러나 나는 나의 상담 방법을 '그저 이야기하기(just talking)'로 말하는데, 이것은 그것의 일상적 인간적 특성을 인정하고 소중히 여기는 한 방법이라 할 수 있다.

Mazzetti(2012a, 2012b)는 여러 나라의 상이한 여러 법들이 어떻게 상담사들의 실제에 영향을 미치는가에 대하여 논의하였는데, 변화를 가능하게 만드는 이야기하기의 실제에 대한 규제들을 포함할 수 있을 것이다. 그러나 상담에서 우리의 대화가 제아무리 규제에 의한 제약을 받는다 해도, 도움을 구하려고 우리를 찾아온 사람들과 유용한 방법으로 이야기하기를 익히는 것은 우리가 지속적으로 어느 정도는 성공적으로 이루어야만 할 필생의 프로젝트이다. 그리고 그 과정 속에서, "우리는 언제나 우리의 경험으로부터 배운다"(Newton & Napper, 2007, p. 150).

12.3.6 변함없는 고통의 흐름

대부분의 일하는 주중에는 전에도 그랬듯이 나의 사무실에 갇혀서, 어떤 형태의 대화에 열중하고 있다. 가끔 내가 밖으로 나와 교정을 걸을 때에는 웃으며, 기운차고 희망찬 모습으로 친구들과 함께 있는 학생들을 보면 언제나 놀라움을 금치 못한다. 그때 나는 학생들에 대하여 내가 가지고 있는 왜곡된 시각을 알아차리게 된다. 나는 잘못되어 가는 것들만을 본다. 어떤 경우에는 나는 입교하기 전에 이미 인생이 잘되어가고 있지 못했고 입교 후에도 삶이 더 나아지지 않을 것 같은 그런 학생들을 본다. 일상에서 이런 종류의 불행과 고통이 나에게 그리고 나의 동료들에게 다가온다. 일단 나아지는 징후가 보이면, 그 사람은 자유롭게 자기의 길로 되돌아가 다음번의 고통받는 영혼을 위한 자리를 내어준다.

12.3.7 시간의 제약과 축복

Fassbind-Kech(2011)은, "첫 면담이 곧 마지막이 된다면 어찌하겠는가?"(p. 291)라는 질문을 던진다. 쉴 새 없이 오고 가는 내담자들이 있는 내가 일하는 상담센터에서는 이것은 명확한 답이 없는 나에게 던져지는 일상의 질문이다. 그래서 나는 이러한 상담의 맥락에서 내담자를 만날 때면, 이번이 우리의 첫만남이라 할지라도 이것이 마지막 회기가 될 수도 있다는 가정하에 상담에 임한다.

나에게는 어떤 형식으로든 도움을 요청한 이 특별한 내담자와 이 단 한 번의 기회만 허락될지도 모른다. 경험적으로, 단 한 번의 회기라는 틀에서 상담하는 것은 내가 제아무리 많은 과거에 관한 생각을 하고 보다 나은 미래를 위한 희망을 상상했다 하더라도, 현재에서의 근본적이고 급격한 성과의 구현을 의미한다. 이렇게 현재 중심의 상담 분야는 Verzaal(2012)의 내담자가 자신들의 내적 핵심 또는

'내적 영혼(spirits within)'에 다시 연결될 수 있도록 도움을 주는 상담의 실제, '상담에서의 영혼의 핵심(the spiritual core of counselling)'이란 논의 속에서 나에게 공명을 주었다. Verzaal의 상담에서의 여기-그리고-현재에 초점 맞추기의 재설정은 우리를 압도할 만큼의 또한 현실적으로 빨리 해결될 수 없는 크나큰 도전을 해야 할 것과 시련들을 제시하는 내담자와 "매우 짧은 시간밖에는 허락되지 않을지 모르지만, 우리는 어떻게 이러한 도전들과 함께 살아 나가고 또 수용할 수 있는가에 대한 방법을 발견함으로써, 그로부터의 고통을 감내하는 능력을 보이는 것 그 자체가 본질적으로 우리가 받은 자비이자 선물"(Landaiche, 2012, p. 9)이라는 것을 인정하고 있다.

12.4 상담, 사례로부터의 발췌

Liselotte Fassbind-Kech

12.4.1 개요 : TA 상담의 정의

나의 TA 상담에 대한 이해는 EATA Professional Training and Standard Committee(2008)(European Association of Transactional Analysis, 전문가 훈련과 표준 위원회)이 발표한 다음의 EATA 정의에 근거를 두고 있다.

> 교류분석 상담은 계약적 관계 안에서의 전문적 활동이다. 상담 과정은 내담자들 또는 내담자 시스템들로 하여금 문제의 관리를 위한, 그리고 개인들의 힘과 자원의 증진을 통한 일상생활에서의 개인의 발달을 위한 자각, 선택안과 기술들의 개발을 가능하도록 한다. 그 목적은 그들의 사회적·직업적 그리고 문화적 환경과 관련하여 자율성(autonomy)을 증진하는 것이다.

EATA는 이러한 임무를 상담 분야의 핵심적 능력들에 명시하고 있는데, 내가 가장 좋아하는 핵심 능력은 제8번에 수록된 것이다.

"자원에 중점 두기"
  a. [상담사]는 변화를 위한 역할자로서 내담자의 강점들을 사용하고 근거로 삼을 수 있다.
  b. 내담자와 내담자의 시스템 안에 존재하는 자원들을 확인하여 그것들을 상담과정으로 통합시킨다.
  c. 의료, 정신치료, 심리치료, 기타 서비스들을 포함하여 내담자에게 지원이 되거나, 또는 내담자를 이관시킬 수 있는 공동체 내의 다른 지역 자원들에 대한 사용 가능한 지식을 갖는다.

이 정의에서 내가 특별히 좋아하는 것은 우리의 내담자들은 그들의 어려움을 극복하는 데 필요한 힘과 자원들을 모두 가지고 있으며, 상담사로서의 우리의 임무는 그들을 도와 이것을 발견하고, 확인하고, 성공적 문제 해결을 위하여 사용하도록 하는 것이라는 암묵적 가정이다. 나는 내담자의 전체 인생을 한 편의 역사와 잠재적 자원의 저장고로서 간주하는 것이 특히 흥미롭다는 것을 발견한다. 그리고 나는 내담자의 몸(신체)을 그 첫 번째의 자원으로 간주한다. 내담자의 신체적 반응을 주목하는 것은 내담자를 여기-그리고-현재로 인도함으로써, 어른자아 A를 자극하는 매우 효율적 방법이다(Berne, 1966, p. 220).

A 부인의 15회기 상담의 초록을 제시함에 있어, 나는 상황에 중점을 두었으며, 이러한 자원의 탐색은 필수적이었다. 상담 과정이 시작되면 규범(standards)을 설정하며, 상담사와 내담자가 그들의 관계를 형성하는 방법을 보여주며, 내담자의 자원을 고려하는 것 역시 필수적이다.

12.4.2　사례 : A 부인

A 부인은 54세이며 19세, 18세, 15세 된 세 자녀를 두고 있다. 그녀의 남편은 7년간 의료 보호소에 있다. 그는 다발성 경화증을 앓고 있으며, 그의 상태는 매우 불안정적이어서 최근에 그녀는 몇 번이나 임종을 보라고 부름을 받았다.

자녀들은 진로를 선택해야 하는 상황이다. A 부인은 아동 돌봄 센터에서 60%만 일한다.

A 부인은 첫 면담에 10분 늦게 도착했으며 숨을 몰아 쉬었다. 그녀는 "미안합니다. 나는 너무 어수선해서 도무지 시간을 맞출 수가 없어요."라고 말했다. 그녀는 나에게 자기에게 동정심을 갖고 자기를 교정하도록 유도했다. 나는 심리적 게임으로 인도하는 이러한 제의를 무시하며, 그녀에게 의자를 권하며 자리를 잡도록 안내하였다. 그녀에게 앉는 자리를 잡고 주변을 통제하도록 허락하는 것은 그녀의 자율신경계에 상담 분위기에 적응할 수 있는 가능성을 줌으로써 현실과 생각 또는 느꼈던 위험을 분리하고 그녀의 어른자아 A를 활성화시키도록 하는 것이다(Berne, 1966, p. 220).

A 부인이 그녀가 선택한 자리에 앉을 때 나는 다시 한 번 환영의 말을 전하고 그녀의 개인적 데이터를 수집하기 시작했다. 그녀는 직장에서 부모들이 아이를 맡길 때 비슷한 개인적 데이터를 부모로부터 수집해보았기 때문에 이런 절차에 대하여 잘 알고 있었다. 따라서 이러한 '의식(ritual)' 행위는 그녀를 보다 더 진정시키는 데 도움이 되는 또 하나의 자원이다.

회기에서 이렇게 구조화된 시간이 지난 후, A 부인은 다급하게 그녀의 상황과 고통을 설명하기 시작했다. 그녀는 언제나 압박받고 있다고 느낀다. 그녀는 자기의 자녀들, 그들의 선생님들, 그녀의 남편, 의사들, 그녀의 상사, 그녀의 직장, 그녀가 만족스럽게 해주어야 할 모든 사람들을 실망시킬까 봐 두려워한다. 그녀는 수면 문제와 빈번한 두통이 그녀의 강박관념을 악화시키고 또한 그녀가 해내야만 할 모든 의무를 제대로 수행할 수 없다는 생각을 악화시킨다는 것을 알고 있다.

이렇게 폭발적으로 분출하는 그녀의 고통은 나에게 또 다른 자원을 사용할 수 있도록 하였으며 나는 그녀가 어른자아 A를 활성화하도록 안내하였다(Berne, 1966, p. 220). 나는 그녀의 어려움에 대하여 놀라움과 실망스러움을 나타내고, 한편 그렇게 어려운 상황을 오랫동안 그래도 잘 대처해 온 것에 대한 감탄을 표현했다. 그녀는 즉각적인 디스카운트로 반응했다. "저는 노력을 많이 했지만, 상황을 주도하지 못하고 늘 어쩔 수 없는 반응을 했을 따름이에요."

나는 그녀의 디스카운트에 직면하는 대신, 자원으로서 한 가지 방법을 사용했다. 나는 그녀에게 가장 친한 친구의 의자에 앉도록 했다. 그녀는 이 친한 친구의 자리에서 보는 관점에서, 감탄을 표할 수 있었으며 또한 근육의 긴장도 완화되는 것을 느낄 수 있었다. 원래의 자리로 돌아가자 그녀는 즉각적으로 긴장이 고조됨을 느꼈다. 그녀는 긴장을 해묵은 압박감에 연결시켰으며, 그녀가 그렇게 오랜 시간 동안 그런 상태에 머물러 있을 수 있었던 그녀의 능력을 인식하고는 긴장이 다시금 감소하는 것을 느꼈다.

A 부인은 의자를 바꾸고 역할을 바꿈으로써 긴장의 수준에 분명한 차이가 있음을 알고는 놀랐다. 이렇게 그녀는 또 하나의 새로운 자원, 즉 자기의 신체를 관찰하여 나타나는 신호에 중요성을 부여하는 가능성을 이제 발견하였다. 회기가 진행되면서 그녀는 긴장을 풀기 위해서 이러한 신호들을 사용하는 방법을 배웠다.

12.4.3 계약의 체결

A 부인은 이제 첫 계약을 체결할 수 있었다. 그녀는 아들과의 실질적 문제를 생각해볼 수 있을 정도로 긴장이 풀어졌음을 느끼고 둘 사이의 역동을 이해하기 시작하는 것 같았다. 그녀는 이해를 해야만 좀 더 차분하게 대처할 수 있다고 생각했다.

장기적으로 그녀는 강박감을 제거하고 싶었으며 자기신뢰를 높이길 원했다. A 부인은 의사가 원인을 알 수 없는 수면장애 문제와 두통은, 만약 그녀가 자기확신과 차분한 태도를 발전시킬 수 있다면, 감소할 것이라고 믿었다.

교류분석 상담사에게는 당연한 과정의 일부인, 계약 그 자체는 또 하나의 커다란 자원이다. 내담자는 계약서를 작성하는 과정에서 이미 자기의 진짜 문제에 대한 미래의 해법을 머릿속에 그리기 시작한다. "두뇌는 의식적 또는 무의식적 정보에 대한 신경세포의 안정화(stabilization)를 위하여 자극된다"(Hüther, 2006, p. 87).

A 부인은 15세 아들을 둔 어머니로서의 자신에 대한 인식에 대하여 말하기 시작했다. 그녀는 자신을 가끔 성질을 못 참아 소리를 지르는 엄마라고 묘사했다. 그녀는 자녀들을 때린 적은 없지만, 자신의 행동에 대해 속이 상한다고 했다. 그녀는 아파서 여러 해 동안 전통적 아버지의 역할을 하지 못하는 남편을 대신한 아버지로서의 역할도 자기가 해야만 한다고 믿고 있었다. 그녀는 논리상으로는 자기가 두 부모의 역할을 도맡아 할 수 없다는 것을 알지만, "나의 아들을 훌륭한 사람으로 키워야만 한다는 강박을" 느끼고 있었다. 그녀가 아들의 두 부모(아버지와 어머니) 역할을 해야만 한다는 오염된 믿음을 가지고 있기 때문에, 아들이 그녀의 기대와 어긋나는 행동을 할 때마다 그녀는 죄의식을 느꼈다.

그녀의 이중 오염은 그녀의 부모자아 P로부터의 "내가 아이의 아버지를 대신할 수는 없다면, 나는 완벽한 어머니여야만 한다." 그리고 그녀의 어린이자아 C로부터의 "나의 아들의 행실이 바르지 않다면 그것은 나의 잘못이다."의 두 가지 모두이다.

12.4.4 자원들을 활성화시키기

자원들을 탐색하며, A 부인은 아들이 그의 삼촌, 즉 남편의 남동생과는 사이가 좋다는 것을 발견하였다. 그녀는 시동생에게 아들과 '남성들 간의 시간'을 함께 갖도록 부탁하고, 그녀 자신에게는 자기가 직접 그 일을 하지 않고 그 책임을 분담할 수 있는 허가를 주었다. 이것은 그녀가 내내 지고 있던 무거운 짐을 내려놓을 수 있었던 것처럼 그녀가 느끼도록 해주었다. 그녀는 또한 자기 남편만이 집안에 유일한 남자가 아니며, 따라서 아들이 본받을 남성 모델에 대하여 지나친 염려를 하지 않아도 된다는 것을 알게 되었다. 이 시동생은 그녀를 위한 하나의 자원일 뿐만 아니라 그녀의 아들에게도 역시 하나의 자원이었다.

처음에 나는 A 부인의 취미에 관하여 물어 보았다. 그녀는 간단히 말을 사랑한다고 말하며, 취미에 신경 쓸 만한 시간이 없었다는 것을 강조했다. 그녀의 말에 대한 사랑은 아직도 강력한 자원이 될 수 있다. A 부인은 말이 놀랄 때의 반응을 그녀 자신의 긴장 불안에 비유하였다. 말들은 놀라면 고삐를 끊고 도망가는데, 그녀는 소리 지르고 통제를 잃어버린다. 내가 그녀에게 그럴 때 훌륭한 승마인이라면 말에게 어떻게 하느냐고 물었더니, 그녀는 말을 진정시키고, 솔질도 해주고, 마지막으로 먹이도 주어야 한다고 즉각적으로 대답했다. 그녀는 웃으며 말했다. "알겠네요, 긴장이 내게 엄습할 때엔 나도 바로 그렇게 해야 하는 거군요. 밤에 내가 제대로 하지 못한 것에 대하여 나의 사기를 스스로 꺾을 게 아니라, 나 자신을 부드럽게 솔질해줄 계획을 세워야겠군요." 이미지들은 강력한 자원이다. 이미지들이 긍정적 정서를 더욱 더 함유하면 할수록 그 효과는 더욱 더 크다.

A 부인의 창의성, 유머, 그리고 그녀의 자발성은 그녀가 말의 이미지에 몰입하도록 도움을 주는 자원들이다. 그녀는 비록 언제나 자기가 기대하는 것만큼의 사랑스럽고 부드러운 어머니가 될 수는 없다 하더라도, 이것이 아마도 그녀가 "I'm OK/you're OK 그리고 현실적"(English, 1976, p. 29) 태도를 견지할 수 있도록 지원할 것이다.

12.4.5 두려움이 나타나다

몇 회기가 지난 어느 날 A 부인은 짜증과 불안을 보이며 상담실에 도착했다. 그녀는 지금 봉착한 문제의 해결을 위하여 진정하려 애썼다. 자기의 신체적 감각을 얼마간 지켜본 후, A 부인은 호흡이 깊어지고 심장박동이 진정되는 것을 알 수 있었다. 그러나 그녀는 자기의 두 발이 제멋대로 움직이며 어떤 불안감을 표현하는 것 같다는 것을 의식했다. "이것들이 도망가고 싶은가 봐요." 그녀의 말에, 나는 이러한 충동은 자율신경계의 원시적 자원으로서 도망가고 싶은 자연스러운 충동이라고 안심시켰다. 그녀는 "이제 쉴 시간이야."라고 웃으며 말하기 전까지는 걷거나 뛰는 것을 머릿속에 그리고 있었다. 그녀는 훨씬 이완된 자신을 느끼는 것을 놀라움을 가지고 의식했다.

내가 그녀에게 도망가고 싶은 충동에 대한 그녀의 생각을 물었을 때 그녀는 즉각, "원인은 분명해요. 내가 나 자신을 쉬지 않고 비판하기 때문이에요. 밖에 해야 할 일이 많으면 많을수록, 더더욱 나를 비판하지요. 그리고 나 자신을 더욱 비판하면 할수록, 일을 하나하나 처리하기 위해 내 과제들을 구조화하는 것이 더욱 힘들어져요."라고 대답했다. 갑자기 그녀는 어린 시절에 경험했던 두려움들, 예컨대 학교에서 낙제할까 봐, 부모에게 짐이 될까 봐, 사람들의 놀림감이 될까 걱정했던 것들에 대하여 이야기했다. 이때에도 나는 여기에 쓴 바와 같이 상담의 원칙들을 고수했다. 나는 이러한 그녀의 두려움에 대한 탐색을 하지 않았으나, 그녀에게 어떤 학생이었는지 물어봄으로써 자원들을 찾고 있었다. 그녀는 비교적 착한 학생이었으며 남에게 비웃음을 사진 않았다고 대답했다. 그녀의 두려움에도 불구하고 그녀는 훌륭한 학생이었으며 좋은 동료였다는 것에 대해 나의 놀라움을 표현하였는데, 그녀는 잠시 침묵하더니 말했다, "나는 그것을 결코 그렇게 보지 않았어요." 얼마 후 나는 약간은 다른 어조로, "그래요, 당신은 자신을 그렇게 생각한 적이 결코 없었다는 것이군요."라고 반복했다. 우리들은 이 어린아이의 성취한 것들을 헤아리며 얼마간의 시간을 보냈는데, 그때 A 부인은 자기존중의 새로운 태도를 만들 수 있었으며, 그녀의 가슴과 뱃속과도 같은 뜨거움을 지각하는 사랑의 느낌을 경험할 수 있었다. 나는 A 부인의 상담 작업을 스스로 다시 부모 되어보기(self-reparenting)(James, 2002, p. 47)에 연관시켰다.

A 부인이 용감한 소녀를 위한 자원으로서 경험하고 있는 새로운 사랑과 존중을 사용하기 위하여, 나는 그녀에게 이번 경험이 그녀의 일상의 인생에서 어떤 의미를 갖는가에 대하여 질문하였다.

그녀는 아직도 성공하지 못할까 봐 두려워하고, 충분히 훌륭하지 못할까 두려워하고, 다른 사람들에게 받아들여지지 않을까 봐 두려워하는 대신, 그녀의 실제의 성과를 인정하는 것으로 충분하다고 결론지었다. 그녀는 실제 그녀가 성취한 것들의 목록을 만들기 시작했는데, 놀랍게도 성취한 많은 일들을 아주 쉽게 목록에 담을 수 있다는 것을 알게 되었으며, 특히 이렇게 목록을 만들어 보는 것이 얼마나 기분 좋은 일인지 알게 되었다. 그녀가 혹시 어떤 일을 이룰 수 없다고 느끼거나 충분히 훌륭하지 못하다고 느낄 때 즉시 찾을 수 있는 자원으로서, 그녀는 어릴 때부터 용감한 소녀에 대한 존경과 느낌을, 그리고 그녀는 실제 용기 있고, 능력 있고, 효율적인 여인이라는 사실을 다시 일깨워주는 한 권의 스트로크 책(stroke book)을 펼치기만 하면 될 것이다.

12.4.6 결론으로 : 자원들과 자율성

나는 A 부인과의 이후 상담에서 나의 임무는, Berne의 자율성에 관한 정의, "자율성은 자각(awareness), 자발성(spontaneity) 그리고 친밀(intimacy), 이들 세 가지 능력의 방출 또는 회복에 의해 명백해진다."(1964, p. 158)에서의, 그녀 자신의 능력에 대한 자각을 증진시키는 것이라는 것을 알았다.

상담 과정의 결론 시에, A 부인은 나의 상담에 대한 이해와 맞아떨어지는 말을 했으며, 이것은 또한 이 내담자와의 상담의 결론이기도하다. 그녀는 말했다. "나의 자원들을 찾아내고, 어떤 사람은 이 자원들에 감탄한다는 것을 경험하고, 그리고 마침내 내 자신이 자원들에 대한 진가를 알 수 있게 된 것이 나의 자기개념(self-concept)을 전폭적으로 변화시켰습니다. 나는 자신이 이제 보다 더 명확하고, 더 구조화되어 있고, 희망에 차 있다는 것을 경험하고 있어요."

12.5   다발성 경화증을 받아들이다

Jan Grant

12.5.1   개요

나는 호주 시드니에서 상담실을 운영하는 상담사로서 교류분석의 틀로 개인 및 부부 상담을 하고 있다. 나는 여기에서 금년 초에 있었던 한 여자 내담자와의 상담을 소개하고자 한다. 그녀는 서면 동의하에 우리와의 상담 경험을 공유하는 것을 허락했다.

12.5.2   사례

소피(가명)는 그녀의 감정을 표현할 수 있는 곳과 도움을 찾아 상담실을 찾았다. 6개월 전에 그녀는 다발성 경화증(multiple sclerosis)의 진단을 받았으며, 점차 진단 결과를 받아들이고 그것이 그녀의 인생에서 의미하는 바를 이해하려고 노력하는 중이었다.

그녀는 46세이며, 큰 회사의 인력관리부의 부장으로 힘든 일을 맡고 있다. 직장에는 물론 그녀에게 스트레스를 주는 내부의 정치적 문제들과 일부 도전적 인물들이 있다. 그녀는 이전의 부장에게 괴롭힘을 당한 경험이 있으나 그 부장은 지금은 퇴사하고 없다.

그녀는 독신이며 애완동물, 고양이 한 마리와 개 한 마리와 함께 산다. 그녀는 여동생, 그리고 여동생의 남편과 가깝게 지내고 있다. 여동생은 그녀를 지원하는 주요 지지원이다. 그녀에게는 몇 명의 친구들이 있었으나, 그 친구들은 그녀의 어려운 시간에는 그녀를 위하여 '진정으로 그곳에' 있지 않았기 때문에 실망을 느꼈다. 그녀의 어머니는 2년 반 전에 죽었으며 소피에게는 그것이 또한 스트레스를 더해주었다. 모녀는 매우 가까웠으며 이 어려운 시기에는 더더욱 어머니의 지지가 그리웠다. 그녀의 아버지는 아직 생존해 있으나, 그들의 관계는 좋지 않았다. 어머니가 죽은 후, 아버지는 그녀와 여동생 모두에게서 떨어져 살며 새로운 가족관계를 만들었다. 그녀에게는 남동생이 있었으나, 서로 연락은 거의 없으며, 과거에 그는 폭력적이었다.

소피는 직장에서는 매우 밝고, 명확하고, 유능했다. 내가 느끼기에도 그녀는 전형적으로 "강해져라(Be strong)." 그리고 "완벽해라(Be perfect)."의 드라이버로부터 행동하기 때문에 그녀가 허점을 드러내기는 쉽지 않은 것 같았다. 그러나 처음 몇 회기에서 그녀는 매우 감정적이었다. 그녀에 대한 나의 첫 인상은, 그녀에게 일어나고 있는 모든 것들을 표현할 수 있는 안전한 장소를 갖는 것이 그녀에게 중요하다는 것이었다. 첫 회기에서 나는 그녀에게 다발성 경화증을 그림으로 그려보라고 요청했다. 그녀는 번개가 그녀의 두뇌와 복부를 관통하는 그림을 그렸다. 우리들은 이 이미지에서 '열기(heat)'에 대하여 이야기를 나누었다. 그다음 주에 그녀는 그녀를 식혀주는 바람과 비를 시각적으로 나타내었다. 내 상담실에는 그림 재료들이 많이 있는데, 나는 내담자들에게 그들이 경험하고 있으나 그것에 대하여 이야기로 나타내고 싶은 것을 그리도록 요청하는 것이 유용하다는 것을 발견했다. 그림은 내담자들에게 자기들이 내적으로 경험하고 있는 것을 외부로 표현하는 기회를 제공한다. 그것은 또한 그들이 자신들의 내적 세계를 어떻게 경험하고 있는지 내가 알 수 있도록 도움을 준다. 소피에게는, 이것이 그녀가 느끼고 있는 것과 그녀의 몸 안에서 진행되고 있는 것에 대한 두려움(그녀가 통제할 수 없는 것)을 표현할 수 있도록 도움을 주었다.

소피는 다발성 경화증 진단을 받아들이는 것이 쉽지 않다는 것을 알고 있었다. 그것은 그녀의 자아에 대한 도전이었다. 그녀는 남에게 도움을 청한다든지, 약함을 보이는 것에 익숙하지 않았다. 그녀는 자신의 독립적 생활을 잃게 될까 봐 걱정했다. 그녀는 자신의 애완동물들을 돌보지 못하게 될까 봐 마음이 괴로웠다. 그녀는 스트레스가 심하지 않은 새 직장을 찾아봐야 할지, 여동생 집 가까운 곳으로 이사를 가야할지 자문해보았으나, 머리의 한쪽에서는 큰 변화를 서두르지 말라고 말하고 있었다. 나는 소피에게 무엇이 옳은 일인지에 대한, 비록 그녀가 그것이 무엇인지 논리적으로 이해할 수 없다 할지라도, 그녀 자신의 믿음을 지지해주는 것이 중요하다고 생각했다.

소피가 경험하는 어려움을 더욱 어렵게 만드는 것은 그녀에게 바늘에 대한 공포가 있다는 것이었으며, 다발성 경화증의 치료에서는 주사를 자주 맞아야만 했다. 그녀의 직장과 집을 어떻게 할지 모른다는 것은 그녀에게는 진행형의 스트레스였다. 그녀는 상황을 미리 준비하기를 좋아했기 때문에 이런 결정들을 오래 끈다는 것은 그녀의 일 처리 방식이 아니었다. 나는 그녀의 자의식이 도전받고 있음을 알았다.

12.5.3 과거 그리고 현재

3회기와 4회기에서 소피는 아버지에 대하여 더 이야기했으며, 특히 어머니가 죽은 이후에는 그가 얼마나 멍청한 인간이 되었는지 이야기했다. 그녀는 남동생에 대하여 이야기하나, 그가 십 대였을 때 얼마나 폭력적이고 험한 말을 했는지 말했다. 이것은 중요한 역사임에 틀림없으나, 그녀는 이런 문제들에 대해서는 벗어난 듯 보였으며 또한 남동생과 관련해서는 전에 치료를 받았었다는 것을 알려주었다. 여기에서 나는 선택의 기로에 있었다. 과거를 철저히 탐색할 것인지 아니면 현재에 초점을 맞추어야 할지에 관한 선택이었다. 나는 지금 단계에서 이러한 영역에 더 이상의 작업이 필요하다고 생각하지 않았다. 소피에게 더욱 중요한 것은 그녀의 종교적 믿음에 연관된 고민이었다. 그녀는 크리스천이었으며, 다니는 교회에서 그녀가 좋아하지 않는 것들에 대하여 심한 갈등을 겪고 있었다. 그녀는 그 교회 다니는 것을 중단했다. 그녀는 그녀 인생의 이 어려운 시기를 극복할 영적 지원을 필요로 했기 때문에, 나는 그녀에게 맞는 교회를 찾아보도록 격려했다. 이 점에서도 나는 그녀에게 옳다고 생각되는 것에 대하여는 소피의 직관을 따르는 것이 중요하다고 생각했다.

12.5.4 다발성 경화증과 투병하며 업무 보기

소피를 그다음 회기 직전까지 괴롭힌 '다발성 경화증의 증상인 에피소드'가 있었다. 그날은 직장에서 기분이 별로 좋지 않았으나, 그래도 그날 밤에 필라테스에 갔다. 그러나 매우 피곤했으며 '이상한 (odd)' 기분이었다. 그녀는 운동을 중단하고 집으로 왔다. 소피는 그 에피소드를 나에게 이야기하면서 매우 속상해 했다. 그녀는 통제할 수 없는 다발성 경화증의 예측할 수 없음을 발견하였다. 과거에는 그녀는 매우 건강했기 때문에 이렇게 통제할 수 없는 느낌을 느낀다는 것은 원치 않는 새로운 경험이며, 또한 그녀의 "강해져라." 드라이버에 대한 도전이었다. 그녀는 다발성 경화증을 수용하는 것이 그녀의 목표라고 정리했다. 나는 마지막 회기에서 나의 가정이 옳은 것이었는지 확인하기 위하여, 그녀의 아버지와 남동생에 관한 우리들의 논의에 대하여 어떻게 느끼는지 확인을 시도했다. 나의 가정은 그녀에게는 지금 그녀의 과거에 대한 탐색이 필요하지 않다는 것이었다. 그녀는 일주일 내내 그 문제는 생각하지도 않았으며 그 문제에 관한 작업은 과거에도 많이 했다는 것을 확인해 주었다. 나는 그녀의 주의 집중에 안도했다.

6회기에서는 그녀는 들어서자마자 직장에서 무슨 일로 한 동료에게 화를 내고 기분이 좋지 않았던 사건을 마음에서 내려놓을 필요가 있다고 말했다. 이것은 과거에 그녀가 부장에게 괴롭힘을 당했던 상황을 연상시켰다. 나는 상담실에 여러 종류의 쿠션과 장난감 대상물(toy objects)을 비치하고 있다. 나는 소피에게 직장을 나타내는 쿠션을 고르고 그녀를 상징하는 대상물을 집도록 요청했다. 그녀가 직장을 나타낸다고 선택한 쿠션은 정교하고, "바깥쪽은 화려해 보였으나 안쪽은 지저분해 보이는" 것이었다. 그녀 자신을 위해서는 앉아 있는 작은 암사자를 선택했다. 암사자는 약해 보였다. 회기에서 그녀는 다발성 경화증 진단 이후 자신의 능력에 대한 믿음이 없어졌음을 인정하며, "그렇지만 나는 직장 일은 잘해요."라고 말했다. 나는 그녀에게 그녀의 힘을 상징하는 다른 동물을 선택해 보라고 요청했다. 그녀는 또 다른 암사자를 집었는데―이번 것은 서 있고 좀 더 어두운 반점들을 가진 것이었다. 그녀는 그 암사자에 대하여 기분이 좋았으며 핸드폰으로 암사자 사진을 찍었다.

12.5.5 새로운 길

그다음 회기에서 소피는 직장 일은 매우 압박을 주지만 잘 처리하고 있다고 알려주었다. 회사의 직원과 부장 간의 심각한 괴롭힘 사례가 있었다. 인력관리부장이란 그녀의 경험에서, 그녀는 과거에도 비슷한 상황을 처리해야만 했으며, 그것은 매우 스트레스를 주고 기운을 소모하는 일이었다. 그녀는 또한 직장에서 괴롭힘을 당한 경험이 있었으므로 이번 사건은 그녀에게는 강력한 격발의 원인을 제공하는 사건이었다. 일반적으로 그녀는 매우 힘든 경우라 하더라도 자신의 "강해져라." 드라이버를 불러내어 자기가 직접 처리를 했었다. 그러나 이번에는 다른 사람에게 이 경우를 처리하도록 권한을 맡겼다. 나는 이번 경우는 자신이 처리할 수 있는 사안과 그녀의 팀원들의 기술과 능력에 대한 현실적 사정에 근거하여 그녀가 적극적 선택을 한 훌륭한 예로 보았다. 그녀는 이 문제를 혼자 처리해야만 한다고 생각하지 않았다. 그녀는 또한 다발성 경화증 환자들을 위한 모금운동에도 참여하기로 큰 결심을 했다. 그녀는 이 이벤트를 위한 친구들의 지원과 참여를 요청했다. 그녀는 이 이야기를 하며 눈물을 보였으며 그녀의 질병을 수용하며 자기의 다음 걸음을 기대하였다. 그녀가 자기의 병에 대하여 친구들에게 이야기했다는 사실은 그녀에게 매우 큰 걸음이었다.

나는 소피와 모두 8회기를 마치고 만약 그녀가 언제고 원한다면 다시 돌아올 수 있도록 문을 열어놓았다.

12.5.6 내담자의 견해

여기 소피가 자신의 경험을 어떻게 묘사하고 있는지를 적는다.

나는 내가 겪고 있는 어려움을 이야기할 안전한 장소를 필요로 한다. 3년이 넘는 기간 동안

- 나는 어머니를 뇌졸중으로 잃었다. 그녀는 뇌졸중 합병증으로 돌아가시기 전 4개월을 병석에 있었다.
- 나의 아버지는 나와 여동생과의 관계 유지에 관심을 잃었다.
- 나는 다발성 경화증으로 진단받았다.
- 나는 부장으로부터 심한 괴롭힘을 당했으며 그녀가 내게 한 행위에 대한 불만으로 스트레스가 심했다. 말할 것도 없이 이것은 극심한 학대관계였다. 더구나 그것 때문에 나의 생활을 유지하기 위한 지속적 고용과 홀로 사는 것에 대한 확신을 잃었다.

나의 첫 회기는 나의 다발성 경화증을 중심으로 이루어졌다. 나는 나와 다발성 경화증과의 관계를 그림으로 나타내도록 요청받았다. 그림이 얼마나 모든 것을 정확히 말해주는지 나도 놀랐다. 내가 느끼고 있는 것을 정확히 표현할 수 있으리라고 생각하지 않았으나 그림은 큰 도움이 되었다. 나는 그 그림을 집 냉장고에 아직도 붙여놓고 있으며 그것은 아직도 효용이 있다. 내가 다발성 경화증에 대한 생각으로 압도당할 때면, 그림은 부드러운 바람과 비가 내 병을 완화시켜준다는 명상의 가치를 상기시켜준다. 그림은 또한 나의 질병을 어느 정도까지 수용할 수 있게 되었는가를 생각하도록 해준다. 그림은 나를 미소 짓게 만든다!

나는 내가 교회를 가지 않게 된 것이 나에게 충격을 주리라고는 생각지 않았다. 안전한 장소를 가지니 내게 이 문제를 생각하게 만들었으며 또한 교회로 돌아가는 결정을 포함하여 여러 가지 결정들을 할 수 있도록 해주었다. 이렇게 나는 내 주변에 자원들을 만들 수 있었다.

직장에서 내가 직면하는 문제들에 관하여, 나의 다른 동료가 나보다 잘 해결할 것이란 생각이 들 때면, 나는 핸드폰에 저장해 둔 '쿠션과 내가 선택한 동물' 사진을 꺼내 본다. 그것은 나를 제인과 가졌던 상담 회기로 데리고 가 내가 가진 힘과 통찰력을 상기시킨다. 그러면 상황을 정리해 보고 직장에서의 관계를 보다 건설적으로 관리할 수 있도록 도움을 준다.

나는 내가 직면하는 문제들을 시의적절하게 대할 수 있는 충분한 시간과 필요한 도구와 자원들을 가지고 있지 못하다. 나는 상담 회기에서의 배려 깊고 실제적인 접근법에 대하여 감사한다. 이것은 나의 문제들을 직면하는 데 있어, 어려운 주제에서의 숨겨진 부분들이 없는 경우에 흔히 있을 수 있는, 어떤 얕잡아 봄도 없었다.

나는 아직도 다발성 경화증에 대한 두려움을 가지고 있다. 인생은 때때로 나에게 커브볼을 던진다. 나는 이제 이런 두려움에 대처할 수 있다는 것을 확신한다. 이 점에 대하여 나는 항상 감사한다.

12.5.7 결론

결론적으로 나는 이것이 TA를 사용한 단기 상담의 좋은 사례라고 생각한다. 상담사는 내담자에게 중요한 것에 대하여 적극적인 선택을 할 필요가 있다. 이것은 특히 내담자의 과거의 문제들을 다룰 필요가 있을 때와 상담을 현재의 문제에 중점을 두어야 할 때에 그렇다. 상담사와 내담자는 내담자의 기존의 강점들을 확인하고 그에 기반을 두어야 한다. 심각한 질병이란 위기는 사람들을 각본 속으로 밀어넣으며, 인생을 다른 시각으로 바라보도록 만드는 계기를 제공한다. 나는 개인적으로 내담자들이 자기들의 문제를 처리할 수 있는 자원들을 가지고 있을 경우에는 상담을 단순하게 유지하는 편이다. 문은 그들이 원하면 또 원할 때 돌아올 수 있도록 언제나 열려 있다.

12.5.8 후기

3개월 후 소피는 나와 4회기를 추가로 상담했다. 전반적으로 그녀는 안정되어 있었으며 대체로 잘 대처하고 있었다. 직장 일은 계속 스트레스를 주고 있으며 새로 부임한 상사는 일하기 매우 어려운 사람이었다. 그녀는 때때로 의지가 꺾이기도 했으나, 새로운 교회와의 연결은 도움이 많이 되었다. 그녀는 이제 그녀의 인생에서 다발성 경화증을 수용하고 있는 것처럼 느꼈다.

참고문헌

Berne, E. (1961). *Transactional Analysis in Psychotherapy: A Systematic Individual and Social Psychiatry.* New York: Grove Press.

Berne, E. (1964) Trading stamps. *Transactional Analysis Bulletin, 3*: 127.

Berne, E. (1966). *Principles of Group Treatment.* New York: Grove Press.

Clarke, J. I. (1981). Differences between special fields and clinical groups. *Transactional Analysis Journal, 11*(2): 169-170.

Cornell, W. F. (1988). Life script theory: A critical review from a developmental perspective. *Transactional Analysis Journal, 18*(4): 270-282.

Cornell, W. F. (2008a). Therapeutic relatedness in transactional analysis: The truth of love or the love of truth. In: *Explorations in Transactional Analysis, the Meech Lake Papers* (pp. 66-77). Pleasanton, CA: TA Press.

Cornell, W. F. (2008b). The intricate intimacies of psychotherapy and questions of self-disclosure. In: *Explorations in Transactional Analysis, the Meech Lake Papers* (pp. 40-47). Pleasanton, CA: TA Press.

Cornell, W. F., & Hine, J. (1999). Cognitive and social functions of emotions: A model for transactional analysis counsellor training. *Transactional Analysis Journal, 29*(3): 175-185.

EATA (2008). *EATA Training and Examination Handbook*, section 5.3.1., p. 5. Extracted from http://www.eatanews.org/wp-content/uploads/2012/09/Section-5-The-Four-Fields2.pdf.

EATA (2008). Professional Training and Standards Committee. *Training and examinations handbook, 5th Edition.* EATA website.

English, F. (1975). Three-cornered contracts. *Transactional Analysis Journal, 5*(4): 383-384.

English, F. (1976). The fifth position. In: H. Grayson (Ed.), *New Directions in Psychotherapy.* New York: Human Sciences Press. (Also (1976) in: *Voices, Journal of the American Academy of Psychotherapists, 1*(43): 29-35).

English, F. (2010). It takes a lifetime to play out a script. In: R. Erskine (Ed.). *Life Scripts: A Transactional Analysis of Unconscious Relational Patterns* (pp. 217-238). London: Karnac.

Erskine, R. G., & Moursund, J. P. (2004). *Integrative Psychotherapy: The Art and Science of Relationship.* Pacific Grove, CA: Thomson, Brooks/Cole.

Fassbind-Kech, L. (2011). The first interview from a counsellor's perspective: What if the first interview is also the last? *Transactional Analysis Journal, 41*(3): 291-295.

Fassbind-Kech, L. (2013). Counselling as a treasure hunt. *Transactional Analysis Journal, 43*(1): 24-37.

Grant, J. (2013). Short term counselling and transactional analysis. *Transactional Analysis Journal, 43*(1): 58-67.

Grégoire, G. (2007). *Les états du moi, trois systèmes interactifs* (The Ego States, Three Interactive Systems.) Lyon, France: Les Editions d'Analyse Transactionnelle.

Grégoire, J. (1998). Criteria for defining the boundaries of transactional analysis fields of application. *Transactional Analysis Journal, 28*(4): 311-320.

Hüther, G. (2006). *Die Macht der inneren Bilder.* (The Potency of Inner Images.) Göttingen, Germany: Vandenhoeck & Ruprecht.

James, M. (2002). *It's Never Too Late to Be Happy.* Sanger, CA: Quill Driver Books Word Dancer Press.

Landaiche, M. (2012). Unsettled gifts from the Chennai conference. *The Script, 42*(10): 8-10.

Landaiche, M. (2013). Working within limits. *Transactional Analysis Journal, 43*(1): 14-23.

Loomis, M. (1982). Contracting for change. *Transactional Analysis Journal, 12*(1): 51-54.

Maquet, J. (2012). From psychological contract to frame dynamics: Between light and shadow. *Transactional Analysis Journal, 42*(1): 17-27.

Mazzetti, M. (2012a, July). *Les frontières de la guidance en analyse transactionnelle.* (Frontiers and borders in transactional analysis counselling, Part I.) *Métamorphose, 63*: 14-16. [Originally published 2010 as *I confini del counselling in analisi transazionale.* (Counselling boundaries in transactional analysis.) In: A. Bondi & E. Lo Re (Eds.), *Luoghi e modi del counselling* (pp. 179-194). Milan, Italy: La Vita Felice].

Mazzetti, M. (2012b, December). *Les frontières de la guidance en analyse transactionnelle.* (Frontiers and borders in transactional analysis counselling, Part II.) *Métamorphose, 64*: 14-16. [Originally published 2010 as *I confini del counselling in analisi transazionale.* (Counselling boundaries in transactional analysis.) In: A. Bondi & E. Lo Re (Eds.), *Luoghi e modi del counselling* (pp. 179-194). Milan, Italy: La Vita Felice.]

McLeod, J., & McLeod, J. (2011). *Counselling Skills, a Practical Guide for Counsellors and Helping Professionals(2nd edition).* Maidenhead, UK: Open University Press.

Monin, S. (2011). The art of minding the gap: A counselor's ethical challenge. *Transactional Analysis Journal, 41*(2): 118-122.

Newton, T., & Napper, R. (2007). The bigger picture: Supervision as an educational framework for all fields. *Transactional Analysis Journal, 37*(2): 150-158.

Shipton, G., & Smith, E. (1998). *Long-term counselling.* London: Sage.

Sichem, V. (1991). *Le multicontrat en thérapie d'enfants.* (The multicontract in child therapy.) Actualités en Analyse Transactionnelle, 15(84): 125-129.

Sills, C. (Ed.) (1997). *Contracts in Counselling.* London: Sage.

Tudor, K. (1999). *Group Counselling.* London: Sage.

Verzaal, B. (2012, 10 August). The spiritual core of counselling. [Presentation at the 2012 International Transactional Analysis Conference, Chennai, India.]

Vinella, P. (2013). Transactional analysis counselling groups: theory, practice, and how they differ from other TA groups. *Transactional Analysis Journal, 43*(1): 68-79.

제13장

경영과 조직 개발

T A의 조직 분야는 조직 또는 사업체에서 또는 그들과 함께 일하는 전문가들을 위한 것이다. 그 사람들은 그들이 상담, 트레이닝, 경영 지식을 제공하는 조직 또는 회사의 발달과 성장에 관심이 있다. 초점은 그들이 일하는 사람들의 효율성을 증진시키는 것이다.

교류분석 훈련과 자격에 관한 핸드북(*The Handbook for TA Training and TA Certification*)은 이 분야의 핵심 능력을 설명하고 있다.

이 분야의 고객들은 흔히 자기들이 일하고 있는 시스템의 생산성과 질에 대하여 호기심이 많거나 또는 관심이 많은 조직과 사업체의 리더들이다.

13.1 근무 분위기(기후) : 작업장에 미치는 날씨의 영향

Anne de Graaf

13.1.1 개요

"여기서 근무하는 것은 어떻습니까?" 지원자가 묻는다. 인력관리부의 담당자 또는 부장의 답은 열이면 아홉 번은 '근무 기후(working climate)'가 의미하는 것에 대한 어떤 인상을 포함시킬 것이다. 일상의 용어로서의 '근무 기후'는 조직에서 일(근무)하는 것이 어떤 느낌인가를 가리킨다. 그것은 분위기 같은 것을 의미한다. 근무 기후의 개념은 원래 사회심리학(social psychology)으로부터 왔다. 여기에서는 근무 기후는 "작업장, 부서, 또는 팀에서 종업원들이 경험하는 지배적 분위기"로 정의한다. 그것은 맑음 또는 비, 더운 또는 추운 등과 같은 사무실의 일기 시스템과 유사하다. 외부의 일기와는 달리, 실내의 일기에는 좋은 영향력을 행사하는 것이 가능하다(이것의 이 장의 주제이다). 이 글에서 근무 분위기(기후)의 요소들은 모두 TA로 설명이 가능한 것들이다.

13.1.2 30%

근무 분위기(기후)는 그룹이나 조직이 달성한 결과의 30% 책임이 있다는 말은 놀랄 만하다. 그럼에도 불구하고 Daniel Goleman(2000)은 최근의 글에서 우리의 관심을 모은다. "그것은 무시할 수 없는 너무나 큰 영향력이다."라고 그는 단언한다. 긍정적 근무 분위기는 직원들에게 유익한 영향력을 가지며 좋은 어쩌면 아주 뛰어난 성과를 가져다준다.

13.1.3 영향력의 범주(영역)

조직 내의 분위기는 McClelland(1987)에 의하면 측정하고 관리할 수 있다. 일단 조직의 분위기, 동기부여, 결과 사이에 계측 가능한 관계가 존재한다는 것이 명백해지자, 그의 연구는 많은 관심을 끌었다. 분위기 = 동기부여 = 행동 = 결과! 그 이후 분위기는 혁신, 스트레스 감소, 신뢰, 이직률의 감소, 팀의 결속, 분쟁의 해결, 전문화 등과 같은 영역에서 영향력을 발휘한다는 것이 밝혀졌다. 이 장에서는 기본적으로 McClelland의 연구에 기초하여, 다음의 여섯 범주(영역)들에 대하여 알아볼 것이다: 명료성(clarity), 표준(standards), 책임(responsibility), 보상(rewards), 지원(support), (팀)헌신(commitment). 먼저 각 범주에서의 높고 낮은 수준의 성과를 어떻게 인지할 수 있는가에 관한 예를 가지고 각각의 범주를 설명하려 한다. 범주의 내용은 교류분석의 두세 가지 개념들을 가지고 추가로 더 설명하겠다.

13.1.4   명료성

종업원들은 자기들의 역할과 그에 따른 임무의 명확한 정의를 가지고 일한다. 낮은 수준의 명료성은 어떤 사람이 어떤 결정을 내릴 권한을 가지는지에 대한 혼란을 초래한다.

13.1.5   TA 개념 : 계약

계약은 교류분석적 접근 방식에서 중심적 활동이다. 기대에 대한 효율적 관리는 모든 구성원들이 포함된 성공의 가능성을 증대시킨다. 각자의 역할과 임무에 관한 명확한 계약을 체결하는 데 시간을 할애하는 것은 가치 있는 일이다. TA의 창시자인, Eric Berne은 그의 저서(1966a)에서 계약을 다음과 같이 정의하였다. "계약은 잘 정의된 활동의 과정에 대한 명료한 양방 간의 확약이다." 공동작업 관계(근무 협약)를 시작할 때는 최소한의 다음 사항들이 계약에 명시되어야 한다.

- 포함되는 두 당사자들은 누구인가?
- 함께 무엇을 할 것인가?
- 그 일은 얼마나 오래 걸리는가?
- 이 과정에서 의도하는 결과는 무엇인가?
- 양 당사자들은 결과가 성취되었다는 것을 어떻게 아는가?
- 이 결과는 조직에 어떻게 도움이 되는가?

이것은 계약의 사실적 그리고 공식적인 면의 검토와 창출에 관한 이야기만이 아니다. 이것은 비공식적인 면, 무의식적인 것을 검토하고 나타내는 것에 더 관련되어 있다. 아직 무의식 속에 있지만 명시되지 않은, 공통의 기대들은 장기적으로는 역할과 임무에 관한 모호성을 더한다. 비록 어떤 점이 검다 희다라고 명시되지는 않았다 하더라도, 그래도 그것은 계약으로 간주된다. 사람들이 함께 일할 때에는 언제나 (숨겨진) 기대들이 있다. 공개적 계약은 많은 장점을 가진다.

- 그것은 상호 협약이다.
- 그것은 최소 기대치를 결정한다.
- 그것은 서로 이야기를 나눌 기회를 제공한다.
- 공동으로 책임질 일들이 만들어진다.
- 책임의 분화가 명확해진다.
- 일은 평가될 수 있다.

영국의 조직 컨설턴트, Julie Hay(1995b)는 계약의 매듭 짖기는 언제나 결과, 관계, 책임이라는 세 가지의 관리를 포함한다.

13.1.6 표준

종업원들은 지배적 기대에 따라 업무를 수행해야 할 때를 알고 있다. 이행되어야 하는 성과의 수준에 관한 높은 기대는 모든 사람이 개인적 실적을 높일 수 있는 기회를 탐색한다는 것을 의미한다. 이 수준에 대한 기대가 없거나 또는 기대가 너무 적으면, 사람들은 이미 성취한 실적에 쉽게 만족해 버린다.

13.1.7 TA 개념 : 세상을 보는 창

TA의 개념인 '인생태도(life positions)'는 Thomas Harris가 쓴 *I'm OK-You're OK*(1969)가 베스트셀러가 됨으로써 세계적 인정을 받게 되었다. 1960년대에 출판된 책이지만 아직도 인쇄가 지속되는 것을 보면 독자들로부터의 인기를 짐작할 수 있다. 이 책은 사람이 긍정적이기 위하여 행하는 모든 것을 다루지는 않는다. 이 책은 그것보다 더 근본적인 것을 다룬다. 이 책은 당신은 무조건적으로 타인을 수용하고 소중하게 대접할 준비가 되어 있는가에 관한 질문이다. Julie Hay(1993)는 후에 '인생태도(life positions)'를 '세상을 보는 창(windows on the world)'으로 다시 명명하였다. 4개의 창들은 당신의 일상과 직장에서 언제나 당신의 행동에 깊은 영향을 행사하는 세상을 보는 관점들이다. 주로 "I'm OK, you're not OK($+/-$)"의 창을 통하여 바라보는 리더는 직원들을 부적절하고, 무능하고, 때로는 멍청하게 느끼도록 만들며, 그들은 그렇게 행동한다. 성과의 수준은 대개 극적으로 곤두박질 친다. 리더의 창이 "I'm not OK, you're OK($-/+$)"인 경우에는 직원들이 확신을 갖지 못하도록 만들며, 장기적으로는 경영진에 대한 신뢰를 잃도록 만든다. 사람들은 성취한 성과에 대하여 재빨리 만족한다. 마지막으로 "I'm not OK, you're not OK($-/-$)"의 창을 통하여 바라보는 리더는 그의 팀 내의 에너지가 사라지는 것을 볼 것이다: 불꽃은 완전히 꺼진다. 그곳에는 어떤 기대도 더 이상 없다.

모든 사람들이 좀 더 개선해보려고 노력하는 성과에 대한 높은 기대는 "I'm OK, you're OK($+/+$)"의 창을 통하여 조직의 현실을 바라보는 리더에 의하여 경험된다. 긍정적(OK) 조직은 모든 사람들(종업원들, 관리자들, 고객들, 스태프들)의 감정과 욕구를 배려하는 조직이다. 긍정적 조직은 모든 사람들에게, 육체적으로나 정서적으로 모두, 가능한 한 건강하고 즐거운 분위기를 창조한다. 긍정적 조직은 경쟁 이상의 것에 더 초점을 맞춘다. 그런 조직은 종업원들 사이의 협동을 중시한다. 긍정적 조직의 목표는 배움과 발달이며, 그것은 종업원과 고객의 만족을 증대시키는 데 역점을 둠으로써 가능하다. 조직 내에는 에너지가 흐른다!

13.1.8 책임

무엇보다도 직원들은 자신이 '각자의 상사(their own bosses)'이다. 높은 책임 의식이 있는 곳에서는 직원들은 자신이 문제해결을 하는 것이 격려된다. 만약 책임 의식이 낮은 곳이라면, 위험을 감수하고 새로운 방법을 모색하는 것이 좌절된다.

13.1.9 TA 개념 : 자율성

자율성은 교류분석에서 또 하나의 핵심적 용어이다. Eric Berne은 이 용어에 대한 정의를 내린 적이 없으나, 자율적인 사람은 다음의 세 가지 특성을 가짐으로써 인정될 수 있다고 썼다(1964).

- 그들은 높은 경지의 깨달음을 갖는다. 그들은 자기들의 내부에서 그리고 주변에서 일어나고 있는 것에 대하여 주의를 기울인다. 그들은 강한 통찰력과 판단력을 가지고 있다.
- 그들은 잘 깨닫고 있기 때문에 결정할 때 항상 몇 가지의 선택들을 갖는다. 그들은 상황에 대한 사실들을 더 많이 알고 있으며 따라서 보다 나은 조망을 갖는다.
- 그들은 다른 사람들이 자기를 어떻게 인식하는가에 별로 신경 쓰지 않는다. 그들은 다른 사람들이 자기를 어떻게 생각하는가에 하루 종일을 허비하지 않는다. 이것이 그들을 (모조품이 아닌) 진품으로 만든다!

선택(options)은 교류분석에서 핵심적 개념이다. 사람들은 직장에서 해결해야 할 문제에 봉착하여, 오로지 한 가지 선택만이 있을 뿐이라는 막다른 길에 들어선 자신을 발견하곤 한다. 만약 이 선택이 성공하지 못한다면, 계속 같은 방식을 계속할 것이다. 이것은 아인슈타인의 바보의 정의와 일치하는 행동이다 ―"바보는 똑같은 일을 계속하며 다른 결과를 기대하는 사람이다!" 만약 직원들이 어떤 문제를 처리하려 할 때 적어도 세 가지의 선택(안)들을 갖는다면 조직 내의 효율성은 증대한다. 이때 리더가 그들에게 위험을 감수하고 다른 길을 택할 수 있도록 허가를 주는 것은 매우 중요하다. 이것이 자율성을 제고시킨다!

13.1.10 보상

종업원들은 일을 잘할 때 보상을 받는다. 고급의 인정(recognition)은 칭찬과 충고, 긍정적 그리고 부정적 피드백 사이의 훌륭한 조화를 만든다. 성취한 것에 대해 저급한 인정이 있는 곳에서는 보상은 일관성이 없고 비논리적이다.

13.1.11 TA 개념 : 스트로크

사람들은 직장에서나 또는 다른 영역에서도 모두 다른 사람들이 자기에게 관심을 갖고 자기를 인정해 준다는 것을 느낄 필요가 있다. 이것은 당신이 리더로서, 직원들이 쏟은 노력에 대하여 보고, 듣고, 인정해야 한다는 것을 의미한다. 자기 안으로의 폐쇄, 짜증, 비웃음은 일반적으로 그 원인을 자기에 대하여, 그리고 자기가 하는 일에 대하여 주목을 받지 못했다던가, 인정받지 못했다는 감정에서 찾을 수 있다. 효과적으로 인정 문제를 다루는 비밀은 TA의 '스트로크'라는 개념에서 찾을 수 있다. Eric Berne(1972)은 인정의 단위를 나타내기 위하여 이 단어를 사용하였다. '스트로크'는 부드러운 접촉을 의미하는 '쓰다듬다(stroking)'뿐 아니라, 타격 또는 때리기 모두를 의미한다. 사람들은 생명을 유지하기 위하여 스트로크가 필요하다. 사람들은 만약 긍정적 스트로크(부드러운 감촉의 스트로크 : 칭찬, 관심, 돌봄)를 받지 못하면, 관심이 전혀 없는 상태에 머무르기보다는, 부정적 관심(타격의 의미에서의 스트로크 : 부정적 코멘트, 논쟁, 갈등, 벌 받기)으로 눈을 돌려 구하는 것 같다. 좀 거친 표현을 빌린다면 사람들은 무시당하기(관심 부재의 상태)보다는 오히려 '타격 당하기(struck)'를 원한다. 계속해서 점차 관심을 받지 못하는 사람들은 열정을 잃는다.

많고 적음의 차이는 있지만, 모든 사람들은 관심을 필요로 한다. 필요한 관심의 종류 역시 사람마다 다르다. 모든 인간은 정확한 '관심의 온도(attention temperature)'를 유지하기 위한 마음의 온도계를 가지고 있다. 관심, 인정, 주목의 결핍은 개인적·직업적 발달과 성장을 위협한다.

13.1.12 지지

직원들은 신뢰와 지지의 분위기를 경험한다. 높은 수준의 지지는 직원들에게 그들이 도움이 필요할 때 도움을 제공할 수 있는 효율적 팀에 소속되어 있다는 느낌을 갖도록 한다. 이와 반대로, 지지의 수준이 낮으면 직원들은 고립되어 있고 혼자뿐이라고 느낀다.

13.1.13 TA 개념 : 허가, 보호, 힘

교류분석으로 업무를 보는 사람은 누구든지 허가, 보호, 힘(능력)을 기반으로 하는 것이 바람직하다 (Crossman, 1966). 이것은 리더와 종업원 사이의 관계에서 세 가지 중요한 요소들이다. 허가는 일을 다르게 처리할 수 있는 허가, 바람직하지 않은 행동들을 변경할 수 있는 허가, 성장하고 발달할 수 있는 허가를 의미한다. 보호는 과도한 비난으로부터의 보호, 변화를 제한하는 다른 부정적 영향들로부터의 보호를 의미한다. 능력은 리더가 자기의 지식, 기술, 전문적 지식을 사용하는 방식으로서, 종업원의 성장과 발달을 지원한다. 능력이 있는 리더는 종업원의 성장과 발달을 강화한다.

허가, 보호, 능력을 충분히 공급하는 리더는 수면 아래에 숨겨진 문제들(그리고 갈등)에 대처하고 해결하는 위치에 있다. 이것은 팀 내의 의사소통을 개방적이고 분명하게 유지시킨다.

13.1.14 헌신

종업원들은 이 조직, 이 팀에서 일하는 데 긍지를 느낀다. 종업원들은 헌신의 수준이 높으면 그 조직과 목표에 특별히 충성스럽다. 헌신의 수준이 낮으면, 그들은 조직과 그 조직의 목표에 대하여 무감각하다.

13.1.15 TA 개념 : 방관자

한 그룹의 대다수는 TA의 게임 이론에서 (잠재적) 방관자(potential Bystanders, Clarkson, 1996)라고 알려진 사람들로 구성되어 있다. 업무 분위기가 긍정적일 때에는, 모든 구성원들은 자신의 자질을 발휘하고 업무에 최대한의 영향력을 행사한다. 그러나 '일기가 좋지 않을 때(bad weather)'에는 종업원들은 위축되고 속마음을 드러내지 않는다. 그들은 뒤로 물러나 더 이상 그들의 진가를 사용하지 않는다. 그렇게 함으로써, 그들은 자기가 기능적 부분을 맡고 있으며 또 책임을 져야 하는 팀과 조직의 발달에서 스스로 방관자가 된다. 그들은 자기가 관여하지 않음으로써 업무가 스스로 흘러가는 방식에, 조용히 그리고 의도함은 없지만 따라가고 있다는 것, 즉 될 대로 되라고 방조하고 있다는 것을 이해하지 못한다. 그들은 자기들의 영향력에 대하여 이해하지 못하고, 그들의 짜증과 불안의 수준은 증가하며, 그 조직을 이탈하거나 비방할 위험이 커진다.

물론 방관자들은 언제나 그럴듯한 주장을 가지고 있다. 그들은 자기들의 역할을 맡지 않고, 열외자로 있도록 만드는 것이 가능하다. 그들은 조직에서 아무런 역할도 할 수 없다고 자신에게 말할 수 있다. 그러나 만약 방관자들이 행동과 태도를 적극적으로 바꾸어 그들의 영향력을 적극적으로 행사한다면, 그들이 속한 시스템 내에서 업무 진행이 순항하도록 만들 수 있다. 문제의 상황에서 변화를 시도하지 않는 사람들은 결국에는 그 문제에 의해 변화될 것이다.

13.1.16 영향?

조직의 근무 분위기의 중요성을 알면, 당연히 떠오르는 중요한 질문은 무엇보다도 리더는 근무 분위기(기후)에 어떤 영향을 미치는가이다. 리더는 동기의 수준을 유지하고 생산성을 보장하기 위하여 무슨 일을 할 수 있는가? 만약 결과의 30%가 근무 분위기에 기인하는 것이 사실이라면, 이 문제에 대한 해답을 찾는 것은 매우 중요하다. 회사 내에서 근무에 임하는 가치, 태도, 믿음의 영향은 과소평가되어서는 안 된다. 다른 말로 표현하면, 그것은 조직의 문화를 의미한다.

13.1.17　TA 개념 : 각본

조직의 문화는 종업원들의 전형적인 습관과 행동을 결정한다. '각본(script)'의 개념은 TA에서 개발된 것으로서, 조직으로 하여금 조직 내의 문화를 분석하도록 도움을 준다. 모든 조직은 전설, 이야기, 그 근원에 대한 설명, 핵심적 신념, 목적을 가지고 있다. 브라질의 컨설턴트 Rosa Kraus는 조직의 각본(문화, 이야기)은 개인과 그 집단에 강한 영향력을 가진다고 믿는다. 이것을 좀 더 잘 이해하려면, 조직이 일상에서 네 가지 문제들, 즉 업무, 시간, 사람들, 돈을 어떻게 다루는지에 특별한 관심을 가져 보라. 일의 효율성을 중시하는 조직에서, '시간이 귀중한 자원으로 간주되는' 곳, '협동, 상호존중, 개방, 신뢰'와 같은 가치들이 있는 곳, 그리고 돈이 '목적을 위한 수단에 불과하다고 간주되는' 곳에서는 근무 분위기가 조직의 결과에 심대한 영향을 줄 가능성이 높다. 이러한 조직의 문화에서, 위에 언급한 여섯 가지의 요소들(명료함, 표준, 책임, 인정, 지지, 헌신)은 중대한 영향을 미칠 가능성을 가진다.

13.1.18　결론

근무 분위기에 가장 중요한 영향력은 리더의 행동으로부터 비롯된다. Goleman(2000)은 다음과 같이 제안한다. "직원들이 감지하는 근무 분위기의 50~70%는 리더의 특성과 관련이 있다." 훌륭한 리더란 무엇보다도 '분위기 관리자(climate managers)'이다. 이들은 직원들이 발전하고, 자신들에 대하여 좋은 기분을 느끼며, 생산적이며, 인정받고 있다고 느끼도록 만든다. 따라서 리더들의 리더십의 변화는 근무 분위기를 변화시킨다. 종업원이 불가피하게 회사를 퇴직할 경우에 실시하는 퇴사 면담에서 "여기에서 근무는 어떠했습니까?"라고 물으면, 열 명에서 아홉 명은 '근무 분위기'에 관한 이야기를 들려줄 것이다. 대부분의 경우 그가 속했던 팀의 리더에게 자신의 퇴사에 관한 책임이 있음을 말할 것이다. 이것은 단순히 너무나 영향력이 크기 때문에 무시할 수 없을 것이다.

13.2   조직의 부모자아 P 시스템은 어떻게 만드는가

Maarten Kouwenhoven

13.2.1   개요

조직의 부모자아 시스템(Organisational Parent System, OPS)은 조직의 양심 시스템이다. 그것은 조직을 더 높은 생산성, 긍정적 평판으로 인도하며 자신들의 업무에 자긍심을 느끼는 직원들을 만든다. 이 논문에서는 조직의 부모 시스템은 어떻게 개발될 수 있고, 함정은 무엇이며, 긍정적인 회사 평판을 위해 어떤 행동들이 필요한가에 대하여 설명하겠다.

13.2.2   조직의 구조

모든 조직은 사람과 마찬가지로 성격구조(personality structure)를 가지고 있다. 이러한 성격구조는 자아 상태라 불리는 세 가지의 하부 시스템(Berne, 1963)으로 구성되어 있다.

- 부모자아 시스템(P, Parent)으로서, 이것은 도덕적 가치의 자각을 높이는 데 필요하다.
- 어른자아 시스템(A, Adult)으로서, 이것은 여기-그리고-현재의 상황에서 논리적 사고에 근거하는 전략적 행동을 개발하는 데 필요하다.
- 어린이자아 시스템(C, Child)으로서, 이것은 협동과 영감에 필요하다.

대부분의 조직들은 어른자아 시스템에 근거를 둔 프로그램들, 예컨대 제품과 서비스 개발 프로그램들과 어린이자아 시스템에 근거를 둔, 예컨대 종업원 개발 프로그램들에 투자한다. 그러나 부모자아 시스템에 근거를 둔 프로그램들에 대한 투자, 예컨대 공통의 도덕적 가치 프로그램의 개발은 대체로 무시된다.

나의 경험에 따르면, 사람들의 2%는 의도적으로 도덕적 진실성에 따라 행동하지 않으며 그들은 직장에 나와 자신의 이익을 위하여 도덕적 가치를 저버린다. 18%의 사람들은 환경에 따라 그들의 행동을 결정한다. 나머지 80%는 이 20%의 행동에 의하여 부정적인 쪽으로 영향을 받는다.

명확한 조직의 양심 시스템의 결핍은 조직의 평판에 해를 입힐 수 있다. 이러한 예들은 최근에 은행, 건설, 식품가공 산업, 공공기관, 교회, 심지어 축구장에서도 찾을 수 있다.

13.2.3   OPS란 무엇인가

조직의 양심 체계인, OPS는 어떠한 상황에서도 행동의 기준으로서 성문화되었거나 안 되었거나 불문하고 조직 내의 모든 구성원들이 공유하는 가치, 규범, 규칙의 묶음이다. 규범(norms)과 규칙(rules)은 그것들을 지지하는 가치가 명확하게 소통될 때에만 그 중요성을 갖는다. 소통의 방식은 "왜 아니야?(Why not)"가 아닌, "그런데 왜지?(Why though)"이어야 한다.

> "왜 아니야?(Why not)" : "만약 당신이 지각하면 당신은 다른 사람들에게 지장을 주니까 벌을 받아야만 한다."
>
> "그런데 왜지?(Why though)" : "당신이 제시간에 출근하면, 효율적 업무에 기여하며 그러면 모든 사람들이 즐겁다."

13.2.4 OPS는 어떻게 발달하는가

어린 시절에 가치 체계의 발달은 일반적으로 4~6세 사이에 일어난다. 그 기간 동안에 가치 체계는 아직 외부적이다. 어린이는 말한다, "이것은 우리 아빠 또는 엄마가 하지 말랬어." 어린이는 이러한 규범에 따르거나 또는 반항함으로써 적응한다.

규범과 기준을 받아들이는 자아의 부분(receiver, 수취자)을 P_1 또는 '전극(electrode)'이라 부르며 (Berne, 1972) 그림 13.1에 표시되어 있다.

조직에서 P_1 시스템은 종업원들에게 부과되는 외적 규칙들의 형태로 가시화된다.

과도한 외적 규칙들은 불안의 문화를 유발할 수 있다. 직원들은 금지된 것들은 알지만, 허용되는 것들에 대해서는 알지 못한다. 결과적으로 그들은 이렇게 결정할 수 있다. "내가 움직이지 않으면, 규칙을 어길 염려는 없다." 교훈적 관점에서나 조직의 관점에서나 이것은 매우 효율적이 아니다. 너무 많

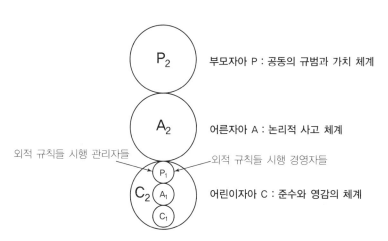

그림 13.1 외적 규칙들을 받아들이는 P_1 또는 전극

은 규칙들은 규칙을 위반해서가 아니라 규칙들을 따르지 않음으로써 도덕성의 위반을 오히려 조장할 수도 있다. 이런 경우에는, "규칙들은 바보들이 만든다."가 된다.

교육의 기간 동안에 외적 규범 시스템은 6~12세 사이에 내적 가치 시스템으로 내재화된다.

회사에서 종업원들은 경영자들의 기대, 규칙, 지시사항의 기본적 가치를 탐색할 것이다. 직원들이 이러한 가치들을 발견했을 때 그들은 비로소 경영자들의 반응을 미리 예측할 수 있게 될 것이다. 그렇게 되면 그들은 이미 OPS의 일부가 되어 있다.

건강한 OPS 안에서는 우리는 교훈적 리더십을 볼 수 있다. 이러한 리더십은 지식의 이전과 작업과정의 조직에 대해서뿐만 아니라 기업 가치관을 전달하는 데 초점을 맞추는 것이다.

내적 가치 체계를 발달시키는 것에는 여기-그리고-현재에서 논리적으로 사고할 수 있는 어른자아 A(A_2)의 기능이 요구된다. 미성숙한 어른자아 A를 가진 종업원들은 경영진의 기대, 규칙, 지시의 기초를 이루는 가치를 인정하고 발견하는 데 어려움을 겪는다. 그 때문에 그들은 종종 사기가 떨어지거나 조직을 이해할 수 없고, 예측할 수 없고, 위협적이기까지 한 존재로 느낀다. 그래서 설명, 논의, 지시, 훈련은 건강한 OPS의 기반을 이룬다. 관리자들은 이것을 교훈적 방법으로 담당해야 할 중요한 사람들이다. 이것은 마치 부모와 선생님들이 어린아이들에게 하는 역할과 마찬가지이다. 보다 큰 조직에서는 중간관리자들을 감독하는 특별히 훈련된 감사책임자를 둘 수 있다(Kouwenhoven, 2014). 이것은 더 높은 생산성, 업무에 자부심을 느끼는 종업원, 긍정적인 조직에 대한 명성으로 이끌 것이다.

13.2.5 OPS 장애

OPS도 사람의 성격처럼 여러 가지 장애를 보일 수 있다.

OPS는 다음과 같은 장애를 보일 수 있다.

- 존재하지 않음(Non existing, NOPS)
- 큰(Big, BOPS)
- 작은(Small, SOPS)
- 오염된 그리고 미친(Contaminated and crazy, COPS)
- 일탈된(Deviant, DOPS)

다음에 나는 가장 일반적인 OPS 장애인 NOPS(OPS 존재하지 않음)에 관해 탐색한다.

13.2.6 NOPS의 발달

조직의 부모자아 시스템이 NOPS(존재하지 않음)인 경우의 특징은 경영자들의 일관성이 없고, 상호

모순되고, 예측 불허의 행동으로 나타난다. 결과적으로 직원들은 불안한 애착관계를 느낀다(Bowlby, 1969). 이것은 싸움, 도피와 동결, 심리게임과 같은 스트레스 반응들을 유발한다(Karpman, 1968).

이곳에는 나눔과 돌봄이 없다. 경영자들은 자신을 돌보기에 바쁘고 결과적으로 직원들은 경영자들에게 의존하지 않게 된다. 조직 가치의 내재화는 멈춘다. 직원들은 경영자들의 지시와 규제를 P_1에 받아들인 다음, 얕은 꾀로 그것들을 피해 나간다. 이것은 비사회적 또는 반사회적 행동으로 이어질 수 있다. 만약 상황이 안 좋아지면, 직원들은 관리자들을 비난하거나 그 반대의 경우가 될 것이다.

이런 장애를 가지고는 부모자아 체계는 완성될 수 없다. 여기에 공동의 조직 가치에 관한 명확한 의사소통은 존재하지 않는다. 여기에는 오직 각자의 단일한 가치들만이 있으며 이것들은 상호 모순되고, 시간에 따라 변하고, 때로는 개인적 목적을 위하여 남용된다. NOPS의 조직들은 세 가지의 자아상태가 아닌 오직 두 가지의 자아상태에서 행동한다. 사실 이것은 장애가 아니라 결함이다.

13.2.7 NOPS에서의 부모자아 시스템의 특징

NOPS의 경우에 경영자들, 관리자들, 종업원들의 행동은 흔히 아무 제약이 없는 것으로 보인다. 자기중심적이고, 자신의 욕구에 대한 만족만을 추구하고, 다른 동료들에게 향한 헌신과 약속은 없으며, 자신의 결점을 이해하지 못한다.

이들은 질서가 지배해야 할 사회의 법과 관습을 준수하지 않는다. 이들은 탐욕스럽게 행동하며 자기들을 법 위의 존재로 생각한다. 이 사람들은 해당 정보를 유용하고, 조작하고, 거짓말거나 또는 서로 공유하지 않는다. 이들의 행동은 예측 불허이고, 모순에 근거하고 있으며, 사회적 규칙들에 대한 이해에 기초하지 않는다. 이것은 그 본인 이외의 모든 사람들에게 영향을 미친다. 결과는 부정적 평판이다.

NOPS를 가진 조직들은 때로는 사회적으로 높은 지위에 오르기도 한다. 이런 조직들의 경영진들은 영리하고, 강하고, 빠르며 돈과 기회를 쫓는 레이더를 가지고 있다. 이런 레이더 시스템은 그들 자신의 이익을 위하여, 마치 '욕심 많은 어린 돼지새끼'처럼, '더, 더, 그리고 더'만을 위하여 존재한다. 그들은 적어도 NOPS가 붕괴될 때까지는 성공적인 듯 보인다. 결국 조직은 파산하고 아무도 책임을 느끼지 않는다. 채권자들, 주주들, 납세자들이 결국 그 손실을 지불한다.

13.2.8 NOPS에서의 어른자아 A 시스템의 특징

어린이자아 C 안의 어른자아 A(A_1)는 작은 교수(Little Professor)로 알려져 있는데, 이것은 매우 잘 발달되어 있으며, 그것이 원하는 것을 얻을 수 있도록 환경을 조작함으로써, 부모자아 역할에서 결핍된 부분을 보상하는 목적을 가지고 있다. 어른자아 A_2는 이 A_1에 근거하고 있음으로 결과적으로 NOPS

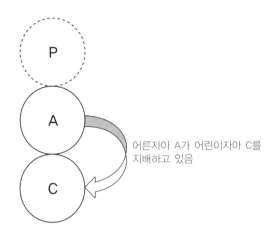

그림 13.2   조직의 부모자아 P의 체계가 없음(NOPS)

를 가진 조직의 사람들은 현실을 디스카운팅함으로써 사고(생각하기)에서 오류를 일으킨다(Schiff, 1975). 이것은 보다 심각하고 정신병적 증상을 보이는 사고 장애(thinking disorder)와는 다르다. 사고 오류(thinking error)는 여기-그리고-현재의 현실과 일치하지 않는 결론에 근거한다.

Yogelson과 Samenow(1976, 1977)는 일목요연한 사고 오류의 목록을 수집하였다.

사고 오류의 예들은 다음과 같다.

- 나는 세계의 중심이다.
- 당신이 만약 내 편이 아니라면, 당신은 내 반대편이다.
- 권위자들은 나를 벌하기 위해 그곳에 있다.
- 미녀들은 나에게 걸려들기 위해 그곳에 있다.
- 규칙들은 내가 아닌, 타인들을 위한 것이다.

대부분의 사람들은 이런 생각을 약간은 인정하지만, 대부분의 경우 진실이 아니라고 안다. 그러나 사고 오류를 가진 사람들은, 교육자, 트레이너, 또는 관리자로부터 수정 요구를 받아본 적이 없기 때문에 자기의 생각이 정말로 옳다고 생각한다.

13.2.9   NOPS에서의 어린이자아 C 시스템의 특징

NPOPS의 경우 어린이자아 C 시스템은 세 부분으로 구성된다(Schiff, 1975).

1. 무기력한 부분(The powerless part)

    NOPS에서 사람들은 긍정적 승인의 결여로 인한 부정적 자기이미지 때문에 굴욕을 당하는 것에

대해 두려워한다. 그들은 자기들은 '모든 사람들이 알고 있듯, 크지만 아무것도 아닌 존재'라고
생각한다.

2. 힘 있는 부분(The powerful part)

사람들은 자기의 전능한 지위를 강화하고 확장함으로써 끔찍하게 무기력한 위치를 가능한 한 회
피한다. 큰 저택, 큰 자동차, 허풍 떨기는 이들의 무기다. 이 태도에서는 가끔 화를 내고 자신들
을 대단하게 여긴다.

힘 있는 태도는 오만함, 자부심, 소유함, 불복종, 그리고 "다른 사람이 가지고 있는 것일지라도,
내가 가지려고만 한다면 그것은 이미 내 거야." 같은 말을 서슴없이 하고 다님으로써 얻어 차임
(kicks)을 자초하기, 금지된 짓들을 함으로써 스릴 느끼기 등으로 표현된다.

3. 상처받은 부분(The hurt part)

NOPS 조직에서 근무하는 사람들의 정서적 발달은 지체되거나 봉쇄된다. 결과적으로 이런 사람
들이 자신들 또는 타인들의 감정에 적절하게 반응한다는 것은 어렵다. 그들은 자신들의 고통과
슬픔의 진실 감정들을 위장하고 대신 대체감정(라켓 감정)을 보이는데, 이것은 멸시, 학대 또는
무시의 결과이다.

"내가 다른 사람들에 대하여 두려움을 느낄 때 나는 화를 냄으로써 반응한다. 그러면 다른 사람들은
나를 두려워하게 된다. 그러면 나는 더 이상 다른 사람들을 두려워하지 않아도 된다."

13.2.10 건강한 OPS 건설을 위한 프로그램

NOPS에서는, 사람들은 문제들을 다시 상기하고, 분석하고, 일반화하고, 숙고하는 것이 어렵다. 그
것이 왜 사람들은 자신들의 실수로부터 배우지 못하고, 자기통제는 여전히 결핍되어 있고, 제한적 메
타 인지적 기술과 충동 통제의 결핍을 가지게 되는가의 이유이다.

이것을 생각하여 우리는 경영자와 관리자를 위한 OPS 프로그램을 개발하였다. 이 프로그램은 e-러
닝 모듈의 형태로 공급되며, 또한 강사와 슈퍼바이저들이 운영하는 직접 대면이 가능한 과정도 개최
되고 있다. 프로그램은 세 가지 영역에 초점을 맞춘다.

1. 부모자아 P 시스템 : 가치에 대한 인식을 높임

가치에 대한 인식의 제고는 다음의 질문으로 가능하다: "당신의 작업, 이 미팅, 이 대화에서 당신
에게는 무엇이 중요합니까?"

종업원들과 관리자들은 개인적·조직적 가치들에 대하여 생각해보고, 명찰 위에 그 가치들을 쓰
고, 그것을 정리한다. 그러면 이 사람들은 가치의 계층적 준거틀을 형성하게 된다. 만약 이러한

그림 13.3 어린이자아 시스템의 세 부분

탐색과 가치의 확인 작업이 성공적으로 이루어진다면, 외적으로 명찰에 쓴 가치들이 마음속으로 내재화되고, P_2 수준에서 조직의 가치 체계로 공유될 것이다.

관리자들은 모든 미팅에서 그리고 대화에서 이 과정을 자극하고 촉진할 수 있다.

2. 어른자아 A 시스템 : 사고의 오류를 찾아내어 수정함

사고의 오류를 찾아내어 수정하기 위하여 우리들은 코칭 매트릭스(coaching matrix by Kouwenhoven, 2007)를 사용할 수 있다. 코칭 매트릭스는 주제 또는 질문의 탐색으로 시작하며 4개의 순차적 단계로 구성된다.

1. 해당되는 사실들은 무엇인가?
2. 당신의 문제는 무엇인가?
3. 당신의 목표는 무엇인가?
4. 목표를 이루기 위하여 당신이 선택하는 행동은 무엇인가?

코칭 매트릭스는 큰 종이에 작성하는데, 그 위에 질문을 제기한 사람이 그 해답도 적는다.

사실에 관한 사고 오류들은 단계 1에 나타난다. 감정을 통제하는 것에 관한 사고 오류는 단계 2에 나타난다. 도덕적 가치에 관한 사고 오류는 단계 3에 나타난다. 행동에 관한 사고오류는 단계 4에 나타난다. 전략적 코치는 이러한 과정들을 통하여 종업원들에게 지시하고, 감독하고, 코칭한다.

3. 어린이자아 C 시스템 : 협동과 영감을 얻기 위함

영감 고취하기는 예컨대 상징적 대상을 사용하여 상황을 연출하는 것과 같은, 마이크로 시뮬레이션(모의실험)의 방법에 의한 4번 박스로부터의 행동을 수련함으로써 얻어질 수 있다. 마이크로 시뮬레이션은 매우 현실적이다. 이것은 우리들의 두뇌는 시뮬레이션과 현실을 구별하지 않기 때문이다. 이와 같이 새로운 신경경로가 뇌에서 생성된다. 이 경로는 현실에서 그러한 상황이 일어나면 선택될 수 있다. 여기에는 많은 허가, 보호가 있으며, 그것이 새로운 행동을 발달시키는 강력한 방법이다.

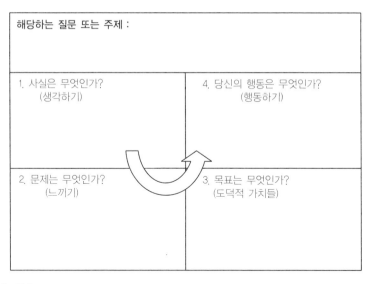

그림 13.4 코칭 매트릭스

13.2.11 결론

OPS의 모델은 조직의 문제들을 분석하여 도덕적 가치 시스템을 건강하게 기능하도록 회복시키는 데 도움을 준다. 전략적 코칭 매트릭스는 사람들이 서로 신뢰하고 함께 효율적으로 작업하는 조직을 만들기 위한 도구로 사용될 수 있다.

13.3 신뢰와 책임의식의 발달

Anita Mountain

13.3.1 개요

이 장에서 나는 한 큰 조직의 경영진과 진행한 컨설팅에 관하여 기술한다. 이 과정에서는 명확한 사정, 특정 결과를 적시하는 상세한 계약, 신뢰관계 개발의 중요성이 부각되어 있다. 이 모든 것들은 기술의 개발이 밑받침되어 있다. 결과는 다음을 포함한다.

- 고위 경영진을 포함한 모든 종사원들이 자신들의 행동과 의사소통 방식에 대해 책임지기
- 상이함(서로 다름)의 해결
- 부서 내의 우호적 분위기와 문화

13.3.2 위임

한 자치주의 비영리 조직이 나에게 조직 내의 어떤 서비스 개발을 위한 위임 프로젝트를 맡아주기를 요청하였다. 조직의 총종업원은 5만 7,000명이 넘었으며, 60명의 이 부서가 고객을 접하는 책임을 맡고 있었다. 이 부서의 새로 부임한 부서장은 서비스를 개발하고 확장하고 싶어 했다. 이 부서에는 주목할 만한 관계에 관한 염려를 보고하는 조사보고서가 있었다. 사업적 목표치들은 달성되고 있었으나, 드러난 문제는 건강한 문화를 개발할 필요성이었다. 이를 달성하기 위하여 고위 경영진은 어떤 가시적 변화를 원했으며 그것은 결과 계약이 되었다.

- 의견 불일치를 해결하는 종업원들의 능력과 해결하려는 의지
- 종사원들이 그들의 행동이 어떻게 다른 사람들에게 충격을 주는가를 이해하고 효율적 관계를 만드는 기술을 개발하기

이상의 사항들은 1~10 점수제를 사용하여 위임 초에 평가되고, 다시 위임의 종료 시점에서 평가된다(예 : 종사원들은 자신의 갈등해결 기술과 타인과의 관계를 맺는 능력을 어떻게 경험하는가의 질문들). 정서적 지능(Emotional Intelligence)은 개인적 현상이기도 하지만 사회적 현상이기 때문에, 부서 안에서의 자각과 기술 수준을 높이는 것은 중요한 문제였다.

13.3.3 문제 해결하기

나는 부서 내의 개개인이 존중받고 있다고 경험하는지 여부를 확인하기 위하여 모두 면담하였다. 그리고 인터뷰를 분석하고 부서의 욕구들을 근거로 프로그램을 디자인하였다. 개개인들은 자기들의 기술과 능력에 비하여 경영진으로부터 디스카운트 당하고 있다고 느끼고 있었다. 아침 인사 같은 간단한 예절조차도 생략되기 일쑤였고 사람들은 고립되어 있다고 느꼈다. 인터뷰 분석에 근거하여, 고위 경영진을 포함한 총 여섯 팀을 위한 각각 이틀씩의 프로그램과 추가로 부서 전원을 위한 하루 종일의 프로그램을 실시하는 관리계약을 체결하였다. 이 다음에는 고위 경영진이 결과를 지속하고 강화할 수 있도록 고위 경영진을 위한 하루의 프로그램으로 이어졌다. 표준화된 인터뷰의 분석은 다음의 결과를 보여주었다.

- 업무의 혜택은 불리한 점들보다 많고 높았다.
- 급여는 만족할 만했으며 대체로 사람들은 일에 만족했다.
- 가장 큰 문제는 조직의 문화인 듯했다.
- 문화는 "'I' and/or 'we' are OK but 'they' are not OK."의 문화였다. 전체 서비스 내에는 수직적 그리고 수평적인 분과들이 있었다.
- 밀착 모니터링은 개인주의적 그리고 적대적 문화를 만들었다.
- 업무에서 독선적이고 제약적으로 느껴지는 서비스 장(우두머리)에 의해 어린아이들처럼 취급받은 경험

심리적 계약과 관련하여 부서장은 팀이 자기의 준거틀을 따르고, 나는 컨설턴트로서 직원들이 그렇게 되도록 직원들을 분류하길 바란다는 것이 명백해졌다.

분석은 고위 경영진과 합의하고 직원들과 협의한 다섯 단계 과정의 개발을 가능하도록 하였다. 이것은 TA의 기본 원리, 즉 계약적 과정과 긍정성(OKness)에 근거하였다. 디스카운팅 문화를 감안하여 나는 사람들과 상황이 충분히 고려되어야만 할 필요가 있었으며, 그것이 내가 과정에 가급적 많은 직원들을 참여시킨 이유이기도 하다.

13.3.4 프로그램

프로그램은 동일한 구조를 가진 이틀에 걸친 과정으로 각 팀에게 실시되었다. 즉, 계약하기, 3D OK-ness(Mountain & Davidson, 2011)를 포함한 TA 개념의 OKness, 구조적 자아상태, OK 모드(Mountain & Davidson, 2011)와 번영을 위한 개념 모델(the Concepts for Thriving model)이었다. 트레이닝은 다양한 실습을 포함하였다.

13.3.5 번영을 위한 개념

번영을 위한 개념 모델(Mountain & David, 2011)은 인터뷰의 결과가 의사소통이 역기능적이고 종업원들은 정서적으로 안전감을 느끼지 못한다는 것이었기 때문에 사정 도구의 일환으로 사용되었다. 이 모델은 Robert의 기능의 사다리(Robert's Hierarchy of Functionality, 1992)를 응용한 것이다. 이 모델은 직접적으로는 TA에 속하는 것은 아니지만, 안전과 보안이 생산적이고 조화로운 노동을 위하여 다른 무엇보다도 중요하다는 TA의 철학 및 신념과 일치한다.

여기에는 번영을 촉진하는 일곱 가지의 기본 요소들이 있다(그림 13.5 참조). 이 구성요소들은 각각의 하위 개념을 기반으로 존재하며, 이들을 조직에 그리고 조직 내의 관계에 적용하고 만들어 나갈 때에는 매우 유용하고 효과적일 것이다.

이 모델은 각 팀들이 공유하였고 팀원들은 어려움이 어느 곳에 위치하는지 사정했다. 그들 모두는 안전감이 결핍되어 있다고 믿었으며 이 문제를 해결하기 위하여 어떤 조치들이 필요한지 결정하였다. 내부적 역동이 일단 해결되자 그들은 팀과 팀 간의 문제들을 살펴보았다.

각각의 정의를 설명한 후 이 모델의 적용을 보여주기 위하여 나는 이번 작업으로부터의 사례들을(표 13.1의 고딕체) 보여주었다.

모든 팀은 경영진, 특히 부서장과의 대화가 중요한 의미를 갖는다는 것에 동의하였다. 관심사는 이 모든 것들이 부서장에게는 어떻게 투영되었으며 어떻게 받아들여졌을까였다. 이 때문에 부서장과 차

그림 13.5 번영을 위한 개념 모델

장을 둘째 날 아침에 초대하였다. 중간관리자들 역시 정서적으로 안전함을 느끼도록 보장하기 위하여, 나는 각 팀들의 구원자 역할을 담당함이 없이, 부서장과 차장을 만났다. 이것은 섬세하게 다루어야만 하는 일이었다.

부서장과 차장은 이튿날 아침에 열리는 각 팀의 회의에 참석함으로써, 문제와 자기들이 해야 할 역할에 대한 인식을 확실히 하고 기꺼이 적절하게 반응할 수 있게 되었다.

표 13.1 번영을 위한 개념들의 정의

안전	내가 안전함을 느끼면, 나의 기본적 욕구가 충족되며, 나는 자신에게 편안함을 느끼고 또한 나의 영역을 유지한다. 작업자들은 부서장에게 과도하게 감독받고 감시당한다는 경험을 하였으며, 제대로 일을 수행할 수 없음을 경험했다.
긍정적 강화	나는 스트로크도 받으며 상호 교류도 있다. 부정적 스트로크 문화를 경험했다. 아침에 서로에게 인사하는 사람들은 거의 없었으며, 사람들에게는 공감이 결핍되어 있었다.
소속	나는 이 팀에서 또는 이 상황에서 내가 누구인지 적극적 존재감을 개발하기 시작한다. 직원들은 부서장과 유리되어 있음을 경험하였다. 구조적 세분화는 일반 직원들의 입장에서는, 업무의 분장을 만들어 소통에 더 큰 어려움을 초래했다. 이것은 앞에 언급한 과도한 감독과 서로 상의하기 위하여 자리에서 일어나는 것조차도 눈치가 보인다는 믿음 때문에 더욱 심각하게 진행되었다.
명확한 의사소통	나는 다른 사람들이 내 말을 경청한다고 알고 있으며 따라서 나도 다른 사람들의 말을 더 경청하려 한다. 업무에 관한 일반적 소통은 효과적이었으나 작업자들의 의견은 제대로 존중되지 않았다고 느꼈다.
생산적 활동	나는 현재의 상황에서 협동적으로 문제들을 해결한다. 나는 나의 유능함을 알고 있으며 타인들도 그것을 인정한다. 그리고 나는 내가 어떤 사람이라는 생각을 가지고 있다. 나는 주고받는 데 균형을 취할 수 있다. 작업자들은 자기들의 의견이 존중받지 못한다고 느꼈기 때문에 협동을 경험하기 어려웠다.
통합	나는 자발적일 수 있다. 나는 인생에서 긍정적 일들이 생기도록 할 수 있다. 나는 내가 성취한 것들을 높이 인정한다. 나는 실수를 통하여 배우고 또 계속 나아진다. 나는 나 그리고 내가 하는 일에 대해 감사한다. 이 부서에서는 책망을 받을까 봐 자발성이 결여되어 있었다. 긍정적 스트로크가 거의 없는 문화였기 때문에 성취한 것에 대한 인정은 매우 제한적이었다. 신뢰를 통한 문화의 변화가 최우선 과제였다.
축하	내가 성취한 것들은 인정받는다. 나는 나 자신, 나라는 사람, 내가 하는 일, 타인들과 세상과의 관계에서의 나를 수용한다. 나는 나 자신과 타인들의 성취를 인정한다(모든 수준에서). 직원들은 축하라는 것을 경험하지 못했다.

OK 모드 모델

불신과 적대감을 일으키는 효과적 소통의 결핍 때문에, 나는 Mountain과 Davidson의 OK 모드 모델에 의한 OK-ness(긍정성)의 개념을 공유하기로 결심했다. OK 모드 모델은 우리들이 어떻게 행동하고

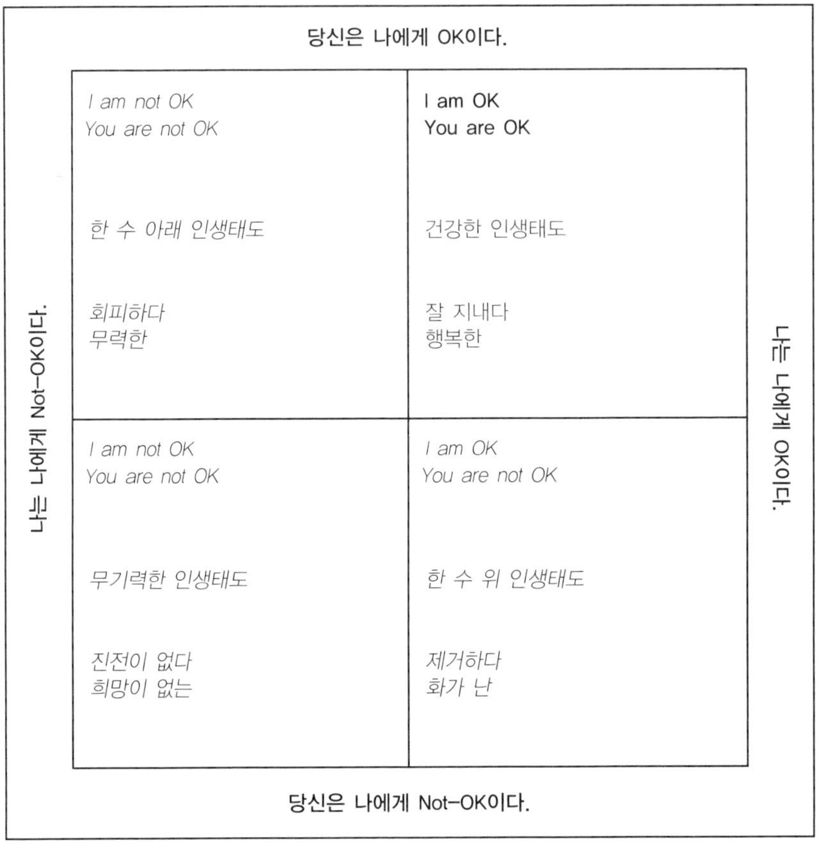

당신은 나에게 OK이다.

I am not OK *You are not OK* *한 수 아래 인생태도* *회피하다* *무력한*	**I am OK** **You are OK** 건강한 인생태도 잘 지내다 행복한
I am not OK *You are not OK* *무기력한 인생태도* *진전이 없다* *희망이 없는*	*I am OK* *You are not OK* *한 수 위 인생태도* *제거하다* *화가 난*

나는 나에게 Not-OK이다.

나는 나에게 OK이다.

당신은 나에게 Not-OK이다.

그림 13.6 OK 목장(F. Ernst, 1971)

또 타인들과 상호작용하는가를 나타내는 시각적 길을 보여준다. 이 모델에는 열 가지의 서로 다른 의사소통 행동 모드들이 있는데, 이들 중 네 가지는 효과적이고 마음챙김(mindful)의 과정에 의하여 사용 가능하다. 즉, 네 가지는 지금의 현실을 감안하여 그에 따라 행동하는 모드들이고, 나머지 여섯 가지는 비효율적인 모드들이다. 우리는 OK 목장(OK Corral; Ernst, 1971)과 OK 모드 모델 모두에 마치 교통 신호등처럼, 효율적 관계에는 초록색을, 비효율적인 관계들에는 빨간색을 사용한다(그림 13.6에서 볼드체로 쓴 것은 효율적 영역이고, 이탤릭체로 쓴 것들은 비효율적 영역들이다). 이런 방법을 사용하면 대화에서의 각각의 주고받는 말들에 대하여 중단(stop)과 진행(go or flow)을 시각화하여, 어떤 일이 벌어졌는지 추적하여 이해하는 것이 용이하다.

우리들은 그다음 3차원 OK-ness의 개념을 부서 내의 각 팀들 사이에 적용하기 위하여 이것을 설명하였다. 이 모델은 관찰 가능한 행동과 연관이 있으며, 사람들 간의 일에 대한 사회적 · 행동적 평가만

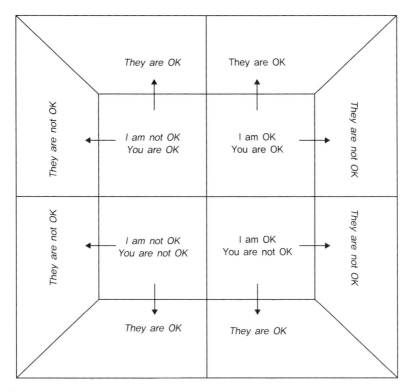

그림 13.7   3차원 OKness

을 요구하기 때문에 조직의 작업에 적합하다. 이것은 또한 타인들과 관계를 가질 때 어떻게 행동해야 할 것인가를 생각하도록 만든다.

13.3.6   다이어그램 설명

효율적 의사소통

우리들이 효율적 모드들 중의 한 곳에 있을 때에는 우리들은 현재의 상황에 반응적이다. 일반적으로 효율적 모드에서 이야기가 시작될 때에는 타인으로부터의 반응은 효율적 모드로부터 올 가능성이 높다. 그 반대의 경우도 역시 그렇다.

효율적 모드

마음챙김 과정

우리들은 한 인간으로서 반응하기도 하고 또 타인에게 자극을 주기도 한다. 어떤 순간에 우리가 어떻게 행동하는가는 과거에 뿌리를 둔 자동적 방식으로 교류하는가 또는 현실을 다루는 현재에서 교류하

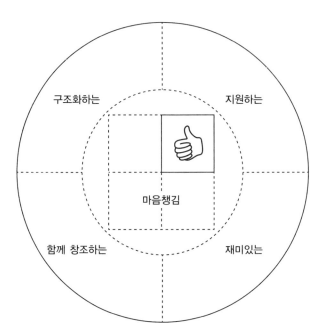

그림 13.8   효율적 OK 모드

는가에 따라 다르다. 효율적 OK 모드(그림 13.8)의 가운데 부분은 마음챙김이라고 부르는데, 이것은 우리들이 현재를 고려하며 상황과 어떤 행동에 따른 결과 모두를 전체적으로 유념해야 할 필요가 있으므로 그렇게 부른다. 그것은 보이지 않기 때문에 행동의 양식은 아니지만, 우리는 마음챙김 과정을 반영하는 부수적 행동들을 볼 수 있다. 효율적 모드는 마음챙김의 과정 내에 존재한다. 또한 우리들은 다음 행동을 결정하기 전에 물러서서 상황을 관찰해야 할 필요가 있을 때가 있는데, 이것은 마음챙김이 중심에 있기 때문이다. 모든 효율적 모드에서는 I'm OK, You're OK, 그리고 They're OK로 의사소통을 한다. 이것을 잘 보여주는 예는, 부서장이 외부 도움을 도입하여 팀들 상호 간 그리고 고위 경영진과의 상호관계를 포함하는 조직 문화의 문제들을 해결하기로 결단을 내린 것이다. 이러한 결단은 마음챙김의 과정이다.

지원하는 모드

이 모드에서 우리들은 적절히 돌보고, 지지하고, 지속적으로 신뢰하므로 우리의 지원은 필요에 적절하다. 부서장은 대체로 대부분의 팀 리더들과 마찬가지로 지원하는 모드로부터 교류했으며, 그것이 비록 의사소통에 어려움이 있었다 하더라도 비교적 높은 생산성을 만들 수 있었던 이유였다.

구조화하는 모드

이 모드에 있을 때에는 우리들은 경계를 확정하고, 건설적 비판을 하고, 엄격하면서도 돌봄을 베푼다. 이 부서는 일반적으로 경계를 정하는 모드로 교류하였다. 그러나 다른 마음챙김 모드들과의 균형이 결여되어 있었기 때문에, 차장은 구조화를 넘어 비난하는 모드로 넘어간 것으로 보이기 일쑤였다. 따라서 팀들은 차장에게 완벽해야 한다고 느끼게 되었다.

함께 창조하는 모드

이 모드에서의 공동의 창의성은 지금까지와는 다른 어떤 것을 개발하고 만들어내기 위하여 다른 사람들과 기꺼이 함께하는 것을 의미한다. 이 모드로부터 우리들은 타인들과 힘을 합함으로써 부분 부분의 총합보다 더 큰 것을 창조할 수 있다는 것을 깨닫게 된다. 특이하게도 팀 내적으로는 이 모드가 존재하였다.

재미있는 모드

이러한 창의성과 즐거움을 사랑하는, 호기심이 많은, 활기 찬 모드는 부서 전체에서 결핍되어 있었다.

마음챙김 과정에서는 상황에 적절한 효율적 모드를 선택하는 것이 가능하다. 만약 어떤 사람에게 비효율적 모드로의 유인이 있을 때에는 그 사람에게는 선택(choice)권이 있다. 그는 그 유인을 받아들여 대화에서 굴종적 또는 지배적 입장으로 옮기거나, 또는 그 초대를 거절하고 OK-OK 입장에 머무르며 효율적 모드들 중 한 모드로부터 반응함으로써 마음챙김에 머물 수도 있다.

비효율적 모드들을 이제 앞의 그림에 추가한다. 비효율적 모드들은 OK 목장의 3개의 not-OK 부분들로 나타난다. 이 비효율적 영역들은 모두 우리의 과거로부터 온 시대에 뒤떨어져 쓸모없고 통합되지 못한 경험들을 나타낸다. 우리는 이런 반응들(responses)을 통제하지 못하는 것 같다. 사실 이것들은 반응이라기보다는 반사작용(reactions)이라고 하는 것이 더 정확할 것이다. 이것들은 마음챙김 과정 원 내부의 긍정적 부분들의 '과도한(overdone)' 대칭 부분들인데 어떤 격발에 의하여 쉽게 낚일 수 있다.

비난하는 모드

이 모드는 '과도한' 구조화 모드로 간주될 수 있다. 이 모드에 있을 때 우리들은 권위적이며, 박해하거나 잘난체한다. 그럼으로써 팀과 부서 내의 충성심을 메마르게 한다.

이 부서는 이 모드로부터의 부작용을 경험하였다. 이것은 부서장의 지나친 구조화 모드의 지나친 면이었다. 처음 부임하여 야심이 있었던 부서장은 "완전하라."의 드라이버를 1급 스트레스 수준으로 끌어올렸다.

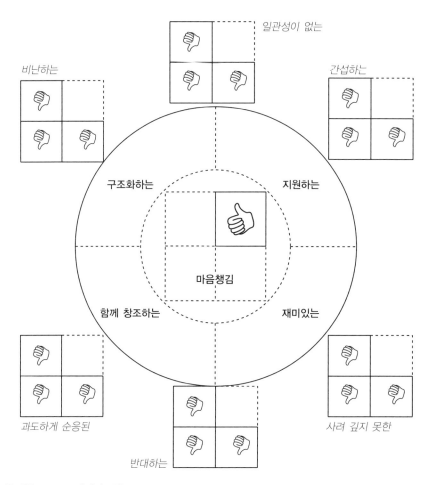

그림 13.9 완전한 OK 모드 다이어그램

일관성 없는 모드

이 모드는 여러 번에 걸쳐 다른 사람들이 우리와 어떤 관계를 예상해야 할지 알 수 없도록 일관성이 없는 관계를 보일 때 인식된다. 이 모드에 있는 리더들은 행동을 예측할 수 없도록 분명 내키는 대로 변경하는 경향이 있다.

간섭하는 모드

이 모드에서는 우리의 행동은 '구원하는(Rescuing)' 역할, 즉 타인들이 스스로 감당할 수 있는 일을 그들 대신 행하는 역할을 한다. 우리는 또한 지나치게 방임하든가 또는 호들갑을 떨 수도 있다. 이것은 '과도한' 지원 모드로 볼 수 있다.

과도하게 순응된 모드

이 모드에서는 우리는 타인들에게 지나치게 순응한다. 즉, 타인들에게 그들이 원하는 것을 묻지도 않고 그들을 기쁘게 해주려고 노력하며 또한 수동적이고 상대에게 맞추려 노력한다.

　이 부서의 많은 스태프가 부서장과 또 자기들 상호 관계에서 이 모드에 있었으며, 자신들의 욕구를 표현하지 못했다.

반대하는 모드

이 모드에서 우리는 특별한 목적 없이 또 일관된 근거도 없이 저항하고 반대한다. 이렇게 행동하는 종업원들은 방해하는 사람이란 평판을 얻는다. 우리들이 이 모드에 있을 때에는 타인들의 말을 듣거나 그들의 의견을 고려할 가능성이 낮다. 일관되지 않은 모드와 마찬가지로 반대하는 모드는 횟수가 거듭될수록 눈에 두드러진다.

　많은 스태프들이 부서의 업무와 관련하여 저항하고 반대하였다.

사려 깊지 못한 모드

근무 중에 우리는 우리의 행동에 대하여 책임질 의사가 없는 것같이 행동하는 경우가 있다. 우리들의 에너지는 초점에 맞추어져 있지 않다. 우리는 합의된 시간 경계를 지키지 못한다. 이 모드는 행동이 다른 사람에 대한 반응이 아니라 주변 사람들이나 상황에 개의치 않고 우리 자신의 업무를 한다는 의미에서, 반대하는 모드와 구별된다.

어려움의 영역

처음에 그 부서장은 부서 내의 정서적 안전의 결핍에 자기가 연관이 되어 있다는 자각이 거의 없었으며, 이것은 해결하기 매우 곤란한 문제였다. 내가 만약 이 문제를 부서장에게 제시했다면 팀들을 구원하고 부서장을 박해하는 것으로 경험될 수 있었다. 대신 나는 팀들이 그 개념들을 사용하여 어떻게 그들의 생각과 감정을 부서장 및 다른 고위 경영자들과 나눌 수 있는가에 대한 연습을 지원하였다. 나는 또한 부서장과 차장에게 어떻게 개방적 OK/OK 상태에 머물 수 있으며, 회의에서 언급되는 말들에서 조그만 진실이라도 찾는 마음을 가질 수 있는가에 관한 미팅들을 준비시켰다. 이것은 모든 팀 멤버들이 이론을 현실 속에서 적용할 기회를 갖도록 하였다.

이것은 어떻게 조직에 도움이 되었는가

이 모델은 타인들과의 관계에서의 그들의 행동을 생각하고 관리자들과의 미팅을 준비하는 데 있어 모든 팀들에게 큰 도움이 되었다. 그것은 그들의 행동을 탐색하는 데 비판적이 아닌 방법을 제공하였다.

OK-ness 철학과 OK 모드 모델을 사용함으로써, 그들은 의사소통 기술을 발전시켰으며 그것이 신뢰를 만들었다. 불신이 자각의 결핍으로 인하여 발달되었으며 마음챙김의 개념은 이 불신을 변화시키는 데 큰 도움이 되었다.

부서장은 이제 피드백에 개방적이 되었으며 팀에게 사려 깊은 반응을 보여주었다. 부서장은 자진하여 자신의 약점을 인정하였고 자신의 행동에 대한 책임을 졌으며, 한편으로는 팀 멤버들이 자신들의 책임을 지도록 격려하였다. 결과적으로 스태프들의 부서장에 대한 태도는 부드러워졌다. 관리자들과 팀들 간의 모든 대화의 결과는 정서적 안전감을 촉진시켰으며 팀과 관리자 사이의 심리적 거리를 좁혔다(Micholt, 1992).

결론

그 부서가 갈등 회피에서 갈등 해결로 이동함에 따라 추측과 편견을 점차 내려놓게 되었다(Berne, 1972). 그들은 자신들의 OK-ness를 유지하고 동시에 타인들도 OK로 유지하는 방법을 터득하였다. 따라서 불건전한 경쟁이 줄었다. 개개인들은 보다 큰 애착과 소속감을 주는 긍정적 스트로크의 증가를 경험하였다. 정직이 발달하니 신뢰의 수준이 올라가고 생산성이 증가하였다. 부서장은 자신이 스태프들에게 요구한 사항들의 일부를 완화할 준비가 되어 있었다. 부서장이 자신의 취약점을 공유하고 함께 나눔으로써, 스태프들은 그를 새롭고 긍정적인 눈으로 보게 되니 관계도 좋아졌다. 스태프들은 이제야 부서장의 미래 비전에 대하여 자극을 느낄 수 있게 되었으며, 아울러 자신들의 행동에 대한 책임도 질 수 있게 되었다.

13.4 조직 개발을 위한 교류분석

C. Suriyaprakash

13.4.1 개요

이 글의 목적은 조직 개발(organization development, OD) 컨설턴트를 위한 강력한 준거틀로서의 교류분석의 적용의 예를 보이는 것이다. 교류분석이 조직에 대한 여러 수준에서의 개입을 위하여 어떻게 사용될 수 있는가를 강조하기 위하여 사례연구의 복합적 형식을 사용하였다. 인도의 전형적 중소 규모의 제조업에 관한 이 사례연구에서는, 계약, 진단 그리고 개인, 그룹, 조직 수준에서의 변화를 가져오기 위한 개입에 교류분석이 사용되었다. 교류분석 모델들은 변화를 촉진하기 위한 비(非)교류분석 조직 모델들과 함께 무리 없이 통합하여 사용되었다. Berne(1963)의 조직에 관한 이론은 준거틀의 기본을 형성하였다. 여기에는 또한 이후 Hay(1995a), Krausz(1993), Schmid(2008)에 의하여 조직 TA에 기여한 이론들을 포함하였다.

13.4.2 고객 시스템

밀레니엄 가먼트는 인도 남부의 섬유 공장이 밀집한 마을에 위치하는 작은 의류 수출 공장이었다. 이 공장은 1990년대 초 인도 경제 자유화에 따른 산업 르네상스에 힘입어 쿠마르와 라가브, 두 친구가 설립했다. 쿠마르와 라가브는 자신들의 사업을 시작하기 전에 이미 10년 이상 이 지역의 큰 의류 업체에서 근무했다. 그들은 약 15명의 직원을 고용하여 허름한 작업장에서 사업을 시작했으며, 10년이 채 안 되어 직원은 100명으로 늘었다. 2000년대 초반에 그들은 작업을 여섯 배로 확장하는 성장 정책을 결정하고 600명이 넘는 종업원들을 고용하는 새로운 현대식 생산 공장으로 이전하였다.

밀레니엄 가먼트의 작업자들은 그 주의 남쪽 지방으로부터 이주하는 노동자들이 대부분이었으며, 북부 주들로부터의 이민자들도 상당수 있었다. 그들이 소규모였을 때에는, 모든 일상의 결정들을 위한 길은 쿠마르 또는 라가브의 사무실로 통하였다. 모든 종업원들이 그들에게 직접 보고했으며 두 사람 모두 공장과 매 주문마다 어떤 일이 일어나는지 훤히 알고 있었다. 공식 조직 구조는 없었으며 특히 경영의 수준에서 그랬다. 누구나 어떤 일이든 했으며 필요한 때 필요한 것들은 누구나 기꺼이 했다. 문제가 있을 때는 종업원들은 쿠마르 또는 라가브에게서 해결책을 구했다. 그들은 가족 같은 문화를 가진 것에 대해 자랑스러워했으며 종업원들은 소속감이 매우 높았다.

조직이 기하급수적으로 커지자, 세계화와 자유무역에 의한 세계경제의 성장의 바람을 갑자기 맞게 된 쿠마르와 라가브는 놀라운 상황에 직면하였다. 그들은 늘어난 사업과 조직의 규모를 감당할 수 없었다. 공식적 조직 구조와 보고 체계가 없는 상황에서 사업은 무너지고 있었다. 주문은 제시간에 인도되지 못하였으며, 단 하루라도 지연된 선적은 항공으로 보내야 했기 때문에 엄청난 손실을 가져왔다. 오래 거래했던 고객들은 훨씬 싼 가격을 제시하는 많은 남아시아 국가들을 포함한 다른 공급자들에게로 돌아서기 시작하였다. 이러한 시나리오를 개선할 무슨 방안을 찾기 위하여 우리를 접촉한 것은 바로 이 무렵이었다.

13.4.3   컨설턴트

나는 세 사람으로 구성된 TA 분석사들 중 한 사람이다. 우리들의 컨설팅 서비스는 기본적으로 TA 준거틀을 근거로 하여, 보완적으로 조직이론들과 행동과학을 접목, 통합시키는 식이었다.

13.4.4   자문

조직개발은 "컨설턴트-촉진자 역할과 이론과 행동 연구를 포함하는 응용 행동과학의 기술들을 사용하여 건강한 작업 팀의 문화와 기타 팀 형태를 강조하는 지속적·협조적 조직경영 문화를 통하여 조직의 예지력, 힘 부여하기, 학습, 문제해결 과정들을 개선하기 위하여 최고 경영진에 의하여 인도되고 지원되는 장기간의 노력"이라고 정의된다(French, Bell, & Vohra, 2006). TA의 관점에서 조직개발은 "다음의 사항들을 달성하기 위하여 설계되고 적용되는 특정한 활동들의 전개를 일컫는다. 사람들 사이의 교차교류들을 찾아내어 빠르게 해결하기; 종업원들 사이에 그리고 작업 그룹들 사이의 파괴적 게임 연출을 최소화하기; 개인들 간의 진정한 만남(authentic encounters, 친밀)을 최대화하기; 앞에 열거한 목표의 달성을 지원하는 관리체계, 정책, 작업환경을 개발하기"라고 정의할 수 있다(Randall, 1973). 여기에 우리는 "조직의 효율성을 개선하기 위하여"를 추가한다.

우리는 조직개발에 치료 삼각형(treatment triangle; Stewart, 1989)을 적용한다. 따라서 조직개발 프로젝트는 계약, 진단, 개입의 세 가지 중요 단계들로 구성된다. 여기에 우리는 TA에 근거하는 참여행동 조사 방식을 도입한 평가와 피드백을 추가한다.

13.4.5   계약

고객이 병든 조직의 분명한 증상들을 기초로 제시하는 처음의 문제들은 다음과 같았다.

1. 지연 인도
2. 품질 불량으로 인한 높은 제품 불합격률

이에 기초하여 계약은 다음의 결과를 가져올 필요한 개입 조치를 하도록 되어 있었다.

1. 주문은 제시간에 인도한다.
2. 허용 불량률 이내의 제품 품질을 유지한다.

처음에 합의한 시간 틀은 6개월이었다. 이후 프로젝트는 새롭게 부상하는 문제들과 성취한 변화들을 유지하기 위하여 3년으로 연장되었다.

이 계약을 수행하기 위하여, 프로젝트는 2개의 국면, 즉 진단과 개입으로 분할되었다. 진단 단계에서의 투입된 정보에 따라 개입을 위한 특정한 계약이 체결되었다.

13.4.6 진단

진단의 틀로서는 조직 각본 그리드(Krausz, 1993)와 Berne의 여섯 가지 그룹 다이어그램(1963)이 사용되었다. 프로젝트의 목적을 위하여 종업원들 가운데서 표본을 선발하여 인터뷰하였다. 사람들 사이의 그리고 그룹 간의 역동은 미팅과 실시간의 교류를 관찰함으로써 사정하였다. 관심집단(focus group) 토론은 최고 경영진과 기타 종업원들을 분리하여 진행하였다.

밀레니엄 가먼트의 조직 각본 분석은 회사가 '비승자(non-winner)' 각본을 가지고 있음을 보여주었다. 그것은 생존, 평범함, 인정, 모호하고 일관성 없는 경영 스타일, 높은 원가에 낮은 생산성 및 품질이란 생명선의 특징을 보여주었으며, 조직의 분위기는 불안, 불안정, 혼란이 만연하였고, 불분명한 조직 구조에 최상부에 집중된 의사결정권, 반사적이고 긴급 상황을 수습하는 식의 문제해결 과정, 타협적인 그룹 간의 관계, '맡겨진 과제 지향적' 근로관념, 시간관념은 '명확한 목표/우선순위 없이 사용되는' 시간관념, 금전은 때에 따라 수단도 되고 또 목적도 된다는 금전관념, "제거하다(get rid of)." I+Y−이거나 또는 "회피하다(get away from)." I−Y+의 사람에 대한 관념이었다. 전반적으로 조직의 그 구성원에 대한 인생태도는 "I'm not OK, you're OK"였다.

Berne의 그룹 다이어그램에 관해서는 배치 다이어그램(layout diagram)과 자리 다이어그램(seating diagram)은 경영진과 공장 근로자 사이의 명확한 차별을 보여주었다. 경영진 스태프들은 호화롭고 세련된 사무실을 배정받았으나, 공장 근로자들은 매우 기본적이고, 원시적 설비를 갖춘 작업장에서 근무했다.

공식 지휘 다이어그램(formal authority diagram)은 모든 수준에서 역할과 책임이 불분명하였다.

그룹 구조 다이어그램(group structure diagram)은 쿠마르와 라가브에게 집중된 두 사람 간의 경계가 명확하지 않은 복잡한 리더십을 보여주었다. 두 사람 모두 모든 운영을 관장하고 있었는데, 이것은 종종 종업원들 사이에서 누구를 따라야 하는지 또는 누구에게 보고해야만 하는지 혼란과 불확실성을 초래했다.

그룹 역동 다이어그램(group dynamics diagram)은 종업원들 사이에서 게임 플레이의 형태로 대수롭지 않은 내부 과정에 많은 시간을 허비하여, 결과적으로 생산 지연과 품질 저하의 결과를 가져오는 것으로 나타났다. 쿠마르와 라가브 사이의 주요 심리적 과정들 역시 최고 경영진 관심집단 인터뷰에서 표면으로 나타났다. 이것은 고객과 경쟁자들로부터의 압력과의 싸움에 필요한 주요 외적 과정을 위한 결속의 약화를 초래하고 있었다.

복잡한 리더십 구조와 이에 따르는 혼란과 불확실성은 리더십과 종업원들의 그룹 이마고에서 나타난다. 종업원들의 그룹 이마고에서 리더의 자리는 각 기능 그룹 내의 멤버들에 따라 상이하여 그 자리를 차지하는 리더가 쿠마르냐 아니면 라가브냐에 따라 일관성이 결여됐다. 어떤 멤버들은 두 사람 모두를 리더의 자리에 두고 있었다.

회의와 비공식적 대화에서의 교류의 다이어그램은 CP-AC 상보적 교류가 주류를 이루고 있음을 보여주었다. 이면적 교류 역시 종업원들의 과도한 순응의 결과로 폭넓게 퍼져 있었다. 최고 경영자는 종종 멤버들로부터의 교류를 교차시켰으며, 결과적으로 멤버들에게 자기의 의견과 아이디어를 말할 여지를 남기지 않았기 때문에 순응은 더욱 강화되었다.

진단의 결과로 다음의 개입이 계획되었다.

1. 조직의 가치, 사명, 정책들의 명확화
2. 조직을 재구조화
3. 모든 직책의 역할 분석
4. 자신, 의사소통, 동기부여, 조직 문화에 대한 자각을 촉진하기 위한 간부들의 훈련
5. 팀의 정신을 고취하고 조직의 목적과 이유에 헌신하는 팀 건설 훈련
6. 작업 팀의 기능적 효율성을 개선하기 위한 팀 코칭
7. 기능과 기능 간의 그룹 상호의 협력을 개선하기 위한 과정 컨설턴시
8. 두 명의 동업자 사이의 경계를 명확히 하는 경영자 코칭
9. 종업원의 충성도를 높이기 위한 종업원 지원 프로그램(EAP)

이것은 처음에 생각했던 것 이상으로 프로젝트의 범위를 확장시켰으므로 프로젝트의 계약은 2년으로 연장되었다.

13.4.7 개입

첫 번째 세 항목의 개입을 가능하도록 회사 체계 컨설턴트를 참여시켰다. 이것은 가치, 사명, 정책들을 명확히 하고 명확한 기능 부서들과 지휘 체계를 가진 공식적 구조를 제자리에 두고, 조직의 모든

직책의 역할과 책임을 명확히 하기 위한 방안이었다. 다른 컨설턴트가 기술적 전문성을 제공하고, 우리는 이러한 체계를 개발하기 위하여 인력 및 과정적 기술들을 제공하였다. 회사는 ISO(International Organization for Standardization, 국제표준기구)의 과정 품질 기준에 따라 시스템과 구조의 설치 작업을 계속했다. 이것은 "그러한 시스템의 개발과 적용에 적극적으로 동참하도록 종업원들의 태도 변화"를 포함하는 우리들의 개입의 범위를 확대시켰다.

위의 작업이 진행되는 중에 스태프 멤버들은 또한 해당 TA 개념에 입각한 일련의 훈련 모듈에 참여하였다.

- 개인의 스타일(자아상태)
- 의사소통, 관계, 동기부여(교류, 스트로크, 시간 구조화)
- 일하는 스타일(드라이버)
- 갈등관리(심리 게임)
- 문제 해결(디스카운팅)
- 감성적 지능(스트로크 경제)

훈련 모듈의 목적은 자신, 관계, 조직의 문화에 관한 자각을 진작시키는 것이었다. 그것은 또한 명료하고 개방적 소통을 위하여 멤버들에게 공통의 언어를 마련해주자는 의도였다.

세 시간 분량의 각 모듈은 2주에 한 번 열렸다. 여섯 모듈을 마치는 3개월 동안에는 매 달 한 시간씩의 복습검토 시간이 따랐다.

새로운 시스템과 상응하는 구조가 자리를 잡자, 최고 경영진은 외부에서 3일간의 팀-빌딩 워크숍을 가졌다. 이 워크숍에서는 Belbin(1993)의 아홉 가지 팀 역할들이 일하는 스타일로서의 드라이버와 함께 사용되었다. 멤버들은 자기들의 팀 역할과 일상적으로 일하는 스타일이 무엇인지, 또 팀의 다른 멤버들의 일하는 스타일은 어떤지를 확인할 수 있었다. 이러한 자각은 전략적 협조를 통한 시너지를 만드는 데 사용되었다.

공장의 근로자들에게도 역시 팀의 노력에 관한 세 시간 모듈을 현장에서 실시하였다. 이것은 팀으로서의 작업에 대한 중요성을 부각하기 위하여 50명 단위의 그룹으로 실시하였다. 여기에서는 모든 작업자들이 이전 공정으로부터 받아서 그다음 공정으로 넘겨주는 식이므로, 자신의 작업이 얼마나 긴밀하게 다른 작업자들의 업무와 연관되어 있는가에 대한 자각을 강조하였다.

이 모든 것은 계약 기간 내의 주문 인도와 품질 불량으로 인한 불합격률을 줄임으로써 원가를 극소화한다는 실질 목적을 향한 준비였다. 새로 편성된 팀은 각각 6주간의 주 단위의 팀 코칭 세션을 가졌다. 주기는 2주 단위로 네 번의 연속 세션으로 줄였다가 그 후 잔여 프로젝트 기간 중에는 한 달에 한 번으로 줄였다. 이러한 팀 코칭 세션은 변화를 위한 개인의 그리고 팀의 계약을 도출해내는 주된 토론장이 되었다. 그들이 훈련과 팀 빌딩 과정에서 터득한 모든 것들은 팀 코칭 세션을 통하여 행동화되었다. 가장 강조된 포인트는 A-A 교류를 사용하는 것, 선택을 사용함으로써 교차교류를 재빠르게 상보교류로 전환하는 것(Karpman, 1971), 공개적 소통을 통하여 친밀을 증진하는 것, 게임 패턴을 확인하고 게임 연출을 최소화하는 전략을 실행하는 것이었다. 팀 실습에서의 교류 이마고를 그리는 것은 (Suriyaprakash & Mohanraj, 2006) 팀 멤버들이 그들 상호 간의 지각과 통찰을 확인하고 그룹의 의사소통을 개선하기 위한 개인적 수준에서의 변화를 계획하도록 도움을 주었다. 이 세션들은 각 부서의 업무 효율성을 높이기 위하여 필요한 변화를 알 수 있도록 도움을 주었다. 각 팀들은 이러한 목적을 달성하기 위하여 새로운 방식과 절차를 개발하거나 또는 기존의 체계를 수정하였다. 이것은 팀 멤버들의 사기와 동지애를 강화시켰다.

부서 간 협조의 결핍이 생산과정의 병목현상(bottleneck)의 주된 원인으로 판명되었으며, 이것이 선적 지연과 품질 불량의 결과를 만들었다. 부서 간의 협조를 도출하기 위한 회의는 컨설턴트의 배석하에 매달 소집되었다. 이러한 회의는 팀이 불만족과 감사를 다른 팀들에게 표현하고, 또한 자기 팀이 효과적(품질)으로 그리고 효율적(시간)으로 작업 기능을 수행하기 위해 필요한 지원을 요청할 수 있는 기회를 제공하였다. 이것은 갈등을 표면화시킬 수 있는 좋은 토양을 제공했다. 촉진자들의 과정 컨설턴시 기술들이 이 회의에서 사용되었다. 그룹 역동 다이어그램, 자아상태, 스트로크, 게임, 디스카운팅은 팀의 역동을 관찰하고 팀에게 피드백을 주는 데 사용된 주요 개념들이다. 이것은 팀들이 기대하는 것들을 명확히 하고, 서로서로 자신의 한계와 가능한 것들을 자유롭게 그리고 공개적으로 공유할 수 있도록 도움을 주었다. 그룹 이마고 작업은 상호 간의 지각과 근원적 역동을 이해하고 태도를 변화하도록 돕는 데 결정적 역할을 했다.

프로젝트를 통한 괄목할 발전은 멤버들이 팀 빌딩 워크숍에서 두 명의 리더들이 어떻게 혼란과 불안을 야기했는지 자유롭게 표현한 것이었다. 종업원들이 최고 경영진에게 자기들의 문제에 대한 의사를 공개적으로 전달할 수 있게 된 것은 조직 문화에 커다란 변화가 있다는 의미였다. 두 동업자는 두 사람 간의 의견 차이와 근본적 역동을 조율하기 위하여 매주 경영자 코칭을 받기로 합의하였다. 두 명의 컨설턴트가 팀 코칭을 담당하고, 한 명의 컨설턴트는 경영자 코칭을 맡았다. 계약, 그룹구조, 역동 다이어그램, 게임과 각본 이론이 그들 사이의 비해결 과제들이 종업원들에게 상호모순 그리고 불안을 만들었는지에 대한 자각을 촉진하기 위하여 경영자 코칭 세션에서 이용되었다. 파트너들 사이의 경계를 명확하게 만들기 위하여 사회적 역할(social roles; Schmid, 2008)의 개념이 사용되었다. 3개월 이상의 시간이 소용된 이 과정의 결과로, 두 동업자는 자신의 강점에 따라 사업의 기능적 영역을 분할하였다. 쿠마르는 생산과 재무를 맡고, 라가브는 인력 개발과 마케팅 기능을 주관하기로 결정하였다.

13.4.8 평가

프로젝트의 시작 후 18개월 만에 정시 인도(on-time delivery)는 80%로 개선되었다. 프로젝트 시작 때에는 겨우 30%였다. 생산품의 불합격률은 프로젝트 시작 때의 18%에서 5%로 감소했다. 새로운 구조의 안정화와 종업원 지원 프로그램(EAP)의 정착을 위하여 프로젝트는 3년간 지속되었다.

　　교류분석 수련을 받은 상담사들로 구성된 상담센터를 설립하고, 종업원들에게 그룹 카운슬링을 제공하도록 계약이 체결되었다. 이주 여성 근로자만을 위한 그룹 카운슬링 세션이 2주에 한 번 개최되었다. 종업원들은 원하면 일대일 세션으로 상담사와 상담할 수 있게 되었다.

13.4.9 결론

조직 개발 컨설턴시에서 교류분석이 명시적으로 또 묵시적으로 사용된다. 명시적 적용에는 새로운 언어를 제공하고 또 변화를 가져오기 위하여 교류분석 이론을 가르치는 것을 포함한다. 묵시적으로는, 교류분석은 컨설턴트가 수행하는 모든 일에서 하나의 준거틀로서 기능한다. 명시적 접근은 조직개발 개입에서 교류분석을 기초로 하는 훈련 부분이다. 묵시적 접근은 코칭, 과정 컨설턴시, 계약하기, 평가, 피드백과 같은 모든 촉진 과정들의 초석이 되는 교류분석의 기본 개념들이다.

13.5 재결단 작업

Mil Rosseau, Rik Rosseau

13.5.1 개요

화창한 가을 날 자연스럽게 꾸며진 아름다운 정원을 상상해보라. 선명한 색채, 가득한 생명력, 그윽한 향기, 지저귀는 새들의 노래. 눈앞의 광경은 당신의 모든 감각을 깨운다. 당신은 이 특별하고, 시시각각 변화하는 풍경을 주로 형상, 파종과 추수의 방법, 사용하는 도구, 비료 주기 계획을 묘사하는 언어로 그릴 수 있겠는가?

사람들이 워크숍을 통하여 성취할 수 있는 것들을 다음과 같이 설명하였다. 그러나 개발 과정의 정도, 개인적 변화의 지속성은 언어로 파악하기가 쉽지 않다. 차라리 작은 예화들은 사람들이 훈련 세션으로부터 얻은 결과들의 중요함과 아름다움을 알려준다.

이 장에서 작가들은 그들이 벨기에의 어떤 큰 소매회사를 위해 했던 작업을 되돌아본다. 작가 중 한 명은 TA의 1세대 개발자인, Robert와 Mary Goulding에게서 훈련받았다. 이들은 Bob과 Mary Goulding의 말을 인용하였다. "인생을 변화시키는 데 마술은 없다!"

13.5.2 사람에 대한 배려

총매출이 아닌 이익 기준으로 본다면, 우리들이 작업을 실시한 회사는 세계에서 가장 이익을 많이 내는 소매회사이다. 이 회사는 소프트 디스카운트 스토어이다. 이 회사는 고객들에게 자체 브랜드 제품들과 A급 브랜드 제품들을 가장 저렴한 가격 보장제로 판매한다. 1985년부터 현재까지, 회사는 11배 성장하여 지금은 벨기에에서 가장 큰 사기업이 되었다. 이 모든 성공의 비밀은 사람들에 대한 진정한 배려이다! 교류분석은 이 회사에서 현재까지 거의 30여 년 동안 중심 역할을 했다. 이러한 성공의 한 가지 중요한 이유는 모든 종업원들이 과정과 절차의 개선에 헌신적이라는 것이다. 방관(bystanding; Clarkson, 1994)은 사절! 종업원들의 회사에 대한 이러한 충성심은 국내 제일의 고객 친절 서비스(벨기에 소비자 기구에 따름)로 나타난다. 동시에 이 회사는 매우 세세한 위계 체계로 운영된다. 경영진은 모든 종업원들에게 경력을 성장시킬 수 있는 많은 기회를 확실히 제공한다. 그들은 배려한다!

13.5.3 생존을 위한 계약

1985년. 회사는 벨기에 내 이 업종에서 5위에 기록되어 있으며 문제에 봉착하고 있다. 개업 이래 처음으로 종업원을 해고해야만 했다. 최고 경영자는 종업원에 대한 강한 신뢰를 계속 유지한다. 현재 비록 어렵더라도 그는 종업원들에 대한 투자를 원한다. 이들이 회사를 다시 정상으로 되돌릴 수 있을 것이다. 그의 기본적 표현은 과거에도 또 지금도 "종업원들이 자신들에 대한 기분이 좋으면, 고객에게 친절하라고 굳이 가르칠 필요가 없다. 종업원들은 마음속으로부터 그렇게 고객을 대할 것이다!"이다. 그 무렵 그는 전 종업원들을 위하여 몇 개의 개인 발달 과정들을 시작했다. '자기주장 훈련(assertiveness training)'이 창설 과정의 실시 타이틀이다. 트레이너로서 우리들은 "고객들을 향하여 그리고 직장 동료들 서로서로에게 존중하는 소통"이 최종적 목표(내용)이며, 우리들은 그 목표에 도달하기 위하여 TA를 사용할 것이라는 것을 CEO와 계약하였다.

　종업원들은 자신들의 개인적 삶의 분야에서도 이 과정에 의한 이익을 볼 것이기 때문에, 우리들은 회사의 투자액과는 별도로 종업원들 자신도 개인적으로 투자액을 일부 부담하기로 합의한다. 종업원들은 잔업 수당을 '전환함으로써' 그렇게 한다. 회사는 필요 공간과 시설 및 트레이너 비용을 부담한다. 우리들은 또한 사업적 주제와 함께 개인의 사적 주제도 함께 다룰 수 있다는 것에 합의한다. 조직의 누구도 트레이너에게 참가자들의 세부 사항이나 개인적 트레이닝 과정으로부터의 결과에 대한 질문과 요구를 하지 않는다는 완전한 신뢰가 있다. 우리들은 또한 참가자들은 훈련과 즉시 평가표를 제출하며 6개월 후 또 다른 평가표를 제출하기로 합의한다. 이렇게 해서 우리들은 결과를 모니터링할 수 있으며, 필요하다면 재계약을 체결할 수도 있다.

13.5.4　종업원들의 성장을 통한 조직의 성장

시작은 매우 조심스러웠다. 우리는 사업 환경에서의 개인적 성장이 일반적인 사례가 아니라는 것을 알고 있다. 이런 교류분석 트레이닝을 제공하는 첫 2년간은 경계(boundaries)를 탐색하는 것이다. 우리는 기본적 TA 개념을 가르치고, 참가자들이 탐색하고 재미를 느낄 수 있는 실습작업을 도입한다. 키워드는 TA 개념 중 '선택(options)'(Karpman, 1971)이다. 우리들이 사용하는 TA 개념들은 다음과 같다: 기능적 분석, 교류, 기아, 게임과 드라마 삼각형, 기능적 및 역기능적 감정들, 각본, 재결단. 각본 개념에 대한 설명을 시작하자마자, 우리는 참가자들이 호기심을 보이는 것을 감지한다. 가장 큰 어려움은 TA의 각본이란 개념을 심리학적 배경이 없는 사람들에게 알아듣기 쉬운 언어와 비유로 전달하는 것이다. 우리는 몇 가지 영감에 의한 생각들을 개발하였다.

- 만약 당신들이 제2의 언어를 배우려 한다면 첫 번째 언어를 잊어버려야만 하는가? 당신들은 언제 그리고 어떻게 치즈와 빵 같은 단어들을 배웠는지 정확히 기억하는가? 우리는 어린 시절의 '결정(decision)'으로서의 언어 학습을 각본 결정과 동일한 깃발 아래 둔다. 그것은 당신의 원 가족에 적응하는 데 최선의 가능한 방안이다. 이것은 각본을 병리적으로 보지 않으며 각본을 다른 맥락 속에 둔다.

- 당신은 생산과정의 마지막에 불량품을 쓰레기로 버리는가, 아니면 불량의 원인을 찾는가? 지속적 해결책을 위한 필수적 조건의 하나는 문제의 근본적 원인을 이해하는 것이다. 일견 여기-그리고-지금의 상황에서 효율적이지 못하다고 느껴지는 생각, 느낌, 행동은 오직 근원적 원인과 연결을 지음으로써 해결될 수 있다. 우리는 참가자들에게 질문한다. "그때-그리고-그곳에서(then-and-there) 당신이 마주했던 도전에 대한 이러한 지능적 해결을 한 경험은 어디에서 그리고 언제였는가? 이 질문은 각본결단을 다시 지금은 존재하지 않는 (때로는 위협적) 도전적 상황에 대한 긍정적 반사적 행동의 영역에 둔다.

- 어떻게 감정은 때때로 생각하기를 납치해 가는가? 우리는 두뇌의 각기 다른 부분들 간의 '작동 원칙(operating rules)'을 설명한다. 두뇌 연구는 어쩌면 병리로 이해될 수도 있는 것들에 대한 통찰력을 제공한다. 각본 결단을 병리적 맥락에서 벗어나 이해하는 것은 새로운 허가(permissions)의 문을 열어준다. 이것은 아마도 Goulding의 슬로건인 "적극적으로 건강해져라(Be aggressively healthy)."와도 일치하는 듯하다.

- 전체 교류분석의 준거틀은 자신들의 개인적 발전의 진도와 방향을 촉진하기 바라는 사람들에게 이해하기 쉬운 통찰과 수단의 거의 무한대의 끊임없는 원천이 된다. Eric Berne은 다음과 같이 썼다(1947). "이 책의 목적은 인간 마음의 역동을 어마어마한 큰 언어를 사용하거나 정의를 기억하려고 하는 사람들보다는 본질을 이해하려는 데 더 흥미를 가진 사람들에게 만져질 수 있도록 하는 것이다."

처음 시작부터 우리들은 우리의 방법에 대하여 훌륭한 피드백을 받았으며, 이것들은 과정의 종료 시점에 그리고 6개월 후에 전달되었다. 사람들은 자기들의 직업적 그리고 개인적 삶 모든 분야에서 일어난 변화들(대부분 매우 감동적이고, 때로는 극적인)의 예와 함께 피드백을 문서로 적었다. 전사의 관리자들은 이 TA를 기본으로 하는 과정을 자기들의 직원들에게 추천하기 시작했다.

제인 : 나는 언제나 싸웠습니다. 나는 혼자만 남겨진 것처럼 느꼈어요. 왜냐고요? 의미 있는 답은 나의 어린 시절을 돌아보았을 때 찾을 수 있었습니다. 나는 다섯 자녀들 중 다섯 번째 아이였어요. 나의 어머니는 세 명 이상의 자녀를 원하지 않았습니다. 다섯은 너무 많았지요. 나는 모든 일에서 나의 길을 찾음으로써 이 상황을 헤쳐 가는 법을 터득했습니다. 나는 혹 관심을 잃지 않기 위하여 조직하고 모든 것을 정돈하는 일을 잘했습니다. 그것은 내게 좋은 경력을 갖도록 했으며 심지어 나를 세계 챔피언십에 참석하도록 만들었습니다. 그러나 그것은 내가 추구했던 바가 아니었습니다.

나의 감정과 행동의 '근본 원인(root cause)'을 발견하게 된 것은 처음에는 충격이었습니다. 그러나 그것은 정확했습니다. 곧 나는 나의 역사에서 평화를 찾았습니다. 그것은 나를 보다 사려 깊고 또 긴장을 이완하도록 만들었습니다. 나의 리더십 스타일은 참여하는 것으로 변하였습니다. 나는 "나만 옳다(be right)."는 강한 욕구를 더 이상 갖지 않습니다. 나는 다른 사람들의 아이디어에 더 귀를 기울이며 더 많은 지원을 얻습니다.

13.5.5　일 : 기회를 만들다

이 회사를 위한 전형적 워크숍은 어떤 모습인가? 워크숍은 다섯 단계의 순수 TA 재결단 작업으로 나누어진다 : 접촉, 계약 협상, 임패스 명료화, 재결단, 미래의 발걸음.

워크숍의 시작 단계들은 성공적 결과의 열쇠이다. 각 참가자들을 가치 있게 존중하는 것은 중요하다. 우리는 그들이 누구이고 그들과 그들의 부서에는 어떠한 상황이 벌어지고 있는가에 대하여 진정한 관심을 보인다. 워크숍의 색채를 설정하는 과정은 참가자들이 도착하자마자 커피 기계에서부터 시작된다.

공식적 소개의 시간에 우리는 참가자들 자신들이 '주인(in the lead)', 즉 그들이 변화과정을 책임지고 있다는 사실을 강조한다. 시작부터 바로 우리는 '심리학적 색채를 지우는(de-psychologize)' 비유들을 사용한다. 계약하기 시간에 우리는 붉은 그리고 녹색의 장벽들 간의 차이를 소개한다. 붉은 것은 외적 객관적 한계이며, 녹색은 자신이 설정한 한계다. 우리는 사람들을 붉은 장벽에서 멈추도록 한다. 우리는 참가자들에게 녹색 장벽을 넘도록 초대한다. 참가자들은 그들의 목표를 달성하는 것은 자신의 책임이라는 것을 배운다. '운영 규칙(working rules)'은 이 소개 시간의 마지막 부분이다.

우리들은 Goulding의 좋은 계약을 위한 기준을 사용한다(1997). 우리들은 다음의 것들을 수락하지 않는다.

- 부모자아 계약(Parent contracts) : 소수의 참석자들은 그들의 성과사정 문제 때문에 또는 본인의 의사와 무관하게 상사가 보냈기 때문에 과정에 참석한다. 그렇다 하더라도 참가자들은 자신의 의미 있는 개인적 변화의 영역을 재빨리 간파할 것이다. 그들의 상사와의 관계 방식이 계약 부분이 되는 것은 특이한 경우가 아니다.
- 타인들을 변화시키는 계약 : Bob Goulding은 내담자의 대부분은 희생자 포지션에서부터 시작한다고 말한다. 이것은 우리가 컨설팅하는 회사의 경우에서도 유사하다. 처음부터 희생자 포지션에 직면하는 것은 중요하다. 재결단 과정의 중심 질문에서의 단어 하나하나는 중요하다 : "당신은 오늘 무엇을 변화시키길 원하는가?" 특히 '당신(You)'은 모든 사람들은 자기의 생각, 느낌, 그리고 행동에 책임을 진다는 기본적 TA 가치를 가리킨다.

- 영원한 계약 : Eric Berne(1972)에게 진전을 보인다는 것(making progress)은 그가 환자들을 치료하는 한 가지의 선택이 아니었다. "나는 좀 더 자기주장을 할 수 있는 법을 배우기 원한다."와 같은 계약은 수용되지 않았다. 미래의 성공을 위한 핵심 요소는 계약의 목표가 명확하고 측정 가능한가의 여부이다. 이것은 참가자들이 보다 더, 더 조금, 더 좋은, 시도한다 등의 단어들을 계약에 삽입시킴으로써 어떻게 자기의 성공을 사보타주하는가를 참가자 자신들이 경험하도록 만든다. 우리는 우리들이 아직 워크숍의 시작 단계에 있다 하더라도 참가자들은 이미 적극적으로 상호 도전하는 것을 알 수 있다. 그들은 배려하고 또 직면하는 그룹 문화를 지지한다.

테오는 전체 계약 과정에서 말이 별로 없었다. 그와의 계약을 명료하고 또 측정 가능하도록 도움을 주려 하자, 그는 그때서야 그 과정을 제지하였다. 휴식 시간에 그는 우리에게 와서 말했다. 그는 약 2개월 전에 아내가 세상을 떠났으며, 새로운 그룹에서 자신의 감정을 주체하기가 편하지 않다는 것이었다. 이 과정에 참여하는 것은 순전히 당신이 결정할 문제라는 것을 명확히 해주자, 그는 과정의 나머지 부분에 참여하지 않아도 좋은지 물었다. 우리는 물론 문제가 없다고 확인하였다. 다만 우리는 그가 그의 결정을 훈련 그룹 멤버들과 직속 관리자, 이 과정을 조직한 부서에게 명확히 알리도록 제의했다. 그는 후에 부서장에게 감사의 편지를 써 불참 허가로 그의 슬픔을 처리하는 과정에 많은 도움이 되었다고 전하였다.

수용할 수 없는 계약을 거절하거나 수정하는 것은 개인을 위해서나 그룹을 위해서나 도움이 된다. TA 전문가로서 우리들은 계약하기가 우리가 하는 일에 선행하는 것이 아니고, 우리의 일의 일부분이라고 굳게 믿는다. 계약하기는 첫날의 오전 전부를 차지했다. 우리는 촉진자로서 다음과 같은 주제를 위한 계약들을 조직화하였다: 피드백, 리더십, 조작 행위와 곤란한 고객들에 저항하기, 비난에 대처하기.

13.5.6 각본

TA의 각본 개념의 도입은 두뇌의 기억 기능에 관한 매우 활기 넘치고, 유쾌한 실습을 통하여 이루어졌다. 우리는 계약의 첫 분석 작업에 근거하여 아이들의 성장과 특정한 방식으로 이름표 붙이기가 이루어지는 것에 관한 이야기를 한다. 우리는 또한 어떻게 금지령이 가족에게 전해지는가에 관한 이야기를 한다. 이러한 이야기들을 통하여 우리는 각본 학습 과정이 생존에 얼마나 중요한 것인가를 분명하게 전달할 수 있다. 공개 토론으로, 참가자들은 자기들의 계약과 자기들의 각본결단 사이의 어떤 관계에 대하여 생각할 기회를 갖는다. 우리들은 계약을 TA 도구들과 연결 짓고, 도움이 된다고 생각되는 적절한 때에 숨겨져 있는 각본결단을 탐색한다. 참가자들은 그룹 내에서, 그룹으로부터, 또 그룹을 통하여 배운다.

스티브는 창고에서 근무한다. 훈련의 처음 이틀 동안 그는 잠잠했다. 셋째 날 아침에 우리들의 수업 개시 질문은 "오늘 프로그램에서 다루고 싶은 것은 무엇인가?"이다. 스티브는 협박을 받는다고 말하기 시작한다. 처음에 그는 심각성을 디스카운팅한다. 그룹이 잠잠하게 그리고 부드럽게 그에 대한 지원을 나타내자, 그는 점점 더 상세하게 실상을 이야기한다. 그는 자살까지도 생각했었다고 그룹에게 말한다.

여기에서 우리들은 다각형 계약의 핵심과 힘에 대하여 언급한다. 우리는 스티브, 그룹, 회사의 고위층과 재계약을 체결한다. 스티브는 잘 회복되었다. 가끔 그는 촉진자에게 근황에 관한 편지를 보낸다.

13.5.7 미래의 발걸음 : 결과란 지속 가능할 때만 가치가 있다

"실행은 완전하게 만든다(Practice makes perfect)." 우리는 참가자들에게 그들의 재결단을 행동 계획으로 이행하도록 요구한다. 참가자들은 배려하고 도움을 주는 방식으로 서로서로 직면할 수 있으며 미래를 위한 계약의 질은 대체로 매우 높다. 6주 이후에 우리는 팔로우-업 세션을 계획한다. 그때에 참가자들은 그들의 인생에서 변화한 것의 사례들과 나아가 어떤 영역에서 추가적 작업을 하고 싶은지를 발표한다.

에리카는 매우 야망이 있는 여성이다. 그녀는 고속 승진의 가도에 있다. 리더십의 유연성에 대한 역할 실습에서, 그녀는 자못 감정적이 되어 다음 리더십 책임을 짊어진다는 것은 그녀에게 너무나 부담스럽다고 털어놓았다.

첫 세션과 팔로우-업 사이의 중간에 그녀는 이 문제를 조직의 몇 사람들과 상의하였다. 그녀는 승진을 적어도 약 2년간 연기하기로 결정한다. 그리고 그녀는 준비를 위한 기준을 설정한다. 얼마 후 그녀는 적은 수의 직원들로 구성된 부서의 책임자 자리를 지원하였다.

13.5.8 결론 : Eric Berne의 말

TA와 특히 재결단 학파는 개인적으로나 소식제의 맥락에서나 인간이 자신을 개발할 수 있는 놀라운 기회를 제공한다. 종업원들과 조직이 모두 이익을 볼 수 있는 방식으로 '행동'하도록 참가자들을 가르치는 것은 여러 해에 걸친 우리들의 열정적 사명이다. 우리들이 수행하는 일의 결과는 다면적이다: 회사가 이익을 얻고, 종업원들이 이익을 얻고, 그리고 어느 정도 종업원들의 개인적 환경도 이익을 얻는다. 우리는 Eric Berne의 1966년 비디오테이프로 녹음된 인터뷰를 다시 생각하는 것으로 끝을 맺는다.

내 느낌으로는 프로이트는 기초를 놓았다. 우리는 그 기초 위에 훌륭한 것을 건설했다고 생각한다. 미래의 언젠가 어떤 누군가가 또한 3층에 해당하는 것을 쌓아 올릴 것이다. 내 생각에 그것은 아마도 각본일 것이다… 만약 우리가 그 경지에 들어가 상세하게 살펴볼 수 있다면, 우리는 진정으로 한 인간의 인생 과정을 변화시킬 수 있을 것이다. 그 사람뿐만이 아니라 그의 자녀들까지도… (그리고) 미래의 세대들도.

(그의 Carmel house의 한 파티에서의 인터뷰, 1966b)

참고문헌

Belbin, R. M. (1993). *Team Roles at Work*. Burlington, MA: Butterworth-Heinemann, 2010.

Berne, E. (1947). *The Mind in Action*. New York: Simon & Schuster.

Berne, E. (1961). *Transactional Analysis in Psychotherapy*. New York: Grove Press.

Berne, E. (1963). *The Structure and dynamics of organizations and Groups*. Philadelphia, PA: J. B. Lippincott.

Berne, E. (1964). *Games People Play. The Basic Handbook of Transactional Analysis*. New York: Ballantine.

Berne, E. (1966a). *Principles of Group Treatment*. New York: Oxford University Press.

Berne, E. (1966b). Close-up: Dr. Eric Berne, the hip-talking California psychiatrist whose best-selling book Games People Play has made him a jet-age folk hero. Keys to a happy life. By Jack Fincher. *Life* magazine, August 12.

Berne, E. (1972). *What Do You Say After You Say Hello? The Psychology of Human Destiny*. New York: Grove Press.

Bowlby, J. (1969). *Attachment and Loss (vol. 1) (2nd edition)*. New York: Basic Books.

Clarkson, P. (1994). Bystander games. *Transactional Analysis Journal, 23*(3): 158-172.

Clarkson, P. (1996). *The Bystander. An End to Innocence in Human Relationships?* London: Whurr.

Crossman, P. (1966). Permission and protection. *Transactional Analysis Bulletin, 5*(9): 152-154.

Ernst, F. (1971). OK Corral, The grid to get-on-with. *Transactional Analysis Journal, 1*(4): 231-240.

French, W. L., Bell, C. H., & Vohra, V. (2006). *Organization Development: Behavioral Science Interventions for Organization Improvement*. New Delhi: Pearson.

Goleman, D. (2000). Leadership that gets results. *Harvard Business Review: March-April*: 78-90.

Goulding, R., & Goulding, M. (1997). *Changing Lives through Redecision Therapy*. New York: Grove Press.

Harris, T. (1969). *I'm OK-You're OK*. New York: Harper & Row.

Hay, J. (1993). *Working It Out at Work: Understanding Attitudes and Building Relationships*. Watford, UK: Sherwood.

Hay, J. (1995a). *Transactional Analysis for Trainers*. Minneapolis, MN: Sherwood.

Hay, J. (1995b). *Donkey Bridges for Developmental TA. Making Transactional Analysis Memorable and Accessible*. Watford, UK: Sherwood.

Karpman, S. B. (1968). Fairy tales and script drama analysis. *Transactional Analysis Bulletin, 7*(26): 39-43.

Karpman, S. B. (1971). Options. *Transactional Analysis Journal, 1*(1): 79-87.

Kouwenhoven, M. (2007). *Het Handboek Stratgisch Coachen*. Soest, Netherlands: Uitgeverij Nelissen.

Kouwenhoven, M. (2011). The strategic coaching matrix. *Transactional Analysis Journal, 41*(1): 77-91.

Kouwenhoven, M. (2014). *De compliance officer als VIP deskundige*. (The compliance officer as a VIP specialist.) *Tijdschrift voor Compliance, 3*: 78-87.

Krausz, R. R. (1993). Organisational scripts. *Transactional Analysis Journal, 23*(2): 77-85.

McClelland, D. (1987). *Human Motivation*. Cambridge, MA: The Press Syndicate.

Micholt, N. (1992). Psychological distance and group interventions. *Transactional Analysis Journal, 22*(4): 228-233.

Mountain, A., & Davidson, C. (2011). *Working Together: Organizational Transactional Analysis and Business Performance*. London: Gower.

Randall, L. K. (1973). Red, white and blue TA at 600 MPH. In: D. Jongeward (Ed.), *Everybody Wins: Transactional Analysis Applied in Organizations* (p. 137). Reading, MA: Addison-Wesley.

Roberts, D. (1992). *Hierarchy of Functionality*. [Workshop notes from ITAA conference, New Zealand.]

Schiff, J. (1975). *Cathexis Reader*. New York: Harper & Row.

Schmid, B. (2008). The role concept of transactional analysis and other approaches to personality, encounter, and cocreativity for all professional fields. *Transactional Analysis Journal, 38*(1): 17-30.

Stewart, I. (1989). *Transactional Analysis Counselling in Action*. London: Sage.

Suriyaprakash, C., & Mohanraj, I. A. (2006). Transactional imago. In: G. Mohr & T. Steinert (Eds.), *Growth and Change for Organizations: Transactional Analysis New Developments 1995 2006* (pp. 164-172). Pleasanton, CA: International Transactional Analysis Association.

Yogelson, S., & Samenow, S. E. (1976). *The Criminal Personality. Volume I*. New York: Jason Aronson.

Yogelson, S., & Samenow, S. E. (1977). *The Criminal Personality. Volume II*. New York: Jason Aronson.

제14장

배움과 개인의 발달

교육 분야에서 전문가들은 유아원에서부터 대학교까지 그리고 공식적·비공식적 교육과 직무연수를 포함하여 사람들이 가르치고 배우는 곳에서 일한다. 초점은 어떻게 어린아이, 청소년, 어른의 성장과 발달이 사회적·문화적 환경 속에서 가장 촉진될 수 있는가다.

교류분석 훈련과 자격에 관한 핸드북(*The Handbook for TA Training and TA Certification*)은 이 분야에서의 핵심 능력들을 설명하고 있다.

이 분야의 고객은 학습자 자신들과 많은 양육과 교육의 문제들을 다루는 전문가들 모두이다. 그들은 그들이 봉사하고 또 함께 일하는 사람들의 사고와 학습 과정에서 보다 큰 효과와 성숙을 촉진할 방법을 찾는다.

14.1 리더십과 학교 문화

Giles Barrow

14.1.1 개요

다음의 사례연구는 영국의 한 중학교에서 약 1년여에 걸쳐 실시한 작업에 근거를 두고 있다. 학교의 학생들은 11~16세 사이로서 그 지역사회를 구성하는 다양한 인종, 문화, 종교적 집단으로부터 참석한다. 내가 학교에서 실시한 개입은 다음과 같다.

- 교직원 훈련
- 리더십과 학교 문화에 관한 컨설턴시
- 전체 학교 정책 개발
- 학업을 포기하는 학생들을 위한 전문가 투입계획 설립

이러한 목적을 달성하기 위하여 나는 교직원들의 전문성 개발에 중점을 둘 것이다. 그렇게 함으로써 교육 교류분석(educational TA)과 교육에서의 교류분석(TA in education)의 차이를 탐색하고 싶다.

내가 이 학교의 컨설턴시를 위하여 초대받았을 때, 나는 이 학교에서의 이전의 교류분석 훈련이 핵심 모델들의 개인적 적용에 중점을 맞추었다는 것을 알았다. 팀은 예컨대 자아상태에 대한 이해를 하고 있었으며, 어떻게 학생들을 '어른자아로(into Adult)' 초대할 수 있을 것인가를 생각하는 동시에, 어떻게 하면 '비난하는 부모자아(Critical Parent)'에 머무르는 것을 피할 수 있을까에 골몰하여 왔다. 각본에 대한 중요성도 알려져 있었으나, 이것 역시 교직원들은 자기 자신의 각본에 관심을 집중하고 있었다. 이전의 훈련의 결과는 그래도 일부 교직원들이 교류분석을 교육의 장에 이용하는 방법을 개발하는 데 관심을 갖도록 만들었다. 이것은 교류분석 모델들이 학생들의 학교생활에서 최대의 효율을 갖는 도구 또는 기술이 될 수 있다는 것을 의미한다. TA의 언어를 사용함으로써 교사와 학생들은 모두 교실 안에서의 관계에 대하여 이야기할 수 있고 또 개선할 수 있다. 학교의 리더들은 TA를 실천적으로 적용하는 일에 매우 지지적이었으며, 그에 더하여 모델들은 학교 정책과 학교 기풍을 위하여 더 이상 통합을 말할 수 없을 정도였다. 아마도 TA는 학교마다 공통적인 진보적 접근방법(progressive approach)과 병행하여 사용할 수 있을 것이지만, 진보적 접근방법 안에서라면 좋은 사용 방안이라 할 수 없을 것이다.

14.1.2 첫 만남

교직원 팀과의 첫 번째 만남의 기회는 휴가가 끝나고 첫 출근날이었다. 교사와 비교사 전문직의 모든 교직원들이 워크숍에 참가하였다. TA의 기본 원칙들을 다시 복습하고, 첫 세션은 발달모델의 사이클 (Levin, 1980)을 중심으로 진행되었다. 나의 경험에 의하면, 이것은 교육자들에게 적용할 수 있는 보다 더 확실하고 포괄적인 TA 모델들 중 하나이다. 이것은 학생 개인의 수준에서, 또는 학생이란 집단의 수준에서 적용될 수 있을 뿐만 아니라, 전문직업적 성장과 조직의 변화에 관한 생각도 함께 조명하고 있기 때문에 다면적 의미를 가진다고 할 수 있다. 학교에서 작업하는 전문가들은 종종 결점, 병리, 그리고 '오로지 일회성의(once and only)' 성장의 기회만을 다루는 관습적, 선형 모델들만 만났을 가능성이 크다. 나는 자연스러운 재순환의 특성을 강조하고, 특히 어린 아이들 및 청소년들과 작업을 할 때에 분명하게 나타나는 행동의 패턴들을 정상으로 받아들이고 또 조명하는 이론을 교육적으로 적응하여 사용한다(Barrow & Newton, 2004).

그날의 제2부에서, 나는 그룹에게 학교에 처음 왔을 때의 옛 기억에 대한 스토리보드를 만들 것을 요청했다. 이 실습은 각 개인이 배움의 목적에 관한 초기의 결단과 신념, 배우는 입장이 되는 경험, 그리고 교사의 역할을 다시 생각해보는 구조화된 과정으로 진행된다. 그것은 때로는 강력한 실습이며 사람들은 때때로 중요한 형성 발달기와 다시 연결된다. 과제의 완료는 어떻게 초기 결단과 믿음이 오늘날 교육가로서의 그들의 근무에 지속적으로 '나타나는가(show up)'에 관한 사고를 포함한다. 실습은 사람들과 이야기와 연결점들을 공유함으로써 끝난다. 분명히 이 모든 진행은 조심스러운 운영과 보호를 요한다. 왜냐하면 많은 사람에게는 그것이 매우 흥미 있는 경험이지만, 때로는 그것은 수치심, 죄의식, 분노를 부르기도 한다. 이 실습을 사용하는 나의 목적은 그것이 학교 교실이 각본이 연출되기만 하는 곳이 아니라 어떻게 각본이 형성되는 곳이 되는가를 탐색하는 출입구가 되도록 하는 것이다(Barrow, 2009).

그룹은 각본을 배움과 연관 짓고, 이 과정에서 나는 학교가 직능 개발에 얼마나 헌신적인가를 깨닫게 되었다. 이 팀은 진보적 그리고 급진적 교육학의 방법에 능력을 갖추었을 뿐만 아니라, 팀의 멤버들은 또한 일상의 근무에 이러한 접근법을 적용하기로 확고히 결심하였다. 그날의 종료 시까지 나는 상황에 대한 나의 사정을 재조절하고 있었다. 학교의 고위 리더들 역시 TA에 관한 이해를 재조정하고 있었으며, 특히 TA의 폭넓은 잠재력을 실감하고 있었다. 나와 학교 모두에게 더 많은 작업을 실행해야 할 중대한 가능성이 있다는 것이 명백해졌다.

14.1.3 만남에 대한 생각

나는 교직원들을 위한 숙박 조건의 워크숍을 실시해줄 것을 요청받았다. 학교에서 TA의 인기 때문에 70명 이상의 교직원들이 참가를 결정하였다. 이틀간의 중심 과제는 나의 학교 훈련에 관한 경험을 바탕으로 내가 결정하도록 되어 있었다. 내가 알게 된 사실은 일반적으로 교직원들의 자아상태에 대한 이해는 환원주의자 입장의 이해에 그치고 있으며, 이 점이 학생과의 관계에서의 그들의 역량에 중대한 한계를 만들고 있다는 것이었다. 다시 말하면, 대부분의 교직원들은 어른자아 교류(Adult transactions)에 단순히 집착함으로써, 성장기에 있는 학생들의 발달의 촉진에 기초적인 부모자아(Parent)의 잠재적 영향력을 디스카운팅하고 있었다. 결정적으로 나는 교직원들이 어떻게 '어른자아 유지하기(keep in Adult)'를 견지하고 부모자아 교류(Parent transactions)를 회피하기에 집착하고 있는가를 눈여겨보았다. 교직원들은 '비난한다(critical)'는 누명을 쓰고 싶지 않기 때문에 학생들과의 관계에서 얼마나 무기력하게 처신하는가를 내가 발견할 수 있을 정도로 부모자아에 대한 불신이 강하였다. 나의 판단은 부모자아를 되찾아오고, 통합하는 어른자아(Integrating Adult)를 소개하는 것이 업데이팅 작업의 중요한 부분이 될 수 있다는 것이었다.

두 번째로, 자아상태에 대한 오해의 발견과 관련하여, 나는 진보적 교육(progressive pedagogy)에 대한 학교의 확고한 방향에 대하여 교직원들이 품고 있는 심각한 의문을 간파하였다. 최근에 있었던 비판적 방문검사 이후의 자기회의(self-doubt)는 적지 않은 교직원들로 하여금 학생들이 교육의 내용만 전수받으면 된다는 시절이 언제 있었는지 의문을 갖도록 만들었다. 그러나 진보적 교육 방법에 대한 확고한 방침이 학교 문화에 지배적이었으므로 반대 의견을 낸다는 것은 이 학교 문화에 대한 강한 도전으로 간주될 위험이 있었다. 나는 또한 진보적 교육 방법에 대한 비판 또는 반하는 것으로 보이는 것 자체에 대한 불편한 분위기를 알 수 있었다. 나의 생각은, 나 자신이 만약 과도하게 순응하여 입을 닫고 있는 것으로 느낀다면, 교직원들이 느끼는 정도는 나보다 훨씬 더 크리라는 것이었다. 따라서 숙박 조건의 워크숍을 계획하는 데 있어 중요한 요소는 수면 밑의 불편한 웅얼거림의 소리를 내는 것들에게 발언의 기회를 주어, 중요한 심리적 사안들을 표면으로 떠 올리는 것이었다.

14.1.4 교육에서의 TA를 통한 교육 TA

처음 소개가 끝난 후 나는 그룹에게 짝을 지어 최근에 다른 사람으로부터 돌봄을 받았을 때의 긍정적 경험을 나누고 그 사람의 행동, 태도, 제스처, 언어에서 받은 그 사람의 특징을 확인하도록 요구하였다. 그리고 나는 그들에 대한 충격의 결과가 무엇인지 물었다. 나는 이것이 행동으로 나타나는 자아상태의 의미에 대한 또 하나의 전혀 다른 관점을 나타내며, 변형적 학습 경험이 될 수 있는, Temple의 기능적 유능함(functional fluency; Temple, 2004)을 소개하는 직설적인 방법임을 발견한다. 참가자들로서는 자신들의 일상의 행동과 타인들의 행동을 설명하는 확장되고, 비병리적인 언어를 갖게 되는 셈이다.

나는 이 세션을 마지막 그림을 가지고 완결하기로 했다. 나는 Berne의 원래의 P-A-C 모델이 부모자아(Parent)의 강압적 영향을 강조하기 위한 것이었다는 배경을 설명하였다. 중요하기 때문에 나는 Berne은 그렇게 함으로써 어떤 상징적 은유를 만들어내었다는 것을 명확하게 설명하였다. 나는 거꾸로 세워 나열한 자아상태 모델의 그림을 생각할 기회를 서로 나누었다. 이 모델에서는 부모자아 P가 가장 밑에서 어른자아 A를 지지하고 있으며, 개인적으로 특별한 자아감(sense of self)을 나타내는 어린이자아 C를 가장 윗자리에 놓는다(Barrow, 2007). 이러한 상징에서는 안정적 기반을 제공하는 부모자아 P를 강조하며, 이 기반으로부터 어린이자아 C의 잠재력이 실현될 수 있을 것이다. 더욱 중요한 것은, 이 그림에서는 어린이자아 C의 성장과 잠재력을 증폭하고 촉진하는 에너지가 위쪽으로 치솟음이 강조되고 있다. 세션은 처음 시작과 마찬가지로 교직원들을 둘씩 짝지워 부모자아 P에 대한 새로운 인식으로부터 얻은 성장 잠재력을 깊이 생각하며 종결했다. 교직원들은 새로운 개념적 준거틀로 인하여 어린 시절의 돌봄을 받았던 경험과 연결지을 수 있게 되었다.

다음 날 아침 그룹을 재편하였을 때, 나는 바로 시작하기로 결정하고 그룹에게 자신들이 학교 다니던 시절에 관한 기억들, 그리고 특별히 배움의 목적에 대한 신념과 결단, 선생님의 역할, 학습자로서의 느낌에 관하여 이야기할 것을 요청했다. 나는 이 실습이 Napper와 Newton의 학습 유형 분류를 소개하는 방법이라는 것을 발견한다. 나는 자유주의적 학습 모델(liberal model of learning)의 설명으로부터 시작했는데, 그렇게 함으로써 나는 학습과 관련한 이마고, 계약, 스트로크, 디스카운트의 주제들을 가르친다. 나는 각 학습 유형을 큰 종이에 복사하여 훈련장의 앞면에 전시하였다. 나는 계속하여 기술 그리고 인본주의적 모델들을 제시하였고, 전시물이 벽을 덮으며, 내가 다른 곳에서 설명했던 학습이론의 전체적 연속선이 생겼다(Barrow, 2009).

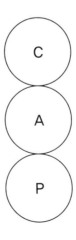

그림 14.1 CAP 다이어그램

그림 14.2　학습 유형의 전체적 연속선

　각각의 가르침과 배움의 유형이 제시되었으므로, 그룹은 분명하게 이해할 수 있는 기회를 가졌으며, 서로 또는 나에게 질문을 하였다. 마침내 나는 진보주의적 그리고 급진적 유형들의 제시를 마지막으로 끝을 맺었다. 이 실습에서의 중요한 학습 포인트는 각 유형에 대한 단순 환원적 토의에 반하는, 연속적 나열의 중요성을 강조하는 것이었다. 다른 말로 표현하면, 만약 우리들이 추구하는 것이 영향력 있는 교육적 경험이라면 학습이론의 유형은 학습의 다양한 유형을 넘나드는 교육방법을 사용하는 교육자의 자각과 능력보다 더 중요할 수는 없다. 여기에 교육 교류분석의 핵심이 있다고 생각한다. 교육자들은 어떻게 교육에 관한 계약을 존중하는 한편, 배우는 사람과 매순간마다 강력한 관계를 유지하며 자신의 자아감을 유지하는가?

　나는 보다 폭넓은 교육학적 맥락 속에 진보주의적 모델을 배열함으로써 교직원들의 발표하지 않았던 우려하는 점들을 표면화시키고 있다는 것을 알았다. 나는 그룹을 비교직, 교직, 리더십 분야의 소그룹으로 나누고, 자신들만의 교육 유형의 전체적 연속선을 만들도록 하였다. 한 시간이 넘게 교직원들은 각각의 학습 유형에 따른 교직원-학생 관계의 의미를 비롯하여, 커리큘럼에 대한 도전적 아이디어, 운영의 어려운 숙제, 좌절 경험, 열정에 관하여 토론했다. 결론적으로는, 진보주의적 모델은 학교 교육의 기본 방향으로 계속 유지되어야 하지만, 타 모델들의 가치 역시 고려되어야만 한다는 것이었다.

14.1.5　가르칠 허가

점심 때까지 우리는 마지막 부분을 시작할 준비가 완료되었다. 나는 두 가지 주제(교육학과 부모자아 P)를 다루고 싶었다. 그리고 이러한 작업에 필요한 수단은 허가의 소개를 통한 것이었다. 나는 Hawkes(2007)가 발간한 Jaoui의 허가 휠(바퀴)(permission wheel)에 강한 영향을 받았으며 과거 수년 동안 그것을 사용해 왔다. 그러나 이 매우 실용적 도구는 Papaux(14.3절 참조)에 의하여 더욱 수정되었으며, 교육적 용도에 맞게 특별히 개선되었고, 구체적 허가들을 자율성의 특성들과 통합하고 있다. 그룹은 짝을 만들어 허가 휠을 사용하여 작업하기 시작했다. 어떤 사람들은 개별 학생들에게 초점을 맞추기로 하였으며, 또 어떤 사람들은 자기 자신을 보다 자세히 관찰하였다.

　워크숍이 끝나감에 따라 나는 교육의 장에서의 교류분석으로부터 교육 교류분석으로의 이동을 명확히 하고 싶었다. 질문을 통한 토의 과정을 통하여 교직원 그룹들은 내용과 과정의 면에서 그들이 받은 영향이 무엇인지에 관하여 진지하게 검토하였다. 피드백 과정에서 참가자들은 부모자아 P의 개념을 허가의 기능과 연관 짓기 시작했다. 통합하는 어른자아 A(Integrating Adult)의 아이디어와 연합된 행동모드의 전체적 준거틀은 어떻게 교류분석이 학생-교사 관계를 풍부하게 만들 수 있는가에 대한 광범위하고 심도 있는 이해를 완전하게 만들었다. 여러 면에서 워크숍의 내용은 교직원들이 교육의 장에서의 교류분석을 이해하는 데 크게 기여하였다.

피드백에서 두 번째로 많은 언급은 워크숍에서 어떻게 학습의 전체적 연속선이 어떻게 모델화되고 또 경험되었는지에 관한 이해와 감사였다. 이것은 과정의 매 순간, 그룹을 지도하거나, 학습을 리드하거나, 교재를 가르치거나, 그룹이 자율적으로 움직일 때에도 그들의 나에 대한 느낌으로부터 판단될 수 있었다. 이것은 교육 교류분석 분석가가 하는 일의 중요한 부분이다. 나의 개입의 영향은 그 내용보다는 과제의 실행이 언제나 중요할 것이다. 감독, 치료, 또는 조직의 업무와 같은 다른 분야의 일과 마찬가지로, 보다 높은 성과는 관계의 역동, 즉 훈련사와 고객 사이의 공간 속에 잉태되어 있다. 이것이 TA 교육자가 학습에 관한 계약 분야에서 하는 일이다. 그것에는 심리 내적 과정을 모니터링하고, 도움이 되고 통합하는 행동 모드를 사용하고, 그리고 이번의 경우에서는 특히, 그룹에게 부모자아 P의 입장을 수용하고 인정하도록 하는 것을 포함한다. 그것은 또한 가르침을 멈추고 그룹의 자라나는 성장력(physis)이 그 과정을 이어 받을 때를 사정하는 것을 포함할 수 있다. 그리고 무엇보다 중요한 것은 모든 과정에 걸쳐 결정을 결행하는 관계적 · 교육학적 논리를 이해하는 것이다.

14.1.6 결론

워크숍의 임팩트는 쓰기에서 발달한다. 현재 교직원들은 수업 시간에 사용될 학습 계약 스타일에 관하여 학생들과 할 토론을 준비하기 위해 교실에 전시할 교육학 전체 연속선을 만들기 시작했다. 특수 교직원들은 학교생활에 곤란을 겪고 있는 학생들에게 Papaux의 허가 휠을 사용할 예정이다. 일반 교사들은 자기의 학생들과의 관계를 고찰해보기 위하여 Temple의 행동 모드들의 언어(the language of Temple's behaviour modes)를 사용할 예정이다. 학교의 리더십 팀을 위한 두 번째의 합숙 훈련은 TA의 실천적 분위기와 목적을 정의하는 데 있어 학교에 도움을 주어야 한다는 관점에서 계획된다.

나의 입장에서는, 학교와의 작업은 TA 이론에서의 부모자아 P의 역할을 회복시키는 것에 대한 나의 생각을 결정하는 데 큰 도움이 되었다. 점점 나는 훈련사가 배우는 사람의 번영할 수 있는 능력을 보호하고 안전하게 유지할 수 있는 관계 속에서의 임팩트에 이끌린다. 그리고 나는 이것은 때때로 초기의 자아상태 모델에서의 부정적 부모자아에 관한 언급들, 그리고 보다 근래의 상호 창조적인, 구성주의자 방법론을 강조한 저서(Tudor & Summers, 2014)에서 디스카운트되었다고 생각한다. 이 작업을 통해서 나는 어느 정도 나 자신을 가르치는 일에 대한 깊은 사랑에 다시 연결하였다. 과정도 동일하다. 교사의 역할을 배우는 사람을 왜소하게 만들지 않는 방법으로 복원시키는 것은 나 자신을 위하여 그리고 교직원 팀을 위한 도전이었다.

14.2 성인교육에서의 학습 스타일과 계약

Trudi Newton

14.2.1 개요

우리들이 어떠한 교육적 맥락 속에서 작업을 하든, 우리가 하는 일(우리가 하는 일에 대하여 무엇이라고 말하든)은 우리들 자신, 타인들, 우리의 세계, 학습의 장소, 학습의 의미, 가치에 관한 우리들의 신념을 명확하게 만든다. 광고하기, 커리큘럼, 안내편람 등 우리들이 선택하는 방법들 모두는 우리의 기초적 철학을 나타내며, 학생들에게 우리가 그들을 어떻게 생각하는지를 알린다. 이러한 다양한 철학들은 학교, 대학교, 지방 또는 국가의 교육정책에 관한 정치적·사회적 결정의 기초가 될 수 있다. 가장 중요한 것은 이러한 것들은 또한 학생들이 가질 경험과 그 결과에 따른 학습의 효율성에 영향을 미친다는 것이다.

수년 전에 나는 Elias와 Merriam(1980)의 아이디어들을 요약하고, 이들을 성인의 훈련/학습 그룹에서의 계약, 스트로크, 디스카운트, 교류와 자아상태에 연결하여 '학습 이마고(learning imagos)'를 만들었다(Napper & Newton, 2000; Newton, 2003). 이것들은 그룹의 그룹 이마고 속에 '이곳에서 진행되고 있는 일(what is going on here)', 즉 우리들이 만들어내는 집단 장면(Clark, 1996)을 그림으로 보여준다. 학습 이마고 모델이 실제 어떻게 작용하는가를 보여주기 위하여, 나는 각 훈련 스타일과 이마고의 간단한 스냅 샷을 보여주고, 매우 이질적 기대를 가진 그룹들과 작업하는 세 가지의 실제 사례들을 탐색할 것이다.

14.2.2 학습 이마고

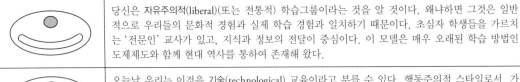
당신은 자유주의적(liberal)(또는 전통적) 학습그룹이라는 것을 알 것이다. 왜냐하면 그것은 일반적으로 우리들의 문화적 경험과 실제 학습 경험과 일치하기 때문이다. 초심자 학생들을 가르치는 '전문인' 교사가 있고, 지식과 정보의 전달이 중심이다. 이 모델은 매우 오래된 학습 방법인 도제제도와 함께 현대 역사를 통하여 존재해 왔다.

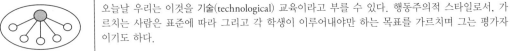
오늘날 우리는 이것을 기술(technological) 교육이라고 부를 수 있다. 행동주의적 스타일로서, 가르치는 사람은 표준에 따라 그리고 각 학생이 이루어내야만 하는 목표를 가르치며 그는 평가자이기도 하다.

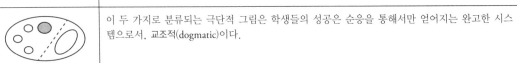
이 두 가지로 분류되는 극단적 그림은 학생들의 성공은 순응을 통해서만 얻어지는 완고한 시스템으로서, 교조적(dogmatic)이다.

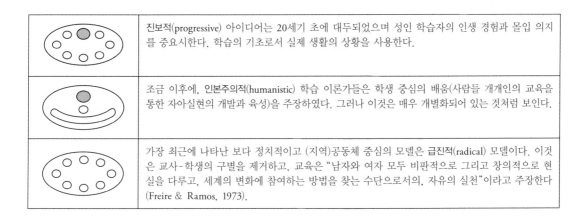

	진보적(progressive) 아이디어는 20세기 초에 대두되었으며 성인 학습자의 인생 경험과 몰입 의지를 중요시한다. 학습의 기초로서 실제 생활의 상황을 사용한다.
	조금 이후에, 인본주의적(humanistic) 학습 이론가들은 학생 중심의 배움(사람들 개개인의 교육을 통한 자아실현의 개발과 육성)을 주장하였다. 그러나 이것은 매우 개별화되어 있는 것처럼 보인다.
	가장 최근에 나타난 보다 정치적이고 (지역)공동체 중심의 모델은 급진적(radical) 모델이다. 이것은 교사-학생의 구별을 제거하고, 교육은 "남자와 여자 모두 비판적으로 그리고 창의적으로 현실을 다루고, 세계의 변화에 참여하는 방법을 찾는 수단으로서의, 자유의 실천"이라고 주장한다 (Freire & Ramos, 1973).

Barrow(2009)는 여섯 가지의 훈련 스타일을 연속선상에 배치한다. 왼쪽의 처음 세 가지는 '(학교) 교육(schooling)'이라 지칭하고, 다이어그램의 오른쪽, 최근에 발달된 세 가지는 잠재적으로 변형적 (transformative) 가르침과 배움의 방법들로 지칭하였다(Barrow, 14.1절 참조).

각각의 이마고(교육을 바라보는 방법들)는 가르침/배움(학습), 그룹에서의 교육자의 역할에 관한 특별한 계약(contract)을 의미한다.

자유주의적(liberal)	내가 당신에게 알려준다.	교사(teacher)
기술(technological)	내가 당신을 평가한다.	지도자(instructor)
교조적(dogmatic)	내가 당신에게 보상을 내린다.	구루(guru)
인본주의적(humanistic)	나는 당신을 지원한다.	촉진자(facilitator)
진보적(progressive)	나는 당신을 인도한다.	조력자(enabler)
급진적(radical)	우리들은 함께 배운다.	생기를 주는 사람(animator)

14.2.3 학습 이마고의 적절성

왜 이것이 중요한가? 우리가 하는 일이 어떻게 학생들을 위한 결과에 영향을 미치는가를 인식함으로써, 우리는 어느 특정한 학습 경험의 목적에 적합한 계약, 방법, 상징을 선택할 수 있으며 교사와 배우는 사람들 사이의 잠재적 전이관계(potential transferential relationship)를 다룰 수 있다.

많은 사람들에게 배움이란 어쩔 수 없이 자신의 학교 경험에 연결되어 있으나, 학교란 단순히 배움에 관한 의미만이 아니라, 그것은 우리들이 문화적·사회적 규범을 획득하는 주된 맥락들 중의 하나이다. 교사들에게는, 이 시스템의 대표자들로서 학생들을 위하여 현실을 정의할 책임이 있다. 이러한 사회화의 과정은 어떻게 우리 자신의 능력에 대한 우리의 신념에 영향을 미치며, 배우는 사람이 된다는 의미에 대한 우리의 이해를 오염시킬 수도 있는가(Barrow, 2009)?

배움을 원하는 정상적 성인들에게는, 어쩌면 가르치는 사람은 모든 것을 알며 배우는 사람은 아는 것이 없으며 따라서 교사는 모든 권력을 가지고 있고, 학생들은 마치 어린 아이처럼 아무런 책임도 지지 않으며 그저 "만들어지리라(done to)."고 기대하는, 어린 시절로부터 옮겨온 인식을 가질 수도 있다. 부적절하고 열등하다는 학교 시절의 경험은 가르치는 사람에게로 투사되어, 그는 배우는 사람들에게 대하여 낮은 기대감을 투사한다. 성인 학습자는 자신의 경험을 디스카운팅하는 '각본(script)'의 자리에서 꼼짝 못하게 되어, "이해 못하겠다(not understanding)."는 '옛(old)' 패턴을 되풀이하거나 또는 '바보 게임(stupid)'을 연출할 수도 있다. 또한 마찬가지로 교사도 모든 것이 자기 책임이라고 느끼는 각본적 자리에서 꼼짝 못하고 "모두 내가 해야만 한다(doing all the work)."는 늪에 빠질 수도 있다.

우리는 학생들이 명확한 정보와 구조화를 필요로 할 때에는, 전통적 교육의 형태를 더 가치 있게 다룰 필요가 있다. 그러나 Barrow는 '(학교)교육(schooling)' 모델들은 현상을 유지할 위험을 안고 있으나, '변형적(transformational)' 학습은 변화에 대한 보다 더 큰 기회를 제공한다고 주장한다.

매우 상이한 상황의 다음 사례들에서, 나는 상이한 스타일을 선택하고 사용함으로써 학습 잠재력을 어떻게 극대화할 수 있는가를 보여주고 싶다.

14.2.4 진보적 학습

> 세레나는 잡지에 이야기 또는 기사를 쓰는 작가였으며, 지금도 그 일을 하고 있다. 그녀는 독서를 통하여 우리의 의식을 이해하는 방법들 중의 하나를 접하였다. 그러나 그녀가 그것을 실감할 수 있게 된 것은 TA 그룹에서 학습을 통한 것이었다. 그녀는 25년 전에 비공식적 지역공동체가 지원하는 개인의 성장 그룹에 참여했었다. 그녀가 그룹에 도착하였을 때 그녀 머릿속의 의문은 "내게 그렇게 사랑스럽지 못한 것이 무엇이지?"였다. 그녀는 후에 그룹에서의 경험에 대하여 글을 썼다. "갑자기 나의 어린 시절의 아픔이 더 이상 파괴적이 아니라고 느꼈다…. 그것은 그 위에 무엇인가를 쌓아 올려야 할 무엇이며, 나의 머리를 관통하는 깨달음은, 나의 작은 감방의 문은 활짝 열리고 있다는 것이었다. 쇠막대, 렌치, 그리고 곁쇠(마스터키)가 TA의 첫 소개 시간에 이미 나의 앞에 놓여 있었다."

내가 이 그룹을 시작할 때 참가자들은 자기확신 그룹(의사소통의 기술)과 참 만남 그룹(자기이해)에 익숙한 사람들이었으나, 왜 우리는 우리가 행동하는 방식으로 행동하는지 그리고 그 대신 우리는 무엇을 할 수 있는지에 대한 지식과 논리가 결여되어 있는 경우가 많았다.

나는 세션에 간단한 미니 강의 시간을 교육의 전통적 스타일처럼 삽입하였다. 이것은 학생들에게 — 어떤 사람들은 이미 자기가 무엇에 관하여 말하고 있는가를 알고 있으며, 그것을 기꺼이 함께 나누고 싶어 한다—"이것이 당신들이 배울 내용이다."라는 계약의 일부를 다시 확인시켜주었다. 그러나 우리들이 행하고 또 논의한 모든 것들은 참가자의 인생경험과 직접적으로 연관되어 있었다. 그룹 멤버들은 자신들의 새로운 지식을 개인적 투쟁, 통찰과 자각을 얻음과 연결시키도록 초대받음으로써—배움의 '진보적' 방법으로 이행하였다. 명확한 교육적 구조는 참가자들로 하여금 아이디어들을 스스로 적용하는 데 안전함을 느끼고 믿음을 갖도록 하였다.

그 그룹의 학습의 힘은 친숙한 구조에 의한 안전감과 동시에 TA 아이디어들을 사용함으로써 그들의 말을 경청하고 TA를 지식으로 아는 것은 물론 TA를 실행하는 도전적 방법의 결합에 있었다. 즉각적 해결책으로서가 아니라 더 깊게 생각해보고 실험해볼 가치가 있는, 접근할 수 있는 명확한 정보는 이해 가능한 이론을 기초로 하고 있으며, 그 이론은 우리들 누구라도 어느 때에는 우리들 그리고 타인들에게 문제 또는 고통을 초래하는 방법으로 행동할 수도 있다는 것을 인정하지만, 그 행동으로 몰고 가는 힘은 무엇이며 또한 다른 선택의 기회를 열어주는 힘은 무엇인가를 찾아내도록 하여, 우리의 새로운 행동과 시도를 지원한다.

14.2.5 인본주의적 학습

> 헤티는 자기는 글을 쓸 수 없다고 믿고 있었다. 그녀가 수료하기를 고대하는 과정에 쓰기 과제가 포함되었을 때, 그녀는 마지막 제출일이 다가올 때까지 그 과제에 대하여 생각하기를 거부하고 자기는 그 과제를 할 수 없다고 말했다. 그러나 그녀는 이 장애를 그룹과 함께 탐색하기로 동의하였다. 나는 그녀에게 그녀가 할 수 있는 것이 무엇이지 생각하도록 권하였다. 그녀는 그 과제의 주제에 대한 아이디어는 있으며, 그것을 말로는 설명할 수 있다고 하였다. 얼마간의 논의와 탐색 시간 이후에 그녀는 그룹 멤버들과의 인터뷰에 응하고 대화를 녹음한다는 것에 동의하였다. 그녀는 후에 녹음을 글로 기록하며 만약 과제를 자신의 방식대로 쓴다면(그녀에게 과거의 학교에서 요구된 방식이 아닌) 과제를 할 수 있다는 것을 발견하였으며 드디어 과제를 통과하였다. 그녀는 더 나아가 자기는 실제 쓰기 과제를 즐길 수 있었으며 기회가 된다면 더 쓰고 싶다는 것을 알게 되었다.

만약 '학교교육(schooling)'의 한 가지 효과가 배움과 연관된 전이 관계를 성인기로 지속시키는 일이라면, 폐쇄, 저항, 과잉적응 또는 무력화와 같은 수동성의 형태들(침묵, 논쟁하기, '교사 기쁘게 하기', 또는 강한 자기제한)이 성인 학생들에게 나타날 수 있다.

학습 사이클의 어느 부분에 장애 또는 혼란이 존재하는지 그리고 어떤 디스카운트가 각본을 유지시키고 있는지를 찾아내는 일은 학습자들이 자기들의 배움의 능력에 대한 각본적 믿음을 극복할 수 있도록 도움을 준다.

헤티의 경우 자기는 글을 쓸 수 없다는 각본 결단을 내린 배경은, 후에 치료과정에서 알게 된 것이지만 그녀가 어린 소녀였을 때 그녀의 왼손 쓰기와 부모와 교사의 교정 시도와 연관되어 있었다. 그녀는 과제를 완료해야만 한다고 여겨지는 요구에 대하여 불안과 공포의 느낌으로 반응하며, 자신의 생각 속에 갇혀 다른 대안을 볼 수 없었으며, 나와 그룹을 향하여 반항적인 행동을 보였다("나를 한번 고쳐봐."). 그녀의 장애는 경험 또는 반영적 사고(reflection, 반추)에 있는 문제가 아니었다. 그녀는 기꺼이 과정의 모든 분야에 참여했으며 그룹에서 무엇이든 토론했다. 그녀가 각본반응으로 이행한 것은 학습이 그녀 자신의 아이디어에 따라 개념화되고 평가되는 것이 필요한 시기였다. 장애물은 반추와 이론 사이의 이동 과정에 있었다. 그래서 헤티는 자신의 경험을 정의하는 것에 조바심을 나타냈었다. 이 과정이 문제의 해결 가능성을 디스카운팅으로 몰았다. "언제나 이 모양이란 말이야." 그리고 "나는 그것을 변화시키기 위해 할 수 있는 것이 아무것도 없단 말이야." 헤티는 실제로 그녀가 어린 소녀일 때 쓰고자 하는 자기의 노력에 어떤 의미를 부여하였는가? 그것은 어떻게 변화될 수 있었는가?

첫째, 그녀는 그룹의 상호창의적 자원들이 풍부한 가운데, 학습자가 존중받고 성장이 격려되는 인본주의적 접근방식의 자양을 공급하는 지원적 환경 속에 있었다. 둘째, 그녀는 자신의 학습을 위한 개인적 계약을 맺을 기회를 가지고, 그룹 내에서 자신의 힘을 얻을 수 있었다. 셋째, 그녀는 타인(들)과의 진실한 만남을 발견하였으며, 그 순간은 다른 종류의 관계 경험, 새로운 이야기의 기회를 통하여 무엇이 변화하는 순간이었다. 헤티는 '혼란스러운 딜레마(disorienting dilemma)'(Mezirow, 2000), 즉 심리적 수준의 자각의 변화를 초래하는 과정의 시작, 준거틀의 변화를 초래하는 그녀라는 정체성의 어떤 면에 대한 도전을 경험했다. 그녀는 각본 감정으로 더욱 후퇴하거나(어쩌면 그것을 과정을 포기하는 핑계로 사용하였을 수도 있다), 아니면 다른 사람들로부터의 공감과 지지를 수용함으로써 자신의 각본 변화에 도움이 되도록 하고 자신의 경험에 새로운 의미와 이해를 부여할 수 있었다. 다행히도 그녀는 그렇게 하였다.

14.2.6 급진적 학습

'급진적(radical)'은 교육에 관한 매우 상이한 믿음과 매우 상이한 상호 관계 양식에 근거를 두고 있기 때문에 가르치고 배우는 여러 스타일들 중에서도 가장 잘 이해되지 못한 분야일 것이다. 그것은 교육의 정치적인 면을 공개적으로 다루며 배우는 사람들과 가르치는 사람들의 태도의 기본적 변화를 요구한다.

우리는 OK-ness(긍정성)에 근거를 둔 새로운 교훈적 준거틀을 탐색하고 창조하기 위하여 교류분석을 사용할 수 있다. 나는 학습그룹에게 내가 무엇을 가르치려는지 알리는 대신 "여러분은 무엇을 배우고 싶은가?"를 묻는다. 이것은 목적과 방법에 관한 논의를 통해 합의된 계약과 그것을 달성할 수 있는 방안에 대한 논의로 이끈다. 진정한 급진적 과정이 일어나는 곳에는, '서튼 그룹(the Sutton group)'에서 그러했던 것처럼 모든 사람들에게 흥분되고 또한 자유를 만끽하는 만남이 될 수 있다.

　이 그룹은 2001년에 함께 작업이 시작되었다. 모든 사람들은 행동 또는 학습 지원 또는 학교 개선 서비스에 포함되어 있었으며, 지방자치단체에 고용되어 있거나 또는 독립된 컨설턴트로서의 업무를 하는 사람들이었다. 일부 사람들은 교류분석 자격증 과정을 훈련 중이었다. 모든 사람들은 학생들, 교사들, 관리자들, 부모들, 직장 동료들과의 작업에서 교류분석을 사용하고 있었으며, 전문적 수련감독을 받고 있었다. 그룹 멤버들은 끊임없이 변하였지만 약 5년간을 함께 작업하였다. 우리들이 어떻게 함께 일할 수 있게 되었는지 설명하자면, 교류분석의 개념들이 각 사례들과 고딕체로 표기한 급진적 교육의 특징에 대한 '핵심 비결들(keys)'이다.

- 계약하기(contracting) : 우리는 삼각 계약('가장 큰 힘을 가진' 대학, 그룹, 지도 교사로서의 나)을 체결함으로써 일반적 방법으로 훈련을 시작하였다. 우리는 "학습이 효과적이라는 것을 우리는 어떻게 아는가?" 그리고 "우리가 도달하고자 하는 곳은 어디인가?"와 같은 질문들을 다루었다. 토론은 매우 활발하였고 한 참가자가 "우리들은 어려움을 겪는 어린이들을 돕기 위하여 교류분석을 사용하는 방법을 보여주는 논문을 공동으로 쓸 것이다."라고 발표하자 모든 사람들이 대단히 흥분하였다. 계약 체결하기는 개방적이고, 평등하고, 진실로 참여적(participatory)으로 느껴졌다.

- 공생관계(symbiosis) : 잠재적 공생관계의 교사-학생 관계에 도전하기(challenge) 위하여, 나는 그룹에게 짝을 짓고 교실에 있는 재료들을 사용하여 (예술)작품을 각자 만드는 동안 각자 다른 사람을 관찰하도록 요구했다. 나는 다른 어떤 지시도 하지 않았다. 어떤 사람들은 매우 불안해져 "무엇을 어찌해야 할지 알지 못했다." 그래서 순응하거나 또는 반항함으로써 자기들의 일상적 방법으로 반응을 보일 수 없었다. 제시된 자유는 너무 이상하게 느껴졌다. 실습이 끝난 이후, 우리는 어떻게 각 사람들이 각본에서 벗어나 자신의 학습 목표를 결정할 수 있었는지 탐색하였다.

- 간주하기(accounting, 그렇게 여기기) : 이것은 디스카운팅의 반대이다. 그룹 과정은 대화였으므로—우리는 모두 모임을 갖는 순간부터 매달 사람들에게 사고를 하도록 만들었던 사건들, 그들이 학생들 또는 부모들과 교류분석을 나누었던 방법들, 그들이 어떻게 세상을 다르게 바라보기 시작했는지에 관한 이야기들을 나누었다. 언제나 중심이 되는 주제가 있었으나, 이야기의 소재는 사람들의 삶 속에 있기(situated, 위치하기) 때문에 우리는 탐색의 폭을 넓게 유지하였다.

- 자각(awareness) : 그룹은 모든 사람들이 자기가 이미 알고 있는 것(지난번의 공부에서 알게 된 것이든 또는 전문인으로서의 생활로부터 얻은 것이든)을 세션에 가져오도록 격려하였다. 우리는 또한 각자 더 추가하고 싶은 것 그리고 어떻게 더 배우기 원하는지에 대하여 함께 생각하였다. 우리는 또한 학습 과정 자체에 대해서도 심사숙고했으며(이 사람들은 모두가 다른 사람들을 가르치는

일에 종사하고 있었기 때문이었다) 따라서 이론과 실천에 관한 대화에는 배우는 방법에 관한 학습이 포함되었다. 이것은 실천적으로 매우 중요한 깊은 사고(critical reflection)였다.

- 자율성(autonomy) : 지도교사인 나를 포함하여 그룹의 모든 사람들은 토론, 학습의 조정 논의 그리고 학습 평가하기에서 평등하였다. 우리는 각 사람들이 탐색하여 자기의 업무에 도움이 되길 원하는 주제를 선정하여, 얼마간의 투입(input, 기여)을 하도록 민주적으로(democratically) 결정하였다. 따라서 각 세션은 교류분석과 다른 분야에서 자기가 발견한 것들을 함께 나눔은 물론 그 과정을 조직하고 구조화한 사람이 돌아가며 진행하였다.

- OK-OK 관계(OK-OK relationship) : 생기를 주는 사람(animator, 가르치는 사람이 아님)으로서 나는 내가 '대단한 사람(big person)'이라는 생각을 접고 평등 관계의 모델이 될 것을 목표로 삼았다. 모든 사람들은 생각할 수 있고 모든 사람들은 변화할 수 있으며, 모든 사람들의 배움(나의 배움을 포함하여)은 직업적·정서적(affective), 총체적임은 물론 또한 개인적인 것이 되었기 때문에 우리는 이것이 진리임을 확실히 알게 되었다.

이 그룹의 결과는 이 스타일의 배움의 효율성을 보여주었다. 우리들은 학교 변화에서 교류분석의 효과에 관한 연구 프로젝트를 시작하였으며, 모두 함께 글을 써 단순한 글이 아닌 종합적 책(Barrow & Newton, 2004)으로 만들었다. 그 책은 "개인들이 자신의 배움과 발전을 도모하고 성공할 수 있는 자유를 증진하는 방법으로 적용될 때, 교류분석의 범위와 잠재력을 모델화한"(Shotton, 2009) 것이다.

14.2.7 결론

배움은 변화를 의미하며, 그 변화는 지식, 기능 또는 이해, 경우에 따라서는 이 세 부문 모두에서 표현된다. 교류분석은 어떤 맥락에서도 교수법의 준거틀을 제공하며 우리들이 자신의 부모자아 P를 새롭게 갱신하고, 어른자아 A를 확장하고, 어린이자아 C를 가치 있게 존중함으로써, 평생의 학습은 물론 지속적 변화와 성장의 가능성으로 초대한다.

14.3 어린아이들을 위한 교육자가 되는 것에 대한 다각적 시각

Evelyne Papaux

14.3.1 개요

나의 일에 교류분석을 처음 적용하기 시작했을 때 나는 다문화 유아원에서 2~5세 사이의 아이들을 맡고 있었다. 나는 15년 전에 3년 동안의 훈련을 거쳐 이후 유아원에서 일을 하고 있었기 때문에 나는 이미 교육의 전문가로서의 경험이 풍부했다. 나는 아이들의 놀기, 잠자기, 특별한 음식에 대한 욕구, 정신운동, 정서 및 인지 발달, 애착 이론, 정신병리에 관하여 알고 있었다. 그러나 기능을 더욱 발달시키고, 나의 직업에 의미를 부여하고, 나에게 동기를 부여하고, 나의 직업에 대한 믿음을 유지시키는 데 교류분석의 개념들과 철학을 발견하고 사용하는 것은 매우 중요했다. 나는 나의 직업에서 교류분석의 부가적 가치가 무엇인지 분명하게 알고 있다. 나는 다른 사람들에게 내가 하고 있는 일들, 어떤 면에서 그것이 어린이들의 삶과 웰빙에 중요하고 또 소중한가를 설명할 수 있다.

이 생각을 더 설명하기 위하여 하나의 은유를 들어보자. 사진의 인화 작업에서, 필름이나 프린트 위의 숨어 있는 이미지를 보이도록 만드는 촉진자는 화학물질이다. 교육자로서의 나의 정체성을 나타내는 과정에서, 교류분석은 똑같은 작용을 한다. 즉, 교류분석은 나로 하여금 내가 하는 일이 무엇인가를 알게 하고, 보다 넓은 시각을 갖도록 하며, 동시에 나의 일에 대하여 더욱 특별하고 세심한 견해를 발달시킬 수 있도록 해주었다. 교류분석은 나에게 아이들과 그리고 그들의 부모들과의 관계에서 무슨 일이 일어나고 있는지에 관한 새로운 조망을 주었고, 잠재력을 강화하고 어려움에 대처하는 새로운 선택들을 제시하였다.

14.3.2 사례 및 사례 연구

나에게는 교류분석이 교육자로서의 나의 길을 얼마나 의미 있게 만들었는지를 보여주는 많은 이야기가 있으며 또한 많은 사례가 있다. 나는 아르헨티나 출신 네 살 소년, 마티아스의 이야기를 통해 교류분석의 개념들이 어떻게 나의 일에 지식을 전달해주었으며 나의 개입은 어떻게 마티아스가 유아원 그룹에 정착하여 자신의 자율성의 개발을 증대할 수 있었는가를 보여주는 '그림들'을 제공하겠다.

14.3.3 마이크로 시각

마테오와 마티아스는 각자 자기들의 고국을 떠나 1년을 체류하기 위하여 가족들과 함께 막 스위스에 도착했다. 우연히도 두 아이들은 스페인어를 했으며 나이도 비슷하였다. 이런 경우에는 그 아이들을 위해서나 나를 위해서나 모든 것이 한결 수월하였으므로 매우 안도하였다. 그러나 곧 그것은 문제가 되었는데, 이유는 그 아이들은 전혀 그룹에 어울리지를 않았으며 다른 아이들과의 활동에는 아예 참여하기를 원하지 않으며, 그룹 안에서 자기들만의 그룹을 만들었다. 그러한 그룹 이마고는 내가 바라던 바가 아니었으므로 나는 행동하기로 마음 먹었다. 이전 같았으면 나는 아마도 그 아이들의 행동을 나의 권위에 대한 위협으로 간주하였거나, 또는 흥미 있는 활동을 제공하지 못한 나의 실패의 징표로 간주했으리라. 이런 반응 대신 나는 이 상황에서 어떤 일이 일어나고 있는가를 Clark와 Dawson(1998)이 고안한 기아의 삼각형(hungers triangle)의 렌즈를 통해서 특별한 관찰을 하기로 결심했다. 나는 구조화된 활동을 많이 추가하고, 그 아이들에게 참여하도록 요구하고, 규칙들을 시행함으로써 시작하였으나, 결과는 그 아이들로부터 더 많은 저항을 야기하였으며 전혀 진전이 없었다. 나는 자극을 생각했으며, 그 아이들로부터의 최소한의 관심이라도 기대하며, 여러 가지 활동들을 시도하였다. 그러나 모두 효과가 없었으며 나는 매우 불만족한 느낌이 들었다. 그 과정에서 내가 **빼놓은** 한 가지 기아는 인정 기아(recognition hunger)였는데, 묘하게도 그것은 우리 모두에게서 누락된 것으로서 나는 그 아이들로부터 인정받고 있다는 느낌이 없었으며 그 아이들 역시 이곳에 도착하던 날부터 아마도 나에게서 인정받았다는 감정이 없었을 것이었다. 그룹 이마고 이론을 사용하여 나는 그 아이들의 그룹의 부분이 되고 자연스러운 방법으로 그것을 다른 모든 아이들에게 열어가기로 결심하였다. 나는 그 아이들의 놀이에 관심을 보이고, 내가 아는 몇 마디의 스페인 말도 사용하고, 아르헨티나 음악을 틀기도 하고, 기회가 닿는 대로 그 아이들을 스트로크 해주었다. 곧 그 그룹 이마고는 달라지고 나는 그 아이들이, 전체 그룹에서 자기들의 자리를 잡고 나이가 어린 아이들에게는 훌륭한 역할을 하며(그 아이들은 가장 나이가 많았다) 다른 아이들과 상호작용하는 것을 볼 수 있었다.

유아원에서 일을 할 때 중요한 목표들 중의 하나는 사회성의 증진인데, 이것은 아이들에게 관계적·사회적 기술들을 개발하고, 그룹에서 어떻게 살아가고 번영할 수 있는가를 배울 수 있도록 도움을 주는 것이다. 교육자는 안전한 기지(base)로 그리고 그룹의 촉진자(facilitator)로 묘사될 수 있다. 각각의 아이들이 안전하게 느끼고 그럼으로써 환경이 제공하는 모든 가능성을 탐색할 수 있도록 만드는 것은 그녀에게 달려 있다. 따라서 그녀의 특징은 절대적으로 중요하다. 즉, 그녀의 그룹의 역동에 대한 이해는 엄청난 차이를 만들 수 있다.

14.3.4 메타 시각

어느 날 나는 체육활동을 위하여 그룹을 2개의 소그룹으로 나누었다. 내가 마티아스에게 두 번째 그룹으로 가야 한다고 말하자, 그는 바닥에 몸을 던지더니 두 손으로 얼굴을 가리고 슬프게 울음을 터뜨렸다. 눈물 두 방울이 보였으며 그는 그렇게 움직이지 않았다. 그러나 나는 그가 흘금흘금 나의 반응을 확인하는 것을 볼 수 있었다. 나는 이런 상황은 하루에도 몇 번씩 벌어졌으므로 "또 시작이구나!" 정도로 생각하였다. 나는 그의 행동에 동정할 수 없었으며 오히려 매우 화가 났다. 나는 드라마 삼각형에서의 박해자(P) 역할을 초대받은 듯 느꼈으며, 그것은 아무렇지 않게 그를 그저 골칫거리로 생각하고, 무시하거나 또는 그에게 부정적 스토로크를 주도록 만들 수 있는 것이었다. 그런 때 나에게는 그의 자율성과 소통 기술의 발달을 돕고 동시에 호기심 어린 눈으로 나를 바라보는 다른 14명의 어린이들에게 좋은 본보기가 될 수 있도록 내가 선택하는 개입을 결정할 어른자아 A와 연결하는 것이 정말 필요하였다. 나는 또한 나의 비언어적 소통과 나의 감정 상태가 현 상황에서 내가 사용할 수 있는 말보다 훨씬 더 중요하다는 것을 잘 알고 있었다.

이 같은 상황에서는 메타 시각(meta-perspective), "맥락 속에서 타인과의 관계의 관점에서 자기를 보는 것"(Gilbert & Evans, 2000, p. 10), 자기를 그 과정의 한 부분으로 만들고 동시에 "그것을 전문가의 입장에서 특별한 자각을 가지고 관찰하는 것"은 내가 하는 개입의 핵심이었다. 그 연령의 아이들은 실제 그들의 각본을 만들고 있으며, Summers와 Tudor가 각본 나선(script helix, 2000)에서 설명하듯이, 그 일부가 된다. 따라서 우리들 자신의 행동과 아이들과 관련한 난처한 상황에 직면하였을 때, 더 많이 반응할 능력은 있지만 우리들의 행동은 매우 강력할 수 있기 때문에, 더 적게 반응행동을 보이며, 어떤 모델을 보일 것인가에 대하여 생각하는 것은 의미 있는 일이다. 각본 시스템(script system; Erskine & Zalcmann, 1979)은 교류들을 관찰하고 가설을 세움으로써 이런 문제들을 처리할 수 있는 매우 유용한 도구로 알려져 왔다. 나는 그때 마티아의 어머니가 불만을 다루는 방식에서 유사하게 불안해하는 행동을 보인다는 것과 다른 엄마들로부터 많은 스트로크를 수집했다는 것을 발견할 수 있었다. 각본 시스템과 정서적 자각 스케일(emotional awareness scale; Steiner, 1996)의 이해는 나에게 마티아스의 정서적 표현을 돕고, 그에게 어떤 감정으로의 연결도 허가함으로써, 가급적 슬픔의 라켓감정을 만드는 기회를 회피하는 데 많은 도움이 되었다. 나는 또한 그의 긍정적 감정의 수집을 강화하기로 결정하여, 그가 감정과 욕구를 직접적으로 표현하면 언제든 그를 스트로크하였다. 나는 또한 그의 어른자아 A와의 연결을 유도하여 울고 슬픔을 보이는 대신 자기가 원하는 바를 요구하도록 격려하였다. 그의 욕구와 그 중요성을 인정하는 이러한 허가들은 그의 능력을 점진적으로 개발하도록 도움을 주었으며, 그는 행동을 변화시켜 자기의 감정과 욕구를 훨씬 쉽게 표현할 수 있게 되었다. 이것은 그가 자주 맡는 희생자(V) 역할을 중단시키고, 승자의 삼각형(winner's triangle; Choy, 1990)으로 옮길 수 있도록 만들었다. 여기에서는 희생자(V) 태도 대신 취약함(Vulnerability)을 보이고, 그러나 대신 자기확신(Assertiveness) 또는 타인들에 대한 돌봄(Caring for others, 배려)을 보인다.

14.3.5 시스템적 시각

나의 첫 훈련에서 초점의 대상은 어린아이들이었으며 부모들은 그다지 초점의 대상이 아니었다. 나는 학부모들과의 면담에서 여기-그리고-지금의 현장에서 일어나는 일을 처리하는 방법에 익숙하지 않았기 때문에, 부모들과의 면담은 부담스러웠다. 나는 면담 시간을 구조화하는 방법으로 시간의 구조화 모드를 사용하는 법을 배웠다.

마티아스의 어머니가 내가 주선한 면담에 도착했을 때 그녀는 불안해 보였는데, 대부분의 학부모들이 이런 상황에서는 보통 그랬으므로 나에게 놀라운 것은 아니었다. 그녀는 주변을 둘러보고, 자기 백속을 들여다보고, 그러고는 핸드폰을 꺼냈다. 나는 그녀에게 무엇을 좀 마시겠느냐고 묻고는, 그녀가 좀 자기 시간을 가질 필요가 있다고 느끼며 잠시 자리를 비웠다. 물 한 잔을 들고 오자 나는 일종의 의례(rituals)와 스위스에서의 그녀의 생활에 관한 잡담(pastime)으로 시작하였다. 이런 단계들 이후 나는 '일(activities)'로 옮겨 면담의 진짜 이유를 꺼냈다. 나는 네 살짜리 그녀의 아들이 그림을 그릴 수 없다는 것을 발견하였다. 그것은 아이가 관심이 없을 뿐만 아니라 어느 순간에 다른 아이의 것을 흉내 내려고 하지만 연필을 마구 휘저은 것 같은 것 이외에는 더 그릴 수 없기 때문에 곧 포기해 버리고 만다. 나는 내가 관찰한 내용을 그녀와 객관적 방법으로 나누며, 혹시 집에서는 다른 모습을 보았는지 물었다. 그녀는 매우 놀라는 듯 보였으며, 아마도 두려움 때문에 즉시 방어적이 되었다. 그녀는 어쨌든 집안에 아무도 그림 그리기를 좋아하지 않았으며, 마티아스는 육체적인 활동에 더 흥미를 느낀다는 이야기 등을 했다.

부모들과 자녀들에 관한 걱정들을 함께 나눈다는 것은 결코 쉬운 일이 아니다. 전에 같았으면 나는 주변 이야기들을 주고 받으며 잡담에 안전하게 머물 수 있도록 하는 일을 회피하였거나 또는 어머니를 설득하려고("왜 그렇게 하지 그래요?) 노력하다가 결국에는 게임으로 끝을 냈을 것이다. 디스카운팅 매트릭스의 Julie Hay의 버전인, 성공의 단계(steps to success)는 그녀가 성공의 계단을 안전하게 밟아 올라갈 수 있도록 돕기 이전에, 그 사람이 그 상황을 실제 인정한다는 것을 확인하기에 좋은 방법이다. 우리들이 자극에 대하여 함께 동의하고, 그것을 문제로 인정하고, 변화의 가능성을 모색하기 이전에 선택(안)들(options)을 주는 것은 쓸데없는 짓이다.

나는 대화를 어느 정도 마무리하고 그녀도 아들을 잘 관찰해보고, 그 후에 다시 이야기를 하는 것이 좋겠다고 제안하였다. 몇 주일이 지난 후 마티아스는 안경을 착용하고 한쪽 눈에 안대를 하고 유아원에 도착했다. 우리들의 면담 이후에 엄마는 조금 더 아들을 관찰한 후, 의사를 만났다. 그 의사는 안경점을 가보라고 권했다. 진단 결과는 마티아스는 시력에 큰 문제가 있었으며 교정을 위한 안경이 즉시 필요하다는 것이었다.

교류분석의 철학과 개념들은 또한 내가 부모들과 건강한 관계를 만들도록 도움을 주었다. 계약 과정은 우리들이 아이의 안녕을 보완할 수 있도록 우리들의 역할을 생각해보도록 만들었다. 준거틀의 개념은 내가 문화적 차이들과 교육에 관한 여러 견해들 때문에 도전을 받았을 때 나를 연결된 상태에 머물도록 허락하였다. 3차원의 OK-ness는 만남의 장에서 부모들, 어린아이들, 나 자신을 동시에 고려할 수 있도록 했으며, 과정 중에서 모든 사람들을 OK로 유지시켜주었다. 그것은 나로 하여금 만족할 만한 적당한 거리를 두도록 하여, 전문가의 역할을 취하지 않으나, 가족 시스템은 유아원의 시스템과는 다르며 아이는 이 두 가지를 동시에 견뎌내야만 한다는 것을 인정할 수 있도록 하였다.

회복력(resilience)에 관한 많은 연구들은 중요한 요소는 돌봄과 지원을 주고, 사랑과 신뢰를 만드는, 격려를 제공하는 관계를 갖는 것임을 보여준다. 추가적 요인들은, 자기신뢰(self-confidence)와 긍정적 자기상(positive self-image)을 갖고 의사소통 기술과 강한 감정들과 충동들을 관리하는 능력을 발달시키며 현실적인 계획을 세우는 능력이다. 어떤 어린아이들에게는 영감을 주는 모델을 제시하고, '발달 교사(developing tutors)' 또는 '회복력 교사(resilience tutors)'가 될 수 있는 가족 밖의 성인들을 발견하는 것이 중요하다. Gilbert와 Evans(2000)가 인용한 Wright에 따르면, 어린아이는 인생의 시작 시점에 있으며 "자기 자신에 대한 견해를 정의하고 형성하는 다른 한 사람의 자기에 대한 시각에 따라 전적으로 자기의 좋고 나쁜 감정이 좌우된다." 우선은 이것은 주 양육자이지만, 후에 아이는 "자신이 현실에 대한 다양한 시각들(multi-perspectival view of reality)을 개발할 수 있도록 도움을 주는 제3의 '인물들(persons)'의 견해에 의존할 수도 있다"(p. 13).

14.3.6 결론

내가 기억하는 한 나는 언제나 나와 그리고 다른 사람들에게 의미 있는 일을 하길 원했다. 나는 어린아이들을 가르치는 교육자가 되는 길을 선택했으며 아기들, 유아원의 어린아이들, 장애를 가진 아동들, 위탁보호 어린아이들과 일하는 것을 정말로 즐겼다. 교육 분야의 교류분석가가 됨으로써 나는 나의 개입에서의 능력이 훨씬 더 강해졌으며 아울러 전문인으로서 행복감을 느꼈다. 나는 그 가치를 알고 있으며 아이들의 미래에 미칠 초기 관계의 영향에 대해서도 알고 있다. 따라서 그것은 왜 내가 교류분석 전문가가 되었으며, 또한 어린아이들의 교육을 담당하는 교육자들의 처음 훈련과정 교사가 되었는가를 설명해준다. 나는 나의 직업을 바라보고 또 어린아이들과 그들의 부모들과의 관계를 맺는 나 자신의 방법과 시각에서 매우 의미 있었던 것들을 다른 전문가들과 나누기를 원하였다. 다양한 방법들을 사용하여 나는 여러 가지 교류분석의 개념들을 제시하며 때로는 학생들의 눈빛에서 발달의 효과가 일어남과 그들의 하는 일(공부)을 다른 시각으로 '보기(see)' 시작하는 것을 즐거운 마음으로 관찰한다.

14.4 남아프리카의 지역사회 간호인들에게 교류분석을 적용하다

Karen Pratt

14.4.1 개요

나는 남아프리카 공화국에서 지역사회 간호인들(community care workers, CCWs)에게 교류분석을 적용하여 훈련을 진행했던 경험을 나누고자 한다. 남아프리카의 HIV/AIDS 감염률은 매우 높았으므로 많은 사람이 지역사회 간호 인력으로 훈련을 받았다. 그들은 이 나라에서 중요한 역할을 담당하였다. 이 중 많은 사람들은 자신들이 HIV 양성 반응자들이었다. 그들은 가족 그리고 환자들의 죽음을 경험하고 극심한 트라우마에 시달리고 지치고 무기력증에 빠진 사람들이 많았다. 그럼에도 불구하고 그들은 자신들의 간호 업무를 지속해야만 한다고 느끼고 있었다. 자기돌봄과 건강은 간호인들을 위하여 그리고 그들이 지역사회에 제공하는 서비스의 지속성을 위하여 중요한 임무의 한 측면이었으나 무시되기 일쑤였다. 나는 이미 10년 전에 간호인들의 자기돌봄의 필요성을 알고 있었던 한 NGO에서 일하고 있다. 이 조직은 타인들을 위하여 많은 헌신을 하는 이런 사람들의 자기존중감을 세우고 자기돌봄의 문화를 형성함으로써, 스스로 알아차림(self-awareness)을 촉진하려는 여러 가지의 워크숍을 개발하였다.

운영자는 그 사업을 다음과 같이 설명하고 있다. "우리의 임무는 개인, 조직과 지역공동체를 동원하고 지원함으로써, 그들이 직면하는 도전적 문제들에 대하여 배려하고, 창의적이며 지속 가능한 방법으로 대응하도록 하는 것이다. 우리들의 핵심적 사업은 스트레스를 수반하는 사건들에 대한 공통의 반응을 확인하고, 또한 참석자들로 하여금 이러한 스트레스원의 충격을 성공적으로 관리하기 위한 정보, 기술들과 접촉할 곳들을 제공해주는 목적을 가진 다양한 자기돌봄 워크숍과 피정(避靜, retreat)에 근거하고 있다(Roland, 2013)."

교류분석의 모델들은 이러한 워크숍의 근간을 형성한다. 다음의 예들은 행동하는 교류분석을 보여준다.

14.4.2 계약하기

계약하기의 처음 단계는 훈련의 가장 중요한 부분들 중의 하나이다. 우리들은 일반적으로 촉진자 2인조(as a facilitator pair)를 이루어 훈련을 진행한다. 이것은 짝을 이루어 함께 작업을 함으로써 촉진자에게 가르치는 기회를 주지만, 더욱 중요한 것은 교류분석의 원칙을 몸소 삶에서 실천하는 모델이 될 수 있는 기회를 준다.

간호인들 중 많은 사람들은 "중요한 사람이 되지 말라(Don't be important).", 그리고 "너여서는 안된다(Don't be you)."의 매우 강한 문화적 금지령(Goulding & Goulding, 1976)을 가지고 있다. 여성으로서 그들은 성에 관한 금지에 직면하며 흔히 "I'm not OK, you're OK"의 인생태도를 가지고 있다. 그들은 생활의 많은 영역에서 해야 할 일을 요구받기 일쑤였다.

심리적 작업의 많은 부분은 사람들이 자아존중감을 느낄 수 있도록 하고 또한 자기 확신을 가지고 성장하도록 만드는 데 있다. 간호인들이 필요로 하는 가장 중요한 허가(affirmations 또는 인정)는 "나는 소중하다. 나의 욕구는 중요하다. 그리고 나는 나에게 감사할 수 있다."이다. 그들은 계약 과정에서 이미 이러한 허가를 들으며, 그 이상의 허가들은 그 이후 뒤따르는 학습활동을 통하여 얻을 수 있다.

자신들의 소개가 끝난 후, 사람들은 소그룹으로 나누어 자신들의 기대하는 것들을 토론하고 정하도록 초대되었다. 이것은 몇 가지 목적을 위해서다. 사람들은 다른 사람들과 연결하기 시작한다. 사람들은 소그룹 속에서 자신의 욕구를 소리내기 시작한다. 그리고 그들은 비슷한 소망들을 가진 다른 사람들의 소리를 들음으로써 일체감을 경험한다. 리더가 그 그룹의 기대사항들을 큰 그룹 전체와 나눌 때는 격려와 갈채의 물결이 인다. 이것이 자아존중을 쌓는 하나의 방법이다.

시작부터 목소리를 갖게 되니까, 간호인들은 긍정성(OK-ness)과 소리를 낼 수 있는 권리를 경험하기 시작한다. 계약은 훈련기간 중에는 언제라도 재협상할 수 있도록 개방되어 있다. 이것이 계약하기를 경험하는 새로운 방법이다. 그들의 조직에서, 간호인들은 대부분 계약을 권위를 가진 사람에 의하여 부여되는, 절대 협상을 할 수 없는, 대체로 벌을 주는 데 사용되는 어떤 것으로 본다. 건강 워크숍을 경험할 때, 권위 있는 사람이 그들에게 훈련에서 기대하는 것들에 대하여 묻고 그리고 어떻게 하면 함께 훌륭하게 훈련을 실시할 수 있는지에 대하여 질문하는 것은 이것이 첫 경험이었다.

그들은 그룹으로서의 학습 계약을 하는 것뿐만이 아니고, 그들은 또한 배움을 위하여 자기를 개방한다는 스스로와의 계약 체결을 권장받았다. 우리들은 각 사람들에게 앞날의 일정에서 배우고 싶은 것들을 미리 확정하도록 초대함으로써 이것을 실시한다. 이것은 사람들에게 새로운 자각이다ㅡ그들 자신이 힘을 가지고 있으며, 어떤 것을 하겠다는 것을 자기 자신과 계약할 수 있다는 사실에 대한 새로운 자각이다. 예를 들면, 그룹에서 사람들이 다른 사람들로부터 피드백을 어떻게 받고 싶은지에 대한 기회를 제공받는다는 것은 사람들에게 매우 상쾌한 일이다. 교류분석 모델들을 탐색할 때, 참가자들은 자신과의 계약에 관해 상기하고 그들이 취할 행동을 즉시 탐색한다.

계약하기가 완전하고 존중받을 때 어떤 일이 일어날 수 있는가의 사례를 소개한다.

비밀유지의 계약이 있었지만, 한 참가자는 그녀의 NGO에 많은 부정 사례에 대한 경험과 느낌에 대하여 이야기했다. 그룹의 지원과 격려를 얻음으로써 그녀는 자신의 건강이 보호받도록 하는 조치를 취하기로 결정하였다. 그녀는 간호인으로서 자기의 역할 이상의 과다한 업무를 수행하고 있다는 것을 알게 되었다. 그녀는 그녀가 수행하고 있는 잔업에 대한 정당한 수당을 받을 수 있도록, 보다 명확한 업무 범위와 보다 명확한 계약 체결을 요구하겠다고 결정했다.

14.4.3 스트로크

스트로크에 대하여 가르칠 때에는, 스트로크 탱크(그리고 다양한 수준의 개념으로 확장되었다)의 개념이 사용되었다. 간호인들은 물을 전혀 공급할 수 없는 빈 물탱크의 개념에 친숙하다. 이것은 스트로크의 개념을 스트레스와 그 영향에 대한 이해와 연결시킬 수 있게 하였다. 그들의 탱크를 긍정적 스트로크로 채운다는 상상은 그들을 보살피고 지원하는 활동을 통해 스트레스를 최소화할 수 있는 방안을 찾을 필요가 있다는 인식을 강화시킨다. 간호인들에게 자기들의 긍정적 스트로크의 수준에 대하여 깊이 생각할 시간을 주고, 또한 부정적 스트로크가 어떻게 그들의 사기를 떨어뜨리는가에 대해서도 깨닫도록 하였다. 그들에게 이러한 상황을 어떻게 막을 수 있는지 생각하도록 했는데, 역시 많은 창의적이고 상징적 아이디어들이 나왔다. 예를 들자면 비옷을 입고 있으면 빗방울이 굴러 떨어지듯이, 부정적 스트로크를 떨칠 수 있는 비옷을 입은 것같이 상상하는 것이다. 이것은 간호인들이 자신들의 힘을 되찾고 부정적 스트로크, 특히 스트로크를 주는 사람의 오염이나 "I'm OK, you're not OK"의 자리로부터 나오는 부정적 스트로크는 접수를 거절할 허가를 자신에게 주는 하나의 방법이다.

스트로크 경제(Steiner, 1966)를 설명한 후, 그들을 5명을 1조로 하는 작은 그룹으로 나눈다. 할 일은 그룹의 각각의 사람들에 대하여 감사할 것들을 적는 것이다. 그들은 이것을 하트 모양의 종이 위에 쓰고, 자신들의 사랑의 마음을 적는다. 그리고 모든 사람들이 돌아가며 감사함을 구두로 받고 종이 하트는 그 사람이 갖는 의식(ritual)이 뒤따른다. 이와 같이 모든 사람들은 스트로크를 주고받는 데 있어, 특히 자신에게 스트로크를 주는데 스트로크의 신화를 따르지 않을 허가를 경험한다. 이 실습은 사람들로부터 강한 정서적 반응을 일으켜 때로는 눈물과 감사의 포옹으로 끝을 맺는다. 어떤 부인은 이렇게 말했다. "나의 그룹 사람들 모두가 나는 용감하며 장래 큰 인물이 될 것이라고 내게 말했어요. 아마도 그것은 진실일 거예요. 나는 그것을 믿기로 했어요."

14.4.4 OK-OK 의사소통 모델

이 모델(Pratt & Mbaligontsi, 2014, 그림 14.3 참조)은 Susannah Temple(2009)의 것을 수정한 것으로서, 사람들이 다른 사람들과 소통하는 다양한 방법들이 있을 수 있다는 것을 이해하는 데 도움이 된다. OK-OK 상자에서 의사소통의 긍정적 모드들 중의 하나를 사용할 때, 사람들은 OK-OK 상자로부터의 반응을 초대할 가능성이 크다. 만약 사람들이 상자의 밖에 있을 때에는 별로 도움이 안 되는 상자 밖으로부터의 반응을 유인하기 쉽다.

우리는 이해를 돕기 위해, 부모자아 P, 어른자아 A, 어린이자아 C를 의미하는 3개의 홀라후프 2개 조를 마루에 놓고 이용한다. 간호인들의 생생한 경험들 또한 다른 후프 속이나 주변에 서 있는 사람들과의 역할놀이를 통하여 이용될 수 있다. 그렇게 함으로써 관찰 가능한 행동으로 나타날, 보이지 않는 심리 내적 움직임이 마루 위에서 연출될 수 있다. 참가자들은 OK-OK 상자(부모자아 P와 어린이자아 C의 긍정적 모드를 사용하여)로부터의 교류는 양 당사자들이 모두 OK 상태에 머문다는 의미라는 것을 즉시 알게 된다. 그들은 기본적인 자신들의 OK 또는 not-OK의 태도는 다양한 교류를 낳는다는 것을 발견한다. 관리자에게 얻는 통찰의 예는 그가 지배적 모드보다 확고한 자기 확신 모드로 책임을 지고 있다는 것을 인식하는 것이며, 이것이 간호인들로부터 저항보다는 협조를 유도하는 길이라고 인식하는 것이다.

14.4.5 세상을 보는 창

우리는 July Hay(1993)가 세상을 보는 창이라고 응용한 인생태도(life positions)의 개념을 가르친다. 서로 다른 창을 통하여 바라봄으로써 서로 다른 시야를 갖는다는 아이디어는 우리의 내적 태도를 의미하는 이 모델에 대한 이해를 쉽게 만든다.

Temple(2000)은 처음으로 구별이 쉽도록 4분면의 각각에 색을 넣어 구분하는 법에 대하여 썼다. 우리들은 각각의 창과 연관된 감정들을 나타내기 위하여 다음과 같이 구분되는 색깔을 선택하여 사용하였다. 즉 노란색(긍정적, 함께 있는, 희망이 있는)은 I'm OK, you're OK 창을 나타내고, 푸른색(우울한, 울적한)은 I'm not OK, you're OK 창을 나타내고, 빨간색(도전적, 몹시 화가 난)은 I'm OK, you're not OK 창을 나태내고, 회색(희망이 없는)은 I'm not OK, you're not OK 창을 묘사했다. 이러한 시각적 구분 방식은 학습을 공고하게 만들고 그리고 그들이 경험하는 감정의 시각적 연관을 제공해준다. 간호인들은 OK-OK 상태를 가리키는 '노란색 창'에 있거나 있으려고 노력하는 것을 이야기하거나, 또는 그들의 관계에서 I'm not OK, you're OK의 감정을 나타내기 위하여 '푸른색 창'에 있는 것에 대하여 이야기했다. 시각적 단서들은 대부분의 간호인들의 낮은 식자율(識字率, literacy) 때문에 특별히 중요하다.

학습의 통합은 간호인들로 하여금 병원에서 환자들과의 경험을 역할극으로 표현하도록 함으로써 가능하다. 한 소그룹이 한 시나리오를 연출하면 전체 나머지 그룹 멤버들은 각각의 출연자들은 어떤 창에 있었으며 그 결과는 어떤 영향을 받았는지를 분석한다. 만약 불만족스러운 결과가 있었다면, 그룹은 어떻게 노란색 창으로 이동함으로써 더 만족스러운 결과에 도달할 수 있었는지 제안하고 그러면 역할 출연자들은 다른 소통 스타일을 시험해본다.

간호인들은 자신들의 경험을 훈련과정에 즐겨 가져온다. 그것은 이론적 모델에게 생명력을 준다.

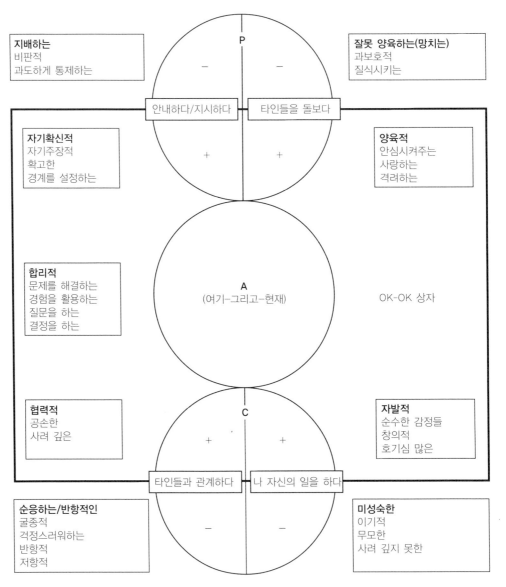

그림 14.3   OK-OK 의사소통 모델

그들이 상황을 역할극으로 연출할 때에는 온 의식을 집중시키고 완전히 다른 역할 연출자인 양 말하고, 느끼고, 행동한다. 많은 역할극이 관리자들의 I'm OK, you're not OK 태도에 의하여 지배당하고 비판받음으로써, 그들 자신들의 능력을 잃고 I'm not OK, you're OK 태도로 반응하도록 만드는 좌절의 사례들을 묘사한다. 그들은 이 모델을 OK-OK 의사소통 모델에 연결시킴으로써, OK-OK 반응을 초대하기 위한 다른 긍정적 모드를 시도할 수 있다.

14.4.6 드라마 삼각형 그리고 승자의 삼각형

드라마 삼각형(Karpman, 1968)은 이런 역할 속의 자기를 쉽게 알 수 있기 때문에, 간호인들이 가장 친숙하게 여기는 모델이다. 간호 일이 인정받지 못하고 또 보수가 낮기 때문에, 대부분의 간호인들은 개인적으로나 그리고 역사적으로 남아공에 아직도 존재하는 문화의 한 부분으로서나 자기들은 희생자의 위치에 있다는 것을 발견한다.

승자의 삼각형(Choy, 1990)과 드라마 삼각형에서의 각각의 역할의 긍정적 면을 소개하는 것은 초점을 변화의 선택으로 옮긴다. 이런 연관 작업은 다시 한 번 세상을 향한 창과 OK-OK 소통 모델에 대한 이해를 증대시킨다.

우리는 창조적 일을 하고 어린이자아 C와 관계를 맺고 있는 것은 금지령의 영향을 최소화하는 가장 강력한 방법이라는 것을 알게 되었다. 상징적 언어 또는 이미지를 가지고 창의적으로 작업하는 것은 어른자아 A의 사실적 이야기보다 더욱 강력하다. 예를 들면, 촉감을 쓰고 육체적 경험을 할 수 있는 진흙 빚는 작업은 깊은 언어 이전의 어린이자아상태에 접근할 수 있게 해준다. 간호인들은 진흙덩이에 전념하게 되어, 구원자의 입장보다는 자신의 목소리를 찾는 이미지를 만들어내거나 또는 돌봄 작업을 하는 공간으로 이동한다. 그들은 자신들에게는 많은 의미를 갖는 여러 가지 이미지들을 만든다. 한 여인은 의자를 만들고는 말했다, "나는 이제 바닥이 아닌 의자에 앉을 수 있다." 그리고는 이것은 자기가 시댁을 방문했을 때 바닥의 매트 위에 앉아야만 하는 문화적 전통을 부수고 자기의 힘을 주장하는 것을 의미한다고 설명했다.

창조적 작업을 마친 후, 우리는 그들이 이런 새로운 자각을 가지고 지금과는 다른 무엇을 시작할 수 있겠는지 계획 세우기와 같은 인지적 작업으로 옮겨갔다. 어른자아 A의 이 작업은 어린이자아 C의 창조적 작업을 통합하고 그들의 새로운 결심들을 강화하는 것 같다.

14.4.7 결론

Berne과 Steiner는 교류분석을 사회적 변화에 강력한 영향력을 가진 급진적 정신의학이라고 표현했다. 간호인들과의 이번 훈련을 통하여 우리는 교류분석의 힘이 과연 그와 같다는 것을 볼 수 있었다. 교류분석을 이해하고 구현하는 것은 사람들에게 연대의 주머니를 찾아 공동의 목표를 위하여 함께 일할 수 있다는 것을 발견할 수 있도록 하였다. 사람들이 자신에게 감사하고 자신을 믿고, 자기의 목소리를 찾고, 희생자 의식으로부터 벗어나 성장함에 따라, 어떤 사람들은 자신들의 권리를 정부에 로비하는 중요한 일을 맡기도 하였다.

흥분을 일으킬 만한 공동체 발달은 간호인들이 경영하는 2013년의 남아프리카 사회복지사 포럼(SACWF)의 탄생으로 이어졌다. 그들은 '자신들의 목소리를 찾는 운동'에 도움을 구하였으며, NGO

가 먼저 2009년에 '우리의 목소리 갖기' 캠페인을 지원하였다. 간호인들은 집단적으로 간호인 현장을 기안하여 정부에 전달할 중요 메시지들을 만들었다. 회원 수는 3개 주에서 2,000명 넘게 늘었다.

이것은 NGO가 지향하는 목표들을 성취할 때까지 먼 길을 가야만 할 것이다.

1. 지역주민 돌봄 복지를 하나의 직업으로 정착시킨다.
2. 여자와 소녀들은 빈곤과 폭력의 순환을 깨고, 경제적 대안을 세우고, 자신의 육체에 대한 통제권을 가질 수 있도록 한다.

진실로 승자의 삼각형이 힘을 발휘한다!

또한 고무적인 개인적 이야기들도 있다. 예를 들면, 워크숍에 참석했던 한 젊은 간호인은 그녀의 꿈에 대하여 물었을 때 현재의 자원봉사자인 자기로서는 매우 먼 길일지라도 언젠가 자기는 종합병원의 병원장이 되겠다고 말했다. 나는 자금을 주선하고 그녀에게 도움을 주었는데, 3년 후에 그녀는 졸업하여 정식 간호사가 되어 병원을 경영하겠다는 그녀의 꿈의 실현에 더욱 다가갔다.

나 역시 이 그룹의 사람들과의 상호작용을 통하여 의욕이 고취되었으며 변화하였다. 나는 그들의 탄력성과 용기를 존경한다.

14.5 고급 댄싱 교실 : "I +, U +"의 선택

Jan Ruigrok

14.5.1 개요

이 절에서 우리는 교사 그리고 카운슬러가 붉은코드 행동, 즉 자신이나 타인들을 옳지 않은 방법으로 대하거나 해를 입히는 행동을 어떻게 다룰 수 있는가에 대하여 논의한다. 이 행동은 공격, 극히 위험한 행동 또는 자해를 포함한다. "I+, U-", "I-, U-", 그리고 "I-, U+"의 기본적 교류분석 태도들은 붉은코드 행동을 유발한다. 이런 상황에서는 누군가가 항상 패배한다. 초록 행동은 "I+, U+"에서 가능하다.

제5장에서 설명하였듯이 네 가지의 존재 태도를 가진 다이어그램은 OK 목장(Ernst, 1971)으로 알려져 있으며, 이것은 목장에서 말들이 뛰놀 수 있는 야외의 영역이다. 이 목장은 4개의 문을 가진 빌딩으로서, 학교에 적용할 수 있다(그림 14.4). 이 문을 통하여 사람들은 학교를 떠날 수 있다. 여기에는 앞문 하나와 뒷문 셋이 있다. 상황이 상승할 때엔 붉은코드 행동은 한 곳의 뒷문으로 인도한다. 초록 행동은 앞문으로 인도한다.

우리는 후에 논의할 '완전한 리더십(leadership in heart & bones)'(Fiddelaers-Jaspers & Ruigrok, 2012)의 모델과 맞추기 위하여 OK 목장을 일상적 표현으로 변경하였다.

14.5.2 댄싱

교사와 카운슬러에게 도전은 언제나 앞문을 활짝 열어놓고 뒷문은 닫는 것이다. 어떤 사람이 뒷문을 열어 젖힐 위험이 있을 때에는 그에게 앞문으로 오는 길로 인도하는 것이다. 교육적 상황에서 청소년들과의 작업은 4개의 문이 있는 방에서 춤추는 것과 같다. 당신은 기분이 좋을 때 춤을 추고 또한 그럴 만한 가치가 있다고 생각되는 사람들과 춤을 춘다. 이것은 즐겁고, 동작을 하고, 함께 움직이고, 타인을 당신의 움직임에 따라 함께 동행하도록 하는 도전이자 시도이며, 또한 유혹을 받는 것을 의미한다. 또한 이것은 친밀한 관계의 만남뿐 아니라 서로 상처를 주는 관계일 수도 있으나, 다행스럽게도 당신이 엉킨 관계 속에 있을 때에는 함께 해결할 수 있다는 것을 알고 있다. 교육적 댄스는 카운슬러가 리드하는 것이다. 카운슬러는 학생들에게 공간을 제공하고, 그들의 율동에 참여하지만, 이러한 틀 속에서 춤의 스텝을 결정한다.

대부분의 교육적 댄스 마스터들은 일반적으로 청소년들과의 춤을 아주 성공적으로 관리한다. 교육적 대가가 된다는 것은 언제나 그런 것은 아니지만 대체로 미성숙하고, 변덕스럽고, 예측 불가한 청소

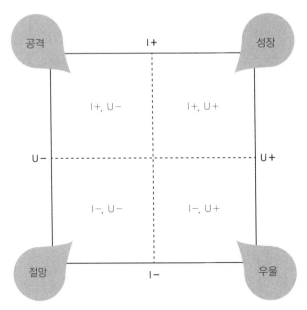

그림 14.4 OK-목장 속의 학교

년기의 두뇌에 의하여 지배되는, 심지어 30명의 청소년 그룹과 춤을 출 수 있어야 함을 요구한다.

청소년들 사이에는 또 다른 유사점이 있다. 그들은 모두 자기들이 정말로 중요하다고 느끼기 원한다. 그 나이의 청소년들은 이 점에 있어서 매우 불안정한 경우가 많다. 청소년들 그룹 내에서의 차등이 커지면, 청소년들과 카운슬러가 기분 좋게 춤추기가 어려워진다. 그래서 우리들은 고급 댄싱 교실에 대하여 이야기한다.

이 절에서 우리들은 소위 '공정성 복원(restorative justice)'(Oostrik & Ruigrok, 2007, and Hopkins, 2015)의 원리를 교류분석의 렌즈를 통하여 탐색한다. 이것은 뉴질랜드의 원주민 마오리족에 그 뿌리를 두고 있는데 세계로 전파된 교육적 행동의 한 방법이다.

14.5.3 심장과 뼈로 구성된 교사

공정성의 회복가능성을 가지고 훈련하는 학교는 '심장과 뼈로 구성된 리더십(leadership in heart and bones)' 기본 모델(Fiddelaers-Jaspers & Ruigrok, 2012)을 사용한다. 이 모델은 건강한 상황에서 카운슬러는 자신의 어른자아 A에 더하여, 적합한 구조화하는 부모자아 SP(Structuring Parent)와 양육적 부모자아 NP(Nurturing Parent)를 사용한다. 그들은 안내하며(SP) 또한 지원한다(NP). 카운슬러의 SP와 NP가 균형을 잡고 어른자아 A에 의하여 인도될 때, 심장과 뼈로 구성된 리더십이 발현된다.

지지적 개입은 양육적 부모자아 NP로부터 온다. 핵심 단어들은 분위기, 안락함, 공감, 이해, 인정

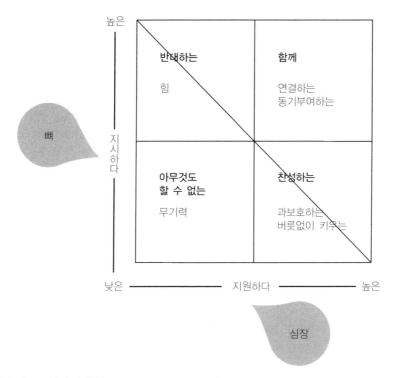

그림 14.5 심장과 뼈로 구성된 리더십(McCold & Wachtel, 2004)

(NP+)이다. 이러한 것들이 과도하게 사용될 때에는 교육의 연약한 측면(NP−)을 드러낸다. 뼈의 이미지는 인도하는 개입들과 연관될 수 있는데, 뼈는 시스템에게 힘을 주며 똑바로 서게 만들고, 핵심단어들은 명료함, 성취지향적, 구조, 경계 설정이다. 이러한 단어들은 구조화하는 부모자아 SP+의 목소리로서 울려 퍼진다. 이것의 과장된 변형은 부정적 구조화하는 부모자아 SP−이다.

'연결하고(connecting), 동기부여하는(motivating)' 4분면은 가장 이상적 영역이다(그림 14.5 참조). 대부분의 교사와 카운슬러가 이 영역에서 학생들과 시간을 보내는 것은 감사할 만한 일이다. 분위기가 자극을 받아 흥분 상태가 되면, 때때로 '맞서는(against)', '아무것도 할 수 없는(doing nothing)', 그리고 '위하여(for)' 영역으로 벗어나는 경우를 목격할 수 있다. 중요한 문제는 비록 당황스럽고 도전적 행동의 경우일지라도 '함께(with)' 영역에서 교육을 계속하는 것이다. 이 모델에서 대각선은 "아무것도 허락되지 않는다(nothing is allowed)."(왼쪽 상단)으로부터 "어떤 것이든 허락된다(everything is allowed)."(오른쪽 하단)로 그려져 있다.

14.5.4 계약에 근거한 교육

'심장과 뼈로 구성된 리더십' 모델은 학생들과 관계적 계약과 훈련 계약을 체결하고 유지시키도록 한다. 이 모델을 사용하는 교사들은 모델에 관하여 학생들과 토론하고 그의 의도는 기본 태도인 '함께(with)'로 훈련하는 것임을 명확히 말한다. 대부분의 학생들은 진지하게 이 말에 동의한다. 이것은 중요한 사람이 되어야 할 학생들의 욕구에 부합하기 때문에 이상한 일이 아니다.

교사들에게 그다음의 질문은 올바른 안내와 지원을 제공하기 위하여 무엇이 필요한가이다. 그들은 학생들의 욕구와 책임감 또는 교류분석 용어로 그들의 자연스러운 어린이자아 NC와 어른자아 A의 관심을 끌어내야 한다. 교류분석 계약은 어른자아 A에서 체결되므로 교사들은 이러한 접근방법으로 학생들의 자율성을 자극한다.

학생들에게 욕구가 무엇인지 묻고, 카운슬러로서의 당신은 어떻게 그것의 충족에 도움을 줄 수 있는지 알려주는 것은 좋은 방법이다. 카운슬러가 요구하는 규칙들은 어떤 것들인지 알려주는 것 또한 중요하다. 만약 이 과정을 생략하여 학생들이 거꾸로 교사들을 어떻게 다룰 것인지 결정하도록 방치한다면, 카운슬러들은 '위하여(for)' 4분면에 자리하여 자신들의 리더십을 포기하는 것이다.

'함께(with)'에 위치하는 교사들은 또한 이 영역에서 훈련을 진행할 때 그들의 어떤 공헌(일, 역할)을 바라는지 학생들에게 묻는다. 학생들이 환경적으로 활발한 기여를 하고 그것에 대한 인정을 얻을 때만, 그들은 자신들이 중요한 사람들이라는 것을 경험할 수 있다. 따라서 좋은 분위기에서 훈련하는 것은 공동의 책임이 된다.

개인적 관계 계약은 유지되어야만 한다. 예컨대 모든 사람이 포함된 정규 토론에서는 여전이 모든 일들이 차질 없이 잘 진행되고 있는지 평가한다. 필요하다면, 교사는 학생들이 자기에게 거는 기대를 충족시킬 수 없다는 것을 학생들에게 말할 수 있다. 이것은 학생들의 욕구에 압력을 준다. 이때의 문제는 어떻게 '함께(with)' 위치로 복귀할 수 있는가이다. 관계 계약이 성공하기 위해서는, 모든 일이 순조로울 때 분위기에 대하여 논의하는 것이 중요하다. 만약 상황이 좋지 않을 때 논의를 한다면, 학생들은 곧 이 시간을 언쟁과 불쾌함으로 연결할 것이다.

14.5.5 댄스 플로어의 교육법

댄스 플로어에는 당신이 힘과 승자의 삼각형, 즉 자기 주장, 취약성, 돌봄을 인정하는 초록색 구역이 있다. 이것들은 모든 카운슬러들이 풍부하게 가지고 있어 학생들에게 자극을 줄 수 있기 바라는 품성들이다.

붉은 구역에서는 당신은 박해자, 희생자, 구원자를 가진 드라마 삼각형을 경험한다.

당신과 다른 사람들의 붉은코드 행동이 한계를 넘지 않도록 유지하는 것은 하나의 도전이다. 당신이 붉은코드 행동에 직면할 때, 이것을 초록색으로 응대하면, 상대를 자동적으로 초록색으로 행동하도록 만든다. 이유는 필요해서가 아니라, 그렇게 하는 것이 춤을 훨씬 더 즐겁게 만들기 때문이다.

14.5.6   공정성 복원 : 갈등 관리와 어른자아 A로부터의 접근법

공정성 복원(restorative justice)은 어른자아 A로 초록 행동을 촉진하고 붉은코드 행동에 대하여 초록색으로 반응하도록 하는 한 가지 방법이다. 갈등과 비행의 경우, 공정성 복원은 가해자 또는 부추긴 사람에게 그 때문에 야기된 피해를 회복할 기회를 주는 것이다. 자신들에게 또는 다른 사람들에게 피해를 입힌 학생들은 대체로 교실 또는 학교라는 공동체를 벗어나 밖에 있으려 한다. 공정성의 복원은 그들에게 초록 지역으로 복귀할 수 있는 권리를 준다(Oostrik, 2010 ; Oostrik & Ruigrok, 2007).

공정성 복원에 근거를 둔 학교는 비행을 저지른 학생에게 이렇게 말한다.

> 당신의 행위에 대하여 우리는 어떤 조치를 취해야만 한다. 당신도 어떤 조치가 있어야만 한다는 것에 대해서는 달리 할 말이 없을 것이다. 우리는 당신에게 앞으로 일어날 일에 대한 영향력을 행사할 수 있도록 하고 싶다. 당신은 다음 중에서 선택할 수 있다. 즉, 우리는 초록색으로부터 반응할 수도 있고 또는 붉은색으로부터 반응할 수도 있다.

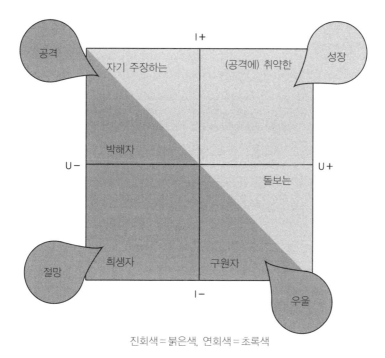

진회색 = 붉은색, 연회색 = 초록색

그림 14.6   댄스 플로어의 교육법

당신이 만약 초록색을 선택한다면, 그것이 우리가 바라는 바이지만, 당신이 한 행위에 때문에 누가 피해를 입었는지 살펴보고 이 사람들과 함께 이것을 복원하려면 당신이 무엇을 할 수 있는지 사정할 것이다. 만약 당신이 붉은색을 선택한다면, 우리는 그 결정 또한 존중하고, 억압적 조치를 취할 것이다. 선택은 당신에게 달렸다(Ruigrok, 2009).

공정성 복원은 그 책임을 그룹에게 맡김으로써 그룹의 멤버들이 이것의 해결 방안을 함께 모색하도록 한다. 갈등이 크면 클수록, 개입의 구조체계가 더욱 복잡하다. 어떤 때에는 20명이 넘는 교사들과 학생들이 참여하는 회의가 열리기도 하는데 이때의 주요 질문은 "수용 가능한 방법으로 해결책을 찾을 가능성이 있는가?"이다. 사소한 갈등들은 당사자들에 의해 해결될 수 있다. 심각한 감정들이 얽히고

표 14.1 붉은색 그리고 초록색 방법으로 갈등 관리하기의 특징들 요약표

붉은색 방법	초록색 방법
보통은 구조화하는 부모자아 SP로부터 가해자 그리고 피해의 원인이 되는 사람에게로, 그리고 양육적 부모자아 NP로부터 희생자에게로	주로 어른자아 A로부터 모든 당사자들에게 ("I+, U+")
학교 리더들은 경찰모를 쓰고 다음과 같은 질문을 한다. • 어느 규칙을 어겼는가? • 누가 그랬는가? • 그를 어떻게 벌할까?	학교 리더들은 연결하는 '마을 어르신' 역을 맡아 다음과 같은 질문을 한다. • 무슨 일이 일어났는가? • 그래서 누가 다쳤는가? • 이 피해를 복구하려면 어떻게 해야 하나?
비행은 위반자와 시스템(학교) 간의 갈등으로 여겨진다. 리더들은 이 갈등을 맡아서 결정을 내린다.	비행은 공동체가 고통받는 행위이다. 책임은 그룹에 있다.
'목을 조르는 계약'이 존재한다: "당신들은 이 계약에 따라야만 한다. 만약 그렇지 않으면…" 학교는 구조화하는 부모자아 SP, 학생들은 순응적 어린이자아 AC이다.	어른자아 A로부터 자율적으로 결정되는, 교류분석 용어로서의 계약이 있다.
반대를 지향한다. 반대가 크면 클수록, 갈등 속에서 성공의 가능성은 더욱 커진다.	억제되어 있는 공통의 욕구를 지향한다. 유사점들이 크면 클수록, 성공의 가능성은 크다.
승자 그리고 패자로 귀결되며 결말을 포함한 심리 게임의 특징들을 갖는다.	오로지 승자로 귀결된다. 사람들은 서로서로 대화를 하도록 초대된다. 이것은 친밀로 나아가는 단계가 된다.
내용을 중시한다.	훼손된 관계의 회복을 중시한다.
공격, 우울, 절망의 뒷문이 활짝 열려 있다. 성장의 앞문은 닫혀 있다.	성장의 앞문은 넓게 열려 있다. 공격, 우울, 절망의 뒷문은 닫혀 있다.
내적으로 새로운 갈등의 씨를 잉태한다.	관계의 복원과 강화로 인도한다.
위반자에게 다음에 다시 벌을 받으려면, 무엇을 해야만 하고 무엇은 하지 말아야 하는지 가르친다.	위반자에게 그의 욕구를 "I+, U+"의 방법으로 충족시키기 위하여 그가 무엇을 해야만 하는지 가르친다.

상호간의 신뢰가 바닥으로 떨어진 중요한 갈등들의 경우에는, '마을 어르신(village elder)'의 역할을 하도록 외부의 인사를 초빙한다. 그 사람은 당사자들이 자신들의 이익을 보호할 수 있도록 감정적 거리를 충분히 가질 수 있다. '마을 어르신'의 가장 중요한 품성 중 하나는 거리, 때로는 (해결)과정을 지도하는 냉철함, 많은 어른자아 A를 동원하는 것이다. 그럼으로써 그 사람들은 진정으로 편견이 없는 상태에 있을 수 있다. 당사자들은 언제나 대화를 기꺼이 하는 것은 아니다. 공정성 회복은 가해자와 희생자 모두에게 "네" 또는 "아니요"를 말할 수 있는 하나의 권리이다. 때로는 이 방법이 성공하지 못할 수도 있으며 당사자들이 이 방법을 수락할 의지와 능력을 갖게 되기까지는 긴 시간이 걸릴 수도 있다.

14.5.7 결론

회복을 도모하는 절차에 도달하지 못했다 해도, 그것이 곧 실패라는 의미는 아니다. 분쟁으로 가는 대신 상호협력을 구하는 학교의 초대 노력은 일반적으로 갈등 당사자들이 자신들의 의견이 충분히 전달되었다는 인식을 전제로 하는 것이다.

실행을 통하여 우리는 비록 실망한 학부모들이 학교 또는 당국에 불만을 말한다 해도, 회복을 도모하는 접근법을 사용하는 학교는 막강한 위치를 점하고 있다는 것을 터득하였다. 이런 학교는 정말로 상호 간의 해결에 초점을 맞추고 있다는 것을 보여준다.

참고문헌

Barrow, G. (2007). Wonderful world, beautiful people: Re-framing transactional analysis as positive psychology. *Transactional Analysis Journal, 37*(3): 206-209.

Barrow, G. (2009). Teaching, learning, schooling and script. *Transactional Analysis Journal, 39*(4): 298-304.

Barrow, G., & Newton, T. (2004). *Walking the Talk: How TA is Improving Behaviour and Raising Self- Esteem.* London: David Fulton.

Berne, E. (1966). *Principles of Group Treatment.* New York: Grove Press.

Choy, A. (1990). The winners triangle. *Transactional Analysis Journal, 20*(1): 40-47.

Clarke, J. I. (1996). The synergistic use of five transactional analysis concepts by educators. *Transactional Analysis Journal, 26*(3): 214-219.

Clarke, J. I., & Dawson, C. (1998). *Growing Up Again: Parenting Ourselves, Parenting Our Children (2nd edition).* Center City, MN: Hazelden, 2009.

Elias, J. L., & Merriam, S. B. (1980). *Philosophical Foundations of Adult Education (2nd edition).* Malabar, FL: Kreiger, 1995.

Ernst, F. (1971). The OK Corral: The grid for get-on-with. *Transactional Analysis Journal, 1*(4): 33-42.

Erskine, R., & Zalcmann, M. (1979). The racket system: A model for racket analysis. *Transactional Analysis Journal, 9*(1): 51-59.

Fiddelaers-Jaspers, R., & Ruigrok, J. (2012). *Leraar in Hart en Nieren.* (Teacher in Heart and Soul.) Heeze, Netherlands: Uitgeverij In de Wolken.

Freire, P., & Ramos, M. (1973). *Pedagogy of the Oppressed (2nd edition)*. London: Penguin Education, 1996.

Gilbert, M., & Evans, K. (2000). *Psychotherapy Supervision: an Integrative Relational Approach to Psychotherapy Supervision*. Maidenhead, UK: Open University Press.

Goulding, R., & Goulding, M. (1976). Injunctions, decisions and redecisions. *Transactional Analysis Journal, 6*(1): 41-48.

Hawkes, L. (2007). The permission wheel. *Transactional Analysis Journal, 37*(3): 210-217.

Hay, J. (1993). *Working It Out at Work*. Watford, UK: Sherwood.

Hay, J. (1995). *Donkey Bridges for Developmental TA*. Watford, UK: Sherwood.

Hopkins, B. (2015). Restorative Theory into Practice. London: Jessica Kingsley Publishers.

Karpman, S. (1968). Fairy tales and script drama analysis. *Transactional Analysis Bulletin, 7*(26): 39-43.

Levin, P. (1980). Cycle of development. *Transactional Analysis Journal, 12*(2): 129-139.

McCold, P., & Wachtel, B. (2002). Community is not a place. A new look at community justice initiatives. In: J. G. Perr (Ed.), *Repairing Communities through Restorative Justice* (pp. 39-53). Lanham, MD: American Correctional Association.

Mezirow, J. (2000). *Learning as Transformation*. San Francisco, CA: Jossey Bass.

Napper, R., & Newton, T. (2000). *TACTICS: Transactional Analysis Concepts for All Trainers, Teachers and Tutors Plus Insight into Collaborative Teaching Strategies*. Ipswich, UK: TA Resources.

Newton, T. (2003). Identifying educational philosophy and practice through imagoes in transactional analysis training groups. *Transactional Analysis Journal, 33*(4): 321-331.

Oostrik, H. (2010). *Een basis van respect. Herstelrecht in het primair onderwijs*. (On the Basis of Respect. Restorative Justice at Primary Schools.) Den Bosch, Netherlands: KPC Groep.

Oostrik, H., & Ruigrok, J. (2007). *In plaats van schorsen. Handboek Herstelrecht in het Onderwijs*. (An Alternative for Suspension. Textbook of Restorative Justice in Education.) Den Bosch, Netherlands: KPC Groep/Quirijn.

Pratt, K., & Mbaligontsi, M. (2014). Transactional analysis transforms community care workers in South Africa. *Transactional Analysis Journal, 44*(1): 53-67. (Reprinted with permission of Sage Publications.)

Roeland, B. (2013). *Companion Manual to Train the Trainer Manual—a Guide to Setting Up a Care for Carers Programme*. Cape Town: The Media Chilli.

Ruigrok, J. (2009). *Provocatieve leerlingbegeleiding*. Esch, Netherlands: Quirijn.

Shotton, P. (2009). Transactional analysis training, postmodernism and education. *Transactional Analysis Journal, 39*(4): 293-297.

Steiner, C. (1966). The stroke economy. *Transactional Analysis Journal, 1*(3): 9-15.

Steiner, C. (1996). Emotional literacy training: the application of transactional analysis to the study of emotions. *Transactional Analysis Journal, 26*(1): 31-39.

Summers, G., & Tudor, K. (2000). Co-creative transactional analysis. *Transactional Analysis Journal, 30*(1): 23-40.

Temple, S. (2000). A way of teaching life positions as a foundation for game theory. *Script, Newsletter of the ITAA, 30*(5).

Temple, S. (2004). Update on the functional fluency model in education. *Transactional Analysis Journal, 29*(2): 164-174.

Temple, S. (2009). *Maximising Interpersonal Effectiveness—Functional Fluency*. Bristol, UK: Fleur Temple Publishing.

Tudor, K., & Summers, G. (2014). *Co-creative Transactional Analysis*. London: Karnac.

찾아보기

저자 소개

William F. Cornell(MA, TSTA)

미국 피츠버그에서 교류분석에 의한 치료, 컨설팅, 훈련 분야 전문가로 활동 중이다.

Anne de Graaf(MSc, TSTA)

네덜란드에서 조직과 그룹의 발달과 변화를 위한 구조와 역동 분야 전문가로 활동 중이다.

Trudi Newton(TSTA)

영국을 비롯하여 국제적으로 급진적 학습과 커뮤니티 발달을 촉진하기 위한 교육 분야 전문가로 활동 중이다.

Moniek Thunnissen(MD, PhD, TSTA)

네덜란드에서 정신과 의사로서 컨설팅, 심리치료, 훈련 분야 전문가로 활동 중이다.

역자 소개

송희자

한국교류분석상담연구원 원장
한국교류분석통합상담학회 회장
예명대학원대학교 상담심리학과 겸임교수
교류분석상담사 슈퍼바이저
중앙신학대학원대학교 상담학 박사

저서 및 역서

교류분석개론
TA 개념과 학습전략
우울증 치료를 위한 교류분석
당신은 인사 후에 무슨 말을 하십니까?

이성구

한국교류분석상담연구원/한국교류분석통합상담학회
　이사장
ITAA 회원
교류분석상담사 슈퍼바이저
서울대학교 상과대학 졸업
캐나다 윌프리드로리에대학교 국제경영학 박사

이은주

한국교류분석상담연구원 이사
서울 오류남초등학교 교장
서울 초중등교류분석상담연구회 부회장
교류분석상담사 슈퍼바이저
세종대학교 교육대학원 교육행정 석사

이진동

한국교류분석상담연구원 이사
한국TA통합상담학회 이사
교류분석상담 슈퍼바이저
한국이미지메이킹학회 전문교수
백석대학교 상담학 박사과정 수료